闽台经济与文化

MINTAI JINGJI YU （第二版）
WENHUA

何绵山 主编

厦门大学出版社 国家一级出版社
XIAMEN UNIVERSITY PRESS 全国百佳图书出版单位

图书在版编目(CIP)数据

闽台经济与文化/何绵山主编.—2版.—厦门:厦门大学出版社,2011.9(2025.10 重印)

ISBN 978-7-5615-1788-8

Ⅰ.①闽…　Ⅱ.①何…　Ⅲ.①经济交流-福建省、台湾省　②文化交流-福建省、台湾省　Ⅳ.①K295-53

中国版本图书馆 CIP 数据核字(2011)第 180759 号

责任编辑	牛跃天
封面设计	祖　洵
电脑制作	蔡炜荣
技术编辑	许克华

出版发行	厦门大学出版社
社　　址	厦门市软件园二期望海路 39 号
邮政编码	361008
总 编 办	0592-2182177　0592-2181253(传真)
营销中心	0592-2184458　0592-2181365
网　　址	http://www.xmupress.com
邮　　箱	xmupress@126.com
印　　刷	厦门集大印刷有限公司

开本	720mm×1 000mm　1/16
印张	31.75
插页	2
字数	556 千字
版次	2011 年 9 月第 2 版
印次	2025 年 10 月第 6 次印刷
定价	80.00 元

本书如有印装质量问题请直接寄承印厂调换

厦门大学出版社
微信二维码

厦门大学出版社
微博二维码

目　　录

上篇　经济篇

第一章　古代闽台经济关系

第一节　明代以前的闽台经济关系

一、三国时期闽台关系

尚未见到关于三国之前大陆与台湾关系的文字记载,但根据台湾的考古发现,可得知闽台在新石器时代就有联系。如大坌坑文化,遗址位于台北县(今新北市八里乡埠头村观音后山北麓,其西侧地名"大坌坑",故遗址以此命名),是台湾已发现的新石器早期时代的文化,它是台湾新石器时代中、晚期文化的来源,与福建有着一定的联系。正如台湾考古学家臧振华在《从考古学看台湾》中所言:关于台湾新石器时代中、晚期文化的来源,"因为各文化在时间和地域分布上的变异,而呈现相当的复杂性。广泛见于台湾各地,但主要分布于西南部地区的细绳纹陶文化,目前已大致肯定是从大坌坑文化的基础上发展起来的。考古资料显示,这个文化在其发展过程中,曾有广泛的海上活动,可能与大陆东南沿海福建一带互相往来,而产生互相影响。澎湖马公市锁港遗址与福建东山大帽山遗址,一海之隔,两者无论在陶器形制、生产形态和年代上,都有高度的相类性,就是一个很值得注意的例子"[①]。

大陆与台湾的关系,有文字记载的历史可追溯至吴黄龙二年(230),据《三国志》卷四十七记载,当时三国吴王孙权派大将卫温和诸葛直率1万官兵到达"夷洲岛"(台湾岛),带回当地居民数千人。在同时代吴人沈莹的《临海水土志》中也留下了世界上对台湾的最早记载。卫温、诸葛直在台湾的活动,是大陆封建王朝对台湾的初步经营,可得知早在1700多年前,台湾就进入了当时东南统治者的视野,将台湾的住民内迁,实际是东吴政权的权力在台湾延伸的

---

① 李明珠主编:《台湾史十一讲》,"国立"历史博物馆2009年版,第24页。

一种表现。在古代，无论"掠其民"或"虚其地"，都是表示对此地的控制权。虽没有在此建置，但也表明了当权者对台湾的关注和势力范围之所致。

据有关史料零星记载，当时福建与台湾已开始有商贸上的联系。

二、隋唐时期闽台经济关系

隋开皇年间(581—600)，隋朝曾派陈棱(陈棱之棱，也写作"稜"、"陵")前往澎湖。《海防考》载："隋开皇中，尝遣虎贲陈棱略澎湖地。其屿屹立巨浸中，环岛三十有六，如排衙。居民以苫茅为庐舍，推年大者为长，畋渔为业。地宜牧牛羊，散食山谷间，各鏖耳为记。棱至抚之，未久而去。""抚之"，含有"经略"的意思，故连横在《台湾通史》中指出："是为中国经略澎湖之始，而亦东入台湾之机也。"①

随着全国经济重心的南移和东南沿海的开发，隋代统治者开始不断出兵台湾。据《隋书·流求国传》载，隋大业三年(607)，隋炀帝派羽骑尉朱宽求访"流求"(指台湾)，因语言不通未果，掠一人而返。第二年，隋炀帝再派朱宽前往慰抚，当地居民不从，"取其甲布而还"。隋大业六年(610)，隋炀帝又派武贲郎将陈棱率万人前往"流求"招抚，后与当地居民发生冲突而打了一仗。《隋书》卷六四，《列传》卷二九"陈棱传"称陈棱："后三岁，与朝请大夫张镇州发东阳兵万余人，自义安(按：即今广东潮安县)泛海，击流求国，月余而至。流求人初见舰船，以为商旅，往往诣军中贸易。棱率众登岸，遣镇州为先锋。其主欢斯渴剌兜②遣兵拒战。镇州频击破之。棱进至低没檀洞，小王欢斯老模率兵拒战，棱击破之，斩老模，其日雾雨晦暝，将士皆惧，棱刑白马祭海神。既而开霁，分为五军，趋其都邑。渴剌兜率众数千逆拒，棱又遣镇州为先锋，击走之。乘胜逐北，至其栅，渴剌兜背栅而阵。棱尽锐击之，从辰至未，苦斗不息。棱遂填堑，攻破之，斩渴剌兜，获其子岛槌，掳男女数千而归。"从以上可得知：当时陈棱曾与岛上居民发生过战斗，获胜后，曾将岛上居民数千人带回。这些人被迁往内地后，曾在福州地区居住，陈棱被奉为开山祖。《闽书》卷六"方域志"载：福庐山(今福建省福清市龙田镇西北)"又三十里，为化南、化北二里，隋时掠琉球五千户居此"③。由此可知明代福建福清还住有陈棱从台湾移来的人

---

① 连横：《台湾通史》(上册)，商务印书馆1996年版，第2页。
② 连横指出："《蓉洲文稿》曰，台湾海中番岛，考其源，则琉球之余种，自哈喇分支。近通日本，远接吕宋，控南澳，阻铜山，以澎湖为外援。哈喇之音似为渴剌。"见《台湾通史》(上册)，商务印书馆1996年版，第4页。
③ 何乔远：《闽书》(一)，福建人民出版社1994年版，第140页。

的遗裔。隋炀帝多次派人前往台湾,说明已对经营台湾产生了强烈的愿望。

唐代,有福建人到台湾进行开发或贸易。位于新北市八里乡小八里坌段十三行小段的十三行遗址,于1991年被发现(因该地旧名"十三行",清代时期有十三家商行,另称"十三行庄",故以十三行遗址命名),说明了当时台湾与大陆有交往,正如台湾考古学家臧振华在《从考古学看台湾》中所言:"该址发掘所获得最重要的发现之一,即是出土了汉人唐宋时代的遗物,包括'开元通宝'、'乾元重宝'、'太平通宝'、'淳化元宝'、'至道元宝'和'咸平通宝'等唐宋时代的铜钱,鎏金铜碗、铜饰物和铜配件等铜器,以及少量瓷片。它们的数量不算多,但却是台湾首次考古发掘出土的。由于这些唐宋时代的遗物都是出自十三行的文化堆积层和墓葬当中,而不是出自汉人的聚落遗址,所以它们虽然不能说明当时是否已经有了汉人的聚落,但是至少可以证明当时十三行文化的人,已经与汉人有了接触往来。由于十三行遗址的位置正在淡水河口的南岸,该地在清朝曾是与大陆通商的重要口岸之一,所以据此可推测:唐宋时期的汉人,可能曾航行到这里入港与台湾的住民交易。"[①]此处所指的汉人,最有可能的就是据离台湾最近的海峡西岸的福建人。

唐代岭南节度兼押蕃舶使柳宗元在《岭南节度飨军堂记》中说:"唐制岭南为五府,府部州以十数,其大小之戎,号令之用,则听于节度使焉,其外大海多蛮夷,由流求河陵,西抵大夏康居,环水而国百数,则统于押蕃舶使焉。"此处提到的"流求",在名义上也属岭南节度使管辖。唐代也有汉人迁居澎湖的记载,如连横在《台湾通史》曰:"及唐中叶,施肩吾始率其族迁居澎湖。肩吾汾水人,元和中举进士,隐居不仕,有诗行世。其《题澎湖》一诗,鬼市盐水,足写当时之景象。"[②]《全唐诗》有施肩吾的诗作《岛夷行》,祝穆《方舆胜览》卷十二"泉州"转载施肩吾诗:"腥臊海边多鬼市,岛夷居处无乡里。黑皮少年学采珠,手把生犀照咸水。"[③]

隋唐时期,史书开始有了对台湾贸易的记载。据《隋书·陈棱传》记述:"流求(指台湾)人初见船舰(指陈棱率领的兵船),以为商旅,往往诣军中贸易。"[④]可见在陈棱船舰到台之前,就有大陆商船到过台湾,与台湾当地居民进行贸易活动。但从唐至宋,史书上关于闽台之间的商贸有明确记载的不多。

---

① 转引自李明珠:《台湾史十一讲》,"国立"历史博物馆2009年版,第24页。

② 连横:《台湾通史》(上册),商务印书馆1996年版,第5页。

③ 祝穆:《方舆胜览》(上),中华书局2003年版,第208页。

④ 连横:《台湾通史》(上册),商务印书馆1996年版,第4页。

唐人刘恂《岭表录异》记载,晚唐宣宗时的陵州刺史周遇自青社归闽,因在海上遇强风,漂流到"流虬国"(台湾):"其国人么么,一概皆服麻布而有礼,竟将食物求钉铁。"这里记述的台湾居民人个子矮小,他们着麻布,以食物换钉铁,可知其曾与大陆或闽人有过贸易。①

三、宋元时期闽台经济关系

随着澎湖人口的不断增加,宋代朝廷开始对这一地区有意识地加以经营。"约在北宋中叶(公元11—12世纪),中央政权开始在澎湖地区进行'编户'管辖。"②南宋时朝廷曾派军队定期到澎湖巡防,当时春夏至,秋暮归,因多种原因而颇为不便,泉州知府汪大猷于宋乾道七年(1171)遣军民赴澎湖屯戍,造屋二百间,受到军民欢迎。从季节性守卫,到常年驻军,澎湖正式纳入中国势力范围,归泉州府晋江县管辖。宋代曾任福建提举市舶的赵汝适在《诸蕃志》中记载:"泉(州)有海岛,曰澎湖,隶晋江县。"时为宋宝庆元年(1225)。宋代将澎湖划归福建泉州晋江县管辖,宋代祝穆《方舆胜览》卷十二"泉州"载:"泉之晋江,东出海间,舟行三日,抵澎湖屿,在巨浸中,云云。"③王象之《舆地纪胜》卷一三〇将澎湖列入"泉州外府",并记:"自泉晋江东出海间,舟行三日抵澎湖屿,在巨浸中环三十六。"

南宋时,由于地理上的便利,福建沿海一带(主要为泉州、漳州)居民为了躲避战乱兵祸,纷纷渡海到台湾、澎湖,正如连横在《台湾通史》中说:"历更五代,终极两宋,中原板荡,战争未息,漳、泉边民渐来台湾,而以北港为互市之口,故台湾旧志有台湾一名北港之语。北港在云林县西,亦谓之魍港。"④闽台一些族谱也有先人于宋代迁移台湾的零星记载,但当时都是没有组织的各自行动,因此是分散的、小规模的。

元朝中央政府对澎湖、台湾采取了许多重要措施,其中最重要的是至元二十九年至三十一年(1292—1294)[另一说为至元(后)间(1335—1340)]在澎湖设立巡检司,隶属福建省同安县(一说晋江县)管辖。这是负责地方治安的机构,主要从事巡逻捕盗工作,虽然仅为九品,却是中国政府设立的正式行政管理机构。澎湖成为为泉州府外府。至元二十九年(1292)元世祖忽必烈派杨祥

---

① 卢美松:《古代闽台交往与台湾开发》,《海峡交通史论丛》,海风出版社2002年版,第10页。

② 张广敏:《福建省志·闽台关系志》,福建人民出版社2008年版,第57页。

③ 祝穆:《方舆胜览》(上),中华书局2003年版,第208页。

④ 连横:《台湾通史》(上册),商务印书馆1996年版,第2页。

为宣抚使,携礼部员外郎福建人吴光斗、兵部员外郎福建人阮鉴,带诏书到台湾招谕当地住民,后因吴失踪,无功而返。元贞三年(1297),元朝廷将福建行省改为福建海等处行中书省,为更好经营台湾,福建省会从福州徙至泉州,以求与台湾更近。同年9月,福建省平章政事高兴派省都镇抚张浩、福州新军万户张进率兵抵台湾,与当地居民沟通关系,带回130多人。"当是时,澎湖居民日多,已有一千六百余人,贸易者岁常数十艘,为泉州外府。"①

这时移居台湾的福建沿海居民,把较为先进的生产方式、风俗习惯、语言文字、宗教信仰、民间技艺等带进台湾,建立起汉人村庄,推动了台湾经济的发展,促进了大陆文化在台湾的传播。特别是漳、泉沿海一带村民不断来到台湾后,以北港为据点进行交易。正如《台湾通史》中所载:"历更五代,终及两宋,中原板荡,战争未息,漳、泉边民渐来台,而以北港为互市之口,故台湾旧志有台湾一名北港之语。"②港口的发展与贸易的兴盛有关,可见当时闽台贸易已有集市雏形。《海东札记》卷四载:"台地多用宋钱,如太平、元祐、天禧、至道等年号,钱质小薄,千钱贯之,长不盈尺,重不逾二斤。相传初辟时,土中有掘出古钱千百瓮者,或云来自东粤海舶。余往北路,家僮于笨港口海泥中得钱数百,肉好、深翠,古色可玩。乃知从前互市,未必不取道此间。果竟邈与世绝哉? 然迩来中土不行小钱,洋舶亦多有载至者。"③笨港即北港。货币流通情况可直接反映商品交易情况,可知当时北港贸易已有一定规模。当时澎湖与闽贸易也十分密切,如何乔远《闽书》卷七引南宋《清源志》载:澎湖"府外贸易岁数十艘,为泉外府"④。可见台湾本岛外的澎湖列岛,早已与大陆有贸易活动。澎湖列岛处于福建与台湾之间,西望福建,东望台湾,早在宋元以前,福建漳、泉沿海一带渔民出海,就远及澎湖乃至台湾海域,把澎湖作为一个临时停留点或避风港。一些渔民为方便捕鱼,曾居留于此。随后居留者渐多,聚成村落。他们以自产的鱼、盐等产品,交易从大陆运来的粮食和日常生活用品。此外,分布于台湾北部沿海地带的十三行文化,距今约1800年之前,其时间往后可延伸至400年前的17世纪,前后约1500年。其遗址曾出土大量中国唐、宋以来的钱币、玻璃、玛瑙、瓷器及青铜器,可见唐、宋以来就有大陆人前来贸易。十三行人居住地靠近海岸,离闽最近,与十三行人多次进行贸易的,最有可能

---

① 连横:《台湾通史》(上册),商务印书馆1996年版,第7页。
② 连横:《台湾通史》(上册),商务印书馆1996年版,第5页。
③ 朱景英:《海东札记》(卷四),《台湾文献丛刊》第19种。
④ 何乔远编撰《闽书》(第一册),福建人民出版社1994年版,第179页。

是来自海峡对岸的闽人。

元代,闽台两地贸易仍有进展。据元代顾祖禹《读史方舆纪要》所载:澎湖当时"贸易至者,岁常数十艘"。可见宋元时期澎湖与福建之间的贸易日益发展且密切。澎湖与台湾相距不远,所以渔船、商船先赴澎湖,后而到台湾海岸较为便利。元末航海家汪大渊曾亲临澎湖,其《岛夷志》记载:"工商兴贩,以广其利。"书中还记载琉球(台湾)当时的特产和贸易情况:"地产砂金、黄豆、黍子、硫黄、黄蜡、鹿、豹、麂皮。贸易之货,用土珠、玛瑙、金珠、粗碗。"[①]台湾居民用台湾的土产换取大陆的物品,为以物易物的交换贸易形式。台湾沿岸曾出土了大量的宋、元福建陶瓷,由此也可看出元代闽台贸易交流的频繁。

第二节 明代闽台经济关系

一、明代闽人对台湾的开发

明代朝廷曾一度废弃对澎湖的经营,但不久即恢复,并加强了对澎湖的守备。洪武五年(1372),因海寇经常出入澎湖,信国公汤和建议将澎湖居民迁往大陆,以绝边患,得到朝廷的批准。洪武二十年(1387),撤巡检司,将澎湖的居民迁往漳州、泉州等地,澎湖遂成海盗巢窠。嘉靖四十二年(1563),都督俞大猷追剿海盗林道乾入台湾鹿耳门,返回时留偏师驻澎湖,居民又至。同年,朝廷复设澎湖巡检司。之后,为防止日本人觊觎,又先后设兵防守。正如《台湾通史》载:"万历二十年,日本伐朝鲜,沿海戒严,哨者谓有将侵淡水、鸡笼之议。明廷以澎湖密迩,议设兵戍险。二十五年,始设游兵,春秋汛守,于是澎湖复为中国版图。"[②]

万历三十年(1602),倭寇侵犯台湾,并以台湾为据点,在东南沿海一带大肆抢劫。

当时负责福建海防的沈有容经过周密计划,于万历三十年腊月初一,即公元1603年1月16日,率21只战船(一说20只),从金门料罗湾出发,但途中遇飓风,到澎湖时,只剩下10只战船。但沈有容毫不气馁,继续向台湾进军,于初八抵达台湾,捕获倭船6只,歼灭倭寇数百人,救出被俘男女370余人。此次战斗使倭寇由此离开台湾。当时随沈有容东渡台湾的有福建连江人陈第,其于万历三十一年(1603)作《东番记》,对当时亲历的台湾有过具体并完整

---

① 汪大渊著,苏继顾校释:《岛夷志略校释》,中华书局1981年版,第17页。

② 连横:《台湾通史》(上册),商务印书馆1996年版,第8页。

的描写,是最早全面认识台湾的著作。

明代澎湖曾两次受到荷兰人的入侵。万历三十二年(1604)八月七日,荷兰提督韦麻郎(一说麻韦郎)带舰队在澎湖登陆,由于当时澎湖汛兵已撤,荷兰人得以立足。这是荷兰人首次占领澎湖,欲与福建互市。福建巡抚徐学聚命总兵施德政和浯屿(金门)把总沈有容驱逐荷兰人出境,后由沈有容于 11 月 17 日,率 20 只战船,前往澎湖晓谕韦麻郎,恩威并重并反复较量,韦麻郎在窃据澎湖 131 天后,不得不于同年 12 月 15 日撤离澎湖。至今,澎湖县马公市的天后宫,还存有后人为其立碑记功的"沈有容谕退红毛番韦麻等"古碑,这是台湾现存最早的石碑。具体经过,张燮所撰《东西洋考》卷六《外纪考》有记。张燮是沈有容的挚友,其《东西洋考》所叙述的内容,张燮必得自沈有容本人介绍。[①]

荷兰人撤出澎湖后,总是耿耿于怀,时刻梦想卷土重来。天启二年(1622),荷兰人再次入侵澎湖,因当时海澄(今龙海)商人云集,荷兰人乃以澎湖为据点,进犯同安、海澄、鼓浪屿、厦门、曾家澳等地,时福建巡抚商周祚曾组织力量以拒荷兰人。后受副将张嘉策哄骗,"以红夷遵谕拆城徙舟报闻",而实际上荷兰人并未退去。其后受到知晓福建战事、时任南京湖广道御史的福建人游凤翔的参劾。新任福建巡抚南居益上疏请逐,明熹宗传下圣旨,命南居益"督率将吏,悉心防御,作速驱除"。可见当时朝廷对澎湖防卫的重视。南居益先后派出三批军队共万余人抵澎湖,而荷军不足千人,且多伤病,只好求和撤出澎湖,退往台湾。《明实录》卷四十七的附注,有此次获胜经过的记载。荷兰人被逐出澎湖后,福建官员做出了进一步加强澎湖守卫力量、彻底消灭倭寇和红夷(荷兰人)的决定,荷兰人从此不敢再犯澎湖。[②]

荷兰人占领台湾(今台南市一带)后,开始兴建位于今安平的热兰遮城和赤嵌城。据荷兰人估计,当时居住在台湾的汉人有 10 万人左右,已形成一定的社会力量。崇祯元年(1628),南台湾全为荷兰殖民者所控制。天启六年(1626),西班牙人从台湾基隆登陆进占今淡水一带,并在该地建立圣地雅歌城(今淡水红毛城前身),并在该地传教办学,从事种种贸易活动,打算长期占领北台湾。1642 年,荷兰殖民者用武力将西班牙人驱出台湾,全台由此落入荷

---

① 方豪:《台湾早期史纲》,台湾学生书局有限公司 2006 年版,第 126 页。

② 台湾夏德仪曾根据台湾"中央研究院历史语言研究所"编印的《明清史料》乙编、戊编里所载"红夷"档案以及《明熹宗实录》里的"红夷"资料,编辑了《明季荷兰人侵据彭湖残档》,对前后经过有详细记载,此不赘述。

兰殖民者控制之中。荷兰殖民者在控制台湾的 38 年中,尽力吸收大陆的穷人特别是在地缘上便利的闽人来台从事农业生产,千方百计通过压榨来台的以闽人为主的汉人来获取自身的经济利益,并对汉人进行严酷的镇压,把他们开垦的田地统统称为"王田",窃为己有,并对汉人抽重税,控制其思想,汉人既无经济利益又无政治地位,形如奴工。荷兰殖民者在台湾虽然仅 2000 余人,却从台湾掠夺走了大量的财富,每年仅运出的鹿皮就约四五万张、砂糖 150 万斤,其他物资更是难以计数。荷兰殖民者还对台湾进行文化侵略,在各地修筑教堂,强行推行洋教,但收效甚微,因为当时移民到台湾的闽粤汉人都自带家乡保护神,不会轻易改变自己的信仰。

明代天启年间,福建海澄人颜思齐、南安人郑芝龙为从事闽台沿海的海上贸易,组织了武装集团,天启四年(1624),颜思齐招募漳州、泉州两府各县居民前往台湾,正如《台湾县志》称:"颜思齐所属部属,多中土人。中土之人入台,自思齐始。"这些移民在北港一带居住,聚落成村,发展到近千户人家,故颜思齐被后人称为"开台王"。颜思齐去世后,郑芝龙接管了其人马,进一步组织福建沿海一带贫民到台湾开发。为了便于管理,还设立了局部性的行政机构,如颜思齐在台湾设十寨,各寨皆有主,郑芝龙设立"佐谋""督造""主饷""监守""先锋"等官职。郑芝龙于崇祯元年(1628)为泉州太守所招,归附明朝,授于海防游击,曾多次平海盗,后升至都督。时逢福建大旱,郑芝龙曾建议福建巡抚熊文灿将数万饥民渡海来台拓垦,每人给一定的资助。一时入台者有三万人之众。"崇祯间,熊文灿抚闽,值大旱,谋于芝龙,募饥民数万,人给银三两,三人合给一牛,载至台湾,垦田芟舍。"[1]这是带有官方色彩的有计划地向台湾大规模移民,不仅掀起开发台湾的热潮,也使闽台连为一体。

明代嘉靖、隆庆、万历年间(1522—1620),福建沿海一带渔民来台湾捕鱼者日益增多,并与台湾的早期住民进行交易。为了进行更有效的管理,福建巡抚在隆庆元年(1567)开海禁后,对往来台湾的商船、渔船,进行"船引"。如万历十七年(1589),福建巡抚周寀议规定:"东西二洋共八十八只。又有番,名鸡笼淡水,地邻北港(即今安平)捕鱼之处,产无奇货,水程最近,与广东、福宁州、浙江、北港船引,一例原无限数,岁有四、五只或七、八只不等。"台湾学者曹永和认为:"当时明当局虽尚未在台湾设官置治,但对鸡笼、淡水、北港等地区与大陆沿海一带港口作同等的看待,必可说明汉人前来台湾捕鱼与贸易渐趋

---

[1] 连横:《台湾通史》(上册),商务印书馆 1996 年版,第 125 页。

频繁。"①

二、"禁海令"中的闽台贸易

明代朝廷的多次禁海，使闽台贸易受到限制。官方禁止贸易，但现实又需要通过贸易来解决诸多问题，故各种势力纷纷介入贸易，愈演愈烈，曾出现了多种不同身份、混合身份、时常转换身份的人参与其中。择其大要，主要有如下四类：

一是亦商亦渔。这些人兼有多重身份，或为商人，或为渔民，或二者兼有，在利益驱动下，不畏风险，并聚成一定规模，如当时漳州月港、泉州安海等地，都成为走私中心。正如台湾学者曹永和所言："然在未行垦殖前，台湾区域却早已是福建沿海商人的行贩和渔民的采捕之地。当时台湾土人的……物产，可引起汉人注意的，只有金、硫磺等矿物及鹿皮、鹿脯等狩猎物和野生的藤类植物，其他就是沿岸丰富的水族。前者是海商主要的交易对象，而后者则引起了福建沿海渔民的很多活动。"②当时福建的商人和渔民在台湾活动已十分普遍了。尽管嘉靖时期仍然推行海禁，但海峡两岸的民间贸易往来仍然十分密切和频繁，整个东南沿海，几乎到处遍布亦商亦渔者的足迹。③渔汛时捕鱼，一有机会即利用现有的船舶从商，二者互为补充，在当时已成风气，甚至成为一种生存的法则。

二是亦官亦军亦民亦商。一些地方官员、港口军士利用工作便利，走私货物已成惯例。如福建兴化卫指挥李兴、李春私自派人出海经商，上行下效，士兵也当仁不让，纷纷加入贩私行列。据《明太祖实录》载，永乐年间（1403—1424），"缘海军民人等，近年以来，往往下番，交通外国"。到宣德年间（1426—1435），情况比永乐年间更为严重："近岁官员军民不知遵守，往往私造海舟，假朝廷干办之名，擅自下蕃。"④官员和军士敢于私造海舟和假朝廷之名，不仅肆无忌惮，且已有一定规模。

三是海盗集团亦商亦盗。礼部尚书徐光启在《海防迂说》中称："官市不开，私市不止，自然之势也；又从而严禁之，则商转而为盗，盗而后得为商矣。"⑤这些海盗集团兼有武装，时为商人，时为海盗，多有自己的船队和据点。

① 曹永和：《台湾早期历史研究》，联经出版事业股份有限公司2006年版，第9页。
② 曹永和：《台湾早期历史研究》，联经出版事业公司1981年版，第157页。
③ 张春英主编：《海峡两岸关系史》，福建人民出版社2004年版，第229页。
④ 张春英主编：《海峡两岸关系史》，福建人民出版社2004年版，第228页。
⑤ 《徐文定公集》，《明经世文编选录》，《台湾文献丛刊》第289种。

如明廷对澎湖实行徙民墟地后,因无人管辖,澎湖成为其根据地,并以此据点与大陆、台湾、南洋进行三角贸易,同时不时伺机在海上劫掠商船。有代表性的如林道乾、林凤等,他们以掠抢为主,但盘踞台湾后,也时以台湾为据点,以台湾特产与福建沿海人交易日用品。如嘉靖年间(1521—1565),林道乾聚众5000余人,拥有船只100多艘,在东海上劫掠渔船、商船,也不时与海寇一起侵扰福建沿海各地。嘉靖四十二年(1563)为明水师都督俞大猷所败,遁入台湾。万历三年(1575),海盗林凤多次进犯福建不利,后退到台湾魍港,以此为据点。海盗踞台后,其所需的衣食,以台湾的鹿皮、硫磺等当地土物,与福建沿海人进行交易。

四是亦商亦盗亦通寇。嘉靖四年(1525)八月,"浙江巡按御史潘仿言:'漳、泉等府黠猾军民私造双桅大舡下海,名为商贩,时出剽劫"①。隆庆三年(1569)二月,兵部曾提出:"闽兵通贼,必不可用。"②"漳州沿海居民往贩各番,大者勾引倭夷窥伺沿海,小者导引各番劫掠商船。"③一些军士和居民,违禁私造大船下海,在从商的同时,还不时从事劫掠商船的海盗勾当,若干人甚至私通海盗,勾引倭寇。

嘉靖年间,海禁虽然得以执行,但却导致了意想不到的后果:一方面海寇纵横于台湾海峡之上,澎湖、台湾成为他们啸众和劫掠的基地;另一方面鱼、盐、贸易是沿海人民生计所托,特别福建可耕土地有限,逼使无地、无业的贫民为谋生而私渡出海者不少,并将渔场延伸到台湾沿岸,与当地居民建立贸易关系。虽说海禁是三令五申,但闽台贸易以各种方式在延续,实际上并没有真正禁止。

明代中后期,明廷深感"海禁"非长久之计,曾在不同阶段有过不同程度、有条件的开禁,但又因为担心出海者会接济倭寇等原因而再禁。这种海禁时紧时松的现象延续了多年,对闽台贸易产生了不同程度的影响。隆庆元年(1567),福建巡抚涂泽民条陈海禁弊利,力主开放海禁,与海外通商:"请开市舶,易私贩而为公贩;议止通东、西二洋,不得往日本倭国,亦禁不得以硝黄、铜、铁违禁之物夹带出海。"④其中"私贩"指走私商,"公贩"指合法商人,这一建议得到明穆宗允许,明廷以颁发船引的方法部分开放海禁,史称"隆庆开

---

① 《明实录闽海关系史料》,《台湾文献丛刊》第296种。

② 《明实录闽海关系史料》,《台湾文献丛刊》第296种。

③ 《明实录闽海关系史料》,《台湾文献丛刊》第296种。

④ 《明实录闽海关系史料》,《台湾文献丛刊》第296种。

关"。虽然只开放了福建漳州的月港一处口岸,而且只允许泉州和漳州的商人对外贸易,但由于私人的海外贸易获得了合法的地位,也推进并刺激了闽台贸易的发展。

万历十五年(1587),开始有限度地再解海禁。万历十七年(1589)到台湾进行贸易的船只,可以跟福建往浙江、广东沿海的船只一样,不限往返数量,于是闽台之间的商贸活动逐渐活跃。万历十九年(1591),明廷发布了《渔船禁约》,规定所有渔船必须登记后才能出海捕鱼,但不能到倭寇经常出没的海域,不能借捕鱼之名进行走私,渔船不能和任何倭寇来往,更不能私济倭寇,一旦发现,船只和货物都予没收,并以军法处置。每年汛期之后,不许出海。

明代万历年间有条件的开禁,固然对闽台交往仍有所限制,却活跃了两岸间的贸易。到过台湾的亲历者曾记载过当时闽台贸易的情况。福建连江人陈第曾于万历三十年(1602)从海上漂流到台湾近一年,于第二年撰写了《东番记》,书中载有台湾岛民与来自漳州、泉州的商人交换玛瑙、瓷器、布、盐、铜簪环等情况:"今则日盛,漳、泉之惠民、充龙、烈屿诸澳,往往译其语,与贸易;以玛瑙、瓷器、布、盐、铜簪环之类,易其鹿脯皮角;间遗之故衣,喜藏之,或见华人衣着,旋复脱去,得布亦藏之。不冠不履,裸以出入,自以为易简云。"[①]天启三年(1623),有 1000～1500 个以福建人为主的大陆商人在台湾岛从事贸易活动,西拉雅部落萧社以鹿肉鹿皮与大陆商人交易米、盐,大陆商人曾住进社内的男子聚会所,以便从事贸易活动。张燮在万历四十五年(1617)撰写的《东西洋考》中,对闽台贸易的情况有过描述:"交易:夷人舟至,无长幼皆索微赠。淡水人贫,然售易平直。鸡笼人差富而悭,每携货易物,次日必来言售价不准,索物补偿;后日复至,欲以原物还之,则言物已杂,不肯受也。必选捐少许,以塞所请;不则,喧哗不肯归。至商人上山,诸所尝识面者,辄踊跃延致彼家,以酒食待我。绝岛好客,亦自疏莽有韵。"[②]从中可得知,同在台湾北部,淡水、鸡笼人的生意经却大不相同,人有慷慨、悭吝之别,交易过程则有简单、纠缠之别;但岛上居民大多热情好客,争相邀请商人到家中做客。

明末,福建沿海渔民大量到今天台湾的北港、高雄一带捕鱼,常以米、盐及日用杂物与台湾当地居民交易鹿皮、鹿脯等,既捕捞鱼类,又兼营交易,获利不菲,使赴台渔船大量增加,每年多达三四百艘,渔民有一万人之多,可见当时闽台贸易活动的频繁和热络。此外,台湾当地居民所产的鹿皮,为日本武士制造

---

① 　陈第:《东番记》,《闽海赠言》卷之二,《台湾文献丛刊》第 56 种。
② 　张燮:《东西洋考》卷五,《流求与鸡笼山》,《台湾文献丛刊》第 196 种。

甲胄的急需材料,因而刺激福建商人到台湾从事与当地居民交易鹿皮的活动。丰臣秀吉统一日本后,日本产银量大增,用白银购买中国的丝绸、皮毛、砂糖等。于是商人利用此机会,从大陆购运日本及台湾当地居民所需的货物,一方面与台湾当地居民进行交易,将鹿皮卖给日本,鹿脯则运回福建。另一方面以日本所需的丝绸、皮毛、砂糖等换回白银。台湾成为福建商人与日本商贸的中间站。

三、海外冒险集团的与台贸易

明代,因海禁,澎湖和台湾长期成为海外冒险集团的啸聚之处,并做为进行贸易与补给的根据地。其时间之长、人数之多、船舶之众、涉物之广、声势之大,为历代所少见。虽然对沿海有不同程度的扰乱,但对开发台湾、促进两岸贸易,也有启幕之功。福建有代表性的海盗海商如:

李旦,泉州(又称厦门)人,被称为"台湾海上走私贸易的最大获利者"[1],在台湾早期贸易中发挥了巨大作用。李旦将弟弟留在泉州策应,本人与厦门大海商许心素结拜为兄弟,以台湾为双方的会合地进行交易。当时台湾和澎湖成为主要走私贸易区,李旦抓住这个机会,以台湾为根据地,经营生丝等转运贸易。1618年,有一封寄给英国东印度公司的信中写道:"最近两三年,中国人开始与一个他们称为'高砂',而在我们海图上称作'福尔摩沙'的中国近海岛屿进行贸易……李旦与他的弟弟华宇,无疑是在当地进行私自贸易最大的冒险投资者。去年(1617)他们派了两艘小的平底驳船,载了超过半数以上可能是在交趾及万丹所偿付的生丝进入台湾。理由是去年他们收入丰富,而且他们只要花少量的钱购入当地土产,带回大陆,就能很快净赚超过等值的二分之一。他们说当地都是野的土著,还不懂得使用银钱。"[2]李旦1614年至1625年出海的23艘商船中,有11艘是前往台湾的。至荷兰人据台前,李旦曾在台湾待过近一年,专门从事台湾与漳、泉之间的贸易活动,直至1625年因病去世。

颜思齐,漳州海澄人,曾因命案而逃至日本,与晋江船主杨天生及郑芝龙等26人结盟为兄弟,因意图在日本起事失败,遭到日本缉捕,遂于天启元年(1621),以船13艘入据台湾西南口岸的北港,由此吸引漳、泉人前来开发。《台湾通史》载:"天启元年,海澄人颜思齐率其党人入据台湾。""入北港,筑寨

① 薛化元总编辑:《台湾贸易史》,台湾对外贸易发展协会2008年版,第32页。
② 薛化元总编辑:《台湾贸易史》,台湾对外贸易发展协会2008年版,第33页。

以居,镇抚土番,分汛所部耕猎。"①当时漳、泉无业游民纷纷来台,前后有 3000 余人,颜思奇均予以安置。颜思齐与当地居民结交,并与窃据台湾的荷兰人有贸易活动,建立了自己的船队,形成了一支具有一定规模的队伍,为更好地在东南亚海域拓展商机建立了根据地,对早期闽台贸易和台湾的开发,有不可磨灭的贡献。天启五年(1625),颜思齐入诸罗山打猎,欢饮大醉,患伤寒病,数日后去世。

郑芝龙,泉州南安人,其周围亲戚多是海商,从幼受到浸染,故有海商性格,豪气而喜结交。18 岁附搭商船前往日本,以郑一官为名,从事贸易,结识在日本的颜思齐,一起驾船至台。颜思齐病逝后,众推郑芝龙为首。郑芝龙由此极力扩张势力,拥有海船千艘,横行于台湾海峡。至天启七年(1627 年)侵犯漳浦,雄踞厦门,官军不能制,明臣乃施招抚之策。崇祯元年(1628),郑芝龙接受招抚,被授为游击,平定海上群盗,以功进升总兵、都督,声势愈大。是时海上船舶,无郑氏令旗不得通航。荷兰东印度公司转口贸易因而受制,乃与郑双方订立贸易互惠条约。郑芝龙借官方之名,以厦门为主要据点,扩大商贸活动,与日本、东南亚诸地均有商务往来。在此期间,闽台商贸活动也有相当的发展,郑芝龙的商船在其中起了重要的作用。

四、荷兰据台时期与闽人的贸易

1602 年,荷兰政府协助荷兰商人组成联合东印度公司,以获取经济利益为最大目标。1624 年侵占大员(台湾台南),并立即在台南修筑了防御工事,后被扩建成热兰遮城(今日的安平古堡前身),作为堡垒及长官住处,并设置商馆,以为商务的行政机构,积极开展商业贸易。"由是漳、泉商贾来集者日多,城外渐成街市。"②

荷据时期涉及两岸贸易的中文相关文献不多,当时居住在热兰遮城的荷兰人,用古荷兰文撰写的《热兰遮城日志》,记录了 1629 年 10 月到 1662 年 2 月荷兰人在台湾的贸易情况,是荷兰据台时期最重要的基本史料。此书四册,已由出生于台南的旅荷学者江树生教授全部用中文译出,台南市政府出版。书中有不少内容详细记录了与闽人的贸易经过,是研究这一时期荷兰殖民者与福建开展商贸活动的第一手资料。

据书中所记,荷兰人在台的对外贸易,主要是将从日本、欧洲及南洋运来

---

① 连横:《台湾通史》卷二十九,《台湾文献丛刊》第 128 种。

② 黄文博总编辑:《南瀛探索——台南地区发展史》,台南县政府 2004 年出版,第 244 页。

的物品销往大陆,再把大陆出产的物品销往日本、南洋一带。而福建,则为其中最重要的纽带。

现仅以第一册为例,从最早记载的前7年(1629年12月至1636年12月)中的部分记录,可得知荷据初期荷兰人与福建商人贸易的大体情况:

1.在福建从事商贸的重要人物与据台的荷兰人都力图促成通商贸易。无论是海盗李魁奇,还是福建海商集团代表郑芝龙,都曾派人与荷兰人提出通商要求,并采取了多种措施以推进此事。荷兰人也做出了积极回应,表示所有福建商人都可自由赴台通商。

2.双方都颁发通行证。福建商人出海的通行证,由被称为"军门"的总督、各地海道颁发,故荷兰人建议与之交往的福建商人,要设法与福建各级官员搞好关系。福建商人在交完国税后,可与荷兰人公开贸易,并可自由前往台湾。无论是出入台湾通商或捕鱼,亦必须持荷兰人所颁发的通行证。

3.双方商船活跃的区域,主要在福建的"漳州河"(位于厦门与金门所在的海湾,即今日厦门港)、浯屿(今日金门)、台湾的打狗港(即今日高雄港)。澎湖有时为中转地。福建的船只主要来自厦门、烈屿、福州,使用的船只大多为戎克船,即帆船。

4.双方贸易的商品,从台湾运往福建的有:咸鱼,鹿肉,铜,铅,苏木,丁香,胡椒;从福建运往台湾的有糖(冰糖、砂糖、糖块)、明矾,生丝,姜,木板,石头,米,盐,水泥,麦酒、金丝,白蜡,粗糙或精细的瓷器,茶,丝质布料,华盖,杂货,柱子,红瓦,纱绫。有时也采用预先订购的方式,以保证需求。双方都以现款结算为主,最高可获40%~50%的利润。

5.影响双方贸易的最主要原因是天气,强风和浓雾是决定性因素,好天气时几乎每天都有福建戎克船抵达台湾,最多时可达30多艘。从福建沿海到台湾的戎克船,不仅带来商品,还常在台湾南方捕鱼,再醃成咸鱼后运回福建。

以上记录较为简单,若截取《热兰遮城日志》中某一年的记录,便能全面得知当时盘踞台湾的荷兰殖民者与福建商人贸易的完整情况。现仅以第一册中1637年1月至12月的记录为例,从这一年的完整的记录中,可得知以下内容:

1.往返的船只。一年中,往返于海峡两岸的戎克船主要来自厦门,其次为福州、烈屿、安海。总数近千艘,除了书中明确记载10余艘为广东来的和少数记载模糊、无法辨识的船只数字外,所记往返闽台两地的戎克船共969艘,平均每月80余艘。只要天气好,几乎每天都有船只往返闽台两地。其中大部分是商船,也有部分是渔船,是来台湾捕鱼后腌好再运回福建,但有时也兼带些台湾需要的商品。商船有单独行动的,也有结伴而行的;渔船则大都结伴出海,有时动辄几十艘。这些往返于闽台之间的戎克船,无论渔船或商船,都兼有载人的任务,根据船只的大小,人数有七八位、十几位、数十位、二百余位不等,一般渔船载人较少,商船载人较多。往返闽台的商船在台湾所待的时间,虽没有详细记录,但据 4 月 25 日记载,有 3 月 23 日来的商船今日返回,可知有待一个月左右的。

2.交易的物品。船上所载之物,从福建运到到台湾的,如:糖(冰糖、白糖、砂糖)、姜糖、茶苧、茯苓、盐、米、大麦、小麦、中国麦酒、纱绫、华盖、各种布料(花缎、海黄)、丝(生丝、白丝、丝纱、黄丝、金丝)、京绫(双面、单面、雕花)、麻纱、粗瓷器、精美大瓷罐、精美瓷器、天鹅绒、丝制品、火柴、铁锅、木板(用来制作糖桶)、明矾、红瓦、板条、柱子、白蜡、水银、粗木制品、白色 cangan 布衣服、造糖桶、麻纱机,以及黄金、中国马等。从台湾运到福建的,主要有:鹿肉、咸鱼、鱼卵、铜、铅、木香、檀香木,及被拒收的货物和出售货物后所得现款,有时无物可载,仅载压舱物。每船所载货物的数量,除了因货源、需求不同外,还因船只大小不同,运载数量各不相同,如砂糖有 150 担、200 担、250 担、300 担、400 担、500 担、600 担、700 到 800 担、1100 担、2000 担;中国麦酒有 400 罐、1800 罐;姜糖有 250 担、350 担;白色生丝有 26 担、126 担、140 担、236 担;纱绫有 400 匹、500 匹、600 匹、2000 匹、20000 匹;麻纱有 1300 匹、10000 匹;大瓷器罐有 110 个、320 个;木板(用来制作糖桶)有 400 块、1000 块、3000 块、15000 块;铁锅 50 个、1000 个;明矾有 200 担、300 担;红瓦有 5000 片、10000 片、15000 片。从福建运往台湾的物品中,陶瓷或为重要货品之一。台湾学者卢泰康根据相关文献统计分析后指出:"光是 1626 年至 1654 年的 28 年间,从中国福建沿海装船运往台湾,再从台湾转口输出欧亚各地的中国陶瓷,总数超过 460 余万件。台湾转口贸易的蓬勃发展,是荷兰与福建海商密切合作的结果。"①

3.管理的方式。书中对荷兰人的管理方式多有记录:一是办证。如要经由台湾相关港口(如魍港)返回中国,或在相关区域捕鱼,则要持荷兰人颁发的通行证。通行证有多种,如对来考察的官员颁发"恰当"的通行证。还有许可证,如捕鱼的许可证有效期有时为 2 个月,届满时要回来交税。二是交税。荷兰人规定,凡在台湾相关港口购买的货物(如鹿肉之类),或在台湾乡间收购的特产(如鹿皮之类),或在台湾相关区域捕获的鱼类(如乌鱼之类),都要向荷

---

① 栗建安主编:《考古学视野中的闽商》,中华书局 2010 年版,第 119 页。

公司交"什一税"(即所得十分之一),交了税后方可离开。也就是说,所有进出台湾的船只上的货物,都要交税。三是订约。商人在台湾某些地区收购特产时,除了要有特别通行证外,还要与荷兰人签订各种和约及贸易契约,以确保荷兰人的利益。如荷兰人认为商人从二林(台湾北部)收购大量的鹿皮后,曾直接经由中国转售日本,使荷兰公司的利益受到损失,因此要求订约,规定只能将鹿皮让售给荷兰人,否则不发许可证。四是检查。如福建商船抵达台湾或返回时,荷兰人都要对所载物品进行仔细检查并一一登记,不仅为了了解其货物的种类和数量,还要看是否漏税。

4.交易的渠道。荷兰人通常用现款交易货物。每船所载货物涉及的金额不等,较大的船所载之物,有的约值100000里尔,有的约值400000荷盾,有的约值268266.9.6荷盾。有的货物为荷兰人要求代购,保证现款支付。有时缺乏银子,无法付现,则尽可能安抚商人,并与商人签订利息合约,以月息3%来延期付款。当时,福建渔民在台湾捕鱼后进行贸易已成风尚,或将在台湾捕到的鱼腌好运回福建出售;或将在台湾将捕捉的乌鱼腌好后与当地居民交易鹿肉,然后运回福建。

5.贸易的形式。荷兰公司主要做转口贸易,或将所收货物通过印尼的巴达维亚转运回国,或转运日本,所以要看转运国是否需要。因此荷兰人往往在拒收一批货后,又明确告知需要同样的货品,有时让供货的商人无所适从。荷兰人在港口建有仓库,往往将收购来的货物存放仓库,达到一定数量时,再统一装船送去巴达维亚。有时返回福建的船为荷兰人雇来运货(如鹿皮),以便在福建转运,全程均有荷兰人监视。

6.贸易的风险。前往台湾贸易的福建商人的风险:一是巨浪。常有船因台湾的港道巨浪汹涌而不得入,只能滞留漂浮在港外海上,有时数天不得安宁。二是强风。由于商船均为戎克船,以风为动力,所以被风吹离台湾或远离目的地是常有的事,如曾有商船被吹到台湾北边后,落入当地居民手中,受尽折磨,险被杀死。三是拒收。因荷兰人拒收而被退回的原因五花八门,或因品种太多(如黄金、茶苇、花缎和海黄等)超过了荷兰人的预算,或因货物(如一些瓷器)荷兰的公司不喜欢,或因货物(如一些布料)荷兰人不需要,或因货物(如一些布料)质量未达要求。这些被拒收的货物,一般都由戎克船运回福建。

7.存在的问题。双方贸易存在的问题及建议解决的办法,如3月4日一位福建商人写给荷兰人的信中所表述的最有代表性,限于篇幅,无法全文摘录,仅将其简要归结为以下几点:(1)福建商人要求荷兰人对品质良好的货物必须支付稍高一点价格,否则或将货物运往马尼拉和日本。(2)荷兰人先前要求商人采购的货物,因认为质量不如从前突然要求停止运送,商人要求已购的必须得到认可。(3)要求荷兰人在已交税的商人货物和走私来的货物之间,要优先购买前者。(4)商人已完成荷兰人所托收购精美和粗糙瓷器的请求,请荷兰人按事先约好的价格支付现款。(5)商人们抱怨因台湾运来的胡椒被掺杂砂子而损失了10%,要防止此事再发生。(6)商人们已按原定通知收集了大量巴达维亚所需要的货物,现在荷兰公司又突然通知取消,如不认可这些已收集货物,今后就不会有人协助了。(7)商人拟到吕宋岛北岸的海港收集鹿皮,以便交给荷兰公司,请荷兰人发放所需通行证。(8)荷兰人支付货款时不能短缺,但如货物粗劣可拒收退回。(9)中国上层已同意对外贸易,将有更多商人运货到台湾,但荷兰公司首付的价格必须较高。(10)某官员将赴台考察贸易情况,希望好好款待。信中所提的问题有的得到荷兰人的重视,并予解决,对于维持双边贸易起到一定作用。必须提到的是荷兰人十分注意与中国官员搞好关系,如此信中提到的某官员抵台和离台时,荷兰人都以士兵列队和鸣枪鸣炮的礼节迎送。

五、西班牙据台时期在北台湾与闽人的贸易

已占据菲律宾马尼拉的西班牙人,于1626年侵占了北台湾的鸡笼(基隆)及淡水,意图将北台湾作为贸易基地,以获取巨大经济利益。"西班牙人在北台湾的贸易形态,是以鸡笼及淡水为根据地,进行与马尼拉、中国及日本等地的转运贸易。"[①]西班牙人努力吸引中国及日本商人前来进行贸易活动,而福建商人则最为活跃。北台湾的鸡笼和淡水一时成为联结大陆与海外的枢纽,成为重要的转口贸易的集散地。福建商人通过鸡笼和淡水将大陆商品转运到马尼拉;马尼拉也是通过鸡笼和淡水将白银与货物输入中国。

西班牙人为促进与闽人的贸易,采取了多种措施:一是主动联络在当地进行商业活动的中国人。早在西班牙人未据台之前,基隆就曾是大陆商人(特别是福建商人)常来的贸易地,他们以大陆的货物,与基隆的少数民族交换硫磺、鹿皮及沙金。西班牙人一到鸡笼,立即主动与这些商人联系,希望这些商人能带来更多货物。而商人带来的一些货物,如生活用品、粮食、建材等,不仅有助于贸易,也解决了西班牙驻军的一些需求。为了笼络福建沿海的商人,"马尼拉方面采取以鸡笼驻军用军队保护中国商船安全抵达鸡笼的方式,来展开鸡笼与中国的贸易活动,认为如此就会吸引中国商人来此经商,马尼拉的商人及资本也自然会聚集到鸡笼,商船定期航行于马尼拉及鸡笼之间,中国商品即可

---

① 薛化元总编辑:《台湾贸易史》,台湾对外贸易发展协会2008年版,第62页。

透过此一贸易途径转运至马尼拉,西班牙的北台驻地驻军对于官方补给船的依赖度也可随之降低。"①二是积极设法与福建官方建立联系。西班牙人希望得到福建官方的支持,以便于福建商人运来大量生丝。通过多次努力联系,及多次利益交换,福建官方虽然同意对前往鸡笼贸易的商人颁发被称为"文引"的海外贸易执照,但始终不同意西班牙人到大陆沿海进行贸易,使西班牙人的意图并未完全实现。但福建沿海的商船却络绎不绝地运来大量商品,"鸡笼、淡水的民间贸易仍有相当发展,例如1630年就有大量的中国布及小麦运至鸡笼,并由官方补给船运回马尼拉,显示只要有利可图,中国商人仍会载运各类商品来到北台湾,与西班牙人交换白银"②。

福建商人与西班牙人的贸易日趋频繁,引起了荷兰人的不满,他们开始设法进行阻碍。"荷兰人在1628年从巴达维亚派出船队,受命攻击传闻要从福州载运大量瓷器到鸡笼、淡水的中国帆船,显示当时福州与北台湾间的贸易颇为热络,才会引发荷兰人的关注。"③

1635年之后,西班牙人已无力维持在北台湾的地盘,鸡笼与淡水的地位逐渐被边缘化和弱化,贸易活动也开始式微,直至1642年,荷兰人将西班牙人驱出台湾,其势力始全部退出台湾。

六、台湾当地居民与闽人的贸易

在荷、西据台时期,有福建商人或渔民直接与台湾当地居民进行贸易。有的商船直抵台湾二林(北部),收购鹿皮和大麦。有抵达魍港捕乌鱼的漳、泉渔民,以日用百货与当地少数民族交易鹿肉、鹿皮。对此,文献多有记载:

"十六世纪末的明朝政府已经允许汉人前来鸡笼与淡水捕鱼、贸易。明万历十年后的十年间(1580年代),每年也有将近十艘来自福建漳州、泉州的船,到台湾北部与'原住民'交易砂金、鹿皮等物。交易地点,应该不离鸡笼、淡水或连结两处的海岸线。"④

"嘉靖末年,荷兰人和西班牙人、福建漳泉人渡海与当地土蕃发生贸易。又崇祯初年西班牙人占领淡水一带,崇祯十五年荷兰人北上驱除西班牙人退出台湾之后,荷兰人和汉人经常登陆南崁港和当地蕃人交易。"⑤

---

① 薛化元总编辑:《台湾贸易史》,台湾对外贸易发展协会2008年版,第62页。
② 薛化元总编辑:《台湾贸易史》,台湾对外贸易发展协会2008年版,第63页。
③ 薛化元总编辑:《台湾贸易史》,台湾对外贸易发展协会2008年版,第63页。
④ 王行良总纂:《金山乡志》(历史篇),台北县金山乡公所2010年版,第67页。
⑤ 许呈中总编辑:《大园乡志》,桃园县大园乡公所1978年版,第73页。

"乌鱼的主要渔期在每年北风期的十二月到翌年二月,这一时段也是'原住民'捕鹿的时期,漳泉渔民靠东北季风推助,渔船很容易就可抵达魍港外海捕鱼,然后运到附近渔寮盐腌,并趁机前往'原住民'社区交易鹿脯、鹿皮、日用货品。"[①]

第三节　明郑时期的闽台贸易(1661—1683)

一、通商收入是明郑主要经济来源

1661年4月,郑成功率25000名将士,分乘200艘战船在台湾鹿耳门登陆,翌年二月彻底打败荷兰殖民者,收复了台湾。郑成功将明朝的官制和管理模式移植到台湾,在台湾建立了与明朝统一模式的行政机构和管理系统,使台湾和福建沿海连为一体。郑成功常在台湾"遥拜帝座",至永历十六年春正月朔,"当是时,帝在滇城,或曰杀矣,或曰幽矣,或曰遁矣,成功犹奉朔称永历。"[②]郑成功病逝后,其继承者郑经亦如此,"十七年春正月,滇城讣至,经犹奉朔称永历"[③]。郑成功和郑经都是以明朝臣子身份治理台湾的,所以其治理台湾的方式方法,皆以明朝为样板,可视作明朝制度在台湾的一种特殊沿袭和继续。正如《重修台湾府志》所载:"自伪郑拾荷兰之遗,城市室庐,颇近中土。"[④]

郑氏政权对台湾的治理举措,主要包括:重新划分行政区、建立中枢机构、健全基层组织、设学校并开科取士、完善军事建置、推展国际贸易。郑氏集团大力招募大陆沿海居民移居台湾,闽、粤等地数以万计百姓渡海来台,加入拓垦大军。经过郑氏政权多年经营,台湾有相当规模的开发,在清廷收复台湾时,台湾开垦的土地田园有18000余甲(1甲相当大陆11亩3分1厘),其拓垦范围,除台南为一大中心外,在今凤山、恒春、嘉义、斗六、竹山、彰化、埔里、苗栗、新竹、淡水、基隆等地也有点状开发,汉族人口增加到15万~20万,为原有汉族居民的2~3倍。

郑成功收复台湾后,清廷为断绝沿海人民与郑成功的联系,于顺治十八年

---

①　黄明德、蔡隆德:《古魍港寻迹》,《台湾文献》(第五十一卷),2000年9月。

②　连横:《台湾通史》(上册),商务印书馆1996年版,第27页。

③　连横:《台湾通史》(上册),商务印书馆1996年版,第28页。

④　六十七、范咸纂辑:《重修台湾府志》(上),"行政院文化建设委员会"、远流出版事业股份有限公司2005年版,第91页。

(1661)十二月十八日发布了《严禁通海敕谕》,此谕为清初最为重要的"禁海令",从中可得知:1.郑氏集团之所以能生存至今,主要是沿海居民与其通商,并提供大量货源,起到"潜为资助"作用。2.郑氏集团在沿海各地设有多个贸易点。3.沿海商贾可任意出海,并与郑氏集团形成亲密的贸易关系。4.清廷防守海疆的官兵不仅装作不知,还支持这种交易。5.将沿海居民内迁,以便防止私通海上。6.所有地方官员必须"痛改前非",如再"知情故纵",定从重治罪。7.实行"保甲之法",对通郑氏者皆从严治罪。8.所在人士对发现的活络船只都要向当地官员举报。9.任何"隐匿不举"者,皆以"叛逆"治罪。10.僧人道士如有通郑氏者,亦以"叛逆律"治罪。

福建地方官员在执行中,给冒犯"禁海令"者以严酷处置:"违禁下海律,凡将牛马、军需铁货、未成军器、铜钱、缎疋、绸绢、丝绵、私出外境货卖及下海者杖一百,物货、船车并入官。若将人口、军器出境及下海者绞。因而走泄事情者斩。"①"禁海令"确实给闽台贸易造成了一定程度上的困难,但也为郑氏集团催生了新的机会。"及王入台,而清廷方严海禁,沿海数千里,尽委而弃之,故得独握其利。"②一方面沿海居民因无法讨海而使生活陷入困境,而与郑氏商团的贸易虽有风险却不失为一条出路,故迫于生计而铤而走险者不绝如缕;另一方面以往从事东方贸易的欧洲商人和日商等外商,因"禁海令"无法直接在大陆沿海获得中国货物,只好转求于台湾的郑氏商团,而郑氏商团正好借此机会在台湾海峡独自做大,使这些外商无法与之竞争。故"此一禁令,对郑氏影响甚微"③。

郑成功在台湾采取寓兵于农和招农开垦的政策,大力发展农业生产,但这对维持政权所需的庞大财政开支是远远不够的。郑氏统治集团意识到,只有对外推行商贸以扩充财源,才是最好的办法。"延平克台,与民休息。整军经武,以待时机,而财用不匮,以有海通之利也。"④为向欧洲商人及日商提供货物,郑氏商团必须从最直接的福建沿海广开货源。永历二十八年(1674),郑经占领福建沿海各地,闽台贸易更为密切,台湾进入与福建直接贸易阶段。之后郑经继续坚守金、厦,一方面与周边的福建、广东地区的民间进行交易,一方面

---

① 台湾银行经济研究室编辑:《郑氏史料续辑》卷七——《两广总督王国光会题闽商李楚等走险出洋残件》,《台湾文献丛刊》第168种。

② 连横:《台湾通史》(下册),商务印书馆1996年版,第442页。

③ 程大学编著:《台湾开发史》,众文图书股份有限公司2000年版,第102页。

④ 连横:《台湾通史》(下册),商务印书馆1996年版,第442页。

继续掌控海峡的制海权,进行对日本及东南亚各地的贸易。可见在清初实行"迁界""禁海"政策后,大陆民间与郑氏仍有贸易往来。郑氏对外贸易的对象主要是欧洲、日本及东南亚等地,贸易的形式是以台湾东宁、福建厦门为中转进行转口贸易,"凡中国诸货,海外之人皆仰给焉。故能以弹丸之岛,而养七十二镇之兵"①。其根据地为台湾东宁和福建厦门,交易品以大陆和海外都需要的货物为主。"延平克台,亦恃航运,故能横厉重洋,以凭天堑,而清人莫敢抗。永历十八年,英人来请通商。二十年,吕宋总督派使来聘。二十八年,命户都事李德赴日本。又造巨舶往贾暹罗、吕宋、葛拉巴。其后辄相贸易,皆有航运之利。当是时,清廷方严海禁,凡入海者杀无赦,而闽、粤人之住南峤者已数百万人,均以台湾为内府,故得独操通海之利。"②与福建维持商贸,再转口给欧洲、日本及东南亚各国以获取巨额利润,是明郑政权赖以生存的重要财源。"是诸国者,皆与台湾贸易,岁率数十万金。"③没有商贸经济的支持,明郑政权庞大的开支是难以解决的。

明郑后期,由于清朝长期实行"海禁""迁界"政策,而其统治也日渐巩固,明郑却内部矛盾日深,用兵福建又失败,郑经遂放弃金、厦,撤回台湾,使闽台直接贸易受到相当程度的打击。

二、明郑为开展贸易采取的主要措施

(一)依托严密的贸易组织

"山海五商十行"是郑成功以大陆沿海为抗清基地时所创设的,是郑氏集团采购内地货物、向海外输出货物的贸易组织。其山路"五商",即以金、木、水、火、土为名号的五行,设于杭州等处;其海路"五商",即以仁、义、礼、智、信为名号的五行,设于厦门等处。"山海五商十行"各自独立经营,互不统属。山路五商负责采购苏杭等地生丝、丝织品等细软及中药材,将各种货物源源不断送往厦门出海。海路五商负责派送出口货物,并配发西洋来的货物销售到内地。同时以武装和船队护送,保证商贸活动的顺利进行。厦门成了福建与台湾、福建与日本以及东南亚各地商务往来的中转站,一时成为维系福建、广东以及日本、东南亚各地商贸关系的十分重要的商品集散地。郑氏集团还利用厦门的特殊地理位置与海外通商,如永历十八年(1664),郑氏集团与英国东印度公司缔结通商长约,准许英国人在安平、厦门两地通商。"山海五商十行"以

---

① 连横:《台湾通史》(下册),商务印书馆1996年版,第442页。
② 连横:《台湾通史》(下册),商务印书馆1996年版,第373页。
③ 连横:《台湾通史》(下册),商务印书馆1996年版,第443页。

其严密而高效的组织,积极开展各种通商活动,突破了清廷设置的各种障碍,保持了货源的畅通,收获了巨额利润。即使郑氏集团转退台湾后,在山路"五商"被清廷查抄的情况下,海路"五商"仍然活跃,确保了郑氏集团在海外的贸易活动顺利进行。颇有创意的"山海五商十行"给后人诸多启发,正如台湾学者所言:"当年郑氏以'山五商'、'海五商'经营方式,即是今日国际贸易进出口的雏形。"①

(二)发展庞大的海上贸易船队

为保证货物的运送规模,郑氏集团高度重视贸易船队的建设,其海路"五商",每一字号下都保持通洋贸易船12艘,以形成绝对的海上运输优势。在郑氏集团的推动下,"大小官员,多造商船,往来贸易于东西两洋,与中国船在海上互相联络。"②庞大的船队规模使郑氏集团在竞争中占有绝对优势,如1650年抵达日本长崎的70艘中国商船中,有59艘来自郑氏集团势力范围内的福州、漳州、安海,约占80%比例,此种情况持续多年,由此可得知郑氏船队的数量和气派。郑氏时期庞大的船队规模使郑氏商团在海峡中取得了制海权,占尽优势,一时垄断了海峡来往的贸易,其他商船只有征得郑氏集团同意,才可通航。

(三)设置大陆沿海的贸易据点

为解决货源等问题,康熙七年(1668),郑经接受了陈永华建议,派遣漳州人江胜带军击退盘踞在厦门的各种势力,重新占领厦门、金门,建立据点,集数百漳、泉人,专门转输台湾与大陆货物。他们平价交易,童叟无欺,吸引了周边大量居民不断运送货品前来交易,使厦门、金门成为商船云集、货物集散的国际贸易地。郑氏集团与大陆沿海福建、广东的商贸活动有厦门作为支撑,收到独占坐大之利。康熙十五年(1676),郑经再次占领海澄,并使之成为对台联系的重要港口,至1680年清军重新占领海澄。郑氏集团还在铜山(今东山)设置据点,与台湾的贸易一直很活跃。郑氏集团设置的这些贸易据点,不仅拉近了闽台间的距离,也使台湾藉此与东南大陆保持了经济上的联系。

(四)以新的经营模式减轻合作方风险

为减轻合作因各种风险(如被海防官兵逮捕、发生海难等)而带来的资金上的运转困难,郑氏集团没有按常规的民间合资经营、船主经营等方式进行

---

① 林金田:《台湾经济发展的概述》,《台湾文献》第五十一卷第三期,2000年9月。

② [日]东嘉生著,周宪文译:《台湾经济史概说》,海峡学术出版社2007年版,第40页。

运作,而是将资金分为两个部分,即:"a.'王的资本',交由商人经理,由资方承当利益、损失,商人只分担利益。b.'官的资本',雇用船员出海,以资方的船货为主。由此可知,其一方面按照月利借资给海商等人贩卖通商,另一方面,海商恐怕亦是由郑氏出资金出海经营海外贸易。"①这种新的经营模式减轻了合作方的风险,由此大大激发了合作方的积极性。这种做法也曾引起过官方的怀疑,如"曾有闽商李楚、杨奎各执郑氏之牌出海贩货,被抓后交由理刑厅审。会审官员认为如是商人,本钱有限,而此二人货物累累,不下数万金,定是郑氏集团的本钱。"②由此亦可得知其经营的货物之多、涉及的金额之巨。

三、明郑时期闽台贸易特点

(一)对福建沿海相关人员普遍行贿

当时往来闽台的福建沿海商人普遍以行贿的方式,或与当地官员勾结,或直接买通海防守军。日久天长,形成惯例。正如江日昇《台湾外记》所载:"特守界弁兵最有威权,贿之者纵,其出入不问。"郁永河《伪郑记事》称:"成功以海外岛屿,交通内地,偏买人心,而财用不匮者,以有通洋之利也。本朝严禁通洋,片板亦不得入海,而商贾垄断,厚赂守口之官,潜通郑氏,以达厦门,然后通贩各国,凡中国诸货,海外之人皆仰给焉,于是通洋之利,惟郑氏独操之,财用益饶。"③

(二)走私形成一定规模

郑氏集团在走私方面积累了丰富的经验,形成了一定规模。整个走私过程中其成员分工明确,各司其职。如有人先偷偷通过山路,在防守不严处将生丝等物品运抵海边,再找机会由商船、渔船运出海,最后集中于郑氏船队。正如日本学者东嘉生所言:"大陆人民之求利心切者,乘夜密输货物来者,亦属不少。"④清初虽严禁大陆与台湾通航通商,但为高额利润所诱,大陆福建及广东商人仍冒风险私运货物与郑氏集团交易。"在当时,以民间走私形式出现的大陆通过台湾与各国的转口贸易,已成为两岸贸易的主流,从而促进了两岸经贸

---

①　黄文博总编辑:《南瀛探索——台南地区发展史》,台南县政府 2004 年版,第 276页。

②　《郑氏史料续辑》卷七《两广总督王国光会题闽商李楚等走险出洋残件》,《台湾文献丛刊》第 168 种。

③　周宪文编著:《台湾经济史》,台湾开明书店 1980 年版,第 176～177 页。

④　[日]东嘉生著,周宪文译:《台湾经济史概说》,海峡学术出版社 2007 年版,第38 页。

关系的进一步扩展。"①

(三)沿海居民暗中通商

清廷的"迁界"政策,使沿海许多居民失去生活来源,故多有怨言,且郑氏长期经营闽南,当地居民多慕郑氏,因此不顾禁令,设法密通郑氏,"漳泉人争附之"②而暗中通商,尽可能提供各种货源,已成风气。明郑"通饬金厦、铜山、达濠诸镇,与民交易,无相诈虞"③。沿海居民将各种货物集中在相关地点,再转运厦门。"郑氏为生路问题,也致以非常的努力,运用多种方法打开此种封锁,结果甚为奏效。台湾对大陆的通商,仍能畅行。"④

(四)闽台双方货物互通有无

福建和台湾都能够提供对方需要的货物。福建提供贸易的商品主要有:生丝、锦缎、绢线、丝绸、丝绒、府绸、棉布、瓷器等。台湾提供贸易的商品主要有:盐、砂糖、油、菁靛、苎、青麻、鹿皮、獐皮等,亦有琉磺与樟脑,当时台湾所产的糖年约 100 万斤,成为输出货物中的大宗。在向台湾郑氏集团提供的商品中,闽南瓷器是重要货品。虽因种种原因,明郑集团已开始在日本等地寻找新的瓷器货源,但走私到台湾的闽南陶瓷产品数量仍然很大。"所有由台湾明郑所经营贩运的贸易陶瓷中,来自闽南的产品所占数量仍大。17 世纪中期的闽南沿海一带,处于清廷与明郑交战频繁地区,瓷器生产与输出理应受到相当程度的打击,但相关考古数据显示该地窑业并未完全中断,例如高雄县湖内乡南明宁靖王朱术桂墓(1683)出土的青花'寿'字纹碗、台南县社内遗址出土的同类青花'寿'字纹碗以及青花秋叶纹盘,在台湾南部出土颇有一定数量,可见明郑海商集团在沿海地区的走私活动,仍不断将闽南生产的陶瓷输出至台湾与海外地区。"⑤

第四节　清代闽台经济关系

一、从一港口对渡到多港口对渡

康熙二十二年(1683)七月,清政府派福建水师提督施琅率水陆将士 2 万

①　王耀华、谢必震主编:《闽台海上交通研究》,中国社会科学出版社 2000 年版,第86 页。

②　连横:《台湾通史》(下册),商务印书馆 1996 年版,第 443 页。

③　连横:《台湾通史》(下册),商务印书馆 1996 年版,第 443 页。

④　程大学编著:《台湾开发史》,众文图书股份有限公司 2000 年版,第 102 页。

⑤　栗建安主编:《考古学视野中的闽商》,中华书局 2010 年版,第 122 页。

余人、战船 200 余艘,从福建铜山向澎湖、台湾进发,清军向澎湖守军发起攻击,郑军溃败。七月,郑克塽率众归顺清政府。康熙二十三年(1684)至光绪十年(1884)这 200 年间,清廷设台湾府,隶属福建省,使闽台从管辖上连为一体,因此来往更加便利,促成了闽台从一港口对渡到多港口对渡。

清廷收台后的当年,即康熙二十三年(1684),康熙就要求福建等沿海地区开禁贸易,并于农历七月十一日(8 月 21 日)三次催促早开海禁。其一曰:"百姓乐于沿海居住,原因海上可以贸易、捕鱼。尔等明知其故,前此何以不准议行?"二曰:"先因海寇故,海禁不开为是。今海氛廓清,更何所待?"三曰:"边疆大臣,当以国计民生为念。向虽严禁,其私自贸易者何尝断绝。凡议海上贸易不行者,皆总督、巡抚自图射利故也!"[1]至农历九月一日(10 月 9 日),再谕大学士等:"向令开海贸易,谓于闽、粤海边生民有益。若此二省民用充阜、财货流通,各省俱有裨益。且出海贸易,非贫民所能;富商、大贾懋迁有无,薄征其税,不致累民,可充闽、粤兵饷,以免腹里省分转输协济之劳。腹里省分钱粮有余,小民又获赡养。故令开海贸易。"[2]在康熙的干预下,闽台往来开始实行有限制性的开放。

康熙二十三年(1684),清廷开台南鹿耳门与厦门对渡,时为台湾对外贸易的唯一口岸。台湾"一切贸易,差不多只在对岸为之。清朝指定厦门为对台贸易的唯一商港,设商行于厦门,一切船舶须有商行的保证始可入台湾的鹿耳门,非经商行许可,不得在厦门做买卖。"[3]凡台湾航离本岛的船艘,都必须在鹿耳门港口挂牌查验后,才能离港。随着厦台贸易的频繁和深入,以厦门为中心的对台贸易,除了与台湾鹿耳门对渡外,又自行衍生出了多条厦台贸易路线。据日据早期的"旧惯调查",康熙三十五年(1696)时,大陆沿海以厦门为主的 11 条沿海贸易线,其中与台湾有往来的即有 5 条。第一条路线是龙溪、同安、海澄、安海、晋江、南安、惠安等地所属的帆船,与台湾(安平港)、淡水港交通,台湾输入的主要是豆饼、米谷、油等,台湾输出的主要是本地特产。第二条路线是龙溪、同安、海澄等地所属的帆船,到台湾后再回航盖平、胶州,然后回航至厦门,输入台湾的货物除第一条贸易线的商品外,尚有布帛、杂货等,台湾输出的有砂糖及其他特产。第三条路线与第二条路线同,输出入品亦与第二

①　张本政主编:《〈清实录〉台湾史资料专辑》,福建人民出版社 1993 年版,第 66 页。

②　张本政主编:《〈清实录〉台湾史资料专辑》,福建人民出版社 1993 年版,第 67 页。

③　[日]东嘉生著,周宪文译:《台湾经济史概说》,海峡学术出版社 2007 年版,第 215 页。

条路线相同。第四条路线为云霄、漳浦、诏安等地所属的船,往来台湾、厦门间,与第一路线同,但贸易品主要为砂糖、龙眼肉及苎麻、黄麻。第五条路线为澎湖所属的帆船,往来于澎湖、厦门间,主要输出澎湖的咸鱼、落花生、豆、甘蔗等,输入澎湖的是豆饼、米谷、杂货、木材、布帛等。当时主要的船只为帆船,其载重量为1500担。其时台湾与厦门间的关系有如一鸟之两翼,俗谚为"台即厦,厦即台"①。可见当时厦门在闽台贸易中的重要地位。

乾隆四十九年(1784),清廷开泉州、晋江、蚶江与台湾彰化、鹿港之间的对渡。其缘于时任闽浙总督富勒浑上奏,要求请批准泉州、蚶江和彰化、鹿港对渡,其奏称:"蚶江渡台,既可以顺舆情,又可以资民便,不宜仍行禁止。"他在奏折中提出了五条对渡后应采取的措施:"移驻文员以资稽察""添移弁兵以资弹压""分别船只以便稽考""酌拨兵粟以分配运""应禁别口以严偷渡",每条措施都详尽具体,并对其利弊进行分析,如在提到第三条"分别船只以便稽考"时,他认为:"查蚶江出口经渡鹿仔港,路近水平,商民称便。一经设口往来,则向有厦门、鹿耳门出入者,无不贪图便利,争赴如鹜。但台湾、凤山两县,均在西路,其从厦门往返,实为正道。向来调台官兵,领运军饷,从此渡载,直达郡城。而南路台湾、凤山二县兵米,由此配搭商船,运送内地。陆路由鹿仔港配运,则转往北路,陆行数站,可照旧编记册档,出入挂验,不许越赴蚶江渡载。至蚶江商渔船只,系由附近之法石汛挂验出入,往江浙及福州省城、福宁、福安等处贸易。今既准赴台,应会移驻蚶江之通判,将船只验明,编号造报,挂号验放,仍设行保,以专责成。倘有违例偷渡、人照不符,及夹带禁物等项,均照厦门、鹿耳门之例,一并查拿究处。若文武官员故纵失察,分别查议参处。"最后再次强调开口对渡的重要性和五条措施的必要性:"以上五条,俱系守口应行事宜。至闽海关于海船出入,查验科征,向有定例。今蚶江货物流通,税项自必增多。厦门一路自必减办,彼绌此盈,国帑无取损益。所有蚶江出入贩运货物,仍照泉州税口则例科征,仍令挂号验放,互相稽察。再该同知、通判既请移驻,所用关防,应拟定字样,呈请换给。"②乾隆四十八年(1783)十二月二十六日朱批:"该部议奏。"嗣因私贩多由蚶江偷渡,乾隆四十九年(1784年),经前任福州将军奏请,台湾北路于鹿仔港设口,内地泉州于蚶江设口。议定厦门船只由厦门旧口挂验赴鹿耳门,蚶江船只则由蚶江新口挂验赴鹿仔港,蚶江、鹿港两地正式开口对渡。后因厦门船只如由蚶江挂验出口渡赴鹿港,实属迂回绕道,且风

---

① 何培斋主编:《日治时期的海运》,"国家"图书馆2010年版,第126页。

② 《闽浙总督富勒浑奏折》,《台案汇录丙集》卷七,《台湾文献丛刊》第176种。

汛顺逆,实不方便,故厦门白底艍船欲赴鹿港贸易者,准其就近由厦门同知编号挂验放行,其余厦门一切糖船、横洋等船,仍循照旧例,只准对渡鹿耳门出入,不许偷越鹿港,以杜绝偷渡。

乾隆五十三年(1788),清廷开台北淡水八里坌与福州闽江五虎门的对渡。其缘于乾隆五十二年(1787),台湾发生林爽文之乱,乾隆命福康安统兵平台,当年事息后,朝廷令其暂驻台湾,处理善后事宜,福康安并就重要事项奏陈十六条。乾隆五十三年(1788)经大学士九卿等奉旨核议,奏报后即付实施。其中对陆续开禁对渡港口专门奏有一条:"而百余年来,休养生息,贩运流通,实与内地无异。小民等趋利如鹜,势难禁遏。与其阳奉阴违,转滋讹索,不若明设口岸,以便商民。查鹿仔港对渡蚶江,本系封禁,经永德奏准开设,船只往来,极为便利。应请将八里坌对渡五虎门海口,一体准令开设,其无照船只及照内无名之人,仍行严加查察,以防偷渡。该处原设巡检一员,今又新添一汛,足资弹压。"①明确提出"八里坌对渡五虎门"的开口对渡,朝廷大臣核议后同意此奏,认为:"查台湾地隔重洋,封禁海口,原所以防私越海口偷渡。若地势便于利涉,只因封禁,转启偷越勒索之弊,自不若明设口岸,以便商民。今将军福等所奏,八里坌港口距五虎门,水程约有六、七百里,港道宽阔,可容大船出入,非偏僻港口仅容小船者可比。从前即有商船收泊该处,载运米石,管口员弁藉端需索,得受陋规之事。与其阳奉阴违,转滋讹索,不若明设口岸,以便商民。请将八里坌对渡五虎门海口,一体准令开设之处,系将军福等亲临海口,相度地势办理,并经载运粮饷等项,甚为利涉。应如所奏,准其将八里坌对渡五虎门海口,一体开设。行令该督抚转饬淡水同知,上淡水营都司,就近稽查,遇有船只出入,即行挂验。"②当时开设原因,或主要是防止沿岸官员的敲诈勒索,便于运送米谷,但却大大推动了闽台贸易,给商人和其他人都带来极大便利。为规范八里坌对渡五虎门开设口岸后的未尽事宜,当时官方制定了详细的要求和规定,形成具体条款,于乾隆五十七年(1792)列入福建省各项政务施设之例册《福建省例》颁行,并广为报录出示,以图晓谕。其要点如:第一,对渡船只,应预备油麻棕钉,以济急用。因为船舶在风浪中常有损失,故防船备用之物,必不可少。第二,驾驶八里坌船只,应雇觅泉厦舵工代驾,他们熟悉航

---

① 《史遗文集》,黄哲永、吴福助主编:《全台文》(第三十七册),文听阁图书有限公司2007年版,第307页。

② 《史遗文集》,黄哲永、吴福助主编:《全台文》(第三十七册),文听阁图书有限公司2007年版,第307~308页。

路,将给从商者带来方便。第三,八里坌新口应免配兵粟,以节脚费。第四,五
虎门出口船只,回棹仍由五虎门入口,以便于稽查。这样对商民便利,也不会
造成税额流失。如猝遇风暴而漂至他口,则另论。第五,汛口书役,应酌给公
费,以资办公。八里坌新设港口,应招募相关人员,并照新定章程,查验税饷。
第六,如船只犯事,可人留待质,将船先放行,以恤商艰。第七,内地行保之人,
必须给笔资,不许滋扰。① 这些规定对保证口岸间顺利对渡,起了积极作用。

道光六年(1826),清廷开彰化海丰港和宜兰乌石港对渡等。到咸丰十年
(1860)台湾开放与列强通商前,闽台之间形成了鹿耳门至厦门、鹿港及海丰港
至厦门及蚶江、八里坌至五虎门、乌石港至五虎门及泉州等对渡的主要航线。
闽台之间由官方批准的多港口对渡局面由此形成,闽台贸易更加频繁。"台处
闽之东南,以一郡藩蔽全省。即沿海东西地方之对峙者计之:北路淡水厅之后
垄港,与兴化府南日对;后垄而上有竹堑,与福清县海坛镇对;后垄而上有南嵌
社,与福州府闽安镇关潼对;自南嵌至淡水港,与连江县北茭对;自淡水港至鸡
笼山,与福宁府沙埕烽火门对;南路凤山县之弥陀港、万丹港、岐后港、东港、茄
藤港,则与漳州府之古螺、铜山等处对。"② 可见闽台两地沿海,都开有相对应
的港口对渡。而民间私自对渡的港口,更是难以统计。"事实上,台湾北西两
面海岸每个港口,由乌石港到基隆、淡水、旧港、后珑、梧栖、鹿港、安平、东石、
打狗、东港、万丹、妈宫等等都有帆船可与大陆对渡。"③ 随着闽台航运的全部
解禁,闽台贸易进入热络和兴盛阶段,繁忙之时,行驶在两岸的闽台货船多达
千余艘,台湾海峡出现"舳舻相望,络绎于途"的盛况。两岸港口的不断增设,
不仅大大活跃了闽台贸易,对促进闽台两地的经济发展起了重要的作用,也促
进了两岸政治、文化的交流以及民间的来往。

二、闽台贸易的兴盛与港口的发展

闽台贸易的船只往来和货物输送,除民间走私等无法统计外,从当时的一
些港口的记录中,可略知其大概。

据《通商报告》对 1846 年 1 月 1 日至 6 月 30 日从福州入、出港的帆船所

---

① 《八里坌对渡五虎门开设口岸未尽事宜》,《福建省例·海防例》,《台湾文献丛刊》
第 199 种。

② 李元春:《台湾志略》,黄哲永、吴福助主编:《全台文》(第六十二册),文听阁图书有
限公司 2007 年版,第 19 页。

③ 林满红:《四百年来两岸经贸关系史》,《台湾史迹研习会讲义汇编》,台北市文献委
员会 1998 年版,第 179 页。

做的记录,可得知:1846 年 6 月 10 日从福州前往台湾的帆船为 125 吨,装载豆饼和木材。从台湾来的帆船,1 月 22 日入港的船 125 吨,装载砂糖、麻、鞣皮、鹿角等;2 月 9 日入港的船 125 吨,装载竹篮、砂糖、麻等;2 月 13 日入港的船 125 吨,装载竹篮、麻、米等;4 月 24 日入港的船 125 吨,装载竹篮、砂糖、麻、鲨鱼皮等;5 月 20 日入港的船 112 吨,装载砂糖、麻、舵、碇等。[①]

清代前期和中期的闽台对渡航线[②],如:

台湾港口	福建港口
乌石港	獭窟、祥芝、永宁、深沪
基隆	福州、泉州、漳州、镇海、海山、铜山
淡水	五虎门、蚶江、石塘、沙埕、烽火门、坎门、镇海、海山、沙堤、北茭
旧港(竹堑港)	福州、獭窟、莲河、厦门、镇海
许厝港	厦门、福州
南崁港	闽安
香山港	福州、泉州、头北、镇海、獭窟
中港	蚶江、獭窟、崇武、安海
后垄(珑)	獭窟、福州、莲河、海山、南日
大安港	獭窟、蚶江、石寻、金门、深沪
涂葛窟(台中梧栖)	獭窟、祥芝、莲河、福州
鹿港	蚶江、深沪、默林、獭窟、安海、崇武、祥芝、厦门、福州
北港	泉州、厦门、兴化
东石港	獭窟、蚶江、祥芝、永宁、崇武、深沪
安平	厦门、泉州、拓林、蚶江、獭窟、永宁、石寻、安海
打狗	拓林、金门、南澳、石井、福州、厦门、泉州
东港	拓林、安海、下寮、石寻、石井、福州、厦门、泉州
妈宫(澎湖马公)	拓林、獭窟、晋江、蚶江、金门、深沪、崇武

除了以上直接对渡的港口外,福建还有许多其他港口都不同程度地开展

---

① ［日］松浦章著,卞凤奎译:《日治时期台湾海运发展史》,博扬文化事业有限公司 2004 年版,第 39 页。

② 参考薛化元总编辑:《台湾贸易史》,台湾对外贸易发展协会 2008 年版,第 87 页。

了对台湾的贸易活动。仅以漳州为例,如浦头港、石码港、宫口港、旧镇港、云霄港等港口,均为闽台商品重要的集散地。可谓是千帆竞发,商旅密集,有的港口在旺季每天有上百艘船在装卸进出口货物[①],或将输往台湾的商品转驳到厦门等地后,再运往台湾;或将台湾运来的商品转运到各个网点,再分送到所需部门。

开港后的闽台贸易,互相输出的货物大都为本地特产。清代初期从福建输往台湾商品,以手工业产品及日常生活用品为大宗,如:农具、耕牛、布匹、陶瓷、纸张。但不同地区的商人,所经营的商品大多与本地特产有关,如漳州输出的有:丝线、漳纱、剪绒、纸料、烟布、席草、砖瓦、小杉料、鼎铛、雨伞、相柚、青果、橘饼、柿饼;泉州输出的有:瓷器、纸张;兴化输出的有杉板、砖瓦;福州输出的有:大小杉料、干笋、香菇;建宁输出的有茶。台湾输往福建的商品,以稻米与蔗糖为主,还如:麦、菽、克、锡、番薯、鹿脯、糖靛、滕、鱼翅等。台湾各不同地区输往福建商品也不尽相同,如竹堑地区商人提供的商品:油、米、芝麻、豆、糖、菁(蓝靛)、滕、通草、薯榔、苎、樟脑等。

台湾气候和土壤适合种植稻米和甘蔗,粮食作物生产过剩,但极度缺乏生产工具、日用百货等手工业产品。福建因人多地少而长期缺粮,但在手工业产品生产方面有着悠久历史和传统。闽台之间正好互补互助,各自挖掘自己的潜能。这种高度互补的区域分工,使双方都有利可图,所以闽台之间才有长期、广泛的贸易往来。也正因如此,闽台之间关系更加密不可分,无形中使福建在生活方式等方面对台湾产生了深远的影响。正如台湾经济史专家林满红指出的:"在台湾与大陆长期维持区域分工的过程中,台湾的生活方式深受大陆影响,而使其呈现深刻的中国文化特质。"[②]

闽台贸易的兴盛,推动了港口的兴盛;而港口的繁荣,又为贸易创造了良好条件。闽台对渡港口之所以繁荣,有两个最主要原因:

一是两地航线距离较短。这是因地缘而形成的。闽台间对渡的港口间的距离,大多在200浬之内,如基隆距福州150浬,距厦门200浬;淡水距福州140浬,距厦门200浬;旧港距福州150浬,距獭窟120浬,距莲河200浬,距厦门230浬,距镇海350浬;后垄距獭窟48浬,距福州66浬,距莲河66浬;涂葛窟距獭窟66浬,距祥芝65浬,距莲河83浬,距福州91浬;鹿港距蚶江119

① 卢国能编著:《漳台经贸关系》,厦门大学出版社2011年版,第135页。

② 林满红:《四百年来两岸经贸关系史》,《台湾史迹研习会讲义汇编》,台北市文献委员会1998年版,第225页。

浬,距深沪 102 浬,距默林 107 浬,距祥芝 104 浬,距獭窟 105 浬,距崇武 100
浬,距厦门 143 浬,距福州 156 浬;安平距福州 380 浬,距厦门 180 浬,;打狗距
福州 234 浬,距厦门 165 浬。① 可见大多在 200 浬之内,按当时帆船每小时5～
7 浬的航速,从台湾各港口出发的商船,一般用时一天一夜左右即可抵达福建
相关港口。"帆往福州,望北直去,至闽安镇,水程一十五更,不用湾泊澎湖。
若从北路淡水西渡,水程仅七更。登舟半日,可见关潼山。自关潼山趋定海,
行大洋中五六十里,至五虎门;两山对峙,势极雄险,为闽省外户。门外风力鼓
荡,舟帆颠越;既入门,静渌渊渟,与门外迥别。更进为城头,土名亭头;十里即
闽安镇,再数十里至南台大桥。"②航线短,自然就省运费。据乾隆五十二年
(1787)实行的"水运条例":顺水,每石每站三分六厘;逆水,每石每站七分。台
湾海峡则适用"内河顺水"之例,皆以顺风抵内河顺水之价,所以运费较低,如
厦门至鹿耳门十二站,蚶江至鹿港九站,闽安至淡水八站,都以每站三分六厘
给价。③

　　二是清廷的重视和管理。清廷对台湾新开的相关港口,在人员的配置、经
费的筹措、办公场所的建造、所负责任等方面都有详细的规定,旨在加强对港
口的管理。如乾隆四十九年(1784),朝廷决定将福建晋江蚶江作为"泉州总
口",与彰化鹿港对渡。为加强控制,朝廷批准在蚶江设置泉州府蚶江海防通
判,即为"蚶江分府"(正六品级),晋江鹧鸪巡检司划归蚶江海防通判管辖,蚶
江口附近的鸿江、安海、围头、永宁、日湖、祥芝、古浮、东店、厝上等亦归蚶江口
通判管辖。其主要任务为,负责往来闽台之间的商船、渔船的挂牌查验、海域
巡防、督催台运,并可就近处理民间诉讼。同时,还要防止洋人滋蔓。在官署
未盖好之前,蚶江通判可先寄职泉州城内办公,但需在蚶江另租民房,并置衙
役。后由官府拨款 3600 两白银购地建造,有前后厅五进,并有神祠、科房、书
室、房舍、厨厩等。至嘉庆十一年(1806)海防官署落成时,新任通判郑鑅撰文
《新建蚶江海防官署碑记》。④ 朝廷对蚶江海防官署,定有明确职责和权限,有
专款拨款,可见重视程度。再如,在对口的台湾彰化鹿港,也采取了相应措施。

---

① 参考薛化元总编辑:《台湾贸易史》,台湾对外贸易发展协会 2008 年版,第 88 页。
② 李元春:《台湾志略》,黄哲永、吴福助主编:《全台文》(第六十二册),文听阁图书有
限公司 2007 年版,第 16 页。
③ 〔日〕松浦章著,卞凤奎译:《清代台湾海运发展史》,博扬文化事业有限公司 2002
年版,第 17 页。
④ 李国宏:《蚶江鹿港对渡碑》,陈鹏主编:《泉州与台湾关系文物史迹》,厦门大学出
版社 2005 年版,第 204～206 页。

如将彰化同知移于鹿港驻扎,以便于处理"民番交涉"中出现的问题。所有港口的出入船只,都必须由同知察查挂验。鹿港巡检员,亦由同知管辖。时鹿港正开口,为节约开支及解决人员不足,先将理番同知兼海防同知。故其不仅要处理淡水、彰化、嘉义一厅二县的"涉番"问题,还要负责相关海防问题,如稽查进出口船舶、发给商船和渔船执照、查禁偷渡走私、及时协调配运等事物。

三、行郊的兴盛

所谓"行郊",也称"郊行"。行郊是经营海峡两岸贸易的商业组织,一般由十多家或几十家商行组成,在闽台贸易活动中起着主要的推进作用。由于闽台贸易大多是通过各港口的行郊进行的,所以闽台生意是否红火,看各港口的行郊是否活跃便可大体得知。

活跃在闽台的行郊主要有三类:一是由在闽或在台特定区域做生意的商人所组成。如台湾专门与泉州做生意的泉郊,专门和厦门、金门、漳州做生意的厦郊,其中泉郊最盛时商号达 200 余家。福建对台贸易的商人,也有行郊组织,如厦门有台郊,泉州有鹿港郊。据《泉郡鹿港郊公置铁钟铭文》记载,仅泉州鹿港郊,道光年间即有商行 46 家。二是由同业商人所组成。如布郊、糖郊、油郊、糖郊及茶郊等。三是由某港口所在地商人组成。如堑郊、艋郊、澎湖郊等。也有人将行郊分为两类:一是外郊,即由对同一地区从事贸易的商人组成,如泉郊、厦郊、南郊等。二是内郊,即由经营同性质商品的商人组成,如糖郊、油郊、布郊、染郊等。均订有严密的郊规,一切按郊规办。

清代台湾最早的行郊,可追溯到乾隆二十年(1755)前后,先是台南府城出现了专营厦门以北港口贸易的北郊,之后,府城又出现南郊金永顺、糖郊李胜兴、生药郊、烟郊、药材郊、茶郊、丝线郊、草花郊、(竹敢)郊、纸郊、布郊、鱼郊、缎郊等种类繁多的郊商。[①]

清代台湾最著名的行郊,应以"台南三郊"和"鹿港八郊"为代表。

"台南三郊"指台南的北郊、南郊、港郊。北郊主要由配运于上海、宁波、天津、烟台、牛庄等处货物者组成,郊中有二十余号营商,群推苏万利为北郊大商。南郊主要由配运于金门、厦门、漳州、泉州、香港、汕头、南澳等处货物者组成,郊中有 30 余号营商,群推金永顺为南郊大商。港郊主要由采集台湾各港货物者组成,如东港、旗后、五条港、基隆、盐水港、朴仔脚、沪尾等地,以备配运

---

① 黄文博总编辑:《南瀛探索——台南地区发展史》,台南县政府 2004 年版,第 426 ~427 页。

大陆。港郊中有五十余号营商,共推李胜兴为港郊大商。① 与福建关系最为密切的南郊,输出的商品如:苎麻、豆、菁子、米笋干、青糖、鱼胶、鱼翅、豆箕等;输入的商品如:漳州生原烟、泉州棉布、龙岩纸类、福州杉木、香港洋布杂货、厦门药材瓷器、永宁葛、汀州条丝、漳州丝线、深沪盐鱼、泉州砖瓦石等。②

"鹿港八郊"指鹿港的泉郊金长顺、厦郊金振顺、南郊金进益、(竹敢)郊金长兴、油郊金洪福、糖郊金永兴、布郊金振万、染郊金合顺。这八郊包括三类(或两类)的行郊,其中泉郊、厦郊、南郊是由同往泉州、厦门及广东等地贸易的商人共同组成,(竹敢)郊、油郊、糖郊、布郊、染郊则是同业商人的组合。泉郊和厦郊入伙相对容易,"出货遣伙来鹿港,正对渡于蚶江、深沪、獭窟、崇武者曰'泉郊',斜对渡于厦门曰'厦郊'"③。因泉郊和厦郊都具有同乡会性质,故其他行郊成员也可以同乡身份加入,因而这两郊组织更庞大。且鹿港为泉州人聚居地,所以泉郊规模又远胜厦郊,如泉郊所属商号约200余家,厦郊商号仅百余家,故理所当然成为"八郊"中的老大。而"八郊"中与福建关系最为密切的当然是泉郊和厦郊。泉郊主要与泉州地区贸易,以进口石材、木材、药材、丝布为大宗。厦郊主要与厦门、金门、漳州地区贸易,输出米、糖等,输入杉木、布衣、纸捆等。泉郊与厦郊皆依靠帆船来运送岛内外的货物,因此制定了多种较为严密的规约,并不断补充完善,旨在确立航运的规范。以泉郊为例,其制订了不少规约,如:《泉郊会馆公约》《泉郊规约之一》《泉郊规约之二》《泉郊规约之三》等。

清代台湾北部的行郊,随着淡水南岸八里垄开港,也兴极一时。北部有代表性的行郊如:新庄与艋舺两市共同成立的"新艋泉郊";后又有在淡水的泉郊、北郊、厦郊,合称"淡水三郊";接着又有鹿郊和香港郊相继成立,再合称"台北五郊"。其中与福建关系最为密切的如艋舺泉郊(也称"顶郊"),主要与泉州地区贸易,输出商品以大菁、藤、米、苎麻及砂糖为主,输入商品以金银纸、布帛、陶瓷器、咸鱼及砖石为大宗。大稻埕的厦郊(也称"下郊"),经营者多为同安人,专营对厦门及香港等地贸易。④

与台湾港口行郊林立相对应,福建沿海与台湾关系密切的重要港口,也出

---

① 《商事总论》,《台湾私法商事编》,《台湾文献丛刊》第91种,台湾银行经济研究室1957—1972年版。

② 薛化元总编辑:《台湾贸易史》,台湾对外贸易发展协会2008年版,第89页。

③ 周玺纂辑:《彰化县志》卷九,《台湾文献丛刊》第156种。

④ 薛化元总编辑:《台湾贸易史》,台湾对外贸易发展协会2008年版,第91～92页。

现了专营台湾生意的行郊。仅以厦门为例,根据现存厦门碑刻和福建学者的考证,厦门有台郊(即台湾郊)、鹿郊(即鹿港郊)、广郊、蔗郊、麻郊、杉郊、府郊、泉郊、北郊、福郊等。①

行郊除了在活跃闽台贸易方面起了积极的作用外,还有多方面的功能:

一是推动了港口市镇的发展。港口的对渡,推动了行郊的发展,行郊的兴盛,又带动了港口的繁荣,最终推动了港口市镇的发展。如鹿耳门,是第一个被正式批准与大陆(厦门)对渡的港口,使历史上曾长期商贾云集的台南府城,不仅成为更加繁荣的商业重镇,也成为军事、行政、贸易、政治中心。再如鹿港,是第二个被正式批准与大陆(泉州蚶江)对渡的港口,泉州豪绅竞相移居鹿港,使鹿港成为台湾中路要口,旋即迅速跃登为全台湾仅次于台南府城的第二大市镇。《鹿港发展史》一书中将鹿港的发展分为兴起、鼎盛、衰退、没落四个时期,而鼎盛期正是鹿港与蚶江对渡时期②,当时鹿港街衢纵横,大街长达三里,舟车辐辏,百货充盈,直至今日鹿港仍然是人们怀旧的文化重镇。又如八里坌港,是第三个被正式批准与大陆(福州五虎门)对渡的港口,因此成为台北淡水最先繁荣的港口,并逐渐繁盛,当时运送前往大陆稻米的北部商船大都由此出海,八里港湾一片繁荣,"1820年代,台北艋舺(台北市万华)民居铺户约四五千人,八里坌则商船聚集,市街最盛"③。当时港口估客辏集,雇船装贩,一片繁忙。后因水流变化,八里坌口岸开始淤积,港岸遂移至沪尾(今淡水),台北城外的艋舺亦成为淡水港的一部分而进行贸易,后因大量商人云集艋舺,逐渐形成街市,与台南府城、鹿港形成鼎足之势,致有"一府、二鹿、三艋舺"之俗谚,正是对这一时期台湾港口市镇兴盛的最佳写照。这三大港口,形成台湾三大商业中心:南有台南,北有艋舺,中部有鹿港,"台南出口,以青糖(赤糖)、白糖、赤砂糖为首位,次则米豆杂谷、薯签、泥蓝;以次则樟脑、木料、福壳、福肉、苎麻、姜黄、花生粕、麻粕,及兽皮、兽骨、菁子、笋干、鱼翅、药材等类。艋舺出口,则以茶米泥蓝为大宗,其次樟脑、木料、苎麻已耳。鹿港出口,惟米为大宗,其次樟脑、木料、苎麻,亦有相当出口,其次则青福肉及山产等物而已。"④虽然因淤塞等各种原因,最终使有的港口失去其重要作用,但当时因势而起的

---

① 卢国能编著:《漳台经贸关系》,厦门大学出版社2011年版,第108页。

② 叶大沛著:《鹿港发展史》,左羊出版社1997年版,第76页。

③ 戚嘉林著:《台湾史》(第二册),农学股份有限公司1998年版,第651页。

④ 植历:《芳圃闲话(十二)》,《三六九小报》1931年12月13日。戚嘉林著:《台湾史》(第三册),农学股份有限公司1998年版,第988页。

辉煌是不容忽视的。

二是及时调剂市场。与个体商人的小打小闹不同,何地缺货、何处物价上涨,行郊通过自己所形成的网络,可及时了解,将货物尽快送达。特别是有中间商人先将两岸的货物买下,然后再批发给两岸的代理人(或称零售商),以赚取其中的抽佣(或称差价),他们更要紧盯市场,时时眼观六路,耳听八方,什么过剩,什么紧缺,要及时调整,既要小心,又要胆大,促使贸易方法更为灵活。行郊通过努力,不仅赚到了钱,也在客观上起了调剂商品的作用,满足了用户的需求。

三是创造了多种贸易方式。由于各行郊之间有竞争,为了抓住瞬现即逝的商机,行郊中的商人往往不拘一格,各种更加灵活的贸易方式层出不穷,一些行之有效的方法及时得到交流和推广,并被不断尝试和复制,或寄售,或坐贾,或预付,或抽成,或开铺,大大拓展了闽台贸易的空间,也由此生发出许多机会,推动了闽台贸易的不断发展。

四是介入地方事务。特别台湾的行郊,因组织严密,行政功能显著,不仅承担保甲、冬防等活动,有的还出资募勇,维护社会治安,参与平乱与御敌,参加公共工程建设。社会上诸如佛祖生日宴会、鹿耳门普度、鹿港普度及宴会、开港等活动,均要参加。届时由值签者传集各郊友齐到公所要议,按各号大小均派,或出钱,或出力。

五是捐助社会。特别对寺院等处的捐助,行郊总是不遗余力,诸多碑刻对此都有专门记载,可谓不胜枚举。仅以鹿港为例,如鹿港龙山寺的重修,行郊就进行了捐款资助。寺中有碑文记载,其一为《泉厦郊商船户捐题缘金》,刊有捐款人姓名、款目、开支数目。其二记载了三部分内容:一是派人赴大陆铸钟及捐款、免费运钟者姓名;二是泉郊之船免费运载砖、石灰者姓名(计 14 次);三是泉郊和厦郊驳船户运砖户免费起运庭石诸船牌名(计 68 次)。[1] 从鹿港新祖宫《重修天后宫碑记》中可得知,捐助者有泉郊金长顺、厦郊金振顺、泉厦郊行保、布郊金振万、糖郊金永兴、染郊金合顺、(竹敢)郊金长顺、油郊金洪福、南郊金进益。鹿港地藏庵《重兴敬义园捐题碑记》中,可得知捐助者有泉郊金长顺、厦郊金振顺、布郊金振万、糖郊金永兴、(竹敢)郊金长顺、郊商郭光探、南郊金进益。台湾一些著名行郊,对祖地福建的寺院等处也给予捐助,如从《重修泉州开元寺准提大殿碑文》中可得知,捐助者有宁郊金顺兴、淡郊金进顺、笨郊金合顺等。

---

[1] 叶大沛著:《鹿港发展史》,左羊出版社 1997 年版,第 462～463 页。

六是在行内进行协调、判定。行郊组织的商人之间如出现争执等难以拍板的难题,则按所订"郊规"解决,以避免矛盾激化。特别当行郊组织的执掌者有权威时,常常能及时化解诸多问题,起到稳定作用。

四、"米谷台运"

"米谷台运"是清代闽台贸易中的一个重要特色,其时间延续之久、涉及船只之多、投入资金之大、卷入人数之众、牵扯朝廷精力之多,在清代的闽台贸易中,似尚无其他项目可与之比肩。其主要分为两种,一是以官方为主导,即将台湾的米谷运往福建以供兵眷之需,但带有强制性,官方要求前往台湾贸易的商船返回时,不同规模的船只,必须配运不同数量的米谷。二是以商人为主导,即商人根据福建的需要前往台湾采购米谷,旨在赢利,主要运往泉州、漳州、福州等地。

"米谷台运"有着深远的历史渊源。清初,台湾就开始向福建运送米谷。每当福建歉收,台湾即向福州、兴化、泉州、漳州等地输入米谷。福州、泉州、漳州三府人多地少,每年需要台湾输送大量米谷以解决温饱问题。后福州仰仗建宁、邵武、延平的米谷,台湾每年则专门供应泉州、漳州半年以上米谷,分别由北路的笨港、南路的打狗港运出。长此以往,形成了一种天然的默契关系。但在"米谷台运"的过程中,随着情况的变化,负责管理台湾的官员不时提出各种建议,清廷也相应做出不同的调整和规定。

"米谷台运"的初衷,旨在解决兵眷的生活困难。雍正二年(1724),清廷决定将台湾米谷雇船运至厦门,再交由地方官按户配发。在具体运行过程中,制订了《配运台谷条款章程》,规定"货船不放空",凡赴台贸易的商船,返回时需根据船只的大小配载米谷回福建,后成为赴台商船的义务,成为米谷的"台运"制度,造成"无内渡之米船,即无外来之货船"。官方规定台湾每年的米谷须从南、北、中三地运出,而南部的鹿耳门、中部的鹿港、北部的八里垒由于是开设的正口,所以格外繁忙。"清代台闽二地的米谷贸易藉此供需关系,兴盛于乾隆及道光年间,鹿耳门、鹿港及八里垒等正口港市,亦因米谷的繁盛而蓬勃发展。"①

根据闽台两地的具体情况,除了将台米供应兵眷,清廷同时还允许商人将台米运往福建进行贸易。对于清廷允许从台湾输出米谷以补福建各府不足,台湾地方官是热烈响应的。如曾任职台湾道的姚莹认为:"中外一体,台饷之

---

① 薛化元总编辑:《台湾贸易史》,台湾对外贸易发展协会 2008 年版,第 97 页。

缺,省中筹之;福、漳二郡缺食,台地岂容坐视!"①其公文也道出当时运送的繁忙:"台本产谷之区,福、泉、漳三府民食仰之,商民贩运,岁常百万。"②台湾每年需运碾米 50000 石到泉州、漳州,以每艘商船载米 500 石计,则需船 100 艘运载。乾隆十二年(1747)清廷对此议后认为:"查漳、泉二府产米不敷民食,商民赴买收买,甚属简便。请嗣后买米商民,令本县给文赴泉防同知换照过台,呈明台防同知移知台湾府准其购买;于鹿耳门出口时台防同知验数填照,到厦之日令泉防同知移知漳、泉二府听其发卖。倘照内米数不符或由小口出入并不在漳泉发卖,将该商究处;若出口已久、逾期不返,将该商家属审究。"③清廷允许商人采买台谷运闽,但过台时必须执有泉防同知批准文照,在台采买时须经台湾府批准,必须从清廷开放的对渡正口出入,如所运米谷数与批准数不符,或不从正口出入,或不在缺粮地漳、泉发卖,或赴台逾期不归,都要追究商家。

自朱一贵事变后,巡台御史担心台米运出接济洋盗,又恐怕任凭商人贩运台米后,台米腾贵而会生出事端,故曾禁止台米过海。雍正四年(1726),清廷内阁曾就开禁台米运闽向皇帝提出报告:"福建地处海滨,福、兴、泉、漳四府人多田少,皆仰给台湾之米;自严禁奸商贩米出境之后,民食常苦不足。雍正二年,奉旨饬发台湾仓谷,每年碾米五万石,运赴泉、漳平粜。今请再动正项钱粮,运米十万石存贮边海地方;至台湾商贩,仍许至福、泉等府贸易。"④清廷支持商人将米谷运至福州、泉州、漳州贸易,以解当地居民米谷不足。同年,闽总督高其倬在《请开台湾米禁疏》中大声疾呼开放台米贩闽,文中先是论述了开放台米运泉、漳的重要性:"泉、漳之民,有米无米,在所不顾。不知台湾地广民稀,所出之米,一年丰收,足供四、五年之用。民人用力耕田,固为自身食用,亦图卖米换钱。一行禁止,则囤积之米,废为无用;既不便于台湾,又不便于泉、漳。究竟泉、漳之民,势不得不买;台湾之民,亦势不能不卖。查禁虽严,不过徒生官役索贿私放之弊。"接着从四个方面阐述了开通台米的益处:"一,泉、漳二府之民有所资藉,不苦乏食;二,台湾之民既不苦米积无用,又得售卖之益,

---

① 姚莹:《复曾方伯商运台米书》,《中复堂选集》,黄哲永、吴福助主编:《全台文》(第四册),文听阁图书有限公司 2007 年版,第 156~157 页。

② 姚莹:《太子少保、兵部尚书、都察院右都御史、云贵总督、谥文恪、武陵赵公行状》,《中复堂选集》,黄哲永、吴福助主编:《全台文》(第四册),文听阁图书有限公司 2007 年版,第 194 页。

③ 张本政主编:《〈清实录〉台湾史资料专辑》,福建人民出版社 1993 年版,第 157 页。

④ 张本政主编:《〈清实录〉台湾史资料专辑》,福建人民出版社 1993 年版,第 100 页。

则垦田愈多;三,可免泉、漳、台湾之民,因米粮出入之故,受胁勒需索之累;四,泉、漳之民既有食米,自不搬买福州之米,福民亦稍免乏少之虞。"论述了开禁台米不仅对泉、漳人民有好处,对台湾有好处,对福州也有好处。同时提出开禁后可能出现的问题,并对这些可能出现的问题进行分析:"其一恐泉、漳之民任意搬买,或致台湾米贵。查台地一年丰收,足供四五年之食。嗣后应于冬成之时,详加确查。若台湾丰熟,即开米禁;倘年成歉薄,即禁止贩卖。虽年岁稍丰,而一时偶有米贵情形,臣亦随时查禁,必不敢疏忽滋事。其一恐买米之船,接济洋盗。查海洋之中,劫米为盗者颇多,买米为盗者实少。闽地历来诸臣,既于此鳃鳃过计,臣亦不敢不于此详细周防。嗣后泉、漳之民过台买米者,俱令于本地方报明,欲往台买米若干、载往某处贩卖,取具联保,详报臣等衙门……如有不到,即系偷卖,必严惩联保,究出本船之人尽法重处。如此查防,自不致接济洋盗矣。"①清廷和管理台湾的官员的意见,对"米谷台运"的延续、对"米谷台运"能长期保持兴盛,起了积极的作用。

对于"米谷台运"出现的积弊,地方官员往往予以揭示和解决。乾隆十一年(1746),福建巡抚周学健奏曰:"台湾土地膏腴,一岁数获,余粟足供福、兴、漳、泉盘运;近岁商船运粜内地者渐少,每发价赴台采买,经年不能买足。臣再四密访,知台郡采买官价发于有田业户,所发之价祗令一半谷石归公,为奉文采买之数,余并不令缴谷;至次年青黄不接时按时值缴价还官,获利加倍。以故各官私买之谷,转多于公买;私买既多,遂置公买于缓图。此节年相沿陋弊,臣访知,即应奏革除。但台郡远隔重洋,各官幕宾修脯以及巡台供应费倍内地,是以各官惟藉此以补养廉不敷;若骤革除,恐官员不给,即生无穷弊端。是以于本年奏准:采买余粟二十万石,遴选委员赴台发价采买;一则杜地方官乘机私买之弊,一则即令该员将台郡采买积弊并革除后不至掣肘之处访实,再行斟酌具奏。"②当地官员,在米谷丰收时低价买进,在青黄不接时高价卖出,先私买,后再转入公买,获利一倍,将此收入作为养廉的补贴,由此产生了许多弊端。周学健建议朝廷派出专人赴台采买,以杜弊端,得到批准。

闽台两地的米谷供需关系,不仅长期成为闽台贸易中的一项重要内容,也关系到闽台两地人民的生活。乾隆曾于乾隆六十年(1795)谕曰:"商船内渡

---

① 陈寿祺总纂:《道光福建通志台湾府》(中)卷二十五,《台湾史料集成·清代台湾方志汇刊》第二十六册,"行政院文化建设委员会"、远流出版事业股份有限公司2007年版,第613~614页。

② 张本政主编:《〈清实录〉台湾史资料专辑》,福建人民出版社1993年版,第150页。

漳、泉一带，米价自渐平减；该署督等尚当随时调剂，设法招徕，务俾台米源源内运，漳、泉粮价大减，小民无复食贵之虞。"①台湾一旦停止米谷供应，势必造成福建粮价上扬，产生不安定因素。"台湾固为东南数省之藩篱、八闽全省之门户，而于漳、泉所系，尤非浅鲜也；台郡宁谧则漳、泉安，漳、泉安则全闽俱安矣。夫地以民为本，民以食为天。台湾四面俱海，其舟楫相通者，惟泉厦耳。而泉厦又山多地少，仰藉台谷。是台湾之米有出无入了，猝有水旱，非同他郡有邻省通融，商贾接济也。"②由此可见米谷台运的重要性。但官方制定的"米谷台运"的配运制度，让往返于闽台的商人深以为苦。嘉庆年间，清廷港口管制渐松，商人为了逃避米谷配运赔累，常弃官方正口不去而转向私口，时由台湾沿岸众多的小港湾登岸，再由小港偷运米谷至漳、泉等地，以致走私风起云涌。这些走私船的增加，促成了台湾沿岸各大小港口市镇的发展，且与正口的贸易形成互补，进一步密切了闽台间的贸易关系。曾于嘉庆年间担任过台湾地方官的姚莹认为："台之门户，南路为鹿耳门，北路为鹿港，为八里坌，此官所设者，非官所设者，凤山有东港打鼓港，嘉义有笨港，彰化有五条港，淡水有大甲中港，椿梢后陇竹堑大岸，噶玛兰有乌石港，皆商艘络绎，至于沿海僻静，港湾纷歧，多歌径渡，不独商贾负贩之徒。"③这些众多的非官设港口，虽然为走私者提供了便利，但与正口互为补充，大大减轻了正口的压力。

对台米走私的情况，统治当局是十分清楚。乾隆七年(1742)，乾隆曾指出当时台米走私的现状："盖缘拨运四府及各营兵饷之外，内地采买既多，并商船所带，每年不下四、五十万。又南北各港来台小船，巧借失风名色，私装米谷透越内地，彼处概给失风船照，奸民恃为护符，运载遂无底止。"即走私者声称遭风，需要避港以待风信，拿到核发的船照后却伺机深入台湾各小口，利用小船便捷灵活优势，无尽止地将米谷运往福建。乾隆还指出走私米谷船舶的常走路线："闻此项人等，俱从厦门所辖之曾厝垵、白石头、土担、南山边、刘武店及金门所辖之料罗、金龟尾、安海、东石等处小口下船，一经放洋，不由鹿耳门入口，任风所之，但得片土，即将人口登岸，其船远掉而去，愚民多受其害。"这些走私船避开正口，专走小口，有时甚至将所搭乘的偷渡者放下岸后即离去，使

① 张本政主编：《〈清实录〉台湾史资料专辑》，福建人民出版社1993年版，第634页。
② 居鲁：《使署闲情》，黄哲永、吴福助主编：《全台文》(第二册)，文听阁图书有限公司2007年版，第164～165页。
③ 姚莹：《答李信斋论台湾治书书》，《林拱辰先生文集》，黄哲永、吴福助主编：《全台文》第二十九册，文听阁图书有限公司2007年版，第771页。

这些偷渡者深受其害。乾隆最后下谕："着该督抚提镇严饬所属文武官弁,将以上各弊一一留心清查,并于汛口防范周密,不使疏纵,庶民番不至缺食,港路亦可肃清。"①但由于供需旺盛,利润可观,且闽台沿岸各种小口众多,并有两地居民接应,防不胜防,故走私活动不仅屡禁不绝,甚至一度成燎原之势,大小商人,趋之若鹜,始终难以控制。嘉庆十五年(1810)农历五月二十八日(6月29日),"谕内阁:方维甸奏,商船贸易口岸牌照不符,官谷难运,酌议三口通行折,据称台湾商船向来鹿耳门港口对渡厦门、鹿仔港对渡泉州蚶江、八里坌港口对渡福州五虎门,各有指定口岸。然风信靡常,商民并不遵例对渡;往往因牌照不符,勾串丁役捏报遭风,既可私贩货物,又可免配官谷,弊窦甚多,应行酌改章程等语。商船往来贩易,驶赴海口,自应听其乘风信之便,径往收泊。若必指定口岸令其对渡,不但守风折戗来往稽迟,且弊窦丛生,转难究诘。现在台湾未运官谷,积压至十五万余石之多;皆由商船规避不运所致,不可不速筹良策。着照方维甸所请,嗣后准令厦门、蚶江、五虎门船只通行台湾三口,将官谷按船配运;即实在遭风船只尚堪修理载货者,亦不得借口遭风,率请免配,以杜假捏之弊。其责成丞倅等将船照内核实注明、分别咨报以便到台后配运官谷并层层稽查、互相考核之处,均着照该督所请行。"②

五、清廷对商人利益的保护

往返于海峡两岸商人,所遇困难和要冒的风险常常难以预测、防不胜防,清廷相应地进行关照,保护了商人的利益和积极性,对于闽台贸易的发展,有着积极意义。

对遭遇风灾商船的关照。海上狂风是商人最常遭遇的灾害,当时商船皆为帆船,往返台湾海峡,最惧狂风。瞬间风吹浪起,波浪涛天,且变化无常,无法防范,致使船翻人亡事故时有发生。"商船遭风,岁常数时,货物倾耗,民之困于财用者三。"③一旦遭风,不仅生命难保,且倾家荡产,故清廷常对受灾者予以关照。如《大清高宗纯皇帝实录》四百六十一卷载:"户部议准:'福建巡抚陈宏谋疏称台湾兵米船户陈永盛等外洋遭风漂没,人米无存;请照例豁免。'

---

① 张本政主编:《〈清实录〉台湾史资料专辑》,福建人民出版社 1993 年版,第 133～134 页。

② 张本政主编:《〈清实录〉台湾史资料专辑》,福建人民出版社 1993 年版,第 721～722 页。

③ 姚莹:《上督抚言全台大局书》,《中复堂选集》,黄哲永、吴福助主编:《全台文》(第四十三册),文听阁图书有限公司 2007 年版,第 139 页。

从之。"

　　打击抢劫者以保护商船。特别是一些没有结队而行的商船，常成为抢劫的目标。一是被海盗劫掠。当时活跃在台湾海峡的海盗认为防御能力薄弱的闽台商船最易得手，有的甚至进港抢劫，如"(嘉庆)十三年五月，蔡牵再来鹿耳门，专向商船劫掠"①。清廷多次命令沿海军队缉拿海盗，对有成效者通令嘉奖。乾隆年间，曾有船户徐得利、许得万、李长茂、陈郑全等先后被劫，把总徐念带领兵丁，扮商前往缉捕。在后陇洋面适遇劫匪，立即追捕。匪船飞石拒敌，打伤兵丁；兵船亦即开火，打死匪船水手二人。匪船知系官兵扮商诱捕，亦即逃避。当场俘获劫匪七名，讯供办理。乾隆于乾隆十七年(1752)农历十二月二十六日(1753年1月29日)下谕："把总徐念带同兵丁巡缉匪党期于必获，潜踪诱捕，因致受伤，情节果属明确；其奋勇甚为可嘉！着该督、提等查明在事弁兵，酌加奖赏。如徐念人材可用，将来有千总缺出，即行拔补，以示鼓励。"②经过持续围歼，虽然并未使海盗绝迹，但也不同程度打击了海盗的气焰，对保护商船起了一定作用。二是因行船遭风撞礁而被乘机哄抢。此类情况可谓层出不穷："一遇商船遭风，撞礁搁浅，无不视为奇货，群趋而往。或诱称代搬，趁闹攘去；或勒讲谢礼，竟图多分；或下水扛翻，或上船哄夺。甚至货尽船毁，灭其形迹。种种恶习，难以枚举。"③对于这种现象，闽浙总督府或动之以情理："动殊不思客商挟赀贸易于惊涛海浪之中，财命本自相连。一旦失水遭风，其情何等危苦。即捞获一二货物，尚且得不偿失，岂容因以为利，蜂聚鲸吞？忍心害理，莫此为甚。况船只搁浅，货本无恙，人亦不待救援，乃乘其忙迫之时，肆行攫夺之计，掠其物而坏其船，更为可恶。此等棍徒，情同盗贼，天良既丧，国法亦断不能宽。"④或晓之以利害："现在遵奉谕旨查办，尤难任地方有司饰词开脱。除檄饬按察司移行司道，转饬沿海各县严查拏究外，合行申明律例，出示晓谕。为此示仰沿海居民渔船人等知悉：嗣后遇有商船遭风，撞礁搁浅，务宜援救人口，并代打捞货物，其货务即交还本主。如本主情愿送给酬劳银钱者，方准收受，不得揭留索谢，亦不得闹诱搬匿。倘敢将客货烹分以及

────────

①　《史遗文集》，黄哲永、吴福助主编：《全台文》(第四十三册)，文听阁图书有限公司2007年版，第368页。

②　张本政主编：《〈清实录〉台湾史资料专辑》，福建人民出版社1993年版，第180～181页。

③　《乘危抢夺之例》，《福建省例·行政例》，《台湾文献丛刊》第199种。

④　《乘危抢夺之例》，《福建省例·行政例》，《台湾文献丛刊》第199种

扛翻哄夺、毁船灭迹等事,定即严加查拏,按照律例,从重定拟治罪,断不稍存姑息,致长奸顽之习。尔等亦当知物各有主,法本无情,切勿嗜利忘命,自蹈重罪,后悔莫及。"①

禁止官衙扰民。台湾官衙时有扰民陋习,如长期要求居民聚集处无偿派人,以供官衙差使,因不断轮流摊派,人民不堪其扰,只好由商人出钱雇人以供差使,长期如此,已成负担,使商人苦不堪言。分巡台湾厦门道陈瑸曾对此霸习进行揭橥:"窃意商旅日坐市区,各营生业,在官必无由以一事相扰;乃居无几何,该承胥以小票着取,在坊小夫纷纷送押。夫曰小夫,票曰小票,令押之不经意,在坊应之,若不甚害,以故前后相沿。今日某衙门用小夫若干名,该某坊答应。明日某衙门用小夫若干名,又该某坊答应,职则旋押旋骇,履押履骇,谓此项小夫不能使鬼,终须人力。"②当时台湾衙门强行摊派差事,要求民间无偿提供,已成惯例。陈瑸进一步指出这种强行摊派给商人带来的困苦:"力不克堪,必用钱雇。出钱何人?雇夫何人?细细采访,始知每日小夫皆四方商旅出钱,而各坊长为之代雇以应也。嗟乎!台邑商旅之困,一至此哉!蜗角蝇头,利能有几?足糊其口,而赡其家幸矣。反使之日出小夫,以供在官之役,于义何居?倘至亏本应役,日不暇给,流离失业于吾地,非地方有司之憾欤?"③最后提出对这种霸习应永为革除,并提出解决的办法:"合应亟议禁革,除县令衙署小夫自行雇用外,凡各宪衙门有需要用小夫,亦应三邑轮流捐雇答应,毋得仍前轻出小票,着落坊长,以致派累商旅。"④陈瑸还多次提出要体恤前来台湾进行贸易的商人:"通商货财,务加体恤。台地远处海外,商贾皆冒风涉涛而来,艰苦异常。所属衙门,得无有借办赊取致亏折而不之顾否?急宜修省。"⑤这些有益商人的提议和呼吁,有利于保护商人的积极性。

注意保护商人的利益。一是对可能混淆的情况进行识别。台湾林爽文事件爆发时,调任闽浙总督的李侍尧在平乱中,亦不忘关注商人的利益。当有人

---

① 《乘危抢夺之例》,《福建省例·行政例》,《台湾文献丛刊》第 199 种。

② 陈瑸:《条陈台湾县事宜》,《陈清端公文集》,黄哲永、吴福助主编:《全台文》(第一册),文听阁图书有限公司 2007 年版,第 107～108 页。

③ 陈瑸:《条陈台湾县事宜》,《陈清端公文集》,黄哲永、吴福助主编:《全台文》(第一册),文听阁图书有限公司 2007 年版,第 107～108 页。

④ 陈瑸:《条陈台湾县事宜》,《陈清端公文集》,黄哲永、吴福助主编:《全台文》(第一册),文听阁图书有限公司 2007 年版,第 107～108 页。

⑤ 陈瑸:《台厦亢旸修省示》,《陈清端公文集》,黄哲永、吴福助主编:《全台文》(第一册),文听阁图书有限公司 2007 年版,第 122 页。

呈报沿海有发现台湾作乱者潜入生事时,他担心商人被牵连,要求海岸人员识别商人与偷渡者,他分析了商船和偷渡之船的各自特点,特别指出 :"至沿海各口岸恐有台匪潜入勾结等事,固须严密查拏;若贩货商船,则正藉其流通百物,自当倍加体恤,使其所至如归。商船载的货物,非偷渡之船专载男妇者可比,本属易于识别。"①二是严禁口岸士兵横行勒索。如道光年间,"商人运米到口,弁兵等以稽查私货为名,百般横索,其不遂意者,指为挂欠船税,登记簿内,下次进口,按年苛算。历年商人欠税者,多视为畏途,片帆不至"②。针对士兵横索造成的后果,道光于道光十三年(1833)下谕:"台米为福建民食所需,况荒歉之区,米船到关,例得免税。该地方官何得任听胥吏横索,致令商贩不前? 近年兵米何以多改折价,以致进口米少? 如果属实,不可不严行饬禁。……台商运米到口,可否免其船税,照验放行,并严禁弁兵索诈诸弊。"③清廷依据道光谕示决定:"此后仍当遵旨出示晓谕,广为招徕,并严禁各口岸兵胥,毋许稍有留难。"④三是不许士兵强乘商船。台湾换防的士兵,按规定应由水师营哨船渡载,但由于兵多船少,班兵勒坐商船的情况时有发生,后面亦援前例而延续。故闽浙总督奏称:"班兵勒坐商船,既足累商,各营哨船既不载渡班兵,巡洋又属虚名,水师营务亦就废弛。着即遵照定例,嗣后拨赴台湾换防兵丁,预期严饬水师各营,挑选大号坚固哨船,分驾三口渡载班兵,不准一人一械附搭商船。"道光于道光十五年(1835)谕内阁:"并责成兴泉永道稽查,如有不遵纪律、勒坐商船、滋生事端者,不论是兵是弁,轻则责革,枷号插箭游示,重则以军法从事。哨船到台后,责令台湾镇道严督各营将领,即日验收新兵,换回旧兵,统于十日内配坐原船内渡。经此次申明定例之后,如敢有不遵定例,图复旧习,藉端勒索者,无论提镇将弁,着该督一并严参治罪,不准稍有姑容,以除积弊而肃营务。钦此。"⑤四是对台湾商人的税收特殊处理。当时清廷有新

---

　　① 《钦定平定台湾纪略》卷三十二,黄哲永、吴福助主编:《全台文》(第四十三册),文听阁图书有限公司 2007 年版,第 441~442 页。

　　② 张本政主编:《〈清实录〉台湾史资料专辑》,福建人民出版社 1993 年版,第 833~834 页。

　　③ 张本政主编:《〈清实录〉台湾史资料专辑》,福建人民出版社 1993 年版,第 833~834 页。

　　④ 张本政主编:《〈清实录〉台湾史资料专辑》,福建人民出版社 1993 年版,第 833~834 页。

　　⑤ 张本政主编:《〈清实录〉台湾史资料专辑》,福建人民出版社 1993 年版,第 858~859 页。

规定,凡内地各省贩卖茶叶、湖丝、绸缎,不准涉海;如有海运者,即照西洋各国贸易章程,完纳税银。但台湾则由督、抚妥议办理。据闽浙总督刘韵珂等奏:"台湾一府,民间所需茶叶、绸缎、丝斤,均由商民航海运往;若照外洋通商之例,一体增税,恐价值增昂,于小民日用有碍。请仍照旧例,按则输税,免其增加;并严立稽查章程。"①道光二十三年(1843),道光下谕,要求照闽省现定章程办理。

对商人提出有益的规劝和告诫。台湾有官员在工作实践中,或因亲身经历,或经调查访问,或听各方反映,经过思考,对商人提出善意忠告,也在客观上揭橥了当时贸易过程中存在的弊端。最具代表性的如福建台湾道徐宗干于道光二十八年(1848)所作的《谕郊行商贾》②。文中先提出"远涉重洋,贸易营生"者,虽"持筹握算,自无不精于会计",但"乃昌盛者少,而衰败者多"。这是什么原因导致的呢?徐宗干经过一年的随时察访,提出"此其所以易于衰败者"的三个原因:第一,唯利是图。具体表现在:"存心以生理谋利为主,不觉流于刻薄,而稍有赢余,便为习俗所染,踵事增华也。""然或以劣货欺朦远客,或以重利滚折穷人,甚至以奇技淫巧及违禁害人之物贩卖渔利,损人利己,天理何存?"文中指出当时弥漫商界的刻薄求利、侈丽炫耀、以次充好、欺朦生客、重利滚折、奇技淫巧、违禁害人、损人利己等不良风气,直至发出"天理何存"的慨叹。文中接着提出解决的方法:一是要有爱心,"夫贸易曰生意,生意者,爱人之仁也。爱人则生意存,损人则生意灭;此理易晓"。二是要反对侈靡之风,"台郡人情浮靡,华衣美食及一切糜费无益之事,无不以侈丽为尚,各争体面"。三是要救济贫困者,"至周贫济困,所以尽睦姻任恤之道者,又或一味悭吝,不庇本根"。四是要为子孙积德,"但贻子孙以有数之金钱,而不贻子孙以无穷之阴德"。五是不要怕吃亏,"不知小吃亏正是大便宜,被人欺者天必佑之"。六是巧诈刻薄将生灾,"如有恃巧诈为得计,刻薄成家,理无久享,蕴利生灾"。第二,交友不当。"交知人不明、用人不当,而又不能约束子弟也。"或合伙不当,"合伙之人,但取浮滑为能,不以诚信为贵;或以结纳刁劣生监、积蠹吏胥为得计,其意不过恃为护符。如果守分奉法,交易公平,何畏何惧"。或对子弟约束不力,"稍有余资,无不望子弟读书者;而子弟愈聪明、愈易败坏,转不如不读书者尚近纯朴。其故由于家道既殷,匪人乘其在外就傅,设计相诱。台地浇风恶

---

① 张本政主编:《〈清实录〉台湾史资料专辑》,福建人民出版社 1993 年版,第 902 页。

② 徐宗干:《谕郊行商贾》,《斯未信斋文编》,黄哲永、吴福助主编:《全台文》(第一册),文听阁图书有限公司 2007 年版,第 171~173 页。

俗,少年渐染尤易。其父兄或远涉他方,或暂归内地,或终日专心料理店务,以为子弟自有书斋,功课自有师傅督责;其实私行游荡,甚至债累满身,而父兄尚在梦中。虽铢累寸积,辛苦数十年,不足偿其快乐一时之费用。久而品行卑污、性情浮薄,甚至剥丧短命,殊可叹也。正本之道,仍在家长。店主果尔克勤克俭,如娼赌、禁烟等事丝毫不染,心清志正,自能料理周妥,诸事稳实;店中之伙友守分小心,共事法度;家中子弟改书明理,皆知艰难,则不教而自善。否则,外有奸伙坑骗,内有子侄消耗"。第三,内部分裂。"同伙分店或一家析产,不能深思远虑也。"在台湾分店分家的后果尤为不佳,其原因是:"台地与内地不同,海洋阻隔,家在彼而店在此,领本而来、寄利而往,以及先合后分,非无账据、中证可凭;然中证不能常存,数年、数十年而后,往往复起讼争。有祖父为子孙阄分,极为周密,乃尸骨未寒,讼端已起。虽百万之富,一经诘讼,骨肉成仇,未有不废时失业,立见败亡者。"文中还披露了商界的丑陋现象:一是"刁徒蠹役从中唆拨,以真账为伪账,又以伪字为真字,故号黑白,使纠缠不了,以为取贿之地";二是"地方官以钱债细故,账目烦扰,又不能耐心细审,任意搁延,听候调处,适中奸徒之计"以致造成"如两造目不识丁,任人簸弄,累月经年;防坐诬则令妇女出头,虑笞辱或以生监代质。自残骨肉,尽饱他人;负气不平,俱伤两败:堕人计中而不知。甚至祸生不测,人命图赖,无所不至"。文中通过忠告,表现了作者对台湾商人的关切,而文中所描绘的事实,正是台湾商界及社会的真实写照。

第二章　近代闽台经济关系

第一节　台湾建省及福建对台湾的财政支持

一、"联成一气""内外相维"的台湾建省模式

台湾建省,从提出到实施,经历了约150年的漫长过程。乾隆二年(1737),内阁学士兼礼部侍郎吴金奏请"宜将台湾改另分一省"[1],同时提出诸多理由,并对治理台湾专任巡抚的标准进行了设计,但乾隆并未采纳。光绪二年(1876),刑部侍郎袁保恒奏请改福建巡抚为台湾巡抚,长期驻扎台湾,并管理全台,光绪于同年十二月十八日下谕:"侍郎袁保恒奏,'请将福建巡抚改为台湾巡抚,其福建全省事宜专归总督办理'等语。着该衙门议奏。"[2]

之后,又有沈葆桢、李鹤年、王凯泰、岑毓英、左宗棠等多位重臣奏请与台湾建省相关的议题。

重臣们的意见得到朝廷的重视,光绪于光绪十一年(1885)十二月十二日下谕,明确台湾建省,并提出了台湾建省的大政方针。光绪十三年(1887)二月十六日,"吏部奏:福建台湾改设行省,从之"[3]。

台湾划为中国一个独立的行省后,成为中国第20个行省,定省会于台中,后改台北,除设一台东直隶州外,设台湾府辖台湾县、彰化县、云林县,苗栗县及埔里社厅;设台南府(原称台湾府)辖安平县(原称台湾县)、凤山县、恒春县、嘉义县及澎湖厅;台北府辖淡水县、新竹县、宜兰县及基隆厅。至1888年,刘

---

① 《内阁学士吴金奏折》,《明清史料》(戊编,第一册),台湾"中央研究院"1953年版,第40页。

② 张本政主编:《〈清实录〉台湾史资料专辑》,福建人民出版社1993年版,第1038页。

③ 张本政主编:《〈清实录〉台湾史资料专辑》,福建人民出版社1993年版,第1156页。

铭传正式启用"福建台湾巡抚关防",标志台湾建省的最后完成。

台湾建省的模式,正是遵循光绪十一年(1885)十二月十二日光绪所谕示的"台湾虽设行省,必须与福建联成一气,如甘肃新疆之制,庶可内外相维"的建省方针。所谓"甘肃新疆之制",是新疆设省之初称"甘肃新疆省",后来才将"甘肃"两字去掉而简称"新疆",新疆巡抚的全称为"甘肃新疆巡抚",且甘肃巡抚事务不由"甘肃新疆巡抚"兼理,而是由驻设甘肃的陕甘总督兼管,"甘肃新疆巡抚"也归陕西总督节制。台湾建省,即严格遵照"甘肃新疆之制",如台湾省全称"福建台湾省",台湾巡抚全称"福建台湾巡抚",福建巡抚事务不是由"福建台湾巡抚"兼理,而是由驻设福建的闽浙总督兼管,"福建台湾巡抚"也归闽浙总督节制。①

刘铭传在光绪十二年(1886)六月十三日的《议台湾建省事宜折》中,对台湾建省后与福建的关系进行了进一步阐述,先是总述福建与台湾的唇齿相依的关系,明确指出二省必须不分你我,互相支持:"十二年三月二十四日奉上谕:'闽、台本为一省,今虽分疆划界,仍须唇齿相依,方可以资臂助。'诚应遵旨内外相维,不分畛域,乃能相与有成。"②然后从十六个方面提出台湾建省后应注意的事项,其中论及与福建关系的,就有五个方面,且这五个方面的建议基本都得到采纳和实施,并一一得以落实,具体如下:

一是闽台之间坚持联成一气:"台湾奉旨改设行省,必须与福建联成一气,如甘肃新疆之制,庶可内外相维等因;查新疆新设巡抚关防内称'甘肃新疆巡抚',台湾本隶福建,巡抚应照新疆名曰'福建台湾巡抚'。凡司道以下各官,考核大计,闽省由总督主政,台湾由巡抚主政,照旧会衔。巡抚一切赏罚之权,仍巡抚自主,庶可联成一气,内外相维,不致明分畛域。又陕甘总督关防内有'兼管甘肃巡抚'字样,闽浙总督关防应否添铸'兼管福建巡抚'字样,恭候钦裁。"③此提议得到采纳,以示闽台联成一气,仅从官方文字表述上看,凡"台湾"前都要加"福建"字样,如:台湾巡抚的关防全文是由汉、满两种文字铸成的"福建台湾巡抚关防",台湾布政史的全称是"福建台湾布政史"。同时,台湾各县印信的全文亦有"福建台湾"字样。除了文字上的表述外,在从属管理上也坚持"联成一气"的模式,闽浙总督兼管台湾事宜,从闽浙总督卞宝第在台湾建

---

① 汪毅夫:《从"福建台湾府"到"福建台湾省"——台湾建省初期闽、台关系的一个侧面》,《福建论坛》(文史哲版)2000 年第 1 期。

② 《刘壮肃公奏》,《台湾文献丛刊》第 27 种。

③ 《刘壮肃公奏》,《台湾文献丛刊》第 27 种。

省后,诸多涉及台湾财政、人事、军事等方面的奏议中可知大概。[1]

二是文武乡闱照例仍归福建:"学政向归台湾道兼理。光绪元年曾有议归巡抚明文,现应查照前议,由道将学政关防文卷呈送巡抚管理。文武乡闱,援照安徽赴江南汇考之例,仍归福建应试,中额亦仍旧例。将来生聚日繁,文风日盛,再行酌核增加,奏明办理。"[2]台湾建省前,学政归福建巡抚管理;台湾建省后,按惯例学政归于台湾巡抚管理。乡试被视为省级科举考试,在台湾建省后,台湾乡试仍归福建乡试,并无单独举行。台湾也未再设学政,如光绪十三年(1887)十一月四日,光绪谕示:"现在台湾改设行省,学政应否添设及福建学政能否渡台考试之处,着杨昌濬、刘铭传、陈学芬会商妥议具奏。原片均著钞给阅看。将此谕各令知之。寻杨昌濬等奏:台湾学政,请仍由巡抚兼理。从之。"[3]学额的多少,则以过去未建省时的学额为参考,如光绪十六年(1890)闰二月初七日在决定增设府县学额时,则参考建台湾省前的光绪四年(1878)所定学额,由部议为:"台湾府现改台南府,额进文童闽籍十八名、澎湖二名、加广九名,粤籍五名、加广一名,安平、凤山、嘉义三县各取十七名,彰化县取进十八名;台北府额进文童闽籍十三名、粤籍五名、加广一名,淡水、新竹、宜兰三县各进六名。武学,台南府额进闽籍十六名、加广九名,粤籍二名、加广一名,安平、凤山、嘉义三县,各进十四名,彰化县取进十一名;台北府额进七名、粤籍二名、加广一名,淡水、新竹、宜兰三县各进四名。"[4]

三是在台驻军移归台省:"福建巡抚既已改归台湾,所有抚一标左右两营,即须移归台省;惟省垣未定,安置无从,以后遇有空名,无须募补,暂留闽省,仍归总督兼管,兵饷亦由闽支发;俟台湾巡抚移住中路,再行调归台湾。"[5]台湾建省后,按理在台湾驻军须归台省,但在某特定情况下,有的还需暂留闽省,由闽支饷和兼管,这也说明了闽台之间一种难以割断的特殊关系。

四是闽台盐务不宜分办:"台湾盐务,场产不足,半由内地运售,名曰唐盐。内地长泰、南靖等县澳引额定例拨归台湾代销,所征正溢课厘,虽留台拨充防费,尚有抵解各款,归内地盐务杂支,每届奏销,由福建盐法道汇核造报。各省

① 汪毅夫:《从"福建台湾府"到"福建台湾省"——台湾建省初期闽、台关系的一个侧面》,《福建论坛》(文史哲版)2000年第1期。

② 《刘壮肃公奏》,《台湾文献丛刊》第27种。

③ 张本政主编:《〈清实录〉台湾史资料专辑》,福建人民出版社1993年版,第1153页。

④ 《刘壮肃公奏》,《台湾文献丛刊》第27种。

⑤ 《刘壮肃公奏》,《台湾文献丛刊》第27种。

盐场引地多行外省,闽台盐务分办,窒碍殊多,应请仍照旧章办理。"①因台湾所需之盐,一半以上由福建供给,如将闽台盐务分开,则多为不便,故仍按过去未建省时的旧规处理。

五是台湾需按规定配备书吏:"抚辕原设经制书吏十二名,各有清书、帮书,今福建巡抚事归总督兼治,拟留经制书吏六人,酌用帮、清各书留督署办公,尚有经制书吏六人,酌带帮、清各书赴台供役。抚辕档案造册登开,关涉闽者径留督辕,关涉台者送台备考。"②由福建提供书吏赴台供役,并将与台湾相关档案运送台湾,以供使用。

二、福建对台湾在财政上的大力支持

台湾建省前的财政款,一向是靠福建拨付解决,最高时曾规定每年拨付80万两银,虽然时有拖欠,但最少每年也拨付20万两银,有力地保证了台湾府的正常运转。刘铭传当年之所以认为台湾"暂难改省",也是因为忧虑台湾财政得不到福建的支持。如刘铭传曾在光绪十一年(1885)十月二十七日《台湾暂难改省折》中指出:"若改设台湾巡抚,与闽省划界分疆,即督臣顾全大局,一视同仁,司道以下,畛域分明,势必不相关顾。即以饷论,以后仍须闽省照常接济,方能养兵办防。现在筹饷艰难,除不得不用之费,万难减省,以误要需;其稍可缓减者,即须力求撙节,惟视事之缓急轻重,次第分筹。"③他最担心的是台湾自身筹款困难,如得不到福建的支持,一切都无法运转。刘铭传还提出台湾防务所需的款目,而解决的办法,正是需要厦门海关的协济:"至台湾防务要需,业经片请筹拨借存洋款。核计设防饷项,惟仗闽省协筹,应请旨饬令将军古尼音布、督臣杨昌浚自十二年正月起,月由厦门海关协济饷银三万两,每年协济银三十六万,俟三五年后台事有成,或减或停,再行核议。"④刘铭传估计至少要等三至五年,台湾建省走上正轨后,再决定是否仍由厦门海关协济。

台湾建省后,福建能否再按原规定拨付银两,对台湾至关重要。对此,刘铭传上有系列奏折,具体如下:

一是明确所需银两的数目和缘由。刘铭传于光绪十二年(1886)六月十三日在《遵议台湾建省事宜折》中,明确提出台湾建省后所需的款目、款目的用途、必须逐步过渡的必要性、军饷无法再减的原因、缺饷的后果、筹款的方法和

---

① 《刘壮肃公奏》,《台湾文献丛刊》第 27 种。

② 《刘壮肃公奏》,《台湾文献丛刊》第 27 种。

③ 《刘壮肃公奏》,《台湾文献丛刊》第 27 种。

④ 《刘壮肃公奏》,《台湾文献丛刊》第 27 种。

来源、过渡的限期等,说明福建协济台湾的饷银,对台湾分省后的重要性和不可或缺性。按刘铭传计划,福建每年省库、海关要协银44万两,连续5年。

二是反复强调保证台湾财政收入的重要性和必要性。刘铭传于光绪十二年(1886)十月二十日在《覆陈台湾出入款项恳饬速筹的款以便分省设防折》中,驳斥了要台湾自行解决经费的观点,明确指出所需之款为分省经费,并回顾了往年福建对台湾在支放兵米、拨付兵饷上的支持,提出台湾建省后,仍需在这两个方面得到福建的支持,否则一旦士兵哗变,就难以收拾。刘铭传还将新建的台湾省比喻为"人在幼年",受关照是理所当然的,如商人要做生意、农民要垦荒都要先期投入一样,此时如不拨款、不协银,就等于放弃台湾。分省经费用在哪些方面?具体用款数目要多少?为何不能仅依赖台湾自筹?刘铭传都一一做了陈述。

三是说明台湾对协款的用途。刘铭传于光绪十二年(1886)五月初七日在《陈请销假到闽会商分省协款情形折》中,先是具体陈列建省之前福建资助台湾的款目、建省之后台湾各方面的开支,说明酌减实在困难,恳请闽海关及相关省海关协银支持,再说明款项的用途和短缺,要求每年的协银按季先期拨给,从各方面表明了台湾在财政上对福建的依赖。

刘铭传的意见,得到相关官员的支持和光绪的重视。光绪十二年(1886)四月,闽浙总督杨昌濬上奏:"台湾改设行省需款甚亟,请饬部筹拨。"[1]光绪十二年(1886)十一月二十七日,光绪下谕:"将福建海关和福建各库局拨四十四万两,既经移作台澎办防之需。"[2]

台湾建省初期,福建财政向台湾拨款的情形,从闽浙总督卞宝第《奏未解台湾协饷银两拟匀六季筹解附片》中可以见其大概:"台湾前因改设行省,一切布置需费浩繁,经前督臣杨昌浚奏准:自光绪十二年四月起,由闽省各库局每年筹解协饷银二十四万两,以五年为度。业经筹解至十六年六月止,计尚未解本年七月起、至十七年三月止应银一十八万两,亟当按季措解,以清款项。惟闽省饷源以茶税、货厘为命脉,本年茶景疲滞,甚于上年,百货厘金,又因子口单盛行,征数日绌。统计解支各款,出纳乘除,不敷甚巨,无米为炊,殊行棘手。拟将未解协饷银一十八万两匀作六季解筹,季解银三万两,至十七年冬季

① 张本政主编:《〈清实录〉台湾史资料专辑》,福建人民出版社 1993 年版,第1148 页。

② 张本政主编:《〈清实录〉台湾史资料专辑》,福建人民出版社 1993 年版,第1154 页。

解清,借以稍舒喘息。经臣商台湾抚臣刘铭传,深知闽省竭蹶情形,已允展期匀解。据闽省善后局司道详情奏咨前来,除饬局将本年秋、冬两季应匀解银六万两赶筹报解并咨部外,理合附片陈明。伏乞圣鉴救部查照施行。谨奏。"从这篇奏文中可得知:台湾建省后,福建省各库局正是按刘铭传要求,每年提供饷银24万两,将连续5年。已持续提供4年多,后因福建税收困难,经与刘铭传商议,最后未拨付的18万两,按每季3万两,分六季拨付,延期至光绪十七年(1891)十二月拨付完毕。可见福建在本省财政吃紧的情况下,仍坚持向台湾提供饷银的承诺,时间前后长达五六年之久。

福建在台湾建省过程中,总共向台湾提供了多少银两?根据相关商议和清廷要求,福建海关(厦门海关)每年提供20万两,5年共100两;福建各库局(福建各地税收)每年提供24万两,5年共120万两;二者相加共220万两。这些银两,大部分被用在台湾军饷、台澎海防和修筑铁路等急需的巨大开支上。福建提供的银两在台湾建省初期的财政收入中占有重要地位,它是五年里台湾财政收入中的大项,对台湾财政收支的基本平衡起到了重要作用。"在有数字的四年中,福建协饷占当年台湾财政收入的比重大约是:十二年17.8%,十三年18.4%,十四年19.3%,十五年17.2%,即分别占到六分之一以上。"[1]福建提供的银两在台湾建设中起的作用是巨大的,有学者将福建协饷和刘铭传在台湾建省后的一些重大建设费用进行比较,得出的结论是:"修建基隆至新竹铁路、架设连接台湾与大陆的水陆电线、清赋、兴办台北机器局,总共用银213万余两。也就是说,五年的福建协饷就足以办成这几件大事,由此亦可说明福建协饷在当时的份量。"[2]由此可见,福建在财政上对台湾的支持,对台湾建设起了积极的作用。在首任台湾省巡抚刘铭传的苦心经营下,台湾成为中国当时先进的省份之一。

第二节　闽台贸易的变化和特点

一、台湾经济社会的新变化

1860年至1895年,闽台贸易与前期相比发生了巨大的变化,台湾的出口贸易开始取代转口贸易和互补贸易,并成为台湾对外贸易的主要形态。清咸丰八年(1858),清廷先后向外国列强开放府城安平港、沪尾、鸡笼、打狗为通商

---

①　邓孔昭:《台湾建省初期的福建协饷》,《台湾研究集刊》1994年第4期。

②　邓孔昭:《台湾建省初期的福建协饷》,《台湾研究集刊》1994年第4期。

口岸,并于 1862 年设立海关,沪尾(淡水)和鸡笼(基隆)的海关合称"淡水关",安平和打狗的海关合称"台湾关"。沪尾于 1862 年 7 月 18 日开关,鸡笼于 1863 年 10 月 1 日开关,打狗于 1864 年 5 月 5 日开关,安平于 1865 年 1 月 1 日开关,台湾开始进入四口通商贸易阶段。[①]"1860 年代开港通商对台湾经济发展产生重大变化,一方面使台湾对外贸易扩大到国际市场,与外国的航运贸易往来,扩展了台湾人的涉外经验,而茶、糖、樟脑取代米、糖,成为主要出口货物,也影响台湾的产业、区域及社会发展。"[②]由此,台湾经济社会出现了新变化。

一是出现了与传统意义上的商人不同的新商人(也称新华商)。新商人具有新商业知识与经验,力图与外商分庭抗礼,在与洋行、买办的激烈竞争中争食台湾外贸大饼。

二是传统港口辉煌不在。因台湾一些旧港开始淤塞,往日的"一府二鹿三艋舺"开始衰败,贸易热点地区开始转移,一些新兴港口趁势而起。

三是台湾经济重心开始北移。通商后北部的茶和樟脑大量出口,其数量远超南部,北部城镇,且北部一连串城镇因茶叶、樟脑业的兴旺而繁荣,一些北部小港更因转运繁忙而兴起。

四是贸易使台湾社会的富裕程度得以提升。贸易为台湾社会带来财富,如 1893 年至 1894 年,茶、糖、樟脑、煤的出口平均值,较 1868 至 1869 年增加了 7.3 倍[③],一时有"台湾钱淹脚背"之说。台湾学者蔡相辉曾统计过光绪年间北港闽台间的贸易额,他指出:"每年北港贸易出超约 25 万余元,亦即闽台贸易可以增加北港地区农民的整体收入,可以促进当地繁荣,对北港地区而言是有利的。"[④]"清政府在台湾的财政收入在十八世纪时,仍以田赋为主,占全部税收的百分之七十五,但至清末,在一八六〇至一八九〇年间,与贸易有关的税收占总税收的百分之五十六,一八九〇年至一八九五年则占百分之六十六。"[⑤]一些港口闽台贸易的税收在全县收入中占有相当比例。以划归云林县

① 何绵山:《1860—1895 年闽台贸易特点蠡测》,《福建史志》2016 年第 3 期。

② 戴宝村、吴子政:《日治时期高雄港之海陆联结营运》,《高雄港建港 100 周年学术研讨会论文集》,高雄市文献委员会 2008 年版,第 118 页。

③ 戚嘉林:《台湾史》(第三册),农学股份有限公司 1998 年版,第 988 页。

④ 蔡相辉:《清代北港的闽台贸易》,《海峡交通史论丛》,海风出版社 2002 年版,第 112 页。

⑤ 林满红:《清末台湾的贸易与经济社会变迁(1860—1895)》,张炎宪主编:《历史、文化与台湾》(一),台湾风物杂志社 1992 年版,第 206 页。

的北港为例,"光绪十四年(1888年),云林设县,北港划归云林县管辖,当时云林县全年税收3万2000余元,北港文口费收入为1万380元,武口费690元,占全县收入三分之一。来自北港贸易的商船包含:泉州府属的金门、厦门及漳州府属的南澳、安边等地。"①

五是台湾买办、豪绅一时成为社会新贵。"在通商口岸开放以前,由于台湾的经济以米糖及对大陆贸易为主体,社会上的富豪是地主和郊商——从事陆台贸易的商人。通商口岸开放之后崛起的豪绅、买办或亦出身于这两种人物。但不论是否出身于这两种人物,通商口岸开放以后的豪绅与买办,地位要高于一般的地主或郊商。因为豪绅与买办经营贸易的范围较广,致富的机会较多。"②成为社会新贵后,就有了发言权,各种场合必需出头露面,对台湾社会产生的影响远非一般人士可及。

二、台湾经济社会变化对闽台贸易的影响

台湾经济社会变化对闽台贸易产生了深刻的影响,使闽台贸易出现了新特点。

一是米谷贸易开始萎缩和下降。其主要原因是受东南亚廉价米的影响,且因台湾人口急速增加和农田面积日益减少,台湾可供出口的米谷也日益减少。

二是行郊全面掌控闽台贸易的一枝独秀时代已一去不复返。外商在闽台两地都开设了洋行(分行),向基层甚至偏远地区延伸,形成高效发达的贸易网络。

三是传统商人长期行之有效的经营方式面临挑战。外商挟其资金(如允许对方赊欠)、运输工具(如引进汽船等)等优势,采用信用交易等新的贸易方式,不断占有市场份额。

四是闽台间相互输出的货物品种有新的变化。台湾输出的产品除了原来的米谷、蔗糖外,茶、樟脑成为新出口产品。输入台湾的货物品种也有变化。仅以"一府二鹿三艋舺"这三个港口在清前后期入口的货物进行比较:清前期和中期,"三港入口货物,虽各地嗜好,不无异趣,然皆为日用必需品,故大同小异。如上最大宗者为棉花、棉布,其次则材木、酒类、烟丝、药材、绸缎、丝线、瓷

---

① 蔡相辉:《清代北港的闽台贸易》,《海峡交通史论丛》,海风出版社2002年版,第111页。

② 林满红:《清末台湾的贸易与经济社会变迁(1860—1895)》,张炎宪主编:《历史、文化与台湾》(一),台湾风物杂志社1992年版,第206页。

器、砖瓦、农具、色料、油类、生熟漆、漆器、干果、海产物、茶、纸料、书籍、雨伞、铁材、铁器、铜器、金银箔、锡箔、花金(礼拜纸)、彝茶、蜜饯等等,不遑论举,此仍洋舶未通以前之状况"。清后期,"降而欧风东渐,海运大开,对于三港入口货物,种类增加不少,例如阿片土、煤油、玻璃、洋灯、洋钉、洋布、哹羽、哔吱、疋头等类,从中尤以阿片土为大宗,几乎凌驾从来称为大宗之棉花、棉布、烟酒而上之"①。与台湾商界早期谚语"糖去棉花返"(即出口以糖米为大宗,入口以棉花为首屈一指)所描述的状况相比,已有较大的变化。

五是各区域输出本地货物的特征较前更为明显。如:漳州输台的商品主要可归纳六类,第一是生产资料,如农具、渔具、种苗;第二是日用百货,如布料、器皿、文房用具、工艺品、建筑装饰、日常起居用品;第三是烟酒食品;第四是文化用品,如戏曲道具和服装、美术用品八宝泥、民间信仰用品纸箔;第五是建筑材料,如杉木、砖瓦;第六是中草药材。② 其他有特点的商品,泉州的如棉布,福州的如布类、木材,厦门的如烟草、纸类、酒类,台湾新竹的如油、米、糖、菁、麻、豆、樟脑、茶叶、苎、枋料、茄藤、薯榔、通草、粗麻等,苗栗的如油、米、麻、豆、糖、菁、茶叶、樟脑、茄藤、薯榔、通草、藤、苎之等。

六是闽台民间贸易充分发挥各种优势以图获利。"首先,民船机动灵活。它们可以从各种口岸登陆,包括小的,非约开的口岸,这是口岸优势。其次,台湾不设常关。这样,在台湾的土货进口贸易中就可以免纳外国船只所要负担的出口正税和复进口税,而文口武口两种船税,较关税而言,显然要低得多,加上台湾进出口贸易大多由大陆转口进行,海关在 4 个月内,不能对大陆已纳船钞的船只再行纳税。第三,西船较外轮,除了关税优厚外,还有地理距离近,到大陆航程短,开销小运费低的优越条件,它们可以无限期地停在港口,等待好的气候天气。"③

三、闽台贸易仍然是连接两岸经济的重要纽带

在台湾经济社会急遽变化之时,闽台贸易还要面对一些意想不到的事件,如外国侵略者开始对一些港口进行封锁。《官报》1896 年 12 月 7 日刊登了日

① 植历:《芳圃闲话(十三)》,《三六九小报》1931 年 12 月 23 日。

② 卢国能编著:《漳台经贸关系》,厦门大学出版社 2011 年版,第 162~166 页。

③ 金泓泛、郑泽清、刘义圣:《闽台经济关系——历史、现状、未来》,鹭江出版社 1992 年版,第 46~47 页。

本驻厦门领事的报告《厦门贸易事情》[1]，其中称："一八八四、五年的中法战争之际，法国军舰封锁台湾之时，从本港（厦门）装载货物的篷船，因封港而将进航侵入该岛之船捕获且使其沉没，再者，从安平及打狗等装载的砂糖向厦门航行，有许多篷船遭到袭击而沉没，此为当时世人所熟知。然而这些篷船蒙受到此种灾害有几千艘，且其损害价格至何种程度，无法详细调查。"但闽台贸易并未式微，"根据日据时期的《旧惯调查会经济资料调查报告》指出，直至1896年日本领台之初，每年仍有二千八百艘左右的中国式帆船进出台湾与大陆之间，就船数而言，未少于清初。故总括而言，借着世界市场的拓展，陆、台之间的贸易是加强了而非式微。"[2]清后期出入台湾各港口的福建帆船有多少呢？仅以淡水、鸡笼、打狗为例，具体数据参见以下各表。[3]。

福建帆船1874至1876年入出淡水港数量

（单位：艘）

船籍	1874年		1875年		1876年	
	入港	出港	入港	出港	入港	出港
泉州	234	215	259	214	195	193
福州	166	149	154	130	163	157
厦门	11	26	163	157	11	16
合计	411	390	576	501	369	366

① ［日］松浦章著，卞凤奎译：《日治时期台湾海运发展史》，博扬文化事业有限公司2004年版，第102页。

② 林满红：《四百年来两岸经贸关系史》，《台湾史迹研习会讲义汇编》，台北市文献委员会1998年版，第180页。

③ ［日］松浦章著，卞凤奎译：《清代台湾海运发展史》，博扬文化事业有限公司2002年版，第20～22页。

福建帆船 1874 至 1876 年入出鸡笼港数量

（单位：艘）

船籍	1874 年		1875 年		1876 年	
	入港	出港	入港	出港	入港	出港
泉州	144	118	127	181	90	66
福州	137	236	216	323	103	152
厦门	—	7	1	6	5	4
惠安	61	—	105	108	90	66
兴化	42	41	82	84	41	15
同安	25	1	17	—	6	—
漳州	19	1	18	2	7	—
金门	12	24	—	81	1	52
海坛	4	2		4	1	12
诏安	1	—	5	—	4	—
福宁	—	—	1	—	1	—
合计	445	430	572	789	349	367

福建帆船 1878 年度入出打狗港数量

（单位：艘）

船籍	入港	出港
厦门	92	56
福州	3	5
泉州	3	3
漳浦	1	—
合计	99	64

再以光绪七年(1881)进入淡水的大陆帆船为例,总共有 444 艘,其中福州 124 艘、泉州 112 艘、三沙 45 艘、头北 34 艘、宁波 30 艘、金山 25 艘、温州 24 艘、厦门 23 艘、上海 16 艘、南澳 5 艘、天津 3 艘、海山 3 艘。福建商人或拥有、

或租用帆船进行贸易,仍然在闽台贸易中占有相当大的份额。

　　闽台贸易之所以能经久不衰,并成为联系闽台经济的重要纽带,与闽台两地天然形成的各种因素有关,福建货物对台湾来说具有不可替代性,台湾所需的一些紧缺货物必须由福建供应,有的还要设法才能如愿取得。如建桥盖屋等所需的高质量木材,唯福建的最为合适,胡传于清光绪十九年(1893)在代理台东州直隶知州时,曾有专函请托购买建桥木料:"承示木料各价,并代裁定应办数日以免稽疑;感荷无既。现已禀明爻宪,决计托阁下致函福州木行,办长三丈六尺,尾梢径宽六、七、八寸,扯价每株洋银十元者二十株。其价银即恳贵总局先为代应。俟便奉还。其木料便恳遇便轮时,转托带回台北转带台南。此桥须修甚急,而非先得此等长大木料二十株不能兴工。求之台湾无之,求之厦门亦无之。今购自福州虽能得之,然非赖阁下之力不能致也。"[①]

第三节　日据时期闽台贸易关系

一、航线和港口的变化

　　台湾日据时期,指清朝签订《马关条约》割让台湾之后,1895年至1945年之间,台湾被日本殖民统治的时期。

　　日据初期,虽然在台湾的大陆资本开始衰退,但两岸贸易仍在继续。这是因为台湾总督府意识到如公然断绝两岸贸易,将会进一步催生走私活动。故1896年,日本总督府虽仅对外国船只开放安平、淡水、基隆、高雄(打狗)这四个港口,但大陆帆船可来往于这四个港口之外的特别港口,闽台贸易并没有受到直接影响。以1896年的打狗港为例,据《台湾总督府公文类纂》所收的《二十九年中打狗港输出入品及船舶出入表》可得知,1896年从打狗港出发的船舶共353艘,其中开往日本横滨1艘、开往台湾东港15艘、安平6艘,外国船舶只有德国1艘开往安平,其他均开往福建泉州、漳州、金门、厦门,广东汕头、潮州、广州。进入打狗港的船舶共406艘,除了4艘外国船外,其他均来自福建泉州、漳州、金门、厦门,广东汕头、潮州、广州。由此可得知:日据之初的1896年,全年进出打狗港的船舶共759艘,大大超过清代开港通商以来最高纪录,显示打狗港在日据初期与福建的贸易仍然维持在较高水平。[②]

---

　　① 胡传:《复苏治生》,《台湾日记与禀启》,《全台文》(第六十一册),第158页。
　　② 戴宝村、吴子政《日治时期高雄港之海陆联结营运(1895—1954)》,杜剑锋等著:《高雄港建港100周年学术研讨会论文集》,高雄市文献委员会2008年版,第121页。

　　1897 年,日本总督府公布了《特别出入港》制度,1898 年,明确规定对大陆贸易帆船特别开港的港口如:苏澳、旧港、鹿港、后垅、涂葛堀(梧栖)、东石港、东港、妈宫(马公),同一年废苏澳,增设下湖口,1939 年增设花莲港。由此,这些港口成为日据时期维持闽台贸易关系的主要通道。其与福建的帆船线路如下所述:"帆船之航路,则有东石、北港、鹿港、涂葛堀(梧栖)、东港、旧港等线,由旧港发至福州;由涂葛堀(梧栖)发者,至泉州獭窟;由鹿港,经蚶江而深沪而默林而安海而崇武而祥芝而厦门;由北港发者,至宁波而经泉州,由东石发者,至厦而往汕;由东港发者,抵泉州之金门而拓林。外而由基隆发者,以福州而泉,而温,而漳,而镇海,而海山;由淡水发者,经温州,而泉,而福,而台,而石塘,而厦,兴,而坎门,而宁,镇,而瑞安,而海山,沙堤,此台湾对岸之海路也,月有数回,彼往此来,日新月盛,何其宏也。"[①]闽台对渡中,尚有机船在定时交通:台湾到福州、三都澳、兴化、厦门、石码,"飞轮如机,风樯如叶,黑烟如云,铁笛如雷,浪浪乎而不知其所止"[②]。

　　1896 年,台湾总督府以开港场为主,在淡水、基隆、安平、台南、打狗(高雄)设税关。1902 年,为防止开港场外的走私贸易,在东港(宜兰厅)、金包里(基隆厅)、大稻埕(台北厅)、许厝港(桃仔园厅)、中港(新竹厅)、通宵港(苗栗厅)、大安港(仝厅)、蓍挖港(彰化厅)、八罩岛(澎湖厅)、渔翁岛(仝厅)、五条港(斗六厅)、布袋嘴(嘉义厅)、国圣港(盐水港厅)、湾里港(台南厅)、大林埔(凤山厅)、枋蒙(阿猴厅)、车城(恒春厅)等设税关监视署。它们的开设对闽台之间的走私贸易产生了一定的抑制作用。

　　此时以香港为据点的英国道格拉斯汽船公司,长期经营连接大陆和台湾的唯一定期航路,并试图以汽船开辟在淡水、福州、厦门、台南巡回航行的航线。面对英国道格拉斯汽船公司的汽船营运挑战,日本总督府新设一些"命令航线",并对承当运输任务的日本商船公司给予一定补助,以便压低费用以击败对手而独占航线。由此于 1900 年新设了三条航线:一是福州香港线,靠泊地为厦门、汕头,航行次数为每两周 1 次以上,船舶资格为总吨数 1200 吨以上、平均航速 10 浬以上 1 艘;二是福州三都澳线,航行次数为每月 4 次以上,船舶资格为总吨数 150 吨以上、平均航速 7 浬以上 1 艘;三是福州兴化线,航

　　① 《台湾之对岸航路》,《台湾日日新报》1905 年 11 月 10 日,《晚清议论辑》(一),《全台文》(第二十五册),文听阁图书有限公司 2007 年版,第 99 页。

　　② 《台湾之对岸航路》,《台湾日日新报》1905 年 11 月 10 日,《晚清议论辑》(一),《全台文》(第二十五册),文听阁图书有限公司 2007 年版,第 99 页。

行次数为每月 4 次以上,船舶资格为总吨数 150 吨以上、平均航速 7 浬以上 1 艘。此举被称为"撒下包围道格拉斯汽船的天罗地网"[①]。并不惜压低价格以击败对手,如日本商船公司首次开办淡水香港线,就以比对手便宜五成的货客运费率进行营运。这些开辟新航线和降低运费等措施,对闽台间的贸易都起了有益的促进作用。

　　日据初期,闽台贸易仍维持一定规模。"从清末开始,台湾与中国大陆的贸易关系,基于地理位置与文化关系,台湾在中国大陆的贸易对象以福建为主,日本据台后至 1930 年代初为止亦是如此。1902 年至 1912 年间,台湾对福建的贸易值占台湾对中国大陆贸易总值平均为 72.73%,1913 年至 1931 年之间,较为减少,平均为 51.3%。"[②]这只是日本殖民当局官方统计的数字,并没有将民间各种形式的贸易统计在内。在闽台贸易最为热络的日据初期和中期,闽台民间帆船贸易量是超过日本商船公司的,一些日本商船公司的航线正是因为竞争不过这种民间方式而不得不废止。如 1905 年创设的淡水福州线,航线为淡水、厦门、福州、淡水,系所谓三角航线,使用总吨数 700 吨以上、平均航速 10 浬以上船只 1 艘,航行次数每月 3 次以上,就航船舶为厦门丸(783 吨商船,属大阪商船公司),但开张以来,台湾总督府于 1905 年、1906 年各补助 41700 元,1907 年补助 48100 元,1908 年补助 43100 元,但这四年中每年依次净损益 9255 元、7636 元、9257 元、9271 元,故于 1908 年底将此航线废止。为此当时在福州居留的日本人与领事,曾于 1909 年向台湾总督呈报长文表示坚决反对,文中先是表示深度遗憾:"以台湾淡水为起点,往返于厦门福州间所谓的三角航线,自明治三十八年四月起开办,尽管大阪商船公司奉命以公司船从事此航行,且以台闽交通机关之一员展开经营以来已累积四年之阅历,然至本年度本航线却突然遭到废止,敝人等深感遗憾,不得不说实在是南清经营的一大退步。"接着进一步说明此航线的重要:"台湾为福建之分身,在历史上具有极为重要的关系,三百万台湾岛民均为华南一带的移民者,民族的关系欲斩难断,商业上彼等的需用供给如今仍然与华南一带维持联络,互通有无,水旱疾病相互伸援,其关系处于极为密切的状态。"[③]但废止的命运并未改变。其中

　　[①]　[日]吉开右志太著,黄得峰译:《台湾海运史(1895—1937)》,"国史馆台湾文献馆" 2009 年版,第 183 页。

　　[②]　薛化元总编辑:《台湾贸易史》,台湾对外贸易发展协会 2008 年版,第 192 页。

　　[③]　[日]吉开右志太著,黄得峰译:《台湾海运史(1895—1937)》,"国史馆台湾文献馆" 2009 年版,第 201~202 页。

闽台经济与文化

有台湾当时未曾发展转口贸易、700吨厦门丸难以克服台湾海峡的波涛巨浪而几乎无法定期航行等多种原因,而闽台民间交易活跃而使商船公司无利可图,也是一个重要原因,正如当时日本人所分析的:"且当时中国戎克船的活动甚为猖狂,大多数当地产品都由彼等独占的结果,本线航线的业绩完全不如所期。"①为提升汽船的使用率,日本人曾要求帆船不许载米,以定期汽船运送。"论者或谓帆船载米,有四害焉,朔风猛烈,船体颠簸,危险可虞,其害一;波浪浸入,积润发酵,损伤米质,其害二;沿途濡滞,速度差池,不赴市价,其害三;鼠耗偷漏,斤量损失,货主吃亏,其害四;易以汽船搬运,则有三利焉,船体巩固,颠覆无虞,一也;速度敏捷,计日可到,二也;运赁低廉,利市三倍,三也。"②但受到船工的集体反对,他们力陈理由,有时也就不了了之。

日据时期,一些传统港口或兴盛或衰退,但都不同程度地在闽台贸易中发挥了作用。一些淤塞严重的港口,大型商船、汽船无法入港,而以中、小型的帆船为主要交通工具、活跃于闽台两地的商人却往往能伺机入港,仍然维持着闽台间的贸易关系。现仅举以下几个有代表性的港口为例。

安平港。日据时为次于基隆、高雄的主要移入港贸易,当时米、糖等南台湾的产品主要由安平港输出,由于帆船可直接由港口进入联结台南与安平港之间的台南运河,故其贸易对象全为乘帆船来的福建商人,且其贸易额不减。安平港"以'移出'为多,当时'移出'物品全为北门、布袋等所生产的盐,'输出入'的则全为与海峡对岸的戎克贸易。由其贸易额来看,安平港的贸易额并没有因日本据台而减损反有倍数增长之势,这是安平港与淡水、鹿港两港不同之处"③。随着安平港的淤塞,以致有时汽船要泊于港外,以待涨潮等时机。《台湾日日新报》1906年8月7日《安平港之闭塞》云:"日前暴风雨之结果,港口延长约三百间余,全为泥沙封锁,满潮时最深处,犹不达二尺,圆平的小蒸汽船之交通,亦不可能,内外杜绝,出入港货物不能为运输,台北丸以下之商船六,空碇泊以待善后之策,以故损害之生,极多大焉。"

淡水港。因淤积等原因,大船出入淡水港日益不便。随着基隆港的修建

---

① [日]吉开右志太著,黄得峰译:《台湾海运史(1895—1937)》,"国史馆台湾文献馆"2009年版,第201页。

② 《商与民之利害问题》,《台湾日日新报》1907年1月24日,《晚清议论辑》(一),黄哲永、吴福助主编:《全台文》(第二十五册),文听阁图书有限公司2007年版,第433~434页。

③ 何培斋主编:《日治时期的海运》,"国家"图书馆2010年版,第16页。

· 60 ·

完备,"命令航线"起点移至基隆,"但与对岸的戎克贸易依然据有相当地位,与温州、泉州方面的往来依旧频繁。"①1915 年左右,有前往对淡水港考察者写下观感:"中间君告以淡水河之交通,系由艋舺、大稻埕渐移于淡水港。当有清时代,该港输出输入极形频繁,至基隆、打狗筑港以后,渐移至彼矣。现该港时时从事疏浚,四千吨之船可以自由出入,惟贸易之大部分移于基隆,此地仅余……泉州、福州、厦门等处入口之旧式帆船而已,年约九百余艘。但全岛关税三分之二,则由该港收取,缘输入物品多系中国人消费之对象故也。输入商品,除实用杂货外,以瓷器及木材为大宗。输出则为石炭。船之出入,虽无一定时期,大概自三、四月至七、八月间往来为多。船体有白、黑两色之别。白色者系泉州船,黑色者系福州船云。"②

鹿港。日据初期鹿港因控有台中、彰化两大市场,与大陆距离最短,所以与福建贸易较为频繁,虽开始淤塞,但仍被台湾列为与大陆的主要贸易港之一。与彰化交通可利用"新高制糖会社"所经营的轻便铁道,与员林交通可利用"明治制糖会社"的轻便铁道,故颇有地利之便。但 1937 年后因不再与大陆贸易,故逐渐废弃。《台湾日日新报》1911 年 3 月 16 日《台中之今昔》载:"鹿港其通商之口也,帆船之时,每岁出入者数千艘,自三十年来,商务亦退,港道亦塞,一败而不复振。"

大安港。李城所编《大安港游记》,其中所收黄木才之文较为形象地写出了大安港的变迁:"回忆三十年前之大安,以及沿海一带,户数近千,人口成万,不知稼穑之艰,全依海利是图。一叶顺流,满载而归。内地之商人,时抱布以贸丝;祖国之商船,日载货以易米。如附近之大甲街,管内原称五十三庄,日用之杂货,亦半由大安上陆;年产之米粟,亦尽从大安出口。他如南北之大商巨贾,亦共认大安为中心。是以康庄之大路,每被牛车拥塞,致行人让步,诚可喜之现象也。迨入帝国版图,大安仅设一监视署,所有出入口之货,必待梧栖海关临检,方许移动。若是天气清和,却无意外之感;倘逢交通杜绝,常叹行路之难,每有应市之货致延失利之悲,不上一年间,各路之商船,尽皆锁声匿迹。现住之四民,相率东迁西移,致四围之长街曲巷,寂寂无人。甚至近海边之高楼大厦,以及竹篱茅舍,亦全被洪水流失。"③

---

① 何培斋主编:《日治时期的海运》,"国家"图书馆 2010 年版,第 21 页。

② 张遵旭:《游台湾记》,《台湾文献丛刊》第 89 种。

③ 李城所编:《大安港游记》,黄哲永、吴福助主编:《全台文》(第六十五册),文听阁图书有限公司 2007 年版,第 164 页。

二、福州与台湾的贸易

福州港不仅不存在淤塞等问题,且有地利之便,因此在日据时期是对台贸易最为活跃的港口之一。故时人对福州港的评价是:"福州虽然必须溯流闽江而上,但也是能够利用其腹地联络,绝非仅作为香港或上海的补助港为止的港湾。"①

福州与台湾的贸易情形,日据时期的《台湾日日新报》时有记载,从中可得知:

福州输往台湾的货物,主要有杉木、纸料、白米。《台湾日日新报》1898年5月7日《白米□□》载:"又福州帆船载来杉木、纸料,亦有兼载白米。"

台湾输往福州的货物,煤炭为大宗。《台湾日日新报》1898年10月16日《炭业实况》载:"本岛矿业,近年以来,自基隆、淡水间输出对岸者,年年增加,如明治二十九年由基隆输出福州总炭二百八十吨,金额一千五百四十九圆。又输出海山泉州炭末三千二百八十八吨,金额六千七百九十七圆。由淡水输出福州炭末三千九百九十吨,金额九千九百八十圆。……由是观之,则本岛之炭,距清国南部地方隔一苇带水,唯福州需要最多,输出于香港甚少……现在□炭区福州之马尾馆头最盛,马尾有名之炭栈二户,一清丰懋,一蒋泉益,馆头则有祥兴、合顺、怡顺、万盛四号,而本岛有名之炭栈,基隆金建顺、隆顺号二家,专配运于福州,若淡水则由对岸商人来,向矿业采买,又自基隆、淡水载炭于马尾馆头,每馆头,每百斤载资十钱,或十五钱之间,目下福州市价一万斤,自五十四圆至五十五圆云。"因为福州需要的煤炭最多,由此出现了专门经营台湾煤炭的商栈,有的直接向采矿者购买后由基隆港、淡水港运回。台湾经营煤炭的商栈,则专门负责向福州配运。《台湾日日新报》1899年1月25日《炭业兴隆》载:"台岛石炭矿业,自归内地商家,开办以来,日形隆旺而采掘方法厉精敏捷,产炭日盛,自客岁炭绅社设立,本岛石炭输出福州者为大宗,下年海洋凤色欠顺,帆船载运顿少。"台湾的煤炭产出量不断增加,以输出福州最多,但下半年因海面气候不佳而帆船运送量减少。

福州与台北形成"南材北炭"的互补。《台湾日日新报》1899年3月20日《石炭输出》载:"台北炭绅社于月之二十一日,由淡水贮积场准备石炭二百五十吨,交金吉成帆船,载赴福州支店交卸,想□船回航满载木材而来,从此南材北炭,循环运载,尤觉便利耳。"台北专门经营煤炭的炭绅社将煤炭运

---

① [日]吉开右志太著,黄得峰译:《台湾海运史(1895—1937)》,"国史馆台湾文献馆"2009年版,第220页。

到福州后,再将福州的杉木同船运回,一船两用,满足了两地需求的互补。《台湾日日新报》1899 年 3 月 10 日《南材北炭》载:"台北城厢,及淡水、基隆等地,内地商家,居集最盛,而苦本岛屋宇洞暗,不通风气,殊为郁朦,现在各处建房屋,均按内地风气规式,希图敞亮,四面通气……所需材木板料颇多,而台北山林,本不产杉材,皆仰给于对岸福州者居多。但内地材木,宜于合用,只奈相隔太远,运费甚大,而价稍形昂贵,建筑家不免望洋之叹,今闻台北炭绅社筹划,乘载石炭至福交卸之便船,欲载杉材回北贩卖,以副建筑彩买,而擅利权,从此航运神速,彼往此来,皆沾余润,亦贸易中变通之一法也。"台北因建住房而缺乏杉木的难题,由台北碳绅社利用往福州运煤后返回的商船解决,快且经济,往来经营成本都降低,双方互利互惠,被称为一种双赢的变通。《台湾日日新报》1899 年 6 月 30 日《材料增运》载:"现今北府及基、沪各处,筑造兴作,所需木材,颇旺犹依福州一路输□之材料,实不敷,即方应用因其福州料价顿贵,幸内地商家,经由内地,搬运来岛,则每轮有数千几百吨之多,每期班轮来台,向有□载材木以应□民需用。"除了建房外,台北的基础建设也需要大量木材,故定期轮船也加入运载,使需求得以缓解。《台湾日日新报》1899 年 7 月 3 日《材料增运》载:"台北商船,本年春间,由福建省配运杉木来淡,颇得厚利,彼此争趋,如近日采买杉材,由福建省运来杉木,值百金,较之夏季得利,短少二十余金,除载资外,或云亏本,想亦该货件短销以致秋也。"由于春季运杉木的商人获得厚利,导致参加此项营运者趋之若鹜,仅至夏季,得利就少了 20%,甚至亏本,致使商人想尽快脱手。从中可看出,台北缺乏杉木的现象已得到根本缓解。《台湾日日新报》曾提到,从福州运杉木到台北,成本仅 100 元却可获利 90 元;从台北运煤炭到福州,可望获得三倍利。

海上风暴对福州商船及商人造成极大威胁。《台湾日日新报》1898 年 10 月 6 日《惨遭风雨》载:"金风盛者,福州船也,因日前有载货来淡(淡水),泊往港内,至九月三十日,即旧历八月十五日,风狂雨骤,任碇之坚固,亦虽当其潮与风,故船舶住,自妈祖宫口,受风直吹至油车口,其船内诸人,幸得水上巡查极力提救,始得上岸,而船与货直挽至海口,未几回头见之,其船已没矣,而船里人皆留宿在水上署内,饱食暖衣,则救护之功,诚可嘉也。"停于淡水港内的福州商船虽已拴好,却仍被狂风吹走,虽人得救,但船、货皆毁。

税收政策的变化对闽台贸易产生了影响。《台湾日日新报》1899 年 4 月 16 日《木材拮抗》载:"台北淡水一口,自本年一月,新税加征实施,阅月以来,百货输入,略形短少,查自一月以来,福州木材进口,大为减少,而市上杉木价格,增加十之三四,遂与内地木材,同价值……由是内地木商等,大为奋发,扩张运路集材颇多计,与福州木材贸易对抗,但材料木质,内地福州两比较,似觉内地木质,可高二三优势,而本岛购用之家,不可不究也。"台湾新税加征后,输入台湾的百货开始减少,大陆内地木材商加入了向台湾输送木材的行列,与福州商人展开竞争。

日本对当时闽台贸易的情况有不少详细的记录。日本驻福州领事馆于1888年1月26日在《清国福州口木材输出的景况及划艇的便利》中,记述了作为重要木材集散地的福州木材市场的盛况:"从福州输出的物资中,亚于茶叶的大宗物者,即是木材。其产出地是福州府永福县,延平府仁寿、沙县,建宁府篷村口、水口,邵武府拿口等地的诸山,据悉依靠此伐木及专门装筏业糊口者,将近以数千人计。"①

日本驻福州领事馆在《通商汇纂》中,对日据时期福州与台湾之间的木材贸易及其他商品输入台湾,有过详细记载,现仅以其对部分年月的记载为例做简要介绍。②

据《通商汇纂》1910年第38号载,1910年1月至3月,台湾与福州帆船运输贸易总体情况如下:

1月,台湾与福州之间往返帆船约40艘,输出金额达3万元以上。入港帆船其出港地有6处,船只数有9艘,总吨位有336吨。具体如:东石港2艘,41吨;打狗2艘,98吨;安平1艘,20吨;台南1艘,68吨;旧港2艘,76吨;妈宫1艘,33吨。出港帆船发送地有6处,船只数有9艘,总吨位有290吨。具体如:后垄2艘,51吨;东石1艘,20吨;台南3艘,148吨;淡水1吨,16吨;安平1艘,24吨;新竹1艘,30吨。台湾向福州输送的货物很少。如:铁7元。福州输入台湾的货物有47种,输入额达32686.58元。如:杉木板1940元,轻(薄)木板366元,大杉木616.2元,小杉木1332元,橼(梁)木22425元,陶器747元,漆器19元,锅盖239元,桶仔(钓瓶)842元,红面桶47.5元,茶粕1735.8元,茶油56.88元,上等纸3108元,下等纸12120元,纸联112元,纸伞灯(提灯)2.6元,桔饼130元,莲子150元,干荔枝128元,乌梅(盐渍梅)29.25元,尾梨81元,松香45.76元,豆乳120元,粉丝357元,扁鸭(干鸭肉)50元,

---

① [日]松浦章著,卞凤奎译:《日治时期台湾海运发展史》,博扬文化事业有限公司2004年版,第60页。

② [日]松浦章著,卞凤奎译:《日治时期台湾海运发展史》,博扬文化事业有限公司2004年版,第63～89页。

竹笼 56.25 元,炮竹 607.5 元,乌烟(涂用煤烟)93.6 元,竹扁担 3.2 元,棕索(棕榈绳)51.2 元,直背椅棹 60 元,椅子 32 元,皮枕 87.5 元,耶胡(乐器)40 元,镜屏 3.75 元,镜箱 10 元,笔管(笔轴)150 元,不求人(子孙手)17 元,铁器 12 元,红枣 82.2 元,黑枣 117 元,泽泻(药材)16 元,滑石(药材)18 元,朴根(药材)66 元。

2 月,因逢正月,帆船出入较少,贸易额与前月相比约减少三分之一,台湾与福州之间往返帆船约 10 艘,入港帆船其出港地有 4 处,船只数有 5 艘,总吨位有 358 吨。具体如:鹿港 1 艘,49 吨;淡水 2 艘,237 吨;台南 1 艘,49 吨;安平 1 艘,23 吨。出港帆船发送地有 4 处,船只数有 5 艘,总吨位有 358 吨。具体如:鹿港 1 艘,30 吨;打狗 1 艘,49 吨;新竹 1 艘,42 吨;淡水 2 艘,237 吨。台湾向福州输送的货物有 4 种,金额达 3204 元。如:煤炭 1944 元,獐皮 975 元,藤 160 元,旧铁板 125 元。福州输入台湾的货物有 36 种,金额达 9164.58 元。具体如:橡(梁)木 549.9 元,小杉木 1202.24 元,大杉木 960 元,杉木板 195.5 元,轻木(薄)板 269.5 元,寿板(上等棺材)318 元,水板(下等棺材)112.7 元,床方板 70.7 元,桶板 279.28 元,红面桶 56 元,面桶 9 元,桶仔板(钓瓶桶板)123.25 元,桶仔(钓瓶)2.22 元,红桶 14 元,茶箱 260 元,茶箱板 693.75 元,茶桌 4 元,锅盖 203.2 元,墨 19.6 元,漆器 12 元,陶器 102.8 元,上等纸 528 元,下等纸 1044 元,炮竹 729 元,山茶粕 943.2 元,锯 16.8 元,糖蜜 27 元,粉丝 255 元,坚薪 27.5 元,乌烟(涂用煤烟)10.8 元,烟吹竹(烟管用竹)816 元,书 6 元,镜箱 2.5 元,竹扁担 36 元,棕索(棕榈绳)51.2 元。

3 月,正月过后,闽台两地贸易突然增加,金额达 5.6 万元。台湾与福州之间往返帆船 33 艘,入港帆船其出港地有 8 处,船只数有 17 艘,总吨位有 780 吨。具体如:淡水 3 艘,293 吨;安平 5 艘,185 吨;涂葛窟 3 艘,82 吨;东石 1 艘,20 吨;旧港 1 艘,42 吨;打狗 2 艘,117 吨;鹿港 1 艘,24 吨;东港 1 艘,17 吨。出港帆船发送地有 8 处,船只数有 16 艘,总吨位有 688 吨。具体如:台南 3 艘,159 吨;安平 5 艘,158 吨;后垄 1 艘,21 吨;台中 1 艘,30 吨;东石 2 艘,46 吨;涂葛窟 1 艘,33 吨;淡水 1 艘,157 吨;旧港 2 艘,84 吨。台湾向福州输送的货物有 14 种,金额达 12192.75 元。如:废铁 272 元,藤 177.6 元,牛角 196 元,牛皮 3437.5 元,煤炭 3060 元,獐皮 650 元,龟筋(药材)211.2 元,角碎(肥料)29 元,糖蜜 3200 元,笔筒毛 350 元,扁鸭(干鸭肉)10 元。福州输入台湾的货物有 57 种,金额达 43874.185 元。如:小杉木 1839.5 元,大杉木 4605.7 元,杉木板 2391.2 元,轻木(薄)板 323.68 元,桶仔(钓瓶)558.73 元,桶仔板

(钓瓶桶板)325.53元,股桶(足洗桶)82.5元,股桶板(足洗桶板)24元,碗桶(碗)24元,木桶29.12元,橡(梁)木442.2元,水板(下等棺材)290元,寿板(上等棺材)739.8元,桶把70.55元,桶节165.5元,桶板464.625元,床方板(寝床板)93.73元,油面桶51.1元,锅盖753.84元,镜箱26元,镜屏7.5元,陶器3254元,漆器11.2元,竹扁担6.4元,柴棹12元,椅子9.9元,玻璃灯2.4元,炮竹945元,上等纸14448元,下等纸1356元,洋书480元,木器7元,棕榈蓑70元,铜烟袋75元,二胡46.8元,耶胡(乐器)50.4元,乌烟(涂用煤烟)97.2元,藤枕432元,松香180元,铜器135元,铁器74.4元,皮清鼓(太鼓)43.2元,皮枕头23.8元,竹米筛7元,烟吹竹(烟管用竹)16元,鲎杓16元,桔饼62.4元,茶油1070.72元,茶粕6785.4元,红粕(绍兴酒粕)84元,滑石(药材)24元,葛根(药材)9.28元,泽泻(药材)102元,朴根(药材)100元,其他药材400元。

据《通商汇纂》1912年第16号载,从福州向台湾输出的货品以木材为主。1912年8月,福州向台湾木材输出数量和金额,以大阪商船公司汽船运输杉木为例,由安平入港7836根,3354.98美元;由打狗入港1525根,7700.7美元。由帆船输运的木材金额217.25美元。合计4342.93美元。

据《通商汇纂》1912年第23号载,1912年7月至9月,福州向台湾输出的货的木材规格、木材价格、价格指数如下:

木材规格		木材价格		价格指数
长	末口径	7月		9月
1丈6尺	2寸至2寸2分	15.8	17.8	1.13
1丈4尺	2寸至2寸2分	13.8	13.8	1.0
1丈2尺	2寸至2寸2分	10.5	10.8	1.03
1丈8尺	3寸至3寸2分	49.8	53.8	1.08
8尺	3寸至3寸2分	11.8	11.8	1.0

1912年9月,福州向台湾木材输出数量和金额,以大阪商船公司汽船运输杉木为例,由打狗入港1767根,约618.45美元;由安平入港3700根,约1295美元。由帆船输运的木材金额2934.3美元。合计4847.75美元。

据《通商汇纂》1912年第30号载,1912年10月,福州向台湾木材输出数量和金额,以大阪商船公司汽船运输杉木为例,共1800根,729美元。由帆船输运的木材金额为549美元。合计1269美元。

综合以上三份《通商汇纂》的记录，可得知：当时福州和台湾间的贸易较为密切，福州与台湾之间每月有10至40多艘往返的商船，出入港口遍布台南、台北、台中等多处，其中不乏为当时已出现淤塞的港口，或因福州商人的中、小型帆船有自身的便利可伺机入港，福州向台湾输送的货物，除了各种生活用品，甚至还有乐器、文具，品种多达五六十种，其中不少与中国传统文化习俗相关，可看出日本殖民统治下的台湾人民对祖国文化习俗的难以割舍之情。杉木是福州向台湾输送的最主要的货物，有时还通过汽船来运输。这些杉木质量上乘，数量可观。台湾向福州输送的货物，大都为台湾的特产。福州输送的货物，无论种类、数量、金额，都要大大超过台湾输送的货物。

至日据中期，福州与台湾的贸易仍然有一定规模。据《厦门海关剪报资料》中1935—1936年"闽台货物输出入表"统计，由台湾输入福州的货物有石灰石227108元，果实82878元，海产4486元，其他66020元，合计380492元；由福州输出到台湾的货物有木材83671元，茶叶63743元，干食物类48842元，药材10434元，陶瓷器465元，海产物2374元，蔬菜3874元，其他19501元，合计232904元。[①]

随着福州与台湾贸易的不断发展，福州商人开始在台湾开商铺，如宋云开洋衣店、华东茶坩行、林记戏具店、福明戏具店、福康药房、国际药房、盛汉鞋业、国光鞋业、宝华金店、永和鱼丸店、邹恶妹鱼丸店、华南西服店、万福来全皮箱店、高爱金裕大特产行、信和协纸行、福美纸行、咸康药行、德余京果行、何同泰茶行、詹斗山墨店、福荣昌杂货店等。对于一些福州传统输出的大宗商品如木材，更是有许多商人把商店直接开到台湾去，著名的有：罗恒记、王森记、陈成记、瑞隆等。[②]

台湾商人也在福州注资，在福州投资、开铺的规模和实力，仅次于厦门。以1929年为例，资本在一万元以上的如：三星洋行（经营医疗器具和药品）、东泰公司（经营输出业）、永和公司（经营煤炭）、陈泰隆洋（经营煤炭及海产杂货）、大祥洋行（经营煤炭和海产品）、开记洋行（经营借贷生意和古文物）、照惠公司（经营水果）、建昌五金行（经营机械类）、春和洋行（经营典当类生意）、合

---

①　陈扬富主编：《榕台关系丛书·商贸经济篇》，海潮摄影艺术出版社2008年版，第49页。

②　陈扬富主编：《榕台关系丛书·商贸经济篇》，海潮摄影艺术出版社2008年版，第70页。

泰菁洋行(经营房地产业)、南兴洋行(经营典当生意及棉布)、瑞泰洋行(经营典当生意)、宏昌洋行(经营酿造业)。①

三、厦门与台湾的贸易

日据时期,厦门不仅成为闽台贸易的中心,还被认为是台湾连结福建及至大陆内陆地区的中转站。时人对厦门港有高度评价:"厦门亦然,不仅是天然良港同时又可供大型船舶出入,且港内极为宽广,由先天条件及联络国际干线航线的点来看也是不亚于香港的港湾。"②台湾总督桂太郎亦称:"南清各地中,厦门隔澎湖列岛与台湾相对,……台湾的货物,尽集于厦门,而后向四方输出,故厦门作为现今我风教货物流入之新口岸,为我政事上、贸易上最重要之区。"③

关于厦门与台湾的贸易,日据时期的《台湾日日新报》时有记载,从中可得知:

台商及与台商有生意关系的厦商,皆设法在税收方面得到方便。《台湾日日新报》1898 年 6 月 22 日《闽商兴厦》载:"厦门商况虽旺相,而鼓浪屿、石码两处,计设有四内厘役,尤极善酷勒,商况洵大为困难,且官场尤贵神践贾,各富商更大为不堪。故如英芳、建盛、震祥、丰记,俱为厦商巨擘,此外尚有十八号,亦厦商中之出色者,并一厘切编我国籍与清民交涉事件,洵比前大加利便,遇货物过船头,立有标号,则厘役不敢盘诘,而台商之往来厦门者,禀明我领事府,以禀书两纸,一送厦门道,一送税务司,则可自立一号,扁曰日本洋行,过厘亦不许征收,而我商遂愈觉旺相。"因税收,使厦门岛内的商人颇受损失和颇感不安,故有厦商中出色者,则编称与日本关系以求便利,台商则要求厦门道和税务司干涉,以求过厘不征便利,使台商生意愈加兴旺。

厦门港输台货物,因两地价格悬殊而时有较高利润空间。《台湾日日新报》1898 年 11 月 19 日《北船续到》载:"昨接厦友来函,据称永昌行,再由申江,包仆太古轮船一艘,配运北豆、豆饼各货,由厦来淡,利市三倍。"此为经厦

---

① 林满红:《四百年来两岸经贸关系史》,《台湾史迹研习会讲义汇编》,台北市文献委员会 1998 年版,第 219 页。

② [日]吉开右志太著,黄得峰译:《台湾海运史(1895—1937)》,"国史馆台湾文献馆"2009 年版,第 220 页。

③ 陈小冲:《试论日据时期的台海两岸交通》,《海峡交通史论丛》,海风出版社 2002 年版,第 128 页。

门港由轮船运台,有三倍的利市。《台湾日日新报》1899 年 8 月 19 日《台厦物价》载:"况台湾与厦门,相隔仅一衣带水耳。则厦门之物价比诸台北,殊属低廉,今特援一例,以证焉。如厦门之建筑,用上等材料,价格低廉,若台湾居多,下等之材料价格,甚然昂腾,兹若厦门我领事馆,建筑三栋,结构壮丽,欧人亦羡,其轮奂之美,而费用仅约五万圆耳。其所用之材料瓦石等,供给丰富,实因厦门附近,花岗石隆。"同样建筑,在厦门用上等材料价格比台湾使用下等材料还要便宜,这些都为建筑材料输台提供了利润空间。

厦门商人往台湾贸易,亦受到官方多种限制。《台湾日日新报》1898 年 12 月 17 日《不肯给照》载:"在厦门清国商民,顷企图通商贸易,□往复台湾,提禀该地道台领受路照。"凡欲与台贸易的厦门商人,须取得厦门官方颁发的通行证。《台湾日日新报》1907 年 9 月 27 日《厦门及汕头》载:"然厦门归福建省内,至于福州不待厦门之接济,可直接输出入,故厦门商业区域日日狭小,每年有衰微之状。"此外,尚有福州等无需经厦门转港的口岸可直通台湾,这些都使厦门港发展的优势不能充分发挥。

厦门商人的货和船曾在海上被劫。《台湾日日新报》1898 年 12 月 20 日《米船被劫》载:"厦门某甲,自澎湖采办白米六百余包,装南澳帆船,本拟载至金门贩卖,嗣闻泉州米价,现大起色,遂改道前往,在平林洋面搁浅,旋被该处海贼,各驾小船前往来,将米抢劫一空,帆船亦被劫去,惟舵人,拿获海贼三人,并原船一艘,带至厦门,禀明提督、道台,严行讯办。"

轮船大规模介入厦台航线。《台湾日日新报》1899 年 5 月 2 日《轮船竞利》载:"得忌利新租花旗之海澄轮船,昨日由厦门开来淡水,适我大阪商船会社之隅田川丸轮,亦由厦门开驶来淡,彼行遂广告通衢云。每搭一名仅收小洋五角。又太古洋行新购小轮二艘,曰顺发、曰顺利,专走厦门、石码内海两埠头其他行之小轮,每客一名,照章收小洋一角,他彼则广告云,只收小洋五占,然则他轮之搭客不少见,而彼轮亦不加多抑又何妨。"可知当时在厦台航线的轮船,有分属不同商业集团的海澄、隅田川丸、顺发、顺利等轮船,为互相竞争而各自出招。

台湾输往厦门的物品以砂糖、米谷、茶叶、樟脑等农产品为主。《台湾日日新报》1899 年 5 月 5 日《稻江茶况》载:"台岛出产茶叶,亦系为大宗也,历年以来,当清明前后,广东、厦门等处客商,皆陆续云集,稻江市景,售卖货物,较于平等,尤为热闹。"可见茶叶为台湾出口大宗,使大陆客商云集采购。《台湾日日新报》1911 年 6 月 26 日《本岛海运业》载:"夫过此以前,对岸贸易之所以盛者,以本岛农产物之糖、米、茶、脑,易彼地廉价之工品。"

台湾商会组织在厦门设立仓库,以图便利。《台湾日日新报》1899年5月27日《航赁低下》载:"又我商会社,目下在厦门设立仓库,凡寄吨茶大箱百函,仅费艀赁、苦力、火灾保险、仓库等合需五圆,便商利民,概有千里,送递如咫尺间耳。"

厦台之间出现过瘟疫,直接影响了两地航运。《台湾日日新报》1899年8月24日《厦门船况》载:"查本年六月中,厦门港出入船舶总数为一百五十四艘,计总吨十六万六千三百三百五十七吨,又出港汽船七十八只,八万四千六百六十八吨,又出港帆船一只,千八十七吨,于前月比较减少船数三十只,减少吨数七千七百三十吨,究其原因,去月本岛厦门间,黑疫蔓延,凡英国殖民地方,出稼者航渡禁止,因而船数遂减目下。"此处统计的船舶主要是汽船,尚有大量民间往来的帆船没有被统计在内。当时有不少原要经由厦门出港的商船,皆避开厦门直航目的地。

台湾业者输送的货物掺假引起厦门商人的不满和恐慌。《台湾日日新报》1899年8月30日《不正茶品》载:"输入厦门之茶箱中混杂土沙砂,及剖开视之,该地茶商,一般恐怖,前纸既经揭载矣,夫不正之茶,而发见于厦门,其输出自台湾,应责在台湾之茶业者,可勿论已,以稻江之茶行百五十有余户,团结一茶商公会共戒不正之品,设立规约从严处置,今会员中为此,不法茶商公会之名既坏,则台湾乌龙茶之声价,自然坠落,亦一般茶商无敢信用者,所以保护产业一节,在官厅不得等闲置之,况有稍犯罪案构成嫌疑者乎。"台湾茶商曾在输往厦门的茶箱中掺以土沙,后由台湾茶商组织出面,采取了相应措施进行调查,定为诈欺取财,按茶商公会规约处置,并照法处办,以维持台湾茶商信用,保护茶产业。

《官报》1896年12月7日刊登的日本驻厦门领事的报告《厦门贸易事情》①,对日据初期厦台之间贸易的大体情况有较为详尽的记录,其主要内容如:1.1895年后,原在厦台之间运载货物的中国帆船,有的已被两地之间通航的汽船所取代。2.出入厦门港的民船,运输额一年约20万担,其中77%为一般货物及一些船客,主要往返于厦门与台南之间。3.帆船的运费要比汽船高,但货主仍选帆船,其中有利害关系。4.厦门与台南之间的帆船,主要经泉州而来,一般装载的是杂货,其一次航行前后约要两个月时间,运费的高低由航海时间、时风决定。5.由厦门港出入从事贸易的帆船,都来自晋江、诏安、云霄、

---

① [日]松浦章著,卞凤奎译:《日治时期台湾海运发展史》,博扬文化事业有限公司2004年版,第99～103页。

铜山等地,船长必须有船舶登录证书,出航时需向中国海关监督提出其证书,以接受检查。6.从中国商行处得知,从厦门出港的商船,航往台湾的地方,最常的是台南安平,其次是布袋嘴(嘉义厅)、笨港、朴仔脚;从晋江的深沪、永宁、上施,惠安的塔窟等地出港的商船,航往台湾的地方,主要是台中竹垄、梧栖,台北的淡水。7.篷船的运量,大的可装一千担,中的可装七八百担,小的可装四五百担。8.从厦门出港输往台湾的货物,主要是各种棉布、烟丝、木板、砖瓦、粗制陶器、砂糖、腌水果、丝线、西洋杂物、竹器等;归港时装载的是台湾的砂糖、石炭、米谷、樟脑、白麻、豆类、落花生、樟木板、芋、生蕃布、大甲席、樟木工艺品等。9.往来厦台之间进行贸易的几乎都是篷船,在泉州蚶江等口岸有数百艘小篷船,冬季从事捕鱼活动,春夏之交时,数量甚多的空船航至台中、台北沿岸,装载石炭的粉末及大量杂货而返。

在《通商汇纂》1909年第56号中,日本驻厦门领事馆就"厦门台湾间往来货物最近的状况"进行了报告,主要内容:一是厦台贸易仍然保持天然形成的优势。台湾距厦门约百数十浬(厦门、淡水间一百九十二浬,厦门距安平间一百四十九浬半。然现时居住台湾的台湾人都是明末以来由本地方移住者,二者相倚有不可分离之密切关系。二是台湾输往欧美的产品不少不再经过厦门转口。台湾物产增加后,开始改筑港湾,过去长期要经过厦门港转输欧美的台湾特产,现在可直接由基隆港等港口输出,经由厦门港转口的仅留原来的十分之一。三是台米运闽的情况已开始改变。台湾岛内剩余的大米运往福建的传统被改变,现已大量向日本输出。四是出现公司汽船和私人帆船共存局面。厦台之间运输由大阪商船公司的三艘大型汽船运送大宗货物(详见以下记录),但过去长期承担交通任务的各种帆船仍然活跃在厦台两岸。五是以帆船为主的走私活动极为普遍。各种帆船搭载的货物虽数量有限且杂乱,但其中十有八九为走私货,经过海关报税的,一年不过50担内外,故走私的货物和数量多少无法得知,以台为例,仅知现今台湾人普遍使用的陶器,均为福建闽南的产品,而大型汽船公司并未输入;以闽为例,硫黄为清廷的输入禁制品,输入非常困难,但在沿海一带通过走私而输入的不少。

此报告对厦台贸易的货物情况有较为全面的记录。

1903年,从厦门运往台湾的货物种类、数量及价格如下:

品名	单位	数量	价格（元）
砂糖	斤	38287	2502
米	斤	143678	5858
豆类	斤	1207971	39823
盐鱼	斤	283583	23530
烟草	斤	1276927	149161
原棉	斤	80562	19057
棉布	斤	505225	55303
唐宁布	斤	249055	23706
纸	斤	606751	76086
纸箔	斤	677628	90349
陶瓷器	—	—	21223
木材级板	—	—	56760
茶箱用板	—	—	61208

1906—1908 年,从厦门运往台湾安平港、淡水港的货物种类和数量如下:

货物种类	单位	1906 年	1907 年	1908 年	重量计算
麦粉	件	4500	7000	5750	每件以 50 磅计
竹类	件	2128	1890	2074	每件以 120 磅计
豆类	件	3024	1325	1513	每件以 170 磅计
石油	箱	3317	5000	13100	
药材	件	860	836	748	每件以 200 磅计
铁锅	包	7682	10271	5525	每包以 80 磅计
纸类	捆、束	10459	4434	5831	
茶箱	捆、束	25752	21049	18981	
烟业	件	31406	51423	36333	每件以 50 磅计
白灰		6354	5865	8618	

1903 年,从台湾运往厦门的货物种类、数量及价格如下:

品名	单位	数量	价格(元)
乌龙茶	斤	9692278	3350699
包种茶	斤	1960133	504087
米	斤	1660323	56910
砂糖	斤	63671	3783
苎麻	斤	399590	72333
干龙眼	斤	283932	12363
龙眼肉	斤	192741	19363
胡麻子	斤	736798	36046
油糟	斤	3017806	32944
姜黄	斤	62.661	94817
石炭	吨	1508	5283

1906—1908 年,从台湾安平港、淡水港运往厦门的货物种类和数量如下:

货物种类	单位	1906 年	1907 年	1908 年	重量计算
干龙眼肉	件	7322	18908	42555	
煤炭	吨	573	4714	2786	
砂糖	件	3420	492	329	
乌龙茶	件	221	41050	484917	每件 50 磅
包种茶	件	116500	136448	144111	每件 55 磅
海产物	件	211	19	2317	
姜黄	件	1117	3799	2449	每件 160 磅

由以上所列可知以下两个方面的内容:

第一,从厦门输往台湾的货物主要有两类,一是转运外地商品。有转运国外货物的,如将经香港运来的北美麦粉、美国石油转运台湾。有转运国内货物的,如将东北等地的豆粕转运台湾,用作牲畜饲料和土壤肥料;将汉口、镇江、南京等地生产的药剂转运台湾,用于治病。二是输送福建商品,如将漳州的竹材提供给台湾茶商,以供包种茶外包装时所需的薄竹材;将漳、泉生产的铁锅提供给台湾相关制造商,以作为制造砂糖、樟脑过程中的工具;提供漳州生产的纸类满足台湾民间频繁的民俗活动所需,以作为吉凶祭祀时的饰品、祀品(如纸人、纸屋等);将福州、漳州制作的茶箱用板提供给台湾茶商,以供台湾茶叶出口时装箱之用;提供漳州、闽西生产的烟草以满足台湾烟民所需。

第二,从台湾输往厦门的货物主要为台湾特产,如将产自台湾南部的龙眼干经由厦门运往福建及大陆内地,将基隆的煤炭输入厦门作为汽船燃料及闽南烧陶的燃料,将砂糖经厦门输往上海等地以再精制,将乌龙茶和包种茶经厦门输往东南亚,将海产物经厦门输往香港等地,将台湾南部的块根植物姜黄经厦门输入各大城市以作染料使用。此外,即使在平日似乎并不缺水果的厦门,有时在出产水果的季节,台湾水果仍倾销厦门,甚至占据了厦门市场,随着厦台贸易的发展,台湾商人与其他地区的商人一样,纷纷在厦门投资、开铺、开厂,但台湾商人的规模和实力最大,可谓独占鳌头。以 1929 年为例,资本在一万元以上的如:海南洋行(经营杂货、石炭)、泰丰堂药房、荣兴洋行(经营海产、杂货)、东方药房、东西洋行(经营医药)、广生洋行(经营医药)、义仁洋行(经营肥料)、黎华洋行(经营烟草、纸)、黄成源洋行(经营金饰)、义泉洋行(经营玩具)、明昌洋行(经营皮革)、义华洋行(经营糖果)、洪大川制香厂、馥泉酒厂、厦门制钉厂、成源制冰厂、中国制药厂、东南汽水公司、国庆炼瓦公司、方圆公司、先明电池厂、丰南信托公司等。一年交易额在一万元以上的货物种类如:烟草、茶、橡胶鞋、纺织品、文具、玩具、洋杂货、布料、钟表、眼镜、酒、水泥、酒精、糖蜜、脚踏车零件、米、肥料、家具、食品、干电池、石炭、木材、古物、线香等。一年所涉及的金额在一万元以上的行业如,制造业、贸易业、船舶搬运业、金融业、旅馆餐饮业等。①

四、泉州、漳州与台湾的贸易

日据初期和中期,泉州、漳州均在多个港口,以内河的小货轮或帆船往返于泉台、漳台之间。

泉州民间与台湾直接贸易的港口如:秀涂、獭窟、崇武、蚶江、深沪、安海、东石、洛阳等港,常有百余艘帆船聚集在港内以备驶往台湾。"台湾运到泉州的货物,除前述外,又增加了日本商品火柴、煤油、干贝(江瑶柱)、鲍鱼、虾干、沙丁鱼和各种脯类、猪牛筋等,后期还有电石、钢筋、水泥和机器。泉州运向台

---

① 林满红:《四百年来两岸经贸关系史》,《台湾史迹研习会讲义汇编》,台北市文献委员会 1998 年版,第 218～219 页。

湾的则大多是土特产。"①

　　漳州民间对台贸易的主要港口如:漳州港、石码港、东山港、宫口港、漳浦港、云霄港等。漳州往台湾输出的商品如:年画、漳绣、木雕、土布、药材、金箔、烟草、杉木、红色砖瓦、陶器、瓷瓶、八宝印泥等。从台湾运到漳州的的货物如:白糖、樟脑、生油等。漳州一些著名行铺的特产长期行销台湾,如民国期间被称为漳州布行第一店的蔡同昌、蔡同泰商号,以自制自售中成药而享有盛誉的天益寿药店等。② 其中漳州龙海石码的花金(纸箔)输台颇具代表性:石码花金在台湾市场销售已有 300 多年的历史,日据初期纸箔曾一度被禁止输台,但不久即告恢复,且更为畅销。在最兴旺时,石码制造专供台湾使用的花金牌号就有 20 多家,如金吉庆、福隆、聚兴、耀丰等。而无牌照、制白坯出售的尚有六七十家。每月输出估计在 200 吨左右,价值约四五万两大银。可见石码金花是颇受台湾同胞欢迎的。日本占领者当局对此相当眼红,采取重税办法企图加以扼制,每百元课进口税 100 元,后来甚至提高到 200％。可是石码纸箔界还是想尽办法降低成本,产品继续输往台湾。③

　　一些货物由漳、泉共同输往台湾。如台湾的建筑材料,多由漳、泉提供。正如《台湾日日新报》1907 年 7 月 2 日《台湾建筑由来》所载:"究其建筑原料,木石砖瓦多由漳泉等处运来。"

　　为了便于对台贸易,泉、漳民间采用了种种方法。

　　一是成立了经营对台营运和贸易的专门机构。这些机构不仅自己造船、自己开展运输业务、经营自己的专门航线,还开展商业活动,争取购、销、储、运一并解决。以"船头行"机构为例:"先有惠安獭窟船民与石码船民合股,专走石码—澎湖—台湾之间,经营货物运输业务。接着,石码人李汉也独资建造帆船 18 艘,发展运输业。之后,船头行相继开设,计有连生经营的五美行,曾开福经营的裕孚行,曾连生经营的义记行,陈茂坤经营的义发行,张义经营的协泉行等,石码与台湾的海运、贸易蓬勃发展。船头行增多,随之而来的的是竞相扩充业务,介绍船号,办理托运,招揽生意,以致兼作货栈。他们或自己造有船只,如五美行拥有帆船 7 艘;或只设店,联系船家。当时,行驶台湾的三支

　　① 《泉台贸易概况》,福建省档案馆、厦门市档案馆编:《闽台关系档案资料》,鹭江出版社 1993 年版,第 553～554 页。

　　② 卢国能编著:《漳台经贸关系》,厦门大学出版社 2011 年版,第 193～194 页。

　　③ 《龙台航运与贸易》,福建省档案馆、厦门市档案馆编:《闽台关系档案资料》,鹭江出版社 1993 年版,第 557～558 页。

大桅杆的木帆船,载重在 50 吨至 70 吨的共有 110 多艘。运载出口的货物有纸箔(花金)、杉木、红糖、红料(砖瓦)、陶器(大缸)、瓷瓶等,运回的货物有白糖、糖水、樟脑、面粉、生油等。为了满足各行业商家的需要,有的船头行还采取两地挂钩对运货物的办法,如石码运出杉木的原船,可运回台湾的楠木,运出红糖的原船,可运回台湾的白糖、糖水等。"①

二是以民间走私方式进行贸易。特别在日据中后期,闽台之间,"海口作业和贸易不能正常开展,但渔民、商贾还是通过各种渠道,如买通官方等,以民间走私形式进行贸易"②。以泉州为例,"晋江塔头乡组有走私机关,其中厦某银行投资 50 万元,且得有机关中人员之帮助,分设厦门、台湾、獭窟、崇武,有航船 20 余艘,每小时开一艘。当海关巡船回港添油时,即由某公务员密电通知台湾走私船主即开船,直达塔头乡起卸贮积,由工人零星捎走,运往各乡销售,又据调查,2 月份入港有糖 500 包,每包加重。该公司组织严密,至今尚未失事"③。由银行投资、拥有自己的航船、形成了一个可直接销往各乡的销售网络,可见走私已具有一定规模。

三是争取得到台湾商人的介绍、保证和台湾当地居民的关照。如惠安崇武渔民有到台湾捕鱼后转售的传统,虽然日本据台统治者规定不许私留和转售渔货,但渔民们凭着与在厦台湾商人(鱼牙行)及台湾当地居民的良好关系,得到介绍、保证和关照,于是每年春夏二季鱼汛到来之时,惠安崇武渔民都会结队前往台湾。"他们到了台湾,备受当地人民欢迎,每当端午节后,渔民准备返乡,台湾人民依依不舍,总是成群结队,扶老携幼,涌聚码头,高唱送别歌曲,歌声婉转,扣人心弦,催人泪下。从 1921 年至 1936 年,据不完全统计,仅大岞村前往台湾捕鱼和经商的渔船最多时每年就有 18 艘,占全村大型渔船的十分之一;渔民 500 余人,占全村劳力的十分之五。当时,崇武流传着一首童稚能唱的歌谣:'鸡笼打狗(群众称基隆为鸡笼,称高雄为打狗),自家门口;要吃要穿,随时可搞;有情有义,亲人多好。'"④

---

① 《龙台航运与贸易》,福建省档案馆、厦门市档案馆编:《闽台关系档案资料》,鹭江出版社 1993 年版,第 557 页。

② 《惠台贸易概况》,福建省档案馆、厦门市档案馆编:《闽台关系档案资料》,鹭江出版社 1993 年版,第 560 页。

③ 《泉台贸易概况》,福建省档案馆、厦门市档案馆编:《闽台关系档案资料》,鹭江出版社 1993 年版,第 554 页。

④ 《惠台贸易概况》,福建省档案馆、厦门市档案馆编:《闽台关系档案资料》,鹭江出版社 1993 年版,第 559～560 页。

　　四是以洋行代理商或日籍商人名义从事商贸活动。如泉州惠安崇武的瑞裕商行,打出英商洋行代理商的招牌,垄断了惠安县东半部的洋油、洋烛、洋火市场。有祖籍泉州的台湾茶商在福建采购茶叶,并建精制茶厂,打出台湾公司及日籍牌子,以图获得便利。

　　泉州、漳州与台湾的贸易情况,日据时期的《台湾日日新报》多有记载,从中可得知:

　　日据初期泉州对台贸易仍在进行,但因税收政策改变等原因,已开始逐渐减少。《台湾日日新报》1898 年 5 月 17 日《泉商宴会》载:"艋舺泉商组合,俗名泉郊,当时商务之盛,甲于台北,船舶来往,最为繁盛。"泉州商人曾频繁往来于台北艋舺和泉州,组成了当时最有影响的行郊。《台湾日日新报》1899 年 5 月 23 日《古浮船少》载:"台北最初之商业所与对岸航运者,以泉州为盛。故其时市商概况首推泉郊,该地所有公事,义拳抽项捐资,亦赖泉郊,以倡率嗣,因泉州与本岛,货物之交通贸易,得利渐彻。泉郊已退,其船之来往亦即渐少。"文中阐述了泉州商人往日在台北首屈一指的繁盛,但今日已不如往日,接着具体举例:"惟泉州海口,有一澳名古浮者,该地居人多恃行船为业……每载纸簿、线等物,来此易货,岁以常迫。本年来,古浮船之东渡者竟少,莫不谓为增税,所致夫税款,有加以帆船比之轮船固,难免有困难,然亦由该地方产物,来此易货乏利,故此等帆船到港独少耳,若独可以得利增额何碍之有。"文中分析泉州商人来台减少的原因,与台湾增税有关。《台湾日日新报》1899 年 5 月 12 日《濑屈帆船》云:"昨有客来自泉州,谓曩曾有数百只,濑屈船叠运赁抵台,其获利正未所量泊乎。海关税增加,则虽百货云集,亦少有利路况,前此并有货可以载归,而今绝无一物对盘……航船俱不敢运货来台。"可见因税收增加使泉州商人徘徊观望,裹足不前。

　　泉州商船往来台湾和泉州所载货物主要为两地特产,商人每次均要在台湾滞留一段时间,其交易有明显的季节性。《台湾日日新报》1898 年 12 月 11 日《稻江帆影》载:"泉、温、台三州船载来者,日用杂货,如生猪、腌肉、生鸡、鸡蛋、酒类等项,或瓷器,在台卸卖,在台载粉炭、猪牛骨,并内山土产,积载归帆,船有大小不等,船员多少不一,而返往海道,平稳来去颇捷,在台滞留少则半月,多则二十天,此等船艘,入淡水港门,一年之中,盛于夏秋,衰于春冬。今将本年自一月至十二月迄进港船数列下:一月七十二艘,二月四十三艘,三月八十七艘,四月八十九艘,五月九十五艘,六月百二十七艘,七月百九十艘,八月八十一艘,九月六十六艘,十月十九艘,十一月五艘云。"按文中提供的数据,当年一年中的 11 个月进入淡水港的船只共 874 艘,如按泉州、温州、台州三地平均,泉州于 1898 年进入台北淡水港的船近 200 艘。此处仅指泉州商人的帆船,不包括各种商船公司的汽船。

泉州商船曾造成台湾某些商品价格的浮动。有时泉州商船从台湾载米返闽过多,以致台湾米价下滑。如《台湾日日新报》1898 年 5 月 15 日《米价渐低》载:"台北米价算定实关搬运进出之多少矣。如来温州、福州等处诸帆接续,而至皆有运配米谷,所以台北米价渐次低落,今又若泉州蚶江乡,有十余只帆船,在梧栖、鹿港载米,又经次第前来,则米□□□□而益低矣等。"泉州商船如一两个月不来,台北猪肉定将涨价。如《台湾日日新报》1899 年 1 月 10 日《猪价复起》云:"台北各处,屠场每日宰猪不少,兹就当地所饲畜,以充台人日食,甚是不敷,唯视泉州、温州诸口岸,陆续运来,方有可应用。若迟一二个月不来,则猪肉渐次昂腾固不待言矣。"由此可见,泉商能否及时供货,已对台北市民生活的产生一定影响。有时因泉商售价的高低,引发台湾商人的争议。《台湾日日新报》1899 年 4 月 30 日《争沽生事》云:"迩来由清国兴、泉两处,鸡蛋来台销售者,帆船尾接各铺家,商客争趋购买。现闻,基隆有蛋船进港,商家得信,即赶前议价,间有出价太廉,而卯主未遽允之。惟有某甲等三人,凭公平时价,较诸他人稍贵些许,卯主即卸卖之,乃他商等不服,且谓我先于伊到此商议。"

泉、漳商人与台贸易面临诸多风险。一是突至的强风暴雨以致船沉。《台湾日日新报》1898 年 10 月 8 日《人船俱亡》载:"昨有一舟人,自淡水艋舺□□□□暴风雨,淡水港诸小帆船,甚多罹害,又有过洋帆船一只,约三四百石米量,系泉州祥芝乡,周标官所有□,此度□载货回泉州,该船经放出港口,值去月三十日,风雨骤至,两碇皆被风折断,船任漂流,须臾覆沉,其中船伙十一人俱葬鱼腹里,若船身及他货物,一切付诸流水云。"小型帆船,最容易受到风暴的袭击,而泉州商船大都以中、小型的帆船为主,其抵抗风暴的能力有限。《台湾日日新报》1899 年 8 月 12 日《共葬鱼腹》载:"船户蔡沙螺有航船一艘,载得六七百石米,往来福州、泉州、厦门等处,月前从泉州装运货物,来台入淡水口,货已搬起船,尚寄泊候载本岛货物,赴清国贩卖,为日未几,即遇此风暴,漂出淡水港外。"已进港候载的船舶都被刮出港外,可见势单力弱的帆船难以躲避这些凶猛的海上风暴。二是触撞暗礁以致船损。海上触礁防不胜防,有时已在海岸边拴好船只,还是难逃此劫。《台湾日日新报》1903 年 12 月 2 日《清船触矶》载:"上月二十六日,有清国泉州船金兴发号,入基隆港,就该港内三沙湾之海岸,卸碇系留,适遇风波大作,致打触于暗礁,船底遂生破坏,海水因之浸入,颇有危险之迫,是时港内碇泊中诸船,皆走至该处救助,其船长邱日光外十二名,皆得保全生命,其船中积载,猪百二十三头,烟草四十九捆,亦幸得搬运上陆也。"三是以走私禁品之名被查被罚。《台湾日日新报》1899年5月14日《行险侥幸》载:"台岛孤悬海外,四面皆有口岸,上陆如基、沪两港,无论装载何物经海关查验,始可放行,若新竹、旧港、宜兰、苏澳等口,巨舰大船不能直进,只用小汽船,或杉板抑或帆船,但由漳、泉而来者,踵接入港,间有所装犯禁物品,指不胜屈,经小港上陆,实无从稽考。"文中引举有渡台售犯禁物品者,认为危险极大,最终后果不佳。

泉、漳茶工常季节性经厦渡台谋生。《台湾日日新报》1898年5月20日《由厦渡台》载:"今度四月中间,由厦渡台人员,我驻厦领事馆,给付护票者,四百二十名,其他渡台茶工人等,亦有二千三百七十八名,时查淡水、安平两岸,男女上陆……二千七百九十八人,名实相符,幸无混合情弊,但轮船费赀,每名通盘计之,则有一万一千一百九十二圆焉,而其数不为不多也。"上海《中外日报》1905年5月16日的《实业汇录》专栏"招工赴台做茶"公告中载:"台湾虽产茶,而做茶之人,皆漳、泉等处乡人居多,每岁二三月往台,八九月回厦,籍茶谋终岁衣食者,约二三千人,现在茶市已开,亟需茶工。"将这二份报刊所刊之文互相印证,可知在台做茶者多是漳、泉之人,他们每年二月、三月经厦来台,八月、九月经厦返回家乡,一年有两三千人来台。这是一种外出劳务,他们做茶所得的工资,可供其在家乡一年的生活费用。

第三章　当代闽东南对台经济关系

第一节　福州市对台经济关系

闽台一家亲,榕台亲上亲。作为闽台经济文化交流的重要窗口,福州与台湾一水相连、隔海相望,五缘(地缘、血缘、文缘、商缘、法缘)关系密切、源远流长,经贸交流合作从无到有、从单一到多元、从单向到双向,取得了十足的发展。历经70年风雨,得益于各类惠台措施,尤其是《关于促进两岸经济文化交流合作的若干措施》(简称"惠台31条")和《福建省贯彻〈关于促进两岸经济文化交流合作的若干措施〉实施意见》(简称"惠台66条")的出台,目前榕台经贸关系处于历史最佳时期,正为新时代推进两岸关系和平发展、推进祖国和平统一做出重大贡献。

一、榕台经贸关系回顾

(一)恢复阶段(1979—1987年)

1949—1978年,由于政治原因,榕台经贸交往基本中断,双方处于互换小产品、小商品等原始民间易货贸易状态,只有极少数台湾不可替代或无法生产的必需品(中药材等)经香港转口到台湾。1979年元旦,全国人大常委会发表《告台湾同胞书》。1981年1月,经国务院批准,平潭县东澳港率先开辟为台湾渔船停泊点,建立平潭县台湾渔民接待站。此后,福州市又相继开放了连江琯头、长乐松下、连江黄岐、福州马尾、平潭南中、福清南青屿和罗源迹头等7个台轮停泊点。1981年9月,叶剑英发表了9条对台方针;1984年11月,第一家台资企业——闽台通商行来榕投资;1987年11月,台湾当局放宽了两岸人员和经贸往来的一些限制。在此期间,榕台经贸逐渐恢复发展,台湾需要的商品主要是海产品、干果、中药材和酒类,台湾提供的主要是塑料、家用小电器等商品。据不完全统计,1981—1987年,福州市协议台资额约170万美元。

(二)发展阶段(1988—2000年)

1988年7月,国务院颁布《关于鼓励台湾同胞投资的规定》(即"22条"),

此后,福州成立了"福州市台胞投资贸易服务中心",为台商提供投资贸易信息咨询和服务,掀起了台胞来榕投资的热潮。1988 年,福州市共接待台商 1200余人,洽谈项目 300 多项,协议台资额1175.14万美元。为了进一步吸引台商,1989 年 5 月,国务院批准在福州经济技术开发区内建立福州台商投资区,它是当时全国仅有的两个台商投资区之一。截至 1991 年,福州市台商投资 7 亿美元,占全国台商投资额的 21.3%,到资额 2 亿美元,占全国台资到资额的 22.9%。1993 年 7 月,在北京举办的首届"台资企业技术产品博览会"上,福州参展企业占总数的近 1/10。1994 年,福州市台胞投资企业协会成立,同年,福州市举办了首届福州国际招商月活动。1995 年 3 月,福州人民政府颁发了第一部有关台胞的法规——《福州市保护台湾同胞投资权益的暂行规定》。此外,福州市还设立了台商投诉协调中心,建立了"台商接待日""台资企业现场办公会议""大项目领导挂钩联系"等制度。1992—1996 年,福州市累计台商投资22 亿美元,协议台资为 21 亿美元。

(三)扩展阶段(1996—2004 年)

1996 年 9 月开始,台湾当局对与大陆经贸往来实行"戒急用忍"的方针,使两岸经贸关系的发展一度蒙受阴影,但福州对台工作与交流从未受阻。1996 年 8 月,国家颁布了《中华人民共和国台湾海峡两岸航运管理办法》,决定将福州、厦门两港作为两岸直航试点口岸。福州港作为祖国大陆两岸直航试点口岸之一,1997 年 4 月 30 日,福州市马尾轮船公司 2000 吨级的"闽台 1号"首航台湾高雄港成功,正式拉开了两岸试点直航的序幕。同年 6 月,福州长乐国际机场口岸实行台胞落地办证;9 月,福州被外经贸部、国台办和农业部批准列为首批海峡两岸农业合作试验区。2001 年 1 月,福州马尾与马祖签订了具有历史意义的两岸合作协议——《两马协议》,形成了"两马先行"的格局。从当年的一年 98 个航次,到后来的一周 2 个固定航班,再发展到每天都有 4 个航班,"两马"航线今非昔比。开放大陆居民赴台旅游之后,"两马"航线延伸至基隆,"台马轮"每周都穿梭于两岸。如今,马尾—马祖—基隆,已成为两岸民众喜爱的黄金旅游线路。2002 年 5 月,福州市组织向马祖岛供水,实现了 53 年来祖国大陆首次对台湾地区供水。

(四)高潮阶段(2004—2016 年)

1995 年,福建首次提出建设"海峡西岸经济带"。2004 年年初,福建省省长卢展工在《政府工作报告》中正式提出"建设对外开放,协调发展、全面繁荣的海峡西岸经济区"战略构想。2006 年 3 月,全国人大通过的《国民经济和社会发展第十一个五年规划纲要》将"海峡西岸经济区"战略正式纳入国家"十一五"规划之中。2009年5月国务院《关于支持福建省加快建设海峡西岸经济区的若干意见》的出台,标志着"海峡西岸经济区战略"已从地方决策上升为中央决策,从区域战略上升为全国战略,凸显了海峡西岸经济区的战略地位。在推进两岸交流合作上,作为祖国大陆距离台湾最近的省会城市,福州一直担当着先行先试的主力军作用。2005年,在国台办公布对台部分农产品实行"零关税"政策后,福州市率先促成了首批台湾农副产品直航登陆销售,创造了两岸农产品贸易的"福州模式"。2006年,福州市又率先实施了扩大台湾农产品、加工品准入及零关税的种类和范围,恢复两岸渔工劳务合作,实行台湾居民在大陆申办个体工商户等优惠政策。2008年11月,海协会与海基会达成两岸"三通"的4项历史性协议,福州市被确定为两岸客运包机航点、两岸直航港口、两岸大陆方面邮件封发局,并实现了榕台货运直航、两岸通邮和客机首航。2009年5月16日,两岸邮件总包直封关系启动仪式在福州举行,这意味着,此后福建省寄往马祖的特快邮件(EMS)、航空及水陆路邮件,都在福州汇集后经由"两马"航线直接运往马祖。2009年7月,福建省设立平潭综合实验区,建成之后,台湾居民可以在此定居并参与管理。2010年5月18日,国务院正式批准设立福州保税港区,整合福州保税物流园区和福清出口加工区以及福州港江阴港区,进一步提升海峡西岸经济区核心竞争力。2010年5月,从福州口岸引进的台湾大米首次进行展销,成为继2005年海交会台湾水果零关税登陆后的又一次突破,对加速两岸粮食产业对接、拓展两岸农产品贸易合作领域极具象征意义。2010年9月11日,海协会与海基会确认《海峡两岸经济合作框架协议》(ECFA)与《海峡两岸知识产权保护合作协议》于9月12日生效。伴随着ECFA时代的到来,两岸步入优势互补、合作共赢的新阶段,两岸产业大合作、资源大整合时代真正开启。2013年8月,闽台青商论坛在福州举行,三坊七巷正式成为"海峡两岸交流基地"。2014年5月,第十六届海交会在福州举行,"一坛三节"等两岸经贸活动打造了两岸经贸交流盛会。此期间,在海峡西岸经济区建设的影响下,来榕投资兴业的台资企业日益增多,榕台科技、文化、旅游、农业、宗教等方面的合作交流得到有序拓展。

(五)融合阶段(2016年至今)

2016年以来,由于蔡英文当局倒行逆施,榕台经贸关系伴随两岸政治关系变化呈现出"官冷民热"的特点,但大陆继续推进两岸民间各领域交流合作,榕台经贸正以"融合发展"为主题,不断向纵深推进。① 得益于国家一系列惠台政策叠加效应的持续放大,以及福建区位优势的不断凸显,福建自贸试验区福州片区等窗口吸引台资实现显著增长。截至 2016 年 12 月底,福建累计批准台资项目(不含第三地)14222 个,实际到资 139.35 亿美元。2017 年全年福州市新批台资项目 137 项,对台贸易额达 19.67 亿美元。2018 年 1 月,榕台经济融合对接项目活动在福州举行。2018 年 6 月,福建省印发《福建省贯彻〈关于促进两岸经济文化交流合作的若干措施〉实施意见》。2018 年全年福州市新批台资项目 179 项,对台贸易额达 18.58 亿美元。② 2019 年 2 月,平潭台湾农渔产品交易市场揭牌开市。2019 年 6 月,平潭综合实验区管委会正式发布《探索海峡两岸融合发展新路的实施细则》,旨在推动落实两岸融合发展的具体措施,内容包括推动两岸四通、推进两岸经贸各领域合作、落细落深台胞台企同等待遇、加强两岸基层治理交流合作等方面,力争打造台胞台企登陆第一家园先行区等。

二、榕台经济交往的现状与特点

回顾总结榕台经济交往的历程,经过 70 多年的发展,特别是改革开放后 40 多年的发展,榕台经济交往合作不断拓宽领域,稳步发展。

(一)台资助力福州经济发展

改革开放以来,福州市始终把发展榕台经济合作作为吸引"三资"的重点工作来抓,认真贯彻落实《中华人民共和国台湾同胞投资保护法》,努力改善投资软、硬环境,先后颁布了《福州市保障台湾同胞投资权益若干规定》《关于进一步做好重点台资企业有关工作的通知》等政策法规。特别是近些年,在海西效应的影响下,来榕投资兴业的台资企业日益增多。台商投资已向多领域发展,规模不断扩大,技术含量明显上升,投资者层次日益提高。落户福州的台资企业已覆盖工业、林业、农业、建筑业、商贸业、房地产业和服务业等产业,并从劳动密集型产业逐步转向电子、汽车、精密仪器等高科技领域。台资企业产业集聚效应持续增强,目前,电子信息、机械(汽车及配件)这两个产业的台资企业产值规模已超过百亿元,冠捷科技集团、华映光电股份有限公司、东南(福建)汽车工业有限公司等知名台资企业已成为福州市电子信息、汽车及配件等

---

① 尹茂祥:《在反"台独"斗争中掌握国家统一主导主权——对 2016 年以来两岸关系的观察与分析》,《统一战线学研究》2019 年第 3 期。

② 福州市统计局:《2016—2018 福州市国民经济和社会发展统计公报》,福州市统计局网:http://tjj.fuzhou.gov.cn,[2019-06-10]。

支柱产业的龙头。统计数据显示,截至 2016 年 6 月底,福州市累计批准台资项目 3500 个,合同台资 80 亿美元,实际到资 53.5 亿美元,截至 2018 年底,福州市累计批准台资项目 3816 个,台企的参与和台资的注入为福州经济发展做出了重要的贡献。①

近年来,台商在福州市的投资主要呈以下几大特点:

1.以乡情为纽带。福州与台湾一水相连,是台胞的重要祖籍地之一。榕台两地地缘、血缘、文缘、商缘、法缘关系源远流长,现有在台福州籍乡亲 70 多万人,其中不乏商界巨贾、社会名流。祖国大陆开放以来,十邑台胞以乡情为纽带,踊跃投资故乡。冠捷、清禄、福禄、新东阳、扬帆等福州籍台商企业,纷纷来榕投资,同时还发挥"以台引台""以台引外"的作用,积极为家乡发展出力。福州也借助对台优势,得开放之先,设立了开发区、台商投资区、平潭综合实验区、福州保税港区、海峡两岸农业合作实验区、海峡两岸直航试点口岸、台胞落地办证口岸、海峡科技城,举办了国际招商月、海博会、海交会,通过优惠政策和各种渠道,为台商来榕投资创造良好条件。

2.规模不断扩大,同时还形成配套扩张的局面。截至 2002 年,累计引进台资项目 206 项,合同台资 8 亿美元,实际利用台资 6.5 亿美元,分别占全区三资企业数、合同外资数、实际利用外资数的 23.17%、35.5%、42.57%。2002 年台资企业实现工业总产值 106.1 亿元人民币,占全区三资企业工业产值的 68.5%。台商投资已从投资初期的每个项目几十万美元,上升到单项投资平均规模 200 万美元以上,许多在榕台资企业,还通过扩大生产规模、新办企业以及带进配套项目等方式,不断增资扩产。如东南汽车在福州投资后带进了 70 家配套零部件厂商,形成了颇具规模的汽车城;中华映管在福州落地后,不但自身增资扩大规模,还引进了上、下游配套厂家,使马尾百亿电子城粗具规模。

3.领域不断拓宽,投资形式日趋多样化。台商投资领域从第二产业逐步向农业、房地产、金融、港口物流、基础设施、旅游和商业等第一、三产业拓展,向成片开发拓展,并出现了行业整体性转移、上下游产业配套的发展趋势,如太平洋城、先施公司、长乐奥林匹克城、东南汽车城等。投资项目由纺织鞋业、食品加工业逐步拓展至化工塑胶、机械冶金、电子信息、机械汽车等领域。榕台产业对接成效日趋显著,促进了榕城产业结构的升级优化。同时,台商投资

① 福州市统计局:《2016—2018 福州市国民经济和社会发展统计公报》,福州市统计局网:http://tjj.fuzhou.gov.cn,[2019-06-10]

经营形态也日趋多样化,包括台商独资、合资、合作等。

4.层次日益丰富。台商投资已从初期的劳动密集型产业向技术、资金密集型的电子、汽车等产业转变,来榕投资的大公司、大集团逐渐增多,其中突出的例子有大同集团投资的中华映管(福州)有限公司,全国最大的显示器生产企业——冠捷电子(福建)有限公司以及裕隆集团投资的东南汽车等。还有,太平洋电线电缆集团投资的太平洋项目、羽田集团投资的世界广场项目等,它们均为台湾排名前50位的大集团公司。

（二）榕台经贸规模不断扩大

由于福州的区位优势,福州市对台贸易额不断增长,2010年对台贸易额创新高,达20.23亿美元。榕台小额贸易也十分突出,从最初为大陆台资企业补充机械类配件、原材料发展到工业原辅料、水产品、农产品及日常消费品等领域的各类贸易,由于其灵活性、便利性和有效性,是两岸贸易的有效补充。福州口岸开展对台小额贸易以来,入境贸易量以每年30％以上的速率增加。同时,福州市对台投资也取得新的突破。2009年7月,福建新大陆电脑股份有限公司成为大陆首家经过正式核准的赴台投资企业。据《福州市国民经济发展统计公报》显示,2017年福州市新批台资项目137项,对台贸易额达19.67亿美元;2018年福州市新批台资项目179项,对台贸易额达18.58亿美元。

（三）惠台"四区"建设成绩斐然

福州经济技术开发区成立于1985年1月,地处福州马尾,位于福建省闽江出海口,是国务院批准对外开放并享有特殊优惠政策的14个沿海开放城市经济技术开发区之一,工业开发面积23平方公里,已开发工业用地面积16平方公里,是中国唯一集国家级开发区、保税区、台商投资区、科技园区和出口加工区于一体的对外开放区域。1996年8月,交通部选定以开发区为主依托的福州港作为台湾海峡两岸货物定点直航试点口岸。开发区经过多年发展,已经初步形成了以电子信息、港口物流、机械冶金、食品加工、水产饲料、生物制药、轻工纺织为主的七大产业簇群。

1.福州经济技术开发区。福州市人民政府在开发区内设立福州经济技术开发区管理委员会,对开发区实行统一规划和管理。开发区所在的马尾区,下辖两镇一街,面积为174.08平方公里,人口达13万人。多年来,开发区着力营造国际化的投资环境,投入大量资金进行了基础设施建设,引进了一批包括著名跨国公司在内的40多个国家和地区的投资者在开发区内投资,形成了以电子、光机电仪一体化、生化制药、机械冶金、建材、轻纺和食品等门类为主的工业体系,并向贸易、旅游、运输、金融等第三产业和现代农业拓展,呈现出强劲的发展势头。开发区管委会致力于建设人与自然和谐的环境,通过了ISO14001环境管理体系认证。独特的人文地理优势和良好的投资环境吸引了众多投资者在此创业并获得成功。目前,开发区已成为福建省享有开放政策最多、外商投资最密集、经济发展最具潜力的对外开放区域。截至2009年年底,设在福州马尾区的福州经济技术开发区已引进台资项目233个,总投资达17.68亿美元,其中投资千万美元以上的台资企业有41家。设区26年来,台资企业创造的产值、税收等占全区经济总量的30%以上,大同、统一、东和、顶新等一批在台湾岛内有影响、有声誉的大公司均在区内投资并不断增资,使开发区成为全国台商投资密集的地区之一。

2.福州保税区。1992年11月,福州保税区经国务院批准成立,为自由贸易区性质的对外开放区域。位于马尾福州经济技术开发区的东北部,用地面积1.8平方公里,首期开发0.6平方公里。保税区主要发挥港口优势和临近台湾的优势,从事国际贸易、保税仓储、出口加工及相关业务,是中国实行特殊政策、具有综合经济功能的特殊区域。经过多年的开发和建设,福州保税区在基础设施、功能开发、招商引资、对台经贸等方面都取得了丰硕的成果。为满足福州市外向型经济不断拓展的政策功能需求、促进福州市临港工业的发展、在与台湾产业的对接中占据制高点、进一步提升海峡西岸经济区核心竞争力,福建省政府向国务院明确提出要整合福州保税物流园区和福清出口加工区以及福州港江阴港区,建设福州保税港区,2010年5月18日获得国务院正式批准设立。福州保税港区位于福州新港(江阴港区),包括四大部分——临港加工区、港口集散区、国际物流区、铁路物流园区。规划面积9.2平方公里,分为A、B两个区。A区为福清出口加工区,面积3平方公里。B区面积6.2平方公里,具体包括:福州保税物流园区1.2平方公里、铁路物流园区0.7平方公里、江阴港区1#至9#泊位4.3平方公里。福州保税港区是在港口作业区和与之相连的特定区域内,集港口作业、物流和加工为一体,具有口岸功能的海关特殊监管区域,运作模式是中国内地开放层次最高、优惠政策最多、运行规则基本与国际接轨的一种新的自由贸易港区模式。保税港区享受保税区、出口加工区相关的税收和外汇管理政策。

3.福州台商投资区。福州台商投资区是1985年5月经国务院批准设立的两个最早的国家级台商投资区之一,是专供台湾厂商投资兴办企业的地区,位于福州经济技术开发区内,占地1.8平方公里。1997年台商投资区向闽江入海口延伸扩大6平方公里。自成立以来,福州经济技术开发区用足、用活中央、省、市赋予台商投资区的一系列对台政策,按照"同等优先、适当放宽"原则落实好台商投资区、海上直航试点口岸、"两马"经济文化交流、台胞落地办证签注点、台轮停泊点、对台小额贸易等各项优惠政策,极大地激发了台商在福州开发区的投资热情。目前福州台商投资区已形成电子信息、冶金机械、食品加工、水产饲料、轻工纺织等产业集群,并带动了相关产业的发展,其中以台资企业华映为龙头的电子信息产业链就集聚了韩国的 LG,日本的 JVC、NEG以及美国的南方气体等跨国公司的投资。截至 2008 年年底,福州台商投资区已经引进台资项目 233 个,总投资已达到 17.68 亿美元,占全区外资总投资的28.2%。区内投资千万美元以上的台资企业 29 家,有华映、顶益、统一和永丰馀 4 家台湾百强企业落户台商投资区。台商投资区已有 17 个投资千万美元以上的项目与华映配套,CRT 产品的玻壳、电子枪等主要零部件和 70% 的原辅料可直接从区内配套企业获得。福州台商投资区已成为全国四大电子信息产业基地之一和国家级电子显示器件产业园。台湾东和钢铁公司的投资,吸引了日本 NKK、住友、丸红等跨国公司的资本,形成了"以台引台""以台引外"的效应。

4.福州市平潭综合实验区。福州(平潭)综合实验区 2009 年 7 月正式建立,2012 年更名为"福建省平潭综合实验区",简称"平潭综合实验区"或"平潭实验区"。2013 年 7 月,平潭综合实验区获得行使设区市的管理权限,改由福建省直管。2009 年 5 月 14 日,国务院正式下发《关于支持福建省加快建设海峡西岸经济区的若干意见》(以下简称《意见》),此举标志着海西建设从区域战略上升为国家战略,为地处海西"桥头堡"的平潭加快发展提供了前所未有的战略机遇。国务院《意见》指出,"在现有海关特殊监管区域政策的基础上,进一步探索在福建沿海有条件的岛屿设立两岸合作的海关特殊监管区域,实行更加优惠的政策"。根据这一精神,福建省委、省政府在深入调研的基础上,于2009 年 7 月底召开的省委八届六次全会上正式做出了设立福州(平潭)综合实验区的决定,提出积极探索开展两岸区域合作,建立两岸更加紧密合作交流的区域平台,努力把平潭建设成为探索两岸合作新模式的示范区和海峡西岸经济区科学发展的先行区。近年来,平潭综合实验区围绕"关、线、仓、配、管、商、补、业"这八个方面打造两岸物流贸易新枢纽,现代物流业呈现出高速发展的态势,探索实行"一岛两标",创新台湾人才服务机制,率先推动在建筑、规划、旅游、医疗、教育等行业采认台湾地区企业资质和职业技能资格试点,促进两岸人才交流融合,为两岸共同家园建设提速。借助"实验区+自贸区+国际旅游岛"的叠加优势,平潭还构建了以澳前台湾小镇、台湾创业园、北港文创村为载体的两岸三创基地,加快完善青年创业就业服务体系,形成园区、政府、企业和青年四位一体的服务格局,携手推进两岸青年创业发展。截至 2019 年 1 月,平潭澳前台湾小镇签约落位 270 个商铺,包括 12 个台湾县市主题馆、194 个台湾品牌旗舰店和特色商铺、55 家进出口贸易商及物流服务商、4 家特色餐饮、1 个游艇产业园项目、4 个文创街项目,从业人员 800 余人,其中台胞约 150 人,累计进口台湾商品总额约 31.9 亿元。数据显示,截至 2018 年年底平潭累计注册台资企业 943 家,投资总额达 82.27 亿美元,经营范围涵盖服务贸易、电子信息、航运物流、旅游文创等众多领域。①

(四)榕台农业合作发展迅速

福州海峡两岸农业合作实验区于 1997 年 7 月经国务院台湾事务办公室、外经贸部(现商务部)、农业部批准正式成立。福州海峡两岸农业合作实验区成立以来,当地各级政府和实验区管理机构积极采取各种措施,在审批办证、通关验收、投资领域、投资形式、用地方式、产业扶持、税收减免等方面为投资实验区的台商提供法律保障和优惠政策,建立完善项目基建联合审批、联合年检、口岸联检、统一收费、统一受理投诉、重大项目领导联系服务、“一条龙服务”、“中国电子口岸”等规范化服务制度,为台胞提供良好的投资环境和社会服务体系,促进闽台农业交流与合作的不断发展。福州海峡两岸农业合作实验区以优高农业为重点,包括水产、蔬菜、水果、食用菌、畜禽、花卉、林竹等八大产业,建设 6 个区(南亚热带“优高”农业合作区、山区综合农业合作试验区、城郊农业观光合作区、沿海渔业合作区、海岛综合开发合作区、绿色食品生产合作区)和 1 个加工营销信息中心。目前已建成福清台湾农民创业园、雪峰绿色茶叶合作示范园、连江现代水产品加工示范园、罗源珍稀食用菌示范园、永泰高优水果示范园、平潭生态养殖示范园、琅岐现代农业精品科技园、城郊生态农业示范园等八大科技示范园区,成为两岸农业合作的重要科研基地。榕台农业交流与合作,对福州市农业的发展发挥了重要的作用,主要表现在以下方面:

1.投资规模逐步扩大,促进了外向型农业的发展。目前,台商投资于农业的项目和投资额均占台商来榕投资项目和投资额总额的 1/3 以上。台商农业平均单项投资规模从最初试探性的数十万美元,发展到目前的平均每项 383 万美元。截至 2009 年年底,全市累计兴办台资农业项目 435 个,合同台资 6.1

---

① 《岚台深度融合 携手共建美好未来》,《福建日报》:http://fjrb.fjsen.com/fjrb/html/2019-03/07/content_1167904.htm? div=-1,[2019-03-07]。

亿美元,实际利用台资 3.4 亿美元,居全国 9 个农业合作实验区第二位。投资领域覆盖农、林、牧、副、渔及休闲农业等各个行业。投资方式呈现从品种引进向技术、设备引进,从种植业、养殖业向加工业和农业综合开发延伸,从沿海向内地全面拓展的趋势,投资项目的质量和水平逐步提高。

2.良种引进不断增多,推动了农业经济结构的调整。实验区成立以来,重点引进台湾动植物优良品种,政府推出"优势产业种苗工程",组织实施水产、畜牧、果蔬、花卉和食用菌等优势产业种苗工程,已引进并试验种养成功 8 大类 600 多种台湾高优动植物优良品种。在试验种养成功的基础上,大面积推广,目前已建立种养基地的有 100 多种。这些台湾农业良种的引进,促进了福州市农业品种结构的优化和品质的提高,使一些农业传统产业逐渐成为优势产业。名优水果面积比例扩大到 80% 以上,畜禽良种率达 45%,名优花卉面积发展近 3 万亩,无公害蔬菜面积比例提高到 30%。从台湾引进的对虾、草虾、罗氏沼虾、鲍鱼、弹涂鱼、红鱼、淡水白鲳和贝类,加速了福州市水产良种的更新换代,大多成为福州市水产养殖业中新的经济增长点,促进了水产支柱产业的发展、壮大。

3.提升了农业产业化水平。福州的许多外资、台资农业企业现已成为农业产业化龙头企业。这些企业外接国际市场,内联生产基地和农户,有力地推动了福州市的农业产业化经营,提高了农民的收入。一是促进了农业技术升级换代。据统计,福州市已引进台湾先进种养和加工技术 2000 多项、设备 1000 多台套。包括植物组织培养技术、农产品安全监测技术、台湾鲍鱼电解分苗技术等等,其中机械化育秧、食用菌栽培加工、鲍鱼育苗、烤鳗加工等方面的一大批先进技术已在全市广泛推广应用,福州正成为引进台湾良种技术最主要的试验示范基地。如连江县引进台湾鲍鱼电解分苗技术后,已实现年产值 4 亿元。二是推动农业产业结构向精深加工方向转化。福州市大力发展有高科技含量的农产品加工业,引进台湾的增量资金、先进技术和生产设备,发展高附加值的农产品加工业。以水产业为例,仅福清市水产品加工企业就有 82 家,年产值 300 万元以上的加工企业就有 35 家,有 7 家水产加工企业被评为福建省农业产业化龙头企业,占福建水产龙头企业总数的 41%,位居全省第一。三是引进农民合作经济组织运行新模式。如罗源县秀珍菇合作社依托台商独资企业,致力于新菌种开发,提供产前、产中、产后服务,2006 年该县袋栽量占全国的 70% 以上。

4.技术交流日趋频繁。目前,福州已成台湾高优农业人才交流高地。一是福州市政府全力推进榕台人才交流各项活动,发挥近台优势,与台湾大学、中兴大学、屏东科技大学、台湾农村发展基金会、有关试验推广机构和产销班组织等建立了沟通机制,每年均邀请台湾农业专家学者来榕举办农业交流、研讨、讲学、培训、咨询活动。二是长驻福州的台湾农业专家越来越多。台湾十大杰出农民林茂盛先生、农业专家庄炳耀博士、高级农技师吴连锦先生等,都是通过技术交流和智力引进并在福州投资落户的典型。三是福州土生土长的台湾高优农业"土技师"越来越多,他们长期跟随台湾农业专家,并接受了台湾农业专家的技术培训和现场指导,这些"土技师"越来越走俏,其中相当部分正走向全国。

5.对台农贸优势日渐显现。据不完全统计,每年榕台农产品小额贸易、转口贸易达 3000 多万美元,马祖岛的水产、蔬果等农产品大部分来自福州。2005 年,国家率先在福州开放台湾部分农产品零关税入境后,一大批台湾优质瓜果在福州登陆,并向内陆省份辐射。福州已成为台湾农产品登陆的桥头堡和中转站。

(五)海峡两岸直航发展迅速

1996 年 8 月,交通部决定把福州港作为两岸直航试点口岸。1997 年 4 月 30 日,福州市马尾轮船公司 2000 吨级的"闽台 1 号"首航台湾高雄成功,正式拉开了两地直航的序幕。"两马"客运航线 2001 年开通,2007 年 10 月,马尾"安麒"号客轮在福州港客运码头首航马祖,使"两马"双向对开终成现实。据统计,截至 2010 年 12 月 22 日,"两马"客运航线共安全开航 1352 艘次,运送旅客 57845 人次,其中台胞 44537 人次,占总数的 76.99%,"两马"客运航线成为两岸人员往来最为便捷的通道。2008 年 11 月,海协会与海基会达成两岸"三通"的 4 项历史性协议,福州市被确定为两岸客运包机航点、两岸直航港口、两岸大陆方面邮件封发局;同年 12 月 15 日,实现了榕台货运直航和两岸通邮。2008 年 12 月 18 日,榕台空中客运直航首航,航班逐步增加,榕台往来通道逐步畅通。2009 年 5 月,福州建立了马祖 EMS、航空及水陆路邮件总包直封关系,马尾港设立的"中国邮政对台水陆路邮件监管中心"正式启用,福州—马祖快件次日即可寄达。2010 年 4 月 8 日,由台湾复兴航空执飞的福州—高雄航线正式启航。2010 年 5 月 5 日,福州保税港区与台湾基隆自由贸易港区签订《两区对接协议》,就如何落实两区对接、促进两区双赢对接进入实质性层面进行研讨。2010 年 6 月 21 日,福州至澎湖直航包机首航,这是福州首次开通至台湾外岛机场的直航包机,也是福建与台湾外岛(金门、马祖、澎湖)的第一条空中客运直航航线。两岸交往日益密切带动两岸货运航空业发展,2010 年 12 月 21 日,中国邮政航空有限责任公司首条"福州—台北"货邮包机开通,这也是国内首条以邮件载运为主的两岸直航航线。目前,海峡两岸快捷走廊项目——榕台项目正在紧张进行,建成后两岸"一日生活圈"有望成为现实。该项目将在福州新港(福清江阴港)和台湾的台中港、台北港之间建立一条约3小时行程的海上直航通道,以较低的交通费用,实现两岸客货运直航。从2011年"海峡号"、2012年"丽娜轮"("家园号")到2019年台北快轮,平潭陆续开辟了平潭至台中、平潭至台北、平潭至高雄的航线,覆盖台湾核心港区,打开了更广阔的市场,进一步优化两岸直航航线,促进了两岸经贸、文化等领域交流合作,为两岸产业合作奠定了良好的基础。①

(六)榕台金融和旅游团体合作全面展开

随着两岸"三通"的实现,榕台金融合作也迈出了坚实的一步。2009年12月,福州市商业银行更名为福建海峡银行,为进一步促进榕台金融合作提供了更好的条件。榕台金融交流合作取得初步进展:开展了新台币现钞与人民币兑换业务试点,台湾富邦金控投资入股厦门银行(当时名为厦门市商业银行,2009年9月银监会批准更名为厦门银行股份有限公司,为方便叙述,本书统称为厦门银行),并在福州设立分支机构,君龙人寿、国泰人寿、国泰产险等台资保险企业相继登陆福州,福州市已与台湾宝来证券有限公司签订《推动榕台金融合作共同行动框架协议》,台湾宝来证券将在榕建立办事处,以此带动榕台金融合作日益热络。同时,福建海峡银行在消费金融、台资企业金融服务、中小企业管理、财务管理、风险管理及人才咨询培训等金融业务方面,与台湾相关金融机构加强交流合作,形成了优势互补、共创双赢的局面。为促进榕台金融合作,福州市政府还出台了总部经济扶持金融业在购地、购房、人才引进等方面的优惠政策。2009年,福州市政府决定建设海峡金融商务区,作为海峡两岸中心城市未来发展的金融商务中心。目前,中国建设银行福建分行、福建海峡银行、福州市城区农村信用合作联社等金融机构,已入驻金融商务中心。

2009年5月,福州启动暂住人员赴台湾旅游首发团,515名游客从福州马尾客运码头启航,前往台湾本岛及马祖地区旅游。榕台航班不断加密。福州多家旅游团体与台湾旅行社分别签订业务合作协议,组织大陆游客赴台旅游和台湾游客来榕旅游。近年来,福州与台湾旅游交流合作不断加深,已成为各自重要的旅游目的地。今后,福州还将大力推动榕台两地景区结盟、导游培

---

① 《打造造福两岸同胞的黄金通道》,《福建日报》:http://www.fujian.gov.cn/xw/ztzl/mty/xwdt/201901/t20190121_4748602.htm,[2019-01-21]。

训、旅游商品、传媒推广、民间艺术、美食文化等旅游相关产业的交流与合作。台湾中华两岸旅行协会负责人表示,今后将加大对福州旅游的宣传推广力度,并适时组织成员单位负责人来榕踩线考察。

(七)榕台交流交往全面拓展

进入新千年以来,榕台交流交往日益频繁,特别是在文化、艺术、科技、学术、体育等方面的交流活动,伴随着台胞回大陆探亲热潮更加热络。不论是官方的,还是民间的,榕台交流交往都得到了全面拓展。

2006 年 4 月,中国国民党荣誉主席连战一行抵达福州,展开福建祖地行。此后几年,郁慕明、郑昭明、萧万长、江丙坤、林丰正等台湾重要人物或知名人士,都先后率团来榕访问。据不完全统计,2002—2009 年,由台湾重要人物或知名人士率领的来榕交流访问团共 50 多批、1800 多人次。2009 年 12 月 14日,应中共福州市委员会的邀请,中国国民党高雄县委员会福州访问团一行31 人抵榕参访,翻开了榕台交流交往新篇章。通过此次高雄与福州开展的党际交流活动,双方达成了许多共识并签订相关协议,这在福州市是第一次。2013 年 5 月 14 日,"海西 2013 两岸经济暨金融研讨会"在福州举行。2013 年8 月 15 日,台中市市长胡志强率台中产业界代表团对福州展开参观访问。2017 年 9 月 25 日,在榕台湾人才中秋座谈会在福州举行。2017 年 10 月 31日,海峡两岸基础教育交流研讨活动在福州仓山小学举行。2018 年 8 月,海峡青年(福州)峰会在福州举行。2018 年第十五届海峡项目成果交易会、"6.18"海峡两岸人才交流合作大会围绕闽台高校合作、台湾青年来闽就业创业、两岸人力资源机构合作、生态文明建设四大主题板块开展洽谈对接,吸引台湾155 家机构的 160 名代表来闽参会对接,促成榕台人才交流合作平台、两岸青年创业基地合作等 318 个项目达成合作意向。平潭还在"6.18"期间启动了两岸青年设计大赛,邀请海峡两岸的文创人才设计具有当地特色的文创类产品,促进两岸文创产业交流。2018 年 12 月 15 日,由福州市台办和台湾工业总会联合主办的榕台经济融合发展项目对接活动交流大会在福州举行,30 名台湾企业家代表与福州市政府、企业家代表展开交流、对接,共商榕台两地经济融合发展大计。

在民间交流方面,《两马协议》签订以来,截至 2019 年元宵节,榕台两地连续成功举办了 17 届"两马同春闹元宵"活动,并成功申报国家级非物质文化遗产。连江县妈祖文化旅游节、闽王金身巡安金门、海峡两岸佛教(福州鼓山)文化交流等民间民俗文化交流活动也得到持续开展。这两年,中国福州海峡两岸合唱节、海峡两岸城市青年创新论坛、榕台青少年夏令营等一批精品文化活动的成功举办,更是增进了两岸人民的友谊和感情,也增强了两岸同胞的文化认同感。

三、榕台经贸合作发展的机遇与挑战

(一)榕台经贸发展的机遇与保障

1.海西战略为榕台合作掀开新篇章

2009 年 5 月 14 日,国务院发布《关于支持福建省加快建设海峡西岸经济区的若干意见》,赋予海西全新的战略定位——两岸人民交流合作先行先试区域、服务周边地区发展新的对外开放综合通道、东部沿海地区先进制造业的重要基地、我国重要的自然和文化旅游中心。2011 年 3 月,国务院批准《海峡西岸经济区发展规划》。海西经济开发成为继"珠三角""上海双中心"之后,又一个国家级区域经济发展热点板块,将成中国经济新的增长极。"支持海峡西岸经济发展"也获得了国家各部委在规划布局、项目安排、政策措施各方面的积极响应。目前,已有 68 个国家部委和央企与福建签署了相关纪要、协议,从规划布局、项目建设、口岸通关、金融服务、财政税收等方面支持海峡西岸经济区发展。同时,海西战略也已经在台湾的工商界、民间产生了积极的反响。2009 年 2 月,时任福建省副省长叶双瑜率经贸考察团访问台湾,先后会见了国民党荣誉主席连战、海基会董事长江丙坤等,以及在闽投资的台塑、友达、台泥、裕隆、冠捷等台湾多家重量级企业的董事长,先后与台湾工总、石化公会、台湾工具零组件公会等行业组织,就建立紧密沟通机制、共同拓展全球市场、加强两地产业合作签署了合作备忘录,台湾各大新闻媒体全程跟踪报道,引起轰动。《台湾工商时报》认为"未来两岸发展海西可以挑大梁"。

海西站在了一个新的起点上,福州市迎来了跨越发展的重大历史机遇,为福州在海西两个先行区建设中打基础、挑大梁、树形象、走前头注入更加强大的动力。这将有助于福州市加快基础设施建设,加快先进制造业建设,推动产业升级,同时全方位发展商贸与金融。在两岸经济合作升级的大背景下,福州市因为与我国台湾地区仅一水相隔,加上文化相近,可谓"天时、地利、人和"兼备,三通之前台资绕道我国香港地区,舍近求远到珠三角、长三角发展的格局将因此发生根本性的改变,福州有望成为台资进军大陆市场的基地。同时,旅居海外的闽商也看到海西发展战略机遇对企业发展的强大助力,日益看好海西这一片投资热土,准备加大对海西的投资力度,促成更多的项目落地海西,实现双赢。近年来,广大闽商回归投资、延伸产业、集聚要素、示范带动,已经成为全面实施海西战略的有力支撑。

2.ECFA为榕台经济发展注入新动力

2010年9月11日大陆海协会与台湾海基会签署《海峡两岸经济合作框架协议》,将闽台合作定位为该框架协议下的次区域合作,纳入两岸"经济合作项目"中,让更多的超WTO待遇在海峡西岸经济区先行试点。两岸签署《海峡两岸经济合作框架协议》后,闽台经贸交流合作进一步得到拓展和深化,台湾机械、电子、食品等行业的企业纷纷登陆海西,以金融和物流为主的服务业向海西的转移将得以加强,第四波台商企业正加速向海西转移。对于从台湾岛内向东盟出口机械、石化、纺织、电子等产品的企业来说,向福建转移生产基地的综合优势最大:一是福建与东盟许多岛国及沿海区域拥有海路较近、海运成本低、开通了国际航线的优势;二是台商在福建投资已形成一批重要产业基础,在作为福建三大主导产业的机械、电子、石化领域,台资企业产值已占相当份额,其产业链也具有相当规模;三是作为海峡西岸经济区主体的福建不仅拥有闽台合作的"五缘"优势,而且还享有中央赋予的两岸人民合作交流先行区和对台先行先试的特殊政策。

ECFA的签订,将增加台资进入大陆的数量,也将推动大陆企业投资台湾地区,从单方引进台资向两岸地区双向投资的转变,已是大趋势。ECFA时代,两岸经贸迎来新商机,在世界经济一体化的进程中,两岸投资、贸易的障碍逐渐消除,这有利于两岸资源整合,把各自优势结合起来,谋取两岸整体利益。

海峡两岸的大交流局面已经形成。近年来,两岸的交流范围不断扩大,经济、文化的交流带来的是社会学层面上的广泛融合。福建与台湾一水之隔,应努力建设两岸人民交流合作先行先试区域,打造闽台、榕台文化交流重要基地和直接往来综合枢纽,推动两岸交流合作向更广范围、更大规模、更高层次发展。福建省、福州市还应通过建设平潭综合实验区,探索交流融合发展的经验,争当大陆对台政治、经济、社会合作交流的排头兵,形成海西闽台紧密合作区。

3.榕城经济发展环境快速改善,为两地经贸合作提供了强有力的保障

改革开放特别是实施海西战略以来,福州市经济发展环境不断得到改善,有效聚集了各种生产要素、激发了经济发展活力,对促进经济发展起到了重要的作用。

(1)经济发展的软环境不断优化。从政府职能角度看,政府的职能向服务、为民、效率和责任的方向转变,建设服务型政府、为民的政府、效率的政府和负责任的政府的理念已经深入到政府各职能部门;从政府管理角度看,政务公开的力度不断加大,以开放、公正、透明、效率为主要特征的依法行政体系不

断完善,行政审批的项目和审批环节得到缩减,各级政府的规范管理的水平和办事效率明显提高;从公务员队伍素质看,一支德才兼备、廉洁高效、为民务实的公务员队伍正在建设,公务员队伍总体素质不断提高,依法行政能力明显增强;从法制角度看,法律、法规和政策环境不断得到改善,社会风气明显好转。

(2)经济发展的硬环境得到明显改善。加快海峡西岸经济区发展成为国家战略后,福建、福州都在寻找撬动区域板块腾飞的支点。而对于兼具山海特色的福州而言,突破交通瓶颈无疑将开启腾飞之路。事实上,福州的交通突破,最大亮点就是东连台湾,西接内陆,畅通两岸。如今,一系列的高速公路、高速铁路、跨江大桥、跨海大桥都在加速动建,温州到福州、福州到厦门的铁路分别于 2009、2010 年通车,京福高速铁路福建段建设顺利,全省形成以福州为中心的全省所有城市 2.5 小时以内的交通圈。在中国第五大岛——平潭岛,连接大陆的平潭海峡大桥已顺利通车。

时至今日,福州通过打造宜居城市,城市空间不断得以拓展,立体迅捷的"大交通"格局已然成形。2018 年,全港外贸货物吞吐量累计 5208.24 万吨,同比增长 3.00%,其中进口累计 3437.23 万吨,同比增长 2.65%;出口累计 1771.01 万吨,同比增长 3.69%,"南北两翼"港口迎来了新的发展时期。福州的港口优势将在与内陆省市的对接协作中得以充分发挥,从而纵深推进海西省会中心城市的辐射和带动效应,在两岸经贸合作建设中赢得先机。

(二)榕台经贸发展面临的挑战

在分析利用台资的机遇和优势时,也应看到福州市在今后扩大吸收台资方面仍面临着激烈的竞争与挑战。

1.国际因素对榕台经贸发展的影响。2008 年爆发的全球金融危机的影响与冲击至今仍未完全消除。在这一波席卷全球的金融风暴冲击下,世界各国的经济都受到不同程度的影响。目前,福州市企业的外部需求显著减少,传统竞争优势逐步减弱,资源环境约束增强,部分经济指标增速趋缓,加上近几年来人民币持续升值,企业出口形势严峻,目前部分台商外销订单流失,一些行业和中小企业生产经营困难,经济持续增长压力加大。支撑产业发展的大项目比较缺乏,具备核心竞争力的大企业、大集团偏少。同时,经济全球化背景下竞争激烈,各国或地区竞相出台新的利用外资政策,这加大了福州市利用台资的难度。

2.周边地区积极策应海西战略,榕台合作面临挑战。在福州经济快速发展的同时,粤北、浙南、赣东等海峡西岸其他地区和台商投资相对集中地区也积极融入区域经济,在产业发展上有机对接。粤、浙、赣三省主动策应海西战略,在确立战略目标、研究融入措施、承接产业转移和推进区域合作等方面奋力先行。在确立战略目标方面,汕头市提出要成为海西南翼的重要交通枢纽;上饶市提出要成为海西经济区的重要腹地;抚州市力争被国家定位为"海西西部区域中心城市";赣州市提出要建设成为海西板块的现代化城市,引入台商兴办农业企业30多家。在研究融入措施方面,温州市开展"对接长三角一体化发展和融入海峡西岸经济区的思路研究",就对接两大经济体的总体设想、主要领域、重点举措和实施计划进行深入调研,提出开展港口、铁路、高速公路、产业带、文化旅游等五个领域与"海西"的对接行动;温州商人还参与开发创办福建福鼎工业园区、文渡工业集中区等。在推进产业转移方面,江西省将加快赣闽产业对接,加强两省在口岸、出口加工、现代制造业、交通旅游、金融和农业等方面的合作;浙江省丽水市与福建省南平市联合提出,近期将按梯度分工和社会化大生产原则,联合编制产业规划。赣州市与厦门市签订《关于加强"海西"建设,进一步推进区域合作的协议》,在交通建设、投资贸易、物流、旅游、劳务等九方面加强合作。由此可见,周边省份通过制定优惠政策,或凭借交通便捷,或凭借资源优势,或倚仗经济发达和销售市场容量大,扩大招商引资力度,台商选择的空间更加广泛,对榕台合作发展形成巨大的挑战。与此同时,福州的压力不仅来自其他省份,作为福建的省会城市,其在本省的地位也面临着强有力的挑战:在城市形象方面,厦门一直是福建的代表,某种程度上存在着"知厦不知榕"的尴尬局面;而在GDP上,据统计,2018年,泉州占福建的23.65%,高居全省第一,福州占21.94%,位居全省第二。

逆水行舟、不进则退。福州如果不尽快做大做强,省会优势、区位优势和资源优势便得不到及时有效的发挥,建设海峡西岸经济区就失去了支撑力。福建的一个弱项,就是缺少在全国有影响力的大城市。面对千帆竞发、百舸争流的发展新态势,福州应当从更高的站位、更宽的领域去审视自己的发展空间、发展思路和发展政策,准确定位、科学谋划、开拓创新、加快发展。福州市作为福建省省会,作为全国首批沿海开放城市之一,既拥有客观上存在的文化、教育、人才等方面的良好条件,又拥有"人无我有"的对台区位优势、"人有我优"的港口资源优势和汽车、电子信息、纺织建材等方面的产业比较优势,客观上具备了做大做强工业、服务业和城市规模、社会事业的良好基础和条件,在建设海峡西岸经济区历史进程中应该可以而且能够大有作为。

四、拓展榕台经贸合作的对策思考

国务院《关于支持福建省加快建设海峡西岸经济区的若干意见》的出台,表明海峡西岸经济区建设已经成为中央部署的战略任务和福建人民必须肩负的重大使命。因此,如何抓住发展机遇,进一步推动榕台经贸合作,是摆在我们面前亟待研究的课题。

（一）要充分认识重大责任

福州市作为海峡西岸经济区的省会中心城市,是全省的重心所在,代表着福建的形象,地位重要、责任重大。当前,海峡西岸经济区建设站在新的历史起点,迎来新的发展机遇。福州市有责任率先发展、加快发展,增强综合实力,在海峡西岸经济区发展全局中凸显省会重心地位;有责任抓住机遇、突破重点,壮大闽东北一翼,加快延伸两翼、对接两洲、拓展一线,在海峡西岸经济区发展全局中凸显省会带动作用;有责任整合资源、挖掘潜力,推进港口资源、旅游资源、科教资源、文化资源和侨台资源的深度开发利用,在海峡西岸经济区发展布局中凸显省会综合优势;有责任拓宽视野、提升境界,敢为人先、敢闯敢试,在科学发展上积极作为,在两岸人民交流合作上先行先试,在海峡西岸经济区发展全局中凸显省会发展气势,努力在建设科学发展之区、改革开放之区、文明祥和之区、生态优美之区中当示范、作表率。福州应发挥距离台湾本岛最近、"两马"交流先行的独特优势和工作基础,推进平潭综合实验区建设,继续在榕台经贸、航运、旅游、邮政、文化、教育等方面先行先试更加灵活开放的政策,全面提升榕台对接水平,把福州建成两岸经贸合作的紧密区域、文化交流的重要基地和直接往来的综合枢纽,促进两岸交流合作向更广范围、更大规模、更高层次迈进。

（二）加快平潭综合实验区建设

一要把平潭综合实验区建设成为一个体现科学发展主题和转变发展方式主线的实验区。充分体现进入新世纪第二个十年对外开放的新水平,既要引资、又要引智,着重引进技术含量高的优良企业,使实验区从一开始就保持高水平、高层次、高质量的良性发展。二要把平潭综合实验区建设成为一个推进综合改革的实验区。体制机制是一个地区发展具有动力活力的根本。按照国家整体改革的要求,着力先行先试,创造能更好地适应社会主义市场经济发展、对外开放新形势、社会主义精神文明建设的要求,富有生机活力的体制和机制。三要把平潭综合实验区建设成为一个以人为本的实验区。不仅要把平潭建设成为福建新的经济增长点,成为闽台经贸合作交流的重要平台,也要在生态保护、环境配套、社会管理、文化条件、法治建设等方方面面创造良好条件,将其建设成为方便生活、生态优良的宜居区。

（三）打造榕台经贸合作集中区

福州应立足现有制造业基础,加强榕台产业合作,积极对接台湾制造业,大力发展电子信息、装备制造等产业,加快形成科技含量高、经济效益好、资源消耗低、环境污染少、人力资源优势得到充分发挥的在全国具有竞争力的先进制造业基地和两岸产业合作基地。推动放宽台商投资的股比限制,落实增加对台合作的用地指标等政策措施,加强与台湾相关行业协会、同业公会及科技园区等的合作对接,吸引国家禁止之外、不涉及国家安全的各类台商投资项目落地,加快形成以闽江口区域为主的产业对接集中区,促进榕台产业深度对接。依托福清、马尾电子信息产业基地和福州软件园、高新园区产业基地,重点加强软件、IC 设计、信息服务以及光电子产业、平板显示产品产业链、计算机硬件、集成电路芯片产业的对接,增强电子信息产业配套能力。依托东南汽车和戴姆勒汽车整车厂,鼓励引进台湾汽车零部件生产企业配套项目,做大做强海峡(青口)汽车城。完善提升福清洪宽台湾机电园,承接台湾数控机床、精密仪器、风电机组等产业转移,建设两岸机电产业合作示范区,打造福清装备制造业基地。加强榕台服务业合作,积极引进台湾大型物流企业、第三方物流企业,把福州打造成为大陆台资企业所需的零部件、原辅材料供应中转中心和海峡两岸区域性的物流枢纽中心。吸引台资银行机构来榕设立分支机构或参股合作,支持榕台两地保险机构开展股权合作和开放两岸保险市场,把福州建成两岸区域性金融服务中心。推动福州保税物流园区开展对台离岸金融业务,建设对台离岸金融市场,扩大两岸货币兑换范围,逐步建立两岸货币清算机制。开展外省暂住人员和外地临时来榕人员赴台旅游就地办证试点工作,扩大大陆居民从福州市口岸赴台旅游,推动办理台湾本岛居民来往大陆通行证和签证,着力培育双向旅游精品线路,打造榕台互动旅游黄金通道。加快建设以福清台湾农民创业园等"八大园区"为主体的榕台农业合作示范基地,密切对台农业科技交流与合作,以福州现有果蔬、水产、畜牧、花卉、食用菌等五大农业支柱产业和县域农业特色产业的技术升级和产业化为重点,引进试验台湾作物优新品种和技术标准,引进台湾先进农产品加工技术及管理模式。同时,以龙头企业为载体,借鉴工业化思路发展现代农业,提高榕台农业合作规模和层次。扩大对台渔业和渔工劳务合作,将海峡(福州)渔业周暨海峡(福州)渔业博览会办成海峡两岸渔业盛会。继续率先扩大台湾农产品和商品准入及零关税种类和范围,做大做强马尾"台湾商品市场",鼓励和支持有条件的企业到台湾投资兴业。

(四)积极拓展榕台"三通"直航

在巩固福州至台北、高雄空中客运直航常态化的基础上,拓展福州至台中客运直航航线,推动增加直航定期航班配额,开展空中货运直航业务。推动榕台两地直航港口互设办事机构,拓展代理业务,巩固和提升福州至高雄港、台中港、台北港、基隆港等港口海上货运直航的常态化。加快福州马尾青州万吨级对台滚装码头改造建设,率先开展两岸滚装运输业务,推动沿海口岸全部开放为对台海上货运直航航点,拓展榕台两地海上货运直航业务。完善"两马"航班协调管理机制,实现"两马"海上客运航线延伸至台湾本岛常态化,使之成为两岸人员直接往来的重要中转通道。力争早日开通福州港至台湾的海峡快捷走廊,扩大福州港至台湾中北部港口海上客运直航航线。加快长乐国际机场两岸邮件封发处理中心、海峡两岸邮政枢纽中心建设,率先组建两岸邮轮公司,争取先行开通对台邮政专船航线、对台邮件航空包机运输,把福州建设成为对台邮件总包交换中心。推动沿海县(市)与马祖铺设海岸通讯电缆,实现榕台两地电信对接,建设两岸邮政电讯直通口岸。加强对台口岸集疏运网络和查验设施建设,简化通关入境手续,提供便利通关条件。

(五)加快构建快速便捷的海峡西岸交通枢纽

要提升以福州为枢纽的公路、铁路、水路、航空运输的综合运营能力,围绕发展大港口、大物流,科学规划福州港"一港四区"的功能布局,积极推进港湾资源整合,推动港口资源深度开发。抓好江阴港区、罗源湾港区碧里作业区、松下港区牛头湾作业区、可门港作业区等在建 5 万吨级以上泊位的建设,动工建设罗源湾港区将军帽 15 万吨级泊位、可门港作业区 30 万吨级泊位等,加强航道、锚地、防波堤等港航基础设施建设,改善港口集疏运条件,提高港口吞吐能力;借鉴国内外先进港口经验,高水平建设发展罗源湾港区、松下港区大型散货码头,提高散货堆场的现代化组织管理水平,力争建设国内一流的散货港区,推动福州港成为集装箱和大宗散杂货运输相协调的海峡西岸北部国际航运枢纽港。实施长乐国际机场停机坪扩建、候机楼改造工程,完善榕台空中直航的设施条件,形成福州国际机场为主的干支线机场相结合的空港布局,增强空港门户枢纽功能。加快推进福州至长乐机场轨道交通(福州地铁滨海快线)建设,完善火车北站改扩建工程、京福高速铁路福州段和江阴港区、罗源湾南北岸港区的铁路支线,加快动建沿海货运铁路等项目。

(六)推进榕台特色交流交往

持续办好海峡两岸经贸交易会等涉台经贸交流合作品牌活动,促进各类产业交流专项活动向专业化方向发展。建立榕台文化交流的常态化机制,提升船政文化、寿山石文化、佛道教文化的交流层次和内涵,推动闽剧、评话、伬唱、十番音乐、软木画、脱胎漆器等民间文化的对台交流,打造闽王文化、陈靖姑文化、陈文龙文化、大熊猫文化以及"两马同春闹元宵"、海峡两岸合唱节、青少年夏(冬)令营等榕台文化交流品牌。拓展榕台两地高等院校、职业学校、中小学校之间的合作交流,引进台湾职业教育培训资源,建设海峡两岸职业教育和培训基地,合作培养高技能人才。推进榕台两地新闻、卫生、体育和环保、气象、地质、地震等领域交流合作,推动市属媒体赴台驻点。推动与台北市、台中县、基隆市等城市对口交流,支持各县(市)与台湾地区的县、乡镇(街道)对口交流,积极推动市人大、市政协与台湾民意机构、中上层人士、台湾民众的交流活动,加强福州行业商会与台湾同行业组织的交流。密切与旅台福州同乡会联系,增强台湾同胞对祖国大陆的向心力。

第二节 厦门市对台经济关系

厦门与台湾隔海相望,其地理位置优越且有良好的深水港湾,自古就有"扼台湾之要,为东南门户"之称。宋代,厦门与台湾同属一个行政单位,大陆移民始从厦门移往台湾。台湾人中70%的人祖籍地为闽南地区,两地人民情同手足。这种特定的地理与历史渊源关系使厦门成为大陆与台湾各项交流交往的中转站和交通要道,更是经贸交往的集中地。厦门市自1983年首例引进台资至今,利用台资规模逐年扩大,台资企业发展迅速。截至2018年10月,厦门市累计批准台资项目6763个,实际利用台资超过100亿美元,对台进出口贸易达5885.6亿元人民币,批准赴台投资项目59个,台湾百大企业有20多家在厦门投资落地,台企工业产值占厦门规模以上工业总产值1/3,全市台资企业3000多家,其中有4家年产值超百亿元。对台经济关系已成为拉动厦门市工业经济增长的重要因素。

一、厦门市引进台资的四个阶段

厦门市引进台资的过程可分为:起步、发展、扩张、提升四个阶段。

1.起步阶段:从1983—1987年。1979年初,祖国大陆发表《告台湾同胞书》,提出"和平统一""三通四流"的方针政策,两岸关系因此从对峙走向缓和,经贸关系也从中断转向复苏。1983年至1987年,在两岸经贸政策松动的促进下,台商开始对大陆进行试探性投资,但此时台湾当局禁止台商到大陆投资,厦门引进台资的进展缓慢。这一阶段台商投资的主要形式是通过第三地,以"港资"或"侨资"名义进行间接投资,地点主要集中在湖里区,投资规模小,期限短,属"投石探路"式投资。这5年累计投资项目19个,金额1935万美元,单项规模平均为100万美元。

2.发展阶段:从1988年至1991年。1987年年底,台湾当局开放民众赴大陆探亲,两岸交往因而得到有限度的开放,经贸关系趋于活跃。1988 年,国务院适时制定公布了鼓励台胞来大陆投资的 22 条规定。1988 年之后,中央相继批准在厦门岛外的杏林、海沧、集美设立三个国家级台商投资区,总面积430.77 平方公里,至此,海峡两岸经贸关系出现重大突破。1985 年 7 月三德兴工业有限公司进入厦门,来厦 5 年后,其资产扩展了 13 倍,产品占领了世界市场的 12％,从而吸引了不少台商来厦投资办厂。由于投资环境不断完善和先行来厦投资台商取得了成功,厦门逐步成为台商投资的热点。这一阶段台商赴厦门工商考察热潮涌现,投资设厂者迅速增加,这 4 年全市累计引进台资达485 项,金额超过 10 亿美元,平均单项投资规模超过 200 万美元。而且,在厦门台商投资中,生产性项目占 90％以上,出口比例平均在 88％以上,长期性投资项目多,自建和购买厂房的项目约占 50％;大中型项目多,最大项目投资额为 2 亿美元。厦门成为此期间大陆引进台资最多、最集中的地方。

3.扩张阶段:从 1992 年至 20 世纪末。1992 年春,祖国大陆在邓小平南方讲话,尤其是中共"十四大"召开之后,正式确立了社会主义市场经济发展方向,引发了台商新一轮的大陆投资热潮,从而促进了两岸经济关系进入快速扩张阶段。厦门特区率先建立社会主义市场经济体制的基本框架,使台商赴厦门投资逐渐进入高潮,并在深度和广度上都出现新的变化。1994 年 6 月,江泽民同志视察厦门特区时强调指出:"厦门的优势、特色应该体现在对台经济合作和贸易上来,这个作用别的特区不能代替,这个作用随着历史前进会越来越显示出来。"这阐明了厦门经济特区对台工作的重要地位和历史作用,大大促进了厦门引进台资的力度,台商来厦投资规模出现新的飞跃。1997 年厦门被中央确定为两岸船舶直航试点的主导口岸,厦门"盛达轮"率先成功直航台湾高雄港;1995 年底,以换航班号不换飞机的方式开通了厦门—澳门—台湾的空中航线。1997 年,厦门投资贸易洽谈会升格为中国投资贸易洽谈会,成为当时内地最大的投资促进活动,吸引了大批台商与会;自 1997 年起,每年 4月举办的"厦门对台出口商品交易会",成为海峡两岸交易、交流、交友的重要平台之一。从 1992 年到 1998 年,厦门新增台资项目 1031 个,利用台资 18.25亿美元,台商来厦投资基本上以直接的台资企业法人身份进行,且以独资为主,投资的领域、规模、技术层次都向深度、广度发展。不仅产业形态不再限于加工出口业,由劳动密集型扩展到资本与技术密集型,而且土地利用型投资也大幅扩张,房地产开发、园区建设等成为投资热点,更重要的是台商通过在厦门等地设立据点,向内地市场辐射的投资不断涌现。其间,由于两岸关系一度低迷,影响了台商来厦投资,出现过几次投资小低潮。但总的来看,这阶段台资规模不断扩大、稳步发展仍是基调。

4.提升阶段:进入21世纪,国际政治经济格局、祖国大陆改革开放的发展进程、台湾政治经济局势以及两岸政治经济关系都发生了很大的变化。2001年12月加入WTO以来,大陆进一步融入国际经济社会,在国际经济舞台上发挥着更大的作用,同时加大经济体制改革和对外开放的力度,更有利于海峡两岸经贸关系的深入发展。2005年中国共产党总书记胡锦涛与中国国民党荣誉主席连战在历史性会谈后共同发布《海峡两岸和平发展共同愿景》,明确提出:"促进海峡两岸经济全面交流,建立海峡两岸经济合作机制。"这意味着两岸经济关系进入新的发展阶段。2008年11月4日,海协会与海基会在台北签署《海峡两岸空运协议》《海峡两岸海运协议》《海峡两岸邮政协议》;2008年12月15日,两岸海运直航、空运直航、直接通邮全面启动,宣告两岸"三通"正在实现;2009年5月,国务院颁布《关于支持福建省加快建设海峡西岸经济区的若干意见》;2010年海协会和海基会领导人在《海峡两岸经济合作框架协议》和《海峡两岸知识产权保护合作协议》上签字,建立了有利于两岸经济繁荣与发展的合作机制;2011年,国家发展和改革委员会发布《海峡西岸经济区发展规划》并获国务院正式批复。这些都为两岸经济合作带来新的发展契机。2011年年底,国务院正式批准《厦门市深化两岸交流合作综合配套改革试验总体方案》。作为大陆唯一"因台而设"的经济特区,厦门先行先试推动两岸交流合作,已成为海峡西岸最大的台资企业聚集区和台商聚集区,以及大陆最重要的对台贸易口岸。在海峡西岸经济区的建设背景下,良好的产业发展生态环境、良好的城市及区域配套能力、良好的区位优势使得厦门成为台资新一轮产业转移的理想选择。

二、厦门市对台经贸交往的现状和特点

做好对台工作,是党中央赋予厦门的神圣使命,也是厦门发展的最大优势和潜力所在。厦门经济特区因"台"而设,作为因"台"而设、因"台"而特、因"台"而兴的经济特区,厦门几十年来充分发挥对台战略支点作用,致力于先行先试,努力推进两岸交流合作"四最"先行区建设,探索出一套行之有效的对台交流合作的"厦门经验"与"厦门模式"。

1.牢记特区使命,营造全民齐心协力做对台工作的氛围。

改革开放40年来,祖国大陆及厦门经济特区的持续快速发展,是决定厦门对台优势和作用得以发挥的根本性因素。中央在改革开放与对台工作方面对厦门特区的定位以及相应赋予的"特殊政策与灵活措施",是决定厦门对台优势和作用得以发挥的关键性因素。

厦门充分利用中央赋予的改革试验权、省级经济管理权、地方立法权和对外资(台资)的特殊优惠政策等"特殊政策与灵活措施",形成了包括经济特区、台商投资区、保税区、出口加工区、高新技术开发区和自由贸易试验区在内的全方位多层次的对外开放格局。在获得持续快速的经济发展的同时,厦门成为祖国大陆最重要的对台贸易口岸、台商投资的重要聚集地、对台工作与两岸交流合作的试验区、处理涉台事务的前沿基地。

同时,改革开放以来,厦台关系的巨大转折和发展演变,使厦门人民对两岸同胞是"血脉相连的命运共同体"有更深刻的切身体验;厦门对促进海峡和谐、维护好建设好两岸共同家园,有更积极的主动作为,不断营造全民都来做对台工作的良好氛围,加强对台工作的统一规划和指导,推进涉台宣传教育进机关、进社区,加大对台政策的宣传力度,普及台湾工作知识,倡导做对台工作"功成不必在我,工作必须在我"的精神。厦门充分发挥民主党派,工商联,无党派人士、工、青、妇、侨联,台联等人民团体,以及街道、社区和社会各界的作用,最大范围地凝聚全市对台工作合力,构建"政府主导、民间出面"的模式,调动民间推动对台交流的积极性和创造性,营造部门联动、全民参与的对台工作格局。

2.先行先试敢担当,不断增创对台工作新优势。

厦门对台贸易始于改革开放以后,1979年之前也有间接、单向、微量的贸易联系,改革开放以后,就逐渐发展成为具有一定规模的双方转口贸易与沿海民间小额直接贸易。随着大陆市场的进一步开放,两岸贸易关系更趋密切,厦门对台贸易呈逐年上升趋势。其间,厦门大胆创新,不断构筑新平台为两岸贸易往来创造便利条件。1982年,厦门先后开辟沙波尾、东渡等四个台湾渔船停泊点;1997年,创办首届对台出口商品交易会;1999年,开办大嶝对台小额商品交易市场;2006年,正式挂牌成立国台办命名的"厦门台湾水果销售集散中心"。目前,台湾是厦门第二大贸易伙伴、第一大进口来源地、第六大出口市场。厦门口岸台湾食品进口货物批次占大陆进口台湾食品总批次的50%以上,进口台湾水果占大陆八成。

台商投资厦门始于1983年,1988年以来台商来厦投资发展迅速,国务院批准设立海沧、杏林、集美三个国家级台商投资区后,先后有一批台湾知名企业落户区内,台商在厦门投资更为活跃,厦门成为台商投资最密集的地区之一。1994年,厦门率先颁布大陆第一部地方性涉台法规——《厦门市台湾同胞投资保障条例》,并在2010年修订,把单纯保障台胞投资扩展到创业、就学、就业、居民待遇和参政议政等方面。此外,厦门还在全国首办台湾学者创业园,为大规模引进台资拓展了新空间。

在促进两岸关系发展的过程中,厦门进行了许多探路性、试验性、开拓性的对台工作,通过大胆地试、大胆地闯,成功创造了许多"第一""首次""率先"纪录。除了上述举措,还有诸如:1997和2001年分别开通与高雄试点直航、与金门个案直航,为两岸"三通"积累了经验;从利用"厦金直航"推动两岸"三通",到开通"台厦欧"班列,推动相关服务贸易对接"一带一路"沿线国家和地区,带动金门、台湾相关产业加入到"一带一路"倡议中;加强对台企金融服务支持,引导台商投资厦门的高科技与新兴产业;加快福建自贸试验区厦门片区,在两岸货币清算、服务台商、台资中小企业融资等领域不断推动政策创新,推动厦门银行等金融机构的涉台贷款业务;除了产业对接与合作、金融支持等,厦门还不断出台更多、更务实有效的举措促进两岸经贸往来便利化,例如依托自贸试验区先行先试的政策优势,不断探索两岸货物往来的新途径,推动"台厦欧"物流大通道建设,率先实施放宽台湾个体工商户经营范围等。

在先行先试中,厦门有效地发挥了"窗口""试验田""风向标"的作用,在拓展两岸人员往来通道、搭建两岸经贸合作桥梁、争取台湾民心等方面下了大力气,固有的对台优势的政策、经济、文化、社会效应持续发挥、不断放大,并随着形势发展不断衍生和创造出新的对台优势。

3.两岸一家亲,厦台一家人,推动两岸人民心灵契合。

1979年1月,中央明确提出解决台湾问题寄希望于台湾同胞;2018年,十九大报告强调"两岸同胞是命运与共的骨肉兄弟,是血浓于水的一家人"。做好寄希望于台湾人民的工作是贯彻"和平统一、一国两制"方针、实现祖国和平统一的关键。厦门始终把以人为本、为台胞服务、争取台湾民心作为对台工作的重大课题和突出任务来谋划经营。

厦门不但有长远的、宏观的、基础性的对台"民心工程",而且有针对形势发展、不同对象的对台"民心项目";既有能够让两岸同胞共同感受骨肉亲情的欢乐喜庆、共同体验中华文化的博大精深、共同期盼两岸统一的感人场景的大型联谊活动,又有为台胞办好事、办实事的服务窗口。

多年来,厦门坚持发挥优势,入情入心地做好台湾人民的工作。每年的春节、元宵、中秋等传统节日,厦门都会组织开展两岸交流活动;利用地缘和文缘优势,厦门多次应邀组织闽南歌舞、歌仔戏、南音等方面的艺术团体赴台演出、组织台胞参观闽南古厝等涉台文物古迹;通过举办保生慈济文化节、郑成功文化节、福德文化节、姓氏源流研讨会等民间交流活动,协助台胞寻根谒祖;厦台常态轮流举办海峡两岸民间艺术节、两岸中秋博饼活动、两岸成年礼活动、两岸汉字节、两岸青少年经典诵读、两岸青少年中华姓氏源流知识竞赛等活动，大力拓展厦台民间双向交流。

截至 2019 年 6 月，厦门成功承办了 11 届海峡论坛，吸引约 10 万名台湾民众参与，打造了规模最大、参与人数最多、内容最丰富的两岸民间交流盛会。厦门还重点打造了台交会、文博会、图交会等 50 多个重大涉台交流活动平台，通过海峡两岸"图交会""文博会"等诸多形式和载体，坚持不懈地推动文化入岛传播工作。通过全方位、多层次推动两岸、厦台深入交流，闽南文化已成为连结海峡两岸同胞亲情的特殊纽带和遏制"文化台独"的有力武器。

"两岸一家亲，未来在青年"，厦门注重加强厦台青少年之间的联络，开展了两岸大学生"闽南文化研习"夏令营、闽南语歌曲创作大赛等多形式的交流活动。2015 年以来，率先获批设立多个国家级交流基地和青创基地，为台胞、台青在厦门的交流与就业创业提供有力的平台保障。

当前，厦门正积极推进服务型政府建设，优化政府的服务流程以便为台商台胞提供更优质高效的服务。如，率先推选在厦台胞担任市政协委员，将台胞纳入"五一劳动奖章"评选范围，开展在厦台胞专业技术职务任职资格评审试点；率先成立"台商个体户之家""台胞服务中心"，做好在厦台胞涉台公共事务服务；率先在全市优质初中和高中开设台生班，聘任台胞担任社区主任助理……这一切，为帮助台胞融入厦门、促进两岸同胞融合奠定了坚实的基础。

2018 年 4 月，在国台办"惠台 31 条"推出后，厦门率先推出惠及台胞的 60 条措施，涵盖了厦台经济交流合作、社会文化交流合作、台湾同胞在厦门学习实习、台湾同胞在厦门就业创业以及台湾同胞在厦门居住生活等五个方面。厦门的 60 条措施在国台办"惠台 31 条"的基础上，增加了经济合作、社会领域等方面的内容，不仅从更大范围、更多层面为台胞在厦门生活提供便利，为台企在厦门更好发展创造条件，同时也有利于促进厦门与台湾的产业融合发展，便利厦台人民交流往来，体现了互利共赢、"厦台亲上亲"的理念。

目前，约 12 万台胞常住厦门，厦门已成为台胞在大陆投资创业和学习生活的温馨家园。

4.立足全局，灵活务实处理对台交流交往中的问题与困难。

对台工作不是单一部门的单项工作，而是一个跨部门、多领域、多门类的综合性、系统性工程。多年来，厦门一直在努力探索建立一套与新时期对台工作需要相适应的对台工作新机制，逐步形成了包括领导决策机制、综合协调机制、日常事务处理机制、台商投资服务机制、法律法规保障机制、重大活动协作机制、财政资金统筹机制等在内的对台工作组织、指导、管理、协调体系。根据各个时期两岸关系的新形势和对台工作的新任务,历届厦门市委、市政府始终坚持按照中央要求,敢于闯对台工作新路子,善于创对台工作新经验,积极稳妥、求真务实地实施对台工作先行先试战略。

突发事件多、敏感事件多,是厦门对台工作的一大特点,也是厦门在促进两岸和平发展中难以回避的问题。厦门始终坚定不移地贯彻中央对台工作精神,坚持立足全局,积极处理涉台事务中各种纷繁复杂的敏感问题,妥善解决涉台突发事件和敏感事件,尽最大努力体现两岸同胞共谋和平发展的诚意,把影响两岸同胞和平发展的不利因素降到最低。在发展两岸关系、推进祖国和平统一进程过程中,探索切实可行的有效方法,推动对台工作不断深化和提升。

厦门经济特区成立以来,根据中央授权和要求,按照两岸有关协议,有效地配合了有关两岸重大事务性商谈,妥善处理了包括海上事故、突发事件、台胞犯罪、两岸人员双向遣返等大量有关涉台问题,对缓和两岸关系、促使两岸交往健康发展产生积极作用。中央有关部门多次在厦门与台湾举行官方或半官方接触,处理重大涉台事务,其中,著名的《金门协议》就是在厦门签订的。厦门已成为处理大陆对台事务的重要基地。

对台工作政治性、政策性、敏感性强,厦门服从和服务于中央对台工作的全局性、战略性安排;同时在具体工作中又把原则的坚定性和策略的灵活性结合起来,抓住两岸关系的发展变化,审时度势,灵活务实地开展对台工作。工作中积极化被动为主动,变挑战为机遇,不断促进对台工作的新作为、新进展、新突破。

立足"台"字建设特区,利用"台"字发展特区,围绕"台"字发挥特区优势,厦门对台工作形成了以加速特区建设拓展对台工作、以发挥对台优势促进特区建设的良好态势。

三、厦门市对台经贸交往中存在的问题

自 20 世纪 80 年代以来,厦门对台经贸发展取得了显著成绩和丰富经验,随着近年来国家宏观经济政策的调整、海峡西岸经济发展战略的实施和海峡两岸关系的常态化发展,厦门对台经贸发展中出现了良机,但也存在不少困难与问题,亟待采取行之有效的对策加以解决。

1.竞争激烈,招商引资难度加大。一方面,2008 年金融危机的影响仍存,世界经济形势不容乐观,不少外资企业因受危机冲击采取了财务紧缩或战略减持、套现甚至撤资等策略,大陆利用国际资本面临严重挑战,我国对外贸易也严重受挫,国际市场竞争十分激烈;另一方面,大陆全面对外开放的格局已经形成,各地围绕招商引资而竞相出台更加优惠的政策,市场竞争加剧。

2.政策优势相对削弱。随着社会主义市场经济体制的逐步建立,以税收减免为核心的特殊政策已不再为经济特区所专有,大陆沿海开放地带乃至内地都实施了这些优惠政策,甚至更为灵活。同时,随着厦门以建立市场经济新体制为目标而逐步实行"国民待遇"原则,台资企业所享受的经济特区优惠政策正在弱化,从而必定影响台商的投资意向,使之转向其他市场和基础设施更为合适的区域。作为先前独享的"小三通"政策优势,随着"大三通"的实现也逐步失去,虽然"小三通"管道的人流量、物流量在显著增长,但其在两岸交流渠道中的地位与作用相对削弱。

3.投资软环境还存在薄弱环节。行政管理和配套服务,在投资环境系统诸条件中,是最为重要的因素之一,其协调性和灵活性直接影响台资的进入。目前的厦门台商投资区,虽然区内硬件建设已日臻完善,但仍不同程度存在多头管理、程序烦琐、效率低下等一系列属投资软环境方面的薄弱环节,直接影响了进一步扩大引进台资和外资的先天优势。

四、厦门对台经贸发展的趋势和对策

厦门是建构海峡西岸经济区的技术、管理、知识交流和对外开放的"窗口",同时,在建立社会主义市场经济基本框架、加速与国际市场接轨、改善投资软硬环境、进一步实施自由港的某些政策和运用立法权完善法制等方面,在大陆发挥着"排头兵""试验区"的作用。厦门现已初步成为闽东南地区物流、人流、资金流、信息流往来国内与国际的中转站和聚散中心。这将有利于将两岸经贸合作与交流再推向一个新的发展阶段。厦门将坚定不移深化融合发展,全力打造对台交流合作战略支点。

台湾以出口型为主的海岛经济与厦门外向型经济格局具有共同的特点,这将有利于厦门与台湾在产业互补、行业联动、企业联体、科技共享上寻找合作的最佳结合点。因此,厦门今后的对台经贸工作仍然要围绕提升经贸合作实效,加快建设"一区三中心"(即两岸新兴产业和现代服务业合作示范区,以及东南国际航运中心、两岸金融中心、两岸贸易中心)做文章,厦门将鼓励台资银行、证券、保险等金融机构来厦门设立总部或资金营运中心,推动产业深度融合,打造厦金融合发展示范区;争取率先在自贸试验区落实《海峡两岸服务贸易协议》若干对台开放措施,争取赴金门旅游便利和政策,推动厦金深度合作和"四通三化",也就是实现厦金之间通电、通气、通桥和基本公共服务均等化、普惠化、便捷化。提升贸易便利化水平,深化厦台经贸合作。

目前厦门对台人才政策做到了8个第一,分别是:设立大陆第一个台湾人才服务机构——"台湾人才服务部";建设第一家面向台湾科技人才的孵化基地——厦门台湾科技企业育成中心;举办第一个专门针对台湾人才的交流会——台湾专业人才厦门对接会;引进大陆第一家取得人力资源服务许可证的独资人力资源服务机构——台湾沛亚人力资源服务(厦门)有限公司;两岸联合开通第一个台湾人才招聘网——海峡两岸联合猎才网;第一个实施台湾特聘专家、专才制度;在自贸试验区设立第一个涉台离岸人才创新创业基地——云创智谷谷人才离岸创新创业基地;第一个国台办"惠台31条"全部落地的城市。今后厦门将更加注重加强厦台两地人力资源合作,密切厦台文化交流。

2011年年底,国务院正式批准《厦门市深化两岸交流合作综合配套改革试验总体方案》。作为大陆唯一"因台而设"的经济特区,厦门先行先试推动两岸交流合作,已成为海峡西岸最大的台资企业聚集区和台商聚集区之一,以及大陆最重要的对台贸易口岸。2018年厦门在国台办"惠台31条"的基础上,率先推出了60条具体惠台举措,在台商台胞中引起轰动,也体现了厦门的自信和担当。厦门打造对台交流合作战略支点的优势明显。推动厦台全方位交流合作,可重点从以下四个方面具体展开:

一是落实"四通三化",推进厦金深度合作。提升厦台经贸合作畅通、基础设施联通、能源资源互通、行业标准共通,特别是率先推动厦金应通尽通、能通先通。加快厦金互联互通的规划建设,积极推动厦门与金门通水通电通气通桥(隧),构建"厦金共同生活圈",建设两岸融合温馨家园。尽快投用五通客运码头三期,设立赴台赴金旅游服务中心和来厦台胞一站式服务专柜,打造综合服务平台,为祖国和平统一贡献"厦金模式"。

二是落实台胞台企同等待遇,继续在大陆走前列、作表率。在对台工作中贯彻好以人民为中心的发展思想,像为大陆百姓服务那样造福台湾同胞,持续深化落实中央"惠台31条"、福建"惠台66条"和厦门"惠台60条"。听取台湾同胞呼声,适时推出同等待遇政策升级版。提升社会管理与服务水平,继续深化"台商台胞服务年"活动,充分发挥专项小组作用,构建涉台服务长效机制,贯彻落实各级惠台措施,推动同等待遇工作发展,促进在厦台胞享受市民待遇、台企享受陆企待遇,增进同胞福祉,不断增强在厦台胞的获得感。

三是密切厦台文化交流,促进同胞心灵契合。把工作做到广大台湾同胞的心里,增进台湾同胞对民族、对国家的认知和感情。精心办好海峡论坛,突出"特""新""实"。加强对台引才引智工作,打造一批国家级海峡两岸青创基地、对台研学旅行基地,吸引更多台湾青少年到厦门研学旅行、实习实训、就业创业。强化闽南文化纽带联系,拓展科教卫体等各领域交流合作,推进厦台基层交流机制创新,深化厦台城际交流合作。

四是深化厦台产业合作,助力高质量发展落实赶超。营造有利于创新创业创造的良好发展环境,持续深化厦台交流合作领域的改革创新。建设两岸新兴产业和现代服务业合作示范区,创新拓展自贸试验区对台开放合作,加快建设区域性两岸金融中心、航运中心、贸易中心,重点围绕集成电路、生技医疗健康、电子信息、精密机械制造等优势产业深度对接合作,深化跨境电商、航运物流、旅游文创等现代服务业交流合作,提升厦台产业合作发展的水平和实效。

厦门拥有优越的区位优势、政策优势,厦门经济特区仍然是祖国大陆对台交流交往的重要基地和桥头堡,这个地位不可撼动。厦门将继续发挥对台前沿平台优势,持续深化两岸融合,在多方面先行先试,不断推动两岸交流合作向更宽领域拓展。

第三节　泉州市对台经济关系

刺桐花谢刺桐城,法界桑莲接大瀛。

石塔双擎天浩浩,香炉独剩铁铮铮。

亚非自古多兄弟,唐宋以来有会盟。

收复台澎今又届,乘风破浪待群英。"

这是 1962 年现代杰出诗人、文学家、史学家郭沫若游泉州时写的诗《咏泉州》,该诗镌碑立于开元寺。这首诗描述了泉州古城历史悠久,风景秀丽,对台渊源深厚。

泉州市地处福建省东南部,是福建省三大中心城市之一,连接省会福州和特区厦门,现辖鲤城、丰泽、洛江、泉港 4 个区,晋江、石狮、南安 3 个县级市,惠安、安溪、永春、德化、金门(待统一)5 个县和泉州经济技术开发区、泉州台商投资区。泉州通行的是和漳州、厦门、台湾等地相同的方言——闽南语。

在整个海峡西岸经济区,泉州距离台湾地理位置最近,肖厝港距高雄港194 海里,距台中港 94 海里;晋江围头距金门 5.6 海里,是大陆与金门距离最近的地方;崇武半岛至台湾本岛仅距 97 海里。行政区域划分上,金门一直隶属泉州管辖,即使台湾本岛,历史上也曾归属泉州府。新中国成立初期大陆的行政区域划分,金门划归当时的晋江地区行署,也就是现在的泉州市。现在的泉州市行政区划图,也还包括金门县。泉州是台湾汉族同胞的主要祖籍地,

"开台圣王"、民族英雄郑成功的故乡就在泉州。史载泉州曾有三次民众移居台湾的高潮,仅 1945 年前后泉州去台就有 10 万余人,目前台湾同胞中有 900 多万人的祖籍为泉州,泉州全市则有台属 16 万人,居住在泉州的台胞有 3000 余人。历史上泉台间的经贸活动和民间往来密切。据记载,隋朝开始两地就有经贸来往,到了宋元时期,台湾作为泉州海外交通的中转站,通商贸易络绎不绝。乾隆四十九年(1784),清政府开放台湾鹿港与泉州蚶江对渡通航。就是在两岸关系紧张时期,泉台间的民间联系也未曾中断。移居台湾的泉州人,或因血缘相同,或因地缘相近而同住一地。为此,台湾地名与泉州地名相同的就达 180 多处,一直沿用至今。大量泉州先民入台,不但带去了家乡的各式农具和农耕方式,还把家乡的岁时佳节、婚丧礼仪、宗教信仰、住宅式样等文化习俗带进台湾。因此,今天具有浓郁泉州地方色彩的民歌、小调、南音、木偶戏、高甲戏、梨园戏、打城戏等传统文化,在台湾民众中仍有较大的吸引力。泉州民众所信仰的道教、佛教及其他神祇在台湾也被广为奉祀,历代相传。如目前岛内 440 余座龙山寺、260 多座上帝公宫、100 多座清水祖师庙和其他大量的神祇、寺庙大都是从泉州分灵出去的。台湾的政要和富豪中有不少泉州籍人士。台湾"三合一"选举前,泉州籍人士中任"总统府国策顾问"5 人,"国大代表"4 人,"立委"6 人,国民党中常委 1 人、中委 8 人、候补中委 3 人。被台湾《卓越》刊物列为"百大富豪"的蔡万霖、王永庆、黄世惠等 13 人,列为百大民营制造业主的王玉珍、许胜发以及林洋港、施启扬、王玉云等 20 多人,以及不少政党头面人物和知名人士的祖籍均为泉州,他们在岛内政界、经济界、学术界和广大台湾民众中均有举足轻重的影响。所以,在闽台渊源的"五缘"(地缘近、血缘亲、文缘深、商缘广、法缘久)上,泉州具有突出的表现。

一、泉台经济合作现状

泉州与台湾隔海相望,两地经济合作源远流长。自 1979 年全国人大发表《告台湾同胞书》之后,泉州的对台优势得到了较好的发挥,两地关系进一步得到发展,尤其是进入 20 世纪 80 年代后,随着两岸关系趋于缓和,泉州与台湾的交流愈加密切,曾创下多项全国第一:第一艘台轮来靠,第一次对台进行海上小额贸易,第一次渔工对台劳务输出,第一次大陆商品在台湾(台北世贸中心)参加博览会,第一次实现大陆与台湾地区(金门)人员和货物同时直接往来,第一次大陆货物在台湾地区(金门)举办专场展销会,第一个大陆经贸团考察金门,第一家在大陆的台资企业上市,第一座国家级对台专题博物馆成立……在构筑和创造这许多"第一"的过程中,泉州始终把对台工作提到全局工作的重要位置,坚决贯彻党的基本路线与"和平统一、一国两制"的基本方针,以其独特的对台优势以及深厚的历史渊源紧紧地吸引着台商投资的热情,使泉州对台工作出现了不断发展的好势头。

(一)经贸合作成效明显

早在 1983 年,泉州就批准成立了第一家台资企业,1987 年两岸扩大交流后,台资企业开始大规模进入泉州。此后,泉州成为台商投资的热土,是台商对祖国大陆投资较为集中的城市之一。泉州在 2005 年、2006 年连续两年被台湾地区电子电机同业公会评为"投资值得推荐的城市"之一,排名分别为全国第 26 位和第 24 位。泉州台商投资区的经济建设和社会事业呈现出良好的发展局面,六项主要经济指标增幅位居泉州市前列。

1.台资项目发展迅速。台商在泉州的投资主要分布在制鞋、服装、箱包、纺织、陶瓷、食品、机械五金、电子、石化、造船、农副产品种植加工及小型房地产开发、商业零售、餐饮娱乐业等产业,投资领域仍在不断拓宽,并已从初期的以农业、制鞋、服装、石材等传统产业为主,转向了以光电、石化、机电一体化、造船等产业为主。台塑集团、美旗控股集团、中纤、台泥、国泰人寿、唐领集团等台湾岛内知名企业相继来泉洽谈投资。泉台农业合作独具特色,台商对泉州的农业投资继续保持良好势头,合作的深度和广度进一步扩大。自 2007 年泉州出台《泉州市泉台产业对接专项规划》以来,泉台经贸合作更是呈现规模逐步扩大、技术含量不断提高的趋势,如泉州洛秀园区的和谐光电,晋江的晶蓝光电、海峡物流中心,惠安绿谷的长照科技、背光模组,南安的创辉电子等项目相继投建,泉州的台资高科技产业呈现迅猛增长之势;泉港的台湾石化专区建设前期工作顺利推进;鲤城的宾联雷克萨斯汽车销售服务有限公司完成增资;洛江区大兴电线电缆有限公司增资扩容。自主创新、高技术成为泉州台商投资区吸引台资签约项目的亮点。

2.台商集聚效应初显。2010 年 3 月获批建设的泉州台商投资区,总体规划 58 平方公里。其自 2012 年升级为国家级台商投资区以来,按照"引一个项目,建一个基地,形成一个集群"的思路,积极打造"五大百亿集群",不断促进产业转型升级,泉州台商投资区的经济建设和社会事业呈现出良好的发展局面,主要经济指标增幅位居泉州市前列。2012 年当年就实现生产总值 165 亿元,同比增长 13.1%;规模以上工业增加值 96 亿元,同比增长 17%;固定资产投资 89 亿元,同比增长 31%;财政总收入 10 亿元,同比增长 23.2%,进入福建省 30 个财政收入超 10 亿元县市区行列。2013 年,台企在泉州台商投资区的投资额就达 19.8 亿元,其中半数以上是投资逾亿元的大项目。2018 年,泉州台商投资区再次以大手笔引人注目:包括东西主干道二期、玖龙 50 万吨文化纸、台湾宽维电机及生物科技等在内的百余项重大招商、建设项目顺利签约。此次签约落户泉州台商投资区、总投资 11.8 亿元的 5 个台资项目备受关注,包括台湾宽维电机及生物科技项目、台湾李时珍中侨药业制药项目、钜闽机械制造项目、良机项目、台湾蒙帝菲诺游艇制造机配套项目等。泉州台商投资区将加快基础设施建设、公共服务配套、项目引进,建设生态型滨水城市新区,打造泉台经济对接重要平台和先行先试示范区。泉州台商投资区有望成为超千亿元新经济增长极,闪耀成泉州湾一颗璀璨的明珠。

3.泉台投资双向化。长期以来,泉台之间的投资路线就像一条"单行道",基本上都是台商来泉投资。现在,在政策的鼓励和支持下,泉州企业赴台投资有着多重利好,两地的经济合作模式从单一形态转向多元化,泉台之间的投资格局,也真正实现了从单向到双向的历史性转变。2010 年,中泉公司在台湾的全资子公司——台湾中泉国际有限公司正式挂牌营运,率先实现泉企赴台投资"零"的突破,为泉企对台投资起到良好的示范作用。紧随其后,福建闽台农产品市场、安通物流和丰泽船务纷纷赴台创办分公司或办事处,掀起泉企赴台投资热潮。开设专卖店或连锁店是泉企赴台投资的主要形式,泉州鞋服、陶瓷、茶叶等消费品企业纷纷赴台开设专卖店、终端连锁店、销售点等,如特步公司在台北市闹市区开设专卖店,德化陶瓷业分别在台北、台中、台南、高雄设立了德化精品白瓷销售点。安踏、匹克、利郎、著龙服饰、九牧王、安溪八马、铁观音集团等一大批企业也都尝试赴台开设专卖店。此外,《海峡两岸经济合作框架协议》的正式生效,开启了泉台产业合作的新局面,促使两地经贸关系由量的增长走向质的转变。

4.对台经贸交流频繁。历经多年倾力打造,海峡两岸纺织服装博览会(简称"海博会")与中国(晋江)国际鞋业博览会(简称"鞋博会")两大展会交相辉映,相得益彰,得到境内外业界人士首肯,参展、参观的境外企业和客商比例逐年递增。两大博览会均设有台湾馆,同时,广泛邀请台湾展商团前来参展。"海博会"和"鞋博会"的"两岸"特色非常突出。2010 年 9 月 5 日,台湾农业技术交流推广中心在泉州揭牌,成为大陆首个国家级闽台农业合作交流推广平台。另外,泉州还顺利举办了海峡两岸(泉州)农产品采购订货会。青年是推动两岸关系的精英和骨干。近年来,泉州将青年交流作为推动泉台经贸文化融合发展的重点,不断创新活动形式,增进交流联谊力度,营造出适合台湾青年来泉就业创业、交流的环境平台,取得良好成效。截至 2019 年,泉州有 3 个海峡两岸交流基地、2 家省级对台交流基地、2 家台湾青年体验式交流中心,以及 1 个基层对台交流示范点。泉州台商投资区积极推进电子商务跨越发展,建设区网商(虚拟)产业园和区电子商务一站式公共服务平台,打造建成木雕艺术品、"小惠网"土特产、"彩游盟"自驾游、"智慧泉台"传统商铺、"大学生兼职"创业、"B2B 票据"结算交易、"智慧物流"等一批特色新型网络平台,初步形成以搭建木雕 O2O、跨境电商等公共信息服务平台为核心,建设反作用于物流、金融、第三方服务机构和传统制造业的电商生态体系。

5.泉台通航取得新突破。泉州港是大陆内贸集装箱码头五强港口之一,2007 年就跻身全球集装箱港口百强。泉州港很早就开始为两岸"三通"做准备,确定了多个作业区的对台功能定位,涉及对台客运、日用商品及农副产品、水产品、小额贸易、集装箱运输、渔业合作、游艇停靠等。两岸直接"三通"的顺利实现吹响了泉台客货运大发展的冲锋号角。2008 年,泉台货物直航正式启动,一年后"石湖—高雄—基隆"航线顺利开辟,成为泉州对台货运常态化的第一条航线。2009 年实现货运对台直航 805 航次、货物 57.97 万吨、价值 2401万多美元。在客运方面,2006 年就开通了泉金客运航线,成为继"两门""两马"之后的第三条客运航线,打破泉州对台双向旅游"零"的纪录。截至 2010年年底,已运送两岸旅客突破 30 万人次。2011 年春节期间首次实现泉台包机直航,这标志着泉台通航取得了新突破,进一步拉近了泉台距离。

6.小额进口贸易大幅增长。2005 年 11 月台湾槟榔首次登陆,泉州对台小额贸易连年大幅增长,已经成为台湾水产品、农产品"登陆"的黄金口岸。2013年,泉州成为大陆最大的对台小额贸易进境口岸。目前,泉州市对台小额贸易货物以台杂货为主,2017 年该项贸易额达 1.8 亿元,同比增长 30.3%。各种机械零配件、化工原料、纺织原料等大陆台企在生产、维修过程中急需的消耗品,通过泉州口岸进口后快速运往福建其他城市及广东、江苏等地。其次为农水产品。2017 年泉州市进口台湾农产品、水产品达 1.6 亿元,同比增长 74.7%。其中,台湾水产品颇受大陆消费者青睐。2017 年,经泉州检验检疫局检验监管、以对台小额贸易方式进口的水产品达 1.8 万吨,价值 1.3 亿元,同比分别增长 95.7%、80.3%。与此同时,工艺独特、包装新颖、风味多样的台湾休闲食品也深得大陆消费者的喜爱。凤梨酥、糖果、饼干、果汁饮料、麻糬、果冻等几十个品种的休闲食品通过泉州口岸中转销售,成为大陆市场的"抢手货"。2017年,泉州口岸进口台湾食品 6671 万元,同比增长 1.1 倍。

泉州对台小额贸易以方式灵活、地域优越、产品多样以及政策扶持力度大、先行先试的独特优势,成为两岸经贸发展的新亮点,是两岸"大三通"不可替代的贸易补充。泉州对台小额贸易呈现几大特点:首先是航次常态化。目前,泉州口岸共有后渚、石井、石湖、围头、肖厝等 8 个对台小额贸易点,经营公司由 2008 年的 3 家增至 2013 年的 16 家,船舶由 2008 年的每月 20 航次增至现在的 70 航次,经营呈现常态化。其次是货物品种逐步多样化。其中一部分为来自台湾的机械零配件、日用品、纺织制品等台杂货等;另一部分为台湾产的中华鳖卵、冻秋刀鱼、冻午仔鱼、槟榔以及糖果、饼干等农产品、食品,品种有数百种。其中,台湾鳖卵年进口约 2 亿粒,占大陆总进口量的八成;台湾槟榔占大陆总进口量的七成,而冻秋刀鱼、冻午仔鱼等水产品年进口达 8000 吨,占大陆总进口量的六成以上。台杂货、农产品、食品不仅为沿海的福建、广东、浙江、江苏、上海等省市的台商、台资企业提供补给及上市销售,还逐渐中转到江西、湖南、四川等内地。两岸实现货运"大三通"以后,泉州与金门的对台小额贸易仍活力迸发,2008 年后的 5 年曾经实现过平均每年以 20% 的速度增长。可见,两岸"大三通"并未影响泉州对台小额贸易的发展,而是继续呈大幅增长态势。出现这种情况的主要原因有以下四个方面:一是政策引导。在对台小额贸易政策上,目前已取消船舶每艘次 10 万美元货物金额及 100 吨位的限制,福建省政府亦提出对台工作"先行先试"发展策略,政策上给予倾斜,经济上给予扶持,想方设法扩大对台贸易。二是多点经营辐射力强。目前泉州已有崇武、石井、深沪、围头、梅林、祥芝等 6 个贸易停靠点,各贸易点与台湾本岛、金门多点对接,各具特色,辐射力强,发展空间广阔。其中泉州的石井和崇武码头从金门进口槟榔、冷冻新鲜水产品、杂货;晋江的深沪码头从金门进口杂货、鳗鱼苗;石狮的梅林码头从金门进口杂货、冷冻水产品。三是运输便捷。据了解,泉州石井与台湾金门岛相距仅 6.5 海里,泉州后渚、石井与金门的航运时间不过 1.5~2.5 个小时,而且采用对台小额贸易方式,货物可随时拼装,机动灵活,船舶靠泊不受潮水限制,运输更为便捷,具有时间短、运输成本低等特点。目前,台湾冰鲜水产品、槟榔等的运输均能满足"当日发运、当日到货、次早上市"的要求,泉州也因此成为台湾农产品、食品中转大陆市场的"黄金通道"。四是服务市场需求。福建省台资企业众多,台资企业多从台湾补充机械类配件、原材料,这种补给多为自用商品,种类杂,批量小,还要求快速到达,实现零库存,尤其是动植物货物对时效性要求更高。而一般贸易或装载量大的货船,难以满足货物随装随走、按需装运的需求,因此小额贸易是"大三通"正常贸易的有益补充。泉州对台小额贸易货物从较早的自用零配件等补给用生产资料,发展为工业原辅料、水产品、农产品及日常消费品等,贸易货物不仅为沿海台商、台资企业提供补给及上市销售,经转内地的货物也开始增多,辐射效应明显并逐步扩大。

泉州对台经贸合作之所以取得好成绩,可以归纳为以下三条主要原因:

第一,"五缘"优势。泉州与台湾隔海相望,地缘相近、血缘相亲、文缘相承、商缘相连、法缘相循,两地既有悠久的历史渊源,又有密切的现实联系。泉州对台互动优势独特,首先,交通便利,特别是便捷的泉金海上客运航线进一步扩容后,方便了台胞的直接往来;其次,泉州人爱拼会赢、豪侠仗义的精神特质,能够得到台胞的广泛认同;最后,泉州作为文化古城,民间信仰繁多,历史悠久,妈祖、关帝、清水祖师等信仰在台湾传播广泛,成为联系泉台同胞的精神纽带,也是台湾同胞寻根谒祖的重要依据,其多元文化对台商能形成"磁极效应"。这些都是泉台产业合作、文化交流的先天优势。

第二,政策优势。2004年底福建出台《中共福建省委福建省人民政府关于发展壮大中心城市的若干意见》,泉州被列入福建三大中心城市建设。2009年5月,国务院《关于支持福建省加快建设海峡西岸经济区的若干意见》(以下简称《意见》)出台,提出海峡两岸将建设经贸合作的紧密区域,并把加强两岸产业合作、促进两岸产业深度对接作为支持海西建设的重要内容。《意见》提到海峡西岸经济区的四个战略定位,其中之一便是"东部沿海地区先进制造业的重要基地",提出要"立足现有制造业基础,加强两岸产业合作,积极对接台湾制造业";要"鼓励建立与台湾产业配套的以及大陆台资企业所需的零部件、原辅材料中心"。国务院《意见》还明确提出新设立泉州台商投资区,这为泉台经贸合作提供了重要的平台载体。为扶持台资企业应对国际金融危机,2009年4月2日,福建省出台了《关于支持台资企业发展的若干意见》,提出25条加大吸引台商投资和帮助台资企业转型升级的具体措施。台湾方面,伴随着两岸关系的重大转折,两岸历史性地实现"三通",2010年6月30号台湾当局宣布开放陆资入岛,开启了两岸双向投资时代,双方产业合作驶入一条快车道,加快产业对接、促进产业转型升级、共同开拓国际市场,已经成为两岸业界的共识。2017年出台的《泉州市对台交流"共筑精神家园""共续血脉亲情""共促交流融合"三大行动规划实施方案》,具有鲜明的泉州特色。此方案在扩大泉台经贸合作、支持台胞在泉就学就业创业、深化泉台社会文化交流、方便台胞在泉安居乐业等四个方面,提出不少务实举措。2018年6月6日,《福建省贯彻〈关于促进两岸经济文化交流合作的若干措施〉实施意见》发布后,泉州市出台《关于促进泉台经济文化交流合作的若干措施》,提出73条务实举措,除了对接落实上级政策措施条款,共有35条是根据泉州市实际情况进行创新或者给予再细化的,为在泉台胞学习、就业、创业、生活提供与大陆同胞同等待遇。国家政策及福建省、泉州市相关实施意见的陆续出台将为泉台产业交流合作提供新的机遇,未来两地的交流与合作将更直接、更全面。

第三,产业基础和产业链优势。泉州纺织服装、制鞋、石材、包袋等传统产业已经形成了完整的产业链和强大的制造业基础,产业集聚效应十分明显,企业的运营成本因空间集聚、配套完整而大大降低,这是泉州吸引台商的特殊优势。泉州的纺织服装产量占全国的10%,旅游运动鞋产量占全国的80%、世界的20%,石材出口量占全国的50%,包袋产量占全国的45%,树脂工艺品出口量占全国的70%,工艺陶瓷出口量占全国的67%,糖果产量占全国的20%。泉州传统产业之所以历经坎坷却生机勃发,撑起泉州经济大片江山,一定程度上得益于台湾的产业转移。泉州和台湾的产业发展轨迹相似,在传统产业方面,台湾所走的路或许也是泉州未来发展的必经过程。台湾的优势在研发、创新,材料、技术及国际营销网络方面,泉州的优势在既有市场、生产成本、产业链和品牌,两地同行可以通过优势互补实现双赢。

(二)文化交流有声有色

泉台文化间的双向交流历来活跃纷繁,项目涵盖文教、体育、学术、卫生、旅游、科技等领域,其中以文化、民俗为主,亮点纷呈。

在泉台文化交流中,闽台对渡文化节、"泉州文化台湾行"、海峡两岸体育交流大赛、海峡两岸闽南文化节、台湾百家关帝庙信众泉州谒祖会香、南安郑成功文化旅游节、海峡两岸文化遗产保护论坛等活动,以及海峡两岸预拌混凝土绿色环保高峰论坛、两岸(德化)生物医药研讨会、海峡乳腺影像论坛等多场对台科技交流活动都取得了积极成效,呈现出氛围浓、领域宽、规模大、层次高、内涵广的特点。2009年8月,泉州经贸考察团赴台,就泉台产业合作投资项目进行推介、洽谈,达到了"宣传海西、推介泉州、强化经贸、深化对接、加强交流、合作共赢"的目的,这也是泉州对台交流史上第一次由市领导率领赴台交流考察的高规格团组。值得一提的是,泉州以民俗文化、宗教文化和谱牒文化为依托,积极拓展与台湾中南部民众的交流交往。2009年10月底,台湾65个妈祖宫庙信众和福建省内主要妈祖庙宇代表组成1000多人的进香参访团,到泉州天后宫举行妈祖巡安活动;同年11月,台湾郑氏宗亲会50多名各界人士、台湾南部8家媒体15名记者首次参加"民族英雄郑成功陵园拜谒仪式",台湾"南部媒体海西行"泉州站活动也在同一天启动。2010年7月,中国航海日庆祝大会在泉州举行,活动围绕"海洋·海峡·海员"主题,突出闽台"五缘"优势,通过采集福建的闽江、九龙江、汀江、晋江和赛江五江之水与台湾的澎湖湾、淡水河、基隆河、日月潭和浊水溪五处之水相融合,汇聚成"五缘之水",展现海峡两岸一脉相承、血浓于水的历史渊源,彰显泉州独特对台优势。

泉广"刺桐之声"频道、泉州电视台闽南语电视频道、泉州网"闽南文化频道"、中国闽台缘博物馆、泉州博物馆、泉州海交馆、泉州南戏博物馆、泉州学研究所、关帝庙、天后宫、慈济宫、龙山寺、郑成功纪念馆等涉台宣传基地的作用也进一步凸显。其中,中国闽台缘博物馆作为大陆第一座国家级对台专题博物馆,是集收藏、展示、研究、交流和服务等功能为一体的全国性对台文化交流与合作基地,同时也是研究闽台关系史、大陆与台湾关系史的重要学术机构。从 2006 年开馆至今,其已经累计接待海内外观众逾百万人次,其中台湾同胞20 万人次,成为两岸同胞共话亲情的重要平台。《泉州晚报》《泉州晚报(海外版)》送报入岛活动持续不断。入岛节目《安安时间》在台播出,"泉州·澎湖旅游文化电视周"获得成功,澎湖有线电视台连续宣传泉州、推介泉州。中国三大名瓷之一的德化陶瓷也将专卖店开到台湾。

泉台旅游一枝独秀,即使在近年旅游市场持续疲软的大背景下,依然表现抢眼。从举办各种寻根谒祖、进香祭典、旅游观光等文化节俗活动吸引台胞,到出台措施鼓励旅行社拉动本地赴台旅游消费,泉州致力于提升泉台旅游合作层次和水平,打造两岸互动的海峡旅游圈。泉州丰富的旅游资源让"祖地游"这一特色招牌熠熠生辉。

除此之外,泉台两地的教育合作也迎来了前所未有的良机。2009 年,泉州高校考察团首次赴台,共有 7 所高校与台湾对应学校建立双向交流关系,4所高校与台湾高校开展人才培养培训合作。泉州还首次选派大学生赴台学习。

(三)联络服务持续拓展

泉州市对台工作部门热情接待来泉寻根谒祖、旅游观光、探亲访友、投资贸易的台胞,开创了泉台关系新局面。泉州市台资企业协会(1995 年 12 月成立)、泉台民间交流协会等民间涉台组织应运而生,泉州市台胞联谊会、各县(区、市)台胞台属联谊会也陆续换届,这些涉台民间组织发挥各自优势,在政府与台胞之间发挥着重要的桥梁与纽带作用。泉州几乎每个县(市、区)在台北均设有同乡会组织,在高雄设有晋江、南安、惠安同乡会,在台中、基隆、台南、台东等地设有闽南同乡会,台北市、高雄市福建同乡会理事长都曾经由泉州去台人员担任。此外,台湾各地的 150 个宗亲会组织、数百座寺庙经常派员到泉州寻根谒祖,与泉州市各界建立密切的联系。泉州各级对台工作部门和相关涉台部门加强涉台法制建设,建立健全台胞台属来信来访承办督查制度,把认真处理涉台案件、维护台胞台属合法权益作为大事、要事来抓。泉州还将引进数字化、网络化等现代技术手段,建立健全族谱展示、查询的常态化工作机制,同时利用泉台血缘关系深、宗祠宗庙多、宗亲关系近等几大优势,开展形式多样的活动。

在加强对台联络工作方面,一是建立台胞接待站、涉外宾馆、宗教寺观等一批对台工作基地和"窗口";二是培训专业化和非专业化的对台工作队伍;三是建立以台办为中心,以民主党派、群众团体和涉台民间组织为触角,多层次全方位的对台工作网络。继续做好在泉台湾同胞的关心培养工作,使其在参政、议政方面发挥更大的作用。这些举措受到台胞台属的赞誉。2018 年,泉州公安局出入境管理支队共办理台湾居民来往大陆通行证 2678 件,其中,支队窗口办理 506 件,机场办理 440 件,石井口岸办理 1732 件。

泉州还积极推动与澎湖县、台南县、台南市的对口交流工作,推动落实与台南县党际交流形成的有关共识,并及时开展"台属联谊会、旅台同乡会、台湾宗亲会"三会专项普查,挖掘了新的联络资源,促进了对台联络工作的可持续发展。

二、泉台经济合作面临的障碍

泉州在对台经济合作方面有着诸多得天独厚的优势,在大陆开放之初在吸引台资方面取得了先机。但是,我们也必须看到,近年来,受国际经济形势和国家宏观政策调控的影响,泉州的一些台资企业,特别是劳动密集型、出口加工型中小企业生产经营面临严峻的阶段性困难。所以,目前,泉州正处于海峡西岸经济区建设的有利时期,经济高速发展,但却出现了引进台资进展较慢,甚至还有一小部分台资企业及资金流出的现象。显然,泉州的经济发展势头虽然令人赞叹,但其中仍存在着一些值得忧虑的地方,在发展对台经济合作上不能盲目乐观。

(一)经济基础相对薄弱

目前,泉州的台资企业以劳动密集型的中小企业为主,且小企业占了绝大多数,经营项目主要集中在制鞋、服装、箱包、纺织、陶瓷、食品、机械五金、农副产品种植加工及小型房地产开发、商业零售、餐饮娱乐业等方面。这样的经济结构存在着以下几个缺陷:一是支柱产业不明显,重点不突出。二是地区间产业结构和产品结构雷同。福州、厦门、泉州和漳州 4 个重点的利用外资区域,引资结构雷同现象比较普遍,因而容易导致过度竞争,不利于外资的进入。三是产业链发达程度不足,影响了经济发展后劲。除服装、鞋帽等劳动密集型产品外,多数产业集群缺乏航母式、带动能力和辐射能力强的大企业龙头,自有品牌尤其是知名品牌不多,技术创新能力较弱,融资能力和资本运营能力不强,分工协作也比较差。四是企业规模偏小。五是高新技术产业基础相对薄弱。这些问题导致企业、产品竞争力相对较弱,影响了发展的后劲和吸收台资的能力。

（二）投资软硬件环境不够理想

泉州引进外资特别是台资的工作是在"夹缝中求生存"，前有珠三角的"标兵"，后有长三角、中西部地区、东北老工业基地的"追兵"，"标兵跑得快，追兵已赶超"，泉州的优势不再明显。泉州地处我国东南海防前线，1949年以来，国家投资建设很少。改革开放以来虽然加强了基础设施建设，但仍适应不了经济发展的需要。至于软环境方面，也不尽完善。近年来泉州在转变工作作风、加强效能建设上做了很多有效工作，先后出台了首问责任制、一次性告知制、限时办结制等制度，也确实收到了一定的成效，全市投资软环境有了明显的改善。但是，在具体的办事过程中，某些政府职能部门服务意识缺乏，设卡思想仍然严重，职能部门推诿、扯皮、拖拉、办事效率低下的现象并没有从根本上得到解决。办事效率低下、关卡太多、部门权力太"大"已经成为泉州政府职能部门的一个通病。这些问题与泉州处在全省发展第一层面、三个中心城市之一的地位相比较，无疑是不协调的，与国内很多先进城市比较还存在差距。可以说，泉州所面临的问题是福建投资软环境建设的一个缩影。

（三）配套服务与跟踪服务不到位

招商引资固然重要，但更重要的是要把引来的资金、企业留住，做到以商引商。对此，泉州市政府有了相当的关注，近年来也做了不少的努力。但在实践中，仍存在着一些不足之处。如，泉州基础工业较落后，缺乏产业配套，无法构筑上中下游完整的产业链，也缺乏熟练技术工人，而大多数台资企业生产的是出口产品，产品质量要求较高，这也是制约台资企业发展的因素之一；相关部门与投资者沟通不够，未能及时了解台商投资项目在建设过程中遇到的诸如用地、用水、用电、用工等实际困难，不利于台商投资项目建设的顺利进行；又如，台商的咨询服务工作及其他配套服务跟不上，缺少专职负责的机构来为台商提供咨询、协调、仲裁等各种服务；还有，台商的经营模式一般是"台湾接单，大陆加工，香港转口，海外销售"，由于部分企业出口量大，所需流动资金也大，但固定资产不多，贷款受到限制，借不到足够的流动资金。目前，在泉州投资的台商企业贷款的主要来源有：国内商业银行的贷款和地下金融，但由于两岸金融监管机构在信息传递中存在不畅通与不对称的问题，台资企业的资信度不透明，本土银行本着谨慎的态度对个别台资企业"惜贷"，使得台资企业最终只能选择地下金融作为主要融资渠道。为了使企业能够正常运作，很多台资企业在到祖国大陆投资之前就必须在台湾准备投产、采购、在途、库存所需的好几套资金。这些均不利于台资企业在泉州的发展。

（四）国际经济局势严峻

泉州市台资企业中属于出口创汇型的所占比例较大，容易受到国际经济形势的影响。2008年世界金融危机引起全球经济下滑，这十年来世界上很多国家为了保障本国就业以及保护本国企业的发展，纷纷祭起贸易保护主义大旗，贸易保护主义抬头，外部需求大幅减少。再加上人民币升值带来的汇率损益，不少企业利润及效益都明显下降，有些企业只能维持薄利生产，有的甚至亏损。此外，一些台资农业项目因受配额限制、许可证管理等制约，产品出口量少，发展也较缓慢。

三、提高泉台经济合作的对策

对台工作既要着眼大局大势，又要注重落实落细。泉州市正在积极探索海峡两岸融合发展新路，进一步加快泉州台商投资区崛起。

（一）多重利好，吸引台资来泉

2018年泉州市出台《关于促进泉台经济文化交流合作的若干措施》（以下简称《措施》），从扩大泉台经贸合作、支持台胞在泉实习就业创业、深化泉台文化交流、方便台胞在泉安居乐业四部分入手，推动在泉台湾同胞、台资企业在生活、学习、就业、创业等方面，享受与大陆同胞、企业同等待遇。主要惠台措施有：

1.补助企业创业创新

为支持海峡两岸经贸交流合作，《措施》对承办经国家批准、在泉州市举办的海峡两岸经济技术展览会的组展企业，按其布展直接费用的30%给予补助，最高不超过25万元。对台资企业参与建设国家级、省级、市级企业技术中心、工程技术研究中心、行业技术开发中心和创新型企业，按认定层级，分别给予100万元、50万元、10万元资助支持。为鼓励台资企业积极推进各类众创空间、科技企业孵化器（平台）和技术服务平台建设，对台资设立、在泉州市注册，并经认定的市级以上众创示范空间，按照面积规模，给予最高200万元的建设资金补贴。对首次获批认定为国家级高新技术企业的在泉台资企业，一次性给予20万元奖励，其可按规定享受企业所得税征收优惠等。

2.促进台企投融资便利化

泉州是全国第三个国家级金融综合改革试验区，在促进泉台经贸交流方面，也同样大胆探索金融服务实体经济的新路径。《措施》明确，台资企业和台湾同胞在泉州设立企业时，可选择使用美元或人民币作为注册资本金，在泉州经营活动中，依法可以享受内资企业待遇。台资企业经营所得利润，可自由选择使用美元或人民币汇出。支持符合条件的在泉台资企业（含具有台资背景的企业)实施资本项目外汇管理便利化试点政策,促进台资企业投融资便利化。支持在泉台资企业、台商资本或台资银行发起设立台资企业投资引导基金,重点扶持初创期、成长期的台资企业,助推产业链整合,带动台资企业实现产业转型升级。值得一提的是,泉州鼓励市辖内的银行业机构与市台资企业协会,建立战略合作关系。对在泉台资企业从台湾地区的银行业金融机构借入人民币资金给予贴息,贴息比例为同期银行贷款基准利率的30%,低于基准利率的以实际利率的30%为准。贴息时间从计算贴息之日起最长不超过2年,每家企业享受贴息资金总额最高不超过30万元。

(二)倾力服务,开展多层次交流

对台湾同胞一视同仁,像为大陆百姓服务那样造福台湾同胞。在对台民间交往中,泉州要逐步形成并完善"以泉州祖庙为根,台湾开基庙为枝,台湾分灵庙为叶"的关系模式,持续开展互动交流活动。可以依照历史延续的民间习俗,按传统时序分别组织举办项目活动,推动泉台民间信仰交流活动项目规模化、运作有序化、影响持续化,打造具有泉州特色的对台民间信仰交流品牌。

开展"共续血脉亲缘"行动,有力促进两岸宗亲交往的常态化制度化。制定"民间信仰交流——共筑精神家园""宗亲宗族交流——共续血脉亲缘""泉台青年交流——共促交流融合"等三大涉台交流行动规划实施方案。集中统筹全市民间信仰、宗亲、文化、艺术等资源优势,对于每年涉及三大交流板块的重点交流活动实施项目化管理,整合好一系列主题突出、形式多样、内容丰富、影响深远的泉台交流活动,进一步打响泉台"民间信仰""宗亲宗族""青年交流"三个特色鲜明、影响广泛的交流品牌,使泉台民间信仰交流更具影响力,宗亲宗族交流更具凝聚力,青年交流更具吸引力。

两岸同胞的交流往来日益频繁,泉州作为台湾广大汉族同胞的主要祖籍地之一,也成为许多台胞登陆的第一家园。要加大文化交流力度,把工作做到广大台湾同胞的心里。泉台两地文脉相通,源远流长,长期以来,经济文化人员交往频繁,硕果累累。两岸要融合,文旅要先行。要继续加大对旅游机构的扶持力度,鼓励本地游客走出去;加深两地文创、旅游行业合作,将更多台湾优秀文创人才引进来;深化两地文旅、民俗活动互动,拓展更宽领域、更多层次的交流合作,进一步增进台湾同胞对民族、对国家的认知和感情,为祖国早日实现和平统一做贡献。

第四节　漳州市对台经济关系

漳州与台湾有着地缘、血缘、文缘、商缘和法缘上的深厚渊源,漳州市已成为全国台商投资相对密集的地区之一。漳州与台湾具有地缘、血缘、文缘、商缘、法缘等"五缘"关系,在"五缘"中,最主要的应属血缘相亲,在现有2358万(2018年数据)台胞中,祖籍福建的占总人口的90%以上,其中漳籍人口800多万,约占36%,许多台湾政要、商界名流如连战、江丙坤、王金平、林丰正、萧万长、廖万隆、李瑞河等祖籍地均为漳州。漳州是台商投资密集区和对台贸易重要口岸,自1980年创办第一家台资企业诏正水产公司以来,截至2018年10月,台资企业已达3090多家,涉及农业种植养殖、食品加工、机械制造、电力等行业,并创造了中国"三个第一":台塑集团的华阳电厂是亚洲最大、世界第二的火力发电厂;灿坤工业园成为亚洲最大的小家电生产基地;天福集团为大陆台资农业企业规模第一、世界最大的茶业综合企业,并创建了全球第一所茶专业高校——天福茶学院。台资企业产值规模占了漳州市近"半壁江山",截至2018年年底,全市累计实际利用台资近115.2多亿美元,约占全市利用外资总额的56%,位居全国设区市前列。在台资企业推动下,漳州对台贸易不断增长,台湾地区已成为漳州第二大出口市场。

一、漳州市发展对台经济关系的优势

(一)区位优势

漳州,地处闽南金三角,雄踞福建南大门,南临港澳,介于厦门、汕头两个经济特区之间,与台湾隔海相望,自古以来就是连接闽粤赣三省与通向台港澳、东南亚地区的交通要冲,漳州港距台湾高雄港140海里,位于上海、香港和台湾高雄港三港连线所构成的三角地域重心,招银港区是首批对台"三通"直航试点口岸和对金门、马祖、澎湖"小三通"的货运直航港,地理位置极为优越。漳州现辖2个市辖区、5个市辖开发区、1个县级市、8个县,人口510万(2017年数据),海域面积1.86万平方公里,陆地面积1.26万平方公里。早在1985年,漳州就被国务院列为对外开放地区,1992年国务院批准东山港为国家一类开放口岸,1994年国务院把漳州市定为全国外向型农业示范区,1997年外经贸部、农业部和国务院台办联合批准漳州为海峡两岸农业合作实验区。全市现有漳州招商局经济技术开发区(国家级)、漳州台商投资区(国家级)、常山华侨经济开发区、古雷港经济开发区、漳州高新技术产业开发区(国家级)、东山经济技术开发区(国家级),形成了全方位、宽领域、多层次的对外开放格局,

已同世界 140 多个国家和地区开展经贸往来。

（二）交通设施完善

漳州是国家级运输枢纽城市,福建省南部重要交通枢纽,交通基础设施完善,324、319 国道和厦漳、漳诏、漳龙三条高速公路穿境而过,是厦深铁路、龙厦铁路、鹰厦铁路、福厦高铁交汇的重要枢纽地区。从厦门机场到达漳州仅需 30 分钟,南部几个县城到汕头机场只需 0.5～1 个小时的行车里程。铁路、高速、国道、航空和海运等方便快捷运输方式的组合,形成漳州完整的立体交通格局,构筑了漳州与世界经贸往来的大动脉。

（三）港口优势

在 715 公里的漳州海岸线上,镶嵌着 20 多个天然深水港湾,可开发建设成万吨级以上码头 130 多个,全市 7 个港区已建成生产性泊位 54 个,30 万吨、25 万吨级大型码头已经投入建设。全省六大深水港湾漳州就有 3 个,古雷港是全国八大深水良港之一。漳州港是国家首批对台定点直航试点港口之一,是福建省最大的粮食、木材进口港和第四个千万吨级港口。招银港区、东山港区、古雷港区被列为国家一类对外开放口岸。漳州以港区为载体,以项目为抓手,编制《漳州市依港立市暨海洋经济发展规划》,明晰了 7 个港区的功能定位和发展方向,大力培育能源、钢铁、船舶、机械、汽车、石化等临港工业产业群。7 个港区蓄势待发,筑巢引凤,临港大型项目接踵而来。

（四）政策优势

多年来,漳州市牢固树立"服务台商就是服务漳州经济发展"的理念,把引进台资作为招商引资的工作重点。从 1995 年以来,相继出台了《鼓励台商投资和扶持台资企业发展的若干意见》等多个鼓励台商投资的优惠政策。1999 年漳州还在全国率先开展机关效能建设,在全省率先建立了"一个窗口对外,一条龙服务"的市级行政服务中心,截至 2018 年 5 月,中心已公布了 1042 个"最多跑一趟"办事项目。各级法院开设维护台商权益合议庭,各级学校为台商子女就学提供多种便利,支持长泰县创办台商子弟学校和职业技术学院,让台商不仅能投资在漳州,而且能扎根于漳州。经国家外汇管理局批复同意,《福建省特殊经济区域台资企业资本项目管理便利化试点实施细则》于 2018 年 7 月 12 日起施行。外汇局福建省分局在中国（福建）自由贸易试验区福州片区和平潭片区、泉州市金融服务实体经济综合改革试验区、漳州台商投资区内,推进资本项目管理便利化改革试点。2018 年 9 月,《关于促进漳台经济社会文化交流合作的实施意见》出台,从深化漳台经贸合作、扩大漳台社会文化交流合作、支持台湾同胞在漳学习实习就业创业、方便台湾同胞在漳居住生活四个方面,提出 58 条具体实施细则。这些政策的出台,都将极大促进漳台经贸合作。

二、漳州对台经贸交往的现状及成效

(一)对台农业合作位居全国前列,成效显著

改革开放以来,漳台农业交流一直走在大陆前列,合作范围涉及了农业贸易、农业投资、种源交换、农业科技交流、农业人员互访等方面。1981 年,台商张诏光先生在漳州创办的诏正水产联合公司是大陆第一家台资农业企业;台商李瑞河先生 1993 年在漳州创办的天福集团发展至今已成为目前大陆第一大台资农业企业;漳州于 1999 年起每年定期举办的"海峡两岸花卉博览会"也由原来的区域性展会变成了全国性两岸农业经贸合作盛会,吸引了大批台商到漳州参展,创造出两岸合作的新局面。此外,2006 年 4 月,全国首家台湾农民创业园在漳州漳浦县创立,园区内已经建成了集科研、农产品加工和农产品物流为一体的农产品产业基地;2014 年 6 月,漳浦县在台湾农民创业园内设立了海峡两岸新型农民交流培训基地,为两岸农民和农业科技者的交流提供了平台。至 2016 年,台湾农民创业园累计引进台资农业企业 270 多家,实际利用台资 3 亿多美元,年创产值 35 亿元,引进台湾农业优良品种 210 多个、台湾先进种养殖技术 50 多项,推广面积 43 万亩以上。截至目前,漳州市累计批办台资农业项目 1127 个,合同利用台资 16.96 亿美元,实际利用台资 9.8 亿美元,每年带动各类优质农产品出口创汇 1.5 亿美元以上,是全国农业利用台资最多的设区市。1997 年 7 月,国务院两部一办批准漳州市为"海峡两岸农业合作实验区",经过漳台农业 20 多年来的合作和海峡两岸农业合作实验区的建设,漳州农业和农村经济的发展已发生了巨大的变化。

一是提高了农业综合生产能力。通过开展漳台农业合作,漳州从台湾引进一大批国内外市场走俏的、具有高附加值的农业优良品种,以及具有世界领先水平的生产实用技术、加工工艺和设备等,有力地推进了漳州农业产业结构的调整优化和升级转型步伐,提高了漳州农业综合生产能力和市场竞争力。比如,与速冻蔬菜行业相配套的台湾毛豆良种,全市每年种植近 20 万亩;引进台湾麻竹笋速生丰产栽培技术,全市推广种植 40 多万亩;南靖县靖城镇采用台湾"墙体式"工厂化栽培食用菌技术,年种植培育白背毛木耳和袖珍菇、鲍鱼菇等珍稀食用菌上亿袋,形成了一个上亿元的大产业。据统计,全市已累计引进台湾农业良种 1600 多种,其中大面积推广的有 100 多种,推广面积 100 多万亩;引进台湾各种先进农业加工设备 4000 多台(套)、农业种养加工技术 600 多项。这些已成为漳州农业结构调整的新亮点和农村经济发展的新增

长点。

二是加快了县域特色经济发展。漳台农业合作进一步优化了漳州地方特色产业布局,产业链配套日趋完善,产业集聚优势日益显现,有效地促进了县域经济的发展,形成了明显的区域产业合作区,即沿海地区的水产养殖合作区,平原地区的蔬菜、食用菌种植合作区,内陆山区的麻竹、茶叶种植合作区,九龙江下游的农产品加工合作区,东山水产品加工贸易合作区,沿国道324线从龙海市九湖镇到漳浦县绥安镇的花卉合作区等特色产业带或产业集中区。在台资食品加工企业的带动下,食品工业已成为漳州市"4＋3"工业产业布局中4个主导产业的龙头。

三是促进了外向型农业发展。漳台农业合作与交流加速了漳州农业与国际市场的接轨,促进了本地农业的转型升级。比如,在台资食品企业的带动下,全市已建成速冻果蔬生产线80多条,年产量20多万吨,年速冻蔬菜出口货值超过了1亿美元;在台资木材加工企业的带动下,全市出口木家具货值占全省木家具出口创汇的80%。全市农产品及其加工制品出口货值达9.36亿美元,占全省农产品出口额的一半以上;罐头、熟肉制品、水产品、果蔬制品、保鲜蔬菜、保鲜水果、花卉苗木、木制家具等7个品种的出口量位居全省同类产品首位。

四是推进了农业产业化经营。台资农业企业外接国际国内市场,内联生产基地和农户,把农民与市场紧密地连接起来,有力地推动了漳州农业"4＋2"优势产业和重点产业的发展,推进了农业产业化经营。比如,东山湾水产养殖合作区几年来共引进台湾名优水产新品种30多个、养殖新技术40多项,其中引进和推广的台湾鲍鱼育苗和陆上工厂化养成技术,促进了全市鲍鱼养殖业大发展,养殖面积达120多万平方米,年产值8.6亿元;长桥农业园艺科技合作园区,吸引30多家台资花卉企业落户,基本形成了一个以园艺作物为主的两岸农业高科技合作密集区,产业化经营明显。

五是增加了农民收入。漳台农业合作与交流为农村乡镇工业园区迅速崛起起到了有效的推动作用,消化、吸纳了一大批农村剩余劳动力,培育了农村科技致富人才,增加了农民收入。比如,漳浦县赤湖镇引进多家台资蔬菜保鲜加工企业,采用"公司＋基地＋农户"的经营模式,带动周边5600多户农民建立大葱生产基地3万多亩,年出口大葱6万多吨,农民增收3000多万元;龙海市通过对台农业合作,带动6.82万户农户参与基地生产,同时转移农村劳动力4.2万人,农民人均增收1600多元。目前,全市约有1/3以上的农村劳动力,围绕漳台农业合作从事农业生产、加工和经营活动,有力地促进了农业增产增效,增加了农民收入。

(二)台企成为工业强市重要支撑

在漳州"工业强市"的发展历程中,台资企业已经成为拉动漳州经济发展的主引擎之一。改革开放以来,截至 2018 年 10 月,台资企业已达 3090 多家,实际利用台资超过 115.2 多亿美元,利用台资总额位居全国地级市前列。漳州台企涉及现代农业、食品加工、机械制造、电力、石化等行业,是推动漳州经济社会发展的一支重要力量。据统计,目前漳州市规模工业中,外资企业产值占 64%,而台资企业约占外资企业的 60%。台湾百家大企业和上市公司中已有台塑、灿坤、长春、统一、泰山、天仁、台湾玻璃等 7 家在漳州落户。台资企业已成为推进漳州经济建设的一支重要生力军,台资企业产值规模占了漳州市近"半壁江山"。

2009 年以来,一大批对台合作项目纷纷落地,漳州古雷石化项目开工建设,总投资 180 多亿元,2011 年试产。古雷石化产业园是两岸石化产业深化合作的重头戏。目前,园区腾龙翔鹭项目整改修复工作有序进行,古雷炼化一体化项目前期进展顺利。台湾"百大"奇美实业的新材料化工项目完成签约,注册台资达 8.8 亿元。由台塑集团投建的福欣不锈钢项目是全省最大的不锈钢生产项目,投产后年产值近 300 亿元。漳台产业对接的领域正不断扩大。目前,台塑、统一、泰山、灿坤等企业集团发展态势良好,福欣特殊钢、凯景钢铁、长春化工等部分企业增资扩展项目进展顺利。

(三)对台小额贸易平稳发展,推动漳州市成为农产品输出的供应基地

从 1982 年起,漳州市相继在沿海县(市)创建台轮停泊点和对台小额贸易公司,积极开展对台小额贸易,多年来,对台小额贸易发展总体水平较稳定。贸易以鲜活产品为主。通过对台小额贸易,漳州已成为福建供应台湾农产品的主要基地之一。东山对台小额贸易量一直稳居大陆县级第一,年贸易额约占福建的 1/3,为福建最大的对台贸易港之一。

三、漳州市进一步发展对台经济关系的思路

以中央"支持海峡西岸和其他台商投资相对集中地区的经济发展"和《海峡两岸经济合作框架协议》的签订为契机,主动呼应福建省委建设海峡西岸经济区的部署,出台鼓励台商投资与扶持台资企业的发展政策,加大对台招商引资的力度,扩大对台交流与合作,促进对台合作全方位升级。

(一)紧抓决策机遇,发挥地区比较优势,为进一步扩大经贸合作提供更好的条件

自从 1987 年祖国大陆对台湾开放以来,台商在祖国大陆掀起了一波又一

波的投资热潮,每一波都与政府的开发决策息息相关。党的十七大明确提出支持海峡西岸和其他台商投资相对集中区的经济发展。2008 年漳州市经济工作会议根据党的十七大和中央、全省经济工作会议精神,提出"海西建设、漳州先行"的新要求。2009 年 5 月,国务院颁发了《关于支持福建省加快建设海峡西岸经济区的若干意见》,因此,漳州应抓住这个千载难逢的历史机遇,主动融入海峡西岸经济区,加快自身的发展,充分发挥漳州市既处海峡西岸又是台资密集区等"地区比较优势",用足用活用透中央和省里给予的政策,扩大漳台经贸、科技和文化交流,承接海峡东岸的经济辐射。2010 年 6 月,《海峡两岸经济合作框架协议》签订。ECFA 的签订和实施,开启了海峡两岸经贸合作的新时代,漳州成为台商新一轮产业转移的理想地区和首选地,应发挥地区比较优势,进一步改善投资软环境,充分利用相对丰裕的劳动力资源,努力引进资金、技术、市场、信息和管理经验,发展配套的产业服务体系,塑造合理的分工格局,培育、产生新的后发优势,特别是临港产业等重大项目,推动地区经济发展。

(二)深化漳台经贸合作,拓宽新的合作领域与行业

1.深化对台农业合作,积极拓展农业合作领域,提升合作层次。漳州应认真贯彻实施国务院和国家有关部委提出的促进海峡两岸交流合作的 15 项政策措施,以及福建省委、省政府出台的《海峡两岸(福建)农业合作试验区发展规划》和《关于鼓励和支持海峡两岸(福建)农业合作试验区建设的暂行规定》,努力抓载体平台建设,进一步提升两岸农业合作层次,进一步细化规划布局,突出以建设项目为抓手,筛选、编制一批实验区重点建设项目纳入全省试验区"三个产业带、八个合作示范区、五个中心、一个载体"的规划布局,认真筛选、编制一批以特色农产品加工为主的,符合国家产业导向,能够发挥区域产业优势、带动区域经济发展的农业招商项目,充实试验区招商项目库;并用工业理念谋划现代农业发展,充分利用国家赋予的优惠政策,保证现有的各项鼓励政策落实到位,继续优化台商投资农业的软环境,促进漳台农业合作与交流向高层次水平发展。

2.深化漳台工业合作。发挥港口、腹地、淡水等资源综合优势和台资工业相对集中的优势,加大对台工业招商引资力度,做好重点台商的服务与联络工作,引导现有台资企业增资扩产,创造条件吸纳台湾电子信息、机械、石化、能源、造船等重大产业和资本密集型企业的整体性转移,加快推进千兴不锈钢等项目落地,力争对台临港产业引进持续有重大突破,培育形成新的工业产业链;围绕改造提升传统产业,加大对食品加工、精密仪器、化工及医药业等高、

精、尖产业的引进力度,力争在引进台湾高新技术上有新突破;瞄准台资大项目外移所需的配套条件和要求,进一步优化产业环境,横向发展协作配套,纵向延伸产业链,努力营造适宜台资制造业大项目以至特大项目投资落户的产业基础和条件。

3.深化漳台第三产业合作。更加重视台湾第三产业的引进,大力引进台湾第三产业,推动台湾科研、金融、贸易、旅游、物流等现代服务业和高层次人才加快进入漳州,推动服务业升级,争取设立"台湾商品一条街"。加强两岸旅游合作,推动滨海火山等重点旅游景点和旅行社服务双向对接,吸引台资开发旅游景点,借助台湾旅行社宣传漳州旅游景点和资源,争取将其纳入台湾游客大陆观光旅游重要线路;加强合作载体平台建设,办好"4.9"漳台经贸恳谈会、花博会和各种文化、宗教交流等活动,争取建设海峡两岸论坛基地,争取到台湾本岛举办商品展销会;借助台湾市场销售渠道,拓展国际市场,创造条件到台湾设立分销机构,扩大对台直接贸易。

4.深化漳台科技、文化、宗教和民间信仰等交流合作。深化漳台科技合作,对接台湾研发网络,引导其到漳州设立研究机构,加强技术引进、消化、吸收和创新;加强文化、宗教和民间信仰交流,发挥开漳文化、乌石妈祖文化、关帝文化、茶文化等特色文化的独特吸引力,广泛开展与台湾各界、各阶层的文化交流,吸引漳籍台胞寻根谒祖,推动漳台族谱对接和漳州族谱赴台展示,争取设立海峡文化交流中心,建设对台文化基地。深化对台教育、医疗等交流合作,吸引台资到漳洲举办医疗和教育机构;发挥劳动力资源优势,拓展对台劳务合作。

5.深化漳台民间合作。发挥台商协会作用,加强与台湾岛内行业公会、商会的联系与合作;加强漳台基层民间交流和城市交流,推动漳洲与台湾中南部基层民众开展广泛的交流交往与合作,创造条件建立城市交流互动机制。

(三)深化漳台产业对接,提升传统优势产业集群发展水平

1.重视高新技术产业对接,加快打造电子电器产业基地。近年来,漳州引进的灿坤等台资企业和万利达集团公司的迅速发展,使漳州的电子电器产业已颇具规模,发展前景很好,当前应乘势而上,把漳州打造为闽台合作的电子电器产业基地。建议利用灿坤、万利达等企业的现有优势,积极引进台湾电子电器配套企业,增强漳州电子电器产业的发展实力。

2.以现有开发区为平台和载体,全方位拓展漳台产业对接。目前漳州的省级开发区已形成各具特色的产业集群。如角美开发区的电器行业、食品加工行业;台湾农民创业园的花卉产业;古雷的台湾石化园区。建议各开发区按

照省、市政府的相关文件精神,结合自身基础条件和发展要求,确立漳台产业对接重点。在产业对接中,应采取优惠措施吸引台商参与工业园区建设,允许台商自行开发、自行招商引资,与园区内现有台资企业形成配套,实现开发区发展与台商投资者获利齐头并进,促进台湾产业整体转移。开发区可借鉴外地招商引资的好做法,进一步改善漳州投资环境,着重在优化政策环境、服务环境和优化交通条件等方面下功夫,增强对台湾产业转移的吸引力。

3.加快推进港口建设,拓展漳台临港产业对接。漳州具有可建深水大港口的优势,近年来港口建设取得较大进展。当前应在积极参与厦门港发展分工的进程中,重点抓好后石港区和古雷港区开发,加快建设九龙江口、东山湾临港工业区建设,着力引进台湾大型石化产业,以及中下游塑料工业、精细和特色化工及橡胶制品项目落户,实现漳台临港产业大项目新的突破,推动漳州临港工业量的扩大和质的提高。

4.建立漳台人才交流合作示范基地。随着漳台产业对接的逐步实现,人才的引进需求越来越迫切。建议以这些主导产业和平台为载体,建立漳台人才交流合作示范基地,大力吸引台湾的科技、管理、专业服务人才到漳州发展,特别是引进漳州食品、石化、光电等重点产业和临港产业急需的人才和科研成果。

第五节　莆田市对台经济关系

莆田地处东南沿海,与台湾一水相连,殷殷相望,两地地缘相近,语言相通,血缘相亲。莆台经济关系渊远流长,早在宋初,两地就有贸易往来。特别是改革开放以来,莆田凭借其独特的妈祖文化和对台区位优势,充分利用一系列对台特殊政策及灵活措施,逐步成为台商投资大陆的主要地区,以及台湾产业外移的重要基地与两岸贸易的快捷通道,投资环境不断优化,两地经贸合作迅速发展,人员往来明显增多,莆台经济交流与合作取得了可喜的成绩。

一、莆台经济关系的现状与特点

(一)利用台资稳步增长

改革开放以来,莆田市发挥自身优势,加大对台招商力度,构建有区域特色的莆台产业合作基地,吸引了大批台商到莆田投资兴业,台资是继港资之后莆田的第二大外资来源。台资企业已成为推动莆田经济社会发展的重要力量,对推动莆田产业发展进步起到了良好作用。

1.台商投资基本概况

据统计,1986 年第一家台资企业落地涵江区以来,莆田市的台商投资从初期的以制鞋、机械五金为主,发展到目前的农业开发、木雕工艺、旅游、房地产开发、高科技电子产品等行业并举。2016 年在莆台资企业年产值近 70 亿元人民币,截至 2017 年,历年累计审批台资企业项目 475 项。台商聚集的莆田高新区是莆田市唯一的省级高新区,2009 年成为占世界销量 60%以上的全球最大的计算器生产基地,截至 2018 年,高新区共聚集企业 396 家,其中规模以上企业 167 家,年产值超亿元企业 96 家,高新技术企业 30 家。仙游国家级台湾农民创业园面积 1175 平方公里,其中耕地 15.5 万亩、山地 138 万亩,园区内旅游、林产、特色农业等资源优势明显,物产资源丰富,为国家级台湾农民创业园。截至 2018 年年底,园区累计入驻台资农业企业和个体工商户 66 家,累计投资 7300 多万美元,开发面积达 4 万多亩,园区全年总产值达 4.1 亿元,建立了全国最大的台湾甜柿基地、全国最大的嘉宝果等台湾苗木基地。2018 年,在全国 29 家国家级台创园综合考评中,仙游台湾农民创业园获得全国第 3 名的成绩。近年来,莆台商贸往来持续加强,目前在莆台商投资企业已超过 200 家。

2.台资企业资金状况及行业分布

随着莆台两地经贸交流的不断深入推进,台商来莆投资的规模不断扩大,投资的结构不断升级,投资行业已从最初的单一劳动密集型制鞋业发展到如今的机械五金、塑胶塑料、食品加工、电子通信、运输采矿、农业开发、木雕工艺、化工建材、娱乐休闲、房地产开发等行业。投资性质由短期性、试探性向长期性、实质性转变。

3.台资促进莆田经济社会发展

台资对推动莆田产业发展进步起到了重要作用。较早进入莆田的台商投资企业经过多年的发展,规模显著扩大,部分台商投资企业已成为所在行业的领军企业。台商的投资也促进了莆田产业结构的调整。台商在莆田的投资大部分流向工业生产性项目,并带来先进技术、现代管理经验与国际营销渠道,有力地推动了莆田的产业结构调整和产业技术升级。部分台商投资企业还发挥了行业龙头的作用,在农副食品加工、纺织服装鞋帽、电子信息等领域已形成较强的配套能力,产生了群聚与规模效应,促进了莆田的产业升级,加速了莆田的工业化进程。

(二)对台贸易蓬勃发展

自 1997 年湄洲妈祖金身巡游台湾以来,两岸"妈祖热"不断升温,促使莆台交往日益密切,促进了两地经贸产业的深入交流,间接贸易规模不断扩大,直接贸易不断取得新进展,互利互惠、日益密切的合作格局正在形成。每年在莆田工作、生活和来莆田旅游的台胞超过 30 万人次。莆田市近年来加大对台招商力度,已连续举办多届中国(莆田)海峡工艺品博览会,邀请台湾相关行业协会、企业来莆参加"艺博会";充分利用涉台招商引资平台,组织 300 多名台商台胞参与,推介莆田、对接项目。同时,莆田市还组织人员赴台洽谈项目、精准招商,推动对台经贸合作。莆田的仙游台湾农民创业园更是别具"两岸交流"特色,目前,该创业园已经成为大陆地区种植面积最大的台湾甜柿示范基地和樱花栽培基地。莆田与台湾地区的经贸交流促进两岸经贸互利双赢的效果日益凸现。

小额贸易成为对台贸易中活跃的因素。自 1997 年以来,莆田口岸对台小额贸易业务几近停滞,2006 年 1 月 12 日台湾首艘货船——"成信号"抵达莆田市秀屿港,从而正式拉开了中断近十年的莆田对台小额贸易的序幕。但是随着两岸经贸形势的变化,此项业务不是非常顺畅,经常受阻于台湾政策,处于停滞状态。2015 年 10 月,莆田对台小额贸易重启,成为当年莆台经贸往来发展的亮点。2018 年,莆田对台湾出口额 4.08 亿元,比上年增长 32.5%。对台小额贸易之所以可以高速增长,一方面是因为在大陆落户的台资企业对生产所需辅料及机器零配件的需求与日俱增,另一方面是因为闽台之间通过小额贸易渠道运送货物,时间短,运输成本低。这一点从莆台小额贸易的商品类型上可见一斑。一直以来莆台小额贸易以水产品(如甲鱼蛋)、茶叶及其包装物为主,近年来出现了新增品种,包括台资企业急需的小型设备、机器零配件、工业原辅材料、五金制品,以及民用的民俗用品、小家电、日用品和文具等。

莆田市十分重视发展莆台小额贸易,为了确保莆田对台小额贸易的顺利进行,莆田充分发挥有关职能部门的作用和技术、信息等优势,主动探索涉台通关和检验检疫新机制,按照"同等优先"的原则,高效检疫,快速放行,为对台小额贸易提供了更优质便捷的服务。

(三)对台农业合作成效明显

台湾在发展农业科技方面有着显著的优势,不仅有附加值高的名优特水果品种,而且在发展观光农业方面也先行一步。1993 年首家台湾"农字号"企业——台富食品有限公司落户莆田,拉开了台湾现代品牌农业嫁接莆田传统农业的序幕。近年来,中央、省、市相继推出一系列惠台政策,如国台办、国家发改委 2018 年出台的《关于促进两岸经济文化交流合作的若干措施》、福建省2013 年出台的《关于进一步深化闽台农业合作的若干意见》、2018 年福建省出台的"惠台 66 条"和莆田市人民政府办公室 2018 年出台的《关于促进莆台经济文化交流合作的实施意见》等,均涉及农业领域。莆田加强两岸农业产业交流与合作,取得了明显的成效,涉及对台农业合作九方面的新惠,即推进台湾农民创业园建设、深化农业产业合作与对接、突出品种技术引进示范推广、鼓励农业科技合作、加大基础设施投入、实行财税扶持、提供用地优惠、强化金融保险服务和完善合作机制,广受来莆投资兴业的台商台农欢迎,也激励了莆田本市农业企业开拓进取的积极性。

加大国家级台湾农民创业园支持投入力度。台湾农民创业园保持与台湾同业协会、台湾产业协会和农业大户的经常性联系,委托与台湾农业企业接触较多的科研院所等单位为台创园招商代理人;根据园区规划布局,组织台创园专场招商会,宣传优惠政策,展示投资环境,吸引台商投资;加大仙台两地乡镇(村)和行业协会的对接交流,进一步扩大两岸交流合作层面;加大园区对外宣传力度,放大品牌效应,提升园区形象,吸引台资投资;注重科技创新,加强与科研院所等单位的合作,提升科技支撑水平。同时,对新引进的"台湾映安五号葡萄""澳洲淡水小龙虾""白甜玉米""早秋甜柿""台湾蜜柚""阿拉卡比咖啡"等6个台湾新品种,予以重点培育。2015年起,台湾农民创业园每年都获得省级以上财政专项资金扶持,用于基础设施建设、台湾农业良种技术引进和推广示范培训等,同时在园区建立台资中小企业融资贷款风险补偿机制,开展助保金贷款试点工作。2019年,台湾农民创业园计划新落地5家台资农业企业(农场),新引进6个台湾农业新品种。接下来,园区还将进一步完善基础设施建设、强化服务意识,继续突出全国最大甜柿基地、名优良种苗木以及牛樟开发等特色产业的发展,加大招商引资力度,扎实开展两岸交流活动,努力将园区打造成为闽台农业合作交流示范基地、休闲农业观光旅游示范基地和带动园区周边农民共同发展示范基地。

莆田市抓住这一大好契机,从学习借鉴台湾发展农业的先进理念、科技研发、经营机制等方面,不断加强对台农业的交流与合作,大力引进拥有关键技术的台湾农业企业和高素质台湾农民,取得了明显成效。

30年来莆田共成功引进多家台湾现代农业龙头企业,建立了多个立体展示示范基地,投资的领域涉及种、养、加、观光等农业方面。引入上百个优质农业品种,尤其值得一提的是,引进这些台湾良种的同时,也配套引进新的科学种养技术和先进管理方法,提高了莆田市的农业科技含量和农业现代化水平。

另外,以环保休闲、高附加值为特色的观光旅游农业方兴未艾,近年来成了莆台农业合作的后起之秀。涵江区萩芦镇与台湾对接,参照台湾东风休闲农场的运作模式,科学谋划,促进传统农业转型,努力打造出特色化、具有示范意义的有机生态村。台湾佳禾农业科技股份有限公司投资建设的佳禾智能自动化水培绿色蔬菜项目是集现代农业及农业观光、教育科普为一体的农业投资项目,拟从台湾引进当前世界最先进的深水水耕技术。涵江白沙镇龙东村的香积国则是一方融合艺术、建筑于一体,引种台湾香草的现代休闲农业净土。庄园内有乔木、灌木、草本、花卉、蔬菜、瓜果等逾百种植物供客人观赏。庄园内的有机栽培,还可作为户外教学项目,让客人动手劳作,体验种植乐趣,吸引众多游客纷至沓来。

二、莆田市发展对台经济关系的优势与机遇

(一)莆田市具备加快发展对台经济的诸多优势

1.区位优势

莆田是东南沿海开放城市,位于海西经济区中部发展轴的前沿,境域北连省会城市福州,南接厦漳泉闽南都市区,西依戴云山,东南濒临台湾海峡,与台湾隔海相望,是我国南北海运和诸多国际航线的必经之路。"大三通"后,莆田秀屿港至台中港客货直航是大陆通往台湾本岛距离最近的一条航线,运输时间和运输成本大为降低。莆田位于经济发展较快的亚太经济圈中部,在800公里运输半径内集合了长三角、珠三角和台湾三大市场,背靠大陆、面向大海的优越条件,既为莆田沿海地区拓展经济腹地带来了广阔的空间,也为莆田开展对台经济贸易合作创造了有利条件,具备接受外部产业和资本转移的后发优势和优越环境。

2.港口优势

莆田市拥有大陆海岸线271.6公里,海岛岸线262.9公里,海域面积1.1万平方公里,拥有湄洲湾、兴化湾和平海湾,其中湄洲湾、兴化湾位居我省六大港湾之列,是东南沿海不可多得的岸线资源。莆田港口重点开发地区是湄洲湾,湄洲湾地理位置适中,是福州至厦门,上海至广州二条国内航线的中点;湄洲湾是港阔水深、不冻不淤的深水港,天然深水岸线长(湄洲湾岸线总长289公里,其中莆田市辖区内岸线127公里,天然深水岸线达10多公里,主要分布在秀屿、罗屿、东吴等港区),可供开发的陆域较多(秀屿港区后方可供开发的陆域面积约26平方公里,东吴港区后方可供开发建设的陆域面积约50平方公里),这是莆田跨越发展的重要资源基础。此外,莆田的兴化湾、平海湾也具有开发建设港口、发展临港产业的优越条件。

莆田的港口资源优势和土地资源优势是配套和联动的。福建沿海许多市县港口和土地的自然分布或者是有港口但是港口边上没有腹地,或者是有土地但是土地周边没有港口。与省内几大海湾如三都澳、厦门湾、东山湾相比,莆田湄洲湾北岸深水码头与码头后方广阔腹地所形成的优势,在福建可以说是独一无二的。港地配套是莆田又一独特港口优势。

3.海陆交通优势

公路方面,莆田现有沈海高速、沈海高速复线、莆永高速、湄渝高速和各县区的疏港大通道。铁路方面,莆田现有福厦铁路和福厦高速铁路客运专线、向莆铁路和湄洲湾港口铁路支线(货运专线),以及规划中的仙龙铁路,向莆铁路的开通,使莆田的地理优势、港口优势一下子凸显出来,莆田成为了海峡西岸经济区福建对接江西、湖南、湖北等中部省份的重要物流枢纽,成为福建省和中部省份融入"海上丝绸之路"发展战略的重要桥头堡;航空方面,莆田机场前期工作已全面开展;市政交通方面,莆田城市轨道交通正在规划阶段,规划预留两条城市轨道路线,一条是城市轻轨,另一条是机场快轨。此外,莆田 BRT快速公交系统亦在规划中。未来的莆田将成为福建省交通最发达、出行最便利的地级城市之一。

4.亲缘优势

莆田市是重要的台胞祖籍地之一。自16世纪以来,福建居民大批渡海去台湾拓荒定居,经过几百年来的繁衍,莆田籍台胞约有30万多人,大陆台属30多万人,其中居住在莆田市的台属约有1.8万户,9万人。自1946年莆田籍台胞在台北成立"台北市莆仙同乡会"以来,台湾的彰化、花莲、基隆、屏东、高雄等市县相继成立了"莆仙同乡会",台南、新竹、台中等县、市也有了"莆仙同乡联谊会"。这些台胞爱国爱乡,乐于在家乡投资兴办企业。自1987年台湾当局开放民众赴祖国大陆探亲以来,莆田籍台胞纷纷回乡寻亲谒祖,或捐资为家乡兴办公益事业,或投资兴办实业。

5.产业平台优势

莆田不断推动产业转型升级,重点培育制鞋、纺织服装、工艺美术、电子信息、生物医药等十大产业,突出推进产业规模扩张、结构优化和竞争力提升,取得明显成效,产业结构更加优化。临港先进制造业、文化创意产业、设施农业、现代海洋渔业、电子商务业、医疗健康产业等发展较快,产业集群规模不断壮大,三次产业比重由2010年的10.8:56.6:32.6调整为2015年的6.9:57.4:35.7。莆田是国内电子商务业起步最早的城市之一,电子商务产业发展迅速,目前已有20多万的电子商务从业者,其被形象地称为"网军",这也为莆田产业配套发展、全产业链发展打下了良好的基础。应依托这些平台,加强与台商行业协会、重点企业的沟通协作,鼓励台商优势企业、龙头企业进园设厂,使莆田成为承接台湾高端产业转移的集中区。

6.妈祖文化优势

妈祖文化是莆田独有的对台优势。莆田湄洲岛是"海上和平女神"妈祖的故乡,是妈祖文化发祥地。湄洲岛上的天后宫是世界 20 多个国家和地区 5000 多座妈祖宫庙的祖庙,拥有信众 2 亿多人,被海外誉为"东方麦加"。2009 年妈祖文化申请列入世界非物质文化遗产名录获得成功,这也是大陆首个信俗类世界"非遗",进一步强化了湄洲岛世界妈祖朝圣中心的地位。台湾有妈祖宫庙 3000 多座,信徒 1700 多万人,占台湾总人口的 75%,1200 多家台湾妈祖文化机构与湄洲妈祖祖庙建立了联谊关系。自 1987 年妈祖诞辰 1000 周年,台湾大甲镇澜宫不顾台湾当局禁令组团取道日本来到莆田拜谒妈祖以来,每年到湄洲岛朝圣、观光、旅游、投资、贸易、接送劳工等的台胞均超过 15 万人次。目前湄洲岛上 3000 吨级对台客运码头已被批准为国家一类口岸,享有国务院批准的台胞落地签证政策。妈祖文化已成为两岸人民往来和经贸合作交流的重要桥梁和纽带。

(二)莆田市发展对台经济关系面临的机遇

1.国家战略的机遇

中央支持福建进一步加快经济社会发展、福建 21 世纪海上丝绸之路核心区建设、福建自贸试验区建设等政策,意味着福建将出现新一轮投资热潮和经济快速发展态势。莆田地处福州、平潭、厦门三个自贸试验片区的中段,可以接受福州、平潭自贸试验片区扩区的辐射,借鉴复制福州、平潭、厦门自由贸易试验片区的经验,加大体制机制创新的力度。当前,国家确定福建省为 21 世纪海上丝绸之路的核心区。莆田作为海上丝绸之路的重要港口城市,抓住机遇,发挥侨港澳台优势,将可以通过开辟"海丝"这一对外开放大通道,加强与海丝沿线各国在人才、技术、资金等市场要素方面的交流实现更大拓展。这些将大大弥补莆田在产业领域、创新领域的短板不足,从而大大提升莆田对外开放的质量和水平。

2.产业升级,调速换挡的机遇

这些年,中央、福建省赋予莆田许多体制机制改革、经济与社会发展创新试点的机遇,先后有全国民营经济综合改革试点、国家智慧城市试点、城乡一体化综合配套改革试点,将莆田列为国家新能源示范城市、国家电子商务示范城市、信息惠民国家示范城市、宽带中国示范城市、福建省社会资本办医试点城市。这些都将为莆田未来 10 年体制机制改革、经济与社会发展创新提供先机,并释放改革红利。新常态后我国经济发生了深刻变化,过去的发展方式变得不可持续,传统的区域经济版图或将被重构。站在新常态下转型升级和全面深化改革这个起跑线上,谁能率先在"稳增长、调结构、促改革"中找到平衡、实现突破,谁就能在新一轮的发展中抢得先机。

3.第四次工业技术革命——"互联网＋"带来的机遇

近年来,国家大力推进"互联网＋"建设,这对莆田产业发展也是一次重大的机遇。"互联网＋"是创新2.0下的互联网与传统行业融合发展的新形态、新业态,是知识社会创新2.0推动下的互联网形态演进及其催生的经济社会发展新形态。"互联网＋"重点促进以云计算、物联网、大数据为代表的新一代信息技术与现代制造业、生产性服务业等的融合创新,发展壮大新兴业态,打造新的产业增长点,为大众创业、万众创新提供环境,可为产业智能化提供支撑,增强新的经济发展动力,促进国民经济体制增效升级。

4.经济全球化背景的发展机遇

经济全球化进程加快促进了生产要素跨国、跨地区流动,加速先进制造业向我国转移。全球性产业梯度转移的大趋势,为莆田利用土地、港口等后发优势承接先进制造业、改造提升传统产业、振兴新兴产业、实现跨越发展提供了充分的国际、国内"两个市场、两种资源",使产业发展空间更大。

三、莆台经济关系进一步发展的制约因素

(一)区域竞争压力

作为妈祖的故乡和对台前沿,莆田在吸引台资方面具有独特的优势,但是随着我国对外开放的全面推进,国内沿海、沿江、沿边开放格局的形成,尤其是"大三通"的实现,台胞投资和经贸合作的动机已从初始阶段的血缘亲情,更多地转向自然的经济动机,投资环境和投资回报已是第一位的决定因素。国内区域竞争日趋激烈,传统的"沿海城市"由于拥有良好的基础设施、发达的科技教育和日趋完善的政策环境,已成为国内外投资的"热土";在西部大开发战略下,西部的城市得到了国家政策的重点扶持,具有后发优势,成为投资的新热点,发展后势强劲。莆田在城市规模、人才集聚、基础设施、产业配套等方面滞后于比邻的泉州和福州,在政策优惠力度上不及附近的平潭综合实验区,对外招商引资相对困难,竞争压力较大。

(二)市场竞争压力

在世界经济后危机的大背景下,国外市场需求较疲软,外需扩展空间受到进一步挤压,依靠外需拉动经济增长面临新的挑战。同时,由于经济增速放缓、国内部分行业产能过剩、消费者收入预期不稳定导致拓内需难度大等原因,许多行业产品供需缺口较大,部分企业生产经营困难,资金、土地、用工、减排总量等生产要素制约问题突出,这些又进一步加大了市场竞争压力。

（三）投资环境压力

我国经济发展进入了新常态，莆田也必须适应新常态，这必然会引发经济发展的结构性变化和矛盾、挑战。第一，传统工业生产对能源和资源的消耗过高，转变发展方式对节能减排与环境保护的要求越来越高，莆田加快发展、建设先进制造业新兴基地面临环境容量不足的压力：首先是水环境容量接近饱和，特别是木兰溪、秋芦溪流域以及内河的水环境容量已经饱和；其次是大气环境容量压力大，其中，SO_2 和 NO_x 的环境容量有限。第二，近几年，莆田工业经济保持高基数、高增长的态势，工业化和城市化进程不断加速，资源特别是土地资源的匮乏已凸显出来。土地、劳动力等要素价格的上涨对莆田市加快发展构成了深层次压力。

部分涉台优惠政策和措施真正落实起来还很难。由于经济交流涉及的层面日益广泛，有关台资及台商管理的法规制度显得相对不足，如一些地方和部门的法规与国家法规不一致，经济立法滞后且不完备，缺乏制约与处罚条款，影响职能部门依法办事的工作程序。此外，政府的一些服务部门还存在办事环节多、服务质量差、办事效率低、以权谋私以及乱收费、乱摊派等不良作风与做法，引起投资台商的不满；也存在涉台人员素质偏低、对台宣传深度不够等现象。这些都将对吸引更多台商来莆投资产生不利影响，投资环境尚需进一步加以改善和优化。

究其根源，当前莆台经贸关系中的"四个单一性"是造成双方经贸合作"瓶颈"的关键：一是两岸经济往来政策性限制形成要素流动的单一性所导致的效率低下；二是地方政府与企业的合作方式的单一性所导致的非市场化因素；三是以第二产业为主的产业结构的单一性所导致的脆弱性；四是以代工和出口导向为主的产业合作模式的单一性所导致的对外依赖性。这些单一性因素造成的结构性缺失导致在莆台资企业一直以来主要是依赖廉价的劳动力及土地与资源等的增量投入而发展，在价值链中多处于低端的加工制造环节。依赖这种模式发展起来的产业外向程度高，受外界影响大，产业链短且呈"碎片化"状态，产业的植根性较差且内生发展性弱。新形势下，必须加快对这些结构性缺失的调整，加快转变发展方式，才能突破莆台经贸合作发展的困境。

四、发展莆台经济关系的思路与对策

（一）指导思想

充分发挥莆田的资源禀赋和潜在优势，坚持"以港兴市、产业强市"发展战略，按照"抓龙头、筑平台、铸链条、建集群"的对台经贸合作思路，着力优化产业空间布局，加快产业结构调整，增量选优，存量调优，积极拓展新领域，推动产业集聚,逐步构筑起以发展临港先进制造业为战略支撑,以技术创新、税收贡献、生态环保为导向的现代产业体系,全力推动莆台经贸合作做大、做强、做优。

(二)具体对策

1.加大宣传力度,增强台胞投资信心

加大对台宣传力度,第一应大力宣传党的对台方针政策,宣传"一国两制"实现祖国统一的创举和国家领导关于对台湾问题的重要讲话,宣传祖国大陆对台商投资的优惠政策。第二莆田市还应根据当地的具体情况,通过《莆仙会刊》《妈祖故里》《湄洲日报(海外版)》等载体,有的放矢地宣传莆田市的经济社会建设成就,为发展莆台经贸关系创造良好的舆论环境。第三要不断拓宽对台宣传渠道,改进宣传方式,丰富宣传手段,讲求宣传艺术,认真做好新闻交流和入岛宣传。例如,近年来围绕莆田委、市政府举办的中国海峡工艺品博览会、世界兴安同乡恳亲会、世界莆商大会、莆田珠宝展、香港经贸周和妈祖文化旅游节等活动,莆田发动各民主党派、工商联、台办、台联、黄埔同学会做好所联系对象的考察邀请和接待宣传工作,通过乡情招商、亲情招商、环境招商,进一步优化招商的人文环境,同时,还促成莆田经贸、农业考察团赴台参观、考察和招商,有力地推动了莆台经贸合作。第四应认真做好妈祖文化的宣传工作,以增进广大台湾信众对中华民族和传统文化的认同感。通过加大宣传,排除台商的种种顾虑,增强台商来莆投资的热情和信心。

2.深化莆台经贸合作

(1)完善产业链,扶持台资商贸企业发展。全力打造化工新材料、食品加工、工艺美术等3个支柱产业;培育电子信息、高端装备、医疗健康等3个新兴产业;提升制鞋、纺织服装、能源等3个传统优势产业,形成产业门类相对齐全、产业链相对完整、科技含量相对较高、创意特色比较鲜明的先进制造业体系,成为东南沿海先进制造业的重要基地。鼓励和支持台胞来莆投资医疗健康、电子信息、精密制造、文化创意等重点产业,鼓励和支持台商投资商业地产项目。鼓励和支持台资企业开展科技研发活动和转型升级。对引进或迁入的台湾大型商贸服务企业,实行"一企一策""一事一议"的扶持政策。积极建设两岸医疗健康产业合作先行区等台商投资集聚区。

(2)挖掘多条渠道,扩大对台出口贸易。一直以来,在莆台经贸合作中台湾地区对莆田的投资是决定莆田对台贸易的主要因素,台商对莆田的投资和台湾地区对莆田的出口密不可分。由于进驻莆田的台资企业需要从台湾进口生产所需的原料和半成品或零部件,因此,台湾地区对莆田的投资决定并带动了其对莆田的出口。从这个意义上说,莆田对台保持的贸易逆差将是一种短期内无法改变的局面。为此,莆田市应该努力挖掘对台贸易的各条渠道,扩大对台出口贸易,逐渐缩小对台贸易的大逆差。扩大对台出口贸易,可以从以下几个方面着手:其一,积极发展对台一般贸易,改变对台贸易逆差的被动局面。其二,大力发展小额贸易,力争对台小额贸易有新的突破。发挥湄洲岛对台小额商品交易市场的作用,开放台湾土特产品、生活日用小商品和旅游商品自由购买,推动莆田工艺品、大陆各地名特优小商品进入贸易市场。其三,积极探索发展对台渔工劳务输出业务,利用台湾船只、捕捞工具先进与莆田渔民素质较高的特点,成立股份制远洋捕捞公司,合作开拓外海远洋渔业,不断提高水产品产出率,使对台水产品贸易朝上规模、上档次的方向发展。其四,努力争取国家批准建设莆台自由贸易先行区,促进商品与服务贸易、人员交往以及资金、技术等生产要素的合理流动。

(3)扶持台资农业企业做大做强,给予台资农业项目、乡村旅游项目融资支持。落实台资农业企业可与大陆农业企业同等享受农机购置补贴。满足台资农业项目生产配套用房用地需求。加大对台湾农民创业园内的台资农业企业扶持力度,尤其是重点台农种植项目的场内配套基础设施建设。根据具体项目的融资条件,通过政府性担保公司增信或纳入“企业资产按揭贷款业务”等方式,推动相关金融机构对台资农业项目、乡村旅游项目等提供融资支持。

(4)给予台湾青年创业项目融资支持。对于台湾青年来莆创业的提供一次性开业补贴、办公(经营)场所租金补贴。创业支持资金主要用于创业启动、科技创新、团队建设和改善工作生活条件等。鼓励台胞来莆开设台湾特色产品商店。

3.打造妈祖品牌,带动旅游经济和创意产业发展

妈祖文化是莆田市对台交流的独特优势,莆田充分发挥“妈祖信俗”成功列入世界非物质文化遗产的品牌效应,尤其其为台湾地区民间第一信仰的资源优势,着力建设海峡两岸妈祖文化经贸合作实验区。鼓励和支持台湾同胞申报莆田市“妈祖信俗”各级代表性传承人,并按照规定给予传承补助,用于开展授徒传艺、教学、交流等各项传习活动。进一步鼓励和支持民间团体、机构、宫庙等加大对台文化交流力度。湄洲岛目前也在加快树立引智渠道,树立台胞专业技术人员定向岗位聘任渠道,简化台胞来岛作业资格证书的采信、认证程序,招聘台籍人员进岛推行台湾废物分类先进经历,引入台湾专业技术人员到湄洲岛市政园林处、园林公司、污水处理厂等环保岗位作业,并将引导台湾同乡到湄洲岛担任沙滩长、路长、河长,强化湄台在生态维护方面的协作,把湄

洲岛建设成为"朝圣岛""度假岛""生态岛",成为对台旅游双向往来的重要通道、主要集散地和热点旅游目的地,实现以妈祖品牌带动旅游经济、投资经济和创意产业的发展,打造"两岸同胞幸福家园"。

台胞享受莆田市辖区内所有景点门票减免优惠。莆田积极与台湾有关文创企业共同开展文化创意产业项目合作或配合开展主题文化活动,合作举办两岸大型活动或赛事的将给予补助支持。鼓励和支持台湾文创机构或个人文创工作室入驻莆田,给予其创业补助。

4.拓展合作领域,推进农业产业化建设

莆台农业合作具有"天时、地利、人和"的优势,具备在农作物、海水养殖等方面进行农业合作的基础。莆田市应抓好对台农业开发项目的引进工作:将台湾的资金、良种、技术、设备、市场等要素与莆田市丰富的自然资源、农业资源、劳力资源、智力资源进行合理配置,以提高合作的成效;以粮油、果蔬、花卉生产合作为重点,大面积种植高产优质作物,推行多熟制和立体种养,调整产品结构,实施品牌农业,发展创汇型农业,探索并推广高产优质生产和深加工模式,使种植业向优质化、规模化、外向型发展,促进莆台农业合作领域逐渐从引进农业良种、种植业向精致农业、设施农业、农副产品深加工以及观光农业、旅游休闲等发展。以"莆田台湾农民创业园"、后海"中国现代渔业示范基地"等为龙头,整合莆田精致农业基地、生态农业基地、现代渔业基地,发展山海特色现代农渔业,建设东南沿海现代农渔业示范基地。在加快发展莆台山地绿色旅游经济的同时,依托南日岛独特的海洋资源优势,引进推广台湾名优水产新品种和生态养殖模式,建设生态型海水养殖和海水产品加工基地。通过莆台农业合作,可为台湾产业升级创造有利条件,也可大大加速莆田市农业现代化、产业化和国际化的进程。

5.搭建台湾产业转移平台,促进产业升级

在台海产业的新一轮转移中,莆田市应通过搭建平台,吸收台湾核心产业和支柱产业来莆投资创业,使莆田成为海峡两岸中部台商投资的聚集区、先进制造业发展的核心区。关键要做好以下几点:一要全力推进湄洲湾北岸经济开发区基础设施建设,建立和完善承接台湾高端产业转移的各项功能,促成台湾重化工业向湄洲湾地区转移,使之成为莆台产业深度对接集中区;二要进一步拓展莆田高新技术产业园区、秀屿国家级木材贸易加工示范区及莆田市其他工业园区的规划范围和功能定位,鼓励台湾优势企业、龙头企业进园设厂,填平补齐产业链,增加项目的投资强度,形成产业特色,使之成为莆台经贸合作的主要载体;三要鼓励台湾科研机构和科技人员来莆工业园区共同创建创新平台,加强高技术和产业关键共性技术开发,加快科技成果转化与应用,提升莆田市工业园区的高新技术水平;四要主动跟踪台湾经济政策动向,了解和掌握台湾企业外移的动态,抓好有投资意向的台资企业项目的前期工作,积极吸引台湾企业来莆投资。重点加强与台湾农业、电子、机械、石化等产业的对接,与台湾传统制造业的对接,与台湾旅游、物流、金融、保险、创投业的对接,巩固和壮大莆田市主导产业、传统优势产业,强化产业关联和产业配套。

重视城乡产业协调发展,新型工业化与新型城镇化协调发展,重点做好四个协同联动:一是产业发展与港口协同联动,根据港口布产业,充分发挥港口优势;二是产业发展与城市发展协同联动,根据城市发展需要布产业,推动新型工业化和新型城镇化齐头并进;三是产业发展与产业园区协同联动,根据园区定位布产业,促进产业园区专业化、现代化;四是产业发展与市场协同联动,根据市场需求、市场前景选择产业,使产业产销平衡,取得最佳投入产出效益。

6.完善基础设施,强化人才支撑

2019 年莆台商贸海运航线开通,该班轮航线主要在莆田莆头港区—金门(集中)—台北、台中、高雄等港口之间营运,常规执行航线船舶暂定为 800～1000 总吨位,每船运载 20～40 个 20 英尺标准集装箱,计划第一年为每周 1 次航班,实现贸易 1000 个标箱,贸易额 1 亿元人民币以上;第二年每周 2 次航班,实现贸易 2000 个标箱,贸易额 2 亿元人民币以上;第三年后逐步增长。莆台商贸海运航线的开通除了有力地促进了莆田港口经济和对台小额贸易的发展,还将推动莆田台湾商品保税直销市场的形成,并逐步实现对台自由贸易。

今后更应以莆田港务集团有限公司为龙头,充分发挥向莆铁路及湄洲湾港口支线、福厦铁路、沈海高速、沈海高速复线、莆永高速、324 国道、疏港大通道,以及在建的兴尤高速等海陆交通优势,借助发达的铁路、公路网构建京台铁路快速通道,构建集疏运通道网络,加强港口对内地的辐射能力,开办港口货物装卸、仓储、中转、驳运、船舶拖带服务;国际国内进出口货物(含集装箱)的理货业务、船舶代理、货运代理;港口工程开发建设以及港口服务相关业务。打造特色优势明显、竞争力强的东南沿海现代物流中转中心。不断扩大两地贸易的产品种类及规模,在五金配件、企业生产辅料的基础上,拓展到台湾农产品、特色产品向大陆直销,本地工业品向台湾市场供应,并借助莆田动车站外出及中转客流,着力推动莆田动车站"台湾商品保税直销市场"形成,为莆台经济交流与合作构建愈加便捷的通道,让两岸人民受益。

加快莆台人才交流基地(示范区)建设,探索设立海峡博士后工作站。实施台湾特聘人才专项计划。对接产业人才需求,重点引进医疗健康、电子信息、文化创意、传统鞋服等产业的台湾高层次人才。鼓励高校、科研院所、医疗机构按程序聘用台湾专家。鼓励和支持台湾同胞报名参加专业技术人员职业资格考试和技能人员职业资格考试。鼓励台湾知名人力资源机构、六大工商团体及行业公会到莆田设立分支机构。设立市级台湾青年创业就业基地。奖励推荐引进台湾青年来莆创业就业的机构。

台胞在莆田各级行政服务中心办事享受台胞优先办理政策,行政服务中心开设台胞"绿色通道",及时指定专人为台胞提供导办服务。要积极探索政务服务新方式,进一步提供预约服务、上门服务、延时服务、委托代办和网上审批等服务方式。

设立台湾同胞就医绿色通道,增进在莆台胞台商的健康福祉。2019 年 7 月 10 日,莆田对台交流合作迎来了里程碑事件——大陆首个台胞医保服务中心在莆田市涵江医院揭牌。进一步完善涉及台企台胞相对集聚区域的公共交通便利化建设。对在莆台商及来莆就业的台胞子女实施就学照顾政策。设立台胞赴大陆就业就学的服务机构。专门为台胞来莆就业就学提供咨询、指导及联络等服务。对在莆台商台干台青实施购租房政策支持,给予社保补贴。

综上所述,当前莆田市应围绕促进两岸经济社会融合发展、服务祖国统一大业,立足莆田实际,突出妈祖文化优势,打造两岸产业合作的高地、台湾青年创新创业的集聚地和民间文化交流的活跃地,努力把莆田建设成为两岸交流合作的前沿平台和美丽中国的示范窗口。

第六节 宁德市对台经济关系

"中国大黄鱼之乡"、"国家园林城市"赋予了福建省宁德市"海上天湖""佛国仙都""百里画廊"之美称。宁德与台湾一水相隔,近年来两岸产业、文化不断深化对接和交流。由于地缘临近的关系,宁德市已拥有数个涉台"第一",如:大陆首个台湾水产品加工、贸易集散基地——霞浦台湾水产品集散中心;福建第一个台胞接待站;等等。2019 年 1 月 2 日,习近平总书记在《告台湾同胞书》发表 40 周年纪念会上的重要讲话既充分表明了推动祖国和平统一的决心和诚意,也充分考虑和回应了台湾同胞的需求和关切,充分体现了对台湾同胞利益福祉的关心和关怀,为新时代两岸关系的发展指明了前进的方向。宁德市积极践行习近平总书记提出的"两岸一家亲"理念,相继出台了《关于进一步深化宁台经济文化交流合作的若干措施》《关于实施"三都澳人才计划"的意见》等惠台新政①,为在宁台湾同胞学习、就业、创业、生活提供与大陆同胞同等待遇,进一步深化宁德与台湾经济文化交流合作。

一、宁台海上商贸千年共根

早据《三国志·吴志》载,东吴黄龙二年(公元 230 年)春后,孙权派遣大军"浮海求夷州",夷州即今台湾。另据孙权发兵台湾二三十年后沈莹编著的《临海水土志》载,临海郡(即今之浙江宁海、天台至福建罗源、连江一带)人"海行",尝有遇风而漂至夷州者。该则史料还有夷州"山顶有越王射的正白,仍是石也"的记载,《太平寰宇记》对此则作"顶有越王钓石在焉"。② 这就证明,很早之前不仅居于包括闽东在内之东南沿海的越人已到过台湾,而且更有越人首领率族人成批抵台并聚居于岛上,因此才在台湾的山顶留下越王的遗址。自清代以来,闽东与台湾就有专门从事海峡两岸商贸往来的运输船舶,海上贸易更加深化了闽东与台湾之间的人员联系往来。据不完全统计,1949 年从宁德到台湾的同胞有 4889 人,目前在台的宁德籍人员已达 3 万余人,拥有千万元新台币以上资产的有百余人。③

随着国家的改革开放,宁德因其独特的地理位置,源源不断地吸引更多的外商资金流入,逐步加入开发到建设再到发展的快车道。1992 年,宁德市已有福鼎姚家屿 500 吨、宁德漳湾 3000 吨、霞浦上钓屿 300 吨和三沙 3000 吨等挂靠码头 5 座,其中赛岐港已被列为国轮外贸运输装卸点,三沙港被福建省定为对台贸易的重要口岸。但此后时逢台海局势紧张,闽东因其东临台湾海峡,海岸线曲折,港湾众多,特别是三都澳港作为世界第二大深水良港,地理位置和港口条件独特,很长时间内成为大陆对台部署海上力量的重要军事要塞。宁德与台湾两地的经贸文化联系就此处于停滞状态。

即使受到当时两岸政治敏感时局的影响,宁台两地浓浓的血脉亲情交流也无法阻挡,民间贸易未曾停止。仅 1996 年,来闽东投资、贸易、旅游、探亲的台胞就达 4 万人次,海上民间鱼钞、农副产品交易额超过 4000 万美元,台商来宁德创办台资企业 127 家,宁德向台湾渔船输送渔工 5552 多人次,闽东籍

---

① 林榕生:《宁德台湾青年交流不断深化:引导更多台青扎根宁德》,中国新闻网:https://www.chinanews.com/tw/2019/02-26/8765677.shtml,[2019-02-26]。

② 李红萍:《闽台同根"四缘"相联——谈闽东与台湾源远流长的关系》,《福建广播电视大学学报》2004 年第 1 期。

③ 刘雄:《清代闽东与台湾的交流交往》,《宁德师范学院学报(哲学社会科学版)》2019 年第 1 期。

台胞出资给家乡亲属创办企业 31 家。①

2005 年之后,随着海峡两岸领导人的历史性会晤,两岸关系持续回温,呈现出有效沟通、坦诚交流的新局面,这为日后的宁台交流和发展奠定了坚实的基础。2008 年,台湾与大陆实现"两岸三通",当年的 7 月 5 日宁德也迎来了台湾民俗进香团,一行 300 余人搭乘的直航轮船顺利抵达福安下白石码头,这是宁德市近 60 年来迎来的第一艘台湾直航客轮,实现了宁台两地海上客运直航的历史性突破,是宁德对台经贸交流合作的又一个里程碑。

2009 年,在福建宁德市举办的第十届宁德投洽会上,宁德—基隆经济文化对口合作协调处揭牌成立。② 同时,投资 1 亿美元的海峡西岸宁德台湾商品经贸城项目、投资 2000 万美元的霞浦台湾水产品集散中心仓储物流区域开发项目签约。在项目对接之外,宁德、基隆两地沟通平台的创新推动了两地经贸合作的全面升级,进一步建立宁德与基隆两地间更加便捷顺畅的沟通渠道,为全面深化两市所签订的《紧密经济文化合作关系的协议》及八大重点产业合作项目的对接提供优质服务,大大加深了宁德与台湾的交流合作,促进了两地的共同繁荣昌盛。

2015 年,宁德市政府出台了《关于鼓励和支持台湾青年来宁创业就业的实施意见》,对重点创业项目一次性给予 50 万元(人民币,下同)创业扶持资金,领军人才购置自用住房可获 30 万元购房补贴,以及在子女就学、社保服务等方面给予扶持措施,以吸引台湾青年到宁德创业就业。

2019 年 3 月,宁德市政府为贯彻落实国家对台政策,出台了《关于进一步深化宁台经济文化交流合作的若干措施》(以下简称"惠台 56 条"),为在宁台湾同胞学习、就业、创业、生活提供与大陆同胞同等待遇,进一步深化宁德与台湾的经济文化交流合作。宁德"惠台 56 条"③主要包括以下四个方面内容:

(一)扩大宁台经贸合作

宁德鼓励台湾百大企业参与投资建设宁德市锂电新能源、新能源汽车、不锈钢新材料、铜材料等四大主导产业集群;台资企业在宁设立研发平台,符合

---

① 龚翔:《挖掘闽东文化内涵 促进宁台文化交流》,《兰州教育学院学报》2018 年第 1 期。

② 吴慧聪,王东民:《宁德与台湾基隆经济文化对口合作协调处揭牌》,福建新闻网:http://finance.sina.com.cn/roll/20090617/08462899589.shtml,[2009-06-17]。

③ 吕巧琴,叶茂:《福建宁德推 56 条措施深化宁台经济文化交流合作》,中国新闻网:http://www.chinanews.com/cj/2019/02-26/8765669.shtml,[2019-02-26]。

福建省科技创新平台引进和建设资助办法规定条件的,按照有关规定予以补助;在宁从事农业生产的台资企业,同等享受产业化重点龙头企业等农业支持政策及其他优惠措施;等等。

(二)支持台胞在宁实习就业创业

在实习就业创业方面,宁德"惠台56条"中提出,台胞按规定同等享受宁德居民就业创业优惠政策,并支持宁德高校、事业单位引进台湾专业技术人才和高层次人才;鼓励台湾企业人士到宁德投资兴办养老机构,优秀台湾医师来宁开展医学交流、培训、指导,台湾医师可申请注册短期行医,期满后可重新办理注册手续;对台湾同胞职业资格考试简化流程;等等。

(三)促进宁台文化交流

在文化交流方面,鼓励和支持台湾同胞申报宁德市非物质文化遗产代表性传承人,参与宁德市文化遗产保护工程;支持台湾同胞来宁设立书店,优化审批流程,简化相关办理手续;鼓励宁台民间文艺团体、知名文艺家的交流合作;推进文化领域的研究和成果应用,推动宁台特色文化交流合作;台胞首次访问大陆,宁德市辖区内所有景点对其实行免门票优惠;等等。①

(四)方便台胞在宁安居乐业等

在方便台胞在宁安居乐业方面,简化台湾居民申办电子台胞证材料;支持符合条件的在宁台湾同胞申请宁德市各级公共租赁住房;台胞在宁购买自住用房的首付比例、办理时限、贷款申请等享受当地居民同等待遇;在宁工作的台湾同胞可按照规定参加"五险一金",并可参加宁德市推荐评选各级荣誉称号的活动;与宁德居民享有同等医疗服务待遇;等等。

二、宁台经贸呈现新特点

随着十九大的顺利召开,在"不忘初心,牢记使命"的主题教育下,举国上下正高举中国特色社会主义伟大旗帜,进入决胜全面建成小康社会阶段,为实现中华民族伟大复兴的中国梦不懈奋斗。因此,宁德与台湾之间的经济往来上升到了新的发展平台,呈现出焕然一新的发展特点,具体如下:

(一)以农业合作为主体

闽台一水相连,福建是大陆与台湾气候条件、地理地貌最相近的省份。近几年,宁台农业合作领域不断扩展,从以渔业合作为主不断向精深加工、设施农业、休闲农业以及先进经营管理模式的引进等方面发展,生物技术、农业机

---

① 龚翔:《加强宁台民间文化交流 促进"环三"区域经济发展》,《福建省社会主义学院学报》2014年第6期。

械、种子种苗等高新技术合作呈上升趋势。^① 其中,宁德霞浦台湾水产品集散中心作为国台办在大陆首家批准支持设立的台湾水产品加工、贸易基地,具有独特的对台地缘优势和得天独厚的养殖条件。集散中心所在的霞浦县在福建沿海县中,海岸线最长,海域最大,滩涂最广,盛产海带、紫菜、大黄鱼、海参、鲍鱼等特色水产品,同时三沙港也是大陆至基隆港直线距离最短的港口,是福建省最早开放的对台小额贸易点、对台短期渔工劳务输出点、台轮停泊点和海上台货快运试点口岸之一。宁德霞浦台湾水产品集散中心项目建设完成,截至2016 年 9 月,已完成出口水产品 806 批,3.86 万吨,3.4 亿元,出口货值占宁德水产品出口总量的 21.2%^②,出现强劲的发展后劲,扩大出口的潜力巨大。

(二)台资科技先试先行

近年来在宁德市政府出台的相关台资投资优惠政策下,以台资企业为龙头的石化、机械、电子等三大主导产业在宁德不断探索发展,正是在先进的台资科技的引领下,促成了如漳湾工业园区中宁德新能源、上汽宁德基地、青拓集团等项目上的技术合作。即便受到政治、宏观经济等因素的影响,台商对闽东增资扩产的势头仍不减。宁德市还通过举办海峡两岸电机电器博览会等一批重要涉台经贸展会,以展会促进贸易增长,引进更多台资新技术。

(三)旅游经济热潮不减

福鼎太姥山的“山海川岛”奇景名冠天下,白水洋的浅水广场举世无双,古田临水宫的香火遍及闽、浙、赣、东南亚及世界各地,福安的祠堂文化独具特色、“历史三贤”令人景仰。这一切都构成了宁德旅游文化独有的魅力。凭借着与台湾隔海相望的区位优势,宁德一直是台湾民众旅游的热门目的地之一。两岸直航后,随着人数和行程时间等限制的放宽,陆客心喜台湾自由行,台客兴起环三都澳游,渐渐带动起宁台的旅游经济增长。例如台湾观光客可以通过宁德前往长江三角洲,近年借此吸引了大量台湾游客,通过提升管理服务、打造旅游品牌,宁德成为台湾对大陆的一个重要通道。当前,海西发展战略获得国家的支持,环三都澳区域开发势如破竹,宁德旅游业迎来了打造品牌的千载难逢的时机。

---

① 马赛华,周良梅:《建立闽东对台农业引进区的探讨》,《台湾农业探索》1998 年第 1 期。

② 黄伟华:《霞浦台湾水产品集散中心:期待两岸合作创双赢》,海峡之声网:http://www.vos.com.cn/special/2016-09/25/cms881271article.shtml,[2016-09-25]。

（四）创业闽东促青年融合

近年来,宁德高度重视推动两岸青年交往融合,为顺应台湾青年的需求,研究出台了进一步鼓励和支持台湾青年来闽就业创业的若干措施,努力营造鼓励、扶持台湾青年来闽就业创业的良好政策环境。2017年,宁台人才交流合作大会暨第十五届海峡两岸人才交流合作大会宁德分会首次在宁德举办,与第八届海峡两岸电机电器博览会、宁德十八届投资洽谈会同时举行。通过信息发布、项目推介演示方式,展示台湾人才、项目,在现代农业、食品加工、生态农业旅游规划等领域与宁德市师范学院等高等院校进行引进人才、项目对接等洽谈。2019年宁德市先后围绕深化乡村振兴、文创产业发展等主题,通过组织乡村青年"领头雁"赴台湾开展村建学习调研、举办在宁台湾青年座谈会等形式,引导更多台湾青年人才和创意在宁德乡土"扎根"。通过精彩纷呈的各种青年交流交往活动,让两岸青年加深了解促进互信,让广大台湾青年"拼在宁德、家在宁德、乐在宁德"[1],让宁德成为台湾青年就业创业的热土,助推新时代新宁德建设。

三、宁台共赢之路越拓越宽

随着宁德经济发展的不断提质增速,互利共赢早已成为两地经贸往来的主旋律。合作范畴不仅涉及教育、医疗、生产等多领域,还正向更多的新兴领域探索新合作平台。当前宁台两地合作呈现出共赢之路越拓越宽的良好趋势,但在两地深化合作的过程中,仍存在以下几个方面的问题有待解决:

其一,虽然宁德市对台贸易、对台农业、旅游合作和人员往来等方面都有了更为实质性的进展,但都依托于两地的交通枢纽。由于宁德还未建设民用航空机场,水路便成为货物、人员运输的主要渠道。但水路运输中存在着一些不足:港口基础设施落后;港口陆路集疏运体系滞后,制约腹地的扩展;港口建设适应度弱;内河港口腹地小,运输规模化程度低;岸线资源开发不集中等,这些都制约着两地经贸运输的质量和规模。

其二,近年来宁德市在引进台湾果蔬良种培育和种植方面均取得了一定的进展,提升了蔬果的经济附加值。在大力引进台湾农业优质种植品种的趋势下,宁德地区尚未建立有规模的、全面的品种引进试验示范区,同时对台农业引进尚未形成稳定的窗口和渠道,种植户需求很难被满足。[2]且台农科技

---

① 李锟:《两岸人才汇聚一堂,洽谈交流深化合作》,蕉城在线:http://www.ndnews.cn/2017/0616/19769.html,[2017-06-16]。

② 黄斯克:《台湾与宁德休闲农业发展的思考》,《黑龙江史志》2014年第1期。

参与少，民间盲目引进多。于是在引种问题上往往事倍功半，收效不理想。在渔业养殖方面，宁德在其优质的大黄鱼对台运输过程中，也存在着冰鲜水产品现场查验等相关设施不完善、检测检疫标准较难符合台湾引进产品质量要求等问题，特别是对台小额贸易发展，通关程序繁杂，且出口抽检频次较高，在一定程度上打击了主营对台小额贸易的渔民的积极性。

其三，技术人才引进方面。宁德市相较福建省其他地市而言，在高新技术引进和人才引进方面较为落后。虽出台了关于台湾人才引进的相关扶持优惠政策，但主要引进的是满足高校教育需求的台湾教师人才，而高精尖技术人才缺口较大。另外，宁德漳湾、湾坞工业区在对台高新科技类项目引进方面尚属空白，特别是台资电子类产品的主要投产地多在长三角、珠三角等经济发达地区，给宁德招商引资带来较大压力。

其四，目前台湾还暂未对宁德开放个人赴台自由行权限，一定程度上限制了宁客赴台旅游的积极性。随着台湾近年整体经济的下滑，选择到宁德来寻求长期创业、就业的年轻人不少。相反，由于宏观经济不景气、旅游宣传不到位等原因，选择来宁德旅游观光的台湾游客较少，大部分宁德优质旅游资源尚未被台湾游客所了解。信息不畅、条件限制在一定程度上造成了两地旅游经济发展出现瓶颈。

针对上述问题，在未来两岸关系和平发展的演进与推动中，宁德将坚持以习近平总书记对台工作重要思想为指引，全面落实中央对台工作总体部署要求，继续把"两个服务"作为对台工作的出发点和落脚点，重在深化和提升实效上下功夫，突出抓好经贸合作、区域对接、民间基层交往、青年交流等主攻方向，切实发挥区位、人文等对台独特优势，为服务中央对台大局做出新的贡献。

其一，以港口建设为龙头，带动高速公路、铁路建设，结合空中运输，形成宁德对台交通运输的新网络。宁德市要继续以港口为闽台对接的龙头，实行多式联运对接模式，同时强化宁德"南承北接"能力，即以铁路、高速公路为骨架，对接长三角、珠三角，加强与内陆地区的联系，拓展内陆腹地，打造吸引台资进驻闽东的交通新格局。让宁德港口与台湾的高雄港、基隆港等共同构成促进两地经贸往来的重要通道和枢纽。[①]

其二，现代农业建设是一项系统性的工作，宁德市已有引入台湾良种的契机，更要普及好、运用好、发展好台湾引进的农业种植与育苗技术，不仅仅要从

---

① 沈庆琼，苏佳庆：《加强闽台交通对接 助推海西港口发展》，《中国港口》2010 年第 7 期。

提升种植户引进台湾新农业品种与农技认知运用能力入手，也需要协调好政府、专家等各方大力配合和大力扶持。① 因此，宁德市各级政府要提高认识，加强统筹协调。同时农业、财政、科技等部门要按照各自的职责分工、加强协作，保证两地农业合作能顺利推进。

其三，宁德市应继续建设霞浦台湾渔民创业园，围绕丰富的海洋资源优势，发挥国家级台湾水产品集散中心吸附效应，推进两岸渔业产业深度对接，以引进台湾渔业高新科技成果为重点，以两岸渔业产业合作共赢为目标，引导拥有关键渔业技术的台湾企业、研究机构和高素质渔民到园区创业发展，充分发挥集聚发展、优化产业、典型示范的作用。通过机制创新、科技引领、产业发展、品牌带动、滚动开发、多元招商、合理组织，力争建成海峡两岸渔业交流合作的前沿平台、海洋生态文明建设先行区、国家级现代渔业科技的示范区、福建现代渔业发展的引领区。②

其四，政策惠民，先试先行。目前台湾优秀人才与高新技术的引进，很大程度上还取决于地域优势与城市发展潜力的吸引力，所以宁德市得在台湾青年创业就业、台商投资优惠政策是否吸引人上下足工夫，保障政策落地生根。应该说，近年来宁德市政府已逐步打好一套对台经贸组合拳，无论是在青年创业就业方面，还是在招商融资方面都对台湾敞开了前所未有的政策优惠大门，下一阶段将争取在高科技、电子信息、石化、基础设施、服务业、绿色农业开发等领域的合作上取得新的突破，逐步实现两地产业对接。在加大科技招商力度的同时，贯彻落实好新政策，这样才能为宁台人才技术合作保驾护航。

其五，宁德与台湾都是两岸人民心中的旅游目的地之一，特别在宁德提出了环三都澳战略规划将宁台旅游对接提到了一个崭新的高度后，更要抓住机遇大力推广宁德旅游资源，不断扩大对台宣传力度，吸引更多的台胞回故乡寻根、观光。可通过举办两岸旅游博览会、网络平台宣传等多样形式，拓展台湾与宁德旅游合作新路径，打响宁德旅游品牌的知名度。

四、展望未来，促进融合大发展

宁德市政府坚定不移地深入贯彻落实习近平总书记对台工作重要思想，认真贯彻落实中央对台决策部署，用好中央赋予的一系列优惠政策，深入实施对台开放先行先试，全面深化两岸交流合作综合配套改革，积极开展宁台经

① 周聆灵:《加强宁台合作 促进宁德休闲农业发展》,《福建农业》2017 年第 Z1 期。
② 吴越:《新时期推进台湾渔民创业园建设探析——以宁德市霞浦县为例》,《福建农业学报》2013 年第 3 期。

济、社会、文化、区域、青年等融合发展的探索和实践,努力构筑两岸交流合作的先行区,当好促进祖国和平统一的"窗口""试验田"和"排头兵",为推进两岸关系和平发展做出积极贡献。

　　未来,宁德将进一步发挥对台交流的独特优势,促进两岸同胞在深入交流中密切同胞亲情,在深化合作中实现融合发展。通过实施宁台产业对接升级计划,健全与台湾工商团体、行业协会、科研院所的对接联系机制;大力支持台胞来宁德就业创业,推进海峡两岸青年创业基地建设,维护台胞台商合法权益;推进宁德与台湾在教育、科技、文化、人才、卫生、体育、旅游等领域的交流;着力体制机制创新,推进宁德与台湾经贸文化交流合作不断融合发展,为两岸关系和平发展与祖国和平统一大业做出新贡献。[①]

参考文献

福建省统计局:《福建统计年鉴(2000—2016 年)》,中国统计出版社 2017 年版。

《把平潭建设成为坚持科学发展、推进综合改革、体现以人为本的实验区》,人民网:http://tv.people.com.cn/GB/150716/157447/157454/14259030.html,[2011-03-28]。

《福州台商投资区产生集聚效应》,东南在线:http://www.66163.com/Fujian_w/news/bc/gb/20081129/fjbd111607.html,[2011-11-29]。

《福州市在"十二五"期间将全面推进榕台交流合作先行先试》,新华网:http://www.xinhuanet.com/chinanews/2011-01-10/content_21829085.htm,[2011-01-10]。

《榕台交流合作谱新篇 开创先行先试新局面》,《福州日报》2010-09-17。

黄戎杰、李白蕾:《榕着力推动榕台交流合作先行先试 凸显竞争优势》,福建东南新闻网:http://www.fjsen.com//2009-07/29/content_747611.htm,[2009-09-17]。

《ECFA 推动榕台交流合作开创先行先试新局面》,新华网:http://www.xinhuanet.com/chinanews/2010-09/17/content_20926955.htm,[2010-09-17]。

《福州闽江北岸成为两岸金融与商务交流热土》,中国新闻网:http://www.chinanews.com/tw/2010/12-28/2750077.shtml,[2010-12-28]。

李非、曾文利:《海峡两岸经济关系研究 30 年回顾与启示》,《台湾研究集刊》2009 年第 1 期。

厦门日报评论员:《厦门肩负对台交流合作先行先试使命》,澎湃新闻:https://www.thepaper.cn/newsDetail_forward_3235495,[2019-04-01]。

《对台交流合作的"厦门经验"》,台海网:

http://www.taihainet.com/news/xmnews/ldjj/2019-04-13/2254935.html,[2019-04-

---

[①] 陈梦姐、朱力男:《先行先试:福建大力推进闽台经贸文化交流合作融合发展》,中国新闻网:http://www.chinanews.com/tw/2019/02-26/8765677.shtml,[2017-10-12]。

13]。

《福建泉州对台经贸往来亮点频现》，中国新闻网：http://www.gwytb.gov.cn/jj/zxzx_
43783/201807/t20180713_12035334.htm，[2018-07-06]。

何金：《泉州对台小额贸易大幅增长 贸易额 4.1 亿元 同比增长 55.6％》，东南网：
http://qz.fjsen.com/2018-02-13/content_20725168.htm，[2018-02-13]。

《推动两岸交流融合共享发展新机遇》，泉州晚报数字报·泉州网：http://szb.qzwb.
com/qzwb/html/2019-03/14/content_463926.htm，[2019－03－14]。

《泉州推出 73 条措施促进泉台经济文化交流合作》，福州新闻网：http://news.fznews.
com.cn/dsxw/20181224/5c203d0d2f372.shtml，[2018-12-24]。

曾一石：《漳台农业合作的历史考察与研究》，《福建党史月刊》2018 年第 3 期。

林惠虾：《福建自贸区背景下漳台农业合作机制研究》，《台湾农业探索》2016 年第
4 期。

卢国能：《漳州市对台经贸合作面临的问题》，《合作经济与科技》2017 年第 1 期。

颜莉虹、陈俊杰：《漳州市台资经济发展的影响因素分析及对策选择》，《漳州师范学院
学报（哲学社会科学版）》2009 年第 3 期。

《漳州对台农业合作先行先试结硕果》，漳州新闻网：http://mnrbszb.mnrb.net/htl/
2011-02/15/content_94181.htm，[2011-02-15]。

《漳州市国民经济和社会发展第十一个五年规划纲要》，福建省人民政府网：http://
www.fujian.gov.cn/zc/ghxx/sqsgh/200707/t20070715_1142760.htm，[2006-08-30]。

《共享新机遇同心促发展——漳州深化对台经贸合作综述》，漳州新闻网：http://
www.fujian.gov.cn/zc/ghxx/sqsgh/20181202/t20181202_1142760.htm，[2018-12-02]。

《福建漳州 2018 年新批台资项目 62 个》，中国新闻网：http://www.xinhuanet.com/
tw/2019-01/09/c_1210033555.htm，[2019-01-09]。

《2010 年漳州对台交流合作综述》，漳州新闻网：http://www.fujian.gov.cn/zc/ghxx/
sqsgh/20110124/t20110124_1142760.htm，[2011-01-24]。

《ECFA 效应初显 福建漳州对台出口贸易大幅增长》，新浪财经：http://finance.sina.
com.cn/roll/20101014/10518778972.shtml，[2010-10-14]。

《台资企业成漳州"半壁江山" 创中国"三个第一"》，中国新闻网：http://www.chi-
nanews.com/tw/tw-jjwh/news/2010/01-07/2058157.shtml，[2010-01-07]。

莆田市发展和改革委员会：《莆田市人民政府关于印发莆田市"十三五"产业发展专项
规划的通知》，莆田市人民政府网：http://www.ptfgw.gov.cn/xxgk/ghjh/zxgh/201701/
t20170112_509742.htm#_Toc449264679，[2016-05-24]。

《62 家台资企业和个体户落户仙游台湾农民创业园》，海峡网：http://www.hxnews.
com/news/fj/pt/201806/07/1539963.shtml ，[2018-06-07]。

《莆田拓展多领域对台开放合作打造"两岸同胞幸福家园"》，中国新闻网：
http://www.fj.chinanews.com/news/fj_ttgz/2019/2019-06-10/442668.html，[2019-

06-10]。

莆田市统计局国家统计局莆田调查总队:《2018 年莆田市国民经济和社会发展统计公报(2019 年 3 月 16 日)》,湄洲日报:http://www.putian.gov.cn/zwgk/ptdt/ptyw/201903/t20190322_1308442.htm,[2019-03-22]。

林榕生:《宁德台湾青年交流不断深化:引导更多台青扎根宁德》,中国新闻网:https://baijiahao.baidu.com/s? id=1626537329336229593[2019-02-26]。

李红萍:《闽台同根"四缘"相联——谈闽东与台湾源远流长的关系》,《福建广播电视大学学报》2004 年第 1 期。

刘雄:《清代闽东与台湾的交流交往》,《宁德师范学院学报(哲学社会科学版)》2019 年第 1 期。

龚翔:《挖掘闽东文化内涵 促进宁台文化交流》,《兰州教育学院学报》2018 年第 34 期。

吴慧聪,王东民:《宁德与台湾基隆经济文化对口合作协调处揭牌》,福建新闻网:http://finance.sina.com.cn/roll/20090617/08462899589.shtml,[2009-06-07]。

吕巧琴,叶茂:《福建宁德推 56 条措施深化宁台经济文化交流合作》,中国新闻网:http://www.chinanews.com/cj/2019/02-26/8765669.shtml,[2019-2-26]。

龚翔:《加强宁台民间文化交流 促进"环三"区域经济发展》,《福建省社会主义学院学报》2014 年第 6 期。

马赛华,周良梅:《建立闽东对台农业引进区的探讨》,《台湾农业探索》1998 年第 1 期。

黄伟华:《霞浦台湾水产品集散中心:期待两岸合作创双赢》,海峡之声网:http://www.vos.com.cn/special/2016-09/25/cms881271article.shtml,[2016-09-25]。

《宁德:整合旅游资源打响"金字招牌"》,新浪旅游:http://travel.sina.com.cn/china/2009-07-31/102198629.shtml,[2009-07-03]。

李锟:《两岸人才汇聚一堂,洽谈交流深化合作》,蕉城在线:1http://www.ndnews.cn/2017/0616/19769.html,[2017-06-16]。

黄斯克:《台湾与宁德休闲农业发展的思考》,《黑龙江史志》2014 年第 1 期。

沈庆琼,苏佳庆:《加强闽台交通对接 助推海西港口发展》,《中国港口》2010 年第 7 期。

周聆灵:《加强宁台合作 促进宁德休闲农业发展》,《福建农业》2017 年第 1 期。

吴越:《新时期推进台湾渔民创业园建设探析——以宁德市霞浦县为例》,《福建农业学报》2013 年第 3 期。

陈梦姐,朱力男:《先行先试:福建大力推进闽台经贸文化交流合作融合发展》,中国新闻网:http://www.chinanews.com/tw/2019/02-26/8765677.shtml,[2017-10-12]。

第四章　当代福建内陆地区对台经济关系

第一节　三明市对台经济关系

三明地处福建省西北部,面积 2.29 万平方公里,现辖有两区、一市、九县,2017 年末总人口 287.51 万,其中城镇人口 104.29 万,农村人口 183.22 万。三明自古就有"八山一水一分田"之称,境内多山,森林、矿产等资源丰富,享有福建省"绿色宝库"和"矿产聚宝盆"之美誉。由于特殊的丘陵地理分布和适宜农作物生长的亚热带海洋性季节气候,长期以来,农、林业在三明经济中一直占据着重要比重,使三明成为福建省的主要商品粮基地之一,目前有 8 个县为国家级商品粮基地县。改革开放以来,三明经济建设取得了较快发展,1978 年全市生产总值(GDP)仅为 8.23 亿元,1994 年突破 100 亿元,2011 年跨上 1000 亿元,2017 年突破 2000 亿达 2102.64 亿元。对外经贸往来迅速发展,1993 年成为沿海经济开放区后,引进外资规模不断扩大,1993 年实际利用外资(可比口径)2231 万美元,2010 年为 8635 万美元,2017 年增加到 1.84 亿美元,年均增长 22.5%。随着福建省经济建设的大力推进,三明已经成为连接沿海、辐射内陆、联动周边的重要区域,也是闽台贸易经济区内的一个重要城市。

一、三明对台经济关系的发展状况及特点

1979 年元旦,全国人大发表《告台湾同胞书》,郑重宣示争取祖国和平统一的大方针,两岸关系发展自此揭开了新的篇章。此后台湾企业家陆续到福建、广东等地投资建厂,两岸经贸往来日趋活跃。借着改革开放的东风,三明也开始开展对台经贸活动,20 世纪 80 年代初期双方开始有商品贸易往来,但贸易额一直不大,头几年,年贸易额大多在百万元以下,主要以我方出口为主,品种也限于结晶硅和竹木制品等少数资源性商品。1985 年,第一家台资企业到三明投资办厂,此后陆续有台资企业入驻。随着 20 世纪 80 年代中后期改革开放的日趋深入和两岸经贸交流的进一步扩展,三明的对台经济关系也得到迅速发展。不仅双方贸易额大幅度增长,而且到三明投资的台资企业数量

和规模也有很大的飞跃。截至 2010 年年底,已有 311 家台资企业在三明落户生根,投资总额达 5.16 亿美元,合同利用台资 2.56 亿美元,其中,2010 年全市规模以上台资工业企业已达 36 家,实现产值 15.16 亿元,比增 48%。2017 年全市新批办台资企业 11 家,投资总额 1.51 亿美元,合同利用台资 3964 万美元。

从第一家台资企业落户至今,三明的对台引资大致经历了探索、快速发展、调整和特色化发展四个阶段。

探索阶段(1985—1988):由于地域与历史的差异,相对于沿海地区,在该阶段,三明对台经济工作的重点是放在探索如何利用三明现有的条件和资源发展对台经贸关系,如何创造良好的投资环境和学习沿海地区的先进经验以吸引台资入驻上。在此期间,全市批办台资企业仅 3 家,且集中在农业领域,这三家企业合同总投资额 202 万美元,其中利用台资 52 万美元,但实际到资额仅 16 万美元。

快速发展阶段(1989—1995):1988 年 7 月,国务院颁布了鼓励台胞投资的"二十二条",为对台经贸工作明确了方向,也为促进两岸经贸交流创造了更有利的条件。三明紧紧抓住这一有利机会,将闽台经贸关系的发展工作列入政府工作的重要议事日程,在不断改善投资贸易环境的基础上,利用各种工具,通过各种途径,大力招商引资,确定具体的招商引资项目以吸引台资的入驻。"八五"期间,共有 127 家台资企业登记注册,涉及的行业除了农业之外,还包括林业、旅游、机械等,在短短五年时间内,合同投资额度大幅增长,高达 9623 万美元,其中利用台资 5934 万美元,实际到资 4594 万美元。

调整阶段(1996—2000):这一时期,台湾当局出于政治目的出台了一系列政策,加强对台商投资大陆的限制,转而推出"南进"政策,即鼓励台商向东南亚国家投资。这一政策在东南亚经济危机之后以失败告终,很多台资企业在东南亚国家遭受重大损失,但这一政策也在很大程度上导致到大陆投资的台资锐减。在此阶段,三明对台引资项目在数量和规模上都出现了较大幅度的减少。面对这种情况,三明政府一方面积极加强引资宣传,另一方面注重加强对台资企业的扶持和对台资投向的引导,引导台资向高新技术、产品深加工、外向型、国企改造等产业项目投入,提高引资的质量。"九五"期间共吸引台资 43 家,合同投资额 5276 万美元,利用台资 3687 万美元,实际到资 875 万美元。

特色化发展阶段(2001 年至今):在"南进"失败之后,众多台商发现,市场广阔、劳动力成本低廉的大陆才是他们的最佳投资之地,于是他们纷纷调头转向,重新到大陆投资兴业。2001 年我国加入 WTO 后,对外开放的进程进一步加快,台资企业在大陆的投资也开始分散化,出现北上、西进的趋势。面对这一情势,三明迅速调整对台引资思路,依靠自身资源优势,以祖地文化为重点,增强三明特色文化品牌辐射效应;围绕农业、林业合作做文章,成立"海峡两岸(三明)现代林业合作实验区"、台商投资区等,通过举办两岸林博会、海峡两岸乡镇对口交流会、两岸特色乡镇交流会等,深化落实"四个一"合作机制,力争每个县(市、区)对接1个以上台企,加强两地的经贸关系。

三明对台经济经贸往来发展近40年来,在商品贸易、产业投资、旅游合作等领域都取得了不小的成绩。总的来看,三明对台经济关系主要呈现以下特点:

第一,多元化、多领域合作成为三明对台经济关系的新趋势。目前,三明与台湾在贸易、农林产业、文化产业、旅游产业等多个领域的交流合作都取得了积极的成果。在商品贸易领域,从20世纪80年代初三明向台湾出口特色农产品和资源产品的单方向贸易开始,到90年代两地借助沿海口岸进行常态化小额贸易,再到2000年后台湾农产品和工业产品进入三明寻常百姓家,三明、台湾两地商品贸易的种类和规模都实现了长足的增长。在产业投资方面,最初到三明投资的台商主要集中在农业种植领域,经过多年的发展,在三明的台资已经遍布电子、机械、纺织服装、农产品种植、林产品加工、生物医药开发等诸多领域,投资结构实现由以往的以农业投资为主向多元化发展的转变。如近年来上马建设的台明铸管科技有限公司三期工程、台湾青年创业创新基地及海峡两岸节能机械孵化基地项目等,都是这一变化的体现。在文化、旅游产业合作方面,积极开展以客家文化、族亲宗亲文化为主题的文化旅游和互动交流活动,建设宁化客家文化风情园、清流灵台山客家祖山等项目;加强泰宁世界地质公园与台湾野柳地质公园的"两园"交流,实现了旅游双向交流合作,为推动三明与台湾在更高层次、更宽领域的交流合作打下了良好的基础。

第二,特色化合作成为三明对台经济关系的新亮点。三明独特的地形地貌、气候特征以及丰富的自然资源,决定了三明与台湾经贸合作的优势领域在农业和林业。2005年,三明设立海峡两岸(三明)现代林业合作实验区,围绕对台林业合作和经贸交流,规划建设林产品加工、生物医药开发、森林食品加工、生物多样性保育、森林生态休闲观光、林业科技开发等6个合作区。清流台湾农民创业园、林博会等都已经成为三明的名片,为三明与台湾两地围绕农、林业进行特色化合作提供了很好的保证。据统计,截至2018年第十四届林博会,历届林博会累计签订合同项目2040项,合同利用区外资金698亿元,为6000多家次企业提供展示展销平台,累计展销产品4万种次,其中台湾企业 600 多家次,台湾产品近 8000 种次,现场及订单交易额达 136 亿元。清流台湾农民创业园和特色示范基地,引进的台湾丝瓜、丝瓜精油、台湾东方美人蒸青绿茶加工等台湾"五新"成果共有 600 多项,推广面积达到了 1.5 万亩。

此外,三明对台经济的特色化合作还体现在两岸特色乡镇对口交流上,到 2018 年年底,三明 140 多个乡镇与台湾的 300 多个乡镇都已有常态性联络,并分别在花卉、茶叶、食用菌、果蔬、种苗、农产品加工、渔业、林产品加工等农业产业,以及乡村、民俗文化等旅游产业方面进行了交流沟通。

第三,异地招商、精准招商成为三明对台经济关系发展的助推器。为了更好发挥三明的资源禀赋优势,三明政府主动走上前台,积极做好招商引资工作,多次组织人员到香港、江苏、广东等台商比较集中的地区举办大型招商推介会、林业暨家具产业投资推介会和台商座谈会,吸引台资入驻三明,取得良好成效。此外,还积极寻求福建省台办、台盟、台联的牵线搭桥,加强与各地台协会和海峡两岸台商的联系沟通,拓宽实验区与台湾各界的交流合作渠道,建立包括 80 多个大陆台协会、800 多位台商和相关台资企业的档案库,与台湾中华自然资源保育协会、台湾区木材同业公会、台湾省旅游商业同业公会、高雄旅游同业公会、布袋港促进会和上海、东莞、厦门、漳州台协会等社会团体、民间组织建立了协作关系。在异地招商获得巨大成功的基础上,近年来三明将招商重点放在精准招商上,分别针对不同地区、不同客商,突出不同产业,举办对口专业招商推介活动,紧密与台企的沟通联系,及时推出招商项目进行对接,以提高招商引资项目的针对性和实效性。此外,还加强项目的跟进落实工作,对现已在建、签约项目实行定期跟踪调度,并分别情况采取各种跟进措施,巩固招商成果,确保在建项目早竣工投产、达产达效,签约合同项目早批办落地、开工建设,协议意向项目早升格为合同项目。并通过精准帮扶和精准施策,切实做好现有台企的服务工作,创新金融帮扶机制,建立支持台企转型升级的服务机制。正是通过一系列细致、周到的服务工作,三明对台经贸关系才取得了显著的进步。

但是,与福建省福、厦、泉、漳等沿海地区相比,三明与台湾经济合作关系还存在较多不足,主要体现在以下几个方面:

第一,台商投资总体规模小。随着大陆改革开放的不断深入和两岸经贸往来的迅猛发展,三明对台经贸合作也经历了从小到大的过程,台资已经成为三明吸收区外资金的重要来源之一。但一个不争的事实是福、厦、泉、漳等沿海地市仍然吸收了在闽台资的 80% 以上,到三明投资的台湾企业数量少,而且单个台资企业规模仍然偏小,规模以上企业仅占 10% 左右。以 2010 年第一季度三明新引进的台资为例,全市新批台资项目共 7 个,合同利用台资 543 万美元,平均每个项目不到 100 万美元。

第二,台资的行业和地域分布不均衡。虽然台企投资的领域越来越广泛,涉及机械、电子等 10 多个行业,产品达 150 余种,但多数企业仍集中在农业和林业领域,主要是利用三明的自然资源优势进行经济开发与合作,而台湾的优势产业(如电子信息产业、石化产业等)在三明的投资较少,对三明区域经济发展的带动效应较为有限。此外,台资在三明各县(市、区)的分布也较为不均匀,尽管全市在 1993 年就实现了各县(市、区)均有台资企业的发展格局,但到现在,台资仍主要集中在三明、沙县、永安、清流等少数几个县(市、区)。

第三,三明对台商品贸易的规模较小,品种较为单一。三明对台贸易活动自 20 世纪 80 年代初开展以来,一直以向台湾出口为主,两地进出口贸易不平衡的局面长期存在。在出口贸易方面,由于受交通、信息等因素的制约,三明出口到台湾的商品种类和规模一直都较小,且品种较为单一,出口产品以化工原料、机械制品以及竹木制品中的家具、工艺品为主。由于各种原因,三明对台出口贸易一直以台湾商人到三明产地采购这种形式为主,虽然 2010 年开始有第一家三明企业(建宁县龙威生物科技有限公司)在台湾设立贸易网点,但两地贸易的正常化发展仍然任重而道远。在进口贸易方面,台湾当局出于政治因素的考量,长期以来对出口到大陆的商品(特别是科技含量较高的商品)有诸多限制,导致台湾对三明的出口贸易很难根据优势互补的原则进行,至今为止仍主要停留在农产品领域。

二、三明对台经济关系的发展前景

三明充分利用海西优势、林业优势、旅游优势、客家祖地优势,借助海峡两岸林业博览会、第 25 届世界客属恳亲大会、海峡两岸(三明)现代林业合作实验区、海西三明台商投资区和国家级清流台湾农民创业园等载体,积极扩大对台经贸合作。三明作为福建省的一个重要工业基地,以及海峡西岸经济区中部最具活力、最佳生态、最宜人居、最适合创业发展的中心城市之一,经济资源和自然资源丰富,工业基础雄厚,投资软硬环境不断改善,对台经贸关系发展具有十分广阔的前景。

三明软硬件设施建设取得了重大的发展。经过改革开放 40 多年的建设,过去影响境外资金来三明投资的瓶颈因素已得到有效的解决。以前最大的发展制约因素"出行难、运输难"已不复存在,取而代之的是已建成的比较发达的立体化运输网络。2017 年年底,全市公路通车里程 15175 公里,比 1978 年增加 8928 公里,增长 1.4 倍。高速公路通车里程居福建省前列,建成"一纵两横两联"高速公路网络,通车里程达 735 公里,实现各县城半小时内可上高速,打通了连接沿海港口城市和内陆腹地、南连珠三角、北接长三角的快速通道。铁路建设方面,向莆铁路三明段全线通车,2017 年旅客发送量达 719.52 万人,货物发送量 703.15 万吨;南龙铁路、兴泉铁路、浦梅铁路正在建设中。航空运输实现从无到有。沙县机场于 2016 年 3 月正式通航,已开通至北京、上海、广州、深圳、武汉、唐山等城市的航线,2017 年旅客吞吐量突破 20 万人次。在水运方面,沙溪、金溪、尤溪三大水系航电综合开发投入实施,水路航道陆续开通与海运相连接。目前,全市已形成"人便于行、货畅其流"的交通格局。此外,为了更好地服务台资及外资企业,三明设立了二类陆运口岸,并与厦门港口合作,在三明进行"无水港"建设,打造集海铁公路联运中心、集装箱堆场、仓储货代、报检中心等为一体的物流中心。台资企业有关原材料货运进出口可在三明直接报关、封关、验关。在投资管理服务上,实行"一个窗口收费""一座楼办公""一条龙服务"的制度和做法,进一步简化办事程序,提高工作效率,缩短货物进出口时间,有效降低企业通关成本和综合物流成本,大大方便了来三明投资兴业的台资企业。

三明可资开发的自然资源十分丰富。目前,三明森林面积 2852 万亩,森林覆盖率高达 78.14%,活立木蓄积量 1.73 亿立方米,被称为"中国绿都",2016 年被授予"国家森林城市"称号。

木材加工业是三明最大的行业,截至 2017 年年底,有规模企业 465 家,完成增加值 162.17 亿元,占全市规模以上工业企业的 18.8%。丰富的林业资源及副产品,对台商有较强的吸引力,目前,三明已累计引进涉林台资企业 145 家,利用台资 4 亿美元。但从总体来看,投资规模还偏小,从事林木产品初级加工的企业仍占多数。因而,在产品的深加工方面尚有巨大潜力可挖。在矿产资源方面,三明享有福建省"矿产聚宝盆"之美称。已发现的金属和非金属矿种达 79 个,探明储量的矿种有 49 种。其中煤炭、石灰石储量大,分别占全省总储量的 46% 和 47.9%,重晶石矿不仅储量大,而且品位高,为全国的富矿之一,钨、锰、蓝宝石等矿藏在全省乃至全国矿产资源中占有重要地位,但目前投资于该领域的台商企业还很少,合作开采和加工的前景十分广阔。

三明的传统文化底蕴非常深厚。三明自古人杰地灵,文人墨客辈出,名胜古迹众多。著名的人物有清代扬州八怪之一的黄慎、书法名家伊秉绶,宋代理学巨擘朱熹、杨时等,他们都为三明留下了丰富的文化遗产,有的已被开发为旅游项目,如尤溪的南溪书院(朱熹幼年读书成长之地,回乡讲学之所)、将乐的杨时墓。其他著名的古迹还有泰宁的尚书第、甘露寺,尤溪的安贞堡,宁化的客家祖地,建宁的报国寺,梅列的正顺庙等。其中尚书第、安贞堡、客家祖地已被国家列为一级文物保护单位。在自然景观方面,三明有泰宁金湖、永安桃源洞-鳞隐石林2个国家重点风景区,将乐玉华洞、宁化天鹅洞、沙县七星仙洞、梅列瑞云山4个省级风景区以及将乐龙栖山国家级自然保护区,三原格氏拷、沙县萝卜岩、永安天宝岩、宁化牙梳山4个省级自然保护区和猫儿山省级森林公园。在人文自然景观建设方面,三明近年来投入了大量的人力、物力进行修整开发,以争创国家级旅游城市为主要内容,加大宣传和投资力度,提高三明的旅游业质量,如充分利用宁化石壁这块海外1亿多客家子弟、台湾400多万客家同胞的祖地,开辟了"客家祖地之旅",海内外客家人掀起了一波又一波回宁化石壁寻根祭祖的热潮。但三明的旅游产业只是粗具规模,各项配套设施和服务还不够完善,而且尚有许多旅游景点和配套项目未被开发,这对于台胞资金进入,寻求共同发展极具吸引力。此外,三明还有丰富的农业资源、水力资源有待进一步开发利用。全市水力资源可供发电装机容量达170万千瓦,现只开发了100万千瓦左右,台资在此领域尚未涉足。三明还是福建省主要的商品粮基地,建宁的莲子,尤溪的金桔、银杏,大田的苎麻等土特产品更是久负盛名;三明的食用菌生产在全国也占据重要的一席,台商在这些领域可大展宏图。

为了进一步促进本地区的经济发展,三明政府积极采取各种策略,大力宣传三明的各项优势,吸引台胞前来投资创业。2017年7月,三明出台了《关于鼓励和支持台湾青年来明创业就业的实施意见》,以加强明台青年交流,鼓励和支持台湾青年来三明创业就业。该实施意见支持台湾青年以独资、合资或合伙等形式创办企业及申办个体工商户,在文化创意、电子商务、农业开发、高新技术、休闲农业等行业领域创业。对优秀的台湾青年创业项目,将根据项目的科技含量、规模、经济社会效益、市场前景等,给予5至10万元的创业启动资金扶持。三明还成立了台湾青年创业辅导服务中心,为台湾青年提供项目对接、办公场所、资金扶持、贷款融资及工商、税务注册登记等项目落地的各种辅导服务,并帮助协调解决子女就学、住房补贴领取、社保医疗等问题。随着这些优惠政策的实施,相信未来,三明对台经济关系将得到更进一步的发展。

第二节 龙岩市对台经济关系

龙岩位于福建省西南部,通称闽西。全市总面积1.9万平方公里,人口261万。1984年,全市实现生产总值11.70亿元;1994年经济总量突破百亿,达到 102.75 亿元;2011 年突破千亿,达到 1242.15 亿元;2017 年,全市实现生产总值 2153.13 亿元,年均增长 11.5％,实现了跨越式的增长。龙岩临近台湾海峡,与粤、赣接壤。它是福建省最重要的三条大江——闽江、九龙江、汀江的发源地。这里是远古时代"古闽人"的天堂,也是"闽越人"的祖籍地和"南海国"的都城所在地及其中心区域,是享誉海内外的客家祖地,是河洛人的祖居地之一。客家文化、河洛文化和闽越文化在这里相互融合,竞放异彩。龙岩是厦门经济特区的腹地,又是福建内地的前沿,闽粤赣三省的交通要冲和物资集散地。经济作物以水果、花生、烤烟、甘薯、大豆、茶叶、油菜为主。闽西也是台胞的主要祖籍地之一。据最新研究结果表明,历史上由闽西直接去台湾的有 70 余万人;从广东去台湾的客家人祖籍地基本在闽西;在台湾的闽南人中有 300 余万人的祖先也曾是闽西的主人。龙岩在外华侨华人、港澳台同胞 120 余万人。其中有一些是当今东南亚地区政界、商界的知名人士和实业家。

一、龙岩对台经济关系的状况

龙岩与台湾的经济关系源远流长。早在明清时期,龙岩人就一批又一批前往台湾。早期赴台的龙岩人一方面把大陆先进的农耕、印刷、雕刻等方面的技术带往台湾,把家乡的纸、毛竹等土特产品运往台湾;另一方面,又把台湾的土特产品贩回家乡。这便是最初的龙岩与台弯的经济贸易关系,由于海峡两岸政治关系的原因,龙岩与台弯的经济贸易交往一度停顿,直到 1979 年大陆《告台湾同胞书》公布,倡议两岸"尽快实现通航通邮""发展贸易,互通有无,进行经济交流",才重新开始,30 多年来发展道路曲折,但成果丰硕。龙岩是福建开放度较高、政策较优惠、功能较齐全的地区之一,是对台经贸的重要窗口,在闽台经济交流与合作中扮演着重要角色。

从总体上看,龙岩的对台经济情况如下:

(一)台湾是龙岩重要的贸易伙伴,台资企业成为带动两地贸易的中坚力量

在龙岩经济发展过程中,台资企业作为龙岩引进外资的重要组成部分,已经成为拉动龙岩经济发展的主引擎之一,从无到有、从小到大,在增加财政收入、增加就业、提高农民收益等方面发挥了积极的作用。据资料显示,自 1989 年龙岩第一家台资企业龙岩兴发竹木企业有限公司落户以来,截至 2018 年年底,全市累计注册成立台资企业 346 家,合同利用台资 8.2 亿美元。台商投资领域涵盖了机械、电子、纺织、建材、农产品加工等众多行业,并涌现出以国家级漳平台湾农民创业园为代表的台商投资集中区。连城庙前工业集中区则初步形成了以台商为投资主体,运动用品、新材料、机械制造、生物科技为主导产

业的台商工业集中区。园区现有 6 家台资棒球及相关体育用品企业,形成完整的棒球运动产业链。2017 年,宏国、久和、牡丹亭等三家台资棒球企业实现产值 2.5 亿元,同比增长 8.1％。园区逐步成为全国最集中的棒球运动系列产品生产基地和全球棒球运动用品采购商的重点采购点。

在漳平台创园和连城台商的示范带动下,两地交流合作持续深化。龙岩还在新罗、连城、永定等 5 个县(区)设立了台商工业集中区、台商电子工业园、台湾特色食品加工园等。

(二)龙岩对台文化交流合作十分活跃

龙岩是海内外公认的客家祖地和著名侨区,同时也是台胞重要祖籍地之一。龙岩有 54 个姓氏的居民迁往台湾,在台龙岩籍乡亲 30 多万,中国国民党前主席吴伯雄先生的祖籍地就在龙岩。在对台文化交流交往方面,龙岩充分发挥台胞祖地、客家祖地的独特优势,不断拓展两地交流空间,大力推进与台湾的交流与合作。通过举办世界客属恳亲大会、客家公祭母亲河、客家族谱入岛巡回展、土楼文化节、上杭龙舟节、连城冠豸山旅游文化节等活动,在文缘、血缘上深入挖掘客家文化在两地交流中的巨大潜力,着力打造“海峡客家”品牌,开展丰富多彩的文化交流活动,展示客家文化的独特魅力。为满足台胞和客家乡亲返乡联谊交流、探亲访友、寻根谒祖的感情需要,积极邀请、组织台湾乡亲回乡寻根谒祖或旅游观光。中国国民党荣誉主席吴伯雄,中国国民党中评会主席团主席、中华两岸客家文经交流协会理事长饶颖奇等闽西在台乡贤都曾回到闽西祖地省亲、谒祖,增进了两地同胞的血脉亲情。近年来,龙岩积极鼓励台湾相关机构与龙岩开展广播电视、电影电视剧等方面的交流合作,台湾媒体与龙岩媒体开展了“重走客家迁徙路”交流活动,制作了《两岸客家》《美食美客》等两岸客家文化题材节目。

(三)龙岩是联结沿海、拓展腹地的生态型经济枢纽城市

近年来,龙岩充分发挥区位产业优势,在制造业、电子信息、光电、农产品深加工等方面逐渐实现了龙台两地产业对接。根据“产业龙头－产业链条－产业集群－产业基地”的产业发展思路,龙岩逐步改变产业链短、上下游配套能力偏弱、产业集聚效应还不够强的现状,提高产业配套能力。铜产业以 20 万吨铜冶炼项目为龙头,向铜板带、铜线、铜型材以及与电子信息、汽车产业、电力设备相配套的印刷电路、电子元件、电线电缆、铜管等铜深加工项目延伸。稀土产业在做大稀土分离项目的基础上,逐步向稀土永磁材料、稀土发光材料、稀土储氢材料、中重稀土合金、稀土新材料等深加工产业链项目延伸。龙工集团围绕工程机械装备整车生产,在发展已有竞争优势的装载机、压路机、

挖掘机等项目的基础上,逐步向工程起重机类、铲土运输机械类、凿岩机械、风动工具、工业搬运车辆系列等产品延伸。同时,重点突破中高端液压元器件、液压总成、发动机、轮胎等关键基础零部件项目,提高企业的配套能力。龙岩充分发挥龙工、龙净、紫金矿业等龙头企业和领军企业的带动作用,积极开发与台湾龙头企业相衔接、相配套的项目,努力打造百亿企业。龙岩通过举办中国龙岩投资项目洽谈会、海峡两岸机械产业博览会等大型展会,构建对台经贸交流合作和对外招商引资的重要平台,拓展两地合作交流空间,承接台湾机械、光电、农产品加工、旅游、现代服务业等产业对接和产业转移,打造龙岩千亿级机械产业集群。

二、龙岩对台经济存在的主要问题

近年来,虽然龙岩在对台经贸方面取得了显著成绩,但随着国内外环境的改变,龙岩对台经贸也面临着挑战,福建其他沿海地区的有力竞争使龙岩在对台经贸方面处于不利地位,龙岩在吸引台资方面,"南不如厦门,北不如福州",尤其是在新增台资方面,更是被远远地抛在后面。目前龙岩对台经贸存在的问题主要有:

(一)"五缘"优势减弱

龙岩与台湾两地有着源远流长的"五缘"关系。因此,在早期的两地经贸合作中,感情成为主要的决定因素,龙岩成为台商投资的首选地之一。然而,随着闽台经贸关系的深入发展,特别是大陆经济快速发展、市场进一步开放、投资领域扩大等投资环境的改善使得台商的投资风险不断降低,投资信心不断增强,感情已不再是投资行为的主要决定因素,潜在市场和利润最大化成为台商投资的主要动机。龙岩对台"五缘"优势已今非昔比。

(二)政策优势淡化

随着大陆各地对外开放进一步深化,内陆地区的开放政策不断增强,各地对台政策差距日益缩小,有的甚至更具吸引力。龙岩以往通过优惠政策引导台资布局的做法如今难以奏效,导致龙岩对台资的吸引力减弱。

三、龙岩进一步发展对台经济关系的思路

(一)突出特色,持续打造"海峡客家"和"大陆阿里山"两大品牌

作为客家祖地,龙岩是台湾客家文化的发祥地,龙岩应持续打造"海峡客家"品牌,使其成为龙台经贸合作的桥梁。近年来,龙岩成立了两岸客家文化研究院,举办了海峡客家旅游欢乐节、海峡客家风情节、福建土楼文化节、永台妇女客家山歌赛、十万台胞看土楼等系列活动,吸引大批在台乡亲来寻根谒祖、观光旅游、考察投资;成功举办了"千名台湾精英土楼行",吸引台湾知名人

士的积极参与。龙岩积极申报国家级闽西客家文化生态保护区,加快推进海峡客家文化城、中国客家族谱博物馆、文博园、客家首府博物馆、海峡客家论坛中心等重点项目建设。龙岩以"海峡客家缘"为主题,在台北成功举办了海峡两岸客家恳亲座谈会、客家土楼摄影展;与此同时,以反映土楼风情、展现客家文化内涵为主题的大型原生态客家风情歌舞集《土楼神韵》两次在台演出,引起台湾客家乡亲的广泛共鸣。另外,制作广播节目《我们客家人》在台湾的宝岛客家等6家广播电台播出,客语电视节目在台湾客家电视台等4家电视台播出。在"海峡客家"品牌效应的带动下,龙岩主动承接台湾产业转移,与台湾有关协会和企业在机械、汽车、电子、光电、稀土、旅游等领域深度对接。

有"大陆阿里山"之称的福建龙岩漳平永福镇是龙岩另一张对台合作名片。因永福镇纬度、山地气候、产业与台湾阿里山相近,被台商誉为"大陆阿里山"。2006年5月,永福镇成立漳平市台湾农民创业园。2008年2月,经农业部、国台办批准,升格为国家级台湾农民创业园。园区大力发展茶叶、花卉、蔬菜、休闲旅游等4大特色产业,种植台湾高山乌龙茶5.5万亩、铁观音茶2.2万亩,名优花卉苗木4万亩、高山蔬菜3万亩,是大陆最大的高山乌龙茶生产基地、中国最大的盆栽杜鹃花生产基地。创业园现已入驻台资企业66家,完成投资22亿元,其中高山茶企业48家,年产茶1600多吨,实现产值6亿多元,参与投资的台商500多人,永福镇已成为台商个体在大陆投资最密集的乡镇。目前,园区整体工作已走在全国29个国家级台湾农民创业园的前列,"大陆阿里山"品牌已经成为龙岩对台交流合作的重要品牌之一。

(二)加强招商引资品牌建设

1.中国龙岩投资项目洽谈会。建设招商引资品牌,目的在于提升龙岩的知名度,使台商产生认同感,从而吸引台商前来龙岩投资兴业。从2004年开始,每年11月8日,龙岩都会举办中国龙岩投资项目洽谈会。经过多年的实践,"11.8"投洽会办得一届比一届更好,成效一届比一届更大。"11.8"已经从龙岩一个市单独举办的经贸洽谈会发展到由福建省级部门共同主办,国家部委和福建省级部门以及13个协作区城市共同协办的闽粤赣区域性的经贸洽谈盛会,其影响力已经远远超出龙岩的地域范围。

2.海峡两岸机械产业博览会。该博览会是福建省政府确定的全省两个机械类重点展会之一,也是龙岩承办的规格最高、规模最大的展会,自2010年以来,已成功举办了多届。以2018年第九届博览会为例,本次展会设置展示面积2.5万平方米,1200个展位,设"产业发展""工程和环卫机械""军民融合和应急装备""专用车""台湾和境外机械""智能制造""配件"等七大展区,现场展示各类机械设备 500 多台,200 多位台商跨海而来参会。海峡两岸机械产业博览会已成为两地经贸合作互动和增进同胞交流的重要平台。

(三)大力改善投资环境

龙岩通过促进惠台政策落实,推动"台商台胞服务年"活动,积极改善投资环境,吸引更多台胞前来创业投资。在政策方面,龙岩已经采取了一系列积极措施。2018 年 10 月,龙岩出台《龙岩深化龙台经济文化交流合作实施意见(试行)》(以下简称《实施意见》)。《实施意见》为促进龙台经济、文化等各领域交流合作推出了 46 条具体措施。

1.在扩大龙台经贸合作方面。对认定为福建省首台(套)重大技术装备的企业,龙岩将给予市级配套补助;对获国家级、省级智能制造试点示范企业给予奖励;新设立的在龙岩台资企业自营业执照颁发之日起两年内到资 50 万美元以上的给予奖励;在龙岩台资企业经认定为技术先进型服务企业的按规定享受减按 15% 税率征收企业所得税;对在龙岩台资企业实行更加灵活的供地方式;可灵活设定 10 年到 50 年的在龙岩台资企业工业用地出让年限;对集约用地的鼓励类台商投资工业项目优先供应土地;新出让的工业用地,可分期缴纳土地出让金;鼓励台湾科研机构、高等院校、企业来龙岩设立技术转移机构等。

2.在支持台胞实习就业创业方面。台胞来龙岩就业创业的,可按规定同等享受社保补贴、职业培训补贴、创业担保贴息、一次性创业扶持补贴等就业创业优惠政策;龙岩属国有企业在新招录员工时,根据企业用工需求设置一定岗位公开招聘符合要求的台湾青年;支持龙岩人力资源机构互设分支机构;奖励和补助来龙台胞从事旅游工作;各金融机构根据台商的经营项目及用款需求有针对性提高贷款额度和开展无还本续贷业务。

3.在深化龙台文化交流方面。龙岩鼓励台湾机构与本地开展广播电视、电影电视剧等方面的交流合作;鼓励台湾媒体与龙岩媒体开展客家文化题材交流活动;对台商台胞在龙岩设立文化创意企业给予积极扶持;《实施意见》将龙岩办理"台湾居民来大陆定居"审批时限压缩至 20 个工作日内。

4.在方便台胞在龙岩安居乐业方面。龙岩将推动需要实名认证的铁路、银行、快递等部门及酒店、宾馆等场所开展证件识别、设备改造等工作,支持台胞居住证在各类自助设备中开展网上自助办事项目;台胞持有台胞证或台胞居住证即可在证件有效期内来往大陆并在大陆停居留。

总之,龙岩应结合自身实际,做好充分准备,把握发展机遇,承接台湾产业转移,把各项对接工作抓早、抓实、抓好,用好、用足、用活各项政策,逐项逐条争取政策、生成项目、争取国家更多的项目和资金支持,切实把政策优势转化为龙岩的经济优势、发展优势,实现龙岩全面协调可持续发展。

第三节 南平市对台经济关系

南平地处福建北部,武夷山脉东南麓,俗称闽北。南平下辖十个县(市)、区,土地面积 2.6 万平方公里,人口 321.26 万,是福建辖区面积最大的设区市。改革开放 40 年来,南平 GDP 实现年均两位数增长,经济总量不断跃升。1978年只有 8.77 亿元,1980 年上升到 10 亿元,1994 年上升到 100 亿元,2008 年超过 500 亿元,2013 年突破 1000 亿元大关,2018 达到 1792 亿元,生产总值 40年增长超 200 倍。南平作为福建"东出西进、南联北接"的重要枢纽,在福建发展全局中具有重要的战略地位。

一、南平对台经济关系的发展历程

南平对台经贸合作始于 1985 年。1985 年 8 月 7 日,台商曾先生以香港福岛企业公司的名义与南平汽车修配厂、厦门福源实业有限公司联合创办"南平双福进口机动车维修中心",该项目总投资 67.9 万美元,其中曾先生投资 32.6 万美元,该项目揭开了台商投资闽北的序幕。1987 年 11 月,台湾当局开放民众赴大陆探亲后,一些台商以探亲者、旅游者的身份开始试探性地到闽北观光、考察并陆续开办了一些企业。到 1988 年底,南平地区先后办起了 5 家台资企业,其中 4 家从事竹制品生产,通过租赁当地的厂房及普通设备进行加工生产。此后,随着台胞赴大陆人员的增加,台商投资闽北的数量逐年增多。1993 年 7 月,台湾工商时报社社长彭垂铭一行到闽北采访,先后在该报刊登三个专版,扩大闽北在台湾的影响,吸引台商到闽北投资。截至 1995 年,南平共批准成立台资企业 157 家,合同台资 1.29 亿美元,实际利用台资 5342 万美元。这一时期台商投资领域主要是集中于竹木加工业和小型种养殖业。

1998 年南平在武夷山召开闽台农业开发研讨会,会议邀请了台湾 TVBS无线卫星电视台记者赴会采访,并在台湾进行宣传报道,吸引了众多的台商到闽北观光考察。2001 年北苑茶故地——建瓯市吸引台湾得茗股份有限公司入驻,邵武市也引进台资创建邵武嘉德综合农业科技有限公司,经营果树种植、畜牧养殖、农产品加工、旅游观光休闲等项目,为闽北山区开展闽台农业合作树立了成功典范。截至 2002 年,南平共引进台资项目 240 项,利用资金 2.5亿美元,其中投资农业及农产品加工项目的有 125 项,占总项目的 52%,资金1 亿美元,此外,在食品加工、纺织服装等领域也开始出现台资企业。

2004 年福建省提出建设海峡西岸经济区的战略构想后,南平对台经贸关系也迎来了跃升发展的新阶段:一是台商投资数量较快增长。2004 年至 2008 年间,南平累计批准台资企业 134 家。截至 2008 年年末,南平累计注册台资企业 422 家,合同台资 8.78 亿美元。2009 年和 2010 年,南平在吸引台资方面仍然保持良好的增长势头。2009 年南平新批 61 家外商投资企业,可比口径合同外资 7.97 亿美元,其中来自台湾的投资项目 21 项,合同外资 2.34 亿美元,所占比重分别为 34.4% 和 29.3%;2010 年南平新批外商投资企业 46 家,可比口径合同外资 8.38 亿美元,其中来自台湾的投资项目 18 项,合同外资 2.70 亿美元,所占比重分别为 39.1% 和 32.2%。二是台商投资领域呈现多元化趋势。2009 年 5 月末的统计数据显示,南平台资企业中,竹木加工类企业数量仍占据首位,占全部台资企业比重的 29.03%;旅游类企业增长速度较快,占全部台资企业比重的 12.9%;化学制品制造业、农副食品加工业及通用设备制造业领域内,台资企业均占了全部台资企业比重的 10.75%;此外,在电力生产业、房地产业、纺织业、纸制品业、批发零售业、非金属矿物制品业、金属制造业、文教体育用品制造业、工艺品及其他制造业领域内也均有零星的台资企业分布。三是两地的经贸交流合作由单向性向双向性发展。近年来,南平积极把握良好的政策环境,在加强对台合作方面不但积极"引进来",而且主动"走出去"。如组团赴台湾开展经贸文化交流合作,积极走访祖籍南平的台湾企业家,拜会相关企业协会及与南平有深厚历史和亲情关系的朱氏、黄氏等宗亲;组织南平的 6 个乡镇与台湾南投县、新竹县的 6 个乡镇开展特色农业交流活动;举办"浪漫武夷,风雅茶韵——台湾、武夷山品茗、旅游交流会";参与福建省企业赴台采购洽谈会、福建省赴台农副产品采购订货会等活动。通过"走亲访友做生意"增进了解、密切联系,为两地经贸合作牵线搭桥。

2019 年,南平出台《关于促进南台经济文化交流合作的若干措施》(以下简称《若干措施》),《若干措施》包括南台经贸合作、南台农旅优势互补、在南台企金融支持、台湾人才来南、台胞来南就业创业、南台文化交流、来南台胞便利保障等 7 大方面,共 52 条惠台措施,《若干措施》注重落实、量化、具体化,52条中涉及具体资金支持的有 29 条,标志着南台合作进入一个全新的发展阶段。利用政策优势,南平充分发挥南台资源禀赋相近、产业优势互补的特点,加强双方在农业、旅游、文创等产业的合作,为台胞台商台企提供最优政策、最大便利、最好环境,努力打造惠台政策"洼地"和对台服务"高地",不断拓展南台经贸合作的领域和深度。

二、南平对台经济合作的状况

(一)台资企业规模小、实力弱

南平对台经贸合作虽然起步较早,但发展速度一直偏慢,截至 2009 年 5 月,南平全区仅存台资企业 93 家,且企业规模普遍偏小。93 家台资企业中,注册资金在 100 万美元以下的企业数占了 51.61%,注册资金在 100 万～1000 万美元的企业数占了 40.86%,而注册资金在 1000 万～2000 万美元的企业数仅占 7.53%。此后情况虽然有所变化,但并未发生根本改变。从行业分布上看,台资企业主要分布在竹木制品加工、农副产品加工、旅游等资源依赖型产业上,产品科技含量较低。此外,不少台资企业以租赁厂房的方式开展生产,投资不足,存续时间较短,市场竞争优势不足。

(二)对台贸易总量较小、发展慢

南平地区的外贸出口保持较快增长,在出口市场方面,美国、欧盟、日本作为传统出口市场,一直占据着半壁江山,东南亚、拉丁美洲、加拿大等新兴市场发展较快,而台湾市场的出口额虽然逐年递增,但总量长期偏小,在出口总额中所占的比重一直未超过 5%。在进口方面,南平主要是从台湾进口祭祀用品、竹制品、机械加工产品的辅料,进口额一般只有 100 万美元左右,因加工贸易利润较低,还一度出现过对台进口额为零的情况。

(三)农业合作优势明显、地位高

南平和台湾两地农业资源和生产要素具有很强的互补性,农业合作优势明显。南平拥有土地面积 2.6 万平方公里,境内山多地广水面大,呈"八山一水一分田"格局,丘陵山区农业特色突出,与台湾相似。南平属中亚热带湿润季风气候,夏无酷暑,冬无严寒,光热充足,雨量充沛,物产丰富,是"八闽粮仓""南方林海""中国竹乡",在绿色农业、特色农业、旅游农业的发展上具有得天独厚的条件。但由于资金缺乏、农业及加工技术相对落后、市场营销网络不够完善,目前南平传统农业比重较大,亟待寻求合作,发展现代农业。相比之下,台湾农业现代化程度高,在农副产品加工、农产品营销体系建设、生态农业和休闲农业等方面有着丰富的经验和成熟的技术,但岛内地域狭小,农业资源较少,劳动力紧缺,农业产业向外拓展的需求十分迫切。由于气候条件相近,资源、技术、市场互补,因此南台经贸合作中,农业合作一直是合作的中心和主体。多年来,两地在蔬菜花卉种植、特种养殖、食品加工、竹木加工、台湾良种引进、无公害栽培、保护地栽培、工厂化育苗技术引进等方面的合作获得了长足发展。此外,南平地区不断挖掘区域资源优势,拓展休闲农业、生态农业、生物科技园等新的农业合作项目。如邵武嘉德综合农业科技有限公司投资建设的嘉德观光休闲农场已成功引种 120 余种台湾优质水果,并建设成为闽台农业良种引进繁育推广基地;延平区南山镇吉溪村的闽台农业观光园、邵武市卫闽镇的台湾生态农业园等项目正积极推进,台商投资的武夷山万鑫源休闲农庄粗具规模;延平、顺昌、建阳等地的无患子生物质能源建设项目正积极吸引台资,引进台湾的栽培和加工技术;武夷山本草生物科技园建设启动;台资支持的生物科技园项目落户邵武。南台农业合作发展势头强劲。

(四)旅游合作稳步推进、见效快

南平是福建主要的旅游经济区,境内有双世遗——武夷山,被称为"小武夷"的邵武将石自然保护区,建瓯归宗岩风景区、万木林保护区,延平茫荡山、溪源峡谷、延平湖,"古粤城"、"北苑贡茶"、宋代"建窑"等遗址以及朱熹、李纲、宋慈故里等历史人文景观,旅游资源十分丰富,吸引了大量的台湾游客。2005年武夷山与阿里山结成"姐妹山",加快了两地旅游合作进程。此后,到南平旅游的台胞人数持续上升,2008 年南平对台旅游收入达到 1233.03 万美元。旅游合作也推动了两地经贸合作,许多台商到南平观光旅游时被闽北秀美的风光、良好的生态和丰富的资源吸引,萌发了投资意向,由观光者变成了投资者。两岸"三通"基本实现后,南平武夷山更是成为闽台旅游交流合作的前沿平台,到武夷山旅游的台湾同胞人数逐年递增。据统计,2018 年,全年累计接待台胞 18011 人次,同比增长 9.26%。在旅游的推动下,南平对台经贸合作持续升温。截至 2018 年,仅武夷山市就有台企 35 家,经营覆盖茶业、酒店业、竹制品加工业、农业生态、民营教育、文化娱乐等领域。

(五)文化助力经济合作、潜力大

南平与台湾之间有着深厚的历史文化渊源:朱子学在台湾有着深厚的文化传统和强烈的文化认同,而闽北建阳是朱子故里;台湾齐天大圣文化信仰与闽北顺昌齐天大圣信仰同宗同脉,台湾齐天大圣文化信仰起源于闽北顺昌;建瓯东峰百年矮脚乌龙茶种植园是台湾冻顶乌龙茶的祖地;台湾高山族泰雅人、布农人、排湾人等盛行蛇崇拜,而蛇也是古闽越人的图腾,至今南平的樟湖镇仍保留着较为完整、原始的蛇崇拜民俗;台湾游氏后裔以宋儒游酢为远祖,而南山镇凤池村是游酢故里;此外,闽北延平是延平王郑成功的封爵地,闽北邵武的黄峭故居地亦是台海黄氏宗亲谒祖的祖地。文化纽带情牵两地,近年来,南平借助武夷山朱子文化节、顺昌齐天大圣文化节、武夷山茶博会等平台,以郑成功、黄峭、游酢、"延平四贤"等先贤后裔为桥梁媒介,不断深化与台湾的联系,两地在文化、教育、旅游等方面的交流十分频繁。2015 年,台湾中视、中天等电视公司摄制组先后来武夷山拍摄山水风光、武夷茶文化、朱子文化、古汉城遗址等方面的专题片;台湾实业家、世界朱氏联合会会长朱茂男带领的"朱子之路"参观团来到武夷山拜谒了朱熹在当地的史迹。

文化交流对两地经贸合作起到良好的促进作用,2015年,南平特聘台湾专家规划建设武夷山闽台农业合作园区,规划面积3.5万亩,主要发展种植、水上养殖、观光休闲、度假农庄等,重点突破茶、林、果、花、畜牧以及竹木深加工方面的项目,以此带动武夷山传统农业转型。

在闽台教育交流与合作方面,南平也勇于先行先试。2007年,闽北籍台商投资兴办了武夷山职业学院,2009年6月,该学院被福建省教育厅确定为首批闽台联合办学先行先试校,也是闽北唯一一所承接闽台高职联合培养人才项目的学校,同时被福建省台联选定为全省首家台胞培训基地。近年来,该学院积极开展闽台高职教育交流合作,探索闽台"校—校—企"合作办学模式。先后与台湾的北台湾科技学院、吴凤科技学院、南荣技术学院、美和科技大学等院校合作,就师资互派、教材共享等签订合作办学协议。与台资企业华夏民族城共同制定"校—校—企"人才培养方案,共同开发教材。学院先后聘请了台湾"餐旅教父"李福登教授为名誉院长、台湾大学机电博士茆政吉为院长、中国政治文化大学博士林鸿海为执行院长,引进台湾教师到校开展模块教学,开办闽台合作人才班3个,主办两岸职业教育交流研讨会5次、朱子文化交流会4次。迄今共计70多位学生赴台湾学习,20位教师及管理人员到台湾合作院校学习交流。两地教育交流合作的深入,增进了彼此的了解,推动了经贸合作的深入发展。

三、南平对台经济关系面临的机遇和挑战

(一)南平对台经济关系面临的机遇

1.武夷新区建设拓展南台经贸合作空间。2004年福建省提出构建海峡西岸经济区的战略构想后,南平积极把握机遇,着力建设海峡西岸经济区的绿色腹地。2010年7月,福建省政府正式批准实施《武夷新区发展规划》,同时将武夷新区作为全省十大新增长区域之一,列入全省"五大战役"的重要内容,南平迎来了跨越发展的新契机。经批准后的武夷新区,范围包括武夷山市全境和建阳市的部分区域,以及武夷山自然保护区涉及邵武市、光泽县的部分乡镇,土地面积4132平方公里。武夷新区建设旨在打造整合武夷山和建阳空间资源的新兴中心城市,建设体现"海峡旅游"特色的自然文化旅游中心,构建联接全国各大区域的立体交通网络,培育节能低碳的产业集群及具有闽北特色的新兴产业。武夷新区的建设使得南平地区能够接受到长三角与沿海经济发达地区的双向辐射,既有承接沿海经济发达地区产业转移的区位优势,又起到沿海向内陆拓展的桥梁和纽带作用,对于提升南平的战略投资地位具有重要意义。南平可以武夷新区的全面建设为契机,吸引台湾人才、资金、技术参与新区建设,同时积极加强与台湾主导产业、战略性新兴产业的合作对接,积极创造条件在新区内开辟台商投资区、专业园区,整体提高产业承接对接能力。

2.交通网络建设突破南台经贸合作瓶颈。近年来,南平积极构筑南接北连的交通网络,加快建设闽浙赣边综合交通枢纽。截至 2018 年年底,南平全境共有机场 1 个、高速公路 9 条、铁路 3 条,另有 2 条高速、2 条铁路在建,武夷山新机场在规划建设中。公路通车里程 15813 公里,居全省第二,是 1978 年的 5581 公里的近 3 倍;高速公路通车里程达 979 公里,为全省第一;2015 年合福高铁开通,闽北高铁实现"零"的突破。航道里程达 669.6 公里,航运条件由改革开放初期的可通航 20 吨级船舶增长到 500 吨级。交通网络的日益完善大大缩短了南平与发达地区的时空距离,有效打开其对接华北、长三角,服务中西部的大通道,极大地提升了南平的投资潜力,拓展了南台经贸合作的空间。

3.出台政策保障南台经贸合作环境。2006 年南平出台《鼓励台商投资的若干意见》,鼓励台商到闽北投资兴业,加快建设海峡两岸(福建)山地农业合作实验区,推进海峡西岸经济区绿色腹地建设。2009 年,南平又出台《关于加快建设海峡西岸经济区绿色腹地的实施意见》,提出构建海峡两岸旅游合作平台、海峡两岸产业深度对接平台、海峡两岸文化交流合作平台,不断深化闽北对台交流合作。2019 年,南平出台《关于促进南台经济文化交流合作的若干措施》,其分为 7 个方面,共 52 条,其中具有南平特色的突破性措施有 32 条,比其他地区优惠的有 19 条。对台优惠政策的出台、对台交流合作平台的构建将为南台经贸合作的推进奠定良好的基础。

(二)南平对台经济关系面临的挑战

相对于沿海、闽南和客家聚居区,南平对台"五缘"优势相对薄弱,且在很长一段时间内,受制于经济发展格局和政策大环境,南平一直处于福建台资分布格局中的第三梯队,对台资的吸引力度有限。南平在发展对台经贸方面始终存在特色不够突出、步伐相对较慢、平台不够完善等问题。从两地经贸合作的实践看,农业合作尚缺乏规划,农业品种的引进存在一定的盲目性,农业技术的交流合作不够充分;旅游开发集中于武夷山地区,借助武夷品牌扩展辐射范围的效果还不明显;文化交流不够深入,"五缘"优势有待进一步的挖掘和营造;产业聚集能力相对薄弱,产业配套及服务相对滞后,与台湾的产业承接不够紧密;金融合作相对滞后,对两地经贸合作的金融支持相对不足。这些问题的存在无疑对南台经贸关系的发展构成了现实的挑战。

四、推进南平对台经济关系合作的思路

（一）发挥优势，深化对台农业合作

南平境内生态环境良好、农业资源丰富，具有发展农业生产的优越自然条件，是福建省最大的商品粮基地和林业基地。因此，南平在今后的对台经贸工作中将进一步发挥农业资源优势，继续以对台农业合作为重点，积极遵循"优势互补、互惠互利、共同发展""同等优先、适当放宽"的原则，主动承接台湾现代农业，把闽北建成海峡两岸农业合作的示范基地和向中国南方内陆腹地转移台湾农业技术、品种的中转基地。具体而言有以下几点思路：

1.建立海峡两岸（南平）农业科技协作交流中心。台湾农业应用科技和加工技术水平较高，科研资金充足，南平农林科研基础较扎实，农业产业升级的需求和潜力巨大，两地开展农业科技合作与交流有着良好的基础和广阔的前景。该交流中心可以设在南平市，以"一所二校"（即南平农业科学研究所、福建林业职业技术学院、南平农业学校）为载体，以十县市良种场及国有农场为基地，通过学术交流和协作攻关项目等形式开展海峡两岸农业技术交流与合作研究。其交流合作的重点是：台湾优质米、水果、蔬菜、花卉、淡水鱼虾、食用菌等农业优良品种的引进示范，果、茶、竹等经济林的先进栽培技术及产期调节技术的引进示范，水产、畜牧的集约化养殖技术的引进示范，绿色食品的生产管理及高新加工技术的引进合作及林产品高新加工技术的引进合作等。

2.积极争取建立台湾农民创业园。创建台湾农民创业园，让南平本地农民承接台湾农业的生产环节，是发挥两地农业优势的有效模式，也有利于台湾农业生产理念和技术在南平农业生产领域的传播和辐射以促进南平农业生产的发展。因此，要鼓励当地农业龙头企业、农村合作经济组织与台湾工商业、农民协会加强协作，鼓励台湾农民到闽北投资创业。先期可将武夷山闽台农业合作示范园区作为试点，将其建成台湾农民创业的集中区。可喜的是，在最近几年出台的政策中，南平在积极优化台胞的创业环境、鼓励创建台湾农民创业园方面进一步加大了力度。有关规定指出，被评定为省级及以上台湾农民创业园的，除享受省级台湾农民创业园政策外，由市、县两级财政分别给予100万元一次性补助。此外还规定，支持台胞依托土地流转经营平台等参与农村土地流转经营，使用期限可按国家规定年限签约，到期后可优先续约。台资农业企业、台胞个体工商户可按省、市农业保险有关规定参加农业保险，享受市、县两级财政保费补贴，台商投资的农业设施、农作物等可列入保险范围。

3.建设闽台绿色食品加工合作示范区。南平得天独厚的生态环境是发展绿色农业的巨大优势。南平适宜开发为绿色食品的物产十分丰富,包括粮油、干鲜果、茶叶、瓜菜、畜产品、水产、食用菌、笋制品、中药材及饮料等10多个系列的几十个品种。近年来,南平践行绿色发展理念,助力无公害、绿色、有机产品获得相关认证。截至2018年,全市农业累计获得有效"三品一标"的产品有713个,49家企业158个产品通过有机食品认证。其中,76家企业的128个产品通过绿色食品认证,254家企业的427个产品通过无公害农产品认证。南平正在大力实施"武夷品牌"建设工程,设定"安全、绿色、生态、有机"作为准入门槛。编制完成了63个品类的农产品标准体系,基本覆盖全市"名、优、特"农产品各生产环节。而台湾具有世界先进水平的食品加工无菌包装技术、挤压技术、放射处理技术、逆渗透技术、真空技术等高新科技和精湛的加工工艺,在国际市场已建立较完善的营销网络。加强两地绿色食品加工合作,有助于充分发挥南平的绿色农业资源优势及台湾的技术和市场优势,迎合公众对绿色食品的需求,市场前景广阔。

4.开发建设两地农业合作功能区。第一是特色农业合作区。名优茶叶、珍稀食用菌、保健笋竹、各类药材等都是闽北独具特色的产品,并有一定的产业基础。可以引进台湾的资金、技术、加工设备,合作开发以现有闽北特色产品为基础的特色农业合作区,如建立集蛇类养殖、加工、观光、销售为一体的蛇产业合作基地,以原木赤灵芝、竹荪为代表的食用菌生产加工合作基地,以泽泻、薏米、杜仲为代表的名贵药材生产加工合作基地等。第二是现代农业合作区。以延平王台、邵武大埠岗、建瓯小松、武夷山五夫等综合园以及茶叶等若干个专业园为平台,主动承接台湾现代农业新理念、新技术、新种苗、新机具和新产业的转移,促进与台湾农业的深度对接。第三是农业机械生产合作区。南平是福建的老工业基地,农业机械生产有良好的基础,又是典型的丘陵山区,是开展山区轻型农业机械试验示范的最佳场地。台湾山区轻型农用机械的研制与生产在国际上比较先进。因此,建设农业机械生产合作区,加强两地农械研制与生产机构合作具有较强的现实意义。第四是创意农业合作区。台湾农业已从传统模式向现代创意模式转变,即通过有效利用自然、文史资源,将传统农业发展为融生产、生活、生态于一体的现代农业。南平的地理环境与台湾相近,旅游资源丰富、生态环境良好、历史遗迹数量众多、民间习俗丰富多彩,具备借鉴台湾经验发展创意农业的有利条件。

(二)抓住机遇,拓展旅游合作平台

旅游业是南平的特色产业和优势产业,武夷山品牌是南平最大的无形资产,推进两地经贸合作要以旅游为载体,积极构建旅游经济协作区,以旅促商。

1.加强武夷山"双世遗"品牌建设。积极争取武夷山国家旅游度假区扩区,加大武夷山品牌传播力度,努力使其成为世界性的旅游品牌;突出武夷山生态、景观和文化个性,加快旅游产业规划和基础设施建设,加强旅游产品和旅游商品设计和营销策划,努力使自然与人文、传统与现代、区内与区外相互衔接、有机融合,不断提升武夷山品牌的内涵。

2.加快构建大武夷旅游经济圈。不断推动旅游业与其他产业整合发展,增强旅游产业带动和渗透作用,将"旅游＋"作为推动大武夷旅游转型升级的重要途径,延伸旅游链条,提升旅游综合效益。形成"山、水、茶、学、休、体"等多元的旅游产品体系,树立起包括文化旅游、体育旅游、农业旅游、研学旅游等的独具武夷山特色的旅游品牌。

3.利用武夷山机场直航台湾的便利条件,深化武夷山—阿里山对接,加强两地旅游部门在互通旅游资讯、互推旅游产品、互送旅游客源、互拓发展空间、建立互访机制、制定互惠政策等方面的交流合作。

(三)文化为媒,推动双方经济合作

南平与台湾历史渊源深厚,可以借助文化纽带,增进了解,招商引资。

1.大力弘扬朱子文化、齐天大圣文化、郑成功文化、樟湖蛇文化、黄峭文化、游酢文化等,加强南台宗亲民俗交流,使闽北成为台胞来闽寻根谒祖、民俗信仰拜谒、探亲访友的重要区域。

2.挖掘和培育南词、建瓯挑幡、邵武三角戏、政和四平戏等民间特色传统文化,加大对建阳雕版印刷、建盏陶瓷、浦城剪纸、"湛庐三宝"等特色文化产品的研发与包装,组织举办对台文化艺术交流展示活动。

3.每年在武夷山举办海峡两岸茶业博览会,以海峡两岸茶博会、武夷山国际禅茶文化节为载体,推动与台湾的交流与贸易。例如,2018 年在第十二届海峡两岸茶业博览会上,南平市共签约合同项目 27 项,总投资逾 90.17 亿元。

参考文献

三明市统计局、国家统计局调查队:《三明统计年鉴(2018)》,中国统计出版社 2018 年版。

南平市统计局、国家统计局南平调查队:《南平统计年鉴(2018)》,中国统计出版社 2018 年版。

龙岩市统计局:《国家统计局龙岩调查队.龙岩统计年鉴(2018)》,中国统计出版社 2018 年版。

福建省统计局:《国家统计局福建调查总队.福建统计年鉴(2018)》,中国统计出版社 2018 年版。

《三明简介》,三明市人民政府网：http://ml.gov.cn/sq/201906/t20190624_1309770.htm,[2019-06-01]。

《闽西打造"海峡客家"品牌推进龙台合作》,福建省情资料库：http://www.fjsq.gov.cn/fjSituationDetailPage.aspx? key＝a20717723e4d4425b4fd8d5ec2d8741f,[2015-10-26]。

《改革开放铸辉煌 龙岩发展谱新章——改革开放40年福建发展成就系列分析之二十一》,福建省人民政府网：https://tjj.fujian.gov.cn/ztzl/ggkf40/201809/t20180912_4512009.htm,[2018-09-12]。

《龙岩市台资企业发展势头良好累计注册340家》,海峡网：http://www.hxnews.com/news/fj/ly/201807/23/1572918.shtml,[2018-07-23]。

《林博会,以种种新展示风采》,浙江省林业局网：http://www.zjly.gov.cn/art/2018/11/2/art_1276367_22990866.html,[2018-07-23]。

《三明市人民政府关于印发三明市主动融入闽西南协同发展区建设行动计划(2018—2020年)的通知》,三明市人民政府网：http://xxgk.sm.gov.cn/smsrmzfbgs/smsrmzf/zfxxgkml/ghjh/201901/t20190104_1255692.htm,[2019-01-04]。

《福建龙岩发布46条措施深化对台经济文化交流合作》,中国台湾网：http://www.fj.taiwan.cn/news/201810/t20181015_12100822.htm,[2018-10-15]。

《三明市人民政府出台政策鼓励和支持台湾青年来三明创业就业》,三明侨报：http://www.sohu.com/a/159980856_748340,[2017-07-25]。

《台湾青年点赞三明台湾青年创业基地》,三明市人民政府网：http://www.smnet.com.cn/sczt/p/29864.html,[2018-04-09]。

《首届南平旅游产业发展大会今开幕,台湾参展商力推武夷山旅游》,福建网络广播电视台：http://www.fjtv.net/activity/qingxinFJ/folder2595/2017-12-29/1387885.html,[2017-12-29]。

《【31条在南平】南平市出台促进南台经济文化交流合作的若干措施(全文)》,中华全国台湾同胞联谊会网：http://tailian.taiwan.cn/ztzz/31t/zc/201902/t20190226_12142557.htm,[2019-2-26]。

陈建华：《吸引更多台湾同胞 到闽北追梦》,南平市人民政府网：http://www.np.gov.cn/cms/html/npszf/2019-03-22/1020462746.html,[2019-03-22]。

《南平概况》,南平市人民政府网：http://www.np.gov.cn/cms/html/npszf/2018-10-02/869606221.html,[2018-10-02]。

《龙岩概况》,龙岩市人民政府网：http://www.longyan.gov.cn/sqk/lygk/201808/t20180809_1298114.htm,[2019-03-13]。

第五章　闽台经济关系特点

第一节　闽台资源和产业互补

自然资源与经济资源的不同是地区间经济合作的重要前提。研究闽台资源和产业方面的互补特点，了解哪些产业在台湾不易发展，而在福建或其他地区有发展优势，两岸哪些产业可以在上、中、下游产业之间进行联合等，充分发挥分工协作的作用，对促进两地经济的发展均具有非常重要的意义。

一、闽台资源的互补性

海峡两岸的自然资源和经济资源具有很强的互补性。一方面，台湾由于没有庞大的腹地与资源供给，从而制约了一些产业的进一步发展与扩张；而福建则具有相对广阔的土地、丰富的矿产、劳动力、市场等资源。另一方面，台湾的资金、技术又是福建所急需的。

（一）土地资源

福建省土地面积为 12.14 万平方公里，漳厦、福州、莆仙和泉州等沿海地区有较大的平原。而台湾面积不及福建省的 1/3，且多高山，土地资源紧缺，工业用地的价格比较昂贵，这使得台湾不得不向外转移工业。福建与台湾一衣带水，为台湾转移工业提供了条件。

（二）人力资源

福建劳动力资源丰富，有大量来自四川、江西、贵州、湖南、安徽等省的外省劳动力，劳动力价格与台湾相比非常低廉。而台湾岛内的劳动力十分紧缺，台湾的劳动密集型和次劳动密集型企业都有迁往岛外寻求廉价劳动力的愿望，福建由于地缘、血缘、亲缘的关系，就成为台湾企业投资的良好选择。

此外，祖国大陆的科研力量较强，人才众多，台湾企业在大陆聘用专业人才也比台湾岛内合算得多。争夺廉价人才也是台湾企业到福建投资的重要原因之一。

(三)市场资源

祖国大陆有近 14 亿的人口,是一个巨大的市场,而台湾 2000 多万的人口市场当然难以和祖国大陆相比。在福建投资可以使台湾的企业更有利于进入大陆的广大市场。随着福建基础设施建设的逐步完善,福建走向国内市场的交通障碍已大大缩小。

(四)矿产资源

福建和台湾自然地理条件相近,但矿产资源有明显差异。福建省矿产资源丰富,目前已发现有多元素矿藏 116 种,4800 处矿床、矿点,其中大、中型矿床 100 多处。已探明储量的 70 种矿产中,钨、石英砂、铸型用砂、叶蜡石、高岭土、萤石、明矾石、石灰石、压电水晶、花岗岩等 14 种名列全国前五位,具有良好的优势。台湾则在金、银、大理石、滑石方面相对丰富。矿产资源流向将表现为福建向台湾流动,并主要集中在非金属和部分稀有金属矿产上。台湾在花岗石、砂、叶蜡石、高岭土、石灰石方面,大部分靠进口。如果福建这些矿产品能够出口至台湾,对台湾来说,将会因距离大大缩短而减少运输费用,这对闽台双方都有利。

另外,台湾的水泥业与石化中上游产业受到资源的很大限制,而市场对水泥的需求又不断增加,迫使其将目标投向大陆。福建山地多,沙石资源丰富,可以在保护与改善环境的基础上进行沙石的综合开发,向台湾大量输出,实现资源的互补。

(五)海岸与港湾

福建海岸曲线长度 3324 公里,占全国海岸线总长的 18.1%,居全国第三位,沿线可建 5 万～10 万吨级以上的特大型港口 7 处,较大港湾 22 处,可建万吨级以上深水泊位 100 多个,其中沙埕港、三都澳、罗源湾、湄洲湾、厦门港和东山港可建 5 万～10 万吨级深水泊位。台湾与福建仅一水之隔,也有漫长的海岸线和较好的港口资源。1997 年初海峡两岸代表在香港经过磋商,就福州、厦门与高雄之间的船舶试点直航问题达成了共识,允许高雄港发出的台轮向大陆直航,我国外交部决定福州、厦门两港区作为两岸直航口岸。1997 年 4 月 19 日,福州、厦门两港与台湾高雄港之间的试点直航开始启动,两岸 6 家轮船公司 12 艘挂方便旗的船舶陆续投入营运。2000 年 3 月 21 日,台湾"立法院"通过《离岛建设条例》,该"条例"规定,在台湾本岛与大陆地区全面通航之前,将以"一区一港"为原则,采"定点、定期、定线"的方式,先开放金门料罗港至厦门和马祖福澳至福州的通航,通称"小三通"。2008 年 12 月 15 日,两岸"三通"正式全面启动,两岸空运直航、海上直接运输投入营运。2019 年 1 月

19日,台湾高雄至福建平潭海上货运直航首航,货运时间从之前的两至三天缩短至9小时。这条航线的开通对高雄今后经平潭通过高铁连接大陆各地,构建海铁联运物流通道意义重大。

(六)旅游资源

福建旅游资源十分丰富,全省有武夷山自然与文化"双遗产"、福建土楼世界文化遗产、泰宁大金湖世界地质公园、两个国家级旅游度假区、7个中国优秀旅游城市和众多的风景名胜区,尤其是众多的宗教文化胜迹,如湄州妈祖庙等,在台湾有众多的分庙和信徒,对吸引台湾游客有广泛的基础。

台湾虽小,但旅游资源也相当丰富。由于历史原因,台湾旅游资源品牌的名称与大陆不一致,但仍能表现出台湾的重要旅游资源情况。台湾有7个"国家公园"、14个"国家风景区"、27个森林游乐园、1个特色小镇、39个主题乐园,还有50多个已经开发的温泉旅游点。台湾著名的阿里山、日月潭、郑成功庙、高山族风情等胜迹、物产、民俗等也为台湾吸引大陆的游客创造了良好的条件。加上闽台仅一水相隔,距离最近,将成为加强两地间旅游往来的优势。

(七)资金

由于台湾经济起步较祖国大陆要早20多年,因而其资本积累已达到相当规模,台湾2300多万人口,拥有的外汇储备与近14亿人口的大陆相近,在资金上具有对外投资的优势。

随着海峡两岸交往的不断扩大,福建率先成为台商到大陆投资的热点。为了推进两岸经贸关系的发展,加快我国改革开放进程,1989年5月,国务院正式批准厦门杏林地区、海沧地区及福州马尾经济技术开发区未开发部分为台商投资区。1992年到2012年间,国务院陆续批准设立厦门集美地区、漳州、泉州台商投资区。截至目前,国务院批准的6个台商投资区,全部在福建省。台湾已成为港资之后福建吸引境外投资的第二大资金来源。台商投资区充分发挥福建对台交往优势,通过建设两岸经贸合作紧密区域,吸引台商和台湾优秀人才前来创新创业,成为构筑两岸交流合作的重要平台。2018年福建新批台资项目比增22.5%,实际使用台资约占大陆的19%,新批台资项目和实际使用台资分别居大陆第1位和第2位。

(八)技术

在福建,以劳动密集型为主的传统产业仍占主导地位,工业技术水平与台湾相比还有一定的差距。从目前全球经济发展看,高科技产业是全球经济发展的方向,福建也必须将高科技产业的发展作为未来经济发展的主要目标。台湾在技术产业发展过程中的经验是可取的。从20世纪80年代开始,台湾就确立了以信息产业为核心的高科技产业发展策略,通过各种优惠措施吸引海外技术产业与人才的进入与投资,顺利实现经济结构的调整,如今技术产业已取代传统的劳力密集型产业成为台湾经济发展的新兴支柱产业。福建也必须走这一条道路,要将科技产业的发展作为重点。特别是要发展具有地方资源优势、闽台合作潜力大的产业或项目,如农业生物科技、海洋资源开发、信息产业等。

二、闽台产业的互补特点

福建和台湾分别处于世界经济产业升级、产品换代的不同历史阶段,两地在产业结构上存在着较大的差异。福建的工业化尚未实现,以劳动密集型为主的传统产业仍占主导地位;台湾的支柱产业是高新技术产业,第三产业已成为其位居第一的产业,两地间在产业结构上相差了一个层次,在产业、产品间具有很大的互补性。

具体来说,台湾与福建的产业互补性体现在农业、石化工业、电子信息业和旅游等产业上。

(一)农业

福建是两岸合作交流的前沿阵地,与台湾农业合作的条件得天独厚。近年来,两岸农业合作优势互补,正日益成为闽台交流的重要领域。两岸气候相似、农作制度相通、作物品种相近,为合作提供了前提条件。同时,闽台两岸的农业又有着很强的互补性:第一,资源互补。如前所述,台湾地狭人稠,农业资源短缺,环境污染严重,劳动力少,农业成本高,但资金、技术优势明显;福建特别是闽西、闽北、闽东农业资源丰富,劳动力充裕,但资金投入相对不足,农业技术水平相对落后,产前、产中和产后各环节的效率还比较低,农业外向型经济刚起步,二者合作相得益彰。第二,产业互补。两岸农业分别处于不同发展阶段,虽然双方都面临着产业转型升级的问题,但层次不同。台湾农业受资源和环境的制约,致力于发展以高新技术为中心的新兴产业和精致农业,需要转移传统的种养业和加工业;福建农业结构较单一,专业化、规模化、机械化水平低,管理相对滞后,接纳台湾农业产业转移既有其重要性又有较大的空间。第三,市场互补。台湾农业是双重性的外向型农业,既依赖出口,如猪、鸡、鱼、花卉等产品,又依赖进口,如饲料、牛肉、牛奶等;福建既可向台湾出口紧俏的农产品,又可为台湾的农产品提供广阔的市场。

闽台农业合作交流,是福建农业的一大特色,也是两岸农业合作交流的亮点。台湾农业较早步入集约化、精致化、创意化、生态化发展进程,在与制造业、服务业融合方面也具有较为丰富的经验。福建省充分发挥近台优势,借鉴台湾现代农业发展经验,在农业相关领域取得了明显成效。福建在启动两岸农业合作、建立海峡两岸农业合作实验区、举办两岸农业合作交流展会、零关税进口台湾农产品、双向开展两岸特色乡镇交流等方面先行先试,使得福建对台农业交流合作在全国处于领先地位。截至2018年年底,全省累计批办台资农业项目2681个,合同利用台资39.5亿美元,农业利用台资的数量和规模继续稳居大陆各省(市、区)首位。

2005年,福建在漳州漳浦率先开展创建台湾农民创业园试点;2008年2月,漳平永福台湾农民创业园成立。与此同时,台创园在全国重点区域推广,目前全国已有29个国家级台湾农民创业园。各大台创园充分发挥当地农业资源优势,大力发展特色农业。其中福建省以拥有漳浦台湾农民创业园、漳平永福台湾农民创业园、莆田仙游台湾农民创业园、三明清流台湾农民创业园、泉州惠安台湾农民创业园、福清台湾农民创业园6个国家级台湾农民创业园位居大陆之首。台湾农民创业园的设立开创了两岸农业合作的新型模式,是提升两岸农业合作的重要举措。实践证明,园区的设立和发展,有利于两岸农业转型升级,有利于为台湾农业产业转移升级提供广阔的空间,有利于实现两岸农业资源互补。

目前,闽台农业正在发挥合作互补优势,已形成包括贸易、投资、产业合作、技术交流等多面向,覆盖种植业、养殖业和农产加工、休闲农业等多业态的宽领域合作格局。

（二）石化工业

闽台石化业在产品、技术、市场等方面均有较强的互补性。石化业是台湾的强势产业,经过40年的发展,已成为岛内上中下游整合最完整的产业,在国际市场上有很强的竞争力。但近年来台湾的石化中上游产业受到资源、环境保护、土地、工资等因素的困扰,不仅下游产业加速外移,中、上游产业也面临原料短缺、市场竞争加剧的局面,出现大规模外移趋势。台湾石化产业已由"黄金时代"开始步入发展瓶颈阶段。这为福建吸引台湾石化业的投资与闽台合作提供了机会。福建石化产业在人力资源、土地资源、海岸资源等方面与台湾石化产业有着很大的互补性。福建海岸线长3324公里,可建10万到30万吨级泊位的岸线资源居全国首位;有港湾125个,且多数海港口阔水深,其中可供建设50万吨级泊位的港湾有7个,占全国20%,形成了福建石化产业潜在的成本优势。

闽台石化产业合作的产业链逐步向深度延伸。石油化工产业方面,漳州古雷炼化一体化等项目正加紧推进,台湾奇美、国乔化学在古雷石化园联合投资建设年产 45 万吨 ABS 及 AS 项目已经开工建设,闽台石化产业合作项目带动福建石化产业链延伸转型。

（三）科技行业

1.信息产业。台湾电子信息产业起步早,发展成熟,是台湾经济的支柱产业。在产品结构上已经向高附加值成品的生产钻研,硬件具有较强的国际竞争力,产业技术水平高,部分技术甚至已达世界水平。但台湾侧重产品开发研究,基础研究则比较薄弱,自主创新能力低,发展后劲不足。相比而言,福建信息产业起步较晚,承接台湾产业转移后得到较快发展,正处于成长期。从产品结构看,产品以消费性电子产品为主,硬件占主要地位,但技术层次低,未掌握核心技术。不过,福建注重技术的长期效应,对基础研究较为重视,尖端科技和科研成果在世界上具有一定地位。如果闽台的基础研究与应用研究能够有效结合起来,一定能大大提高各自电子信息产业的技术水平与市场竞争力。另外,台湾电子信息产业呈"两头在外"的发展模式,即研发技术来自经济发达国家,产品远销海外,产业外向度高,受国外市场影响大。近年来,由于国际经济发展势头放缓,市场需求大幅下调,再加上台湾劳动力工资上涨、土地资源稀缺等,台湾电子信息产业尤其是消费类产品的国际市场逐渐萎缩。福建产品内销占较大比重,而国际市场的开发则较弱。如果闽台加强合作,一方面台湾可以在福建设厂,提高其产品竞争力,开拓广大大陆市场;另一方面福建可以吸收台湾营销经验与技术,扩大国际市场。联芯、华佳彩、福联等一批重大台资项目先后落地福建,有力地促进了福建集成电路、新型显示器等新一代信息技术产业的做大做强。

随着 5G 移动通信时代脚步的临近,世界主要国家和地区均竞相部署 5G 战略,力争引领全球 5G 标准与产业发展。放眼国内,抓住 5G 发展新机遇,加快培育新技术、新产业,驱动传统领域的数字化、网络化和智能化转型升级,已经成为拓展经济发展新空间、打造未来国际竞争新优势的关键之举和战略选择。福建与台湾信息产业的发展,在产业类型、技术创新、发展模式等层面,都有其各自的特点,也有着各自不同的优势,在技术、资金、管理、市场、人才等多方面的合作互补空间很大。台湾在物联网应用方面走在前面,有较为完整的技术和管理体系,福建省在"数字福建"方面起步早,积累了较多发展经验,双方可以借鉴成功发展经验,通过交流,取长补短,进一步扩大两岸之间的合作规模,达到强强联合。闽台民间的技术文化交流也为福建省加快数字经济建设提供了难得机遇和广阔空间。在数字经济的大潮中,福建扎实推进互联网与经济社会各行业各领域的深度融合,进一步加大闽台之间的数字城管、平安城市、社保助手、智慧旅游、掌上医院、车翼网、智慧校园、蓝天卫士等信息化产品的应用与融合,为各行业提供了丰富的信息化解决方案。要实现"数字福建",对于网络速度和网络承载能力,都有很高的需求。为了更好实现城市的数字化转型,以及实现其他行业的智慧化转型,闽台科技界可以在智慧城市合作上共建生态圈,为建设智慧城市提供服务。两地应着手信息产业的对接和整合,促成结构性互补,以利于闽台优势的进一步融合。

2.机电行业。两岸电子信息及先进制造业等机电产业是当前两岸经贸合作主体,投资合作贸易规模逐年扩大,体现了两岸在该领域互补性与重要性。根据大陆统计,2017 年两岸贸易总额和大陆从台湾进口的机电产品都创历史新高,其中两岸机电产品贸易额占两岸贸易总额的 76.93%;大陆从台湾进口的机电产品占大陆从台湾进口商品的 81.13%;台湾是大陆第一大机电产品进口来源地,占大陆机电产品进口的 14.8%;大陆是台湾最大的机电产品贸易伙伴,连续 13 年成为台湾机电产品的第一大出口市场。

自 1996 年以来,机电产品出口也一直稳坐福建省第一大类出口商品的交椅,成为福建省对外贸易和国民经济发展的重要组成部分和推动力。机电产品进出口快速增长,成为福建第一大进出口商品,主要得益于福建建设海峡西岸先进制造业基地,先进制造业集聚区域初步形成,先进制造业加快发展。从主要贸易伙伴来看,2013 年台湾就已成为福建最大的机电产品贸易伙伴,而美国、欧盟依次位列台湾之后。

近年来"中国制造 2025"发展战略实施取得成效,大陆在很多高科技领域已领先世界水平,同时,还要看到大陆在智能制造发展过程中,有关半导体、光电等产业的发展相对落后,制造业基础中的核心零部件、基础原材料、控制系统等主要仍依赖进口。因此两岸合作无论是在新一代信息通信技术、人工智能芯片,还是在智能机械、智慧交通、智慧健康医疗等领域都面临重要契机。台湾在集成电路、精密机械制造、关键零组件研发生产、弹性制造和供应链管理等方面具有比较优势。无论是参与中国制造,还是参与"一带一路"建设,台企台商都有很大的施展空间。这也为闽台机电产业的合作提供了重要的支撑,开辟了广阔的前景。

(四)汽车业

台湾汽车市场趋于饱和,经营规模不足,生产成本难以降低。因此,台湾汽车业正加速对外投资。闽台汽车业合作有着良好的开端。早在 1995 年,福建省汽车集团就与台湾裕隆集团合资组建了东南汽车公司,成为两岸汽车产业合作的典范。在国内车市进入微增长的背景下,东南汽车 2017 年逆势上扬,年销量超 15 万台,同比增长近 40%,创下历史新高。2007 年,福建奔驰公司正式成立,这一迄今为止海峡两岸最大的国际汽车合作项目,已然成为梅赛德斯—奔驰轻型商务车全球生产网络的核心组成部分。

实施闽台汽车工业合作,可以借鉴台湾的经验,引进台湾资金、技术、先进的管理模式和大量优秀的零部件企业,因大陆市场巨大,闽台在汽车工业合作发展上具有很大的互补性。

近年来福建坚持新发展理念,推动新能源汽车产业高质量发展,加快"电动福建"建设,制定实施电价优惠、停车优惠、高速公路通行优惠、不限行、完善充电设施等一系列政策举措,全省新能源汽车全产业链体系基本建立,已经形成超千亿元的产业集群。目前,福建新能源汽车产品基本涵盖了所有类别,动力电池、新能源客车等技术水平处于全国前列,充电桩实现了城市主城区、高速公路服务区、5A 级景区全覆盖。宁德时代新能源动力电池出货量连续两年排名世界第一,上汽集团宁德基地新能源汽车已下线,金龙新能源客车产销量多年位居全国前列,L4 级自动驾驶巴士"阿波龙"量产落地。

闽台汽车产业合作具有坚实的基础。台湾的新能源汽车产业有着较为先进的技术与人才,海峡两岸应该密切合作,优势互补,共同发展。福建新能源汽车产业发展仍存在技术上的瓶颈,福建应发挥自己的对台优势,吸引台商台资,并增强海峡两岸之间的交流合作,博采众长,推进新能源汽车产业的发展。福建将进一步发挥对台优势,深化合作,促进优势互补、互利共赢。具体而言,福建将从三方面深化合作:

一是加强车联网领域合作。发挥福建在新能源汽车的生产、研发以及通讯方面的产业优势和台湾企业在半导体、集成芯片、光电等方面的技术优势,共同打造两岸车联网产业基地。

二是加强零部件合作。台湾汽车的零部件在国际市场上具有较强的竞争力,目前有 50 多家台资汽车零部件企业与东南汽车配套。要积极推动福建的汽车企业与台湾企业在发动机、电气信号设备、自动变速箱控制系统、底盘系统等领域加强合作,共同提升产品竞争力,共同开拓市场。

三是加强技术创新合作。进一步推动闽台企业、科研机构围绕新能源汽车关键技术联合研发、联合攻关,加快氢燃料电池、无人驾驶汽车智能系统和车载终端系统等新技术商用步伐,进一步提升闽台新能源汽车产业的合作水平。

(五)服务行业

1.旅游业。福建拓展对台旅游有很多优势:第一,福建与台湾一水相隔,两地最近距离仅 72 海里,特别是厦门至金门岛,海上航程不到 40 分钟,这为两地的旅游业发展带来了极大的方便。第二,福建是台湾同胞的主要祖籍地,台湾现有人口中祖籍在福建的占 80%,福建与台湾语言相通、习俗相同、血缘相亲、骨肉相连,具有良好的史缘、地缘、神缘、文缘、语缘、俗缘、商缘关系。第三,资源优势,这在前文中已有提及。改革开放以来,福建旅游业蓬勃发展,闽台旅游交往相当活跃,有关资料表明,福建每年接待的台湾游客占全省接待境外游客总量的 1/3,台胞已成为福建旅游市场的主客源之一。"十二五"期间福建接待台湾同胞突破 1000 万人次,经福建口岸赴金马澎和台湾本岛旅游人数 150 万人次。在《福建省"十三五"旅游发展专项规划》中,"深化闽台旅游合作"被列为"十三五"期间福建省旅游发展的一项重点任务。

福建未来将加强两岸互联互通,深化闽台旅游合作,推动福建成为海峡两岸旅游合作政策的先行先试区域、海峡两岸游客首选旅游目的地和中转地。为实现这一目标,福建谋划从四个方面发力:

一是推行闽台政策先行先试,积极争取两岸人员往来、产业合作便利化政策,推动两岸旅游大交流、大合作、大发展。福建将争取增加赴台个人游试点城市,力争实现全省覆盖;推动东山湾、澎湖湾"两湾旅游融合",争取东山、金门、澎湖三岛互通;推动平潭离岛免税政策落实,引进一批台湾知名旅游企业和闽台合作的重点旅游项目落户平潭;争取厦金旅游协作区、两马旅游合作示范区政策,分别打造厦门赴金门、马尾赴马祖游"一站式审批服务中心"。

二是构建水上"黄金通道",进一步发挥闽台海上直航、"小三通"海空联运的立体优势,提高海陆空的联运效率和便利性。目前,福建巩固发展闽台海上客滚航线,支持开辟更多连接金马澎并延伸至台湾本岛的水上航线;重点打造闽台港澳"环海峡邮轮旅游"航线,加快厦门国际邮轮母港建设,完善闽—台—港海上直航旅游线路;以"小三通+高铁"旅游产品为突破口,推进"厦门—金门、澎湖""泉州—金门""马尾/黄岐—马祖"一程多站旅游线路。

三是着眼两岸乡村、文创、修学等领域,推动闽台旅游产业深度合作。福建着力构筑闽台乡村旅游常态化、高效化合作平台,支持厦门和泉州打造文创旅游合作示范基地,推动"清新福建进台湾校园"主题活动走进更多的台湾高校。

四是推动闽台基层民众互动,以台湾基层民众和青年为主要对象,拓展闽台旅游交流互动渠道。福建将积极开展主题活动、城市旅游协作、旅游景区对接、行业协会交流等多形式合作,联手台湾业界开展串联营销;邀请台湾同名同宗乡亲到福建探访寻根、修撰族谱、宗姓联谊,促进妈祖、陈靖姑、保生大帝、开漳圣王、关帝等民间文化交流互动。

福建与台湾旅游资源既有同构性，也有差异性，要优势互补，互相吸引，加强双方的协作，互相促进。

2.保险业。保险业已成为福建经济的重要一环，与寻常百姓的生活休戚相关。虽然台湾保险业者面临着与西方国家争夺大陆市场的压力，但基于与大陆同文同种的优势，保险业是台湾赴大陆发展最有潜力的行业之一。福建经济的快速发展和良好的保险发展环境为两岸保险业合作交流创造了很好的条件。福建一直在积极探索两岸保险合作机制，不仅有序推进台资保险机构的引进，还不断扩大两岸保险人才、业务学术交流。目前，在福建保险行业工作的台籍高管达30人左右，福建保监局多次召集在闽从业的台籍高管为行业介绍先进经验。福建鼓励并支持在闽台资保险公司开展服务创新，与大陆保险企业建立良好的合作机制。近年来，福建有序推进台资保险机构入闽。目前，大陆5家有台资背景的保险公司中，已有4家在福建设立了分支机构，其中由台湾人寿保险股份有限公司和厦门建发集团有限公司共同出资设立的君龙人寿保险有限公司，以及由台湾富邦产险与富邦人寿共同出资人民币4亿元设立的富邦财险，把大陆总部设在了福建。入驻福建的台资保险企业，目前都发展得较为顺利，君龙人寿保险有限公司作为首家总部设在福建的具台资背景的保险公司，充分利用大陆股东的资源，引入先进的国际寿险管理经验，作为两岸金融合作的结晶，该公司"立足厦门，深耕福建，拓展海西，放眼全国"，已经在北京、山西、江苏等设立了10多个省级分支机构。富邦财险作为《海峡两岸经济合作框架协议》通过后第一家于大陆核准设立的台资保险公司，在母公司台湾富邦产险专业团队的支持与经营下，陆续推出多元保险商品：机动车辆险、意外伤害险、短期健康险、企业财产险、家庭财产险、货物险、船舶险、工程险、责任保险、信用与保证保险，等等。同时，福建保险业以改革创新为核心，加大了对台保险产品的开发。中国人保产险福建省分公司开发的"赴台安顺游组合保险"为大陆首款赴台旅游专属产品。中国人寿也为海西地区及金门、马祖地区联合推出的"海峡旅游景区通票"提供了配套的意外险服务。

福建将继续积极研究开发既体现岛内先进经营理念又符合大陆实际情况的保险新业务和新产品，探索建立两岸保险业信息共享和异地代勘、代赔等合作机制，加大在两岸保险业合作方面进行探索的力度，打造两岸保险合作的试验区。福建保险业将进一步增强对台湾保险业的长期吸引力，形成相互支持、共同发展的良性循环。

（六）邮政运输业

　　福建与台湾仅一水之隔,两地都有漫长的海岸线和较好的港口资源。福建港口集中于东岸,台湾港口集中于西岸,两地海港隔海相望,朝发夕至。如果两地都发挥港口优势,双方可以用最少运费、最短时间达到资源互补。2001年1月2日,闽台两地"两门对开、两马先行",率先开通"小三通"航线。2008年12月15日,两岸"三通"正式全面启动,两岸空运直航、两岸海上直接运输投入营运,大陆63个港口与台湾11个港口间构建起一条繁忙的"黄金海路",两岸全面直接通邮成为现实。截至2019年,福建沿海有厦(门)金(门)、泉(州)金(门)、"两马"(马尾—马祖)、黄岐—马祖4条闽台"小三通"航线。统计数据显示,自开通以来,厦金航线发送旅客约1900万人次,泉金航线发送旅客约130万人次,"两马"航线发送旅客65万人次,黄岐—马祖航线发送旅客逾16万人次。18年来,闽台航线已成为两岸直接往来的"黄金通道",被两岸同胞誉为两岸"通的桥梁、连的结点、合的纽带"。2008年初来大陆的大多是老人,多以探亲为主,而十年后来大陆的更多是商务人士、台青等,他们来大陆主要以工作、生活为主,两岸三通的便利更加拉近了两岸民众的心。厦航是大陆台籍乘务员最多的一家航空公司,目前有146名台籍乘务员。

　　2018年,福建出台"惠台66条",为台企台胞提供同等待遇、同等便利,受到广大台胞的欢迎。2019年2月,高雄—平潭货运航线首航成功,为闽台货运直航开辟了一条全新的便利通道。2019年3月下旬,厦门距台湾最近的口岸——翔安刘五店港区海翔码头开放试运行,这个码头成为厦门物流新的"对台桥头堡",两岸产业对接、经贸往来又有了新通道。截至目前,闽台"三通"工作取得了历史性突破,沿海港口(港区)全面对台开放,闽台海上运输、空中直航、直接通邮全面发展。"十二五"期间闽台共完成海上直航客运量超过800万人次,空中运送旅客超过400万人次;直航港口货物吞吐量破亿吨,集装箱吞吐量370万TEU。两岸邮政合作不断深化,平潭获批建设国际性邮件互换局和交换站,福州至台北货邮航空专线实现常态化运营,两岸海运快件业务实现双向直接运营。

　　未来,福建仍将发挥面向台湾的前沿区位优势,不断扩大两岸合作,积极融入"一带一路"建设,打造对台货运首选地,推动货运产业和配套服务换代升级。闽台货运发展持续不断地发挥链接两岸职能,打造合作共赢新高地,为推动闽台全面合作装上更多强劲引擎。

　　2019年1月9日,福建省人民政府办公厅印发《福建省运输结构调整工作实施方案》,提出将加快建设现代综合交通运输体系,深化闽台航运物流合作。具体包括：推进闽台物流通道建设,拓展闽台海上货运航线;积极发展对台海运快件业务,发挥厦门、平潭两岸海运快件试点城市作用,加快建设平潭对台邮件处理中心、京东厦门分拨中心、福州邮件处理中心等闽台快递基础设施项目;巩固发展客滚运输,促进闽台车辆通过滚装航线互通行驶等。

区域物流合作也将为闽台协调发展注入更多"催化剂"。在《福建省复制推广跨境电子商务综合试验区成熟经验做法实施方案》中,福建提出:将巩固台北快轮航线、对台直航闽台客货滚装、"小三通",利用台湾台北港、桃园机场及其配套公共仓及监管中心等冗余国际物流资源,发展吸引两岸或经台贸易货物、跨境海运快件从福州、平潭、厦门中转;鼓励专业货运航空公司延伸、增加对台航班;支持跨境电商快速船运航线发展,以"包船"形式拓展闽台跨境电商快速通道。

为促进经台国际物流发展,福建还将扩大采信台湾第三方检测检验结果的商品政策适用范围,加快推进跨境电商直购进口、海运快件进口;充分利用"台闽欧国际班列",服务跨境电商企业拓展"一带一路"沿线国家和地区市场。

第二节　闽台经贸往来

改革开放以来,伴随着福建省对外开放的进程,闽台经贸发展经历了从无到有、从小到大、由弱变强的发展过程。大体上经历了如下四个阶段:20世纪80年代初期为起步发展阶段;80年代后期,特别是1987年台湾当局开放台湾同胞赴祖国大陆探亲以后,直到1992年邓小平南方谈话前后,为迅速发展壮大阶段;90年代中后期开始进入较为稳定的发展时期,即使在受到亚洲金融危机的严重影响下,也保持了较高的发展水平。自2008年以来,台湾海峡两岸关系发生了重大、积极的变化,两岸关系由过去近60年的紧张对抗转而走上和平发展的新道路。2010年随着《海峡两岸经济合作框架协议》的签署,两岸的经贸关系开始进入新的跨越阶段,称之为ECFA时代。目前,两岸关系进入了一个"螺旋式"的上升阶段,这一阶段的基本特点是通过两岸关系和平发展为两岸和平统一创造条件。

闽台经贸关系主要包括利用台资和闽台贸易两个方面,其在闽台经贸关系中所处的地位和所发挥的作用、所具有的特点各不相同。

一、福建利用台资的主要特点

(一)利用台资总额位居全国前列

福建是我国较早实行对外开放的省份,面对台湾,毗邻港澳和东南亚,具有侨、台、特等诸多优势,其中以"台"的优势最为明显。一是地缘上的优势,福建与台湾仅一水之隔,与金门岛最近距离仅一两千米,与台湾本岛的最近距离也只有 70 多海里,来往十分方便;二是语言上的优势,台湾同胞中祖籍福建的占 80% 以上,大都讲闽南话、客家话,容易沟通和交流;三是宗教信仰方面的优势,台湾同胞主要信奉佛教、道教,以及妈祖、关帝君、保生大帝等民间神祇,特别是信奉福建湄洲妈祖。据了解,在台湾 2300 多万人口中,妈祖信徒占了 1000 多万,拥有妈祖庙 1000 多座。四是习俗上的优势,目前台湾风俗习惯主要是福建、广东等地的饮食习惯、节日习俗等。所有这些,都为福建省利用台资工作提供了十分有利的条件。改革开放以来,福建正是充分发挥这些优势,大力加强利用台资工作,才使利用台资工作一直处在全国前列。2018 年全省利用台资 1226 项(含第三地转投),同比增长 22.5%,居大陆第 1 位;实际利用台资 62.47 亿元,占全省实际到资的 20.5%,居大陆第 2 位。

(二)台商投资规模日益扩大,大项目增多

从 1980 年首家台资企业登陆诏安,创办"诏正水产公司"至今,台湾排名前 100 位的大企业中,约 70% 来过海峡西岸进行工商考察和经贸洽谈。例如台湾上市公司中的台塑、统一集团、东帝士、裕隆中华、中华映管集团等在福建创立的冠捷(捷联)电子、华映光电、东南汽车、华阳电业、翔鹭石化等一批台资企业已成为福建省不同行业的龙头企业。台商在福建的投资规模日益扩大,投资 3000 万美元以上的有 60 多家,其中 1 亿美元以上的有 10 多家。仅漳州后石电厂一项台塑就投资 60 亿美元,建设 6 台 60 万千瓦的大型火电机组。由台湾联华电子与福建方面合资组建的联芯集成电路项目,总投资 62 亿美元,创下福建单体项目投资金额之最。目前月产 12 英寸晶圆 1.6 万片,产品良率已达行业领先水平。在龙头企业带动下,厦门迅速形成完整的产业链,上下游配套,相关项目超过 100 个。由台湾海峡两岸医事交流协会投资 5 亿美元兴建的台湾颐和医院的建设工作正在紧锣密鼓地推进,这是福建投资规模最大的台资医院。截至 2018 年,43 家台湾百大企业在闽投资,福建实际使用台资 74.5 亿美元。

(三)投资对象趋向多样性

改革开放初期,来闽投资的台资企业大都是中小企业,不仅投资规模小(平均单项投资额仅 106 万美元)、期限短(平均年限在 10 年至 30 年),而且范围窄、技术层次低,绝大多数以劳动密集型产业为主,主要投资纺织业、制衣制鞋业、制伞业、玩具业、体育用品、小家电小五金等。随着台商来闽投资规模、领域的不断扩大,台商投资逐步扩大到精密仪器、电子、化工、汽车等技术、资金密集型产业,并出现了行业整体性转移、上中下游产业配套发展的趋势。如电子行业以冠捷电子为龙头,形成中华映管等一批行业配套企业;机械行业以东南汽车为龙头,带动30多家厂商进驻福州等。投资经营形态也更加多样化,包括台商独资、合资、合作等。部分台资企业股票也已成功上市,并朝连锁化、"扎根型"方向发展。未来两岸将共同在新兴的新能源、节能环保、生物育种、新医药、新材料、资讯产业等重点投资行业展开合作。

(四)台商投资区已成为福建利用台资的一大热点

随着海峡两岸交往的不断扩大,福建率先成为台商到祖国大陆投资地热点。为了推进两岸经贸关系的发展,加快我国改革开放进程,1989年5月,国务院正式批准厦门杏林地区、海沧地区及福州马尾经济技术开发区未开发部分为台商投资区。1992年到2012年间,国务院陆续批准设立厦门集美地区、漳州、泉州台商投资区。截至目前,国务院批准6个台商投资区,全部在福建省。

由于与台湾在地缘、血缘、文缘等方面存在密切关系,厦门在对台交流合作中扮演了不可替代的角色。厦门杏林、海沧、集美3个台商投资区的设立,为台商在厦门带来了更大的发展空间。经过十几年的发展,厦门已成为台商投资聚集地,2017年,海沧台商投资区共审批台商投资项目77个,总投资25996万美元,同比增长69.63%。2018年上半年,杏林、集美台商投资区累计完成台商投资468.15亿元,同比增长8.15%。

依托国家级福州经济技术开发区、保税区、高科技园区的政策优势和近台的区域优势,福州台商投资区吸引了众多的台商进区投资。截至目前,园区已入驻企业34家,总投资99.4亿元,入驻台商包括大同集团、统一企业、顶新集团等台湾百大企业,成为两岸贸易航运中心、两岸经贸合作的重要窗口和招商引资中心、闽台产业分工协作的重点区域和加工中转集散中心。

泉州台商投资区是福建省第五个国家级台商投资区,也是泉州国家高新技术产业开发区的主园区。目前,园区入驻台资企业41家,包括颐和医院、巨大集团、晋亿物流等,总投资87.87亿元,占全区引进项目总投资额的8.3%。近年来,泉州台商投资区以"对台招商和对台引才"为重点,努力构建台湾人才高地,截至目前,泉州台商投资区共有台湾各类人才214人,遍布73家企业。

漳州台商投资区实行以区带镇管理模式,园区作为厦漳同城化桥头堡和漳州市重点发展的四大经济增长极之一,于2014年被省政府确定为漳州市中心城市副中心,辖区内的角美镇被授予"中国乡镇之星"称号。2017年规模工业总产值700.8亿元,规模以上工业增加值175.16亿元,固定资产投资305亿元,财政总收入 33.16 亿元,位居漳州市首位。区内台资企业发展良好,台塑、统一、泰山、灿坤等 161 家台资企业入驻,投资总额 65 亿美元。全区以漳州市 1.27% 的占地面积,贡献了全市 8% 的 GDP、12% 的规模工业产值、12% 的税收、14% 的出口。

台商投资区充分发挥福建对台交往优势,通过建设两岸经贸合作紧密区域,吸引台商和台湾优秀人才前来创新创业,成为构筑两岸交流合作的重要平台。同时,通过台商投资区引进优质台资企业,有助于园区产业结构调整和优化升级,以先进制造业和港口物流业为主导,充分发挥辐射、示范和带动作用,实现福建在海峡西岸经济区建设中走在前列的目标。

(五)农业利用台资的数量和规模继续位居全国首位

闽台农业合作从引进台商从事初级农产品的小规模生产开始起步,逐步向资金、品种、技术、市场、经营管理等一揽子引进转变;从种养等第一产业,向农产品加工、运销以及旅游休闲等农村第二、第三产业发展,并已拓展到农业科教合作、农业经营管理、水土保持、渔工劳务合作等领域。农产品加工业已成为闽台农业产业合作的重点;合作区域由"两市(福州、漳州)一线(沿海)"为主向南平、宁德、龙岩、三明等内陆山区延伸。并且闽台农村基层交流也进入常态化发展时期,定期举行的"农博会""茶博会""林博会"等有力地推动了两岸基层交流。随着农业合作的全面拓展,闽台农产品贸易量也大幅增长。

台湾农民创业园有效地承接了台湾农业产业转移,是两岸农业合作领域先行先试的成果之一。台湾农民创业园始于福建,目前全国 14 个省(区、市)共建立了 29 个,福建一共有 6 个,它们是漳浦台湾农民创业园、漳平永福台湾农民创业园、莆田仙游台湾农民创业园、三明清流台湾农民创业园、泉州惠安台湾农民创业园和福清台湾农民创业园。2018 年上述 6 个国家级台湾农民创业园共引进台资农业企业 32 家,合同利用台资 5500 万美元。截至目前,全省累计已有 598 家台资农业企业入园创业,引进台资 11.1 亿美元。福建 6 个国家级台湾农民创业园在 2018 年农业农村部、国台办考评中包揽前六名,农业利用台资数量和规模均保持大陆首位。作为现代农业的窗口,福建的 6 个台湾农民创业园充分发挥当地农业资源优势,大力发展特色农业,培育了一批地方新兴特色产业。

目前,闽台农业产业合作不断深化,不断向农产品精深加工、旅游休闲等农村第二、第三产业发展。从简单的要素间合作,向产业、科技、资本合作等方面不断拓展。两岸农业合作向前推进,也带动了相关产业的发展。农产品贸易正在成为两岸贸易新的增长点,同时也带动了物流业、船运业和生冷产品运输业等蓬勃发展,这些产业是现代农业贸易体系不可分割的重要组成部分。近年来闽台农产品贸易迅速增长,福建正在建成海峡两岸规模最大的农产品商业物流集散地。

二、闽台贸易的主要特点

在台商大量投资福建和两岸经贸政策的互动下,闽台双边贸易取得了令人瞩目的变化,并呈现出以下几个方面的特点:

(一)对台经贸合作量质齐升

闽台产业实现从资金、项目向技术、管理、服务、人才等全方位交流合作拓展。以台资企业为骨干的电子、石化、机械产业加快集聚,闽台医疗健康、文化创意、现代服务业等产业合作不断加强。漳州古雷炼化一体化、新型显示器、集成电路等重大闽台合作项目加快建设,欣贺股份、东亚机械、建霖家居、宸展光电、嘉文丽等一批台资企业列入福建省重点上市后备企业名单。2017年闽台贸易总额774.6亿元人民币,同比增长18.3%,增幅创近5年新高。2018年闽台贸易保持增势,总额786亿元,同比增长1.5%。农业利用台资数量和规模继续保持大陆第一。6个国家级台湾农民创业园在农业农村部、国台办考评中包揽前六名。首家两岸合资消费金融公司——厦门金美信获批开业,在闽台资金融机构达22家。海峡股权交易中心和厦门两岸股权交易中心累计挂牌台企145家。

(二)两岸直接往来便利,合作方式取得新进展

两岸直接往来更加便利。福州、厦门率先实现赴台旅游签注自助办理立等可取政策。闽台空中直航航线航班加密,推动两岸空中航线截弯取直,台湾远东航空入驻福州机场和厦门机场。闽台通关便利化合作走在大陆前列,设立了大陆唯一的两岸检验检疫数据交换中心,福州海关推进与台湾关贸网的电子数据交换,打造ECFA原产地证书"绿色签证"通道,在平潭对台小额商品交易市场进口原产于台湾的产品试行查验结果互认等等。在健全便利的台湾商品通关模式下,台湾水果可以实现"台湾上午采摘,大陆下午上架"。福建向金门供水工程通水将为闽台能源资源互通提供范例。

厦门对台先行先试作用凸显。厦门海关开展两岸AEO(经认证的经营者)互认试点,进口试点票数和金额居大陆3个试点海关之首。率先试点直接认定、匹配认定台湾人才专业技术职务任职资格,率先支持台胞独资设立个体诊所。富邦金控入股厦门银行,成为台湾金融机构通过第三地入股大陆银行首例。大陆首个对台研学旅行基地——厦门(集美)对台研学总部正式启用。台湾水果进口量连续11年排名大陆城市第一。

平潭新一轮对台开放开发加快推进,也推出许多创新。率先在对台职业资格采信、两岸影视产业合作等领域出台一批政策措施,加快"一岛两标"和基层治理融合实践。率先采信台湾第三方检验检测机构结果。全面采认134项台湾执业资格,发布18项职业资格比对标准。启用大陆首个三合一"两岸快件中心"、全省首家跨境电商O2O商场。170名台籍建筑师、规划师注册备案,53名台籍导游、医师等执业。

培育出海交会、台交会、食交会、农订会、机博会、花博会、林博会、渔博会等海峡两岸专业展会。其中海峡论坛截至2019年已连续成功举办11届,成为两岸民间交流合作参与机构最多、活动规模最大、涉及范围最广、民间色彩最浓的嘉年华。这些展会在规模不断壮大的同时,也见证了海峡两岸同胞"共享发展机遇、共创美好未来"的生动实践,见证了"两岸一家亲"理念在经济文化领域落实的成果。

(三)引领陆企赴台潮流

两岸"三通"对于两岸关系的和平发展意义重大,但在两岸陆续实现直接双向的通航、通邮之时,通商问题还迟迟未能正常化,主要表现在两岸尚处于单向投资状态。直到2009年6月,台湾当局开放大陆企业赴台投资,使两岸由单向投资过渡到双向投资,这才标志着两岸经济关系正常化的最终实现。

2009年6月,新大陆收购了荷兰史利得控股公司在台湾地区独资的帝普科技有限公司58%的股份,成为第一家赴台投资的大陆企业。新大陆借力台湾这块"跳板",得以抢占国际市场,发现了腾飞的"好望角",成为陆企投资台湾的成功样本之一。2010年11月,国家发改委、商务部、国务院台办联合制定《大陆企业赴台湾地区投资管理办法》,进一步鼓励、引导和规范大陆企业赴台湾地区直接投资,以实现两岸经济互利共赢,推动两岸关系和平发展。随着国家政策的支持,在赴台投资的陆企中,福建企业一枝独秀。截至2017年年底,福建在台湾设立了90家(不含增资)企业或分支机构(60家企业、30家机构),协议投资额3.85亿美元。相关数据统计显示,从2011年到2016年,总计超过15亿美元的大陆资金入岛,在台湾当局迟迟不扩大开放投资许可项目的情况下,这一成果来之不易。

陆资赴台,不论是赴台投资企业数,还是投资规模,福建均走在了前面。这恰恰体现了福建独特的对台优势,以及闽台彼此间的密切联系。

(四)自由贸易试验区不断创新两岸合作机制

中国(福建)自由贸易试验区包括福州片区、厦门片区和平潭片区三个片区。自2015年4月21日挂牌以来,福建自由贸易试验区推出一系列创新举措,大胆试、大胆闯、自主改,持续建设制度"创新高地",激发市场主体活力,打造拉动经济增长"火车头",已基本形成具有福建特色、对台先行的制度创新体系,培育发展了物联网、融资租赁、跨境电商、航空维修等一批新业态。大陆首家台资油脂制造企业、首家台资独资旅行社、首家台资海员外派机构、首家人力机构、首家台资独资演艺经纪公司等,都诞生在福建自贸试验区内。

福建自由贸易试验区以准入前国民待遇加负面清单的管理模式,对境外投资实行以备案制为主的管理方式,建立对外投资合作"一站式"服务平台,构建起准入环节自由开放、注册环节便捷高效、建设环节透明优化的投资管理创新体系。同时,《中国(福建)自由贸易试验区总体方案》提出的具体任务要求就包括探索闽台产业合作新模式,在推动两岸货物、服务、资金、人员等各类要素自由流动方面先行先试,为深化两岸合作探索新的思路。截至 2018 年 5 月,总体方案确定的 186 项重点试验任务已落实 97.8%,先后推出创新举措 310 项,其中对台先行先试 71 项,全国首创 106 项。

福建自由贸易试验区不断探索对台合作新模式,已推出 74 项对台创新举措,推动两岸投资、贸易、资金与人员往来更加便利,有力地促进了两岸融合发展,并形成了大量可复制可推广经验。2019 年我国商务部公布了自由贸易试验区第三批"最佳实践案例",福建自贸试验区共有 3 项入选,分别是:

第一项,工程建设项目审批制度改革。福建自由贸易试验区厦门片区着眼于破解制约高质量发展的体制机制障碍,完善"五个一"审批体系,即"一张蓝图""一个系统""一个窗口""一张表单""一套机制",有效促进审批提速增效。通过改革,工程建设项目从立项到竣工验收所需申请材料由 373 项精简至 76 项,审批时限从 246 个工作日压缩到主流程 12～40 个工作日,实现了审批时间大幅压缩,全程无纸化网上办理。

第二项,创新不动产登记工作模式。以往群众办理不动产登记相关手续需要奔波往返多次,耗时耗力。福建自贸试验区实施不动产登记查询证明、不动产登记、房屋交易、申报纳税"四合一"工作模式,并先后推出了网页版、手机版、自助申报终端三个网上办事平台,实现不动产登记"外网申请、内网审理"的全程网络申请办理模式,实现了群众可随时随地提交申请,现场最多跑一次的积极成效。

第三项,优化用电环境。福建自贸试验区厦门片区聚焦影响用户体验的关键因素,通过完善公共电网建设提升供电可靠性、优化公共供电服务节约用电成本、推行高效服务缩减用户接电时间等举措实施改进,在自贸试验区内大胆创新先行先试,全面提升供电服务。10 千伏、400 伏非居民用户平均接电时间分别压缩至 50 个工作日、5 个工作日内。提前启动公共电源点布点工作，实现用户接入电网路径最短，节约用户投资 7000 万元。在国家能源局 2018 年上半年的供电可靠性评价中，厦门位列 52 个主要城市第 5 名。在国家发展改革委对 22 个重点城市开展的营商环境试评价中，厦门市获得第 2 名。

（五）对台金融开放先行先试

改革开放以来，福建对台金融合作走在前列，涉台金融机构加速聚集，福建为台资企业提供多元化的融资服务。闽台金融合作有不少创新成果是一个显著的体现。2008 年底，厦门银行引进具有台资背景的战略投资者——富邦银行（香港）有限公司，这是台湾金融机构借道第三地投资大陆商业银行的首例。2008 年，首家台资人寿保险机构总部获准落户于厦门。2015 年台湾合作金库银行福州分行正式对外营业，这是首家在福建开业的台湾银行大陆一级分行。2018 年 5 月，由台湾"中国信托商业银行"联合厦门金圆投资集团等发起成立的厦门金美信消费金融有限公司，成为大陆首家两岸合资消费金融公司。目前，已有 22 个台湾金融机构落户福建省，其中在闽台资银行 6 家，居大陆第 2 位。4 家台资银行在福州设立分行，台湾第一商业银行、台湾"中国信托商业银行"在厦门设立分行。涉台金融机构进驻的同时，闽台金融业务合作不断走深走实。在闽台跨境人民币清算结算规模快速扩大的同时，双方货币合作也不断加强。福建率先开展对台跨境人民币贷款业务，截至 2018 年 4 月，提款金额占大陆试点业务总量的 90％。2018 年，福建在大陆首创设立两岸征信查询系统，区内银行可以查询台资企业和台胞在台湾地区的信用信息，解决了征信难、担保难、融资难问题。

三、精准施策，进一步畅通闽台经贸往来

新形势下，福建作为两岸经济社会融合发展的先行区功能更加突显。但闽台经贸合作存在结构性瓶颈，在闽台企总体上产业链不配套、集聚效应不强，必须实现转型升级。2018 年海峡论坛期间，《福建省贯彻〈关于促进两岸经济文化交流合作的若干措施〉实施意见》正式公布，扩大闽台经贸合作占据重要篇幅。台资企业在闽设立研发平台可予以补助，可参与福建省高速公路、轨道交通、港口运输等公共服务领域的特许经营项目等诸多利好出台。为促进闽台经贸合作畅通，推动闽台经贸发展迈上新台阶，下一步福建将在以下领域重点发力：

（一）加强重点产业对接

一是突出"增芯强屏"。深化闽台集成电路合作，依托厦门联芯、莆田华佳彩等龙头骨干企业，推动台湾企业投资配套产业，延伸带动设计、封装、测试和智能终端等上下游产业集聚发展。二是完善石化产业链。充分发挥福建市场和物流优势,以古雷炼化一体化项目为龙头,吸引台湾石化中下游企业落户,生产精细化工产品,弥补福建石化产业链中下游产品竞争力不强的短板。三是加强机械产业合作。以智能制造为核心内容,加强闽台数控机床、智能生产线等合作,促进福建智能装备产业发展。

(二)深化现代服务业合作

一是加强闽台物流合作。发挥厦门、平潭两岸海运快件试点城市作用,积极发展对台海运快件业务,提升对台邮件快递中转集散能力;鼓励台湾海空海运、物流企业来闽设立电商物流企业,联合打造跨境电商物流服务平台。二是促进养老照护合作。借鉴台湾健康照护产业发展经验,推动闽台健康产业共赢发展,支持台湾长庚养生村等来闽设立健康照护和养老机构等。三是加大闽台金融合作力度。鼓励台湾金融机构前来投资设点,推动在闽台资银行分行增资扩股,拓展新业务。

(三)促进闽台经贸合作畅通

一是建立闽台通关合作新模式。完善两岸检验检疫数据交换中心功能,推动闽台国际贸易"单一窗口"通关数据信息互换;支持闽台海铁多方式联运,为台湾地区货物经台闽欧班列出口提供通关便利。二是建立集成化快速通关模式。对入境货物中原产于台湾的商品采取"先报、预核、后补"便利模式,实现货物到港后检验检疫"零等待";增加对进口台湾商品实施检验检疫"源头管理、快速验放"的种类。三是推动台资企业公平参与福建各级政府采购。支持将台资企业纳入政府采购的征集范围,各级政府对采购在闽台企生产的产品与内资企业同等对待。

(四)加强闽台园区载体合作

创新开发区特别是台商投资区管理体制和运行机制,打造闽台产业合作转型升级平台载体。支持台商投资区成立运营公司,实行市场化运作,与台湾有品牌实力的企业合作,开展公司化招商、产业链招商以及第三方招商,引导台资企业集聚发展。发挥泉州综合保税区政策优势,深化闽台产业链、价值链和供应链合作,开展闽台加工制造、研发设计、物流分拨、监测维修和销售服务等合作。

(五)发挥自贸试验区引领作用

一是提升投资便利化水平。推进台资企业资本项目管理便利化,积极争取国家外汇管理局支持,将在福州、平潭片区试点执行的台资企业资本项目管理便利化政策推广到全省台资企业;依托"福建省征信业务综合平台"上线运行"台湾地区信用报告查询前置系统",全面开展台企台胞征信查询业务;支持将海峡股权交易中心建成服务台资企业的专业化区域性股权市场。二是积极开展"一区两标"试验。积极争取在平潭设立两岸职业资格认证与考试服务中心,推进构建完备的两岸执业资格对接、备案、采认、考核、培训、监督管理机制。三是开展两岸标准等效性认证。率先开展两岸儿童塑胶玩具标准研究,开发海峡两岸食品产品指标查询比对系统,启用"福建省检验检疫标准信息共享系统"。

(六)加大政策支持力度

落深、落细、落实惠台政策,推进"惠台31条"和"惠台66条"落地见效,扩大政策宣传覆盖面和受惠面,协助企业用好用足用活政策。支持企业拓展闽台市场,将台北国际食品展、台北佛事用品展、海峡两岸宜居城市及生态产品展、台湾国际水展、台湾两岸电子信息暨自动化设备展、台湾纺织服装展等展会纳入省级重点支持展会。

第三节 闽台金融合作

近年来,两岸经济交流与合作的规模不断扩大,领域不断延伸,层次不断提高,两岸经济关系正加快走向正常化、制度化和机制化。然而,与两岸经贸往来的迅速发展相比,为经贸活动配套服务的两岸金融合作仍较为滞后,加强两岸金融合作试点,推进两岸金融合作的迫切性日益凸现。福建与台湾地缘相近、血缘相亲、文缘相承、商缘相连、法缘相循,且对台金融合作开展较早,积累了丰富的经验和丰硕的成果,具备开展对台金融合作试点的诸多优势。但相对闽台经贸合作的速度和深度,闽台金融合作还处于起步阶段,并面临着诸如两岸金融业开放不对称、两岸投资处于"单向或有限的双向状态"、相对外资开放的不对称性及金融监管难度加大等方面的挑战。同时,大陆提出了一系列深化金融改革、推进法制建设及推动"一带一路"建设的措施,两岸金融合作由此迎来了新的历史机遇。福建省厦门、泉州、平潭等区域金融改革的深化,福建积极融入"一带一路"建设,福建自贸试验区对台定位等均为闽台金融合作的深化创造了条件。

一、闽台金融合作历程

(一)货币兑换方面

1988年中国银行厦门分行、福州分行与马江支行率先开办了新台币兑换人民币(外汇券)业务,但这一时期的兑换业务仅限于中国银行内部挂牌收兑新台币现钞,不办理新台币现汇兑换,也不办理新台币现钞、现汇的卖出和支付业务。经国家外汇管理局和银监会批准,2003年12月,福建福州、厦门、漳州、泉州、莆田5个地区的中国银行分支机构在实行新台币兑入业务的基础上,办理一定范围的新台币现钞的兑出业务,福建成为当时大陆唯一的新台币兑出业务试点地区。2005年11月1日,国家外汇管理局福建省分局公布实施《福建省对台湾地区旅游外汇管理暂行办法》,对对台旅游外汇收支、购汇、付汇及账户等的开立或使用进行了规划。随即,中国人民银行同意福建省旅行社与台湾地区旅行社开展业务往来时,以可自由兑换货币或以人民币进行结算;允许台湾地区旅行社和从事对台小额贸易的台湾贸易机构在福建省内各商业银行开立人民币临时存款账户,用于日常团费结算及从事其他合法经营活动。2009年5月《海峡两岸金融合作协议》出台后,新台币兑换业务的推进明显加快。2009年10月,中国人民银行和国家外汇管理局批复同意福建新台币兑换业务试点范围由福州、厦门等地区扩大至全省,福建的中国银行各网点均可办理新台币现钞兑换业务。2010年3月,新台币双向兑换业务在地域和机构上进一步扩大,福建的交通银行和兴业银行也获得批准,可以办理新台币现钞兑换业务。同年11月,国家外汇管理局批复同意中国银行、交通银行和兴业银行签约授权的外币代兑机构在福建省内办理新台币兑换业务;原则同意厦门银行在厦门市取得结售汇业务经营资格的分支机构,及其含签约授权的外币代兑机构,试点办理新台币兑换业务。此外,2009年厦门被纳入个人本外币兑换特许业务试点地区,2011年,厦门两家企业获准开展个人本外币兑换特许业务,两岸货币兑换渠道进一步拓展。兑换网点的增加及业务延伸面的扩大有效推动了福建新台币兑换业务的发展。截至2015年,福建省共有9家银行机构或其外币代兑机构、8家个人本外币特许兑换机构可办理新台币兑换业务,包括中国银行、交通银行、兴业银行等商业银行,以及"海峡号"高速客滚轮、厦门宇鑫投资有限公司等外币代兑机构。2015年,福建省新台币现钞兑换业务发展迅速,兑入量增长1倍多,兑出量增长超过60%。目前,福建省新台币现钞兑换业务量约占大陆总量的1/3。

(二)机构互设方面

1.银行机构互设

闽台银行机构互设情况有了一定的进展。2005年9月,中国银监会正式批复同意福建省台(港、澳)独资和合资企业向所在地的农村合作金融机构入股。福建省农村合作金融机构在严把投资入股条件的前提下,大力引进台(港、澳)独资和合资企业投资者,允许符合条件的台(港、澳)独资和合资企业的高级管理人员进入社员(股东)代表大会、理事会和监事会,参与农村合作金融机构的经营管理,在全国开创了台(港、澳)企业投资入股农村合作金融机构的先河。2008年11月,台湾第三大民营金融控股集团——富邦金控股份有限公司通过其子公司香港富邦银行以2.3亿元投资入股厦门银行19.99％的股份,成为首家间接参股大陆银行的台湾金融机构。2009年6月下旬,富邦又与福建投资集团签署协议,决定双方合资成立投资管理咨询公司,注册资金为2000万元人民币。2010年5月,福建兴业银行获大陆银监会批准赴台设立办事处,成为首家被批准赴台设点的陆资地方银行。其后,兴业银行向台湾的金融主管机关——"行政院金融监督管理委员会"(以下简称"金管会")正式递交了设立代表处的申请,但由于台湾方面要求大陆赴台设立分支机构的银行,必须此前在海外设立分支机构,而兴业银行尚无海外分支机构,因此兴业银行的申请未获得台湾"金管会"的核准。总体而言,闽台银行机构互设发展较慢。早在2001年6月台湾当局就正式开放岛内本土银行赴大陆设立代表处,世华银行等台湾商业银行通过了赴大陆设立代表人办事处的审核。目前,这些台湾银行在大陆的代表处集中于北京、上海等台商投资密集区。直至2014年,福建省出台异地支行优惠政策,才吸引到台资银行在省内设立第一家分行——台湾第一商业银行厦门分行。至此,台资银行在闽设立分支机构开始加速,截至2015年年末,共有4家台资银行分行在福建开设,分别是台湾第一商业银行厦门分行、合作金库商业银行福州分行、彰化银行福州分行以及华南商业银行福州分行。台资银行机构数量已跃居大陆各省份第4位,另有两家台资分行正在筹建中。

2.保险机构互设

保险业是台湾金融机构最早进驻福建的领域。2007年海峡两岸首家合资寿险公司——国泰人寿保险责任有限公司在福建设立分公司,之后,又在厦门、泉州、漳州等城市设立营销服务部。2008年12月,厦门建发股份有限公司与台湾人寿保险股份有限公司合资设立的君龙人寿保险股份有限公司获准开业,为首家受益先行先试政策、推行"闽台保险服务一条龙"的两岸合资寿险公司,总部设在厦门,成为福建首家涉台金融机构总部。2009年1月,君龙人寿福建分公司在福州正式开业,福建分公司是君龙人寿的首个省级分公司。与此同时,闽台产险机构合作也在加紧步伐。2010年5月,国泰产险福建分公司成立,成为进驻福建市场的首家台资产险公司。国泰产险是由台湾国泰金控集团旗下的国泰人寿和国泰世纪产险共同合资在大陆设立的第一家台资产险公司。同年9月,中国保监会批准设立富邦财产保险有限公司。该公司由台湾富邦人寿和富邦产险各持有 50％的股份,总部设在厦门,该公司是 EFCA 生效后,首家进入大陆并取得开业许可的台资保险公司,也是福建省首家法人产险机构。除此之外,福建还拥有两家具有台资背景的保险专业中介机构——咏翰(福建)保险公估有限公司和福州南山保险代理有限公司。目前,台资背景保险公司中,80％在福建设立了分支机构。这些机构主要面向台资企业、个人以及当地客户,以台资保险企业特有的经营理念和业务特色开展保险与风险防范等业务。福建省已成为台湾险企在大陆开展业务的桥头堡,其还以此为据点,将业务不断向大陆其他省份拓展。

3.证券机构互设

闽台证券市场具备互补性和合作需求。从政策上看,一直以来福建都积极支持两岸证券业的合作,支持符合条件的台湾证券机构在闽设立代表处;鼓励成立闽台合资证券公司;鼓励台湾投资基金来闽开展创业投资业务。2008 年 6 月 26 日,台湾当局出台第一批五项两岸金融松绑政策,包括开放台港股票指数型基金(ETF)相互挂牌,取消不含陆资声明,放宽境外基金投资陆股、港股的限制等,并于 7 月 4 日由台湾行政主管部门通过了《重新检讨放宽基金投资涉陆股之海外投资比率案》,开放 100％陆资持股的岛外企业在台上市,并通过开放大陆 QDII(合格境内机构投资者)来台投资台股方案,两岸在资本市场上的合作由此拉开了序幕。在两岸利好政策支持下,2008 年 7 月,台湾统一证券获准在厦门设立代表处,成为第一家在厦门设立代表处的台湾券商,主要从事咨询、联络、市场调查等活动。此后,台湾富邦证券、元富证券也分别在 2009 年 5 月和 2010 年 12 月在厦门设立代表处。近年来,福建省积极推动厦门、泉州、平潭等地设立闽台合资的证券公司。台湾富邦证券和福建投资开发集团合资成立海峡证券,分别成为泉州、平潭的第一家闽台证券公司。2017 年 1 月,在获得"金管会"的批准后,台湾统一证券与厦门金圆集团合资设立全牌照证券公司,台资企业统一证券出资 5.88 亿人民币持有 49％的金圆统一证券股份。

4.基金公司互设

2010 年 3 月,台湾统一证券公司与福建联华国际信托公司、厦门国贸集团股份有限公司合资在厦门注册成立统一兴业基金管理有限公司。新成立的统一兴业基金管理有限公司资本额为 1 亿元人民币,统一证券持股比例为 49％,主要营业项目为基金募集、销售及资产管理。2010 年 5 月,国家发改委批复同意福建省筹建海峡产业投资基金,这是海峡两岸共同发起设立的第一只基金。2010 年 7 月,首家海峡两岸合资的产业投资基金管理公司——海峡汇富产业投资基金管理有限公司经批准落户福州,该公司主要负责募集并管理海峡产业投资基金。2010年年底由国家开发投资公司、福建省投资开发集团有限责任公司、台湾富邦兴记投资股份有限公司、海峡汇富产业投资基金管理有限公司发起设立的海峡产业投资基金正式成立,该基金主要投向海峡西岸经济区的基础设施项目,高成长性、具有市场前景的项目及台商在大陆的投资企业等。2014年2月24日,厦门国际信托投资有限公司和台湾永丰证券投资信托股份有限公司合资成立的圆信永丰基金管理有限公司正式开业,成为大陆首只两岸合资证券投资基金。

(三)金融服务方面

2002年,福建中行、工行、建行和兴业银行与台湾多家银行签订代理协议,开展信用证业务。2003年,福建省商业银行开始与台湾22家银行开办两岸直接通汇业务。为提高对台金融服务水平,福建金融机构不断进行业务创新,出台了专门针对台商的金融业务,如厦门银行在2009年5月成立了台商业务部,成为大陆首家成立专项业务部门服务台商的商业银行。同时,厦门银行还与厦、漳、泉的台商协会签署了合作协议,承诺对其提供一定的资金支持。此外,厦门银行还推出"异地抵押"业务,台商可用台湾资产担保抵押,在厦门取得贷款。福建海峡银行也与近10家驻台外资银行及台湾本土银行建立了业务合作关系,同时还与台湾银行合作,成功开办了"外保内贷"银行业务。2009年8月,通过对茶树抵押贷款的探索和创新,福建农行龙岩支行与福建漳平台湾农民创业园签订了全面合作协议,向鸿鼎茶场、台品茶场、尚顺茶场三家台资企业发放1350万元低利率贷款,向台湾茶农发放30余张"惠农卡"。2010年3月,福建海峡银行宣布专项安排20亿元信贷资金,重点投放符合标准的台资企业以缓解大陆台资企业资金短缺的问题。2010年4月,兴业银行与福建省内各台商投资企业协会在福州签署全面业务合作协议,全面助力台商发展,并对符合银行授信政策且实力较强的台资企业,在贷款利率、结算费率、结售汇价格等方面予以一定优惠。为拓展台资企业的融资渠道,2009年7月31日,中国证监会核准台湾中华映管公司重组借壳闽东电机(集团)股份有限公司方案,中华映管由此成为大陆首家借壳A股上市的台资企业,并带动台资企业到大陆借壳A股上市。海峡股权交易中心于2014年专门设立台资板块,挂牌上市的台资企业增长迅速,截至2017年4月,挂牌台资企业37家,交易中心为台资企业融资21亿元,为台资企业在福建发展提供了多样化且充足的资金来源。

近年来厦门作为两岸区域性金融服务中心取得显著成效,有效推动了厦台金融合作。例如,厦门两岸人民币代理清算群建设成效显著,旨在形成立足台湾,辐射港澳,面向全球的区域性两岸人民币结算中心和资金营运中心。截至 2016 年 12 月末,已有 23 家台湾地区银行在厦门市 17 家银行开设了 44 个人民币代理清算账户,累计清算金额 784.2 亿元;同时,跨海峡人民币代理清算群辐射"海丝"沿线国家,目前已有 16 个国家和地区在厦门开立 79 个人民币代理清算账户,累计清算金额 788.7 亿元,初步形成区域资金清算中心。目前已有农业银行、建设银行、平安银行、邮储银行总行在厦门设立对台人民币清算中心。

在保险领域,由于闽台之间经贸往来及人员交流较为频繁,台商在闽投资不断增加,闽台保险合作需求迫切,闽台保险企业也正积极加强合作。如君龙人寿与台湾人寿联手推出"闽台保险服务一条龙"项目,为两岸客户带来一地买保单两地服务的效益,提升了对两岸企业及人员的保险服务品质;国泰人寿积极推动两岸异地核赔理赔工作,实现无论被保险人身处大陆还是台湾地区,均可申请理赔,享受周到快捷的服务;台湾咏翰公估公司为福建人保财险公司代理部分非车险核损业务;福建人保财险公司采用共保或再保的方式,与台湾同行携手为在闽台资企业提供服务。同时,福建保险业积极开展对台保险产品的开发,2011 年 1 月,中国人保产险福建省分公司开发的"赴台安顺游组合保险"在福州启动,这款大陆首创、福建独享的赴台旅游专属保险产品吸收了台湾等地的经验,其保障水平与台湾接轨,能够适应此后内地赴台自由行开放及游客风险保障要求不断提高等趋势。人保产险福建省分公司还与台湾国泰世纪产物保险公司签订服务救援协议,若被保险人在台旅行期间发生保险事故,可享受台湾国泰公司提供的当地快捷、高效、全面的医疗、援助等服务。而中国人寿福建省分公司也积极开展业务创新,为海西地区及金门、马祖地区联合推出的"海峡旅游景区通票"提供配套的意外险服务,有力提升了闽台旅游的保险支持服务。

二、推进闽台金融合作的历史机遇

(一)两岸金融合作机制不断完善

众所周知,两岸间敏感的政治问题一直是制约两岸金融合作的最大症结所在,在 2008 年国民党重新执政后,两岸金融交流与合作开始走上快车道。

2009 年 4 月 26 日,海协会与台湾海基会正式签署了《海峡两岸金融合作协议》,拉开了两岸金融制度化合作的序幕。

2009 年 11 月 16 日,两岸金融监管机构签署金融监管谅解备忘录(MOU),并在双方各自完成相关准备后于 2010 年 1 月 15 日生效。此次两岸签署的 MOU 涉及信息交换、信息保密、金融检查、持续联系和危机处置 5 项内容,为加强对互设机构的有效监管、维护两岸金融市场的稳定发展提供了制度保障。MOU 的签署是两岸金融合作的一个里程碑,但 MOU 只是提供双方相互合作的基础,是由两岸的金融监管当局谈判签署的,不具备法律约束力,且相互持股、放宽业务限制等更深层次的合作都需要进一步确定。

2010 年 3 月 16 日,台湾"金管会"正式公布"两岸金融业务往来及投资许可管理办法",为台湾金融业进入大陆及大陆金融业赴台发展提供了明确的法律规范。

2010 年 6 月 29 日,两岸进一步签署 ECFA,在货物贸易、服务贸易、投资、经济金融合作方面建立起有利于两岸经济共同繁荣与发展的合作机制。在金融方面,ECFA 的"补充协议四"规定了多项市场开放优惠措施。其中,台湾方面承诺,大陆的银行经许可在台湾设立代表人办事处且满 1 年,可申请在台湾设立分行。大陆金融服务部门的开放承诺涉及银行、保险、证券等方面。

首先,在银行业方面,(1)台湾的银行比照大陆《外资银行管理条例》有关规定,在大陆申请设立独资银行或分行(非独资银行下属分行),提出申请前应在大陆已经设立代表处 1 年以上;(2)台湾的银行在大陆的营业性机构在大陆开业 2 年以上且前 1 年盈利的即可申请经营人民币业务,在大陆开业 1 年以上且提出申请前 1 年盈利的可申请经营大陆台资企业人民币业务;(3)台湾的银行在大陆的营业性机构可建立小企业金融服务专营机构,具体要求参照大陆相关规定执行;(4)大陆为台湾的银行申请在大陆中西部、东北部地区开设分行(非独资银行下属分行)设立绿色通道;(5)主管部门审查台湾的银行在大陆分行的有关盈利性资格时,采取多家分行整体考核的方式。

其次,在保险业方面,允许台湾保险公司经过整合或战略合并组成集团,参照外资保险公司市场的"532"准入条件(即总资产应达到 50 亿美元以上,设立期间满 30 年,且已在大陆地区设立办事处两年以上)申请进入大陆市场。

最后,在证券业方面,大陆对符合条件的台资金融机构在大陆申请合格境外机构投资者资格(QFII)给予适当便利;大陆尽快将台湾证券交易所、期货交易所列入大陆允许合格境内机构投资者(QDII)投资金融衍生产品的交易所名单;简化台湾证券从业人员在大陆申请从业人员资格和取得执业资格的相关程序。

ECFA 的签署标志着两岸金融合作间接化阶段的基本结束以及正常化新进程的开启,也使两岸业者特别是台湾方面享受超世贸组织的待遇,降低了机构互设的条件,为两岸银行、保险、证券期货等金融实业界提供了更加多元化、多层次、多领域的合作契机,有利于两岸金融机构加强合作以实现金融市场的资源共享及经营管理理念的分享,从而优化两岸金融业各自的业务结构,共同提升市场竞争力和应对金融风险的能力。

(二)闽台金融合作先行先试获得政策支持

2009 年国务院出台《关于支持福建省加快建设海峡西岸经济区的若干意见》,把建设海峡西岸经济区从区域战略上升为国家战略,确定了福建作为"两岸人民交流合作先行先试区域"的定位,为闽台金融合作获得政策倾斜提供了保障。该文件明确提出:(1)推动对台离岸金融业务,拓展台湾金融资本进入海峡西岸经济区的管道和形式,建立两岸区域性金融服务中心,推动金融合作迈出实质性步伐。(2)在两岸建立长期、稳定的经贸合作机制过程中,允许海峡西岸经济区在促进两岸贸易投资便利化、台湾服务业市场准入等方面先行试验。(3)积极推动建立两岸金融业监管合作机制,在此机制下,优先批准台资银行、保险、证券等金融机构在福建设立分支机构或参股福建金融企业,支持设立两岸合资的海峡投资基金,进一步扩大两岸货币双向兑换范围,逐步建立两岸货币清算机制。

2010 年 6 月,国务院正式批准厦门"发挥体制机制创新的试验区作用,扩大金融改革试点,建设两岸区域性金融服务中心,先行先试一些金融领域重大改革措施"。2010 年 10 月,中国保监会将厦门确定为全国保险改革发展试验区,在符合相关法律法规的前提下和 ECFA 框架内,按同等优先的原则审批台资保险机构进入厦门市场。此外,保监会还与厦门市政府签署《关于建设厦门保险改革发展试验区合作备忘录》,明确支持符合条件的台湾保险机构在厦门设立大陆总部、区域性机构、分支机构以及各类后台服务机构;支持厦台两地保险机构在保险产品开发、销售模式创新和防灾理赔服务等方面开展资源共享和业务合作,厦门将成为两岸保险业服务一体化的重要平台。

由此可见,以厦门为中心平台的福建对台金融合作的先行先试已获得中央的认可,闽台金融合作必将获得更多的政策倾向和更为宽松的政策环境,能够有效吸引台湾金融机构的入驻,深入开展两岸金融合作的创新试点。

(三)闽台金融业具有较强互补性

台湾金融业起步较早,经济金融化程度较高,在经营管理、资金积累、产品开发、技术创新、人才培养等方面具有丰富的经验。而福建拥有人口 3941 万人(2018 年)、经济总量 35804.04 亿元(2018 年)。近年来福建经济持续稳定增长,各项金融业务呈现快速增长态势,但其经济金融化程度低于台湾地区,金融机构的产品研发、营销管理、风险控制和人才储备都较为落后。因此,闽台金融机构间具有较强的互补性。具体来看：

在银行领域，首先，大陆银行业的利差空间对台湾银行业极具吸引力。近年来台湾制造业由于成本上升而大量外迁，使得与制造业关系密切的金融服务业发展随之受到限制，再加上机构众多，导致台湾银行业竞争激烈，存放利差缩小，获利能力降低。在 2008 年全球金融危机后，台湾银行业的利差一路下滑至 1％左右，远低于大陆 3％左右的利差空间。因此，台湾银行业到大陆包括福建设立分支机构能够有效拓展其生存空间。其次，台湾银行业的发展经验有助于改善福建银行业的经营管理。近年来，福建经济的快速发展带动了银行业的繁荣。2017 年末福建银行业金融机构资产总额 95476 亿元，全省本外币存款余额 44086.8 亿元，全省本外币贷款余额 41899.7 亿元，资金运用较为充分，年末存贷比达 95％，资产质量持续改善，不良贷款余额和比率持续双降。但在快速发展的同时，福建银行业产品同质化严重、创新能力不足、金融服务水平较低等问题也比较突出。而台湾银行业在激烈的市场竞争环境和低利率的生存空间中探索出了一套精细化的管理方式，树立了依靠产品和服务的创新谋求发展的经营理念。学习借鉴台湾的管理方式和创新理念有助于福建银行业转变发展模式，创新发展方式。此外，台湾银行业在中小企业融资业务、个人金融业务等具体业务方面也具有较为成熟的技术，对于福建银行业发展中小企业信贷业务及个人贷款、财富管理、消费金融等个人金融业务具有重要的借鉴意义。最后，闽台经贸交流的不断深入为两地银行业的合作奠定了经济基础。2018 年福建对台湾地区进出口总额为 786 亿元，从 1999 年到 2016 年台湾地区核准对福建投资 5668 个项目，总投资金额 126.6 亿元美元。闽台经贸往来的密切衍生了闽台金融合作的巨大需求，吸引闽台金融机构互设以加强对在闽台资企业和赴台投资企业的金融支持。

在保险领域，目前，台湾人口只有 2300 多万，但拥有产物保险公司 21 家、人寿保险公司 30 家、电话行销部 27 家。受制于岛内有限的经济资源和保险资源，台湾保险市场的开发已趋于饱和。2009 年，台湾保险深度（保费/GDP）为 16.8％，排名世界第一；保险密度（保费/人口数）2752.1 美元，排名世界第 18 位。2017 年末福建有保险公司 58 家，福建的保险深度仅为 3.2％，保险密度仅为 2639 元。有数据显示，2008 年底，台湾平均每百人拥有有效寿险保单约为 203 件，而福建每百人拥有有效寿险保单仅 17 件；台湾每百元国民收入对应 333 元寿险保障金额，而福建每百元国民收入则仅对应 24 元的寿险保障金额。由此可见，当前台湾的保险业竞争十分激烈，而福建的保险深度和保险密度远低于台湾，其不断扩大的经济总量和日益提升的生活水平形成了巨大的保险市场需求潜力,因此,福建能够为台湾保险业的发展提供广阔的市场。

台湾保险技术和人才还能够提升福建保险经营水平。闽台同根同源,地域毗邻,具有相同的文化背景和社会结构,自然灾害等风险因素也有一定相似性,因此,台湾保险技术在福建具有较强的适用性。此外,台湾保险业有200多年的发展历史,在发展中既继承民族保险业的传统,又积极借鉴国际先进保险技术和管理理念,在经营管理、资金积累、产品开发、技术创新、人才培养等方面积累了丰富的经验。而高速扩张的福建保险业则正面临市场竞争力不强、经营管理不成熟、产品研发水平不高、专业人才缺乏的发展瓶颈,有必要学习借鉴台湾保险技术和经验。

在证券领域,目前台湾证券业经过多年的发展,已建立起了较为完备的多层次市场体系,证券交易管理机制和法律体系不断完善,市场运作经验不断丰富,竞争优势日益凸现。但近年来随着台湾岛内企业的外迁,加之岛内证券业竞争过度、市场规模有限、上市资源匮乏,台湾证券市场的市场竞争优势不断弱化。而福建证券业经过多年的发展,市场规模不断壮大,制度日趋完善,但仍然存在市场层次单一、融资结构失衡、市场创新机制和信息披露机制有待增强等问题。从市场环境看,台湾证券市场的投资者结构、投资者行为、投资方式和大陆市场有很多相似之处,台湾证券市场的制度设计、监管经验能够为福建证券业提供具有现实意义的借鉴,而福建证券业的市场发展空间广阔,两地产业的合作也迫切需要两地提供一体化的证券产品和服务,因此闽台证券市场具备互补性和合作需求。

三、推进闽台金融合作面临的制约因素

(一)两岸政治关系走向的冲击和影响不容小觑

"九二共识"是两岸经济和平发展的制度基础。台湾地区当局对"九二共识"尊前抑后,导致建构于其上的国台办与"陆委会"联系沟通机制、两会制度化协商谈判机制等停摆,政治、经济等各领域交流合作和人员往来将受到严重影响。两岸政治关系是闽台金融合作的基础,两岸政治关系走向必然左右闽台金融合作的趋势和前景。

(二)区域经济对金融的吸附能力有待加强

虽然两岸经贸合作的政治属性很强,但台资金融机构在大陆的投资,很大程度上取决于其对区域经济条件和市场环境为其带来预期收益的自主决策,因此区域经济条件是金融发展与跨境合作的基础。福建虽处东南沿海,属于东部发达地区,但实际上经济总量和发展水平与沿海的粤、苏、浙相比有较大差距,这直接制约了包括台资在内的外资金融机构投资的积极性。

闽台金融合作的重要基础是闽台产业对接合作的程度。但是,闽台两地产业呈趋同之势(如液晶面板、石化、太阳能光电、精密机械、半导体等),造成双方重复投资、产能过剩及恶性竞争等问题,不利于两岸产业链分工整合。因此,还需要提升闽台产业对接合作的广度和深度,进而提高闽台深度合作的契合度。

(三)区域间横向竞争加剧,福建优势逐步消减

第一,台资金融机构的主要业务对象是台资企业。福建曾是两岸经贸合作的窗口、台资企业投资大陆的首选地。但如今,福建的优势已逐步消减。自20世纪末开始台资企业逐步向珠三角和长三角转移,金融机构跟随客户布局的特点决定了台资银行主要分布在长三角、珠三角和京津等经济更发达且台商更集中地区。第二,随着ECFA的签署和生效,两岸金融交流合作已实现制度化和常态化,福建在两岸金融交流合作中的原有优势已受到挑战。第三,大陆区域金融改革试点分布广泛,福建区域金融改革在全国范围内并无明显优势。例如,截至2018年年底,全国自贸试验区已达12个,在一系列优惠政策的复制、推广中,福建自贸试验区已无特别优势。此外,福建的金融资源集聚辐射力有待增强,福建省缺乏全国性金融市场,区域性金融中心建设也比较缓慢,且福建金融机构规模较小,总部设在福建的金融机构偏少。

(四)闽台金融发育程度的差异性影响闽台金融合作的进一步深化

虽然区域间金融业发展的差异性是促进区域金融合作的重要因素之一,但是,某种程度上也会制约区域间金融合作的进一步深化。目前,闽台金融发展的差异性表现在以下几个方面:第一,闽台金融业务标准和金融市场规则,包括金融机构分类、金融用语、金融业统计标准、会计标准和支付标准等基本问题尚未统一,双方也没有按照IMF的标准进行改革,金融法规不协调,金融资讯也无法实现交流和共享。第二,闽台金融业竞争优势差异。福建金融机构以银行为主,而银行以国有银行为主导,政府支持力度大,国有银行网点众多,而外资银行进入门槛高;福建证券业起步较晚,市场体系不够完善,券商竞争力差,但市场规模庞大,资金充沛;福建保险业虽然发展市场广阔,但投保率较低,险种单调,销售渠道落后,竞争力较差。相比而言,台湾金融市场化和对外开放时间比福建早,在金融创新与管理、人才培养和金融机构内部控制等方面优于福建,金融机构整体竞争力较强,但是,金融机构数量过多、规模偏小、竞争过度。第三,闽台金融改革重点不同。福建金融改革重点在于国有银行改革、鼓励发展民营银行和开放外资银行,而台湾金融改革重点则是出售公有银行、缩减金融机构等。

（五）台湾地区当局推行"新南向政策"，谋求加入 TPP，并着力淡化两岸金融交流合作

虽然台商响应"新南向政策"的意愿不高，但长此以往，无疑会影响两岸经济金融合作的前景。同时，针对台湾外贸合作，台湾地区当局主张尽快加入跨太平洋伙伴协定（TPP）。这可能导致出口导向型的台资转向越南和马来西亚等经营成本较低的国家和地区，在当地生产后就地销售或者出口到其他 TPP成员，以避免高关税产生的额外成本，最终冲击两岸经济合作的发展进程。此外，台湾"金管会"于 2016 年 8 月发布中期（2017—2020）施政计划，在 2017 年施政计划的"扩大金融业务范畴"的大政策下，提及"持续建构完善证券监理法制，并检讨两岸金融业务往来相关法令，扩大证券期货商业务范围"，但并未涉及两岸定期往来、扩大核准金融网点等。而且，施政顺序亦出现较大调整，将振兴经济放在首位，而扩大金融业务范围则从首位移至第四位，进一步淡化两岸金融交流合作。显然，台湾"金管会"施政内容中两岸金融互动内容的缺失，将降低两岸金融合作的积极性、影响两岸金融合作的运行、削弱两岸金融合作的成效。

四、闽台金融合作的前景展望

当前，福建应当以海峡西岸经济区和福建自贸试验区建设、厦门两岸区域性金融服务中心建设及平潭综合实验区建设为契机，积极争取政策支持，勇于开展两岸金融合作的先行先试，推进闽台金融合作。

（一）围绕人民币国际化，深化闽台金融合作

1.进一步完善两岸货币清算机制。实现两岸货币直接兑换，建立两岸货币清算机制，是两岸金融合作深化的前提和基础。目前，两岸货币清算机制已经启动，但主要采取非对称的开放形式，即台湾岛内人民币清算行可经营存款、放款、汇款等各种人民币业务，但大陆新台币清算银行仅经营现钞的兑换业务，并没有形成完整的货币清算机制。当前，可利用福建区域金融改革试点的先行先试政策，争取在厦门建立两岸货币清算试点或清算中心，实现两岸货币直接兑换，进而形成完整的货币清算机制。

2.推动两岸人民币跨境结算业务发展。人民币早已加入 SDR 一篮子货币，人民币国际化已是大势所趋，但是由于交易习惯的原因，两岸的贸易结算以美元为主，人民币结算在台湾地区的贸易总额中占比不高。因此，有必要进一步扩大闽台跨境贸易人民币计价结算范围，逐步扩大人民币在闽台贸易中的使用规模，允许以人民币作为报关币种办理货物进出口，为使用人民币作为结算工具的企业或个人提供出口退税、收汇核销、结算等方面的优惠政策。除

贸易项目,福建还应积极促进两岸资本项目下的人民币结算业务发展,从而推动人民币资本项目开放。

3.促进台湾地区人民币离岸市场发展。人民币离岸市场的发展在人民币国际化过程中扮演着非常重要的角色。由于两岸贸易台湾地区一直处于超出状态,这让台湾地区积累了大量的人民币,使得台湾地区自 2014 年以来已成为全球第二大人民币离岸市场。然而,相对香港人民币离岸市场,台湾人民币离岸市场的发展还处于起步阶段。因此,除推动对台人民币跨境贸易结算外,福建省还可借区域金融改革试点优先政策,推动台湾人民币离岸市场的进一步发展:一是建立人民币回流机制,如允许试点的台资企业在台湾筹借人民币资金及台湾金融机构可将人民币投资于试点项目。二是闽台金融机构合作推出人民币计价的基金及其他金融衍生产品等,以增加产品的多样性。此外,两岸货币互换协议的最终完成,也将有利于增加台湾人民币离岸市场的流动性。

(二)降低闽台金融合作准入门槛,进一步推动机构设立和业务合作

1.降低台资金融机构准入门槛。在 ECFA 和《外资银行管理条例》基础上,适当降低台湾的银行、证券公司、财务公司、保险公司等金融机构的准入门槛。如,鼓励已在大陆其他省份建立总部或分行的金融机构到福建省开设营业部或设立福建分支行并给予其业务权限上的放松,鼓励台资金融机构参股福建地方银行(尤其是地方性中小银行)等。

2.关注并致力于化解闽台中小企业融资难的问题,促进闽台中小企业的发展。近年来福建社会经济迅速发展,大量的中小企业应运而生,这其中有很多的台资或闽台合资的中小企业,中小企业的存在为社会经济的发展注入了新鲜的活力,解决了大量的社会就业问题。但是由于自身实力不够强大,也存在融资难的问题。为此,首先要建立为闽台中小企业融资服务的专营性机构。集合政府、两岸金融机构、民间资本的力量,建立服务中小公司融资的包含融资租赁、信用评级、担保等职能在内的专业化、多元化的金融服务体系。其次要强化资本市场服务中小企业的功能。积极完善海峡股权交易中心、厦门股权柜台中心的建设,以更好地服务于闽台中小企业。一方面积极引导台资企业在两大股权交易中心挂牌融资;另一方面统筹协调政府产业股权投资基金,政府产业股权投资应以长期投资为主,以保证企业的稳定,为福建地区的项目提供资金支持,并建立各层次股权交易市场,提高股权的流动性。最后要积极开展闽台中小企业保险业务,为闽台中小企业提供廉价优质的保险服务。厦门作为全国保险业发展迅速的地区,拥有较为发达的保险服务业,因此应当以

厦门为平台,推进两岸在中小企业保险方面的合作,为闽台中小企业的稳定持续发展保驾护航。

3.加强农村金融合作。深化农村金融改革是当前大陆金融改革的重要方面。台湾地区农村金融改革走在大陆前面,已经构筑了较为完善的农村金融体制,其在农村金融发展过程中的经验教训对大陆具有重要的借鉴意义。闽台金融机构可在农村金融方面加强交流与合作,实现双方互补、互惠、互利。当前,正处于村镇银行的加快组建和发展时期,福建省应鼓励台资银行优先入闽建立村镇银行,或参股已建村镇银行、农村信用社、小额贷款公司、农村担保公司等,在农村金融产品和服务创新等方面加强合作。

4.推动闽台民营银行合作。台湾早在1989年就允许设立民营商业银行,是较早开放民营银行的地区,其民营银行发展过程中的经验教训对还处于试点阶段的大陆民营银行来说,具有启示作用。可推动台湾银行与福建民营资本共同建立合资的民营银行或为已建立的民营银行提供业务指导、风险管理等服务,这样既可使台湾民营银行拓展大陆市场,同时也可解决当前民营企业本身缺乏银行经营经验而单独开办银行难度大的问题。

(三)推动福建自贸试验区对台离岸金融中心建设

离岸市场需要具备许多条件,持续发展的经济、稳定的政治局势、成熟的金融体系、完善的基础设施、健全的法律体系,以及有力的政策支持等都有利于构建一个可持续发展的离岸市场,其中成熟的金融体系、健全的法律体系和有力的政策支持是离岸市场建设的主要影响因素。大陆地区法律体系的不断完善以及金融市场改革的不断深化,为建立离岸市场提供了一个良好的外部环境。就福建对台离岸金融市场的发展而言,福建自贸试验区的对台定位、区域金融改革试点的政策优势以及"一带一路"的建设都有利于发展对台离岸市场。因此,福建应当充分利用区域金融改革试点的先行政策,在试点区域不断深化金融改革,着重推动利率市场化和汇率市场化进程,并且利用自贸试验区的政策优势,制定一系列对台优惠政策。对台离岸金融中心可以考虑设立在福州、厦门或平潭自贸试验片区内,并且始终坚持循序渐进的原则。首先应当对台资企业全面开放;其次对"海上丝绸之路"沿线国家的资金或其他想通过该离岸金融市场进入大陆的其他资金逐步开放;最后,实现经营业务的改变,从新台币借贷等风险较低的业务逐渐转变为其他新台币金融产品等风险较高的业务。

(四)加强闽台金融监管合作

相关的金融风险随着闽台金融合作的不断增多而不断加大,因此监管部门预防、识别和控制风险的难度也不断提高。为了有效预防和控制金融风险、应对各种潜在的冲击,两岸金融监管部门应当加强合作与协调,发挥各自的监管优势,保障试点金融市场的可持续健康发展。第一,成立由政府牵头,银监局、证监局、保监局、人民银行和外管局等相关部门组成的闽台金融监管组织,制定完善的金融风险管理办法并专门负责区内金融事务的监管。第二,建立由金融同业公会负责的对台金融合作谈判组织,对试点内的对台合作进行谈判磋商,并推动落实经监管部门认可的项目计划。第三,为了提高监管的效率,两岸金融监管部门应当实现信息共享,尽量避免金融市场的异常波动。第四,两岸监管部门应当就金融监管这一议题定期探讨,各部门的监管方式、权责和实施都应明确落实,始终坚持审慎监管的原则,推动危机应对机制的建设,不仅要提升监管的广度,也要致力于不断提升监管的深度。

(五)推进闽台金融合作的保障性配套体系建设

1.发挥政府在推进闽台金融合作中的主导作用。一是在政策支持方面发挥主导作用。政府要适时出台支持闽台金融合作的相关经济、金融政策,改善金融环境。二是加快涉台金融合作的地方性法规建设。如,尽快出台《闽台中小企业融资管理条例》《对台离岸金融业务管理办法》《福建省台资投资保障条例》《福建省台湾同胞权益保障条例》等。同时,在两岸已有相关协定的基础上,尽快制定有关金融机构准入、金融市场建设、货币清算管理等方面的地方性法规。

2.促进闽台金融人才的合作培养以及人才信息共享。金融人才尤其是高级金融管理人才稀缺是福建省乃至大陆金融业发展的制约因素之一。台湾在金融市场改革、金融业国际接轨及国际竞争方面走在大陆的前面,因此也培养了大量相关金融人才。随着两岸金融交往与合作的发展,金融人才的培养也被提到重要的日程上。可以说,闽台金融合作无论对台湾金融人才还是大陆金融人才的发展来说,都既是平台也是契机。一方面,福建省可进一步整合高校资源,通过两岸高校合作实现对金融人才的培养,同时联合在大陆设立分支机构的台湾金融机构及其他台资企业进行办学,培养金融应用型人才。另一方面,加大力度吸引和培养具有国际化视野和全球化的资本运营意识、能熟练掌握全球性的金融管理工具、熟悉两岸金融行业运行的高级金融人才,并通过建立高级金融人才数据库,促进金融人才的交流和人才信息的共享。这需要政府设立专门的教育基金或者鼓励社会力量参与建立基金,加大对教育的投入力度。

3.建立配套的中介服务体系。金融交易的进行除需要担保机构、交易所、登记结算机构这些中介机构参与外,还需要律师事务所、会计师事务所、资产评估机构、离岸金融注册服务机构、税务年检机构等多层次的专业服务中介参与。因此,福建可鼓励台湾有实力的金融机构投资或与试验区金融机构合资成立担保公司,同时建立和培养两岸金融资产交易所,为各类金融资产的流通和交易提供场所,推动票据资产、产权资产、信托资产、信贷资产、私募股权等金融资产在交易所进行交易;引入国内外著名的会计师事务所、审计机构、资产评估机构为企业提供会计、审计、资产评估等服务;建立两岸金融法律咨询服务中心,引进国内外著名的律师事务所、咨询机构,为企业提供法律咨询服务,等等。从而建立完善的配套中介服务体系,培育良好的服务环境。

第四节　闽台农业关系

在源远流长的两岸农业交流中,闽台农业交流由于地缘优势,发挥着重要作用。福建早期人类通过台湾海峡陆桥,向东迁移,把古文明带进台湾。商周时期输入台湾的青铜工具和武器,提高了当地的农业生产力。汉、唐时期,两岸之间有了更多的往来。宋、元时期,随着台湾在行政上开始归属福建管辖,双方经济交往更趋频繁。明代至中华人民共和国建立前,两岸的经济交流规模更大,范围更广。明、清两朝,福建不断向台湾移民,郑成功收复台湾与康熙统一台湾,均加强了海峡两岸的经贸往来与农业交流。台湾优越的气候条件与肥沃的土壤,使得水稻、番薯、水果、茶叶、烟叶等农产品及其种植技术一直是闽台农业交流的重要内容。尤其是粮食贸易,台湾大米进入福建延续了几近一个半世纪,直到新中国成立前还有大量台湾大米进入福建。1949年后,由于政治的阻碍,两岸农业交流基本中断。

改革开放后,两岸农业交流与合作得到恢复与发展。福建与台湾一水相连,地缘近、血缘亲、文缘深、商缘广、法缘久,在海峡两岸农业合作中区位特殊、地位特殊、作用特殊。经过40年的实践,闽台农业合作持续朝着区域不断拓展、领域不断扩大、层次不断提高的方向发展。"天时、地利、人和"的优势,使闽台农业合作始终在两岸农业合作中发挥着先行先试的作用。作为经贸合作的基础,闽台农业交流与合作在海峡西岸经济区现代农业和新农村建设中具有不可替代的基础性地位和重要推动作用。特别是随着两岸关系的趋缓,对台农业交流与合作得到迅速恢复与发展,成为福建现代农业与区域经济发展的一大特色与优势。

一、闽台农业合作交流的自然优势

1.闽台同属亚热带地区,农业发展生态环境极为类似。福建地处中国东南沿海,属于亚热带,与台湾隔海相望,是大陆距离台湾最近的省份。台湾位于欧亚大陆东南缘的海洋中,地处热带的北部和亚热带的南部,是中国最大的岛屿,西与福建相望,最窄处为130公里。台湾地区陆地总面积3.6万平方公里,其中,山地、丘陵约占全省面积的70%以上。福建省陆地面积12.14万平方公里,山地、丘陵占陆域的80%,海域面积13.63万平方公里。因此,闽台两地在气候、土壤等生态环境上的类似,使闽台农产品具有广泛的相似性,台湾主要农作物及畜牧、水产的种类,绝大多数与福建是一致的。事实上,台湾早期许多农产品的品种和生产技术,如稻、茶、蔗、果、蔬、畜禽等良种和农业生产技术是明清时期从福建移入的。而改革开放后,台湾对福建农业的技术输出也是从品种、技术的自然转移开始的。

2.闽台是海峡两岸纬度最邻近的区域,物种资源极为类似。台湾具有丰富的作物品种及种质资源。台湾地区的植物区系主体具有明显的亚热带性质。根据研究,台湾植物区系与大陆的关系最为密切,是东亚植物区系的重要组成部分,因此在植物分区上应属于泛北极植物区的东亚植物区系。另据台湾有关资料记载,20世纪60年代以来,台湾共从世界各地引进了432类作物良种,包括水稻、杂粮、园艺作物、特用作物等品种11000多个。经过吸收、消化、改良、培育,目前推广种植的都是当地适宜的优良品种。因此,就闽台植物区系关系而言,福建无疑是台湾最为邻近的区域,台湾农作物品种及种质资源数量多、种类齐全,闽台合作开发作物品种资源具有广泛的相互适应性。

3.闽台均属海洋性季风气候,且均为多山地区,具备特殊区域小气候。闽台均是受季风气候强烈影响的地区之一,热量丰富,雨量充沛,干湿季明显。台湾的北部属亚热带气候,南部属热带气候,中部则为过渡。年平均温度20℃~25℃,平均年降雨量约在2000毫米。福建省属亚热带湿润季风气候,年平均气温15℃~22℃,从西北向东南递升。年平均降水量800~1900毫米,沿海和岛屿偏少,西北山地较多。但因地貌不同和受海风的影响不一样,闽台两地的区域性小气候均较为明显。台湾岛有五大山脉、四大平原、三大盆地,局部气候具有寒带、温带、热带、亚热带的特征。福建地形以山地丘陵为主,由西、中两列大山带构成福建地形的骨架。山地外侧与沿海地带,则广泛分布着丘陵,并有著名的福州平原、莆田平原、泉州平原、漳州平原,局部气候也具有温带、热带、亚热带的特征。因此,许多台湾特色果树,如日本甜柿、印度蜜枣等均可以在福建特色山区引进繁殖。

二、闽台农业合作交流的历程

闽台农业合作发展历程，大致可分为四个阶段：

第一，试探起步阶段（1980—1990 年）。在此阶段，闽台农业交流合作以民间为主，伴随着民间探亲访友、学术交流的增进而发展。自发的试探性投资是此阶段闽台农业合作最主要的特征。一些闽籍台胞将台湾良种与先进栽培技术带到福建，利用福建便宜的地价与劳动力，租地经营，取得经济效益，产生示范作用。1981 年，第一家注册的台资农业企业在漳州落户，为闽台农业交流合作打下了良好基础。小规模、单向性、零星、分散、短期是这一起步阶段闽台农业合作的基本特征。

第二，兴起发展阶段（1990—1996 年）。在此阶段，两岸经济联系进一步密切，两岸促进经贸合作与农业交流的半官方性质的团体和学会开始成立。这些团体和学会在促进两岸农业交流与合作中发挥了桥梁和纽带作用。在此发展阶段，闽台农业合作以科技学术交流为先导，逐步建立了由暗转明、由单向到双向、由民间到半官方的闽台农业交流合作关系。例如，1991 年，在中国农业交流协会和台湾地区的"亚农中心"共同推动下，确定了海峡两岸农业合作以福建东山为起点，制定了《海峡两岸合作试验——东山农业综合试验区实施方案》，并开始了实践探索。1996 年，在漳州实施香蕉技术综合改进项目，在永春实施芦柑技术综合改进项目。在学术与技术交流的基础上，台商对福建农业也开始了有选择、有一定规模的投资。闽台农业合作稳步发展。

第三，延伸拓展阶段（1997—2009 年）。这一阶段以外经贸部、农业部和国务院对台办公室批准福州、漳州建立"海峡两岸农业合作试验区"为契机。"海峡两岸农业合作试验区"政策的创新，大大推进了闽台农业合作的发展，试验区在良种引进与推广、吸引台资、优化农业结构、产业化经营、发展外向型农业等方面，都发挥了有效的示范效应。2005 年 7 月，在闽台农业合作取得显著成效的基础上，国家又批准将福建的"海峡两岸农业合作试验区"扩大到全省。2005 年，连战、宋楚瑜访问大陆后，两岸农业合作受到高度重视。新的推动力使闽台农业合作的规模、范围、领域和层次都在不断扩大。随着闽台农业合作的发展，直接投资越来越成为闽台农业合作的主要模式，这一阶段，闽台农业合作最主要的特征：一是具有极强互补性的闽台农业资源要素整合，提高了配置效率；一是闽台农业合作的领域不断向现代农业方向发展，从最初的以种养业为主，发展到以加工业为主，又进一步向观光休闲农业、农业服务业等具有现代农业特征的方向发展，福建推进闽台农业合作的"两个台湾农民创业园，一个海峡两岸现代林业合作实验区，三个台湾农产品集散中心"的建设规划在不断推进中。

第四,依法全面提升阶段(2009 年—)。2009 年,在国务院《关于支持福建省加快建设海峡西岸经济区的若干意见》出台后,5 月 23 日福建省就出台了大陆第一个关于两岸农业合作方面的地方性法规《福建省促进闽台农业合作条例》(以下简称《条例》)。《条例》共四章三十七条,包括总则、合作与交流、服务与保障及附则等,在台湾同胞的投资待遇、政府服务和保障职责、鼓励合作与交流、合作用地、贷款和融资、权益保障等方面做出了规定。《条例》在更高层面上明确了推动闽台农业合作的政策规定和促进先行先试的具体措施,为闽台农业合作交流提供了更加有力的保障。《条例》的出台,在相当程度上扩大了台商在闽从事农业的发展空间,同时以立法的形式加大了对台商的保护力度,大大增强了台商及台湾农民来闽投资农业的吸引力,有力地推动了对台农业招商引资和台湾农民创业园等合作平台的建设。

《条例》重点突出了以下八个方面的内容:一是以"大农业"作为闽台农业合作的范畴,明确规定"本条例所称农业是指种植业、林业、畜牧业和渔业等产业,包括与其直接相关的产前、产中、产后服务"。二是明确规定"从事闽台农业合作的台湾同胞,与本省居民享有同等的投资待遇,享受同等的优惠政策和优质服务",并根据这一原则,赋予台湾同胞相应的权益。三是注重产业集群的培育。以培育产业集群为基本战略,积极培育一批竞争力强、影响力大的农业品牌,延伸农业产业链,打造闽台农业合作中心平台。四是促进农产品的物流和交易平台的建设。发挥闽台农业合作独特优势,着力建设一批闽台合作农产品出口示范基地,发展外向型农产品精深加工业,提高海峡农业经济区农产品的国际竞争力。五是注重农业科技的创新能力建设。大力引进台湾实用的农业科技和优质品种,并注重科技合作研发的创新,建立闽台农业科技创新体系,共同开拓海内国际市场。六是注重体制创新,对农地使用政策、资金投入和融资政策及农民专业合作经济组织等方面做了一些先行先试的探索。七是把台湾农民创业园和闽台现代农业合作示范区办成闽台农业合作的先行试点。八是加强闽台农业的交流。福建省对台农业交流频繁,涉台农业展会在大陆最多、规模最大。要加强科技交流和人员交流,鼓励两岸的民间组织加强交流往来,利用各种交流渠道,加强招商引资工作,特别要创新招商引资方式,推广产业链招商的办法,吸引涉台投资集团来投资兴业。

2010 年 6 月,《海峡两岸经济合作框架协议》签订。该协议的签订和实施,开启了海峡两岸经贸合作的新时代,为拓展提升闽台农业合作带来了新的发展契机,推动闽台农业交流合作向更广范围、更大规模、更高层次迈进,同时确保闽台农业合作在两岸农业合作中持续先行，实现闽台农业合作跨跃发展。

2011年，福建省人民政府出台了《福建省人民政府关于加快台湾农民创业园建设的若干意见》，就台湾农民创业园在建设和发展中的基础设施投入、税收扶持、发展现代农业以及强化融资服务等十个方面给予优惠政策。

2018年，为深入贯彻习近平新时代中国特色社会主义思想和党的十九大精神，落实《关于促进两岸经济文化交流合作的若干措施》，充分发挥福建省独特优势，先行先试：(1)对福建省台湾农民创业园内台资农业企业、台湾同胞个体工商户继续实施生产用电优惠电价、土地流转合同到期后优先续租等政策。推动新设一批台湾农民创业园，加强台湾农民创业园基础设施建设。(2)推进闽台农业合作示范县建设。示范推广台湾优良品种、适用技术，建设完善农民技术培训及市场服务平台，扩大闽台农业技术人才交流培训，推进闽台电商合作。(3)在闽从事农业生产的台资企业，同等享受农机购置补贴。在闽台资企业生产的农机产品符合条件的列入农机购置补贴产品目录。在闽台资农机企业开发生产畜禽有机废弃物处理机械、农产品产后处理机械、山地运输机械、海洋渔业捕捞和水产养殖加工设备等，对列入省级累加补贴品目的设备，给予购机补贴省级累加。① 下一步，福建将积极落实"惠台66条"，支持有条件的地方创建省级台湾农民创业园，推进闽台基层互动交流，持续深化闽台农业合作。

三、闽台农业合作交流的特点

1.产业合作持续领先。闽台农业合作从引进台商从事初级农产品的小规模生产开始起步，逐步向资金、品种、技术、市场、经营管理等一揽子引进转变，从种养等第一产业，向农产品加工、运销以及旅游休闲等农村第二、三产业发展，并已拓展到农业科教合作、农业经营管理、水土保持、渔工劳务合作等领域。同时，闽台农业产业合作逐步朝整体配套方向发展，如漳州市角美农产品加工合作区，引进一批台资食品加工企业后，又相继引进了统一马口铁、福贞制罐、日茂塑料等食品加工上、下游关联企业，产生了良好的产业聚集效应。截至2019年2月，全省累计批办台资农业项目2681个，合同利用台资39.5亿美元。台资农业、台资项目和利用台资额继续位居全国第一。

2.台湾农民创业园建设成效明显。为支持和鼓励台湾农民来闽投资创

① 福建省人民政府台湾事务办公室：《关于印发《福建省贯彻〈关于促进两岸经济文化交流合作的若干措施〉实施意见》的通知》，福建省人民政府网：http://www.fj.taiwan.cn/tt/201806/t20180606_11962599.htm? from＝singlemessage，[2018-06-06]。

业,从 2005 年开始,福建省率先提出创办台湾农民创业园的总体构想,即利用国有农场的土地资源相对集中、基础设施相对较好的条件,选择一批国有农场规划建设台湾农民创业园,鼓励和支持台湾农民和中小农业企业入园投资创业;创业园建设突出发展技术密集型、精致高优型、绿色环保型农业,重点发展设施园艺业、集约化畜禽和水产养殖业、以食品加工为主的农产品加工业和立体休闲观光农业等主导产业,把创业园建成生产、生态、生活和谐发展的现代农业示范区,并在漳浦、漳平率先开展创建台湾农民创业园试点。2006 年 4 月农业部、国台办批准设立漳浦台湾农民创业园,其成为首家设立的国家级台湾农民创业园。2008 年 2 月,农业部、国台办又批准设立漳平永福台湾农民创业园;2009 年 5 月,批准设立莆田仙游、三明清流台湾农民创业园。目前,福建已经拥有漳浦、漳平永福、莆田仙游、三明清流、泉州惠安、福州福清等 6 个国家级台湾农民创业园,创业园已成为产业特色明显、典型示范突出的两岸农业合作最重要平台,已成为海峡两岸农业合作的新亮点,成为福建的区域品牌。

(1)引进成效突出。台湾农民创业园招商引资成效显著,成为当地重要的招商平台,对地方经济发展起着重要的促进作用。截至 2018 年,福建 6 个国家级台创园充分发挥优势,引导发展"一园一特色",积极对接项目,促进产业提升,在大陆 29 个国家级台创园综合评价中,福建的 6 个台创园包揽前六名,累计有 589 家台资企业入园,创业台胞 1929 人,引进台资 11.1 亿美元,年产值超过 60 亿元人民币。漳浦台创园已驶入发展快车道,入驻园区台资企业 270 家,形成了以花卉、果蔬、茶叶、渔业、农产品加工等为主导的产业格局。以漳浦蝴蝶兰产业为例,历经十数年精耕细作,该产业已成长为大陆具有代表性的产业集群。杂交育种、组培扩繁、种苗培育、催花技术、成品花营销,整条产业链日趋成熟,年产蝴蝶兰苗约 4000 万株,总产值近 5 亿元,是全球主要蝴蝶兰苗及成品花的供应基地。漳平台湾农民创业园入驻园区企业 66 家,其中核心区永福镇占了 2/3 以上,涉及投资个体台商台农 600 多人①,主要从事花卉、茶叶、反季节蔬菜三大特色产业,种植面积 12.5 万亩,其中茶叶 5.5 万亩、

---

① 《漳平:樱红花艳惹人醉　茶香景绮引客来》,福建省人民政府网:http://www.fujian.gov.cn/xw/ztzl/lyfj/lyzx/201904/t20190417_4852266.htm,[2019-04-17]。

名优花卉 2.5 万亩、反季节蔬菜 4 万亩、水果 0.5 万亩①。以茶叶为例,目前园区有高山茶企业近 48 家,是大陆地区最大的台湾软枝乌龙茶生产基地,年产茶 1600 余吨,产值逾 7 亿元人民币。

创业园鼓励引导台商台农对低产老茶园进行改造提升,引进种植茶叶新品种,推动高优生态茶园建设,全力实施"永福高山茶"区域公共品牌创建工程,扎实有序推进"永福高山茶"申报"国家地理标志产品保护"和"福建名牌产品"。同时积极以赛促质,提高台农茶叶品质和制茶水平,如举办"永福杯"海峡两岸茶王赛,组织台农参加中国国际农产品交易会、鹿谷乡高级冻顶春茶展售会等海峡两岸茶事茶赛活动。精耕细作加上产品提升,"永福高山茶"享誉海峡两岸,荣获第十六届中国国际农产品交易会参展农产品金奖,在两岸各大茶展、茶事评比等活动中收获"中国好茶""特等茶王"等大奖近 20 项。永福樱花园为世人熟知,得益于近年来漳平台湾农民创业园推进"一企一特色"项目打造,有力推动茶厂改造升级、产业融合。园区实现了传统单一农业向产业融合发展的华丽"转身",形成了观光休闲农业、健康养生养老、乡村旅游等多业态发展,打造了独具特色的高山生态休闲旅游品牌,2018 年来,园区共接待游客 100 多万人次,旅游收入近 3 亿元。②仙游台湾农民创业园有 55 家企业和个体工商户,主要涉及甜柿种植、养殖和休闲观光等,开发面积达 4 万多亩。清流台湾农民创业园批办台资农业企业 48 家,投资项目主要是花卉和冷泉养殖,核心区面积 5.6 万亩,重点建设"四区一会"(花卉苗木产业区、特色养殖区、农林产品加工区、生态休闲旅游区、台商联谊会),全力打造海峡两岸现代农业合作示范基地、现代农林产品加工示范基地、海峡西岸生态休闲旅游胜地、闽台农业交流合作先行先试重要平台。③

(2)产业特色明显。这几个创业园的项目引进和建设,以主导产业为主,充分发挥集聚效应,优化产业,已成为各具产业特色、典型示范突出的两岸农业合作最重要平台。漳浦台湾农民创业园不仅有世界知名的茶企业集团——

---

① 《龙岩市漳平国家级台湾农民创业园简介》,龙岩漳平台湾农民创业园网站:http://agri. taiwan. cn/nyhzwtwnmcyy/twnmcyyfj/zpyftwnmcyy/zpyfyqgk/201610/t20161011_11589430.htm ,[2016-10-11]。

② 《漳平台湾农民创业园:打造两岸农业新名片》,闽西新闻网—闽西日报:http://www.zp.gov.cn/xwdt/mtzp/201905/t20190505_1515218.htm,[2019-05-03]。

③ 《莆田仙游台湾农民创业园概况》,莆田仙游台湾农民创业园网站:http://agri.tai-wan.cn/nyhzwtwnmcyy/twnmcyyfj/ptxytwnmcyy/ftxyyqgk/201610/t20161013_11591933. htm,[2016-10-13]。

天福集团,而且台湾蝴蝶兰生产企业集聚发展,园区已成为该产业到大陆拓展的重要基地,区内台资农业企业年产值达 35 亿元以上。漳平永福台湾农民创业园成为大陆最大的台湾高山茶生产基地,核心区永福镇成为大陆地区台资农业个体投资最密集的山区乡镇之一,已种植高山茶面积 5.5 万亩,全面引进了台湾优良的茶树品种、精细的栽培技术、先进的制茶设备和精湛的制茶技术,被誉为"大陆的阿里山"。漳平永福闽台缘高山茶产销专业合作社,依托漳平永福台湾农民创业园而成立。合作社主要种植台湾高山乌龙茶、铁观音茶,是大陆最大的高山乌龙茶生产者。2017 年,合作社共生产销售高山茶 1600 多吨,实现产值近 10 亿元。仙游台湾农民创业园园区已开发种植台湾甜柿 2.5 万亩,成为大陆面积最大的日本甜柿生产基地和全国最大的嘉宝果等台湾苗木基地。清流台湾农民创业园的果茶、花卉、林业苗木、冷泉养殖、生态休闲等产业粗具规模。

(3)经营理念先进。在台湾农民创业园,台资企业不仅带来了资金、良种、技术、设备等投资硬件,而且带来了先进的经营管理理念和市场营销经验。一是精致农业理念。漳浦创业园核心区的兰花种植企业,通过组培育苗,大棚、喷灌、滴灌等现代设施开展农业种植,利用设施温控调节产期,成功培育出高品质的兰花,取得很好的经济效益。台商在永福台湾农民创业园开发的茶园,都是高起点规划、高标准投入、规范化开发,喷灌设施、机械作业、茶园道路等一步到位。二是品质优先理念。突出品种优良化、技术先进化、生产标准化理念,创业园种植的"软枝乌龙"、日本甜柿、蝴蝶兰、卡特兰、大花蕙兰、文心兰、报岁兰等,都是从台湾引进的优质新品种。茶园全部实行标准化、无公害生产技术,全部建设了喷灌设施,施用有机肥,茶叶加工全部使用从台湾引进的先进机械设备,从而有效保证了茶叶的品质,永福台湾乌龙已经获得了福建名茶、省优质茶等称号。漳平台品茶叶有限公司生产的高山茶的农残已经达到欧盟标准,产品出口新加坡等东南亚国家和日本。三是合作经营理念。目前,漳浦创业园成立了花卉协会、漳平创业园进行了永福闽台缘高山茶、后盂茶叶、西山花卉等专业合作社试点。通过建立比较健全的销售网络,保证产品的高价顺销。许多当地农业企业和农户借鉴台湾农业产业经营模式,以永续农业的经营理念走绿色环保之路,产销一体化,实现农业经营效益最大化。

(4)交流合作活络。台湾农民创业园为两岸农业交流合作创建了很好的平台。通过园区的机制建设、政策环境,扩大了两岸同胞间的交往,增进了相互了解,加深了同胞情意,提供了融合共进的重要窗口。2008 年,中国国民党主席吴伯雄曾对漳平台湾农民创业园的高山茶给予高度评价,并题词"永福高山茶,香飘两岸"。漳浦台湾农民创业园与台湾光彩促进会签订两岸交流与合作协议;仙游台湾农民创业园通过结对方式开展两岸合作,组织创业园内的钟山镇麦斜村与台湾嘉义县番路乡结成友好镇村,并已初步联系嘉义县水上乡、台中县和平乡等9个乡镇计划与园区内的9个乡镇分别结成友好镇村,签订了《两岸乡村合作备忘录》,开展内容丰富、形式多样的交流与合作。

3. 农产品贸易迅速增长。近年来,福建省加快推进厦门台湾水果销售集散中心、霞浦台湾水产品集散中心、海峡两岸(福建东山)水产品加工集散基地、海峡(福建漳州)花卉集散中心、海峡两岸(泉州)农产品交易物流中心等一批台湾农产品集散中心建设,闽台农产品贸易保持了快速增长势头,农产品贸易规模由 2008 年的 2.02 亿美元扩大到 2018 年的 21.2 亿美元,短短 10 年的时间,增长了 10.5 倍多。[①] 台湾成为福建农产品出口的第四大市场和水产品出口的最大市场;厦门口岸成为台湾水果的第一大进境口岸,是台湾水果销往大陆各地的重要中转站。

4. 交流平台不断拓展。目前,闽台农业界之间基本形成了宽领域、多层次的交流关系,福建成为两岸农业交流最活跃、最频繁的前沿平台。一方面,在福建举办的涉农涉台展会为全国最多、最频繁。海峡两岸花卉博览会连续举办了十几届,从 2009 年开始提升为海峡两岸现代农业博览会;每年举办"5·18 海交会"、海峡两岸林业博览会、海峡两岸茶叶博览会;多次举办了海峡两岸农业合作论坛;有关设区市还举办了如漳台经贸恳谈会、中国武夷山旅游节暨武夷山国际旅游投资洽谈会等展会。另一方面,两岸农业界人员交流往来逐步向常态化、经常化方向发展。40 年来,台湾先后组织农、林、牧、渔、气象等方面的专家、教授、企业家 100 多个团 1 万多人次来闽考察、交流与洽谈商务,福建省赴台考察和培训的专家学者、技术人员也达 400 多批 6000 多人次。近年来,闽台农业界的企业、科技、教学、民间团体的双向交流明显增加,基层交流更为热络。2019 年,第十一届海峡论坛·两岸特色乡镇交流暨现代农业融合发展对接活动在厦门举行,形成了两岸基层特色乡镇深入交流与合作的机制。

四、闽台农业合作交流先行先试的经验与成效

改革开放特别是 20 世纪 90 年代以来,福建立足独特优势,在各合作领

---

① 福建日报:《闽台农业合作去年取得新成效 农业利用台资成绩保持大陆第一》,福建省人民政府网:http://www.fujian.gov.cn/xw/mszx/201902/t20190222_4764523.htm,[2019-02-22]。

域,大胆创新,积极探索,先行试验,以先行先试抢占海峡两岸农业合作先机,使福建对台农业交流合作的领域、规模、政策、措施和成效都处在全国先行地位,在大陆与台湾均取得了良好的反响,对于促进两岸农业的共同发展、密切两岸关系,发挥了应有的作用。

1.在全国率先启动两岸农业合作。福建沿海地区为全国台胞的重要祖籍地,20世纪80年代初期,部分台胞通过民间渠道,在农业领域进行了试探性投资。1981年台胞张先生投资创办了福建省第一家台资企业——漳州诏正水产有限公司,开启两岸农业合作序幕。其后,闽台农业合作历经试探起步、兴起发展、延伸拓展和依法全面提升阶段,台湾同胞来闽投资从初级农产品小规模生产经营发展到向种植业、养殖业、加工业和休闲业等宽领域全方位拓展的合作。

2.率先建立海峡两岸农业合作试验区。20世纪90年代初,福建福州与漳州以引进资金、良种、管理、技术合作为重点,吸引台商在种植业、养殖业和加工业投资发展,取得良好经济效益。1997年7月,经国台办、外经贸部、农业部批准,在福州、漳州设立了全国首家"海峡两岸农业合作实验区",福建省按照先行探索、大胆试验的要求,大力推进闽台农业合作,使之形成领域更广、层次更高、双向交流合作的良好格局。2005年实验区扩大到全省范围,设立了"海峡两岸(福建)农业合作试验区",为进一步扩大两岸农业全面合作提供了更大平台,使闽台农业合作进入了新阶段。

3.率先开展两岸农业技术合作。1997年,由中国农业交流协会、台湾农村发展基金会和福建闽台经济文化交往促进会农业分会共同推动的福建省永春芦柑、漳州香蕉生产栽培技术综合改进项目正式实施。这是两岸开展的首个农业技术合作项目,主要对芦柑和香蕉传统栽培和生产技术实施改造和改进。经过两岸农业专家和项目执行单位历时三年的精心组织与实施,项目实施效果超出预期,极大地提高了优质果率,降低了生产成本,同时增加了农民收入和增强了市场竞争力。福建省还推动了台湾草虾育苗技术、鲍鱼工厂化养成技术、白背毛木耳栽培技术、麻竹高产栽培技术、果蔬产期调节技术、食品流态单体速冻和低温真空脱水加工技术等诸多台湾农业技术的引进、合作和推广。

4.率先举办海峡两岸农业合作交流大型展会。1999年,福建省人民政府举办首届海峡两岸花卉博览会,旨在"以花为媒,共谋发展",展会取得良好成效,也开创了两岸农业交流的先河。2009年,在花博会的基础上,将展会进一步拓展提升为海峡两岸现代农业博览会。2005—2018年,成功举办了14届海峡两岸林业博览会；2007—2018年，成功举办了12届海峡两岸茶业博览会。"三大"涉农展会为福建特色优势产业与台湾产业对接与交流提供了宽广的合作平台。

5.率先创建台湾农民创业园。2005年设立了海峡两岸（福建）农业合作试验区。在试验区的总体规划中，福建省提出了创建台湾农民创业园的总体构想。2005年福建省在漳浦率先开展创建台湾农民创业园试点，得到了农业部、国台办的认可，2006年4月农业部、国台办批准设立漳浦台湾农民创业园，其成为首家设立的国家级台湾农民创业园。2008年2月，农业部、国台办又批准设立漳平永福台湾农民创业园；2009年5月，批准设立莆田仙游、三明清流台湾农民创业园，其后，又批准设立了泉州惠安、福州福清台湾农民创业园。同时，创建台湾农民创业园的做法在全国重点区域推广，截至2019年，全国已有29个国家级台湾农民创业园。台湾农民创业园是两岸交流合作的一个重要窗口，具有引领、带动和示范效应。

6.率先建设台湾农产品集散基地。自2005年以来，福建充分发挥闽台农业合作的独特优势和先行基础，进一步完善海峡两岸（福建）农业合作试验区的支撑体系。重点建设福州、厦门、泉州农产品物流枢纽中心，构建海峡两岸（福建）农产品批发交易市场体系，着重打造了厦门台湾水果销售集散中心、霞浦台湾水产品集散中心、海峡两岸（福建东山）水产品加工集散基地、海峡（福建漳州）花卉集散中心、海峡两岸（泉州）农产品交易物流中心等一批贸易集散基地。目前，厦门成为大陆最大的台湾水果进口集散地；南安石井成为大陆唯一的台湾槟榔物流中心，以及大陆最大的台湾鳖卵的登陆口岸；东山县建成海峡两岸最大规模的水产品商业物流冷库群。农产品集散基地以市场为导向，构建农产品专业物流基地，使福建成为台湾农产品销往大陆各地的物流集散中心和中转地。

7.率先零关税进口台湾农产品。2005年，大陆对原产于台湾的15种进口水果实施零关税，当年5月，福州海交会首次开放台湾部分农产品零关税入境。之后，台湾水果销售集散中心在厦门设立，台湾水果成为台湾农产品进口的一大亮点，福建从台湾输入的水果从2008年的1662吨增长至2017年的4万吨，台湾农产品输入的稳步增加，有力推动了闽台农产品贸易快速增长。2010年5月，黄小晶省长访台期间公布了10条对台利好政策，提出要"加大对台湾农产品的采购和促销力度"，进一步增强福州、厦门、泉州、霞浦、东山等台湾农产品进口集散地的促销功能；组织办好海峡两岸（泉州）农产品采购订货会，持续推进采购台湾农产品；简化台湾农产品输入通关手续，帮助拓展台湾农产品在大陆的市场,使福建成为台湾农产品向大陆辐射的物流中转基地。惠台政策的出台与实施为闽台农产品贸易提供了更加有力的保障。

8.率先开展借鉴台湾农业合作经济组织试点。2002 年,福建漳州借鉴台湾农业产销班的运作模式,以台资兴田农牧有限公司为依托,以农户自愿参加为原则,创建长泰青果产销班。该试点还被农业部确定为 100 个农民专业合作经济组织试点单位。这项试点工作取得了良好的经济效益。通过试点的示范效应,周边各类农民专业合作组织纷纷成立,产销班提高了农民的组织化程度,引导农户进入市场,增强抵御市场风险能力。为了探索海峡西岸农民专业合作组织发展之路,福建省多次举办"海峡两岸(福建)农业合作产销组织研习班"和"海峡西岸农民专业合作社研习班"活动,邀请台湾专家前来授课交流并进行实地考察咨询。通过开展试点,加强交流,有力地促进了福建省农业专业合作组织水平。

9.率先开展两岸农机领域的合作。为了实现闽台农机合作的突破,2009年 5 月颁布实施的《福建省促进闽台农业合作条例》规定,将适宜在福建推广的台湾农机产品列入福建省支持推广的农业机械产品目录,并享受相应的优惠政策。2010 年,列入福建省农机购置补贴目录的闽台合作落地生产的企业有 4 家、产品有 27 个型号;台湾原装进口的生产企业有 2 家,产品有 15 个型号。

10.率先制定系统的促进两岸农业合作的政策。1997 年 7 月,国台办、外经贸部、农业部批准在福州市、漳州市设立首家海峡两岸农业合作实验区。为促进实验区建设,福建省人民政府于 1999 年 4 月出台了《关于加快福建省海峡两岸农业合作实验区建设的若干规定》,对推动实验区的发展发挥了重要的作用。2005 年 7 月,国务院台办、商务部、农业部正式批复福建设立"海峡两岸(福建)农业合作试验区",试验区扩大到全省,闽台农业合作向纵深发展。2006 年 5 月,省委、省政府又出台了《鼓励和支持海峡两岸(福建)农业合作试验区建设的暂行规定》,其中包含鼓励宽领域的交流与合作、实行优惠的税收政策、提供有利的土地与海域政策、加大财政金融的支持力度、创造便捷的通关环境和保护台商的合法权益等规定。2010 年 5 月,黄小晶省长在台湾宣布了扶持台湾农民创业园发展的六项政策,为推进闽台农业全面合作创造了良好的政策环境。

11.率先出台大陆第一个关于两岸农业合作方面的地方性法规——《福建省促进闽台农业合作条例》。2009 年,在国务院《关于支持福建省加快建设海峡西岸经济区的若干意见》出台后,福建省就出台了大陆第一个关于两岸农业合作方面的地方性法规——《福建省促进闽台农业合作条例》,在台湾同胞的投资待遇、政府服务和保障职责、鼓励合作与交流、合作用地、贷款和融资、权益保障等方面做出了规定,从更高层面上明确了推动闽台农业合作的政策规定和促进先行先试的具体措施,为闽台农业合作交流提供了更加有力的保障。

12.率先开展在闽台湾居民职称评定工作。2010年6月,福建首次开展了在闽台湾地区居民农业专业技术高级职务任职资格评审工作,张唐维等5位在闽创业的台湾地区申报人员通过任职资格评审,其中3位取得高级农艺师任职资格、2位取得高级兽医师任职资格。这项工作既是福建省的试点,也属大陆首创。

13.率先聘请台湾专才参与台湾农民创业园管理。在第二届海峡论坛大会上,省委孙春兰书记发布了招聘15名台湾专才担任福建事业单位管理职位的先行先试措施,其中包括漳浦台湾农民创业园管委会副主任和漳平永福台湾农民创业园管委会副主任两个职位。

14.率先入台开展两岸乡镇交流活动。2010年5月,黄小晶省长率领各地乡镇代表在台湾南投县成功举办两岸特色乡镇交流大会,这是福建省乃至大陆首次在台湾举办的两岸乡镇交流活动,福建9个各设区市106个乡镇和台湾102个乡镇开展交流对接活动;6月份“海峡论坛”期间,在三明市举办海峡两岸乡镇对口交流大会,福建省108个乡镇350位代表、台湾近百个乡镇516位代表参会。两场乡镇交流活动,对接了一批项目,达成了多项协议,搭建了两岸基层民众交流的新平台。随后,福建制订了全省对台乡镇对口交流工作规划,确定了50对重点对接乡镇,并利用海峡两岸“农博会”“茶博会”“林博会”等展会平台,推动两岸基层交流常态化发展。

15.率先开通两岸农业交流网络平台。在全国率先建设了以两岸农业合作为主要内容的专业网站——“海峡农业网”,并依托该网建设闽台农业“五新”交流网,其作为发布闽台农业五新项目的专业网站,是目前大陆发布台湾农业五新信息最全、最新的网站;同时,依托该网站大力推动两岸农业刊物的交流与合作;2011年1月4日首批台湾农业杂志《丰年》顺利登陆,打开了两岸农业刊物交流的大门。

五、闽台农业合作交流存在的问题与障碍

总的来看,当前海峡两岸农业交流合作还基本属于单向流动状态,合作层次较低,领域较窄,产业对接能力较差,闽台农业分工协作的格局尚未形成,福建省作为两岸交流合作的重要前沿作用尚未充分发挥出来。具体分析,闽台农业合作仍存在许多制约因素。

1.闽台农业合作的领域较窄,层次有待提高。在两岸农业交流与合作中,大陆在土地、劳动力和市场上具有相对优势,台湾在品种、技术、资本及现代管理等方面具有比较优势,有诸多颇具市场价值的优良品种与技术。但在两岸交流单向、间接、不对称的形势下,科技交流落后于产业合作,影响了闽台高新技术产业合作的成效与发展。以水产业为例,目前两岸合作的领域主要局限在水产养殖和水产品加工上,且主要以资金、优良品种及加工技术引进为主,但项目总量和资金总额仍偏小,项目超千万美元的很少,在关键生物技术的研发与共同市场的开拓方面的合作较为薄弱,合作的领域较窄,层次有待提高。总的来说,尽管近年来两岸农业科技推广与研究人员交流较为密切,但仍以互访层次居多,对于科技合作与项目攻关落实的相对较少,此可能碍于台湾当局的科技管制或经费限制等。为促进两岸农业繁荣发展,实宜思考涉及共同合作、研发、规划、执行的议题。

2.各类交流合作示范区的作用未能充分体现。为推进闽台农业交流与合作,福建省率先成立了各种类型的农业合作试验区和台湾农民创业园,先后建设了一批对台农业引进与推广示范区。但现有项目以品种引进居多,技术、管理、营销等一揽子引进的项目不多,且正式通过技术合作引进的项目少,消化、推广工作相对滞后,整体辐射和推动作用不强。突出表现为:(1)对项目的引进缺乏管理,重硬件(资金、项目)、轻软件(技术、管理),重产出、轻营销,重外引、轻内联等问题突出。(2)对良种的引进与试验推广缺乏管理,良种引进难以保证急需和重点,尤其是分散、民间的引进缺乏集中观察和必要鉴定与筛选。(3)对引进品种缺乏保护与更新,引进多、消化慢、推广少、保护差、创新难,尤其是品种引进后缺少提纯、复壮与更新等后续管理,优良品种往往使用几年后又退化,影响农业投资开发的效益。(4)投资软硬环境尚需大力改善。交通落后及水利设施、服务设施等基础设施建设滞后已成为试验区发展的瓶颈,个别地方政府甚至忽视台资的后期管理与服务,如对台资企业的管理流程多,水、电、能源及原材料等供应不能保证,优惠政策不能兑现。

3.作为两岸交流合作的前沿作用未充分发挥。农业生产具有投资大、周期长、风险大、比较效益相对较低等特点,但国家目前没有明确规定给实(试)验区什么特殊优惠政策。省(市)虽然出台了一些优惠政策,但由于体制、机制上存在缺失,部门协调机制缺乏,有些地方财力有限,有的政策没有配套实施细则,许多政策无法落实,先行区前沿作用尚未充分发挥。(1)政府服务难以到位。尤其是对台引资难度较大,大项目少,实(试)验区建设土地及税收优惠主要是靠市(县)财政让利,长久下去会影响地方对配套资金的投入。(2)金融服务严重滞后。实(试)验区内台湾农民大多资金有限,融资困难,后劲不足,建设投入与实际需要差距较大,迫切需要政府资金扶持与帮助。(3)社会服务有待改进。目前台商所需农业机械、农用物资多数从台湾或第三地进口,所需零配件与服务在当地乃至福建省范围内难以满足,养殖渔业用电、茶园灌溉水用电按工业用电计价,个别企业在遭受病虫害或疫病困扰时甚至得不到及时帮助。(4)绿色通道还不够顺畅。台湾地区农产品进口实行"零关税"以来,大陆通关速度大大加快,但仍存在通关时间较长等情况。

4.闽台农业交流与合作的平台有待建立、健全。闽台经贸合作通过"5·18海交会"、"6·18福建省成果交流会"、海峡两岸现代农业博览会·花卉博览会、海峡两岸林业博览会和海峡两岸茶叶博览会等重大展会及海峡两岸农业合作试验区论坛等交流合作平台取得了明显成效,但众多交流合作平台中涉及农业生物技术等高新技术交流与合作方面的并不多见。以水产业为例,一方面,福建虽拥有国家海洋局第三海洋研究所、厦门大学、集美大学等海洋生物技术方面的大学和研究机构,但两岸有关海洋渔业交流的会议仍主要在北京、台北及"长三角"等地召开,闽台各大学院校间在学术交流上还是比较弱的;另一方面,在进口种苗种、农用物资的海关验放和融资贷款,以及出口农产品许可证及配额管理等方面,实施倾斜和灵活措施都涉及部门审批职权范围,实际执行难度大。随着两岸农业投资及人员交流的深入,一方面,一些台湾地区良种在祖国大陆逐渐推展开来,尤其是蔬菜、水果、水产品、茶叶、毛猪等闽台重要农产品,其主要出口地区均为我国香港特别行政区,以及日本和美国,未来在国际市场上势必产生激烈竞争,亟需加强两岸沟通与协调;另一方面,从境外引进动植物种苗的审批权仍属于国家相关部门,审批程序烦琐。事实上,由于两岸农业交流与合作渠道不畅,台湾良种引进以民间为主,有组织直接引进的少,未经审批和检疫。据调查,近几年只有科研、推广部门和个别投资额较大的台资企业或刚到福建投资的台商,引种时按照有关规定,办理审批、检疫手续。多数台商或引种单位,都是通过渔船或其他沿海省份等民间渠道私自引进,由小件夹带发展到中件苗木再到大件活猪引进,都没有在划定的隔离区进行引种观察,存在很大隐患。

5.海峡西岸经济区"三农"问题的制约与台当局管理的限制。目前海峡两岸关系已发生积极变化,但农业交流与合作要从以往单向、间接、局部向双向、直接、全面发展还需时日。除了土地流转、农村金融、农民组织以及农业保险等海峡西岸经济区自身"三农"问题的影响与制约外,当前闽台农业合作还突出受到台湾当局"高新尖技术根留台湾,严禁溢出"措施的限制。农产品贸易方面,台湾地区准许输入祖国大陆的农产品为 1481 项,占农产品总项目的 62. 7%,仍然还有 881 项未开放。另据 WTO 秘书处报告,台湾地区对大陆货品采负面表列,有高达 2000 多项工、农产品,禁止自大陆进口,其中七成是农产品。此外,早期来闽投资的台资企业为解决原料问题,多数都建有自己的生产基地。现在多数台资农业企业已放弃生产,直接向农民收购农产品原料,以求降低风险,但是企业与产地农户之间的利益分配出现问题。从长远看,一些企业的短期行为反而使台资企业的原料供应风险增大。

六、进一步推进闽台农业合作交流的策略

改革开放后,"双赢"的利益驱动与全球竞争的压力,始终推动着闽台农业合作不断向前发展。闽台农业发展阶段的差异性、资源禀赋的差异性、资源配置效率的差异性而形成的两地比较优势的差异性,以及近 40 年合作不断增强的经济依存性,都是闽台农业进一步合作的重要基础。然而,当前福建省作为两岸交流合作重要前沿的作用尚未充分发挥出来。因此,加强闽台农业产业对接能力和合作平台建设,进一步提升合作层次、规模和成效,加快福建省外向型农业发展,推进和促进海峡西岸经济区建设具有重要意义。创新闽台农业合作模式是一种手段,还需要提升农业的品质和竞争力,只有竞争力加强了,才能进一步促进闽台农业合作往更高层次发展,培育更多更好的优质品种,引进更前沿的高新技术,开拓更广大国际市场,进而保持两岸农业既有竞争又有互补的良好势态,实现"你中有我,我中有你",促进海峡西岸经济区建设,并实现海峡两岸发展双赢。

1.加强闽台农业合作规划建设,不断改善合作的环境。要全面实施海峡两岸(福建)农业合作试验区发展规划,根据福建省产业政策和产业布局要求,进一步制定和细化各地市的特色产业发展规划,制定鼓励台商投资农业产业的目录,建立对台招商项目库,加强投向引导。总结和推广各地有效的经验模式,推动闽台农业合作机制的不断探索与创新。加大宣传闽台农业合作成果,做大做强闽台农业合作企业、重点产品(品牌),不断提高闽台农业合作的影响力。推动闽台共同制订海峡农业经济区发展规划,共谋战略对策,在当前两岸农业交流以民间为主的基础上促进两岸的农业合作交流。

2.夯实闽台农业合作示范区和台湾农民创业园的发展基础,巩固闽台在农林牧副渔各业农业生产、农产品加工销售等领域的合作开发成果。台湾农民创业园已成为闽台农业合作双赢的示范样板,成为福建现代农业的窗口。应围绕"三大特色产业带"建设,学习借鉴台湾"精致农业"的发展经验,将合作进一步拓展到农业机械、化肥、农药等农业生产资料的农用工业领域。把发展观光农业作为深化闽台农业合作的一个新增长点,建设一批闽台休闲农业合作示范区。鼓励和扶持园区企业扩大规模、配套关联企业,建设规模化、专业化的高优农业、蓝色产业、绿色产业基地,建立一批具有特色和实力的闽台农业合作的产业集群。实施项目布局规划,充分体现每个设区市农业特色,做大支柱产业,突出规模效应,增强产业集聚能力,提升农产品的市场竞争力。同时,要注重引进台资龙头企业,通过留住其研发、营销、管理等重要部门使其扎根福建,构建海峡西岸经济区农业发展与合作的"总部经济"。

3.加强专业合作组织对接,构建闽台农业一体化体系。农业生产是以各类农业专业合作组织为基础的,专业合作组织的发展壮大是农业发展壮大最直接的标志。有效整合社会资源,推进闽台农业专业合作组织联系对接,不仅是建立闽台农业一体化体系、做大海峡农业经济区的需要,也是闽台农业合作组织实现双赢目标的重要途径。目前,福建农民合作组织的发展尚处于初级阶段,要积极创造条件,发挥各种非官方与民间组织、社会中介组织的作用,引导、吸引台湾农民和农民企业家来闽创业,促进福建农民合作组织与台湾农会、农业合作社、产销策略联盟等组织的联系与对接,打造海峡农业和农产品品牌。积极发动企业和民间组织参与,加强闽台行业协会之间、农业企业和行业协会之间的沟通与协作,扩大对台交流往来,扩大与台湾农业界的合作联系,建立闽台农业合作的长效机制,合力推进闽台农业合作。通过引进台湾农业产销合作组织建设与管理的经验,加快省、市、县农业信息服务体系建设,实现农业科技信息联网,提高福建省农民专业合作组织发展水平,扩大农业生产规模经营,提高农业整体效率。

4.深化闽台农业营销合作,打造台湾农产品集散中心。发挥闽台农业合作独特优势,着力建设一批闽台合作农产品出口示范基地,发展外向型农产品加工业,提高海峡农业经济区的农产品国际竞争力,带动福建农业整体水平的提高。抓好台湾农产品批发交易市场建设,重点建设福州、厦门、泉州物流枢纽中心,加快建设厦门台湾水果集散中心、霞浦台湾水产品集散中心,实现台湾农产品、水产品便捷通关、转运,促进台湾农产品加工、仓储及运销一条龙建设,把福建建成台湾农产品输入大陆的区域物流集散基地。此外,随着闽台农产品出口总额呈不断上升的趋势,为了避免闽台在出口农产品结构和出口市场方面存在高度的相似性与趋同性,要加强闽台产业分工与合作,合作培育具有比较优势的农产品,构建起各自具有特色的农产品出口体系。加强彼此之间行业协会的沟通与协作,在农产品出口的市场营销方面建立合作机制,共同建立出口市场和出口产品的预警机制。

　　5.扩大两岸联合攻关领域,提升闽台农业合作的层次。福建省闽台农业合作主要以优良品种和简单农产品加工技术的引进为主,还属于较低层次,应该把闽台农业合作引向研究、开发、利用等更深层次合作。(1)开展攻关合作,共享开发成果。应当注意发挥福建省农业资源优势,着力建立福建农业高技术新体系,把闽台共同关心的农业生物技术特别是海洋生物技术领域的重大问题,列为优先重点合作内容,作为闽台农业交流合作的重要目标。支持鼓励闽台参加合作的研究单位之间或牵头的专家之间商定合作计划,利用双方的设备、技术、人才、资金,开展攻关研究,共享开发成果。充分利用福建省海域和台湾海峡丰富的海洋生物资源,开展新型海洋医药、保健型和功能型海洋食品和具有特殊功能的海洋生物化妆品等领域的合作,使"蓝色药业"成为闽台农业交流合作的又一个新领域,把福州、厦门、泉州建成闽台海洋药业和保健品研究开发生产基地。(2)提高农业科技和人才的集成度。在福州、厦门等农业科研力量和农业开发企业较为集中的地方,积极争取建立国家农业科研中心和国家实验室、中试基地,以及若干国家和省级工程(技术)研究中心、农业高技术产业化基地和重大项目实验示范基地。积极扩大高等院校的农业院(系)办学规模,加强农业重点学科建设,加快建设农业类博士后流动站、博士点、硕士点和国家级重点学科、本科重点专业。建立一批包括公益型和技术推广服务型的科研院所,逐步形成一支"开放、流动、竞争、协作"的农业科技队伍,为闽台农业科技合作打下坚实的基础。(3)积极建立闽台双赢的农业科技分工体系。要进一步制定鼓励台商投资福建农业高科技产业的指导目录及其配套政策措施,参照福建省高新技术企业认定管理办法,加快闽台农业高新技术合作基地和科技园区建设步伐。按照"市场换技术"的原则,整合福建不同区域劳动力、土地等优势资源要素,不断吸引科技含量高的台资农业企业来闽投资兴业,提高台商投资福建农业的技术和资金密集程度,逐步形成两地双赢的农业科技分工体系。

　　6.完善闽台农业合作平台,推进两岸农业交流与合作。(1)完善交流合作平台,实现常态化。福建省每年都举办"5·18海交会"、"6·18福建省成果交流会"、"4·9漳台经贸恳谈会"等重大会展活动,各设区市也举办了大型招商活动展会,这些展会已经成为闽台农业交流合作的重要平台。要不断增加和丰富展会的农业主题,进一步发挥政府的牵头引导作用。以信息、咨询、政策引导、法律保障等手段为企业的合作项目引进提供保障,促进对台农业合作产业与项目的对接。(2)定期举办高层次的海峡两岸农业论坛。福建已经连续多年举办了海峡两岸(福建)农业合作交流高级合作论坛,要联合国家部委机构在福建省定期举办高层次的海峡两岸农业论坛,邀请国内外名人、学者、精英参加研讨,提升层次和影响。举办有台湾专家参加的科技恳谈会,聘请一批台湾农业科技界知名人士担任福建省农业发展专家顾问。(3)强化闽台两地农业教育科技合作机制。鼓励和扩大两岸农业教育、科研机构之间的交流与合作,进一步畅通交流渠道,促进闽台农业科教、信息、项目和人员的双向交流,构建农业自然资源、科技教育、市场、人力资源信息等共享平台。为使闽台农业合作能顺利进行,有关行政主管部门要积极筹措专项资金,以项目资助形式,资助农业合作研究、讲学进修、培养研究生、联办研讨会和高级专家互访。鼓励台湾农业科研单位,以及教学和农政、科技机构的知名专家学者,来闽开展农业培训、咨询服务、规划论证、技术指导。通过各种交流形式和交流平台,强化福建在对台农业合作交流方面的基地作用。(4)多元化搭建闽台乡村交流平台,广泛开展闽台特色乡镇、特色乡村对接。中国农业科学院教授赵一夫表示,海峡两岸农业行业的交流及合作,不应仅局限于农业,还应包含农村建设、农民建设。"两岸农业合作应该抓住'一带一路'的发展契机,共同谋划、积极参与。"[1]要多元化搭建闽台乡村交流平台,广泛开展闽台特色乡镇、特色乡村对接,以及特色农业合作组织对接[2]。结合"福建最美乡村"建设的基础目标,引进台湾乡村的"循环、绿色、富足"的思想与管理理念。发展好全新理念的生态农业,加强新型城镇化发展战略和美丽乡村建设战略的结合。推动闽台两地在农业文化创新、休闲农业、乡村旅游业等方面的深度融合,并推动祖国大陆的城乡一体化发展。

7.加大福建自贸试验区的开放度,推进闽台农业生产与科技的发展。一是改善税收环境。积极探索和完善适合闽台农业科技合作发展的税收政策。利用福建自贸试验区的优惠政策,吸引台湾农业科研人才入驻自贸试验区,积极引进先进的农业装备和创新人才。二是利用自由贸易试验区的政策"红利",引导人才的自然转移,吸引台湾农业学者到福建进行指导和交流。引进新的"生态农业、绿色农业、有机农业"等,并且针对大陆地区当下水资源普遍紧张现象,瞄准世界先进水平的节水型农业基础设施,加快引进台湾技术成熟

---

① 《两岸专家聚焦乡村振兴 推动闽台农业科技合作》,中国新闻网:2http://www.taiwan.cn/xwzx/PoliticsNews/201906/t20190620_12176332.htm,[2019-06-20]。

② 福建日报:《两岸开启交流 30 周年(三)——闽台故事·农业合作》,福建省人民政府网:http://www.fujian.gov.cn/xw/ztzl/mty/xwdt/201712/t20171220_1702336.htm,[2017-12-20]。

的农业滴灌技术,不仅仅做到技术的交流,也在资源节约方面得到提升。三是把握好自贸试验区发展成全面现代化农业、工业及服务业现代经济体系的战略目标。在乡村旅游服务业方面向台湾地区借鉴学习"休闲农业"模式,同时推动闽台两地农业的融合及促进闽台两地多功能农业的发展。四是构建物流和电商平台,促进闽台农产品进出口贸易。在福建自贸试验区建设的背景下,应构建闽台物流体系,加强行政管理队伍的建设,加快政府职能的转变,注重跨境电商平台建设等。

第五节　闽台科技关系

福建是大陆对台开展科技与经贸合作最早的省份之一,改革开放以来,福建已成为大陆、香港、台湾贸易往来的重要联结点。近年更是成为台湾仅次于日本、美国之后的第三大贸易往来地区和第一大进口来源地。随着海峡西岸经济区发展战略的确立,福建的区位优势和战略地位还将更加突出。因此,以福建为窗口,以大陆为依托,开展闽台科技交流合作研究,具有很强的经济、社会与政治意义。尤其对福建而言,现在正面临向技术乃至高科技的转型,而台湾是世界有名的科技岛,是亚洲地区表现较好的经济体。其科技发展模式与经验值得福建认真学习、借鉴。

一、闽台科技交流合作的基础

闽台科技产业的合作具有明显的双赢效应。这是由台湾的科技发展现状和福建的科技发展需求决定的。

（一）台湾岛内科技发展面临困境

在经济全球化背景下,如何对产业分工与市场布局进行重整,已成为台湾经济及产业界实现升级的当务之急。台湾科技产业的困境主要体现在,虽然其技术与产品未达到顶峰,尚有发展余地,但增长幅度开始出现不稳定,其中一些原有的支柱产业已经进入衰退阶段。比如液晶面板产业近年来产能过剩,价格下跌,表现得最为明显。

究其原因,主要是由于两个方面:一是产业技术与应用逐渐进入高原期,投资与产量同步高速增长、技术快速提升的时期逐渐远去,越来越频繁地受制于需求萎缩、单价易降难升的困境。从根源上看,主要是受制于岛内市场及生产体系规模的狭小。二是产业发展进入成熟期,制造端几乎全部外移,岛内只留下前端的研发与后端的总装及技术服务部分,多数企业进入成长后期,不断出现萎缩与衰退的现象。产业外移,必然带来人才的流失,导致技术发展缺乏后劲,难以充分发挥既有的产业优势。

(二)福建科技需求潜力巨大

伴随着近年来经济的加速发展,大陆对科技的需求不断加大,福建也不例外。根据政府统计部门的统计年报和政府主管部门的有关专业统计年报,福建省"十五"期间各评价指标的数据显示,福建省科技进步指数逐年提高。以2000年基数为100,在2005年,福建省科技进步指数达140.8,年均增长7.1%。"十二五"期间,福建省科技进步水平继续呈现逐年提高的态势,随着自主创新战略的深入实施,科技进步水平提高幅度快于"十一五"期间。从各评价领域看,科技促进经济社会发展的作用将更明显,科技进步投入将有量的突破,科技进步产出将有质的飞跃,科技进步基础要素的发展将更加巩固。随着海峡西岸经济区战略地位的确立,福建经济必然走向与珠三角、长三角的合分工协作之路。从而为闽台科技合作的深化提供了巨大的需求潜力。

总之,台湾的科技产业要实现进一步的提升,就必须与拥有巨大内销市场、丰沛人力资源的大陆市场相结合。因此,尽管政治因素一直是两岸科技合作进一步发展的障碍,但由于两岸科技发展的互补性,台湾当局不得不重视与祖国大陆的科技交流与合作,逐步放宽对大陆科技合作的约束,转而制订相关政策,从政策上和资金上吸引大陆科技人才,并选择祖国大陆研究实力较强的领域开展合作。福建由于占据"五缘优势"(即地缘相近、血缘相亲、文缘相承、商缘相连、法缘相循),在对台合作的层次、水平、规模等方面,一直是大陆对台交流与合作的先行区和试验区,体现了得天独厚的优势。福建巨大的市场、众多的人才、优惠的政策和良好的投资环境,都是台湾科技产业进一步发展迫切需要的。同时福建为加快实施科教兴省战略,大力发展高新技术产业,用高科技的增量盘活传统产业的存量,体现出对台科技的巨大需求。这些,都构成了两地实施交流合作的重要基础。

二、闽台科技合作的重要意义

福建省地处东南沿海区域,与台湾地区隔海相望,具有独特的地缘优势,是台资进入大陆的主要登陆地,改革开放以来,福建省一直是两岸经贸科技合作的重要地区。2015年,福建省委省政府出台《关于进一步加快产业转型升级的若干意见》,全面部署了福建省加快产业转型升级的思路和行动纲领,特别强调要充分发挥自贸试验区体制机制的创新作用和21世纪海上丝绸之路核心区对外互联互通的作用,加强闽台产业合作,拓宽对台产业对接合作领域,探索闽台产业合作新模式。支持闽台企业共建平台、共创品牌、共拓市场,促进对台资企业转型升级的引导,进而推动两地企业开展国际产能和装备制造合作,实现产业转型升级。

从台湾地区来看,福建是台湾第二、第三产业的主要转移地,台湾具有充裕的资金与经营人才、成功的市场拓展与经营经验、高效的商品化包装与整合能力、丰富的信息应用技术、优异的中小企业营运经验,充足的国际行销布局经验等。台湾高科技产业的产品技术水平高于大陆总体水平,如集成电路仅次于美国和日本,居世界第三;电脑及周边产业形成从研发设计、生产制造到市场行销的较完整的上、下游体系,在世界市场上具有很强的竞争力。但是,由于台湾长期采取代工生产策略,研发力量有限,关键零组件和技术尚未掌握,受美日的牵制较大。

由此可以看到,福建台湾两地在科技发展上具有相当的互补性。福建科技人才众多,在一些基础科学研究上领先;台湾地区在应用技术的研究和开发方面有着自身的特色与优势。因此,加强闽台科技交流合作,提高闽台科技的创新能力,构建以高新产业为主导的经济发展模式,对推进海峡两岸经济的升级与发展具有重大的现实意义。

三、对闽台科技合作关系的回顾

自 1979 年全国人大常委会《告台湾同胞书》发布后,海峡两岸各项交往开始逐渐恢复。1987 年,台湾当局开放台胞赴大陆探亲,以经济合作为主导的两岸交流开始加速发展。两岸交流从 20 世纪 80 年代开始起步,至 90 年代已粗具规模,进入 21 世纪后,呈现出日益兴旺的发展趋势。

(一)第一阶段(20 世纪 80 年代)——起步阶段

在这一阶段,影响两岸科技交流与合作的三个因素都出现有利于闽台关系的重要发展。1979 年我国实行对外开放政策,以此为契机,福建获得全国对外开放格局中"先走一步"的政策和地位优势。这一时期,在福建出现的台湾同胞的探亲热、贸易热和投资热中,贸易和投资逐渐处于突出地位,在闽台科技交流与合作方面,表现为相互认识与了解,同时也孕育着实质性的科技交流与合作。在两岸经贸、科技交流与合作的总体格局中,福建发挥了"窗口"的重要作用,闽台经济、科技的交流与合作处于全国先行、试点和突出的地位。

(二)第二阶段(20 世纪 90 年代)——发展阶段

进入 20 世纪 90 年代,伴随着福建省"科教兴省"战略的实施,福建相继出台一系列法规、制度和优惠政策,营造了有利于引导和促进科技发展的新机制和大环境。1990 年,台湾当局公布《对大陆地区间接投资或技术合作管理办法》,有条件地开放台商对大陆投资和技术合作,为此,台资企业对福建投资的领域、深度和广度都逐步发生变化,朝着有利于闽台科技交流与合作的方向发展。在这种发展环境下,台湾的投资促使福建高新技术产业迅速发展。但是,随着改革开放后多层次、全方位的开放格局的形成,福建的政策和区位优势也逐步减弱,福建传统的政策优势必须向机制优势转移,这已成为促进闽台科技交流与合作发展的关键因素。

(三)第三阶段(2000年以后)——提升阶段

2004年,福建省委、省政府对海峡西岸建设的发展站位、发展方向、发展目标进一步明晰,在全国率先提出建设海峡西岸经济区战略、加快促进两岸合作的举措,要将海峡西岸经济区建成科学发展的先行区、两岸人民交流合作的先行区。2009年5月,随着国务院《关于支持福建省加快建设海峡西岸经济区的若干意见》文件的下达,海峡西岸经济区的发展上升为国家战略,以此带动闽台科技交流与合作进入了一个崭新的提升阶段。

(四)第四阶段(2017年以后)——丰富阶段

2017年党的十九大提出"逐步为台湾同胞在大陆学习、创业、就业、生活提供与大陆同胞同等待遇"的要求。从而带动各项政策措施的不断出台,带动闽台科技交流合作不断丰富。

2018年2月,国务院台办、国家发展改革委牵头29个国家部委研究出台《关于促进两岸经济文化交流合作的若干措施》,提出了加快给予台资企业与大陆企业同等待遇以及为台湾同胞在大陆学习、创业、就业、生活提供与大陆同胞同等待遇的31条措施。同年6月,福建省发布《福建省贯彻〈关于促进两岸经济文化交流合作的若干措施〉实施意见》,推出了包括扩大闽台经贸合作、支持台胞在闽实习就业创业、深化闽台文化交流、方便台胞在闽安居乐业等四个方面的66条具体措施。

进入21世纪,两岸都注重产业技术发展,注重技术创新,注重传统产业的改造和装备现代化,以及有重点地发展高技术等。闽台科技交流合作也不断扩大与加深,双方科技交往从单向交流转为双向交流、从一般性考察来往转向实质性研究合作,并形成"海峡两岸科技与经济论坛""海峡科技专家论坛""6·18科技项目成果交易会""海峡两岸知识产权论坛""海峡科技论坛"等系列科技交流合作品牌,这些都成为推动闽台科技合作与产业对接的平台,提升了双方科技交流合作的层次和水平。

四、支持台胞台企创新创业的科技政策

大陆出台惠台政策由来已久。2009年起在福建省厦门、福州、泉州、莆田等地,每年都会举行海峡论坛,体现大陆和台湾两地民间性、草根性、广泛性、基层化、多样化的互动和交流。海峡论坛每年都会发布一些相关的惠台政策,这些政策体现了国家惠台政策的方向,尤其是2018年《关于促进两岸经济文化交流合作的若干措施》出台以后,全国各地陆续出台了大量的比较系统的惠台政策,其中包含了支持台胞台企创新创业的科技政策,对促进两岸科技合作提供了优惠的政策保障。

(一)福建省支持台胞台企创新创业的科技政策

1.高新技术产业投资扶持政策

《福建省贯彻〈关于促进两岸经济文化交流合作的若干措施〉实施意见》中关于高新技术产业政策的内容有:(1)台资企业参与实施《福建省实施〈中国制造2025〉行动计划》,适用与大陆企业同等政策。鼓励在闽台资企业转型升级,支持参与新一代信息技术、高档数控机床和机器人、新能源汽车、智能机器、特色农机装备、新材料等领域重大关键技术研发创新,符合条件的同等享受企业技术改造项目和科技重大专项补助政策。(2)符合条件的在闽台资企业按规定享受创业投资企业和天使投资个人有关税收优惠政策。(3)在闽台资企业经认定为高新技术企业的,可按规定享受减按15%税率征收企业所得税;符合条件的享受研发费用加计扣除等税收优惠政策。台资企业设在福建的研发中心采购大陆设备享受全额退还增值税等税收优惠政策。

2.科技创新与科研项目支持政策

《福建省贯彻〈关于促进两岸经济文化交流合作的若干措施〉实施意见》有关科研项目支持政策的内容有:(1)台资企业在闽设立研发平台,符合福建省科技创新平台引进和建设资助办法规定条件的,按重大研发机构新增研发仪器设备实际投资额的30%予以补助,独立法人资格的研发机构最高补助2000万元,非独立法人资格的研发机构最高补助1000万元。(2)在闽台资企业可申报"科技小巨人领军企业""新型研发机构",经认定后享受相关优惠政策。(3)鼓励支持在闽工作的台湾同胞申报国家和省自然科学、社会科学等方面的基金项目。(4)台湾科研机构、高等院校、企业在闽注册的独立法人可申报"促进海峡两岸科技合作联合基金",并支持其牵头或参与国家重点研发计划项目申报。

福建省政府与国家自然科学基金委员会签订《关于设立促进海峡两岸科技合作联合基金的协议书》,支持台湾青年科技人员参与两岸共同关注的重大科学问题和关键技术问题的合作研究,通过"促进海峡两岸科技合作联合基金",并经专家评审予以立项资助。

(二)福建省外部分地方支持台胞台企创新创业的科技政策

1.天津市

天津市《关于进一步深化津台经济社会文化交流合作的若干措施》中有关

科技扶持政策的主要内容有:(1)在津台资企业与大陆企业同等参与"中国制造2025"行动计划,并按规定申请享受政策支持。(2)在津投资符合条件的台资企业,依据《天津市关于加快推进智能科技产业发展的若干政策》[津政办发〔2018〕9号],可申请市工业和信息化委专项资金。(3)支持符合条件的台资企业依法享受高新技术企业减按15%税率征收企业所得税,研发费用加计扣除,设在天津的研发中心采购大陆设备全额退还增值税等税收优惠政策。对首次获批国家高新技术企业的台资企业,按照规模大小给予30万元至50万元奖励,其中区财政对于申请认定国家高新技术企业的,先按上述标准50%的比例给予补助,待认定后,市财政再按上述标准50%的比例给予奖励。对完成股份制改造的台资科技型企业,经审核认定后,市财政按照股份制改造实际发生费用的50%给予最高不超过30万元的补贴,区财政按市财政补贴额给予1∶1比例配套补贴。

2.杭州市

《杭州市人民政府办公厅关于进一步深化杭台经济文化交流合作的实施意见》中有关科技扶持政策的主要内容有:(1)鼓励台湾同胞来杭投资设立高端装备制造、智能制造、绿色制造、新一代信息技术等企业,设立全球或区域总部和研发设计中心、运营中心,对其同等适用相关支持政策。(2)支持开发区设立台商投资园区,支持各区、县(市)设立台湾农业合作园区。积极申报设立国家级两岸产业合作区,推动两岸产业深度合作。(3)台资高新技术企业依法享受高新技术企业减按15%税率征收企业所得税,研发费用加计扣除,其在杭研发中心采购大陆设备全额退还增值税等税收优惠政策。(4)台湾地区科研机构、高等院校、企业在杭注册的独立法人,可牵头或参与国家、省、市重点研发计划项目,与本市科研机构、高等院校、企业享受同等政策;受聘于在杭注册的独立法人机构的台湾地区科研人员,可作为负责人申报国家重点研发计划项目(课题)、省级科技计划项目或课题(含省级自然科学基金项目),与本市科研人员享受同等政策。鼓励和支持台资企业引进的科技人才团队申报省级领军型创新创业团队。(5)鼓励两岸科研机构、高等院校、企业在杭设立两岸合作研发机构,联合建立重点实验室,开展基础研究、前沿技术和共性关键技术研究,联手培养研发团队和技术人员。对重大台资研发总部项目,可采取"一事一议"方式给予支持。

五、闽台科技合作发展现状及特点

由于地缘、气候和土壤等原因,海峡两岸科技交流与合作是以闽台农业合作为切入点而逐步发展起来的,从台湾高优农业品种的引进种植、改良和农产品深度加工,进而发展到闽台两地的电子信息、石化加工、机械装备、汽车制造等产业的对接,辅以闽台两地不断拓展的经济技术会展、学术交流论坛、人才交流互访、现代服务业发展等作为支撑和保障。进入21世纪后,台商对福建的投资已经从以往的以劳动密集型为主向资本技术密集型转变,对加强科技交流与合作的内在需求不断加大,使海峡两岸科技交流与合作不断向着全方位、高水平和高层次发展,促使海峡两岸科技交流与合作平台也不断地向全方位、系统化和功能性方向发展。近年来,闽台科技交流与合作渐入佳境,海峡两岸"三通"的实现,推动科技交流与合作不断拓展。合作形式日趋多样,已从早期较为单一的互访和讲学发展成合作研究,共建试验基地、科技园区,共同申报科研项目,发展高科技产业和专业园区等。

进入21世纪,闽台两地的产业在国际市场的竞争越来越突出表现为科技水平的竞争,使闽台两地都感到加快科技交流与合作的重要性。台湾业界加强闽台两地的科技资源整合,加快到福建投资和开展技术合作的步伐,科技交流与合作涵盖了农业、工业及高新技术产业及服务业、教育、信息、气象、地震、海洋等20多个领域,闽台科技合作日趋深入,交流合作层次不断提高。

(一)闽台科技交流与合作的重点领域和技术

目前,闽台科技合作的重点向以下领域逐步深化:

1.高新技术:包括信息技术、生物技术、海洋技术、新材料、新能源等领域的合作研究及其相关产业技术的引进和合作开发;

2.工业科技:包括石油化工、机械装备、电子信息、建筑、建材以及轻纺、食品等先进产业技术的自动化系统和管理经验;

3.农业科技:主要是农业、林产业、水产业先进技术,农牧渔林优良品种和集约种养技术、生物农药、生物肥料、饲料及其添加剂、农产品等加工技术;

4.交通能源科技:主要是现代运输技术、交通电讯、港口工程和核能、节能技术、新能源及再生能源技术等;

5.环境科技:包括废弃固体处理技术、废气处理系统和环境监测技术等;

6.医药卫生:包括医学电子系统、医用材料、生物力学、医疗保健、新药制造技术,中医交流等;

7.基础应用研究:包括地质、气象、地震、水利、生命科学、分子生物学、海洋生物、生物化学等。

(二)闽台科技交流与合作的主要特点和发展趋势

近年来,随着两岸关系的发展,闽台科技交流与合作呈现出以下特点和发展趋势:

1.双向互惠、双赢互补已成为闽台科技交流与合作的基本原则。一方面,福建相继出台了一系列鼓励闽台科技交流与合作的相关政策,改善合作环境,而台湾当局原有的保守僵化、限制闽台科技交流与合作的有关政策,也被迫陆续做出调整。因此闽台科技合作在"鼓励"和"限制"中快速发展。

2.闽台科技交流与合作的层次逐渐升级。在合作初期,台湾面临一般性的要素资源,如土地资源、廉价的劳动力和自然资源等匮乏的问题,因此,台商在福建开展以满足上述需要为主的产业转移和投资活动。然而随着闽台合作的深入和福建创新要素资源的快速发展,如科技资源、知识资源、技术资源等的进一步丰富,闽台科技合作逐渐由"表层合作"向"里层合作"转变,越来越多的台资企业将其研发机构移到福建,并扩大技术贸易。如:早期的中华映管主要是将其生产体系中的"加工、生产功能"移至福建,而将行销、研发等留在台湾,然而随着其在福建企业研发团队的组建和发展,其在闽的"研发功能"大幅提升。

3.闽台科技交流与合作的范围和规模不断扩大,已成为闽台两地经贸合作交流的主旋律。目前,在科技合作的引领下,闽台经贸合作的水平已明显提高,台湾的电子、软件、网络等高科技产业相继投资福建,同时台商也投资于福建的传统产业,加快福建传统产业的技术改造、产品升级。

4.产业合作的链接度不断拓展。科技产业合作一直在闽台科技合作中居突出地位。闽台产业合作的领域由窄而宽,由最初的农业,逐渐扩展到电子信息、机电设备、化工、生物医药、软件等诸多领域;闽台两地产业链的连接由稀而密,台湾已将生产供应链上下游的相关产业陆续转移至福建。同时,台资企业的本土化经营趋势也迅速发展,如充分利用福建的经营人才、经营组织、科技成果和其他经营资源,实行一系列"融入"经营;在生产活动中,台资企业在福建采购的原料或中间原料的比例在不断上升,这些都为两地产业发展带来了双赢的局面。

5.闽台科技交流与合作的成效由单一型向效益型、优化型、复合型、集群规模型发展,表现为双方科技合作区域不断由福州、厦门向内陆地区拓展;合作项目由单一小规模项目向综合、集成和规模化、专业园区化方向发展;合作主体由间接、民间、单向朝直接、带官方背景及双向互动方向发展;同时,闽台两地科技交流与合作的政策研究层次逐步提升,高层次科技交流活动持续发展,学术研讨活动日益频繁,科技合作的研究开发项目日益增多。

从总体上看,闽台两地的经济、科技交流合作已由"一般合作"向"创新合作"发展,由"单项合作"向"产业集群"、"专业科技园区"、共建"研发中心"发展;在学术交流方面,闽台高校系统的交流与合作持续发展,专业性交流持续扩大;在研究发展方面,由官方主导和介入的科技合作项目日益增多,不仅有科技成果转化项目,也有一些前瞻性强的高新技术项目。闽台科技合作的深化,大大推进了两地科技产业一体化的发展,为实现"海峡西岸经济区"建设尽快向"海峡经济区"建设发展奠定了坚实的基础。

六、闽台科技合作的成果

福建省近年出台了一系列惠台政策,特别是在 2018 年 6 月发布了《福建省贯彻〈关于促进两岸经济文化交流合作的若干措施〉实施意见》,对闽台的创业创新和闽台科技合作起到了很好的政策引领作用,取得了很好的成效。

（一）闽台科技合作快速增长

福建省政府与国家自然科学基金委员会签订了"促进海峡两岸科技合作联合基金"协议,每年安排 5000 万元人民币重点资助解决两岸在经济、社会和科技未来发展中共同关注的重大科学问题和关键技术问题,据统计,联合基金2012 年设立以来,共批准立项 87 项,资助经费 2.09 亿元,平均资助强度为240 万元左右,台湾已有 800 多名科研人员参与了申请,其中 100 多位台湾科学家参与了项目研究,涉及电子信息、农业、人口与健康、资源与环境、新材料与先进制造等 5 个领域。以福建海峡技术转移中心为载体,推动闽台技术转移。2016 年,在福建设立的国家技术转移海峡中心揭牌后,已有 3 家台湾机构入驻,安排专职人员进驻并陆续开展技术转移相关活动。例如:中国光华科技基金会已为平潭台创园招商 4 个项目;中华海峡两岸企业交流协会已与中国海峡人才市场签订合作协议,开展两岸人才交流活动及"机器人技术转移教育培训";社团法人台湾产学研合作发展策进会、台湾绿捷能智控股份有限公司、鑫陇集团等与福建省的相关单位开展合作,积极引导两岸青年人才加强项目、成果和信息交流合作,发展共赢。

闽台科技合作交流的持续深化亦引领闽台产业对接升级合作。截至2016 年,泉州晋华集成电路存储器生产线、莆田 6 英寸砷化镓生产线、莆田华佳彩高科技面板、厦门联芯集成电路制造等一批闽台合作重大项目已落地建设。其中,泉州晋华集成电路存储器生产线获得 2016 年第二批国家专项建设基金 30 亿元支持。

（二）台企在闽创业投资以及台胞在闽工作人数和规模增加

"十二五"以来,福建省积极推进闽台经济社会融合发展,已有 43 家台湾百大企业在闽投资,福建实际使用台资 74.5 亿美元,闽台贸易额共达 2377.6亿元人民币。福建省也出台了支持台湾青年来闽就业创业的举措,惠及广大青年台胞,在国台办公布的海峡两岸创业基地示范名单中,福建省在 2016 年已经达到 8 个,居全国首位,分别为福州海峡创意产业园、厦门两岸青年创业创新创客基地、厦门一品威客创客空间、厦门宸鸿科技有限公司、福州海峡两岸青年创业孵化中心、厦门云创智谷、平潭台湾创业园、泉州福建闽台农产品市场(示范点)。福建省从 2017 年开始设立首批省级台湾青年就业创业基地,全省 15 家。与此同时,福州、厦门、泉州、漳州等各地市也纷纷出台了台湾青年就业创业基地申报条件,鼓励台湾青年来闽创业。这些举措惠及广大青年台胞。截至目前,福州市已经有 17 家台湾青年创业基金,泉州有 10 家台湾青年创业基金。以平潭综合实验区为例,作为大陆距台湾本岛最近的地区,平潭不断出台政策,为台湾青年创业提供办公经营场所免租金、资金扶持、人才补贴和融资服务等支持。截至 2017 年年底,平潭台创园已签约入驻机构 447 个,其中台资企业占到半数,平潭作为两岸共同家园的特色日益明显。

继 2010 年 8 月大陆首个海峡两岸科技产业合作基地落户福建后,福建省已建立 13 个国家级海峡两岸产业合作基地和 30 个闽台科技合作基地。闽台科技合作交流,从闽台产业技术、民生科技发展的深度融合上进行突破,在引进重大研发机构共建、引进先进技术落地转化、合作研发等三个层次上全方位开展合作。福建鼓励台湾重大研发机构来福建自贸试验区创办或与自贸试验区法人单位合作创办研发机构,对符合资助条件的研发机构给予资金支持。福建省还出台了《闽台科技合作基地建设管理办法》,积极构建闽台科技合作基地,促进闽台科技产业的对接与升级,如台资企业立达信绿色照明股份有限公司成立的大陆首个"LED 光电集成一体化技术两岸联合研发中心",2012 年该中心被认定为闽台科技合作基地。截至 2016 年,该基地新增 203 件国家专利授权,其中,发明及实用新型专利授权 83 件,项目研发产品荣获中国轻工业科技奖二等奖 1 项,福建省科技进步奖二等奖 1 项,福建省专利奖二等奖 1 项,漳州市科技进步奖一等奖 1 项;中心获评"国家认定企业技术中心",中心实验室获评"首批中国轻工业重点实验室",通过了"CNAS 国家实验室""能力合格验证实验室""能效标识等级通过实验室""CCC 现场检测实验室""UL、TUV、INTERTEK、BV、DEKRA"等权威国际认证机构的认可,不仅严格检测公司的产品,同时,可为我国行业内中小企业提供相关国际认证测试服务。

七、闽台科技合作进一步发展的机遇与挑战

1.海峡西岸经济区建设战略的实施,为海峡两岸科技合作与交流提供了很好的机遇。

2.随着香港、澳门的回归,祖国的和平统一已成为国内外关注的热点,这为开展闽台科技合作创造了良好的条件。同时,"一国两制"在香港、澳门的成功实现,也为两岸和平统一与经济科技合作展示了光明的前景。

3.两岸"三通"的基本实现,标志着闽台经济科技合作开始步入新的发展阶段。两岸实现"三通"预示着闽台经贸关系由间接单向向直接双向迈进,为两地科技合作与交流开辟了新的途径,将使福建成为中国南部新的热点地区,进而促进福建对外科技合作的发展。

4.世界区域经济发展趋势有利于发展闽台的科技与经济合作与交流。当前,区域经济整合已成为世界经济发展的一股强劲的潮流。区域经济的发展有利于区域内成员进行生产要素的流动、组合,提高产品和产业的竞争力,带动经济的发展。因此,未来台湾要进一步发展经济,必然要加速其经济区域整合的步伐。而其与福建的特殊关系,决定了在其区域经济整合中福建的地位和作用。台湾和福建虽然还存在着政治因素和经济体制的限制,但客观存在的"五缘"特色,决定了双方合作的必然性。

5.两岸都已加入世界贸易组织,这也有利于推动闽台科技合作的进一步发展。中国是世贸组织的正式成员,台湾是以特别关税区的身份加入世贸组织的。大陆与台湾都为世贸组织中的成员,按照世贸组织规则,成员之间相互适用无条件最惠国待遇,即互相提供发展经贸的优惠条件,这无疑成为促进闽台科技合作与交流的推进器。

6.世界科技领域竞争加剧。首先是发达国家为保持科技领先的地位,千方百计地争取自身的科技领先优势。二是发展中国家为了摆脱科技落后局面,展开了你追我赶的激烈较量。研究开发、技术创新和成果应用已成为各国经济战略中的关键因素,在许多领域出现了研究、开发、生产、销售一体化趋向。技术开发的艰巨性和复杂性也相应增加,任何一个国家或地区都不可能在所有的技术领域都领先。无论是福建还是台湾,自身技术的局限性更加明显,所面临的压力比以往任何时候都更大。

7.2014 年 12 月 31 日,国务院正式批复设立中国(福建)自由贸易试验区。中国(福建)自由贸易试验区成为大陆境内继上海自贸试验区之后的第二批自贸试验区之一。中国(福建)自由贸易试验区范围总面积 118.04 平方公里,包括平潭、厦门、福州 3 个片区。其中平潭片区 43 平方公里、厦门片区 43.78 平方公里、福州片区 31.26 平方公里。福建省也被列入国家"一带一路"倡议中21 世纪海上丝绸之路建设的重要省份。中国(福建)自由贸易试验区的建立、21 世纪海上丝绸之路的建设,为闽台的创业创新和科技合作提供了更好的平台和机制。

虽然具有这样的机遇,但目前开展闽台科技合作与交流也面临着一些问题:(1)政治因素的不确定性,就是台湾当局的"人为障碍",这一因素也将是未来闽台科技合作的主要障碍。(2)台资分流对闽台科技合作产生负面影响,主要表现在一是台湾当局鼓励台商赴东南亚投资,这在一定程度上分散了台商对大陆的投资;二是随着大陆的全方位开放,台资在大陆不仅北上,西进的势头也日显。

八、闽台科技合作与交流的未来展望

基于闽台科技合作与交流的发展状况,未来的发展对策需着眼以下一些方面:

(一)加强技术引进管理,提高引进效益

技术引进是当前及今后一段时期闽台科技交流与合作的重要内容。加强技术引进,对改善福建乃至全国产业结构、提高科技含量、增强竞争力具有重要的现实意义。

为此,一要确立和完善以企业为主体的技术引进运行机制。激励企业增强对技术的引进消化吸收再创新的能力,提高技术引进的效益,并为企业创新行为提供内在、持久的扶持。二要加强产业导向,坚持适用技术与高新技术并举的方针,对高新技术产业的技术引进采取一定的倾斜政策。三要树立并强化"以市场换技术"的意识,但必须坚持在让市场的同时能够真正获得先进的技术,同时对关系国民经济命脉的产业和一些新兴幼稚产业,还应做适当限制。四要把技术引进消化再创新与国有企业技术改造密切结合,提高国有企业技术开发与技术改造的能力。五要加强知识产权保护,为技术引进创造良好的环境。在引进技术时,要做到一方面了解引进技术和产品的知识产权状况,避免侵权行为的发生,另一方面也要加强对台商投资企业的管理,切实履行对知识产权进出境的保护职能。

(二)促进科技双向交流,推动科技资源的有效转移

福建的科技资源主要分布在基础研究上,其优势在于有利于支持应用研究和开发研究,局限性在于科技成果转化为生产力的能力较弱。台湾科技资源的配置则主要在应用研究和开发研究上,有利于科研成果的商品化,但也存在着科技后劲不足的弊端。因此,客观上闽台科技之间存在较强的互补性,这也是进一步扩大闽台科技交流与合作的重要前提。

因此,为促进闽台科技的双向交流,推动科技资源的有效转移,必须从以下几方面着手:(1)加强科技人员交往,建立顺畅的合作研究渠道。(2)推进闽台科技人才、产业人才交流与互补。台湾在人才方面存在着结构性矛盾,即一

方面是高学历低就业,另一方面高科技产业人才短缺现象日趋严重。而福建科技人才济济,但在企业管理、行销策略等方面人才则欠缺明显。因此,闽台科技交流除了学术会议、科技展览、参观互访等形式外,还可以采用科技人才代培、选派科技人才参与当地研究创新等多种形式进行,以推动闽台科技产业的共同发展。(3)以多种形式对具有国际竞争力和共同面临的科技问题进行合作研究,如在气象、海洋、地质、地震等关系到双方利益的领域。

(三)加强高技术合作,促进高新技术产业化

台湾是仅次于美、日、英、新加坡的全球第五大信息产品生产地区,已成为世界前12位通信产品生产基地。福建应充分发挥"五缘"优势和对外开放的政策优势,将台湾的信息产业优势移植到福建,促进闽台高新技术产业协同发展与升级。台湾生物技术也有明显优势,被列入其"八大策略性科技产业"。近期内可以通过构建闽台"ERP"系统,以实现闽台生物技术产业开发能力、生产能力、融资能力和市场能力的优化组合,促进双方生物技术产业的发展。此外,福建还可以借鉴台湾发展高科技产业的经验,在科技园区和出口加工区内采取免税优惠、财政贴息、银行贷款和技术参股等办法吸引优势海外人才,研究开发高新技术产品,优化福建省产业结构。

(四)加强农业科技领域合作,提高现代农业水平

一是要借鉴后工业化时期台湾农业科技政策,促进福建省农业科技的不断创新。二是要加强台湾农业优良品种的引进及管理,努力提高农地单位面积产量。三是要开展农业机械研发合作,以提高福建农业机械化水平。台湾农业已基本实现机械化,对适宜山地爬坡、操作等的小型农机具具有较强的研发能力。福建与台湾在农地规模、地形、耕作技术等方面具有很大的相似性,通过与台湾同行的合作,发展小型适用农机,可以有效加速福建农业机械化进程。四是要引进台湾农业的先进管理经验,主要包括农业研究和技术推广管理体系,技、贸、工、农相结合的农业产业化管理体系,以信息网络为载体的农业市场及其营销管理体系,以及农村社会化服务体系。

(五)建立全省协调统一的闽台合作基地

目前,福建对台引进大致有五种类型:一是台商投资区,如杏林(集美)台商投资区,以工业技术引进开发为主;二是对台贸易口岸,全省有13个对台小额贸易口岸;三是对台贸易仓库和台货市场;四是农业合作试验区、农业引进开发区;五是对台农业引种隔离区和闽台农业科技园区,如厦门闽台农业高新技术园区、福州荆溪农业科技园区等。上述各种合作基地虽然有一定的区域特色,但由于多头管理,缺乏统一协调计划,影响了引进工作的时效性和计划

性。因此有必要建立全省协调统一的闽台经济技术合作区的管理机制,统筹全省对台引进工作,真正做到突出重点、发挥优势、提高水平。

(六)进一步创新闽台科技合作与交流体制

必须充分发挥科技中介服务机构的作用,促进闽台科技合作与交流。要进一步加强对台科技交流民间社团组织工作。民间组织已是进一步拓宽闽台科技交流的重要力量,今后应在人力、财力方面进一步加强,以取得更大成效。

总之,面对 21 世纪世界科技经济的激烈竞争,海峡两岸人民都将进一步认识到加强两岸科技合作与交流的重要意义。通过科技合作与交流,逐步做到技术优势互补、产业协同发展、资源共享双赢是两岸人民的现实选择和最佳选择。这就需要走以科技促经济发展、以经济促政治的路子,从而为闽台科技合作开辟更加广阔的道路。随着两岸科技产业合作的逐步推动与深入发展,两岸科技产业将会同蒙其利,届时两岸科技产业将共同进入一个崭新的黄金时代。

参考文献

《闽台"小三通"安全运营 18 年 累计客流约 2100 万人次》,华夏经纬网:http://www.huaxia.com/tslj/lasq/2019/07/6151576.html,[2019-07-02]。

《闽台货运"黄金通道"奔涌新动能》,福建省物流产业服务网:http://www.fj56.org/contents/view.php? aid=5217,[2019-08-10]。

《发力融合发展 提升闽台经贸合作水平》,福建日报:http://www.fujian.gov.cn/xw/ztzl/sczl/zhxx/201904/t20190408_4845896.htm,[2019-04-04]。

《福建累计批准台资项目 1.7 万多个》,福建日报:http://www.mofcom.gov.cn/article/resume/n/201709/20170902647549.shtml,[2017-09-21]。

《国家级台商投资区》,东南网:http://www.fjsen.com/zhuanti/2018-10/18/content_21586373.htm,[2018-10-18]。

《从单向投资到两岸合作:福建谱写闽台经济交流新篇章》,东南网:http://www.fjsen.com/zhuanti/2018-10/20/content_21632846.htm,[2018-10-20]。

《福建自贸试验区又有三项创新举措入选全国"最佳实践案例"》,新浪财经:https://finance.sina.com.cn/roll/2019-07-29/doc-ihytcerm7061379.shtml,[2019-07-29]。

《闽台经贸合作 2016 年取得显著增长 批准台资项目 1400 多个》,人民网:http://fj.people.com.cn/n2/2017/0218/c350390-29733715.html,[2017-02-18]。

黄志圣:《后 ECFA 时代深化闽台金融合作的创新对策研究》,《科技·经济·市场》2017 年第 1 期。

张业圳:《闽台金融合作形势与对策》,《科技·经济·市场》2017 年第 11 期。

中国人民银行福州中心支行课题组:《闽台金融合作现状、制约因素及推进路径》,《发展研究》2017 年第 9 期。

王明惠：《基于自贸区视角的闽台金融合作与业务创新研究》，《哈尔滨商业大学学报（社会科学版）》2016 年第 4 期。

叶 芳，朱孟楠：《闽台金融合作的新态势与对策》，《经济纵横》2015 年第 8 期。

郑航滨：《ECFA 时期海峡西岸金融合作策略探讨》，《亚太经济》2011 年第 1 期。

郑萌立：《福建创设"对台离岸金融中心"刍论》，《亚太经济》2010 年第 1 期。

陈小梅：《闽台金融合作的现状与发展》，《江西金融职工大学学报》2010 年第 1 期。

课题组：《从比较优势看海峡两岸保险业交流合作》，《福建金融》2010 年第 3 期。

郑 鸣，黄光晓：《两岸证券市场整合与监管探讨》，《亚太经济》2009 年第 2 期。

刘义圣，王俊：《福建构建两岸区域性金融服务中心问题探讨》，《亚太经济》2010 年第 1 期。

林晓娟：《新形势下发展闽台金融合作的可行性分析》，《台湾农业探索》2009 年第 4 期。

曹小衡，陈鹏：《两岸金融合作的障碍、进展及前景》，《上海金融》2009 年第 8 期。

张光华：《以 ECFA 为契机推动两岸银行业合作》，《中国金融》2011 年第 2 期。

舒雄：《试论海峡两岸货币清算机制的建设路径》，《新会计》2009 年第 7 期。

福建银监局课题组：《深化闽台金融合作的现实难题与思考路径》，《中国金融》2010 年第 11 期。

国务院台湾事务办公室：《两岸经济合作框架协议中金融业开放承诺》，中国台湾网：http://www.gwytb.gov.cn/lajm/lajr/rules/201101/t20110111_1690865.htm，[2010-06-29]。

曾玉荣：《闽台农业合作的自然优势》，《政协天地》2007 年第 4 期。

林卿：《闽台农业合作——两岸农业合作之先行》，《福建日报》2008 年 12 月 2 日。

黄跃东：《闽台农业合作的现状、趋势与推进策略探讨》，《福建农林大学学报（哲学社会科学版）》2009 年第 1 期。

程漱兰：《两岸农业贸易和投资协作之研究》，《台湾研究集刊》2005 年第 2 期。

黄跃东：《进一步深化闽台农业合作 共同建设海峡西岸经济区》，《台湾农业探索》2005 年第 2 期。

林卿，李建平，林翊，等：《两岸农业合作模式：资源流动与整合——以闽台农业合作为例》，《福建师范大学学报（哲学社会科学版）》2006 年第 6 期。

任爱荣，田志宏，赵一夫，等：《海峡两岸农产品贸易发展与探索》，中国农业科学技术出版社 2005 年版。

邓启明，黄跃东，周江梅，等：《1978—2008 年海峡两岸现代农业发展及其交流合作研究》，《纪念农村改革发展 30 周年：福建农村改革与发展研讨会论文集》，中共福建省农村工作领导小组办公室 2008 年版。

单玉丽：《台湾农民创业园：现状问题与对策》，《发展研究》2008 年第 6 期。

刘健哲:《当前国际经济趋势下台湾农业发展与海峡两岸农业合作之探讨》,《海峡两岸经济论坛论文集》,海峡两岸经济发展论坛 2008 年版。

李伟伟:《建立健全闽台农业合作长效机制的对策建议》,《海峡两岸经济论坛论文集》,海峡两岸经济发展论坛 2008 年版。

华绪庚,肖湘怡,郑少红:《闽台农民合作经济组织人才对接机制探究》,《台湾农业探索》2018 年第 4 期。

吴茹燕:《福建自贸区建立对闽台农产品进出口贸易的影响探析》,《台湾农业探索》2018 年第 4 期。

下篇　文化篇

第六章　闽台宗教关系

第一节　闽台佛教源流

一、福建佛教传入台湾

佛教在明代后期传入台湾,由于当时佛教徒人数不多,大都各自为阵,且无力修建寺院,因此在社会上影响不大,使早期台湾佛教带有个人色彩,正如《重修台湾省通志(卷三)·住民志·宗教篇》所指出的:"缺乏官方支持的寺院及僧官制之佛教,明朝的台湾佛教带有浓厚的个人佛教色彩。"[①]

郑成功收复台湾后,随着大量的移民进入台湾,台湾佛教开始发展。当时台湾佛教徒的来源主要有三个方面:第一,来自福建重要丛林的僧人。由于地理上的便利,当时进入台湾的僧人,主要来自福州鼓山涌泉寺、福州怡山西禅寺、福清黄檗山万福寺(也称黄檗寺),被称为"僧侣佛教"。可惜目前可查的详细资料甚少。其中,"明末来台之僧侣中以福州鼓山涌泉寺临济派僧侣为多"[②]。第二,来自福建的明末遗臣。这些明末遗臣为避难而到台湾,他们不愿穿清式长衫,于是身着僧服,吃斋念佛。有代表性的如福建漳州龙溪县举人李茂春,"字正青,隆武元年,举廉。永历十八年春,嗣王经将入台,邀避乱缙绅东渡,茂春从之。卜居永康里(台南市),筑草庐曰'梦蝶园',谘议参军陈永华为记。手植梅竹,日诵佛经自娱,人称李菩萨,卒葬新昌里"[③]。福建福清人林

---

① 瞿海源编纂:《重修台湾省通志(卷三)·住民志·宗教篇》,台湾省文献委员会1992年版,第77页。

② 瞿海源编纂:《重修台湾省通志(卷三)·住民志·宗教篇》,台湾省文献委员会1992年版,第78页。

③ 瞿海源编纂:《重修台湾省通志(卷三)·住民志·宗教篇》,台湾省文献委员会1992年版,第79页。

英,"崇祯中以岁贡知昆明县事。有惠政,县人称之。永历立滇中,官兵部司务。及帝北狩,林氏亦流浪凄怆,祝发为僧,间道至厦门。嗣入台湾"①。福建惠安人张士楠,"崇祯六年中副榜。明亡入山,数年不出。耿精忠变,避乱金门。嗣入台湾,居东安坊(台南市),持斋念佛,倏然尘外,辟谷三年,唯食茶果,卒年九十九"②。由于这些人均在明末中榜,堪称名士,所以他们的佛教活动被称为"名士佛教"。第三,来自福建的拓垦移民。这些来自社会下层的垦荒者多为渔、农百姓,虽对佛教教义知之不多,甚至多神崇拜,佛道不分,但对佛教虔诚有加,被称为"庶民佛教"。

　　清政府统一台湾后,台湾佛教大多时候仍处于僧侣个人自由布教状态,不过到了清中期,随着台湾僧官的出现,台湾统治当局也不同程度地开始介入寺僧的聘任和修建。在来自福建的僧侣布教的同时,不断进入台湾的福建移民也陆续将福建当地的佛教信仰带入台湾。③

　　随着台湾佛教的传播和发展,开始出现规模不一的佛寺,其中明朝约有 8座④,清代约有 102 座⑤。台湾这些寺庙的建造,大多与福建佛教界人士有关,正如梁湘润、黄宏介合编的《台湾佛教史》中所言:"这些至今历久的佛教寺庵,其开山和尚,大抵都是由福建省泉州与漳州来台者居多。"其兴建缘由有多种,如:福建僧人重兴后又有福建僧人驻锡的寺庙,福建名士创建后延请福建僧人主持的寺庙,福建僧人驻锡的寺庙,福建名士始建的诵经处及福建僧人游化的寺庙,福建僧人任开山住持的寺庙,福建僧人和移民创建的寺庙,福建信徒创建的寺庙,福建同乡信徒捐建的寺庙,福建僧人开山、当地信徒捐资献地的寺庙,福建移民历次扩建后请福建僧人任住持的寺庙,福建僧人募建的寺庙。⑥可见,台湾佛教史上早期寺庙的创建,与福建人的介入和努力是分不开的,正

---

　　① 瞿海源编纂:《重修台湾省通志(卷三)·住民志·宗教篇》,台湾省文献委员会1992 年版,第 79 页。

　　② 瞿海源编纂:《重修台湾省通志(卷三)·住民志·宗教篇》,台湾省文献委员会1992 年版,第 79 页。

　　③ 何绵山:《闽台佛教交往探略》,《现代台湾研究》1996 年第 2 期。

　　④ 瞿海源编纂:《重修台湾省通志(卷三)·住民志·宗教篇》,台湾省文献委员会1992 年版,第 79~81 页。

　　⑤ 刘枝万:《清代台湾之佛教寺庙》,张曼涛主编:《现代佛教学术丛刊·87·台湾佛教篇》,大乘文化出版社 1979 年版,第 187~232 页。

　　⑥ 何绵山:《浅谈明清福建佛教界人士在台湾兴建的寺院》,《福建民族与宗教》2018年第 3 期。

是这种因地缘形成的天然佛缘,使闽台佛教始终保持着不可分割的法乳关系。①

台湾早期斋教盛行,而斋教也是从福建传入台湾的。

斋教也称"在家佛教""白衣佛教",其教义与佛教虽无差异,但却加入了儒、道的教义,他们与传统佛教的不同之处,是"不出家、不穿法衣、不剃头,以俗人身份于市井营生","其身守正,能守戒律",奉行素食主义,以不吃肉为本位,因此被称为"食菜人",信徒之间互称斋友,女众称"菜姑",男众称"斋公"。② 斋教兴盛于明末,从清代开始向台湾传播。由于斋教在教义方面能适应当时以农业人口为主的台湾移民社会的需求,因此在台湾发展较快,有统计数据表明,在清代,台湾斋堂数目至少是佛寺的两倍以上。

台湾斋教传自福建。在清朝乾隆年间,福建斋教活动十分活跃。乾隆十三年(1748),福建北部爆发老官斋教暴动,遭到镇压,事后官府对之大肆搜剿,据当年六月闽浙总督及福建巡抚的奏折记载,在福建七府十六县所查出的斋堂中,就包括台湾府、诸罗县两间斋堂。但当时台湾斋教似乎没受到乾隆"毁天下斋堂"的影响,其原因有二:一是台湾属边陲,政令力未有逮;二是斋堂善隐于民宅,外表与一般民宅无异。③ 正如台湾佛教建筑研究者陈清香教授所言:"这些斋堂的建筑,共同的特征是民房的外观,朴实无华,正堂屋脊两端不起翘,没有华丽的藻饰、高广的空间,没有龙柱、雀替、斗拱、员光、石狮、石鼓等。但以雅洁静谧的气氛为主。"④

斋教包括龙华派、金幢派、先天派三派,这三派在守戒、仪式、经典、祭祀上大同小异,但龙华派曾每年举行较严格的法会,类似一种在家的传戒法会,一些佛教的知识,也借此在台湾得以传播。

龙华派有三位重要祖师,一祖是罗因祖师,二祖是殷继南祖师,三祖是姚文宇祖师,这三位祖师皆为台湾龙华派斋堂所共祀。龙华派从福建传入台湾时间,最迟不晚于清乾隆年间。清雍正十年(1732)龙华十祖普月在福州福宁县(今福建省宁德市)观音埔设斋堂,称一是堂,为华南一带龙华派的大本山。嘉庆十四年(1809),十五祖卢普耀于兴化府(今福建省莆田市)开设汉阳堂,十六祖卢普济曾到台南传教,六年后回兴化,其弟子普爵于台南创立德善堂。匡

---

① 何绵山:《台湾早期佛教史上的寺院与福建僧人关系》,《佛学研究》2009 年年刊。

② 阚正宗:《台湾佛教史论》,宗教文化出版社 2008 年版,第 4 页。

③ 阚正宗:《台湾佛教史论》,宗教文化出版社 2008 年版,第 7 页。

④ 陈清香:《台湾佛教美术:建筑篇》,艺术家出版社 2008 年版,第 47 页。

宇在《台湾佛教史》中记载："台南龙华派之斋堂是台湾最初之斋堂,系由福建传入,此中又可分为四派:福州城内传来者为复信堂派,福清县观庄善福里一是堂派,兴化府仙游县白角岭汉阳堂派,第二十二祖林普定所创立之中和堂派等。此四派在台湾之分布:一般认为台南是复信堂派,台中是一是堂派,台北、新竹是中和堂派,宜兰是汉阳堂派,大抵是清朝嘉庆以后传来的。"①根据以上陈述,可知福建各地传入台湾的龙华派共有四派,每一派传入台湾都有相对应的地点。

金幢派的开山祖师为明代的王佐塘。嘉靖四十五年(1566)浙江省宁海鱼商蔡文举放弃自己的职业,归依王佐塘徒孙王祖亮成为斋公。之后,蔡文举在福建省兴化府(今莆田市)开创了树德堂,后又赴台湾,在台南创立慎德堂,人称"蔡阿公",是台湾金幢派的开山祖师。正如日人增田福太郎所记载的:"(王佐塘)明世宗嘉靖十七年十二月生于直隶省永平府石佛口,归依斋教。嘉靖三十九年至同省镇定府通州创设道场。万历六年开悟,觉三回九转之理,著有《宝经》十二部及《九莲经》一部。万历二十六年得神宗信仰,建八十一座斋堂。得法弟直隶省永平府人董应亮(住世祖师)大阐宗风,其徒王祖亮亦能继其法,人称老师。崇祯十年因白莲教事件遭连坐,其徒蔡文举弃渔业成斋友,天启二年于福建省莆田县创立树德堂,随之渡台,于台南创立慎德堂,为台湾金幢派的开山祖师,人称'蔡阿公'。"②

先天派约于清咸丰年间(1851—1861)从福建传入台湾。据连横《台湾通史》第二十二卷记载:"三派入台,以龙华为首,金幢次之,先天最后。初,乾隆季年,白莲教作乱,蔓延四省,用兵数载,诏毁天下斋堂。时郡治樣仔林有龙华之派,聚众授经,乃改为培英书院。道光以来,渐事传播。迨咸丰年间,有黄昌成、李昌晋者,为先天之徒,来自福建。昌成在南,建报恩堂于右营埔,而昌晋往北。各兴其教,而今颇盛。全台斋堂,新竹为多,彰化次之,而又以妇女为众,半属忏悔,且有守贞不字者。夫斋教以清修为主,禁杀生,绝五辛,可谓能清其体。"由此可知,先天派是咸丰年间,由黄昌成、李昌晋从福建传入台湾的。③

综上所述,可知斋教的龙华派、金幢派、先天派分别于1736至1795年、

---

① 匡宇:《台湾佛教史》,张曼涛主编:《现代佛教学术丛刊·87·台湾佛教篇》,大乘文化出版社1979年版,第14页。

② 阚正宗:《台湾佛教史论》,宗教文化出版社2008年版,第24～25页。

③ 何绵山:《源于福建的台湾斋教》,《寻根》2013年第6期。

1622 年、1852 至 1861 年由福建人传入台湾,先在台南建立斋堂,然后由南往北继续发展。

　　传入台湾的斋教,几经历史变迁演化,因各种因缘,仍然保持与福建的关系,有的虽然逐渐转向传统佛教,但至今多少仍保存部分斋教的色彩。如位于彰化市的昙花佛堂,创建于清嘉庆二十五年(1820),为龙华派佛堂。道光三十年(1850),昙花佛堂的李普春居士赴福州鼓山涌泉寺,拜谒涌泉寺第一百一十八代方丈、莆田人净空法师,并得以引见给御史陈庆铺,获"昙花佛堂"匾额一块。民国六年(1917),太虚法师游化台湾时,曾住锡昙花佛堂一周,并题写了"宏法利生"匾一块。再如位于彰化市的朝天堂,创建于清乾隆十四年(1749),为龙华派佛堂,祖堂为福州的复兴堂,由蔡普水从福建来台创建。道光八年(1986),朝天堂第二次重建,重建后的普高于同治八年(1869)往福州复信堂承授传灯,光绪十二年(1886)再往复信堂承授总敕。清宣统三年(1911 年),朝天堂继承者普高前往福州复信堂承授佛令传灯敕,后回朝天堂宣扬佛法。[①]

　　二、福建佛教界与台湾佛教界的互动

　　一是福建著名寺院与台湾佛教界互动频繁。[②]　福州鼓山涌泉寺与台湾佛教界的互动最具代表性,台湾僧人长期以到福州鼓山涌泉寺受戒修行为荣。[③]清代,台湾僧人络绎不绝地来到福州鼓山涌泉寺受戒。至日据时期,台湾僧人不受日本统治当局的影响,不畏台湾海峡风险,仍然千里迢迢来到福州鼓山涌泉寺受戒。甚至在台湾 1917 年开始独自传戒后,台湾僧人赴鼓山涌泉寺受戒的势头仍然有增无减。究其原因,是福州鼓山涌泉寺与台湾佛教界有着极深的历史渊源。台湾传统佛教的开教史,实际是福州鼓山涌泉寺派的延伸,台湾佛教界尽力保持与福州鼓山涌泉寺的信息沟通。即使在日据时期,闽台交通多有不便,但台湾佛教界还是千方百计了解福州鼓山涌泉寺的情况,以便参照效仿。福州鼓山涌泉寺但凡有一些最新消息,台湾佛教界总是设法及时刊布,表现了信徒们对祖庭的向往和关心。台湾佛教界与福州鼓山涌泉寺互动频繁,特别是台湾日据时期的五大法派——基隆月眉山灵泉寺派[④]、台北观音山

---

　　①　阚正宗:《台湾佛寺导游》(六),菩提长青出版社 1998 年版,第 105～114 页。

　　②　何绵山:《台湾寺庙建筑渊源》,《世界宗教文化》2002 年第 1 期。

　　③　何绵山:《日据时期台湾僧人赴福州鼓山涌泉寺受戒原因初探》,《福州大学学报》(哲学社会科学版)2009 年第 4 期。

　　④　何绵山:《福州鼓山涌泉寺与台湾基隆月眉山派》,《闽台文化交流》2009 年第 2 期。

凌云禅寺派①、台南开元寺派②、高雄大岗山超峰寺派③、苗栗观音山法云寺派，与涌泉寺派关系极为密切。④ 此外，据文献记载，福州怡山西禅寺⑤、福清黄檗山万福寺⑥、福州罗山法海寺、漳州丹霞山南山寺、厦门五老峰南普陀寺⑦、莆田南山广化寺、泉州鹦鹉山承天寺、闽侯雪峰崇圣寺、安海龙山天竺寺、福州象峰崇福寺等，都与台湾佛教界有着密切的关系。⑧

二是福建僧人与台湾僧人的交流与互动。双方交流的活动内容略有不同，台湾僧人前往福建的活动为：求戒、访师、修行、求学、参访、出家、学仪、弘法、任职、传戒等。福建僧人前往台湾的活动为：募化、开山、弘法、传戒、参访、出家、度化、修行、传法、修寺、驻锡等。⑨ 近代以来，前往台湾弘法的福建著名高僧有会泉法师⑩、觉力法师⑪、圆瑛法师⑫、广钦法师⑬、慈航法师⑭等，他们在

① 何绵山：《福州鼓山涌泉寺与台北观音山凌云寺派》，《闽台关系研究》2009年第2期。

② 何绵山：《福州鼓山涌泉寺与台湾高雄开元寺派》，《闽江学院学报》2009年第3期。

③ 何绵山：《无法分割的闽台法脉——福州鼓山涌泉寺与台湾高雄大岗山超峰寺派关系初探》，《宗教缘·两岸情》，福建人民出版社2010年版。

④ 何绵山：《福州鼓山涌泉寺与台湾日据时期五大法派》，《闽台法缘》2011年第1、2期。

⑤ 何绵山：《福州西禅寺与台湾佛教关系初探》，《闽台关系研究》2010年第3期。

⑥ 何绵山：《福州西禅寺、福清万福寺与台湾关系初探》，《佛学研究》2012年年刊。

⑦ 何绵山：《日本据台时期厦门与台湾佛教的互动》，《闽南佛学》总第7辑，宗教文化出版社2010年版。

⑧ 何绵山：《闽南四大丛林与台湾的关系》，《闽南》2012年第1期。

⑨ 何绵山：《试论日据时期闽台僧人的交往与互动》，《福建师范大学学报》2011年第4期。

⑩ 何绵山：《闽南高僧会泉法师与台湾佛教》，《闽南》2009年第1期；《论论日据时期会泉法师对台湾佛教的影响》，《闽台法缘》2018年第3期。

⑪ 何绵山：《觉力法师与日据时期台湾苗栗法云寺派的崛起》，《法源》（《中国佛学院学报》）2009年年刊。

⑫ 何绵山：《试论圆瑛法师对台湾佛教的影响》，《雪峰义存与中国禅宗文化》，中国社会科学出版社2010年版；《圆瑛法师对闽台佛教的贡献》，《圆瑛大师与佛教文化》，宗教文化出版社2012年版。

⑬ 何绵山：《闽南高僧广钦法师对台湾佛教的贡献》，《闽南》2010年第3期。

⑭ 何绵山：《试论慈航法师在台湾的社会弘法》，《闽南佛学》2008年总第6辑，宗教文化出版社2009年版。

台湾传播传统佛教,不同程度地推动了台湾佛教的发展。①

　　三是福建佛教仪轨传入台湾。这里所指的佛教仪轨,包括佛门经忏礼仪、各种焰口演法及唱诵。在清代及日据时期,台湾的佛教仪轨主要传承于福建,其中福州鼓山涌泉寺的佛教仪轨对台湾影响最为深远。台湾许多寺院都不同程度地藏有福州鼓山涌泉寺的各种佛教仪轨刊本,如南投县的明德堂藏有福州鼓山涌泉寺刊本《慈悲三昧水忏》三卷(年代残缺)、《金山御制梁皇宝忏》八卷(光绪三十四年刊本)②;桃园大溪斋明寺至今藏有鼓山涌泉寺于光绪十二年(1886)刊行的许多鼓山禅门日诵诸经;斋明寺还藏有《鼓山涌泉寺所藏经板目录》等。福州鼓山涌泉寺佛教仪轨刊本传入台湾的途径;或由福建赴台僧人传入,或由求法鼓山的台湾僧人传入。这些佛教仪轨的刊本在台湾广为传播,产生了一定的影响。如曾于光绪二十九年(1897)依当时的福州鼓山涌泉寺方丈振光法师出家的台北人智性法师,"还从鼓山带回一本《瑜伽焰口观想指南》的焰口秘籍,当时台湾法师均视为至宝,纷纷传抄,在当时产生了很大影响"③。台湾僧人在鼓山涌泉寺受戒时,学习了以鼓山系为主的佛门经忏礼仪唱诵,其中包括了焰口施食法会的完整演法及唱诵。他们回到台湾后按福州鼓山仪轨教授徒弟,广传鼓山系统的焰口科仪,在台湾佛教界产生了深远的影响,形成了台湾佛教仪轨的本土系统,直至今日。如苗栗大湖法云寺开山觉力法师将福州鼓山经忏仪轨和焰口传入台湾,形成了法云寺一脉,受其传授的高徒妙愿法师、弘宗法师,又将这些佛教仪轨传授给达光法师、达传法师、达能法师,代代相传,连绵不断。台北北投慈航寺开山智性法师将在福州鼓山涌泉寺所学经忏及焰口佛事传回台湾,带出了许多高徒,如台中万佛寺开山圣印法师的佛教仪轨就是他所传授的。④　台湾佛教史学者阚正宗指出:"在经忏与唱念中,台湾传承鼓山系统,与……各省有别;且焰口法会的程序与手印结法大有不同,有各自的传统,但近年来有彼此互相借镜融合的倾向。"⑤有些在福建求

　　①　何绵山:《闽台佛教的历史联系和现实交往》,《文化亲缘与两岸关系》,九州出版社2003年版。
　　②　阚正宗:《台湾佛寺导游》(八),菩提长青出版社1996年版,第80页。
　　③　陈省身:《普济幽冥——瑜伽焰口施食》,台湾书房出版有限公司2009年版,第23页。
　　④　陈省身:《普济幽冥——瑜伽焰口施食》,台湾书房出版有限公司2009年版,第23页。
　　⑤　阚正宗:《台湾经忏佛事纵横谈——源灵法师访谈录》,"国史馆"2006年版,第123页。

法的台湾僧人不仅只局限于某一派佛教仪轨,而是转学多师,也使传入台湾的佛教仪轨更加丰富多彩。如台北龙云寺开山贤顿法师接闽南高僧会泉法师法脉,"放焰口时的手印不仅多,且富变化,所以贤顿和尚经忏焰口非常有名。像农历七月间,常常一天有两三台焰口。"①贤顿法师也曾在福州鼓山涌泉寺受戒学法,还在福建漳州南山寺学习焰口演法,贤顿法师回到台湾后,将在福建学习的佛教仪轨传回台湾,如台北东和寺现任住持源灵法师及台北龙山寺前任住持慧印法师、台北天竺寺住持修丰法师的焰口演法,都是和贤顿法师学的。② 台北县人源灵法师回忆当时的情形时说:"我的焰口跟两人学,一位是贤顿和尚,一位是我师兄正顺法师,不过我最早是跟正顺学的,后来才又跟贤顿和尚学,的确贤顿和尚放焰口的功夫比较好。"③"贤顿法师所学的南派焰口演法以繁复及细致而闻名于佛教界,特别注意焰口演法的小动作及手印的变化,如唱《佛面偈》时打手印。另外他对焰口演法者的要求是相当严格的。他要求跟他学习担任焰口主持的法师一定要帮他敲满三台焰口法会的木鱼,且在过程中不能有错误才肯教授。他要求金刚上师演法前,一定要斋戒沐浴才能登台演法,并且要礼请他放焰口的斋主先拿钱去做社会公益事业并拿收据给他,他才答应帮对方放焰口。"④台中大甲人慧印法师依贤顿法师剃度出家,其焰口唱颂和演法传承于贤顿法师,他大力弘扬鼓山唱诵,录制了六张鼓山系的唱诵乐带。台湾北部许多年轻僧人的焰口演法,都师承慧印法师。福建高僧前往台湾传授佛教仪轨已成惯例。如鼓山僧人圣恩法师"在基隆灵泉寺落成时便已来台,最初是大甲的叶江清请他来放焰口、做经忏,由于他所诵的经忏,字正腔圆,声音宏亮,表现了纯正的鼓山韵,一时折服了许多人皈依他。普梅便是其中之一,普梅的唱赞声韵全部出自他的传授。当时基隆街的街长许梓桑的夫人也是礼圣恩为师取法号雪娥,雪娥因病,圣恩教她诵《药师经》而病愈。……圣恩法师由于唱赞声韵甚佳,住在基隆寺教授灵泉寺僧侣唱赞,已收了些门徒,除了普梅法号雪年外,另有雪凝、雪满。雪凝创立了涌光堂(在平

---

① 阚正宗:《台湾经忏佛事纵横谈——源灵法师访谈录》,"国史馆"2006年版,第175页。

② 陈省身:《普济幽冥——瑜伽焰口施食》,台湾书房出版有限公司2009年版,第23页。

③ 阚正宗:《台湾经忏佛事纵横谈——源灵法师访谈录》,"国史馆"2006年版,第123页。

④ 陈省身:《普济幽冥——瑜伽焰口施食》,台湾书房出版有限公司2009年版,第23页。

镇),让徒弟常定担任住持。雪满则创立并住持回善堂,雪凝又与其徒常达住持石云堂。因此圣恩在当时……法脉散布在斋明堂、回善堂、湧光堂、石云堂之间,这四个斋堂都是圣恩的系统法嗣。"①由此可见,圣恩法师的唱念不仅传授出家人,还传授在家众,在当时产生了一定的影响。"有的直接请闽省的高僧来台教授梵经忏及焰口施食法门,因此奠定了台湾本土焰口演法及唱诵的深厚基础。所用学的焰口施食演法版本,为来自福建鼓山涌泉寺和泉州开元寺以及福州雪峰崇圣寺的版本。唱诵腔调则用鼓山腔或福州腔。"②

四是福建佛教梵呗传播至台湾。福建佛教梵呗传播到台湾,有代表性的,如禅和曲和鼓山佛曲。禅和曲是参禅人员所奏的佛曲,音乐悠雅抒情。其演奏形式分坛上与坛下两部,坛上演唱并兼司打击乐(法器),坛下司管弦乐(和音)。其演唱赞段采用了《科仪集》《香赞颂》《三宝集》等中的一些赞段。1934年,福州西禅寺梵辉法师将禅和曲的文辞和锣鼓整理成《赞颂集要》,由福州人陈宝琛书写题词"梵呗流辉"出版,同时与佛曲流播东南亚和台湾,台湾亦有禅和曲演唱团。鼓山佛曲为福州鼓山僧人礼佛和做法事时所唱诵的,历史悠久。③ 由于福州鼓山涌泉寺与台湾佛教界关系极为密切,随着人员的往来,鼓山佛曲较早传入台湾。

从唱腔上看,台湾佛教的梵呗,随着佛教的传入而传入。早期传入的是"龙华音",后则有"鼓山音""海潮音"的传入,目前多属后两种音系。海潮音属北方系统,由大陆北方传入,鼓山音属南方系统,传自福州鼓山涌泉寺。日据前后,台湾僧人以到鼓山涌泉寺受戒为荣,他们回台后也将在鼓山所学的唱腔带回,故也称"鼓山调"。鼓山音多用闽南语发音,曲调拍子进行得平稳流畅,唱法缓慢,在旋律中装饰音和加花音较少。在伴奏方面,海潮音仅以击乐器伴奏,鼓山音除击乐器伴奏之外,在经忏法会上常加入旋律乐器作为伴奏。④ 必须看到,当年福建各大丛林中的出家人并不都是福建人,有许多是从外省来福建出家的;此外,即使都是福建人,八闽各地的方言音调也不一样,因此从祖地福建传入台湾的"鼓山音"就不太可能是很地道的闽南音;再加上传入台湾后

①　陈清香:《大溪斋明寺的传承宗风》,《中华佛学学报》2000年总第13期。
②　陈省身:《普济幽冥——瑜伽焰口施食》,台湾书房出版有限公司2009年版,第18～19页。
③　孙星群:《福建音乐史》,中国戏剧出版社2008年版,第205～206页。
④　王正平:《漫谈台湾佛教音乐》,陈郁秀编著:《百年台湾音乐图像巡礼》,时报文化出版企业股份有限公司1998年版,第40页。

又受各方面影响,而佛教音乐过去大都口传心授,"鼓山音"与台湾其他的佛教音乐交汇在所难免,在唱腔上两地有不同程度的差异是不足为奇的。此外,台湾佛教有许多咒语和唱颂,也都是用南管伴奏的。

第二节　闽台道教源流

一、福建道教传入台湾

道教是传入台湾最早的宗教。据有关文献记载,早在唐代中叶就有道士进入台湾。

传入台湾的道教以正一道为多。由于正一道以符箓科仪为主,所以台湾道士重醮仪,而持戒清修的全真道士罕见。台湾正一道道士又分红头师公和乌头师公两种。红头师公着红道冠,用红布包头,以掌加持祈祷为主,主要度生,下有三奶、金天等派别。乌头师公着黑道袍,用黑布包头,以掌葬祭为主,度生也度死,下有瑜珈、灵宝、老君、天师等派别。乌头师公与红头师公相比较,"乌头师公较重视整套的仪式,不论科仪、唱腔、动作、服饰、音乐等极为注重与讲究,而红头师公则不受章法所局限,断章取义只取部分科仪,且常与乩童搭配,画符派药,调符派药,调神安营与祭煞除灾"①。而无论是红头师公还是乌头师公的仪式,大都由福建传入。正如《光复前道教在台湾的发展状况》一文所言:"乌头师公大由泉州与漳州传入……红头师公则受闽影响甚多。"②曾在闽台两地做过深入调查的法国远东学院研究院院士劳格文认为:"台湾北部正一派道士来自漳州,南部灵宝派道法多传自泉州。"③台湾著名道教研究者刘枝万认为:"台湾的红头道士,首先是刘厝派在清代初期就已经由刘师法从福建漳州传入台湾北部,林厝派相当晚,大约在一百五十年前才由林章贵从漳州传入。从这种传播过程来看,可知其源渊在闽南。"④为了加强对台湾道教的管理,清代乾隆年间台湾负责掌管道教事务的道会和嘉庆时期的道会司,都是从闽南来的。

---

① 吴季晏:《光复前道教在台湾的发展状况》,丁煌总编:《道教学探索》1989 年总第 2 号。

② 吴季晏:《光复前道教在台湾的发展状况》,丁煌总编:《道教学探索》1989 年总第 2 号。

③ 劳格文:《福建省南部现存道教初探》,《东方宗教研究》1993 年新 3 期。

④ 刘枝万:《台湾的道教》;[日]福井康顺等监修:《道教》(第三卷),上海古籍出版社1992 年版,第 143 页。

　　福建道教对台湾道教的影响,最主要表现在两地道士法师的道场科仪基本一样,特别是闽台道教的主要教派,更是关系密切。[①] 如三奶教曾为台湾道教主要教派之一,在台湾有很大影响,一些其他派别,尤其是台湾南部的道士,不但模仿其生动科仪,而且也在执行科仪时在头上绑红布。台湾南部的乌头道士也如法炮制,以增加他们科仪的内容,作为竞争的手段。[②] 据美国夏威夷大学萨索教授介绍,道教于1590年开始传入台湾,传者是出身福建漳州的闾山三奶教道士,当时传道于台南。[③] 三奶教以陈靖姑为神,配以义妹林九娘和李三娘,合称三奶夫人,而陈靖姑的师父,相传是闾山的许真君,其法术为闾山正法,故又称闾山派。三奶教的发祥地是福州,后流播福建全省,直至传入台湾。英国人约翰·坎普耳士曾在台湾北部闾山道场进行考察,观察了闾山道士主持法场仪式的全过程,撰写了《台湾北部闾山道士们法场科仪的演练描述》,详细记载了道士驱邪疗病的过程,其极为繁杂的科仪,整整持续了一整天。观其整个过程,神坛后面挂着三幅三奶教的守护神陈靖姑、林九娘、李三娘的神像,整个过程虽然已混杂了一些其他教派的科仪,但其闾山科仪的特点还是很鲜明的,如在请愿书被宣读的同时,闾山科仪的跑法开始执行,这是一种据称可以使恶灵妖怪逃走的法术,即用三条长约一码的白布分别卷成轴状,白布上面用红色颜料绘上有关勇士的图像。念诵咒语之后,将三条布轴拖泻于地,使所绘图像出现,通过念咒与显现法像的步骤,画像的"神力"作用开始发挥镇邪作用。此外,整个仪式过程中的"启圣""安灶""安井""申奏文状""敕符""五碗卦""滚火席""驱邪""拜外阴"等,与今日福建闾山道士所行科仪仍有相似之处,有些名称叫法可能不一样,如台北"五碗卦"在福建称为"开五方",但内容有不少是相同的。法国劳格文1987年在闽南漳州调查时,走访了一位三奶教的道士,他所进行的赶鬼驱邪的法事为:请神将、召神驱邪、敕符、净身、洗保身、上斗驱魔、净宅、净油火、发罡、驱鬼、请神、谢坛。可看出其与台湾闾山道士的法场科仪有脉承关系。如"驱邪"仪式中,都要靠召唤"五方神兵"或"各界诸神"来抗邪,并予以犒赏。再如台北的闾山"敕符"仪式为:1.道士一边念着赋予武器神力的术语,一边凌空挥动宝剑;2.用剑使盛在小金碗中的清水化为圣水,而后拿起雷板凌空拍击,使咒文与祷词在驱邪大战中发挥作用;3.

---

　　① 何绵山:《闽台道教源流》,《中国道教》2002年第5期。

　　② 约翰·坎普耳士:《台湾北部闾山道士们法场科仪的演练描述》,丁煌总编:《道教学探索》1989年总第2号。

　　③ [日]窪德忠:《道教史》,上海译文出版社1987年版,第294页。

以野蛮的舞蹈和血从公鸡的冠上、鸭的舌上缓缓流出相配合,让血染在五道黄色和五道红色的符咒上,使这些符发生效力;4.将五道黄符贴在病人房间的四方和中央,五道红符放在家里其他人员身上,以避免他们被所驱赶的邪神侵犯。[①] 而龙岩的闾山"敕符"仗仪为:1.鸣角、占卜、告神、请圣,左手执全旗,右手握龙角;2.喃嗵咒诀,并以各种手势表演指诀;3.用法碗从缠南蛇之桶中打击"法水",并在法碗中施以诀、暗咒之后,向被"敕符"之诸物,以手沾"法水"飞符;4.将雄鸡在香炉上"过炉"后敕变为"神鸡",接着用嘴咬破鸡冠以出鸡血,口念"点符眼词",随之将鸡血一一点在科仪桌上左右两侧之庙中诸神器物件上。[②] 二者相比较,可看出之间的传承关系。正如劳格文所说:"仪式属闾山法,法事有甩米,洒洒地,取鸡冠血以敕符,取血之法以嘴咬破鸡冠,与台北正一派道士同法。"[③]

除了闾山三奶教派外,台湾还有许多教派与福建也是一脉相承的。如劳格文在调查了漳州的道教后指出:"闽南语地区专门做喜事的灵宝派道士——平和县山格乡的蔡天麟道士,他的道场科仪全套,与泉州、漳州,或台南的灵宝派道士的科仪全书全部相同。"[④]乌头师公在开眼、安胎补胎、起土收煞、送瘟神、收惊、催生、送外方、祭流虾、祭天狗、建醮、谢平安、做三献等法事中的做法,可明显看出泉州、漳州道教科仪的影响;红头师公在做消灾除厄、竖符、起土、补运、做司、押煞、安营等驱邪避煞法术时,也可明显看出福建道教的影响。

二、台湾道士对福建道教科仪的传承

台湾道士法师从事各科仪时,其依据的各种科仪本,绝大多数是由福建传入的。法国汉学家施博尔多年在台从事道教科仪各种抄本的收集与研究,掌握了大量的台湾道坛传本的情况,在《台湾之道教文献》中,他将其分为14类,即:(1)经;(2)宝忏;(3)清法(祈安醮);(4)清法(禳灾醮);(5)清醮文检秘诀集成;(6)幽法(九幽、十迴、黄箓等斋);(7)幽法(血湖等斋);(8)幽法文检;(9)幽法炼度戏剧等;(10)授箓法;(11)普度;(12)杂法拜斗;(13)俗文(闽南语)法事;(14)其他。施博尔认为这些抄本可能是宋代泉州道藏的复写[⑤],由福建传

---

① 约翰·坎普耳士:《台湾北部闾山道士们法场科仪的演练描述》,丁煌总编:《道教学探索》1989 年总第 2 号。

② 叶明生编著:《福建省龙岩市东肖镇闾山教广济坛科仪本汇编》,王秋桂主编:《中国传统科仪本汇编》(一),新文丰出版股份有限公司,1996 年版,第 70 页。

③ 劳格文:《福建省南部现存道教初探》,《东方宗教研究》(台湾)新 3 期,第 157 页。

④ 劳格文:《福建省南部现存道教初探》,《东方宗教研究》(台湾)新 3 期,第 151 页。

⑤ 施博尔:《台湾之道教文献》,《台湾文献》第 17 卷,第 3 期。

入台湾后,成为台湾道士世代相传的范本。美国宗教学者苏海涵以台北庄、林、陈、吴诸家世传科书法诀秘本为主,编辑成《庄林续道藏》,并根据道士的祭祀仪式及所使用经典的来源,将其分为四大类:1.金箓,收录记述金箓五朝斋醮的道经,50卷;2.黄箓,所收为记述灵宝、度亡、炼度、血湖等的道经,19卷;3.文检,为符咒和秘诀的道经,10卷,其第一卷是华山道士吴景春带到台湾的咒诀录;4.闾山神霄小法,据称为闾山派道士赴龙虎山求符箓时,张天师授予他们神霄派符箓25卷。台湾清华大学王秋桂教授认为"施博尔与苏海涵都是长期从事台湾道教研究的田野调查工作者,因此在道书的纂集编定上,能结合道教传承与实际演出的情况"[1]。盖建民教授研读了《庄林续道藏》,从经卷的内容、刊印人和助印人的身份,及斋醮仪轨文书等方面,具体说明收在《庄林续道藏》中的许多经卷是直接从福建传播到台湾的,印证了闽台道教的历史渊源关系。[2] 日本人大渊忍尔汇编的《中国人的宗教仪礼》中的道教部分,不仅收录了台南正一派道士陈荣盛的抄本,并配合田野调查,对台湾的道教仪礼做了整体说明,还附有各种科书文检秘法。全书内容包括"台湾的道教和道教仪礼概况""关于台湾道教仪礼的一般共通的事项的说明""醮的仪礼""奏职的仪器""功德的仪礼"等,将其与福建道教科仪对照亦可印证闽台道教的渊源关系。对闽台两地道教科仪的整理、发掘、出版,无疑将进一步推动闽台道教关系的研究。

第三节　闽台天主教关系

一、福建天主教传入台湾

天主教传入福建应在元代[3],天主教传入台湾应为明代。闽台天主教的关系,主要表现在以下几个方面。

外国传教士首次入台,纯因赴福州而引发。1571年,西班牙占领菲律宾。1587年7月21日,西班牙圣多明我会派出传教士抵菲律宾马尼拉。1602年,马尼拉曾派神父至日本传教,应在福州的西班牙人之请,西班牙驻菲律宾总督

---

① 王秋桂:《中国传统科仪本汇编序》,新文丰出版股份有限公司(台湾)1996年版,第2页。

② 盖建民:《清代闽台道教关系考略》,福建师范大学闽台区域研究中心:《闽台关系学术研讨会论文集》,2000年8月。

③ 何绵山:《天主教在福建的传播》,《海交史研究》1997年第2期。

与圣多明我会驻马尼拉会商议,决定由会长巴都老默·马志烈为大使,由马尼拉出发赴福州任职。不料其所乘之船在海上遇台风后受损漂至澳门。在澳门修整后再赴福州,中途又遇台风,而漂至台湾。在台湾修整期间,船上葛巴德·罗列等人曾上岛调查。马志烈归任马尼拉后,将在台湾调查的资料,提交给当时的马尼拉总督。1626 年 2 月 8 日,巴都老默·马志烈率方清各·毛拉神父、热罗尼莫·毛烈神父、若翰·厄额他神父等四位传教士,及方济各亚西默修士随前往台湾的军队赴台传教。因当时台湾西南一带已为荷兰人占领,辗转至 5 月 12 日始于基隆登陆,并由此为据点开始传教。从此,西班牙传教士在台传教至 1642 年荷兰攻占基隆止,前后有 16 年。当时在台北的教徒,除因得传染病领洗之数千名外,尚有 4000 余人。当时在台传教的神父高希、葛比拉、葛拉等三人转赴大陆,在由台湾至大陆航海途中被捕,高希寻机会跳入海中游至一破船上,三天后漂至福州始获救。

　　天主教于明郑时再次传入台湾,与当时厦门的立志神父有关。立志在厦门时即与郑成功相交甚笃,郑成功收复台湾后,即召立志来台湾,任其为大使赴菲律宾劝西班牙总督降郑,未果。1663 年 8 月,立志在回台湾航行途中,因暴雨而漂至基隆。那些 20 多年前受西班牙传教士传教的教徒热烈出迎,并出示圣像及念珠,告知与立志神父皆为同一信仰,要求其永驻此地。立志神父遂往各人家中,听告解及行施洗,十天之后,8 月 20 日,立志因有使命在身而告别当地的教徒,返回台南。时因郑成功逝世,立志神父旋即返回厦门。1665 年,立志又专程从厦门赴台湾基隆传教,对原教友多有勉励,教务日益兴隆,信教者大增,1666 年,立志遵马尼拉圣多明我会之命,离开基隆,传教再次中断。

　　1859 年,在中断了近 200 年的传教后,天主教又再度传入台湾。因当时的台湾属福建教区,马尼拉圣多明我会神父郭德刚先抵福州,然后与厦门教区的神父洪保律,及卓享照、瑞斌、李步垒及其妻李严氏凤,及另一家族教友,于 1859 年 5 月 10 日从厦门出发,18 日下午抵打狗(即高雄)。抵台后,一行人曾被清兵盘询,因洪保律与清兵交谈中大得要领而顺利通过。但又被知县拘留。6 月 1 日,始被释放,洪保律突染重病,由焦传道师陪伴回厦门疗养,并在厦门盖了圣堂。郭德刚等则留在台湾传教。至 9 月 13 日,因调解外国人与本地人矛盾未果,郭德刚搭一便船暂避于厦门。事后,又于同月下旬返回打狗传教。1860 年 1 月,郭德刚由马尼拉返台经过厦门时,带来了厦门的焦传道师,进一步依靠福州教区加强在台传教力量,在马尼拉和福州主教会上,在福建传教的神父翁安当被任命为台湾副会长,于 1861 年来台就任,但因水土不服,次年 4

月返回福建。在此前后,神父黎茂格、神父杨真崇等皆来台传教。[①]

二、台湾教务划入厦门教区

1883 年,罗马教廷划福建为福州与厦门两个教区,台湾教务正式划入厦门教区领导,历经杨、冯、周、黎四个主教。1895 年,台湾虽然被清政府割让给日本,但台湾天主教会仍隶属厦门教区。1913 年,台湾成为监牧区,脱离厦门教区,台湾教区和厦门教区虽然分家,但关系仍非常密切,台湾教徒所用经本、教会年历等,仍多采用厦门或福州教会的出版物。1915 年,在台湾传教多年的神父马守仁从台湾到厦门教区当主教。闽台两地天主教关系,正如黄子玉在《台湾教会与厦门教区的关系》中所指出的:天主教台湾教区和厦门教区,"在经济上自给自足外,在人事上是互相来往的,如黎明辉、马守仁、林茂林是从台湾调到厦门,江谦修女是从厦门调往那里传教的。而且厦门教区修院还为台湾培养台湾神父,如涂明正等。不分彼此,仍然一家。"1936 年在马尼拉举行的天主教第 32 届国际圣体大会上,来自台湾的天主教徒代表在开幕式上全部自发地站到福建队列,并向与会的福建教徒哭诉思念祖国之情。1945 年台湾光复时,厦门教区在漳州白水营修院培养的涂明正接替曾任台湾教区代理监牧五年之久的日本人里胁浅次郎。1946 年,台湾监牧区被列入福建省,划归福州主教区监管,闽台天主教界来往更加密切。如原在厦门鼓浪屿办《公教周刊》的李蔚而在台北创办《台光月刊》,台湾天主教会也选送 2 名修生到福州婴德小修院代培。1949 年 12 月 3 日,台湾监牧区分为台北、高雄两个监牧区。台北监牧区辖台北、桃园、新竹、苗栗、宜兰、花莲六县,台北、基隆二市及阳明山管理局,其余属高雄监牧区。

第四节　闽台基督教关系

一、基督教从福建传入台湾

1627 年,荷兰东印度公司派宣教士甘究士抵台,一方面为在台的荷兰人举行礼拜,一方面向"原住民"传教。台湾基督教在 1945 年光复前只有长老会、真耶稣教会和圣教会这三派教会,前两派教会与福建关系密切,受福建的影响大,台湾圣教会与日本关系密切。

英国基督教长老会 1851 年起以厦门为中心开始宣教活动。开拓者为牧师宾威廉,1858 年又增设汕头为另一中心,长老会以厦门为基地,开始向台湾

---

① 何绵山:《闽台天主教关系探微》,《福建宗教》2003 年第 4 期。

宣教。1860 年,长老会驻厦门宣教师杜嘉德与驻汕头宣教师马牧师在台湾淡水及艋舺等地传教并分发《圣经》和基督教文书,由于一些听教的人曾在厦门听过他们传教,故对他们表示欢迎,且他们发现闽南语在岛上通行,故极力建议海外宣教会将厦门作为宣教中心,1864 年初,马雅各由杜嘉德陪同抵厦门,开始学习闽南语。1864 年秋,杜嘉德、马雅各及三位助手一同来台湾南部调查了三个星期。厦门成为长老会到台湾传教的纽带,绝不是偶然的,其原因是:"从此三件事(指选择厦门作为英国长老会宣教中心、1860 年杜嘉德等由厦来台、1864 年马雅各等由厦来台)中可看出其中共同点:一者,厦门、淡水、打狗都是条约港。再者,它们都靠近附近重要的城市:厦门近于泉漳地府,淡水近于艋舺,打狗近于埠头。更重要的是,可说是当时所采用的(远正)宣教方法,亦即,选一个或数个中心,由此传出福音,但不超过此中心的影响之范围。这当然也是配合当时的城市已成为经济、政治、文化的中心之社会情况,对于此我们可了解,杜嘉德及马雅各为何由打狗经过埠头而到台湾府,并将台湾府选定为将来宣教的起点及中心的理由了。"①1865 年 5 月,马雅各从厦门带助手陈子路、黄嘉智、吴文水及杜嘉德、Alexander Wylie 来台,6 月 16 日正式开始工作。杜嘉德协助马雅各工作了 3 个月。此后,厦门教区不断派出牧师来协助马雅各工作,充分显示了"远正"宣教工作方法的推行力度。如 1866 年 7 月厦门宣为霖牧师受派来台,并于 8 月 12 日主持施洗及圣餐,1867 年 3 月 30 日厦门美国归正会的宣教师及汲澧澜牧师等来台帮助马雅各,时间约 50 多天。在马雅各传教的日子里,他从厦门带去的助手积极予以协助。如陈子路曾在漳州担任过传道师,他也负责宣讲。吴文水常以祷告引导听者,直至 1875 年退休回大陆。黄佳智为漳州人,1859 年 5 月在厦门领洗,他主要负责马雅各行医时的配药工作和日常事务。还有厦门会友如李西霖、王阿炎等。1868 年马雅各由厦门转往香港,完婚后 5 月 2 日又返回台湾。马雅各在台湾传教时间有两段,分别为:1865 至 1871 年,1883 年 12 月至 1885 年 4 月。他的儿子也在闽台从事传教活动。长子约翰 1899 年接受派遣,先后在闽南漳浦、永春从事医疗传教;次子雅各二世 1900 年受派为驻台宣教师。②

二、厦门成为基督教传教台湾的中转

在长老会传教台湾的工作中,与厦门的关系表现在以下 8 个方面:

---

① 郑连明主编:《台湾基督教长老教会百年史》,台湾基督教长老会 2000 年版,第 7 页。

② 何绵山:《闽台基督教源流探论》,《福建宗教》2001 年第 1 期。

为台提供学习参观样本。长老会在台湾打开局面后,于1882年创立了理学堂大书院,第一批招收学生18名。为增加与厦门教区的联系,1882年春,三位老师曾带领这18名学生前往厦门,"住泰山教会,参观了新街仔、管仔内、竹树脚等教会",第二天到鼓浪屿参观医院与女子学校,当晚住在神学校,第三天返回台湾。

中转由国外进入台湾的传教士。在长老会传教台湾的工作中,厦门长期起着中转作用。如1895年10月,宣教师梅监雾牧师、廉德烈牧师、兰大卫医生由英国赴台,也是以厦门为中转的,由厦门换船再驶向台湾。1922年12月,英国母会外国宣道会长倪博士及书记安博士,也是经由厦门抵台湾基隆港,然后再到台南巡察。

成为闽台传教士互相来往的交流点。如牧师甘为霖在台开设盲人学校,用罗马字厦门音的凸字版印刷《马太福音传》及有关布道资料共4版,厦门宣教会利亚姑娘得知后,请他协助在泉州盲人中开展传教工作,甘牧师派人前往厦门服务,效果显著。

不断向台派遣宣教人员。如1872年,叶汉章从厦门赴台宣教,并与甘为霖牧师、李庥,访问了埤头、阿里港、木栅、柑仔林、拔马、冈仔林等地。"叶牧师用厦门音的讲道,应用了他对信仰、风俗及听众需要的丰富知识,有力且有启发性,使甘牧师不得不承认本地传教确需要本地出身受过教育的人士来担任,始终克服传教的障碍。"①再如1910年春,厦门女宣教会的羽清洁赴台,并在台南与宋忠坚牧师结婚。厦门宣教会还派出精通中文,在闽南有传教经验的牧师赴台传教。如1909年至1915年,牧师何希仁由闽南永春调往台湾新化,他善于使用帐幕、幻灯及福音单宣教,1915年回国。1920年再返厦门宣教会。

编写以厦门音为参照的有关读物,供闽台居民使用。由于台湾居民大都熟悉厦门音,而长老会传教士又多从厦门抵台,不同程度熟悉厦门方言,许多在台传教士便编写了大量以厦门音为参照的读物。其中有代表性的如驻厦门宣教师杜嘉德编写的《厦门英汉大辞典》,后经牧师巴克礼和助手杨士养增补为《增补厦门音汉大辞典》,1922年春由上海商务印书馆出版发行,是厦门音字典的经典著作。1913年4月11日,巴克礼于厦门在当地两名中国牧师与一名传道师帮助下,开始改译厦门音罗马字新约圣经。1915年3月5日至7月8日,巴克礼往厦门订正前年改译的罗马字新约圣经,1916年第1版发行。1926年1月,巴克礼为改译罗马字旧约圣经再次前往厦门,至1930年12月

---

① 赖永祥著:《教会史话》(第三辑),人光出版社1995年版,第68页。

的某天,巴克礼记载:"今天早上,我们已完成我们的旧约圣经之翻译及最后的校订。"1931 年 9 月,巴克礼写信报告翻译进展情况:"新约圣经于 14 年前发行第一版以来,现在已卖出约 6 万册,目前旧约圣经的印刷工作,为求精确,所以进展缓慢。我不敢决定于今年末是否可能回到台湾。"巴克礼在台传教近60 年,于 1935 年 10 月去世,其翻译的新旧约圣经深受闽台居民欢迎,流传十分广泛。巴克礼曾报告他在台湾推行厦门话罗马字的《旧约》:"在实际上,我们从经验可以看出没有什么困难会发生。在我们台湾传教区罗马字母已经自自由由地整整用了 60 年,我记不起有任何意义不明白等情形发生过,至少要比应用方块字发生过的少得多。同样,我们的群众也不曾因为使用它而遇到过什么困难。大约在 5 年前一个教区调查告诉我们,在一个有 9000 在洗会友的教堂中,我们有 1280 个方块字读者和 7400 个罗马字读者。到现在这数目可能极度地增加,因为一切安息日学校中都已教小孩子用罗马字来读书。这也就是说:在我们这个教堂里大约有 8000 人能够或多或少地把整本《圣经》,由创世纪到玛拉基书,由马太福音到启示录,顺顺利利的读完,同时他们也赞美诗,旧的和新的,我们差不多有靠近 100 种的书,大部分是用宗教小册子的方式印的,可是它们之中也有关于更普通话题的大部头的书,我们还有教会的报纸,是中国话最老的定期的一种。"[1]

由台转厦门休整。如 1866 年 6 月,英国万巴德医生受马雅各推荐,抵台打狗协助诊所医疗工作。1869 年马雅各返回府城后,诊所就由万巴德负责。1871 年,万巴德转回厦门,1883 年 12 月完成了系列医学研究离开厦门。

由厦门派人来台任教。如 1876 年,打狗和府城两地传道养成班合并(即今台南神学院前身),1854 年在厦门受洗的鼓浪屿人卢良即赴台任教,负责辅导管理神学院学生,并于 1877 担任舍监,负责辅导管理神学院学生,并于1877 年 4 月起"兼府城教会传道"。1879 年 8 月,厦门王世杰也应聘来台任教,后学生学习中国经书时分两班,高级班由王世杰领读,其余由卢良负责。卢良和王世杰同时还担任宣教师的语言教员。

教会中的一些活动由厦门传入台湾。如 1875 年,在英国宣教师表嘉湖的努力下,厦门成立了反对缠足的团体——"厦门缠足会"。反对缠足的行动旋即传入台湾。1887 年 2 月,府城长老会女学入学条件是"不得缠足,若已缠足者,必须先将它解开"。当时叶汉章力数缠足弊端,颇有影响。

在长老会传教过程中,许多由闽南赴台的人受洗并成为传道师。如晋江

---

[1] 许长安、李乐毅编:《闽南白话字》,语文出版社 1992 年版,第 3~4 页。

人林孽于 1873 年 2 月受洗,成为台湾北部首批受洗的五人之一,后成为传道师,曾被派往红毛港、后埔仔金仓里、鸡笼、宜兰等地传教。1889 年他曾回淡水神学校学习,其长子林清廉、次子林清洁、三子林有福、五子林有禄等后皆成为传道师。泉州人刘光求 24 岁时赴台,原为领兵,武艺高强,后成为教徒,其四子刘锡五,1918 年曾任南部台湾长老教会财团法人理事长,为教会提供大量钱财。晋江人高长是马雅各来台受洗的第一个弟子,也是台湾本地初期传教者之一。其弟高贤是马雅各的佣人,于 1868 年由李庥施洗。1869 年 6 月,晋江人高耀由族弟高长引进,由李庥牧师领洗,成为府城最早受洗者之一,后任教会长老多年。其子高天赐 1 岁时受洗,并于 1889 年赴福州入由美以美会创办的英华书院就读,成绩优异,为从台湾到对岸深造西方教育的第一人。其1897 年再赴福州时,带了堂弟高铁前往英华书院深造。闽南人在台传教时,仍与闽南保持密切的关系。特别是依照闽南风俗,男人可在外闯天下,妻子要在家中奉养父母。有人处理不妥颇引起风波,甚至被停止会籍。如高长在闽南家中已有妻子,却要与妻子离异,使甘为霖感到特别遗憾的“就是事情已经暴露在厦门的信徒间,他仍支支其辞”①。对此事,马雅各特有说明:“长自1867 年受雇于宣教团,在 1868 年大劫难期间因信教的缘故而入狱二个月。约一年之后他应母亲的紧急要求,从台湾过海到泉州附近的故乡(晋江县永宁城)结婚,使妻子能在家奉养母亲。当时我们(指宣教师)劝长,虽然说是为了母亲的缘故,千万不要娶未曾见面的未信女子,而她或要用世俗的婚礼。长未接受劝告,返乡结了婚。几个礼拜之后,长将妻子留在母亲处,返台继续其传道任务。现在我们知道他写信给亲戚们,请设法离别妻,要妻另嫁别人。我们不知道为何长采取如此激烈的做法,不过在信主的兄弟们的眼里,这种行为是传道士不该有的,所以教会不仅解雇他……也将他的会籍暂停。”②

　　闽南长老会还参与了台湾长老会的一些活动。如 1912 年 10 月 24 日,台湾南北两长老会在新化西门街礼拜堂举行台湾大会,闽南总会会使宛礼文及杨怀德两位牧师参加致辞,祝贺南北教会联合。

　　真耶稣教会于 1917 年创建于北平。1923 年,张巴拿马到福州传道,成立福州教会,施浸两次,共 105 人。1925 年,张巴拿马第二次到福州参加全省代表会。两年时间,福建已成立 60 余处教会。当时有一批台湾人在漳州做事,也有在厦门行医的,其中有人在报纸上见真耶稣教来福州了,就写信去询问。

---

① 赖永祥:《教会史话》(第四辑),人光出版社 1998 年版,第 89 页。
② 赖永祥:《教会史话》(第四辑),人光出版社 1998 年版,第 89~90 页。

教会即有人前来传教①,之后黄呈聪(以利沙)、黄呈超(基甸)、张锦章(撒迦)、王庆隆(耶利米)、黄醒民(但以理)等在漳州,吴道原(约翰)在厦门,加入真耶稣教会。1925 年秋,黄呈聪之父黄秀两次返台向新化线西乡亲作见证,有 40 多人领受他的施洗。1926 年 3 月 2 日,黄以利沙、吴约翰、王耶利米、黄但以理,带张巴拿巴、郭多马、高路加、陈元谦一行共 8 人由厦门搭船来台。翌日抵达基隆,从此开始在台布道,4 月 12 日返回大陆,总共 40 天。其间于线西施洗 62 人,成立线西教会;于牛挑湾施洗 27 人,成立牛挑湾教会(后并于朴子教会);于清水施法 11 人,成立清水教会。共施洗 100 人,成立三处教会。② 由于有台湾本地人的协助,真耶稣教在台湾传播发展很快,1945 年,受洗人数为 5050 人,其中 3/4 是平地信徒,其余是山地信徒。后来终于成为仅次于基督教长老会的台湾第二大教会。

第五节　闽台伊斯兰教关系

一、福建惠安白奇郭姓回民移居台湾

伊斯兰教传入台湾的时间,历来看法不一样,有认为唐代经海路传入的,有认为宋代经泉州港传入的,有认为元代因经商传入的(如元代穆斯林官员纳绥拉丁的后裔拉里曾到台湾经商,阿里山由此而得名),有认为明代穆斯林信徒随郑和下西洋经过台湾时传入的,有认为明末大批郑成功军中穆斯林随郑成功而定居台湾传入的,有认为是明、清之间闽南一带穆斯林随着多次移民高潮进入台湾嘉义、彰化、鹿港等地定居传入的。有实例可查的,如福建惠安白奇郭姓回民移居台湾鹿港、基隆、台北、新化、台中、新竹、高雄、台南、屏东等地,约有 7000 人。明正统年间郭萌始修、清嘉庆年间郭纯甫等重修的《惠安百奇郭氏族谱》,如实地记载了郭氏族人前往台湾经商定居的情况,其中写为"皇清雍正十一年(1733)癸巳五月十七日"的《招郎自鹿港回家临别口述笔记》载:"吾招郎,年二十四,时于雍正四年丙午六月十七日,同弟福郎年二十三岁,以及内苍德祥表兄,搭苦浮里施阿须船,一共八人,要往北仔山趁食,不幸在三沙洋面突起台风,桅柁尽折,随风飘流,一夜到台湾后笼港口沙线顶。船打破,山

① 真耶稣教会台湾总会编审委员会编著:《真耶稣教会台湾传教六十周年纪念刊》,棕树出版社 1986 年版,第 174 页。

② 真耶稣教会台湾总会编审委员会编著:《真耶稣教会台湾传教六十周年纪念刊》,棕树出版社 1986 年版,第 10 页。

顶乡亲看见,放竹排来救,八人(得救),平安上山。因为当时官厅禁止出入,又无船只搭回唐山,连批信尽皆无法通知家中,就此兄弟三人,即在后笼流浪度食。二年后,三人再搬到佳(嘉)义章(彰)化住过几个月,又再搬到鹿港沟塭庄脚,合搭一间草寮,宿遮风雨,替人种田挑夫,兼做小贩生意,有七年久。到雍正十年壬子,塔窟曾法伯讨海来鹿港,即暗中拜托法伯代为回到家中说报,吾三人七年前船患风,船破受人救活,现时都在台湾趁食。后来因为不得回家,而且福郎弟年已长大,即就鹿港为建家庭。吾亦同住一家,合谋生计。至于咱厝祖公留下业产,只有二房一厅,破损狭小,厝宅又是同大兄顺郎合家之时由先人遗下祖业,过去父母在世年老,对养生送终之事,一概全是顺郎兄嫂支当料理,嗣后发妻江氏讳银香去世,系是大兄嫂负责收殓安葬费用,遗下幼子清亨皆承大兄嫂抚养照料。今幸兄嫂长寿在堂……一别八年,相见万样欢喜。此次回家住过十日后,拜别兄嫂子侄,吾即将九岁幼儿清亨带去鹿港身边养饲,别日再相往来。今日分别,欲言难尽,草略自述。雍正四年,兄弟同患台风危险情形,以记之。"[1]族谱中详细记载了惠安白奇郭姓回民移居台湾鹿港的原委和过程,有一定代表性,因为写的是亲身经历,读来倍觉亲切和真实。《惠安白奇郭氏族谱》中"廉若草记于道光三十年庚戌四月初三日"的《鹿港初探小记》载:"吾于道光三十年庚戌初夏,随自置金德隆帆船,由镇海载货航海经商,开到台湾淡水港,曾亲到鹿港庄脚四至探询,果幸寻得清亨伯、清浦伯、清实叔三大家之后辈,及其兄弟子侄,男女老少约有十四五人。虽然一时感动,而彼此互不相识。但初逢之时,却甚欢聚畅谈,亦各自陈述祖先来历以及行第来鹿之名讳,恰相吻合,方知同是五服未过之亲堂。只一夜之间,而匆匆偶会,未能详加稽实,只将其名字略为记之。当夜有长发、石法、双美、双金、和春、俊春、四海、启吉,诸兄弟叔侄而已。余事未克尽叙,姑待后续为幸。"[2]从记载中可得知在台的惠安白奇郭姓回民已繁衍多代,与惠安白奇的郭姓皆为同族的兄弟叔侄。《惠安白奇郭氏族谱》中"十六世裔孙国川于民国廿五年七月记"的《鹿港堂亲第二次接洽经过情状》载:"余在民国廿四年乙亥……与下埤乡佛恩、埤上烔同等三人,合资向白奇石、盘蚝舟代买置金协发商船一艘,载重八百多担,航行泉州鹿港之航线,载运洋油火柴白糖等货生理,前后三次到过鹿港。

---

① 马建钊、张菽晖主编:《中国南方回族古籍资料选编补遗》,民族出版社 2006 年版,第 159～160 页。

② 马建钊、张菽晖主编:《中国南方回族古籍资料选编补遗》,民族出版社 2006 年版,第 160 页。

总因商务冗忙,无暇与诸亲堂联接祖宗之事。在民国廿五年……金协发船运砉石山青子旧网纱等,于第三次再到鹿港投倚北头郭洽和商行。不料因该旧网纱未经日本驻华领事馆之防疫证明,不准入口上陆,并将船舱标封。……于鹿港前后之二个多月中,蒙受鹿港之亲堂如郭苦萍、水易、网仔、国贤、国镇、戆□、子兴、力兄、备兄、逃兄、国来、添丁、清水、梨水、银追、天德、彭仔、鳄鱼、乞仔、阿宗等发动沟墘一带亲堂几十人,轮流用苦工及竹排帮助将船料折(拆)迁而尽,令人真是感激不尽。"①

二、定居台湾鹿港的福建籍伊斯兰教信徒

台湾也多有资料披露了伊斯兰教早期从福建泉州传入台湾的情况。1958年,台湾李忠堂在《回协会刊》第 193 期发表了《鹿港访问纪实》,文中记载:鹿港自郑成功时代就有 600 多户来自福建泉州一带的郭姓、马姓、丁姓的居民信奉伊斯兰教,曾长期教内通婚,老一辈去世时是去福建请阿訇来念经的,来回乘帆船要一个多月。老年人还记得一些伊斯兰教的教理,并遵守伊斯兰教教规。② 作者表明:台湾原有伊斯兰教人士,由福建漳、泉移来,鹿港曾有清真寺;鹿港伊斯兰教先民大多是从福建惠安、泉州、兴化来的,现在惠安仍有伊斯兰教徒聚居的村子,居民承认自己是穆斯林,以郭姓为主。③ 台湾伊斯兰教研究者贾福康多年来一直关注彰化鹿港早期穆斯林的生活情况,曾收集了一批报刊发表的有关文章,编成《台湾鹿港回教寻根文献》一册赠送各界,并于《中国回教》第 271 期(2001 年 7 月 1 日出版)发表《鹿港回教寻根运动史的回顾与前瞻》,旨在唤起对鹿港伊斯兰教的关注。此外,云林县台西乡丁氏家族也曾信奉伊斯兰教,其人数较鹿港的也不算少。丁荷生、汪士奇曾于 2002 年在《中国时报》发表文章,指出:台西乡海埔村、盐埔村的早期回民后人,至今有3000 人之多,而就在这 3000 人之中,丁姓有 24 位中了进士。台西乡全乡人口 3 万,约有 1 万人姓丁,散布在台西各村,如海口、台西、海南、海北、山寮、光华等地,他们全是对岸泉州陈埭的移民后代。④ "据台西陈江丁廿四世子孙、现任交通大学历史系教师的丁崑健博士考证,台西丁姓的来源是元赛典赤,在

---

① 马建钊、张菽晖主编:《中国南方回族古籍资料选编补遗》,民族出版社 2006 年版,第 160～161 页。

② 《重修台湾省通志·卷三·住民志·宗教篇》,台湾省文献委员会 1992 年版,第 872～873 页。

③ 贾福康编著:《台湾回教史》,伊斯兰文化服务社 2005 年版,第 233 页。

④ 贾福康编著:《台湾回教史》,伊斯兰文化服务社 2005 年版,第 4 页。

明代才改用丁姓，也都全来自泉州的陈埭。台湾回民寻根，除了鹿港和惠安'北郭奇'，应不会忘了台西丁家，和泉州陈埭是一脉相传，近代鹿港郭姓和台西丁姓两姓回民都纷纷的开展了惠安和陈埭的寻根之旅。"①可见台湾清代的穆斯林大多聚集在鹿港和台西，与福建泉州的惠安、陈埭关系极为密切。②

据《重修台湾省通志·卷三·住民志·宗教篇》载，日据时鹿港尚有清真寺，阿訇由福建聘来。基隆有人将《古兰经》当作祖宗牌位来供奉。

---

① 贾福康编著：《台湾回教史》，伊斯兰文化服务社 2005 年版，第 4 页。

② 何绵山：《台湾宗教源流》，《中国宗教》2001 年第 1 期。

第七章　闽台民间信仰源流

第一节　产生于福建传到台湾的民间信仰[①]

一、妈祖信仰

台湾的妈祖信仰已普及化、大众化,信徒多达台湾居民的 2/3,他们认为,妈祖不仅是海上守护神,也可解百难,无论任何困难都可求救于妈祖,"求平安,赚有呷"已成为妈祖信徒的最普遍心愿。"求平安"多指身心方面,女性信徒为多。"赚有呷"多指生计方面,男性信徒为多。"求平安"看似简单,实则包括许多方面的内容,如何让自己身心平安? 如何让家人平安? 如何让村里平安? 如何让事事平安? 一些宫庙因信仰圈的不同,对妈祖的所求也不同。如台中市乐成宫所在地的旱溪一带早年为较贫困的农垦区,为水害、旱害所苦,所以在当地的妈祖信仰中,妈祖形象演化为具有保护农业的神力,妈祖在乐成宫中以护佑生灵、禾谷丰登为主。再如新化县彰化市南瑶宫,妈祖信仰最早是在城建工人中传播,因为工人祈求妈祖的事太多了,在此基础上又发展出不同祈求信徒各自的神明会,其内聚力之强已突破了行政区域的限制,如有老大妈会、新大妈会、老二妈会、兴二妈会、圣二妈会、新三妈会、老四妈会、圣四妈会、老五妈会、老六妈会等十个组织。由于在各地的护佑功能不同、信仰圈不同、妈祖庙建造的起因不同等原因,妈祖在台湾各地又有不同的称呼,如台北市关渡宫的妈祖被称为"关渡妈",台北县八里乡开台天后宫的妈祖被称为"新庄妈",苗栗县竹南镇龙凤宫的三妈祖被称为"开路三妈"或"落脚三妈",苗栗县中港慈裕宫的妈祖被称为"中港妈",台中县梧栖镇浩天宫的妈祖被称为"大庄妈",台中县大雅乡永兴宫的妈祖被称为"四妈",台中县大甲镇镇澜宫的妈祖被称为"镇澜妈",台中市乐成宫的妈祖被称为"旱溪妈",嘉义县朴子市配天宫的妈祖被称为"开基妈",嘉义市天后宫的妈祖被称为"玉三妈"。在台湾,妈祖

---

① 何绵山:《福建地方神祇信仰在台湾的传播》,《海峡道教》2015 年第 1 期。

信仰已渗透到方方面面,拜妈祖已成为大多数人生活中不可或缺的内容,不仅每事必掷筊告问妈祖,一些妈祖活动已成为富有特色的民俗活动。①

在台湾有许多妈祖显灵的传说,这也是愈来愈多信众请求妈祖庇护的原因。每个妈祖庙也都津津乐道于这些显灵传说,并多作为庙内史绩予以记录。据台北县淡水镇福佑宫的记载,清光绪九年(1883)时,法国军队侵袭淡水,镇台孙关华在敌众我寡之际急求妈祖保佑,妈祖即出现在云端,指挥作战,一举击退法军,淡水因此免于兵祸,光绪皇帝认为是"神既佑民即佑寡人也",随即颁"翊天昭佑"匾额一面。台北县贡寮乡德正宫有一则发生在 1921 年的传奇故事,当时宫中发生一起盗窃案,宫中供奉妈祖神像的神龛被窃,据经常在宫中走动的一名乡民提供的线索,在附近工作的一位工人有重大嫌疑,警察虽将其扣押,却无法起出赃物。后有一银楼老板来报案,称夜里在梦中见到一位端庄貌美的女子,告诉他:"明天有人来你店熔金改形,此人即窃我物之贼。"第二天果然有一人来熔化神龛,但神龛上的"德正宫"三字熔化不掉,因老板报案而捕获的盗贼,竟是指称他人犯案的那名乡民。苗栗县苑里镇的慈和宫妈祖显灵传说不胜枚举,如相传民国五年(1916 年),苑里地区农作物遭受鸟虫之害,农民请出妈祖祈能消除虫害,果然第二天鸟虫纷纷落海而死。某年宫中组团至北港妈祖处进香,经大甲、大安二溪时,河水暴涨,妈祖显灵护航,使信徒平安渡溪至北港。台中县梧栖镇浩天宫的妈祖被称为"大庄妈",其显灵的故事,如:百余年前信徒至北港进香,经过大肚溪时,船夫乘机敲诈,要求两倍的船费,不然不开船。就在众人理论之际,大庄妈突然显灵,附在乩童身上,要大家跟着乩童涉水过河。原两人深的水,在乩童脚下竟不及小腿,大家纷纷顺利过河。一次庄内居民的一头牛不见了,遍寻不得,便掷筊请示,妈祖答复是牛已经不在了,但偷牛贼可抓得到。过几天,偷牛贼果然于大庭广众之下供认自己将牛偷走,宰杀之后卖掉了,还带大家把牛头挖了出来。台中市北屯区南兴宫传说,在日据时期,日军强迫百姓交粮食以充军粮。一次到溪东搜查时,南兴宫中的妈祖显圣化为妇女,站在桥上抖桥索,吓得日军不敢进庄搜查,保存了大家所存的粮食。

妈祖的祭典在台湾极为隆重,已成为妈祖信徒每年最重要且不可缺少的活动。祭典一般在妈祖庙举行,热闹非常,并不时聘梨园以酬神。每年农历三月二十三日妈祖诞辰日举行最盛大祭典,要依清代科仪三献大礼,备好丰盛的牲醴拜祭,同时各种阵头、神轿队等,纷纷大张旗鼓,祈求国泰民安,风调雨顺。

---

① 何绵山:《台湾的妈祖研究》,《广西民族研究》2003 年第 4 期。

每座妈祖庙都香客云集,锣鼓喧天,瑞气集蕴,蔚为盛况。苗栗县中港慈裕宫从前的妈祖诞辰庆典是辖境内五十三庄轮流,每庄前来祭拜一天,轮值到的庄头,每户准备牲醴一副,全庄担牲醴前往拜祭,现在已改为以简单香果,自由参拜。云林县北港朝天宫,在农历三月二十三日祭圣时,历任镇长必须到席。基隆市庆安宫在妈祖诞辰日举办连续三天的活动,地方官员、民意代表皆要到场共襄盛举。台北市关渡宫,除了一年一度农历三月二十三日妈祖诞辰日的祭典外,还自定许多祭典,如开天门祭典,一般庙宇都定在农历每月的初一、十五,关渡宫则选在每年农历六月初六。开天门祭典是祈福息灾以"补运"的祭典,当日香客虔诚地奉上供品参拜补运。供品米糕上放着龙眼干,数目与家眷人数同,中间一粒代表家长,有时以煮熟的鸡蛋代表,祈愿剥其壳,称为"脱壳",取除恶运之意。拜毕,在米糕上撒神炉香灰并插上香火带回,供家人分食以保平安。

绕境、巡境是妈祖庆典活动的主要内容之一。这种定期的巡行活动因规模大、参加人数多,已成为不可缺少的区域性迎神赛会活动,热闹非凡。妈祖巡境,大部分是应妈祖信众之请,在其信仰区域进行巡回,以保本区域平安。巡境的仪式有一套繁缛的传统环节,尤以"起驾""坐殿""祝寿""刈火""插香""回銮绕境""添火"等把活动带入高潮。妈祖巡境的各种随行活动也极为热闹,以台中县大甲镇镇澜宫为例,随妈祖神轿绕境的有神轿班、轿前吹、开路灯、哨角队、三十六执士、庄仪团、绣旗队、神童团、头旗等,浩浩荡荡,每到一处,都受到信徒的隆重迎驾、膜拜等。台中市乐成宫的"十九庄绕境"活动一直颇具规模,以1992年为例,自农历三月一日起,以乌日乡为首站,巡行台中县"大屯区"乌日、雪峰、大里等三乡、市共计15个庄头,到4月21日(农历三月十九日)结束。隔日,又应信众要求到台中市西区"公馆仔"巡境一日,然后才回驾乐成宫。4月25日(农历三月二十三日),再于旱溪地区九个里范围内巡境,为当地信众消灾祛恶。云林县北港镇朝天宫的北港妈祖出巡时,场面浩大,万头攒动,有阵头、艺阁、花车等各项表演,而銮驾出行路线,从1965年起一直未改。

与巡境同时进行的还有进香与刈火。信众最初的进香目的,主要是通过人对神的烧香、礼拜而希望自己的祈求得以实现。进香活动仪式复杂,场面浩大。最初的刈火,是信徒对灵火的掬取,除了祈求和还愿外,还希望增添些灵气。刈火已引入一种特殊、极富动感的仪式。进香和刈火实际已由宗教祈求变为一种固定的民俗活动,一切都按严格的程序进行,是有组织的集体活动。最有代表性的如大甲妈祖到北港进香的过程,其参与人数之多——每次皆在

5万人以上,时间之长——8天8夜,方式之古朴——以徒步为主,仪式之繁复——确定日期和出发时间、抢香(一种还愿举动,时间决定后,抢香者一拥而上)、起驾前奏(各种团体前来献艺),令人叹为观止。此外,组织极为严密,阵容极为庞大,如有:探子马、头旗、头旗灯、三仙旗、开路鼓、两个写着"天上圣母""谒祖进香"等字的灯号、三面垂直旗帜、一面刺绣旗、绣旗队、四方旗帜、三十六执事、红色木扁四面、头锣、神童团、马头锣、庄仪团、三面刺绣香旗、哨角队、刺绣大旗、会旗、轿前吹、垂直绣旗一副、凉伞、大轿、蒲扇、日月保驾、炉主车、香担、香客、进香团团长、进香团副团长、祭祀组、总务组、秩序组、受付组、财务组、诵经团、写疏组、宣传车、草席组等。经过8天到达北港后,直往朝天宫,在门前行大小礼后,立即进入殿中,紧闭大门,轿置于天井香炉前。唢呐一响,大轿班长立即将五营旗取出,然后每吹一响,顺序传递轿中之物,大令、大印两将,正、副炉。一切礼仗随之完毕。进香团到北港的第二天早上,大甲妈祖要向妈祖的双亲请安,当正殿中妈祖谒祖时间一到,大家手举三线香和香旗跪倒在地,祈求风调雨顺,四季平安。一连三跪,祭典完成。刈火时,整个进香团整装待发,香担进入正殿,取出大甲刈火的炉,放置于北港朝天宫的净炉旁。刈火仪式由朝天宫和尚主持。他们手拿一火勺在北港朝天宫的净炉中勺起三次,每次都在火尚未放进大甲火炉中时,向妈祖求些平安的祷祝。等两炉烟火混合时,有人开始喊:"回驾吧,天上圣母,我们回去吧!"接着喊声四起,回驾号角一响,迎着黑夜回大甲。进香者参加这8天8夜的活动,除了对妈祖的信仰外,还带有各自不同的愿望,如:1.祈安求福。他们想以妈祖信仰所要求的方式,来获取妈祖的喜悦,由此带来平安和福气。因此在整个活动中无比虔诚,绝不半途而废,实在走不下去的,也要在神轿前请示"神意",若卜得"圣杯",才能搭一段车后再走。2.还愿和许愿。回报妈祖的照顾,同时承诺对妈祖的回报。许多信众有事求妈祖帮助,并承诺愿望如能实现,必然有所回报。妈祖的信徒是以认真严肃的态度对待许愿这一事的,他们的一些愿望实现后,他们认为必是妈祖在保佑相助,不管有多大困难,必来进香还愿,以答谢妈祖在天之灵。以步行8天8夜的辛苦方式来还愿,唯有虔诚信徒,才能忍受。3.举行成人仪式或退伍仪式。大甲人有一习俗,即让孩童当妈祖的义子,希望妈祖保佑其顺利长大,年满16岁,就要谢答神恩。因很多人16岁时仍须上学,就改在成年或退伍返乡后参加进香活动。二战结束时曾有妈祖"带南兵返乡"的显灵故事,因此现在家长在子女当兵时,都会向妈祖许愿,如果子女安全返乡,一定

"徒步随香"来答谢。4.感谢妈祖的治病奇迹。[①] 大甲妈祖巡礼活动中所出现的治病的神丹有:(1)高钱:挂在千里眼和顺风耳两神像头上的符钱,据说可治小孩发烧、头痛等病。(2)手钱:即上述两神像上所挖的符钱,传说对撞伤、黑青、肿痛有极大的功效。(3)小符:由大轿旁服务员散发,据说可医治百病,有收惊、镇宅、避邪等功效。(4)炉丹:又被称为金丹或仙丹,是大轿中香炉内的香灰,每年往北港进香,大轿服务人员都得包上几万包炉丹,才够取用。据称炉丹可治百病,但需要在轿前掷筊,经妈祖同意,才可取之。(5)敬茶:放置于大轿中的一壶开水,饮用的人可避祸克邪,以敬茶调和小符或炉丹服下,更有功效,但据称要妈祖允准才可取得。5.心灵的需求。进香队伍中也有某些人,并不是来许愿或还愿的,而仅是为了得到心灵上的慰藉。他们始终跟着队伍,是想暂时逃避城市的喧嚣和生活的忙碌,暂时放下手中工作,参加这种活动,是一种挑战,也是反省自己的机会。[②]

近几年由于推崇正统,在"正统才有灵,有灵才有香"的影响下,台湾妈祖庙到祖国大陆湄洲祖庙进香的很多,由此又发现台湾许多妈祖庙早期就与大陆祖庙关系密切。1742年创建的新竹市长和宫,创建时从湄洲妈祖祖庙亲迎妈祖三妈金身,之后每三年一定要前往湄洲祖庙进香,当时由南寮港出发,直航湄洲。1949年后中断,1989年又恢复,并于1991年、1993年续办,每次参与信徒都多达150多人,团员年龄上至90高龄,下至40余岁,他们恭请本殿妈祖赴祖庙,首开妈祖移驾大陆创举。苗栗县苑里镇慈和宫,早于1922年就赴湄洲祖庙谒祖进香,1989年起相继三年赴祖庙,庙中尚存全岛第五颗与祖庙结盟的印玺。苗栗县竹南镇龙凤宫,至今保留有1946年挂于前往湄洲刈火的船首令旗,可见其早就与祖庙联系密切。嘉义县朴子市配天宫,曾于1920年推派地方绅士14人前往湄洲祖庙进香,获赠妈祖神像一尊、康熙皇帝御用金色筊杯一副、进香旗一对及四季兰一株等信物,于同年二月一日顺利完成盛举返回。

妈祖信仰在台湾的兴盛也引发了台湾许多独特的民俗活动。如台中市南屯区万和宫,由于信徒都住在附近,所以没有妈祖巡境的活动,却以全台独有的"字姓戏"而出名。其源自台中东区乐成宫的妈祖每年三月举行绕境巡行时,会经过万和宫并前来拜访,万和宫妈祖也欲应邀前往游玩,信徒们商议以

---

① 黄美英:《祈福与还愿:进香过程的体验》,《历史月刊》1993年第4期。
② 杜荣哲:《论"大甲妈祖的巡礼运动"对信徒神奇的启示》,董芳苑编著:《台湾民间宗教信仰》,长青文化事业股份有限公司1984年版,第371页。

演戏留之。自道光五年(1825)起,各字姓依序从每年的农历三月二十六日起,在庙埕内竞相献戏,一日 3、4、10 台不等,最多时达 18 台,曾有两年达 100 台的记录。此"字姓戏",一直到二战前,百余年间未曾中断。高雄路竹天后宫因作醮及进香而组成了大鼓阵、文武阵、龙阵、宋江阵、狮阵。龙阵由三四十人组成,师傅是外庄人,活动前才临时集合起来练习。宋江阵及狮阵有两三阵,每阵四五十人,由三个村中会的人教授,在出阵前训练一个月。高雄县田寮乡隆后宫现有五个阵头;一阵大鼓阵,有 10 多人,男女皆有,由庄内自己训练;祭祀范围内的中心仑、应菜龙、南势、芳草各有一阵宋江阵,每一阵大约有二十七八人,全为男性;隆后宫还有一阵八音,由八个男性组成。台南市鹿耳门天后宫,素有施放"妈祖灯"习俗,这是天后宫结合妈祖信仰在元宵节举办的民俗活动。相传妈祖升天后,海上遇难者如呼叫"妈祖",海上会出现身着红衫的女神或有红色火光出现在天际,人、船可保平安,人称红色火光为"妈祖火",沿海居民为祈求"妈祖火"能出现在海上,每于元宵之夜仿照"孔明灯",制成大型灯笼,上面写着祈福平安的文字,施放于空中,象征"妈祖火",被沿海居民称为"妈祖灯",天后宫借此希望延续妈祖香火,宏扬妈祖精神。

二、保生大帝信仰

保生大帝姓吴,名夲(音 tāo),也称吴真人、大道公、吴真仙、花轿公及英惠侯。宋代泉州府同安县白礁人,生于太平兴国四年(979),卒于景祐三年(1036)。吴夲是一位信奉道教的民间草药医生,因攀崖采药时不慎跌落深渊身亡。他治病时无论病人贫富贵贱,皆济世为怀。死后受人怀念崇拜,被称为"健康保护神"。福建的同安和漳州分别建有白礁慈济宫和青礁慈济宫,保生大帝信仰为闽南第一大民间信仰。

台湾先民渡海来台之初,倍受瘴病之苦,医药之神普遍受到先民崇拜。明万历三十年(1002 年)前后,就有泉州金门的先祖渡海来到澎湖,从故乡带来保生大帝的香火,在澎湖岛的北山屿(即今日之白沙乡)定居,之后便在居住地建造了台湾最早一座保生大帝庙——威灵宫。保生大帝信仰大规模传入台湾,应在明郑时期,明永历十五年(1661)郑成功率军渡海来台时,漳、泉一带军民纷纷到祖地白礁慈济宫、青礁慈济宫拜别保生大帝,并带上香火以求平安。有的还带上保生大帝神像一路供奉。之后,又因种种原因,不断有先民将保生大帝灵身请进台湾。如清康熙三十八年(1699),台湾爆发了一种奇怪的传染病,医生解厄乏术。许多由漳、泉来的移民便纷纷回到故乡,请来保生大帝的灵身到台供人祭奉。说也奇怪,这场流行性病在保生大帝灵身渡台后便告消失。许多保生大帝的宫庙都有从闽南奉迎保生大帝灵身经过的记载。如台北市大龙峒保安宫于清嘉庆年间所建,清乾隆七年(1742)有同安先民前往泉州府同安县白礁慈济宫乞灵分火来此。台北县树林镇的济安宫于清康熙末年(1722)所建,当时为一姓赖的泉州人携带保生大帝香火来台,在此地供奉,一位姓张的富商祈祷后大病即愈,于是出资建庙。云林县元长乡鳌峰宫中供奉的保生大帝,为清中叶由泉州府南安县芙蓉乡迁移来台,当时先民为求海路平安,奉请祖庙保生大帝随行护佑。台南县学甲镇清济宫中的保生大帝,为明永历十五年(1661)郑成功率军来台后,移民从泉州府同安县白礁慈济宫迎来保生大帝、保生二大帝分灵在此安奉,又于清光绪四年(1878)盖宫庙。高雄县湖内乡长寿宫中的保生大帝,为清乾隆四十年(1775)一姓林的善士从故乡白礁迎奉保生大帝尊像来台,在此地建庙以供信徒膜拜。台南县归仁乡的仁寿宫中的保生大帝,为当年随郑成功来台时,明朝定国公郑鸿逵部将吴鸠山为求渡海平安,从泉州同安白礁跪祈保生大帝金身一尊,随身奉祀,后奉于此。近些年来,台湾各保生大帝宫庙信徒返回祖庙探亲已成风尚。如台南县学甲镇清济宫信徒于 1988 年 5 月 4 日抵达福建祖庙白礁慈济宫谒圣父圣母(保生大帝之父母),白礁、清济两宫举行合炉典礼,完成海峡两岸两宫合炉使命,为渡台300 多年来首次之圆炉,颇有历史意义。台南县将军乡金兴宫每年在保生大帝圣诞的前一天,均要向祖国大陆白礁祖庙遥祭,近年则多次直接组团到同安白礁谒祖过炉,彰显出一种血浓于水的民族薪传信仰。高雄县湖内乡的长寿宫,1993 年曾到祖国大陆同安白礁进香,受到热烈欢迎。据台湾有关方面统计,目前台湾各地有保生大帝宫庙273 座,其中台南县最多,有 49 座。

　　台湾各保生大帝宫庙都极为重视各种传统祭典活动,这些活动大多规模盛大、仪典完备。如台北县树林镇济安宫,在每年农历三月十五日保生大帝圣诞日,都要举行庆典活动,由当地居民依地理位置分为五股,每年轮流当值炉主,主持祭典。每年农历九月初九在济安宫神前掷筊决定正副炉主,负责筹措三献、演戏等经费,并准备游境等事宜。济安宫董事会还主持农历元月十五的祈安礼斗法会、农历五月二日保生大帝升天纪念祭典及农历十月十五日祈安礼斗法会。台南县归仁乡的仁寿宫,则由五个村落组成五大角头的委员会,轮流举办每年农历三月十五的保生大帝圣诞庆典的各种祭典科仪,每年均要安排歌仔戏为保生大帝庆生,各方信徒则准备丰盛的牲醴。高雄县姑婆寮的保生宫,在保生大帝生日时要卜出一个炉主、十一个头家,于生日之时做大戏,梨园笙歌赞祷,热闹非凡。高雄县湖内乡普济宫,在保生大帝圣诞日时,祭典隆重盛大,均要燃炮焚香、延聘戏曲酬神,白天演歌仔戏,晚上放电影;巡境、请水和谒祖是祭典中不可缺少的内容。台南县学甲镇清济宫每年都要举行"南巡、北巡"活动,并自 1990 年起恢复古例,自行前往芦竹沟北门港请水和谒祖,有时与学甲慈济宫一起举行活动。学甲慈济宫算是台湾保生大帝开基祖业,每年农历三月十一日都要举办"上白礁谒祖祭典活动",即按顺序排队向先民登陆地点出发,队伍可绵延二三十公里之长,举行遥祭福建同安白礁列祖列宗活动。是日数十个友宫的神轿均在慈济宫庙前参香,并按指定位置排阵,往往挤得水泄不通。唯清济宫曾有赞助学甲慈济宫修庙的历史,所以清济宫神轿抵学甲慈济宫时,不必进行排阵而直接被恭迎至庙庭东侧的金炉边,然后"镇驾接香,点兵阅将",清济宫在前,慈济宫在后,两宫的神轿均无编号,其余神轿依编号顺序排阵行进。台南县仁德乡的保生宫,在保生大帝圣诞时,除演戏酬神外,还按例前往白沙岑海边谒祖进香。台南县将军乡金兴宫,保生大帝巡境时夜景颇为壮观,人声鼎沸,锣鼓喧天,巡境中的各种活动如煮油避邪、祈安植福等热闹非凡,加上成排的提灯,远远望去,一幅壮丽的夜景。

保生大帝信仰在台湾传播后,保生大帝首先是作为健康保护神的象征,人们到宫庙中往往祈求的是驱除病魔,并求出药方,配药给病人吃,所以凡保生大帝宫庙都有药签,供病人抽签抓药。保生大帝的药签遍布台湾各地。其中有代表性的如台北市大龙峒的保安宫,病人抽签后即到街上买药,以致保安宫附近重庆北路一带的中药店都将庙中药签上的药方抄了去,以方便病人在庙中抽出签后,凭号去药店抓药。据说保生大帝指点的药方极为灵验,常常是药到病除。此外保生大帝还成为护卫乡土、扫除公害的威猛武神,有时甚至无所不能,据传台北县保福宫所在地及附近区域经常遭水淹,之后便疟疾横行,后请出"保生大帝敬五方",即在五个角落站(下)符保平安,保生大帝镇守中间,保福宫一带再也不被水淹了,疟疾也被控制住。由于保生大帝的功能被信徒不断扩大,往往在每个地方都形成其自己的信仰圈和辖境,以确保一方平安。如台南县学甲镇的慈济宫,其辖境有三寮湾、溪底寮、二重港、灰磘港、渡仔头、宅仔港、倒芳寮、学甲寮、草垄、大湾、学甲、中洲、山寮等 13 个村庄;台南县归仁乡的仁寿宫,其辖境为归仁、辜厝、许厝、看西、后市、看东等 6 个村落。澎湖县湖西乡的保宁宫,其辖境为角寮、北寮、湖东、湖西、白坑、红罗等 6 个村落。辖境造成了信仰圈的形成,增加了这种看似松散的民间信仰的凝聚力。

保生大帝在台湾的广泛传播,使得各种祭典活动空前活跃,推动并促进了台湾民间艺术和民俗的发展。有代表性的如艺阵,各地宫庙在保生大帝祭典活动中,艺阁阵头特别多,祭典活动往往成为各式艺阵的大竞技场,由此又推动了这些民间艺术质量的提升。如台南县番仔寮的应元宫一向以"百足真人——蜈蚣阵"和"宋江阵"两大民间艺术而名闻于世。在保生大帝的祭典活动中,应元宫 108 人的蜈蚣阵出巡,轰动庙坛,其时香科醮典不必择期,届时由 108 名儿童扮装忠良义士、文武百官随"宋太宗"出巡,由宋江阵助阵,銮驾、王轿、民间阵头等共 50 多阵,声势浩大,高潮迭起。由于每次都由宋江阵助阵百足真人出巡,所以番仔寮应元宫的宋江阵闻名台湾,成为当地极具特色的宗教文化。1979 年台南县承办台湾社区全民运动观摩活动时,呈现在人们面前的竟有成人宋江、青少年宋江、儿童宋江三阵,令观众大饱眼福,至今相传。高雄县湖内乡长寿宫的庄内组织有跳鼓阵和狮阵,跳鼓阵一阵为男,一阵为女,成员大都二三十岁;狮阵约五六十人,以前还请师父,后都由出狮的人自己教,成员从年轻的到 70 岁的都有。高雄县湖内乡慈济宫辖境内的 7 个村庄均有跳鼓阵,有的村庄还另有狮阵、宋江阵、宋江狮和北管各一阵。保生大帝的祭典活动还丰富了台湾的民俗活动。其中最有代表性的为乞龟民俗,如高雄县湖内乡的普济宫每年都要举行乞龟活动,有麦粉龟、土豆龟、米仔龟等。高雄县湖内乡的慈济宫每年也举行卜龟活动,以麦粉龟为主。

保生大帝信仰在台湾的传播,衍生出许多令人津津乐道的保生大帝故事和传说。如台北县树林镇的济安宫一直流传着一个争夺"老大帝"神像的故事:济安宫奉有 17 尊保生大帝,依次为"镇殿大帝""老大帝""八芝兰帝"等,八芝兰即今天士林的古名,士林信徒每年都要请"老大帝"到当地接受供奉,由于"老大帝"神灵显著,当地信众常将"老大帝"滞留数月不还。有一年由于滞留时间过长,树林镇信徒听说八芝兰信徒正仿"老大帝"新制一神像,拟将"老大帝"偷换下。而"老大帝"托梦告知树林镇信徒,他颚下有一颗黑痣。树林镇信徒面对两尊一模一样的神像,正不知所措时,忽有一只苍蝇飞到左方神像颚下而挥赶不去,始悟出梦中所知,指出左尊神像为"老大帝",而八芝兰信徒仍强说左尊为新神像,后"老大帝"显灵,真假大帝之争才结束。而八芝兰新造的神像也降示要与"老大帝"一起分享树林镇的香火,不肯留在八芝兰,八芝兰信徒更感其神威,遂将八芝兰帝奉祀于济安宫。再如流传于澎湖白沙乡威灵宫关于"保生大帝震慑狗精"的故事:在清道光年间,后寮黑狗精作怪,其出现时必狂风大作,飞沙走石,湮没村民的庄稼屋瓦、疾病流行。村民遂聚集庙内,祷告守护神保生大帝,询问村民为何遭此横祸?保生大帝下坛指示说,此乃清朝气数渐衰,百姓不察,又吸食毒品,世风颓败,四方邪气乘机凝聚,借附狗体,终成祸害。要除狗精,宜于道衢或路箭处,竖立石敢当石碑,以阻其冲煞邪气的聚合之势,并赐镇符,贴于石壁上。村民依保生大帝指示行动,村内遂归于平静。为保此真符眷护村里,村民于是将此符放大镌刻于石碑上而成名符,并将其树于宫庙庭院左侧,以示保生大帝可震慑四方鬼神、拥有无上权威法力。

在保生大帝助人为乐精神的推动下,许多宫庙都热衷于慈善公益及文教事业。如台北市大龙峒的保安宫长年从事社会公益事业,积极参与各项文教活动,还设置奖助学金,发放低收入户救济金,参与急难救助,并利用开办的图书馆推广成人教育。台南县学甲镇的慈济宫通过大力推广文教事业,回馈地方,目前已兴建了一座文化大楼,一楼为康乐台,二楼为陶瓷馆,三楼为文物馆,四楼和五楼为图书馆和阅览室,六楼为宫史馆,设备齐全,均向社会开放,成为地方文化的中心。台南县归仁乡的仁寿宫设有颁发给归仁中学的奖助学金,鼓励学生努力向学,还设有各项慈善基金,举办多项公益事业。高雄县大寮乡的保福宫不仅将场所借给乡公所办幼稚园,还聘请老师来此教小朋友念书,宫内书声琅琅,蔚为奇观。

三、清水祖师信仰

清水祖师又称"祖师公""蓬莱祖师""乌面祖师""落鼻祖师""清水真人""麻章上人""昭应祖师""辉应祖师""普庵祖师""陈应""陈昭""普足"等。其面色有金面、默面、赤面三种,据说为法力及药种威力影响不同所致。清水祖师为福建永春小姑乡人,俗姓陈,或名昭,字普足。生于宋仁宗十五年(1037)农历正月初六,卒于建中靖国元年(1101)农历五月初三。自幼出家,铺桥造路,普救贫病。宋神宗元丰六年(1083),安溪大旱,他应邀前往祷告求雨,奇灵,乡人出资构筑精舍,因门前石泉清洌,精舍被称为"清水岩"。清代安溪移民迁移来台时,各奉祖师香火,并塑像建庙,作为共同信仰及联络乡谊的地方,清水祖师成为安溪移民的守护神。台湾现有清水祖师庙98座,台南县最多,有29座,高雄县次之,有13座。较古老的为澎湖的祖师宫、高雄仁武乡的福清宫、台南佳里的震兴宫、彰化二林的新兴宫,艺术价值最高的为三峡祖师庙,雕梁画栋,美轮美奂,香火最盛、规模最大的为台北市万华的祖师庙。每年农历正月初六,是清水祖师的圣诞日,各地的信众都要依例举行盛大祭典。

四、开漳圣王信仰

开漳圣王也称"陈圣王""陈圣公""威惠圣王""圣王公""威烈侯""广济王""陈将军""陈府将军"。开漳圣王陈元光,原为河南光州人士,生于唐高宗显庆二年(657)。因潮、泉两州多乱,陈元光随父入闽平乱,其父死于任上后,陈元光继承父职,以杰出的军事才能,平了闽南之乱。他认为闽南的开发很重要,上书皇帝奏请在潮、泉之间建置,不久获准建置漳州,他为首任刺史。在任期间,他打击豪强,兴办学府,开科选才,量才择用,厉行法治,劝农重本,大力发展农业生产,将中原文化移植漳州,使漳州百姓安居乐业,漳州从此由荒蛮之地走上文明发展之路。漳州百姓感念他的恩泽,奉其为乡土开拓神,建庙祭祀。漳州人移居台湾时,都把开漳圣王神像带来,在各地建开漳圣王庙供奉,因此在台湾凡是漳州人聚居的地方,开漳圣王庙就多。目前台湾有 50 余座以开漳圣王为主神的庙宇,并配祀与陈元光同时开发漳州的"辅顺""辅义""辅显"及"辅信"四位将军。一般信徒以农历二月十五日为开漳圣王圣诞日,届时有关寺庙都要举行盛大祭典,其中以台北市士林区芝山岩惠济宫的过火仪式最有特色。每年开漳圣王圣诞日,惠济宫从清早起就开始整地,然后撒盐米使场地清净,再将许多金纸和重约 1500 斤木炭安置在场地,并引开漳圣王的圣火点燃金纸和木炭,相信这熊熊的火焰能赶走本区的恶煞。过火前要安东西南北中五个营,如此鬼魅才不敢侵入道场。参加过火仪式的人们,在三天前就要天天沐浴吃斋,如能静坐三天更好。过火镇殿的开漳圣王是红面的,过火时童乩抬坐在神舆内的开漳圣王则常是黑面的,同样是用于作法。过火时,两个童乩一前一后抬着安坐开漳圣王黑面神像的小神舆,赤足从烧热的木炭上走过,且跳且舞,一边口念金言咒语,一边冲入熊熊的火焰中,据称此法是拔除不祥的方法之一,也是对付恶煞最有效的方法。

五、广泽尊王信仰

广泽尊王全称为"威镇忠孚惠威武烈保安广泽尊王",也称郭圣王、郭府圣王、郭王公、郭姓王、圣王公等,是保国安民之神,其祖庙在福建泉州府南安县的凤山寺。广泽尊王的来历主要有两说:一说其原姓郭,名叫洪福,为福建泉州府人,幼失双亲,在故乡陈姓富翁家做牧童。陈家主人生性吝啬,一天请一位地理师来选风水宝地,竟以掉进粪坑的羊来招待地理师,地理师非常生气,故意不将好风水告诉主人。因为洪福平常向地理师殷勤供茶敬烟,地理师问洪福愿做皇帝还是愿做神明?洪福回答:皇帝只可享受一代的富贵,神仙可以享受人间万世的香火,当然是做神明好。地理师把陈姓富翁家羊圈内一块大吉龙穴点给洪福,洪福依照地理师的指点,在飞凤山上修炼,不久道成升天,遂能神化莫测,福利乡里。附近居民得知大为感动,便在飞凤山上修建了凤山寺。由于寺中神明常显灵为民解困,尤其对保卫民大有贡献,感恩的人民奉他为"保安尊王"或"广泽尊王"。另一说其原名郭乾,泉州府人,自小以孝顺父母而闻名乡里,因慕道法,潜心修持,终能道成而坐化于老松之下,各地善信移其灵蜕于庙永远奉祀。其后泉州一带大旱,民众向尊王祈雨,旋获甘霖普降,百姓感恩而崇祀更隆,玉帝论功赐号"广泽尊王"。现在台湾奉祀广泽尊王的庙宇有 50 余座,都是泉州人迁移来台时,分灵或分香奉祀的。现在礼拜广泽尊王的,也是泉州人的后代居多,其已成为祖籍泉州人的精神寄托,相传农历 8 月 20 日是广泽尊王的千秋之日。

六、灵安尊王信仰

灵安尊王也称青山王,据传姓张名滚,为三国时代(220—265)东吴孙权的副将,驻守福建泉州惠安,为人正直廉洁,任内广施仁政,功绩卓著,深得人民爱戴,死后葬在县衙东室内。凡有县官上任,必诣坛致祭,祈求民安物阜。据传,宋朝太宗皇帝登基不久,进士崔知节前往其墓地拜祭,正在上香膜拜时,墓碑突然向前倾倒,墓碑背面勒一首五绝:"太平兴国间,古县本惠安,今逢崔知节,送我上青山。"崔知节便将其墓迁至青山山麓,并建寺庙供奉,因传说其对驱疫灵验,民间供奉日盛。移居台湾的闽南移民,为驱瘟疫而将其香火带往台湾。如清嘉庆年间的万华地区到处是水草,瘟疫横行,大家决定由惠安人回福建迎请灵安尊王来台压邪。神像登岸之后,将其安置在草店尾的空宅中。相传此宅庭后古井里有蟾蜍精,常吐毒雾害人,灵安尊王镇守后,瘟疫渐渐平息,蟾蜍祸患也除去,善男信女便择定日期送神身回福建祖庙,不料发灵那天神舆突然重逾万钧,经卜探问始知神尊有长住台湾之意,大家便就地建造青山宫。台湾奉祀灵安尊王有代表性的如:台北市贵阳街的青山宫、新竹市下竹里东南街的灵安宫、新竹县番山乡浸水村的南灵宫、台中县沙鹿镇北势里的青山宫、彰化县芬圆乡溪头村的灵安宫,其中台北市的青山宫香火最盛,尤其每年农历十月二十三日灵安尊王诞辰,传说此日灵安尊王巡守天下,视察民生,万华地区都要举行盛大典礼,仪目是二十、二十一日暗访,二十二日绕境。绕境时,除了以灵安尊王为主外,万华地区的诸神都得乘舆随行,各乐团也逞奇斗胜,互相争长,旗版、阵头、艺阁,应有尽有,来许愿的病患痊愈者打扮为关将,沿途散发光饼,获得者据称可得到神佑。活动期间,信徒家中悬灯结彩,排香案,供设香炉、案头灯、香花、四果等,俟神队到时,上香跪拜,晚间设五味碗犒军,皆备酒食,大宴宾客,盛况空前。

七、法主公信仰

法主公原为福建安溪地方神祇,也称张圣公、张圣真君、都天圣君、张公圣君、张公法主、张法主公等。台湾对法主公的传说不一,有代表性的如:福州某桥下有一座3000年才开一次门的奇庙,若能乘此机会进入庙中膜拜,便可得至高法力。但河中布满鳄鱼,无人敢下河。张公用狗肉喂鳄鱼,鳄鱼很高兴,用尾写下"如山大法院",附近居民认为其已获神法,死后建庙祀之。台湾法主公的庙20余座,有代表性的如台北市延平区南京西路的法主公庙,其所奉法主公为光绪元年(1875)从安溪分香而来,据传当初祀在大稻埕(今延平区)得胜街的振南茶行,因为后来发生瘟疫,很多人都被传染,大家便恭请法主公香火去禳灾,后瘟疫消除。大家各自捐款,又请茶商陈基德到大陆祖地雕塑了一尊金身回来奉祀,后来因更加灵验,信徒们再集资建庙奉祀,今天茶商共同尊其为守护神。一般人相信法主公法力无边,若有无法解决的困难,都会到法主公庙请道士代为施法,为自己改运、补运或者祈求阖家平安。法主公的诞辰,一般认为是农历七月二十三日,每年这天,台北市南京西路的法主公庙都要举行盛大迎神会,凡是延平、建成两区的住户,都要备办牲醴,举行规模盛大的建坛拜祀仪式,大拜之后,家家户户设宴款待宾客,花费巨大。台湾光复后,为厉行节约,法主公的诞辰拜祀仪式便改于和 10 月 20 日的台湾光复节活动一起举行了。

八、王爷信仰

王爷信仰是台湾比较具有地方性的民间信仰,在台湾有着广泛的群众基础,其神明类型和殿堂庙宇的数量,均为全台之首。王爷也称"千岁""千岁爷""大人""老爷""温王""代天巡狩"等,其信仰内容可分为五个系统,即:戏神系统、家神系统、英灵系统、郑王系统、瘟神系统。其中瘟神系统又包括五瘟使者系(五府千岁、五福大帝)、十二瘟王系(五年王爷、三年王爷)、暗访王爷系。

瘟神王爷的暗访王爷系流行于台湾西岸,以鹿港为中心。此类活动即王爷夜间出来巡视辖境,暗察民间隐情,有代天巡狩的意思。目的在驱邪绥境,保境安民。台北霞海城隍庙、艋舺青山王爷庙都有这类活动。鹿港的王爷代天巡狩活动组成暗访香阵,在肃穆阴森气氛中进行,已成"鹿港民俗周"的主要内容。当暗访活动结束后,主巡王爷必须押解阴犯至海滨驱离,然后返庙向上苍缴旨。

台湾王爷信仰有烧王船的习俗,其源于福建沿海一带每三年一次的"送瘟神"仪式,即制作王船,船内装有瘟王爷神像,送其出海任其漂流,以祈盼能消除瘟疫等传染病。这种"送瘟神"的仪式传到台湾后,成为台湾引人注目的"王船祭"宗教民俗活动。王船在开光点眼、举行过三献祭礼之后,即开放陈列于王船寮中供信众自由参拜,这期间不断接受信众捐献。接着王船绕境是东港王船祭在"送王"之前最主要的活动,"送王"之前要举行有道场科仪的"王船法会",王船绕境有重要的押煞逐疫意义,必须在重要街道先行,形成了陆上行舟的壮观景象。王船绕境于傍晚 6 时左右结束,安座之后,就准备进行夜间的和瘟、拍船仪式与添载。晚上 7 时后开始王船的添载,将王船上所需的物品一一装载在船舱内,约有航行必备物、仪仗所需物、文案必需用品、日常穿衣用品、日用工具、煮食用具、食调味品、消遣用品、起居用品、梳洗用品等十项。等到隔日凌晨开始"送王",先举行简单的谢神仪式,随之向"送王"地点的海边出发。由于王船经过添载之后重量大增,需小心翼翼地推移,在众多信徒拥簇下,到海边需走一个多小时,有关人员在沙滩上将傍晚之前运来的堆积如山的天库、金纸固定船身,再用信众连月来所奉献的成袋金纸、天库、米包、豆包等堆积在王船四周,王船组成员随即将三只船帆按中、前、后的秩序组装在船上,白色风帆随着海风微微摇动。沙滩上开出一条沟渠以象征水道,并洒上水以象征水路的开通。近卯时光景,临境的5位王爷已被欢送上船,于是王船在长串鞭炮声中起船,这时王船周围金纸燃起熊熊大火,随之王船也一起燃烧,三根桅杆终于前后倾倒,信众认为王爷已将一切邪煞、疫鬼及镇民的替身等一起带走,一切始恢复正常。此外,除了东港的王爷船外,台湾王爷船还有多种形式,纸制的一般为两三尺,木制的一般为两三丈直至七八丈。除了烧毁外,有的也放到海上随波逐流,到达岸边时,即盖庙供奉,所以台湾王爷庙的建造,与王爷船有关的超过半数。《澎湖厅志·卷五》对王爷船的到来有过生动的描述:"船中虚无一人,自能转舵入口,下帆下锭,不差分寸,故民间相惊充为神,曰王船至矣。则举若狂,畏敬特甚,聚众鸠钱,奉其神于该乡王庙,建醮演戏,设席祀王,如请客然,以本庙之神为主,头家皆肃衣冠跪进酒食,祀毕,仍送之游海,或即焚化,亦维神所命云。窃谓造船送王,亦古者逐疫之意,使游魂滞魄,有所依归,而不为厉也,南人尚鬼,积习相沿,故此风特甚,亦圣所不尽禁,然费用未免过奢,则在当局者之善于撙节已。"

刘香是台湾王爷信仰中的一个重要活动,也是对王爷绕境活动的特有称谓,意为"神明出巡,绥靖辖域"。但各地香期不同。台湾的王爷共有106个姓,其中由李、池、吴、朱、范五位王爷组成五府王爷,为当代王爷信仰的主流。五府王爷生日不同,如:农历四月二十六日为李府王爷生日,隔天为范府王爷生日,因而形成第一个香期,长达10天左右;农历六月十八日为池府王爷生日,之前7~10天为第二个香期;中秋节为朱府王爷生日,第三个香期约有六七天;农历九月十五日为吴府王爷诞辰,从九月初起便进入五府王爷的第四个香期。在王爷信仰的刘香活动中,刘香具有绕境、祈安、联谊等功能,一般由大庙主办,所辖境内的小庙配合。绕境时间三天以上,所过之处尽可能广阔,定期或不定期举行。阵容庞大而严密。以主祀王府千岁的麻豆代天府为例,每年农历三月末都举行刘香活动,范围除麻豆外,尚包括下营乡和官田乡西庄一带。第一天绕巡外庄,第二天绕行内庄,后定为三月下旬最后一个周日的前两天起,以便让各行各业都有时间参加。麻豆代天府主办的"麻豆香"有出香、绕境、入庙等环节,一般有三天行程,每天清晨五点集结,"三炮起行",所有香阵都要先到代天府参拜,然后才依编号出发绕境。绕境结束后再依序返回代天府晋庙。除了辖境内的各庄各庙外,还有分灵庙或交陪庙,及旅外人士或厂商

281

店铺提供的艺阵。在绕境时。主办庙的主神轿一般在最后头,有押阵之意,而"麻豆香"的主神轿却在中间,押阵的工作则由晋江里顺天宫的池府王爷负责。再以主祀朱、雷、殷三府王爷的佳里金唐殿萧垅香为例,其刈香由金唐殿为主,辖境各村出轿出阵共襄盛举,时间由农历正月十八日至二十日,以"出香—绕境—入庙"模式进行,所有神轿和艺阵分别先至金唐殿领令或晋朝,然后依序循路线图绕巡辖境,最后返回金唐殿行入庙礼结束。出香时间定在上午6点,4时起便击鼓,5点开门挂牌,以示正式上班办公,并开始接受各庙领令,6点出发绕境,等到返回时,一般都要到午夜时分了。每天巡游的方向,都由市区、镇郊而外乡,香客或坐车,或步行或乘骑,一路热闹非凡。在香阵最后金唐殿五顶王轿经过时,两边信众都下跪焚香迎驾,烧金鸣炮,极尽礼数,童乩也"起童"——接礼,有的"操五宝"淌鲜血,结束时由庙方赠送一块一尺二寸的红绸布致谢留念。蜈蚣阵在圈庙时,几乎整村人一窝蜂地涌入蜈蚣阵中穿梭蛇绕,以求平安好运,为刈香绕境带来高潮。

在王府王爷中,以"池"姓王爷为台湾王爷之冠。被视为代表的,是新竹县新丰乡的"池府王爷庙"中所奉祀的池府千岁。被祀的五府王爷有多种不同传说,而池府王爷的尤为悲壮。传说唐代时,福建漳州人徐春生官拜都尉,他任职时,地方百姓不敬鬼神,事亲不孝,忤逆长上,激怒天庭,天庭遂派使者携带毒药,拟在全县人民的水源地龙井池下毒。他发现后,抢先将毒药全部吞下,瞬间毒性发作,面色变黑、双眼翻白而亡。当朝皇帝念其义行,取龙井池之"池"为其冠姓,并由玉帝封为代天巡狩。所以至今池府王爷庙里供奉的池王爷,黑面、眼睛翻白,为中毒后的神态。关于王爷的传说不下几十种,如台湾瘟神王爷的传说,讲唐太宗时期有五个书生进京赶考,不幸名落孙山,便在长安奏乐卖艺为生,唐太宗闻讯召见他们,命令他们入地窖奏乐,不幸被张天师误杀,成为枉死鬼,太宗怜之,封其为神。以此传说为骨干,在台湾民间演变出各种传说,如张天师所误杀的系360位进士,死后变为厉鬼作祟等。但不管怎样,台湾的王爷信仰的内涵是十分丰富的,王爷有时是瘟神,有时又代天巡狩,有时又因童乩和法师的影响成为医神,有时又成为福神。在整个衍变过程中,王爷逐渐成为不仅能消灾解厄,还能生财降福,无所不能的万能神。

第二节　由外地传入福建再中转传入台湾的民间信仰

一、关公信仰

关公信仰是台湾最重要的民间信仰之一。

关公在台湾也被称为"武圣",与"文圣"孔子相对,文人墨客爱戴其忠孝气魄与侠义精神,尊奉其为"恩主公",取其救世济人的圣德。据《南天文衡圣帝恩主传略》载,关公孝、悌、礼、义、廉、信、耻俱全。台湾的关公信仰,比大陆的又多了许多内容。如关公被商人视为商业保护神,也为读书人所祭之神。台湾各地形成了不同的关公信仰圈,如宜兰礁溪协天庙的关公信仰圈,是以礁溪乡的八大村为基础的,八大村分别为大忠村、大义村、二龙村、白鹅村、德阳村、三民村、林美林、六结村等。信仰圈不同,对关公的称呼也不同,如台南、鹿港等地以泉州移民居多,称关公为"文衡帝君""伏魔大帝",其庙宇称为"关帝庙"。宜兰、基隆等地以漳州移民居多,称关公为"协天大帝",其庙宇称为"协天庙"。①

台湾关公庙的产生与福建关系密切,关公信仰从福建传入台湾后建庙的路径如:

一是福建随军携带关帝金身到台湾。台南市中区新美街开基武庙,为台湾最早的关帝庙,其创建起源,据清代刘良璧《重修福建台湾府志》载:"明永历年间(1671—1683)创建。"或称:"创建于明永历二十三年(1669)。"准确年代已不可考。当时一批跟随郑成功收复台湾的部将,出发时从福建省晋江县涂门关帝庙恭请了一尊关帝神像,随航祭拜,果然一战击败敌军。后于台江内海渡口搭寮供奉关帝神像,后修成庙宇,庙前港口被称为关帝港。此后历代均有不同程度的修葺。② 台中北屯区圣寿宫的创建,源于清康熙二十三年(1684),浙江定海总兵张国将军奉命来台平乱,随军携带福建东山县铜陵关帝庙的关帝等神的金身以保平安。军队在鹿港登陆,进驻彰化,连战皆胜,后移至台中,为感神恩,遂建锡寿堂小祠奉祀神像,以供信众膜拜。日据时遭毁。1946 年,有士绅吴金灿等人复建,供奉关帝等神尊。1972 年再次重建,定名"圣寿宫"。1990 年以来,该庙多次组团到东山县铜陵关帝庙谒祖寻根,并于铜陵关帝庙扶鸾、灵疗。

二是福建垦民自行携带关帝金身或香火到台湾。宜兰县礁溪乡大忠村的协天庙,为北台湾重要的关帝香火祖庙,曾分灵许多台湾的关帝庙。其香火可追溯到福建东山县铜陵关帝庙。清朝初年,福建漳州平和县林枫,因蒙受冤屈,在入京辩冤前,曾到东山铜陵关帝庙请关公护佑。抵京后其冤得洗,林枫

① 何绵山:《台湾的关帝庙》,《中国道教》2003 年第 6 期。
② 寺庙整编委员会编辑:《佛刹道观总览关圣帝君专集》(二),道观出版社 1997 年版,第 318～320 页。

返回时到铜陵关帝庙刈请香火回乡供奉。乾隆、嘉庆年间,林枫后裔林应狮、林古芮、林玉梓、林添郎等渡海来台垦荒,为求平安顺利,遂从家乡祖庙分请关帝金身随行护佑,顺利抵达淡水后,先暂居八里坌一带,后又于嘉庆九年(1804)迁居宜兰县礁溪乡,并于清咸丰七年(1857)建造了被称为"帝君庙"的庙宇,以供奉关帝。同治六年(1867),镇台使刘明灯提督来到此地,与随侍一起借宿于帝君庙中,因兵将染疾,后求庙中关帝而不药而愈,遂上表帝阙,同治皇帝降旨敕号"协天庙"。[①] 花莲县新城乡顺安村协安宫的创建,源于清末,大陆信士黄金定渡海来台以求发展,临行前,为求平安,遂以雄姿赳赳的关帝武身驰马造型雕装金身,安置于福建东山铜陵关帝庙中,承袭香火12日后,携奉同行护佑。他赴台后在宜兰县三星乡经营杂货,后生活困难,又染重疾,为购草药和筹措返乡路费,不得已将关帝神像出售给庄民黄金瑞。1911年,年事已高的黄金瑞将关帝金身托付给孙婿邱春桂,邱春桂即奉于私宅拜祀。至1987年,信众购得现庙址建庙,邱春桂欣然献出关帝金身,于第二年奉神登龛,并命名为"协安宫"。[②] 宜兰县头城镇大坑协天宫,源于清乾隆二十七年(1762),有24位陈姓漳州先民渡海来台拓垦,同行中陈仁寿、陈和尚等人自漳浦县佛昙镇大坑村鉴湖的武当行祠,祈请关帝金身随行,先在台湾头城乌石港登陆,后转至苏澳发展,先建草茅公祠奉祀,后于清同治二年(1863)由陈仁寿主持建庙,至同治六年(1867)落成。桃园县观音乡树林村的协天宫,供奉有关帝金身,源于清雍正元年(1723),有杨姓漳州先民来台垦荒,从漳州故里奉请关帝、关平、周仓、赤兔马等圣尊随行护佑,后落户于树林仔一带,因关帝屡显神威,先民们感恩之余欲建庙予以膜拜。宣统元年(1909),由地方士绅杨溪和等集资,建成庙宇以供奉关帝,取名协天义。后多次重修,并于1969年改名为协天宫。云林县二崙乡三和村协天宫的创建,源于清道光年间(1821—1850),有先民从福建渡海来台,随身携奉关帝金尊以求护佑。抵台后落脚二崙乡,在民宅公厅内供奉,于光绪年间(1875—1809)建茅屋庙宇以供奉关帝神像,并定名为协天宫。后多次重修。云林县二崙乡杨贤村福成宫的创建,源于郑成功治台时期,福建省诏安县廖拱辰家族入台拓垦,为求心理寄托和保平安,入台时随身携奉关帝神尊。落地杨贤村后,廖氏族人先是在自家厅堂供奉关帝神

---

① 寺庙整编委员会编辑:《佛刹道观总览关圣帝君专集》(一),道观出版社 1997 年版,第 136~137 页。

② 寺庙整编委员会编辑:《佛刹道观总览关圣帝君专集》(一),道观出版社 1997 年版,第 84~85 页。

像。后建庙,名为福成宫。因圣迹远播,香火日盛。云林县莿桐乡兴贵村三圣宫的创建,源于清朝初期,一批泉州移民渡海来台在此地拓垦,出发时从泉州祖庙携奉关帝神像为本地守护神。之后采用掷筊方式,选出炉主轮流奉拜。清末民初,因水患开始迁村,并组成"君爷会"。1985 年集资盖好新庙宇,除主祀关帝外,还祀玄天上帝和刘府仙公,故名为三圣宫。嘉义县布袋镇岑海里武圣宫的创建,源于清乾隆年间(1736—1795),福建省晋江县晏海门内乡柯天锡、柯天福二人领族人渡海来台定居,为佑海途顺畅、拓垦顺利,随行携奉世代崇祀的关帝神尊。抵台后在自家厅堂奉祀,后于同治年间(1862—1874),将厅堂改为善堂,名武圣堂。至 1985 年又购新地,于 1991 年建成新庙,名"武圣宫"。[1]　台南县仁德乡忠义宫的创建,源于明万历年间(1647—1661),福建同安移民迎奉关帝神像来台,先供奉于简庙中,并定名"忠义宫"。于道光元年(1821)重新修建。后历代均有修茸。台南县白河镇草店里圣帝庙的创建,源于清顺治十八年(1661),漳州移民魏诚从祖国大陆携奉关帝金身渡海来台,抵台后择地建庙,以供奉关帝神像。至嘉庆二十四年(1819),水军提督王得禄见庙宇窄小,遂迁于现址,并重塑金身。后多次修茸,香火鼎盛。[2]　台南县将军乡忠兴村文衡殿的创建,源于明末时期,福建泉州南安县深潭里十八都村民李成,携奉关帝金身随郑成功来台拓垦,初将关帝神像供奉于今之将军乡嘉昌村北嘉李宅,世代传承。后因信众增多,遂于清顺治十八年(1661)择于现址草创茅祠。清康熙四十八年(1709)在原址重建砖瓦庙宇,后多次重建,规模不断扩大,曾分灵台湾多座关帝庙。[3]　高雄市前镇区镇北里镇南宫的创建,源于清朝前期,有漳州先民来台拓垦时,从家乡携奉关帝金身随行,抵台后成为当地垦民的精神寄托,遂于清康熙二十一年(1682)于前镇庄内简搭草庙,以供奉关帝神像。后因地势低洼,遂迁至现址,其间多次重修。1953 年在原址建成新庙,取名"镇南宫"。彰化县社头乡社头村协天宫的创建,源于清咸丰八年(1858),福建漳州南靖县书洋乡萧氏族亲移居来台,随行携带南靖县协天上帝关帝香火,抵台后建屋供奉关帝香火,称关帝庙祠。至光绪十四年(1888)重建木构砖

---

① 寺庙整编委员会编辑:《佛刹道观总览关圣帝君专集》(二),道观出版社 1997 年版,第 294～295 页。

② 寺庙整编委员会编辑:《佛刹道观总览关圣帝君专集》(三),道观出版社 1997 年版,第 12 页。

③ 寺庙整编委员会编辑:《佛刹道观总览关圣帝君专集》(三),道观出版社 1997 年版,第 20 页。

造庙宇,并正式命名为协天宫。

三是专程从福建迎请关帝金身。福建来台的新移民初步安顿好生活后,为对付今后的不可知的困难,往往会想从家乡迎请神灵来护佑。云林县四湖乡保长湖保安宫的创建,据传源于康熙三十八年(1699),有先民乘 7 艘木船渡海来台,航行至半途时,狂风大作,转眼间已沉没 6 艘,剩下的 1 艘正在危险之时,关帝显灵立于船上,船主询问,始知吴授满三岁的儿子吴佩身上带有关帝香火。顷刻,风平浪静,船平安抵台南安平港。信众深感关帝灵验,船主遂携香火返回大陆,至泉州涂门关帝庙迎请关帝神尊分灵来台,赠于吴授满。后吴授满定居保长湖,关帝从此驻境。至 1968 年,建庙的首期工程完成,遂迎奉关帝神像入火安座。1990 年扩建工程竣工,为华南歇山式造型。台南市东区关帝殿的创建,据庙中所勒《府城东郊保舍甲关帝厅碑记》载,源于明永历十四年(1661),郑成功部将保舍率军攻下赤崁,遂在此屯田垦地,庄民渐聚,称“保舍甲”。清康熙十四年(1675),其回到故里请奉关帝神像、香火返台,在本地搭草茅供庄民奉拜,称“关帝厅”。嘉庆二十二年(1817)水师提督王得禄集府城官绅聚资重修,扩建了规模。之后多次重建,1985 年至 1987 年,又进行了一次大规模的修建。澎湖县马公市朝阳里武圣庙的创建,源于清康熙二十三年(1684),澎湖协镇尚宣于清校场演武厅右侧,搭建简易庙宇,迎奉福建东山县铜陵关帝庙的关帝金身入火安座,称“关圣庙”。后于乾隆三十一年(1766)、光绪元年(1875)、光绪十六年(1890)多次修建,诸多朝廷文武官员敬奉,后改称“武圣庙”。1973 年至 1975 年再次重修。澎湖县马公市复兴里铜山武圣殿的创建,源于清代光绪二年(1876),镇守当地的铜山营士兵集资建造了专属的馆庙“铜山馆”,供奉分灵自福建东山县铜陵关帝庙的关帝。后多次维修,1948 年更名为“铜山武圣殿”。1982 年重修后,遂成今日规模。

四是为漂流而来的关帝神像建庙。漂流而来的关帝神像,或来自海上失事的渔船,或来自因水灾被冲毁的庙宇,或因其他原因而呈现在信众面前。宜兰市旧城西路西关庙的创建,源于清咸丰二年(1852),宜兰市西北洪水泛滥,当时码头工人发现有一木雕关帝神像,顺水漂流而下,遂奋力抢救而得。地方信众先在现城西路东边创设草堂,以供境内五庄人拜祀。光绪十六年(1890)重新修建,使庙宇庄严堂皇。后又多次重建,遂成今日规模。① 云林县斗六市南圣路南圣宫的创建,源于 1949 年,鸾生陈槐迎诸神奉于自宅正厅,后于

---

① 寺庙整编委员会编辑:《佛刹道观总览关圣帝君专集》(一),道观出版社 1997 年版,第 110～111 页。

1960 年开始集资建庙,1962 年名为"南圣宫"。1976 年,一尊高十二尺、具有 500 年历史的关帝木雕神像漂流至北港外海,为渔民所获,售至台北古董商。众多信众合资将其购下,赠予南圣宫。南圣宫香客由此倍增,之后又多次重修。[①] 基隆市中山区西华里通淮宫的创建,源于 1949 年,有儿童结伴登山,于山涧拾获关帝及开漳圣王两尊神像,信众遂于现址下方凿掘山壁,初成山穴,以供神像。因时有蝴蝶成群飞舞,故被称为蝶仔公庙,后于现址建造砖瓦平屋一座,奉神登龛。经首任主任委员苏作提议,仿故乡泉州通淮关帝庙名号,同名为"通淮宫"。至 1971 年以来,多次重建,始得今日规模。

五是从福建传入台湾后再分灵。台湾一些传承自福建的关帝庙,因历史悠久、神迹不断、香火鼎盛,常有新创建的庙前来分灵,或取走香火,或请走神像。花莲市国防里圣天宫的创建,源于 1946 年,当地东净寺迁移他处,寺庙空虚,地方信众遂至宜兰礁溪协天庙请奉关帝神尊,以东净寺旧址为开基庙地,创建草堂,安奉神尊,俗称"帝君庙"。1950 年该庙因台风而被毁坏,遂用水泥建造,于 1953 年完工。1973 年扩建,后又扩建多次,始成今日独具风格的华南式庙宇。宜兰县头城镇金面里协天庙的创建,源于当地庄民有感庄中无神灵保佑,有悖传统民情,遂于 1930 年建造完成一殿三间式庙宇一座,并由林火同前往宜兰礁溪协天庙刈请关帝香火回庄,雕塑关帝金身,奉神登龛,循祖庙名号为"协天庙"。台湾光复后,多次重新修建,成为当地村民精神寄托中心。宜兰县罗东镇西安里协天宫的创建,源于 1955 年,信士林戊申一心皈依关帝,遂至宜兰礁溪协天庙请奉关帝金尊,筹建鸾堂,堂号为"协天堂"。1968 年重新建庙,第二年建成,名"协天宫"。基隆市八尺门天德宫的创建,源于日据时期,庄民认为敬天礼神是传承千年的民族传统,非拈香叩祷、礼敬神佛,不足以寄托心灵。但当时日本人据台,兴庙不易,遂搭临时草棚于鱼市场内,并从宜兰礁溪协天庙刈请关帝香火回庄,安奉于草棚之中。1951 年重新建庙,并定名"天德宫"。1974 年重建,遂成今日独栋三殿式堂皇庙宇。宜兰县员山乡湖西村西山庙的创建,源于清道光年间,被称为"老帝君"(来因不明)的开基金尊从"溪仔底"辗转迁至隘界(今湖西村),由各家轮流奉祀。清光绪三十三年(1907),庄民筑土埆庙宇,迎请"老帝君"安座。1951 年,庄民李炎山等建新庙,并从礁溪协天庙刈香,并迎奉关帝入庙,号称"西山庙"。1976 年后扩修,始成今日单檐华南式庙构。

---

① 寺庙整编委员会编辑:《佛刹道观总览关圣帝君专集》(二),道观出版社 1997 年版,第 210～211 页。

　　台湾关帝庙的建造、修建、扩建过程,艰辛不易! 一是天灾。如地震、水患、火灾、风灾、瘟疫等,往往让人束手无策,欲哭无泪。二是人祸。特别是日据时期,日本侵略者鼓吹"诸神升天",将台湾所有民间信仰的神像集中烧毁,强行拆庙,捣毁神龛,并限制人们的民间信仰活动,给台湾的关帝庙带来极大破坏。三是经济。台湾民众在拓垦早期,只能草葺茅屋;衣食温饱问题初步解决之后,即盖小庙;经济发展后,即盖起雄伟壮观的宫庙。台湾先民胼手胝足,筚路蓝缕,民风淳朴,乐于捐输,才有今日众多规模不一的宫庙。要了解台湾社会,必须了解台湾宗教;而台湾众多的寺庙,则是了解台湾社会的一面镜子。①

　　台湾关帝庙建造、发展的规律,主要与三个方面有关。一是与神迹有关。某地是否建有关帝庙,与关帝在此处的神迹传播有关。建了庙后,如能有大发展,也与屡屡出现神迹有关。民众一旦认为所求实现,或一旦认为是关帝显灵,往往奔走相告,香火日盛,民众也乐于捐输。二是与鸾堂有关。许多关帝庙最初只是鸾堂,经历了一个从堂到宫,再到庙的过程。作为"灵通人"(即可沟通神与人之间的关系)的鸾生、乩童②,对建庙的影响与作用极为深远,有时甚至是决定性的。三是与年代有关。台湾关帝庙的兴衰,也折射出台湾社会的兴衰。频频建庙、扩庙之时,也是当地经济好转之时。不然,徒有信众的建庙热情,也只能空转,心有余而力不足而已。宫庙越建越堂皇、越建越壮观,是有经济作为后盾的。③

　　台湾关公的公祭活动主要集中在农历正月十三和六月二十四日,前者为关公飞天日,后者为关公生日。每到这两天,各种祭典活动隆重热闹,其活动总要有以下几种:1.举办素宴宴客,有时是流水席,场面浩大;2.延聘梨园戏、歌仔戏、布袋戏剧团演戏酬神,有的还举办卡拉 OK 大赛;3.信仰圈内信徒备好牲醴祭拜;4.举行平安绕境活动;5.举行诸如过火等仪式。除了以上仪式外,每个宫庙还有自己独特的祭典方式。

　　二、城隍信仰

　　台湾的城隍信仰与福建关系密切。如福州北部龙峰泰山庙,有两幅清代保存下来的城隍壁画,其中左边一幅即绘有台湾府城隍的形象。台湾许多城隍庙都是由福建分灵过去的,台湾城隍庙里的七爷、八爷,据说也是福建闽

　　①　何绵山:《台湾关公文化探论》,《荆州师范学院学报》2003 年第 6 期。

　　②　何绵山:《台湾民间巫术与台湾社会》,《宗教学研究》2005 年第 2 期。

　　③　何绵山:《台湾关帝庙探源》,《福州大学学报》(哲学社会科学版)2013 年第 4 期。

县人。

明郑时期的台湾已有府城隍庙,清朝统一台湾后,格外崇祀城隍以便统治。康熙四十七年(1708)台湾知府张宏在台湾县大修城隍庙,康熙五十三年(1714),台湾知县到任时,头一件事就是到城隍庙内立誓,在其任内绝不贪财、不畏恶势力、不循人情,以标榜其治理台湾的决心。每当官员遇到自己难以判断的案件,往往到城隍庙中睡一夜,祈求城隍爷在梦中赐教。如果犯人不肯招供,就让他到城隍爷前发誓,犯人畏惧城隍爷神力,往往会如实招供。平民百姓之间若有争执,一旦善恶难分,真假难辨,则到城隍庙,央求城隍爷主持公道,有的立誓赌咒以示清白。因为信众坚信,即使在人世间有诸多的特权与不公,人死后到阴曹地府,终还会有一次公正的最后审判,而人活在世间所做的各种善恶因缘,会在此得到应有的果报。在城隍庙中发誓最庄重的做法是"斩鸡头"赌咒,表示如果所说不实,下场与砍掉头的鸡一样。(也有说如撒了谎,鸡的冤魂便会向他索命。)现在在台湾的选举期间,有的候选人为了证明自己的清白,也会跑到城隍庙中去剁鸡头发誓。由于城隍管辖的区域与地方官相同,而官阶亦类似,因此城隍成为地方行政神,解决阳间无法解决的纠纷,对阳间受委屈者给予心灵上的安慰,维系社会和谐,城隍爷也由此成为人们心目中所尊奉的公正化身,并在一定程度上成为确保社会安宁的精神基石。

台湾城隍祭典规模最大的是台北霞海城隍庙所举行的,此庙迎神巡境的"迎城隍"活动,隆重盛大。据《台北岁时记》所载:"霞海城隍诞辰,俗称城隍爷生。延平、建成、大同三区举行盛大祭典,参加祀拜者数十万人,迎神行列蜿蜒三四公里,铁路、公路增开班车或专车,以资疏运,盛况之热烈,冠绝全台。祭典于十一日午时开始,绅商各界,奉神游境。由香客扮剑童、印童、文判、武判、牛爷、马爷、谢将军、范将军等开道。停锣息鼓,默默前进,名曰暗访。次日,继续暗访。十三日,始为神诞正日,各住户一律悬灯结彩,焚香点烛,祀神宴客。神于九时许巡境,十番鼓乐,继之以台阁、彩亭、花担、茶担、仪卫、掌理印令书吏,最后方为晃晃荡荡高视阔步的六将军,拱卫城隍爷舆巡视街头。相值者皆合掌为礼,匆匆趋避,使人不胜庄严威猛之感。"在迎城隍老爷出巡时,曾向城隍祈祷而获平安的信徒,为了感恩,颈上架上纸枷,乃作囚犯状,披发裸足,跟跄跟随神舆,表示身遭灾难,蒙神庇护,自认罪孽深重,故悬枷示众,借以消除人世灾患。台湾城隍庙中规模最大的是新竹的"都城隍庙",为台湾地区唯一的省级城隍庙。除了有无数有关城隍爷显灵的传说外,它还屡受朝廷封诰。每日前来进香者络绎不绝,其盛况在台湾罕见。尤其到了每年农历七月十五日,相传这一天城隍奉旨赈济孤魂,绕境出巡,跟随信徒扶老携幼,绵延数里。

台湾最早建造的城隍庙是台南市的"府城隍庙",为郑成功于明永历二十三年(1669)所建,当时城隍爷是被当作镇护神而祭祀的,历经清朝的多次改建和重修,现由官方维护管理。

三、玉皇上帝信仰

祭拜玉皇上帝是台湾民间较为常见的祭神活动,由于民间信众无法为崇高伟大的玉皇上帝塑造神像,所以常以"天公炉"象征,信徒要祭拜玉皇上帝,就对"天公炉"焚香膜拜。另有一说,玉皇上帝是"三官大帝"中的天官,故而供奉"三界炉"上香致意。有些乡下农家则在庭院门前竖立一根插香竹杆,表示玉皇上帝的无影无形,每天早晚烧香祭拜。民间认为农历正月初九是玉皇上帝的生日,即所谓"玉皇诞",台湾俗称"天公生"。家家户户在这一天要望空叩拜,举行最隆重的祭仪,称作"祝天诞"。祝天诞的祭典自初九的零时开始,到天亮为止。在此日前夕,全家必须斋戒沐浴,屋内挂"天公灯",以庄严敬畏的心情进行祭拜。首先在大厅前用两条长凳架上一张八仙桌,称作"顶桌",顶桌下面另铺下桌,每一条桌脚都要垫刈金,以示与地隔离,表示尊敬之意。两桌都围上彩花缎面的八仙彩布。顶桌上供奉三个彩色纸做的灯座,为玉皇上帝的神座,另备柑、橘、桔、苹果、梨等五果,再加金针、木耳、香菇、菜心、豌豆、花生等六斋,并系扎红线面聚成塔,另设清茶三杯。下桌准备鸡、鸭、鱼、猪肉、猪肝等五牲,再加甜粿、红龟粿等。顶桌的供品供奉玉皇上帝,下桌的供品供奉玉皇上帝属下众神及天兵天将。上下桌的祭坛准备好后,时辰一到,全家整肃衣冠,按尊卑依序上香,行三跪九叩礼向天祈福。上香完毕后再烧上等金纸——"天公金"。这天还演戏欢度,通宵达旦,称"天公戏"。一般民间在这天有许多禁忌,如:不能晒女裤,不能倒马桶,不能用母鸡充作祭品五牲之一的鸡。民间还传说:"初九若无暴,众神不开怀敢暴。"意思是说"天公生"这一天如果没有风暴,这一整年便不会有风暴。

台湾各奉祀玉皇上帝的宫观,都要于每年农历正月初九举行隆重的祭祀活动,其科仪版本主要有《玉皇清微朝拜科仪》。祭典程序有三部分。第一部分是迎神,其中有上香:礼生在乐声中入场,至玉皇上帝神龛前,各执三炷香,高举齐眉上香,再行三跪九叩礼;暮鼓晨钟:先鸣钟九响,擂鼓三通,再鸣钟三十六响,擂鼓七十二通;奉茶:由礼生举三杯清茶与眉齐,献至各神尊前;迎神:由内外司礼生四人缓缓行至神案四周而立,接驾生六人跪在殿前,经生一人左手敲木鱼,右手击磬,口诵净口、净心、净身、净三业、净坛、安土地、净天地、金刚八大神咒,然后手执清水法盂,洒水于四方,称之净坛,再诵祝香神咒,行三跪九叩礼,继而请神,依序迎请王天君、赵天君、司命灶君、孚佑帝君、关圣帝君、玉灵太子、南斗星君、北斗星君、三官大帝、玄天大帝、玉皇上帝。请每一尊神时，都由内司礼生点香，传予外司礼生，向外跪伏，手持一炷清香与眉齐，经生击木鱼玉磬，诵恭请是神之神诰三次，诵毕，钟鼓齐鸣，持香向外的接驾生行三跪九叩礼后，俯伏接驾，迎玉皇上帝时应行三跪十二叩礼。第二部分是祝嘏大典。其内容包括主祭生就任并念祝寿偈、陪祭生和与祭生就位、鸣炮、鸣钟九响、擂鼓三通、分香、上香、献花、献茗、献果、献财帛、向玉皇上帝行三跪十二叩礼、恭读祝文、行祝寿礼、焚呈祝文、向各位神祇行三跪九叩礼、恭化财帛、向值日功曹行三跪九叩礼、送神、恭诵送神咒并行三鞠躬礼、回向复位、礼成、鸣炮。第三部分是安神。其内容为诵安神神咒、撤班。

四、土地公信仰

台湾的土地公，也称"福德正神""后土""老土地"，客家人大部分称其为"伯公""大伯爷"。明末清初从大陆移居来台的大多为农民，由于经济的需求而祈求土地公，其倍受民众敬爱，在街头巷尾、田间山岗，到处都可看到土地庙，故有"田头田尾土地公"之说。台湾的土地庙，庙门上方大都挂有"福德正神"的横匾，两边悬一副对联："福自天降维守正，德能配地合称神。"台湾寺庙中，也以土地公庙为最多，有气派堂皇的，也有极小的，有的小到只用四片石板，三片当墙，一片当顶，也为土地公庙。有的乡村仅在大树下摆上石头，上面画道符或贴个"春"字，仔细些的，就在上面写上"福德正神"四个大字，以示供奉土地公。除了有专祠供奉外，各庙宇中还普遍设坛祭祀。此外，民间许多信众干脆把土地公迎进家里祭拜，称为私祭。土地公的神像有大有小，小的约有五六寸，一两尺以上的则较少。土地公神像通常是衣冠束带，脸颊丰满，一副福寿相，和蔼可亲地坐在老爷椅上。山林间供奉的土地公，大多是骑着老虎的。

农民们认为土地公是专司土地的神，是地上一切生产物之母。如遇丰收之年，农民认为是土地公保佑的结果，收获完毕，即拜土地公；若遇荒年，则认为是对土地公不够虔诚，于是加大祭祀力度。随着时代变迁，土地公不仅是农民祭拜的神，由于信众认为它能使人致富，除保平安外，还具有"财神"的功能，所以后来矿业、制造业、商业、金融业等各界人士，也都祭祀土地公，以期能从土地公的护佑下分享利益。此外，诸如家人生病、子女参加联考、男孩当兵、女儿出嫁、失物、出车祸等，都向土地公祈福。那些大兴土木，兴建大厦、公寓、售货亭、住宅、工厂、桥梁、道路等的人们，在开工破土之际，都要祭拜土地公，以期工程顺利。由于土地公是镇守土地的神，对所有土地都有守护之职，以致在丧葬入土之前后，都要读一段祭文，禀告土地公。还如凡蒙受冤枉、发誓表示清白者,纷纷请求土地公主持公道。又如捕鱼业、屠宰业等与杀生有关的行业,对土地公都要进行隆重祭奉。台湾有俗语"得罪土地公饲无鸡",足以说明民间对土地公的敬畏。因此祭祀土地公在台湾民间极为普遍,据1918年台湾总督府对台湾寺庙的统计,全台共有3241座寺庙,其中土地公庙有669座,排名第一。1992年,据台湾省民政厅所做的台湾寺庙调查,土地公庙有987所,在台湾寺庙中排名第一。

每年农历二月初二,是土地公的生日,这天所举行的祭祀活动被称为"春祭",正处于农忙播种期,这一天农家要杀鸡宰鸭,一方面祈求土地公保佑丰收,一方面也祝福土地公万寿无疆,土地庙多要请人演唱戏曲。农历八月十五是土地公升天之日,还要祭拜一次,称为"秋祭",感谢土地公一年来的保佑。此外,由于土地公也是商人的保护神,每逢初二和十六,商家都要"做牙"(吃犒赏),祭拜土地公。每年农历二月初二做"头牙"(首次的"牙"),这天晚上店主照例用祭拜土地公的牲醴招待伙计、房东、亲友和老主顾,叫作造福。农历十二月十六日做"尾牙"(尾次的"牙")。头牙和尾牙时的祭典盛大隆重。每逢过年过节,土地庙的香火更为鼎盛,家家户户都要准备祭品祭拜土地公。祭品为鸡鸭、鱼肉、糖果、水果、饮料、金纸、香烛等。台湾还出售祭拜土地公专用的"福金"(俗称金银纸),供信徒用来烧给土地公。"福金"纸约3寸宽,3.2寸长,每张表面附有金箔。5寸平方,十张装成一束。在路边或田畔、桥头等地方,常可看到竹枝挟着一束福金插在那里,这是献给该地的土地公的。台湾土地公香期以车城福安宫和台南县白河镇福安宫为代表,进香的队伍,以神轿为主,其他阵较少。

五、玄天上帝信仰

福建垦民渡海来台时,将玄天上帝神像供奉于船上,作为北极星座航海的指标,故平安抵达台湾定居后每加崇拜。由于北方玄武七宿被想象为龟蛇相缠之形,明末郑成功来台时,看见台南安平海岸的轮廓得很像龟蛇蟠纠,于是建北极殿供奉玄天上帝,俗称"小上帝庙",并鼓励民间祭拜,将其作为台湾的守护神,因此大大推动了民间对玄天上帝的崇拜。据1987年统计,台湾祭奉玄天上帝的庙宇多达419座。玄天上帝的造型威风凛凛,右手七星剑,表示掌管北方七宿,并操收妖斩魔大权;左手印诀,一指向天,采玄帝圆道之姿;脚踏龟蛇,展现收伏二将的事迹。除了以上要素外,台湾民间雕塑的玄天上帝像又可分为两种,一种是披发跣足的原始造型,一种是戴冠端坐的严肃圣像。一般玄天上帝的祭典,在每年的农历三月初三举行。南投县民间乡的玄天上帝庙——受天宫,每年农历二月底三月初,成千上万信徒便蜂拥至受天宫,活动现场锣鼓喧天,鞭炮声震耳欲聋。神格属于武神的玄天上帝,其祭典中最大的特色是童乩和宋江阵,而受天宫成为全台湾童乩训练所,也是童乩的大本营。祭典时童乩的巫术操练极具特色,届时人山人海,挤得水泄不通,其热闹程度不亚于北港朝天宫妈祖圣诞期。位于阿里山的受镇宫,主祀玄天上帝,据传每年农历三月初三前后,都会有一批色彩鲜艳的蝴蝶飞来附在神像的衣裳上进行交配,7天之后自行飞走,被附会为神蝶朝拜,成为信徒们广为流传的神迹。在家中供奉玄天上帝的信徒每天都要烧香膜拜,每年的三月初三则备五牲酒醴,隆重庆祝。

第八章　闽台建筑交融

第一节　福建移民社会对台湾传统民居的影响

一、福建移民对台湾民居建筑风貌的影响

台湾民居的建筑风格,主要受福建南部泉州、漳州的影响,这与移民多来自闽南,以及两地的气候、环境、习俗等相近有关;其次受广东北部沿海地区的影响;此外,还受到日本、西方影响。台湾传统民宅可分为闽式与粤式,其中闽式影响最大,数量最多。

在福建传统民居影响下的台湾民居的格局,一般为院落式、街屋式。中等收入的家庭,一般是一厅两房或一厅四房,俗称"三间起"或"五间起",中间为厅,两厢为房,房门挂着门帘,此外还有厨房、猪舍、鸡舍等,大邸另有餐厅、客室。如果家庭人口增多,可在土屋前面内侧建立别栋(即护龙),"护龙"的梁比土屋低。在护龙的后面,可再扩建第二护龙、第三护龙,此又称为内护、外护。有时受面积所限,则在主屋后面扩建,称为前进(前落)、中进(中落)、后进(后落),大者有五进,俗称五落起。

闽式(主要指闽南)民居建筑对台湾民居建筑风貌的影响,是随着闽人向台迁移而必然产生的。正如《台闽地区的古迹与历史建筑》一书中《台湾古建筑与闽粤建筑之关系》所指出的:"随着移民潮的来临,福建南部闽南与广东粤东地方建筑风格被引入台湾,成为台湾古建筑的源泉。"因闽人入台,以及闽台在地理、气候、民俗等方面的相似,闽台民居的相同点是很明显的:第一,在布局上,闽台民居大都沿着中轴线,以厅堂为中心组织空间,一般组成封闭型的多院落的宅第,或三间张,或五间张,依据房主的需要和经济、地位等因素,组成或两落,或三落等多院落,左右有护室。只是台湾的院落规模不大,一般为前后两进,更加精致小巧。第二,在选向上,讲究风水,重视勘舆。如古代泉州人将东门视为鲤鱼头,将小东门视为鲤鱼嘴,太阳初升时,正对小东门,故泉州城属"鲤鱼穴"。据老一辈所言,台北也属"鲤鱼穴",与泉州一样,有"紫气东

来,西望瑶池"或"坐东朝西,赚钱人不知"之说。台湾对风水的要求更高也更为严格,建房方向,一般选择坐北朝南或坐东朝西,其理由如:1.坐北朝南,向阳门第春无限,通风采光得两利;2.坐东朝西,坐东为主;3.坐西朝东,旭日东升;4.坐南朝北,较少,尤忌朝东北,俗言"向东北曹衰"。第三,在屋顶轮廓上,大多丰富生动,或高低错落,或弯曲飞翘,屋顶上大多有泥塑浮雕等装饰,并多有厌胜物。第四,在雕饰上,大多讲究精雕细作。闽南是雕刻之乡,因此常在各层中雕梁画栋,门窗格扇,橼头柱础等都布满了各类雕饰。这与台湾许多民居一样,但台湾的雕饰更加精美,更加令人眩目,似乎表露出建立新家园时苦尽甘来的心情。澎湖是目前台湾保存传统民居较为完整的地方,岛上民居的雕饰与闽南一带民居一样,正如林世超在《澎湖地方传统民宅装饰艺术》中所言:"澎湖传统民宅的装饰,其本上沿袭其母文化地泉州、金门之风格。"第五,在建屋礼俗上,建造的过程基本一样。台湾建房从择地、勘正、勘舆、定向、动土、穿屏、扇架、上梁、合脊至收规,都要进行系列仪式,其源于闽。台湾中国文化大学李乾朗教授曾于近年在台湾、闽南、闽西、粤东一带访查建屋过程,总结出两岸建屋过程的共同特点:1.择址定向牵分金,决定方位与大小尺寸。2.动土平基安砖契,挖地基,埋入写明时辰之砖石。3.起基定础,埋下地基材料,安放柱础。4.奠阶落砂,安置台基边石与石阶。5.屏穿架竖柱,组立梁柱屋架。6.就梁,安放中脊梁,为建屋之高潮。7.合脊收规,完成盖瓦与屋脊。8.谢土落成,安置家具,悬挂匾额,请客入厝。随着时代变迁,台湾建筑或越来越有自身特色,但习俗还是较为完整地沿延下来了。或许人们为了吉利,不愿轻易破坏这已约定俗成的规矩。

　　位于台北县板桥市西北的林本源宅邸及花园,为台湾最大的私人住宅,面积达5万多平方米,分为"三落旧大厝"、"五落新大厝"及"百花厅"和花园等三大部分,分别落成于清道光二十七年(1847)、清光绪十四年(1888)、清光绪十九年(1893)。园内厅、房、厢、廊、庭、台、楼、阁左通右连,曲折回环。其中"汲古书屋"为藏书之所,"方鉴斋"依地势凿池建树,为观赏戏剧之处;"来青阁"为宴请嘉宾、凭栏远眺之处。窗户图案丰富,有竹形、桃形、石榴形、香炉形、瓶形、八角形、六角形、蝶形、蝙蝠形、钱形等,建筑物上的木雕、泥塑形态活泼。整个宅邸为典型闽南风格。据李乾朗考证,此为漳州建筑师所建的经典之作,他在《台湾建筑阅览》中指出:本地区漳派建筑以板桥林本源三落大宅及庭园较著名。以这几座建筑可看出漳匠之特色:(1)栋架各部构材间距离较近,用料也较粗大,显得紧密。(2)瓜筒较圆胖,多用"金瓜筒"。(3)雕花材较少。(4)斗拱喜用较多曲线之螭虎拱。(5)束木呈斜置状,束头高于束尾较多。

必须指出的是,一些台湾民居因居民的祖辈来自福建不同地域,其所受的影响不同,所以表现在民居的风貌上也不同。如彰化县圆林镇,当地民众的祖辈多为来自闽南、闽西(客家)的移民,因此在建筑上也表现出不同,有的建筑材料以三合土为主,垒成圆楼型,人称圆楼或土楼仔,显然受闽西客家建筑风格影响;有的建筑材料以红砖为主,装饰丰富,为典型的闽南建筑风格。如大埔里游宅广平堂,游氏祖辈由闽南移民至此,其屋坐西朝东,为红砖墙面,外墙窗户以下皆为青石,为典型的闽南民居。山脚黄宅江夏堂,黄氏祖辈来自闽南诏安,其屋坐东朝西,红砖铺面,院落整洁。院落后方近山脚路,可明显看出其闽南风格。另有客家人的住宅,如挖仔江宅、沟皂里张宅永思堂等,可感受到与闽南不同的建筑风格。位于彰化县秀水乡的益源古厝,规模仅次于板桥林宅和雾峰林宅,系泉州籍人陈荣华于 1846 年兴建,当时其曾派人到福建武夷山购买杉木为原料。古厝为三进式,用红色砖墙、青绿色瓷窗、灰色石牖砌成,屋顶为燕尾式屋檐,使用筒仔瓦及乘帘瓦,装上镜片,雕梁画柱,为典型的闽南民居建筑风格。位于新竹市北门街的进士第,为清中期台湾官宅代表,系开台第一个进士郑用所建,为三落式建筑,规模宏大,其中石雕、花砖、斗拱等都明显受到闽南建筑风格的影响,传承了闽南官宅之传统。

二、福建风水学说对台湾传统民居的影响

风水学说可分为峦头风水与理气风水两类,前者注意地形的走向,又称形象风水,后者重视方位的选择,又称同法风水。福建风水学说是二者并重,受福建风水学说影响,台湾的地理师也是二者并重的,故有“峦头为体,理气为用”之说。台湾传统民居在建宅时极为讲究风水,讲究寻找明堂(指筑屋佳处),其朝向,应后有玄武垂头,前有朱雀翔舞,左有青龙蜿蜒,右有白虎伏府。即明堂后有高山,左右两侧有小丘,前面有广阔的田野,小河从左右两侧婉约后漫出于右方。台湾风水师对筑屋的风水宝地的看法和选择标准,与福建一样,正如台湾学者高灿荣在《台湾古厝鉴赏》中所载:“后有‘乐山’,也叫‘主山’,再后为‘龙脉’;左称‘左龙山’,右称‘右虎山’,前面有田野和小丘称‘砂’,对面近处山叫‘案山’,案山为‘秀应之山’,秀应之山在左,则‘穴’宜在左,秀应之山在右,则‘穴’宜在右,远处高山叫‘朝山’。水从明堂两侧来。”台湾地理师认为这些选择标准是有道理的,如以后有高山为例,人要坐正才能安稳,如果坐不正,一定不舒服。因此,房子也要有靠背,这个靠背就是高山。如果前面高后面低,就会让人觉得不平稳,容易产生压迫感。

台湾民居筑屋选址受福建影响,有许多讲究。如位于屏东县万峦乡西盛路的五沟水刘祖厝,该户为当地大户,曾有父子三人受册封为“进士”荣衔。刘氏发迹据传与其住宅风水有关。当地地理师认为,刘氏宗祠方位坐西向东,东临大武山脉;而大武山前有一支由东向西的支脉,为该村的龙脉,形成了极佳的穴址;其广场外有一条河低淌长流,因为该村河沟的分流汇集而形成特殊风水涵盖的地理,被称为水东流,沟水自东流向西又折返东,俗称"玉带水",而刘氏宗祠背山依水,可谓风水宝地。三级古迹台北义芳居古厝位于台北盆地地势稍高的南部,据《芳兰陈氏族谱序》载,此厝的位置是"背面对芳兰山尖峰,坐东南,向观音山尖峰",兼有"案山"和"朝山"的风水条件。观其厝的地理,人称之为"藏风聚气":其厝地位于台北高地,层后有蟾蜍山、芳兰山与中埔山等小丘,形成天然屏障,屋前为辽阔的绿野,原野上有清澈小溪曲折蜿蜒流过。按风水上称此厝地为"砚台穴"或"墨盘穴"。陈氏家族曾为台湾巨富,后人认为与此风水有关。面对"秀应之山"的重要性使有的民居选择改向,如台中县龙井乡山脚村沙田路山脚东巷三〇号的林宅,为应对正面鹭山坑上的虎、豹、狮、象四座山以符合风水原则,选择坐东北向西南,而不朝向靠海的西面。溪流的重要性也是不可或缺的。位于彰化县秀水乡的益源大厝为二级古迹,其主人陈尔温深谙地理之术,将宅位定于既有马鸣山高地屏障,又有洋子厝支流淌过的风水宝地。住穴前如有一水池,据说可聚风水。位于台南县麻豆镇的郭举人宅,该家族后代子孙中除了有人高中文武举外,庠生、国学生、文增生、贡生、秀才等层出不穷,据传与郭宅前所开挖的大水池属蜘蛛穴护持有关。此水池占地约半甲左右,当地人称"大埤窟"。也有因风水处理不当而走恶运的。如位于澎湖县白沙乡瓦硐村的张百万宅,住宅盖好后即家道中落,地理师认为系张家后代在八进大厝后增盖银库一间,形成"九大分尸"恶地而导致。后张家后代又增建楼房一座,用以象征"十全十美",以期再振家业。

　　闽台民间都认为,有了好的风水,还要预防被冲犯。如果被冲犯,要设法排解。这种冲犯,一般有四种。第一,路冲、巷冲。指房宅位于马路尽头,如丁字型路底或小巷的终端,房门口对着路口路角或巷口巷角。由于路、巷白天人来人往,为杂混之地,据说一到夜间,便成为鬼魂物魅神煞经过之地,房宅容易被入侵,对宅中人造成不利。或有时会阻断宅内生气的流通,冲散宅内的阴阳生气,使宅内阴气沉沉,人丁不旺,邪灵作祟,危机重重。按今人解析,对较敏感的人来说,路冲、巷冲容易造成不安全感,而丁字路底的房屋,易被车辆冲入,巷底的房屋易受盗贼入侵,一旦发生火灾也难扑灭,所以危机四伏。为解凶,其厌胜的办法,往往是在门口高挂"八卦镜",或在门边立"石敢当",或立"照墙"来阻挡煞气,借以逢凶化吉。第二,柱冲、树冲。指房宅大门面对柱子(电杆、灶窗),面对大树等。据说家宅正门凡与柱状物相对,就会破坏了房屋的风水,以致人丁不旺。柱状物如同一把剑直指家宅,可招祸害。而按今人剖析,柱子和电线杆立家宅门前,不但有碍观瞻,也容易造成交通堵塞;而屋前灶窗易造成环境污染,对人的呼吸造成妨碍;屋前大树不但阻挡阳光,还有被雷劈殃及于人的危险。且这些物体阻挡了人们的视野,久而久之便觉得是眼中钉,产生心理障碍。其破解的方法,是在柱上或树上钉上写有"对我生财""合家平安""招财进宝"等的小木板,或在家宅门楣上安置"八卦牌""兽牌"等。第三,宅冲、屋冲。自家的宅院面对别人的宅院,自家的屋门正对别人家的屋门,被认为将引起厅堂神位对冲,导致家神与公妈(祖先)不安,宅院就会有不如意事发生,如人丁不旺、横祸不断。按今人剖析,如门对门,一切活动都将暴露在对方视野中,失去了隐秘性,未必是好事,在心里上有不安全的感觉。第四,檐冲、角冲。指自家宅院面对尖锐翘向天空的檐角,在家门口造成一种凶险象;角冲指自家宅院面对别人宅院的屋角与墙角,易引发种种作祟事情。特别是如果家宅面对东北方向,便开了所谓"鬼门",有引鬼入宅之虑。今人剖析认为,如果天天一出门就看见别人屋檐尖锐地戳入自家门口,会产生一种挥之不去的被压迫感;而家宅与屋角、墙角对冲,空气阳光均受阻,房屋里阴森恐怖,将影响人的情绪乃至健康。而家宅如面对东北方,由于风向和光照不良,冬冷夏热,必然也将带来诸多不便。其破解的方法,是设置"照墙",安置"八卦牌",或在门楣上悬挂"兽牌"或"八卦兽牌",以阻挡鬼怪出入。在利用厌胜物压邪时,往往也以恶制恶,利用凶猛邪恶的形象驱走凶恶的邪魔厉鬼,如呲牙裂嘴、怒目圆睁的雄狮,面目狰狞的门神神荼,疾恶如仇、眼冒凶光的钟馗等。

除了讲究风水,纠正风水,还要防止在建房时被工匠暗中动了手脚,用暗符(也称"祟物")做"见损",也称"做窍",破坏了风水,造成家族没落。见损的具体做法是在墙壁、砖瓦、梁柱里埋进书写着被诅咒者姓名、八字的相片,或者是纸人、草人、木人,成为所谓"祟物"。民间认为,一旦祟物入宅,家族将遭遇一连串不幸,甚至会断子绝孙,因此绝不敢怠慢工匠。宜山县员山乡的林朝英古宅,为三级古迹。当时盖房时,不仅建材多来自大陆,工匠也来自大陆,人称"唐山师傅"。当时工匠权力很大,如得罪了工匠,施工中或粗制滥造,或埋进"祟物",极不利宅主。当时的主人为林万盛,工匠为试主人度量,故意从屋脊将好端端的瓦片踢落,摔碎满地,林万盛不但不恼怒,还关心问有无受伤是否需要擦药。工匠又装懒惰,每日只砌石几块,以试主人态度。林万盛不以为意,不但不责怪,还以礼相待。由于主人慷慨大方,气量宏大,工匠不得不折服,施工时不但没有做手脚,也不偷工减料,使林宅历经百八十余年仍屹立不倒。据称林宅完工时,工匠临走前将一张刨木用的"马椅"丢进屋前池塘中,三年后,工匠回访林万盛,将"马椅"捞起,拆开后榫头竟然未渗湿,其功夫可见一斑。有记载称工匠在清代台湾被视为上九流人物,与官衙里的师爷一样受人尊敬,可见此言不虚。

三、福建建造习俗与禁忌对台湾传统民居的影响

福建传统民居建造习俗繁缛,禁忌甚多。择地、勘址、勘舆、定向、动土、穿屏、扇架、上梁、合脊、收规、搬迁、入宅等都十分讲究,有一套约定俗成的规定,直接影响了台湾传统民居的建造。台湾学者李乾朗曾访问老一辈匠师,在《台闽建屋工匠习俗》中较为全面指出其规定和习俗:(1)设计图纸。一般要注明柱子位置与柱间尺寸,标注长宽高低尺寸,中脊高度称为"天公",地面宽度称为"地母",天公尺寸要大于地母。(2)地面排水。水是藏风聚气的关键,将中庭的水导流排放至屋前,要依据八卦九星核算,使水道形成折线,俗称暗藏八卦,设七星放水。(3)屋顶斜度。一般要根据建筑的等级来决定屋顶的坡度,如屋顶为两坡式,前坡要短,后坡要长,前檐高而弯像弓,后檐低而直像箭,工匠要会背诵"前弓后箭"。(4)顶屋铺瓦。铺瓦的中轴线要铺仰瓦,使雨水能自中央滴下,象征能出丁。如果中轴线铺筒瓦,将形成形同哭泣的两道水滴,被视为不祥。屋顶内部的楠木数目,要符合"天地人富贵贫"的六字之数,逢六的倍数不吉。(5)尺寸划定。建筑的高低宽窄尺寸要合吉祥字,从方位归甲法寻出吉祥的尺寸。

闽台传统民居从备料到建造再到入住有一整套详细规定,须择黄道吉日,有许多仪式。如备料时期的伐木作梁,宜立冬后立春前危日、午日、申日;忌月建、月破、月厌、生气。动土挖基,要举行重要仪式,因为动了地表可能惊动鬼神,要请神送神,设立香案于工地,案上放香炉、烛台、瓶花等,并备牛羊猪三牲及酒菜,拜请三界公、土地公、鲁班公及四方神圣。上梁也要举行重要仪式,其礼仪必不可少。通常穿屏扇架之后,逐次安放桁木,故意悬缺中脊梁,等上梁仪式举行时,再架入中脊梁。一般中脊梁中央先绘一个伏羲八卦或文王八卦,两边画龙凤纹,工匠再将鸡血用毛笔点染上八卦中央或两端,中脊梁下要悬挂一对灯笼、一对通书、一对五谷包、一对粽子及一对符纸,祭典由道士或和尚念经后,由大木匠念"祝上梁文"主祭。主梁安置好,表示房屋已建成,因此就是现在用钢筋水泥建房,也会举行此仪式,在这之前先把顶楼层顶的楼板水泥全灌好,留下象征性的部分,到了上梁的吉日,再倒入水泥糊平,然后再举行祭拜仪式。入宅时,也有重要仪式。据《台湾乡土民俗》介绍,首先要祭拜地基主,用一张矮桌子设香案,地点在厨房或屋子后门,如果没有后门,则在前门设案向内朝拜,主要因其身份为鬼而不是神,祭品就以菜碗为主,包括菜肴、饭、汤、

水果,摆几碗饭就要摆几副筷子。而要准备几碗饭,有两个方法决定,或是按先人留下的旧例,如果没有旧例,则可取双数,因为双数代表阴,此外,也可以用菜和酒代替。

　　闽台传统民宅从选址建造到选料等,都有许多禁忌。如在坐向方面,一般都忌"坐南向北",其原因很复杂,地理师认为北属壬癸水,南属丙丁水,可以坐水向火,却不能坐火向水。民间认为坐南向北会致穷运,如有谚语:"坐南向北,饿到磕揽仆(扑地之意)。"就地理而言,冬季冷风自北往南吹,夏季凉风从南向北吹,为避冬天冷风和接夏日凉风,房屋应背面向北,大门向南,以坐北向南为佳,似有道理。此外,针对十二生肖有一套一肖阳宅凶方的理论,由此避免无端住进所谓"凶宅"。这个理论主要针对"一家之主",通常为男性,如为无父的单亲家庭,在长子未成年前,适用于养家的母亲。

　　闽台在建造住宅方面的禁忌也是相同的。第一,必须选黄道吉日。无论动土、造门、上梁、安床、修饰等都要选黄道吉日,内容繁褥纷杂。第二,要注意建造的先后顺序等,正如《台北文物》第八卷第三期《俗言杂录》所言:"凡起造住宅,宜由内以及外,不可由外以及内。宅宜单,不宜双;宅宜前低而后高,不宜前高而后低。宅有五虚,令人贫耗;有五实,令人富贵。五虚:宅大人少一虚,宅门大而内小二虚,墙院不完整三虚,井灶不处四虚,宅地多屋少庭院广五虚。五实:宅小人多一实,宅大门小二实,墙院完整三实,宅小六畜多四实,宅水沟东南流五实。"由此可见,建宅时须注意:第一,宜由内而外建造,不可由外向内建造,以免自画牢笼。第二,厅房宜单不宜双,需前低后高;第三,建宅的贫耗五虚忌讳:(1)宅大人少;(2)宅门大过内部结构;(3)墙院不完整;(4)井灶开在不当地点;(5)宅地多,屋少,庭院过广。第四,建宅的富贵五实必需:(1)宅小人多;(2)宅大门小;(3)墙院完整;(4)宅小六畜多;(5)宅水向东南流。

　　具体还如:在选择材料方面,打地基时忌使用过的墙砖,由于砖块的空隙较多,所以认为鬼物类易贴附在砖块砌成的墙壁上。如果是旧砖,容易沾有不洁晦气。在入住时屋内摆设上,忌床位与层梁交叉,床位必须与屋脊上的大梁平行,这样身体才不至于和层梁成交叉状态,以避所谓"担梁",这样才不会闹穷闹凶。有时仅一个项目,就有许多讲究和忌讳,以灶为例:(1)忌将灶口向北、向东,风水师认为东方属木,北方属水,灶口向北,将水泼火,灶口向东,又触犯东方神煞;(2)忌用石头做灶的基础;(3)忌将灶位建在曾作猪舍、厕坑的地方;(4)忌孕妇、产妇、戴孝者在现场观看建灶;(5)忌在灶前洗澡、啼哭、大小便;(6)忌在灶头动刀切菜;(7)忌将污物送入灶口;(8)忌将字纸送入灶口;(9)忌将花树、榕树作柴送入灶口等。

第二节 台湾受福建影响具有代表性的传统民居

一、台湾北部受闽地影响的传统民居

台湾北部包括台北市、新北市、基隆市、桃园县、新竹市、新竹县等。

台湾北部现存受闽地影响的重要传统民居有：

义芳居古厝位于台北市大安区青峰里基隆路三段 155 巷 128 号,1989 年 8 月 18 日被定为三级古迹。义芳居原称"芳兰大厝",约有 200 多年的历史。清乾隆二十七年(1762),福建安溪人陈振师只身渡台,先在"芳兰记"任杂役,后发迹买下一块被《芳兰陈氏族谱序》称为"背面对芳兰山尖峰,坐东南,向观音山尖峰"的风水宝地,在被认为是"龟穴"的地方上盖起了一幢取名为"芳兰"的三合院,晚年又分别盖起了取名为"义芳居"的三合院和取名为"新芳兰"的四合院。"义芳居"红砖青瓦、窗、门、外墙下部皆为青石,两边为护龙,屋脊泥塑丰富多姿,燕尾翘角依次凌空,身堵上夔龙蝙蝠泥塑威严肃穆,墀头上花卉等剪黏装饰隐透出一种活力。

李腾芳古宅(李举人古宅)位于桃园县大溪镇月眉路 15 号,1985 年 8 月 19 日被定为二级古迹。李腾芳古宅的祖先李德耀于乾隆三十五年(1770)在台南登陆,后到桃园,其子到月眉发展,其孙李腾芳于咸丰七年(1857)时中秀才,同治四年(1865)时赴福州应乡试,中举人第二十一名,这在台湾是了不起的大事。为显示荣耀,李家从咸丰十年(1860)起在月眉建造豪宅,历经五年始竣工。这是一座家族聚落型的民居,此宅为正厅二进,左右护龙。屋身和围墙皆为红砖,屋脊为燕尾式,但平和纡缓。外埕立着四座李腾芳中举时立的旗杆石,从石中的精美雕刻中可看出往日的荣耀。屋内身堵上的草书隐透出书卷气,屋内雕梁画栋极多,梁柱上的各类雕刻丰富多样,精细的团龙木雕巧夺天工,窗棂上的几何图案古朴大方,随处可见的匾额彩使整个住宅更加富丽堂皇。

金广福公馆与天水学堂位于新竹县北埔乡中正路 1 号,1983 年 12 月 28 日被定为一级古迹。金广福公馆的建造与福建先民的开垦有关。清道光十四年(1888),为防止"原住民"侵扰,闽粤两籍商人组织了金广福的合资垦号,主动挺进北埔,使北埔逐渐形成街市,遂建造金广福公馆为办公之处。其"金广福"的"金",指吉祥多利,为当时台商以金字打头的惯例;"广"指广东,"福"指福建。金广福公馆为四合院构造,整座建筑朴实无华。主屋外墙下半部为石条砌成,上半部为半米厚的土墙,外抹白灰。屋脊平实,无飞檐翘角。两边护龙外墙用白灰涂抹,墙基由鹅卵石砌成。天水堂在金广福公馆的左侧,"天水"指房屋主人姜秀銮原籍甘肃省通渭县,有"黄河之水天上来"之称,故取"天水"。天水堂为三合院,外为红砖围墙,院门为屋形,屋脊为燕尾式,纤缓简洁,屋脊上无厌物装饰。正厅及左右两边护龙门前均以石柱支撑,正厅屋脊为燕尾式,平缓厚实。正厅外墙上半部用白灰涂抹,下半部为红砖砌成。整座建筑规模不大,但比例严谨,隐透出中原古风。

进士第(郑用锡第)位于新竹市北区北门街 179 号,1985 年 8 月 19 日被定为二级古迹。房屋主人郑用锡为开台进士。道光三年(1823),郑用锡赴京殿试,皇帝从两位台湾考生中择郑用锡赐二甲进士出身(另一位台湾考生为郭成金),返台时万人争睹,一时轰动台岛。郑用锡于道光十三年(1833)筑进士第于新竹北门,为三进式的四合院,前屋屋脊为燕尾式,外墙右面为红砖砌成,次间砖墙为万字拼花,院内用石板铺地,石雕漏窗细腻精巧,大木结构兼有抬梁与穿斗功能。郑用锡好吟咏,进士第最大的特色是处处充满浓郁的文化气息。身堵、门枕石等处刻着各种精美石雕,如有取"平"安谐音之意的花瓶,有奔跃向前的麒麟,有相对嬉戏的双鹿;各类木雕更是巧夺天工,如格扇门门板上的整齐图案和文字诗句,横木下的鳌鱼雀替木雕张嘴怒目,准备吞食一切,出檐处的狮子坐斗瞪眼龇牙,似乎随时准备一跃而起。郑用锡晚年还筑"北郭园",为清代台湾名园。

位于台北市滨江公园内的林安泰古厝为单层二进闽南式四合院,是典型的"安溪厝"代表。此宅始建于乾隆四十八年(1783),1978 年 6 月因修路被拆,1985 年按此宅原貌原材料重建于滨江公园。房屋为红砖红瓦,屋脊为燕尾式,但平和流畅不夸张。四护龙形成两层屏障,四合院之间只对内庭或侧庭开窗,使住户更加安全。整体布局前低后高,进入三川门后,一进以垂花门厅为轴,左右耳房相对称,天井左右卧房相对称,天井中丹墀左侧为旗礅;二进以正厅为中轴,两边居室延伸对称。后为祭具室。左侧另建有书房。此宅最大的特点是做工细腻,如大量使用榫头接合而不用铁钉,其雕刻精细且多样,无论木雕或石雕皆为精品。

台北县深坑乡的黄宅,为福建安溪移民所盖。乾隆末年(1795),唐代黄守荣第三十代世孙黄世贤带四子渡海来台,后到深坑种植茶叶,黄氏家族由此富甲一方,盖起了三合院的红砖瓦房。深坑有代表性的黄宅有五座,如位于草地尾的黄宅为一进三合院,由黄世贤四子所建,正厅屋脊为燕尾式;位于麻竹寮的黄宅为三合院,由黄氏三世祖黄莲山迁出祖屋后带六子兴建;位于麻竹寮二号的黄宅为一进左右二护龙的马背脊三合院,由黄氏后代派出,称"福安居",

宅内细部雕刻精细,二楼置有用以防御的铳柜,可由此看出当时创业者的艰辛;位于深坑子六十八号的黄宅为一进五间的三合院,由黄莲山脉下四房于1922年所建,称"兴顺居",布局因地势起伏呈三层,正厅与护龙屋脊皆为燕尾式;位于万顺寮一号的黄宅为一进五间三合院,由黄莲山脉下二房于1911年所建,称"永安居",为黄宅中最有代表性的一座。永安居正厅屋脊为燕尾式,有左右护龙、左外护龙、内围墙、入口门楼等,依据地势埕院分上下两层,正厅内许多雕刻皆为艺术精品。深坑黄宅与安溪祖屋互有往来,关系一直绵延至今。1880年,深坑黄宅住户听说安溪祖厝需要修缮,即自带钱物从台湾到安溪参与修厝,并在祖屋墙壁上留有《四斗厝重修碑记》和护厝的禁约。2002年12月28日,台湾深坑黄宅的后代来到安溪参内乡的四斗厝找到了一块保存完好的《四斗厝重修碑记》。2003年3月6日,这位老人将台湾深坑黄宅的资料从台湾寄到泉州,泉州文管部门经过对照,惊喜地发现台湾深坑黄宅与安溪四斗厝建筑风格如出一辙,只不过四斗厝的始建年代,至少比深坑黄宅早了20年。两岸黄氏祖厝还有一个共同特点:它们大厅的墙壁上,都直接写有黄氏宗族的禁约、家训。这向来是黄氏宗族的传统。

位于台北设市大同区延平北路四段231号的陈悦记祖厝,是目前台北市所存传统民居中最大的一座。其始祖陈逊言于乾隆五十三年(1788)从泉州同安渡海来台,因善于经营,不久即成巨富。嘉庆十二年(1807),陈逊言以陈家公业的统号"悦记"为屋名盖起了这座大厝。这是一栋三进式的四合院与一栋四进式的四合院并列的传统民宅,正厅外墙上半部为红砖砌成,屋脊为燕尾式,正厅屋脊极为华丽,宛如庙宇。屋前两根粗大的石旗杆为全台仅有,极具艺术价值。旗杆刻着奋力向上爬的狮子、咪眼含笑的仙翁、盘旋而上的蟠龙,寓含"百尺竿头,更进一步"之意。

二、台湾东部受闽地影响的传统民居

台湾东部包括宜兰县、花莲县、台东县等。

台湾东部现存受闽地影响的重要传统民居如:

黄举人宅位于宜兰市新民路100巷7号,其开台始祖清初由福建漳浦来台,黄缵绪为宜兰第一位及第的举人,于清光绪三年(1877)建造了这座大厝。此之前已建造两座,均雕工精细,有一座门前还建有戏台,可惜今已不复存在。这座大厝红瓦铺顶,屋脊简朴,无任何装饰,两边护龙围成一小院落,为传统三合院,埕外围墙中开小门。正厅白灰抹墙,门墙隔板为透雕法,繁杂而又精巧,整个院宅显得精致典雅。可惜今已被拆迁。

三、台湾南部受闽地影响的传统民居

台湾南部包括嘉义县、台南县、台南市 、高雄县、高雄市、屏东县等。

台湾地方志中对台湾南部传统民居的记载明确指明其房屋"多沿袭闽南",如《台南市志》(第十卷,1958 年至 1983 年)载:本市屋式,多沿袭闽南,大体分为独立式与连栋式两类。前者为普通房屋,后者为街市店铺。城市悉建屋,以砖垒墙,比邻而居;乡郊小户多以竹木为柱梁,土埆为壁,葺茸为顶,亦有以瓦为顶者。日据时期,楼房不多,以常患地震,故其栋梁必坚,榱桷必密,可历百年而不坏。台地虽产木材,而架屋之杉,昔日多取自福建上游,而所用砖瓦亦有来自漳泉者。旧式建筑,地上铺砖,或涂水泥,门小窗少,空气不通,阳光不足,难免阴湿,是乃卫生上之最大缺点。室内陈设,客厅悬挂神像或书画,靠墙安置长方桌,高四尺余,曰"中案桌",又名"帖桌",或于桌中上方置彩画大镜,左右为花瓶、果盘,或神龛神像、祖先灵位、烛台香炉之属。帖案前置方形大桌,曰"八仙桌"。桌前缘垂以刺绣桌帷,曰"桌裙",两旁排方形靠背椅,背后壁上悬挂神佛绘图及对联。客厅两旁之房间为卧室,床前横一高不盈尺之长凳,长与床齐,曰"脚踏椅",以为脱履登床之用。床与内地无异,惟富家者床极精致,三面围屏,雕刻人物、花鸟、山水。床之正面,置长方帖案及方桌。帖案上装置与客厅略同,惟无神像、祖先之供祀耳。乡村之屋,架竹编茅,亦有瓦屋,土墼为墙,久而愈固,棘篱环之,以畜鸡豚,所谓五亩之宅也。前时垦地之人相聚而居,外筑土围,以御番侵,故谓之堡。乡村房屋之最陋者,有田寮、土埆墙、稻草枯,一遇大风辄塌。田寮为耕地之附属建筑,住昔由田主修葺,以供佃户居住,又称"田寮"。近来农村繁荣,瓦屋比比皆是,富庶之家水电俱备,与都市并无差异。屋式最简单者,为三六横排,曰"三起间"。正为正厅,左曰大房,右曰二房。三间不足居住者,两旁各筑一间,曰"五起间";再行增筑厢房,曰"护龙",与正堂构成凹形,中留空地,曰"埕",作为曝晒谷物之用。室内布置,除家具粗朴外,大致无甚悬殊。厨房在大房下之护龙,俗称厨房为"灶脚"。谓灶为一家之主,分家时厨房为长房所有。灶神为一家所敬重,用红纸书"司命灶君"贴于烟囱边之墙上祀之。

台湾南部现存受闽地影响的重要民居有:

石鼎美宅位于台南市西门路二段 225 巷 4 号,建于清道光二十三年(1843)。石家先祖石时荣于清乾隆五十九年(1794)从福建同安渡海来台,因经营有方,至道光年间成为台南府首富,并将店号名为"鼎美"。始建时为三进式的四合院,现仅存两进,厅与两边建筑成凹型,屋身正面裙堵上刻以夔龙,四角衬以四只蝙蝠,刀法精湛,正如吴炳辉在《台湾古厝风华》中指出:"此宅的

艺术价值全在雕刻,石材上蝙蝠、螭首的雕作均极精美,虽饱经风霜却依然清晰可辨,正厅正面格扇门上的夔龙镂雕尤其叫人叹为观止,厅内举人、刑部主事、贡生、优廪生、博士等执事牌两列排开,由此可见石家'因商而富,因书而贵'的家风。"

林宅传统民居目前保存完整的有三座,即位于台南县麻豆镇三民路 50 号的三房的宅院,位于台南县麻豆镇和平路 20 号的四房的宅院,位于彰化县花坛乡台湾民俗村的五房的宅院。林宅先祖林文敏于清嘉庆四年(1799)从福建泉州只身来台,经商致富后,于道光年间开始建造大厝。有代表性的四房的宅院为三进双护龙式,呈正方形布局。第一进为独立的垂花山门,第二进为三合院,第三进为四合院,两边为长形护龙。此房特点有五:第一,护龙左右另辟边门以利进出,并各有三个小道与主建筑沟通,使其既照顾了隐私,又十分方便;第二,内厢房向里退缩使大门更显独立,拓展了院落的空间;第三,边门内建的亭子使护龙的长廊天井获得新的天地;第四,外墙在平砌的外面抹以灰泥,再以线条勾划出斗砌的砖缝;第五,建筑各种类各结构之间的比例、跨度、高度等都恰到好处。五房的宅院已于 1988 年按原貌拆迁至彰化台湾民俗村。其主体建筑屋脊平实,红瓦铺顶,外墙窗以上为红砖,窗以下为青石砌成,外埕宽大,皆以红砖铺地。现在每天下午 2 点民俗村都表演一场传统民俗婚嫁过程,其迎亲队伍就是由此宅出发的。

八角楼位于台南县盐水镇中路 1 号,其祖先从福建同安渡海来台,因经营糖业生意致富。道光二十七年(1847),叶瑞西兄弟共同主持建造了这座三进式建筑。目前第一、二进皆已被改造,唯第三进之八角楼尚存。八角楼的造型在现存台湾传统民居中极为罕见,其特点,正如吴炳辉在《台湾古厝风华》中所指出的:"其一,屋顶呈八角形且为歇山式,此形式通常仅用于宫殿与庙宇,一般民宅颇为罕见,屋角因略为翘起,线条有流畅之美,屋脊有十三条之多,极为可观。其二,八角楼整体以福州杉木造结构为主,一、二楼以十二支大杉木贯穿支撑,木材间包括梁、楹门、窗等处全以榫接方式处理,未用一根钉锚。其三,以大量格扇门当墙壁,具有阁楼建筑艺术之美。其四,二楼早期有百叶窗,且全为木片缀成,令人想见当年之诗情画意。其五,就外观而言,正面均为木结构,门板、雀替有精美雕刻,背面则展现红砖艺术,后门门额上有两朵菊花石雕,此乃日本皇族之象征。"

江家古厝位于台南县楠西乡鹿陶洋,为台南典型的同姓家族聚落。其建造确切年代已不可考,据悉已有近 300 年的历史。江家开台基祖江如南来自福建诏安,曾在朱一贵军中任过军师。江家所居的鹿陶洋,为江如南亲自选定的,目前尚居有江氏族人近 300 位。江家古厝为四进三院十三条护龙。第一进为山门,宅前两棵榕树形成天然拱门,左右两边护龙围成一个极为宽阔的埕院,江家后代常在此演练宋江阵;第二进为敞开式,供日常休闲与聚会;第三进屋脊造型类似庙宇,屋脊正中为福禄寿三仙,两边为跃跃欲试的双龙,再两边为燕尾式,这或与江如南精通奇门之术有关;第四进为祠堂正厅,供奉江家特有神祇东峰大帝。

位于台南县麻豆镇大埕里 709 号的郭举人宅,其开基始祖郭由炮于明永历五年(1651)由福建漳州龙溪来台,因后人郭廷机于乾隆三十九年(1774)中文举人、郭蕴玉于乾隆四十年(1775)中武举人,故所建之房被称为郭举人宅。其特点是所用木料全用上等福州杉木,两砖之间接缝由石灰混合泥土再加红糖捣成,坚固异常。山墙上部出现铁剪刀,既有剪除邪恶之意,又可加强内梁与外墙的稳固。

杨宅位于台南县大内乡 94 号,其开台始祖杨长利由漳州龙溪来台,其子杨光谟于乾隆五十五年(1790)盖起了这座宅院。杨宅共有三进,目前仅存第一进。屋脊为轻轻扬起的尖细燕尾,正厅前廊为凹寿形,石柱础为柜台脚做法,以青石为柱,通梁上坐斗、正厅上吊筒与雀替木雕都古朴精致,抬梁柱上雕刻了许多精美的花鸟、人物、动物等图案。

位于台南县后壁乡墨林村菁寮 191 号的菁寮阮宅,其开台始祖从福建漳州龙溪来台,约于清朝乾隆年间建造了此宅。这是一座二间起的街屋商店大宅,为两层,屋檐下的斗拱呈龙首形状,月梁、步通梁及圆光板均有彩绘,屋身正面墙上的八角窗两边为山水壁画,山墙上悬山屋顶前后成两坡而桁檩突出于山墙外之屋顶,这种形式在台湾较为少见。

位于台南县后壁乡后壁村 40 号的黄宅,其开台始祖黄合兴从福建安溪来台,因经营有方而成巨富,遂斥资于 1925 年左右盖起了这座二进二厢二护龙的四合院。此宅特点是将闽南传统建筑风格与日据时期建筑风格融为一体,且木雕艺术精美,其形式有透雕、半透雕、浅雕等,其部位有圆光、雀替、斗拱、瓜座、垂花等,其题材有动植物、历史故事、民间传说等,可谓琳琅满目。

位于台南县柳营乡士林村 48 号的刘宅,其开台始祖刘茂燕为福建平和人,于明末投奔郑成功部队,后于金陵之战中阵亡,其妻蔡氏带 11 岁儿子刘球成来台,其后代于 1890 年按"大厝九包五,三落百二门"的格局修建了这座宅院。这是一座传统四合院,红色为全宅基本色调,四周以红砖围成矮墙,主屋为红砖砌成,屋内梁柱木板等都涂以红漆。其特点是无论木雕、石雕、绘彩、泥塑都很精美,如雀替精雕细刻,木格花窗图案细腻精致,红色山墙上镶有精美的狮子衔剑的装饰。

位于台南市民族路 317 巷内的陈厝,其开台始祖陈奇策于明末来台。此宅先修第一进,后加盖第二进,成为三进式的四合院,约完工于康熙末年。除了色彩处理得简单淡雅外,其特异处是外埕前有一面涂着白灰的照墙,为上下高低两个燕尾式,屋脊中间置放一泥塑葫芦,取谐音"福禄"以求吉祥,这种情况在台湾较为罕见。一般是因宅前有人盖房,为避冲煞而建照壁来破解。

位于屏东市立中正中学右侧的邱宅"忠实第",其开台始祖邱永镐于清康熙三十六年(1697)从广东镇平来台,经营开圳筑埠等水利工作。约 200 年后,其后代邱元寿、邱元奎各建一座客家住房,为"忠实第"前身。后因经营糖业致富,又对住房进行多年改建。此宅为四字莆,为二堂二横的四合院式民居,其最大特点在于保存良好的木雕、泥塑与剪黏。木雕如造型极富动感的狮子坐斗,线条流畅有力;屏门上与后堂窗花上的透雕繁复细腻,人物栩栩如生;檐柱两头之雀替及花草图案刀法精湛明快。泥塑以后堂两侧房窗上的书卷最为精致,墀头旁故事图中的人物形象生动活泼;剪黏于屋脊装饰处比比皆是。

四、台湾中部受闽地影响的传统民居

台湾中部包括苗栗县、台中县、台中市、彰化县、云林县、南投县等。

台湾地方志在记载台湾中部的传统民居时明确指出其"形式与广东、福建大致相同",如《苗栗县志》(第七卷,1959 年至 1978 年)载:本县房屋,大别之可分为中、西、日三式。中式者,为大陆移来之民,沿袭居住,其数最多。形式与广东、福建大致相同,惟内部设备受日式房屋之影响颇有变之者,日式房屋,多建于街市,乃日人住宅之遗留,于光复之先为本县最华丽之住宅。《彰化县志稿》(第八卷,1958 年至 1976 年)载:本县住民屋式,多从闽粤,为防地震、台风之患,及其生活环境与实际需要,故屋多低平。屋脊之上或立木偶,作骑马弯刀状,或悬兽头,谓可压急煞。隘巷之口,或有石旁立,刻"石敢当"三字,意在辟邪。此俗皆由大陆传来。《云林县志稿》(第十卷,1977 年至 1983 年)载:本县屋式多从闽南。大体分为独立式与连栋式两类,前者为普通房屋,后者为街市店铺。城市悉建砖瓦屋,乡村则为土木柱梁,土坯为壁,茅葺为顶,亦有以瓦为顶者。日据时期楼房极少,因常患地震,故其栋梁必坚,椽桷必密,历时甚久而不圮(圯)。

台湾中部现存受福建传统民居影响的重要传统民居如:

位于台中县雾峰乡的雾峰林宅,于 1985 年 11 月 27 日被公布为二级古迹,为台湾现存最庞大的传统民居建筑群,也是受闽南影响较有代表性的台湾民居。雾峰林氏大宅分为顶厝、下厝、莱园三大部分,下厝创建于咸丰元年

(1851)，为清朝福建陆路、水陆提督林文察的宅第，即面宽十一开间，分前后五进的宫保第，第一进为山川门，第二进以靛蓝色为主要色彩，第三进以黑色为主要色彩，第四进于1935年被误拆，第五进亦为黑色，雕梁画栋，富丽堂皇，为台湾最大古民宅之一。顶厝包括蓉镜斋、景薰楼、旧学堂、新厝和颐园。建于清光绪年间的泉州亭店乡的杨阿苗民居，为五开间双护龙三进，前有石铺前庭，绕以围墙，组成一组完整建筑。墙上和花窗嵌有青石平雕、浮雕，雕有人物、山水、花鸟，与精美的木雕、漆雕、砖雕、灰雕交相辉映。这两个闽台民居从气派、结构、雕饰等方面，可明显感觉到其渊源关系。《台闽地区的古迹与历史建筑》书中《台湾古建筑与闽粤建筑之关系》一文，将二者进行比较来说明闽台建筑渊源关系，是很有代表性的。

筱云山庄位于台中县神岗乡三角村三社路22号。山庄主人吕炳南的祖先吕祥省于清乾隆三十六年(1771)从福建漳州诏安渡海来台，先定居于彰化县，后移居今址。吕家第四代吕炳南喜交文士，常有文人雅士聚集其宅。清同治五年，吕炳南始修建了这座山庄。其之所以在台湾传统民居中占有重要地位，主要有这么几点原因：第一，融闽南、粤东、日本与近代西洋等不同建筑艺术风格于一体。整座建筑物包括门楼、半月池、门厅、正堂、护龙、书斋、迎宾楼等。门楼为三开间的二层阁楼式，四个对称排列的八角窗与书卷窗精致典雅；红瓦铺顶，前后两对燕尾式屋脊凌空翘起；正厅外墙窗以上为红砖，窗以下为石条，为典型的闽南构造。迎宾楼和宅东小庭院均为日据时期所建造，可看出日据时期的建筑风格。门楼南边伸之外墙为加壁瓦的"穿瓦衫"，做工精细，为近代洋风遗留。第二，交趾烧的装饰品最为多样完整。吕宅交趾烧的装饰品数量之多、质量之好，可称为台湾之冠。或为花瓶、或为香炉、或为猛兽、或为山水，个个造型优美，色泽亮丽。交趾烧装饰品的图案种类繁多，有栩栩如生的动植物造型、对称典雅的吉祥图案、意境深远的山水构图、龙飞凤舞的书法对联、人人知晓的历史故事等。

摘星山庄位于台中县潭子乡大丰村潭富路二段88号，曾被视为台湾传统十大民居之首。山庄主人林其中的先人林朴直于清乾隆五十年(1785)从漳州诏安渡海来台，至林其中已为二传。林其中曾为清廷在大陆征战多年，被封为昭勇将军，为清代台中"十八大老"之一。林其中于清同治十年(1871)至光绪五年(1879)修建了这座山庄。台湾台中县民政局于1997年12月召开的古迹审察会上对摘星山庄做出四个方面的评价：第一，台湾中部早年为防御需求，大户人家宅第均以刺竹围闭，晚近大家都已告拆除，而摘星山庄为目前保存完整之一座。第二，山庄建筑为前后两进，左右各有二条护龙，宅前有风水池，屋后有果园树林,格局良好有代表性。第三,建筑精致,造型细腻,从平面布局到单栋建筑均极精炼。第四,该建筑拥有最美最精湛的雕刻、彩绘与交趾烧,是台湾地区当代所保留最丰富的文化组合。山庄的精美艺术装饰,可用"无处不雕、无处不书、无处不画、无处不塑"来形容,无论是门楼、柱础、外墙、内壁、梁拱及门窗等,都可看见用书法、雕刻、绘画及交趾烧等装饰的艺术品。

马兴陈宅(益源大厝)位于彰化县秀水乡马兴村益源巷4号,1985年11月27日被定为二级古迹。陈宅主人陈尔温的父亲陈武,于清乾隆五十七年(1792)从同安渡海来台,由于经营有方,终成大户,"益源"为其店号。道光二十二年(1842),陈武长子陈尔温因军功获"布政使司经历",为了炫耀门户,陈尔温在马兴新建了这座大厝。陈宅外墙为红砖所砌,墙基由鹅卵石砌成,主体部分为大三合院加小三合院。李乾朗在《台湾建筑史》中认为:"其主体部分之内外护龙山墙连为一体,为台湾之孤例,外护龙侧庭之月门做法与鹿港龙山寺及和美道东书院做法极为相似,可能同为一派泉州匠师作品。另外,其主体之护龙退缩,得出一缓冲的前庭,此为考虑较周详之平面。"李宅盖好时有90余间的规模,咸丰三年(1853),因有人中举而立旗杆以显荣耀。外埕前山门用红砖砌成,与红色围墙连成一体。山门屋脊平实,显得敦厚古拙。侧庭之月门用红砖砌成,圆形大门象征事事圆满。

敦本堂位于南投县竹山镇菜园路4号,是一座闽南式的四合院。敦本堂主人林月汀祖先林廉于清嘉庆十四年(1809)从福建漳州渡海来台,至林月汀已第五代。林月汀曾于清光绪十二年(1886)因功受把总职,后经营樟脑等获利。敦本堂落成于光绪三十二年(1906),由大批来自福州的师傅修建而成。其构造特点为二落式,第一落为马背式屋顶;第二落正堂屋原为燕尾式,后因风水师建议(另说因台风吹损),始改为鞍形山墙马背。前后两落之间以两道砖花矮墙代替内护龙,使中庭与侧庭连为一体。此建筑的主要特点有二:第一,砖、石及木等建筑材料不仅质好,且能恰到好处地发挥其各自功能,将砖石承重结构与木架结构天衣无缝地搭配在一起。红砖除了常见的闽南式宽扁型外,还有其他各种形状,以便于建造半圆拱、圆洞及转角等特殊部位。木料多为桧木与樟木,有时将木架结构嵌在砖墙上。第二,艺术氛围浓郁。如一落正面格扇花窗都雕刻着精美的吉祥图案,有麒麟、花鹿、锦鸡、花草等。门厅的屏风墙为前后两层,前面雕的是松树和花鹿,后面雕的是细条窗格。无论是支摘窗、横披窗,都精细美伦。

吴宅位于云林县斗六市中山路585巷21号,为中西合璧的传统民居。吴宅主人吴克明的祖先吴成于清嘉庆中叶从福建南靖来台,至吴克明已为第四

代。吴克明于清光绪二十年(1894)考中云林县学秀才,后创办制糖业,积累资产无数。吴宅于光绪十五年(1889)开始建屋。始建时为木结构,民国五年(1916)时因部分朽烂,改建为西式风格,并将原有的木架构件嵌在新盖的水泥砖墙中,建成特殊的中西混合结构建筑。吴宅为三进式,第一进门厅以水泥盖成中国传统建筑模式,除了所开一大二小的三个门为木料、上下檐之间用红砖砌成通风口外,下檐垂脊直接顶住上檐之角隅飞檐,屋檐下并有西式线脚装饰,其怪异的构造在台湾传统民居中仅见此例。第二进为正堂,是三开间的独立建筑,改建时将原有木雕巧妙地嵌入石灰墙中,两边有护龙,中间以拱门式连接。前方扁长型的轩亭颇具匠心,其木架出挑上的梁柱斗拱重重堆叠,有如藻井,改建时旧有木雕如雀替、斗座及圆光等均被保留,而西式拱圈及柱础都以洗石子方式处理,可称之为东西方巴洛克的融合物。第三进原为二层楼式,后将木结构改为水泥构造。

位于台中县清水镇社口里海滨路55号的杨宅,初建于清同治年间,为三组三合院并列宅第,其特点有二:第一,前后两幢房屋的屋脊起翘平缓,虽为燕尾式,却毫不夸张;第二,在空间的区隔上,三合院前有内外两道砖墙,墙中间有带阶梯形屋顶的墙门,两道墙又有左右厢房。位于台中县的吴宅,建于清光绪二十年(1894),为两进四护龙式。第一进与第二进之间用两道墙代替内厢房,开有圆门。以花瓷片为装饰,壁面砖工精细,有磨砖之线脚。整体配制得当,门楼、厅堂、铳柜、水榭、水池及拱桥之关系恰到好处。位于台中县龙井乡山脚村沙田路山脚东巷30号的林宅,建于清光绪年间,为单院三护龙式合院,屋前山门为红砖所砌,燕尾式屋脊,护龙马背下有一花篮装饰,优雅闲适,下有一排形态生动的泥塑。护龙侧边添建书馆,是此建筑的最主要特点。位于台中县丰原市丰年路149巷59号的万选居,初建于清同治十年(1871),为三进四护龙式,青瓦红墙,屋脊平实而无丝毫夸张之感。此宅特点是雕刻、彩绘、泥塑、交趾烧等装饰都精细繁多,如120个窗户,或为双喜字排列,或以八卦形组合,或四边饰以浮雕蝙蝠,或镶以精美花鸟透雕,琳琅满目,美不胜收。

第三节　闽台传统民居的装饰

一、屋脊顶的装饰

屋顶由于最为醒目,所以人们往往挖空心思以显其不凡。屋顶由底缘为椽木上铺瓦的"斜坡"和厌瓦补缝的"脊"构成。屋顶的装饰,主要体现在"脊"上。台湾传统屋脊有各种样式,如屋脊两边不翘的,称为"马背式";屋脊两端翘起的,称为"燕尾式",顾名思义像燕子尾巴。后者实际是正脊的延长。"燕尾式"样式也有多种,如有只开一个叉的,有连续开两个叉的,还有一个开叉上头还凸出个尖角不开叉的等。"燕尾式"的飞翘程度也有多种,有的凌空突兀,极为夸张,显示出一种意气奋发、英气勃勃的气概;有的自然飞起,起翘程度适中,显示出一种灵巧的和谐;有的微微起翘,点到为止,透出一种自抑的节制。除了以"燕尾式"为屋脊装饰外,屋脊正中央常有一大段镂空图案,一般用砖,也有用泥砌成的,其图案或取几何图形,或取文字形,一般都力求精致,除了装饰,还有实用性,可让大风从镂空处吹过,不致吹坏屋脊。在中间镂空图案两边各有一小段的艺术品,如泥塑,即将贝壳灰和煮热的海菜、麻丝、糯米浆、红糖等加合,在脊上两边做成立体雕塑后,再漆上各色颜料。由于容易制作,价格低廉,所以被大量采用。但由于泥塑硬度不够,久了容易磨损,便有了交趾陶。

　　所谓交趾陶,是一种低温烧制的软陶,色彩鲜艳夺目,据称源自中国广东、云南一带。但交趾陶要预先定制,且较为昂贵,于是常以"剪黏"代替,即将"剪裁"过的陶瓷片(或有色碗片、瓷片、玻璃片、塑胶片等)"黏"于灰泥塑之上,虽比泥塑麻烦,但比交趾陶省事且经济,又可防日晒雨淋,瓷片在阳光照耀下更显独特风格,故"剪黏"逐渐流行。无论是泥塑、交趾陶还是剪黏,它们所雕造的各类造型一般有以下选择原则:一是民间认为的吉祥物,谐音的如:蝙蝠(福)、蝴蝶(福)、鹿(禄)、喜鹊和梅枝(喜上眉梢)、花瓶(平安)、金鱼(金玉)等,联想的如:仙鹤(长寿)、牡丹(富贵)、鸡兔(日月)、石榴(多子)等;旁征的如:八宝(犀牛杯、蕉叶、元宝、书、画、钱、灵芝、珠)、四灵(龙、凤、麟、龟)、鸡冠花(官上加官)、琴棋书画(君子四艺)、四兽(狮、虎、象、豹)、螭虎(望子成龙)、四君子(梅、兰、竹、菊)、岁寒三友(梅、松、竹)等。二是历史故事,如《封神演义》之"九河湾""父王访贤""太乙真人收石矶""麻姑献寿"等,《三国演义》之"陈泰借兵""桃园三结义""三顾茅庐""空城计"等;《水浒传》之"武松打虎""宋江智取无为军"等;《隋唐演义》之"李白醉写番表"等;《警世通言》之"俞伯牙摔琴谢知音""李谪仙醉草吓蛮书"等;《二十四孝》之"乳姑不怠""戏彩娱亲""怀桔遗亲""弃官寻母"等。三是所崇拜的信仰神祇。除了屋两边的剪黏外,屋脊上通常放着许多辟邪物,由于大多造工奇巧,也成为整个层脊的装饰的一部分。这些避邪物有传统中的人物,其中最有代表性的如驱逐恶鬼的黄飞虎:黄飞虎威风凛凛地跨坐在猛兽上,借此希望他能保护家宅平安;还有宝塔、烘炉、石敢当、剑爷、八卦、虎爷、狮爷等,大多神气十足,古拙可爱。

二、墙体的装饰

悬鱼指房屋两端山面的装饰件,用木板雕成,置于博风板的正中。"悬鱼"一词见于《后汉书·公羊续传》:"府丞尝献其生鱼,续受而悬于庭;丞后又进之,续乃出前所悬者,以杜其意。"因初期雕作鱼形,从山面顶端悬垂,故名悬鱼。山面饰悬鱼,有主人自示清廉之意。(也有称鱼是水中物,含带水灭火之意;也有称取其谐音"年年有余"之意。)后有各种变形,已完全脱离鱼的形象。惹草指安于两山博风板边的装饰件,木质,外形如三角形,上面刻以云纹之类。"悬鱼"与"惹草"都属于屋顶装饰范畴。后有的硬山顶由于梁不出山墙,不需用木制的博风板和悬鱼,于是仅有装饰功能成为山墙体的一部分。与悬山山墙所不同的是,悬山悬鱼和博风板用木条,硬山则用灰泥塑。台湾传统民居中硬山类型繁多,如书卷,意喻有朝一日金榜题名,进入仕途;如磬,磬为钟、磬、琴、箫、笙、埙、鼓、祝圉等八音之一,意喻"庆",音也同。常将书、磬合并当悬鱼装饰,则表示诗书礼乐兼备,寄望有朝一日一定大庆取得功名。再如狮头,用以镇宅驱邪;宝瓶,喻平安之意;花篮,喻指今后生活花团锦簇;意珠,为道教八宝之一,旨在咒术与避邪;渔鼓,为张果老手持宝物,有道法功能。较为常见的硬山悬鱼还如:花果类,大多为道家认为可修身养性的有灵气的植物,诸如蟠桃、灵芝、老松、青竹、蜡梅、莲花、荷茎、百合、佛手、柿子、菊花、葫芦、石榴、蔷薇、桂花、牡丹、山茶、柏树、海棠、枫树、桔子、枇杷、大蒜、红杏、向日葵、鸡冠花、桂圆、荔枝、核桃、菱角、葱、藕、萱草、芙蓉花、蔓草、四季花(牡丹、荷花、菊、梅)、十二月花(桃花、牡丹、樱花、玉兰、石榴、荷花、海棠、秋葵、菊花、栀子花、罂粟花、梅花)等,或取其功能,或取其谐音,或取其寓意,只有一个目的,就是讨其吉利;人物图象类,大多来自民间传说,如竹林七贤、八仙过海、二十四孝、哪吒闹海、空城计、三英战吕布、郭子仪大战安禄山、寒山拾得、刘海遇仙等,或取其大智大勇,或取其仗义勇为,或取其忠孝两全,或取其嫉恶如仇;花纹图案类,主要如云纹、水纹等,旨在装饰的同时还有驱邪、镇宅、祈福、教训之用。

山墙的墀头和水车堵也都有精美的装饰。所谓墀头,指硬山的山墙如果要出檐,山墙的前后都要伸出檐柱之外,砌到台基边上。这檐柱之外的山墙上部,被称为墀头。由于墀头连接屋檐与墙身,使两个不同形式与感觉的构件,得到缓冲而变得圆润。墀头因是门面,所以很注意装饰。墀头的泥塑大多以忠义故事或动物为题材,饶有趣味。所谓水车堵,指硬山山墙檐下的泥塑、悬鱼、博风板,绕到墀头及墙身正面墙身上方,再遇到第二个墀头后,转入门墙的上方,这道宽边装饰带,正好在檐下与墙身上方交界处,除了既有的悬鱼、博风板与墀头外,墙身部分就叫作水车堵。它不但使屋顶与屋身接合处谐调,也借此装饰使民居更加富丽堂皇。檐下镶边的水车堵有历史故事,有动物花草,有几何图案,或为交趾陶,或为泥塑,或为剪黏,或为花砖排列,成为一道亮丽的风景线。

有的墙体本身就有精美的装饰。其特点:一是在墙体上贴上精美的瓷砖。一般立面以立窗为界,窗以下为红砖或青石或鹅卵石所砌,窗以上两边贴绘有山水画或动植物画的瓷砖,也有直接将山水景色彩绘到墙上的。二是利用不同建筑材料为墙体做墙饰。一般都装饰在墙的上部,或以透明砖进行排列组合成文字,以寿、喜字为多;或以板瓦或筒瓦排成各种图案,组成漏窗花墙;或利用木、砖、石、瓦等排列组砌,以求美观。三是在墙体上开出各种形状的窗,如月洞形、扇形、五角形、八角形、三环形、梅花形、石榴形、书卷形、玉壶形、蝙蝠形、双钱形、立宝形、蝴蝶形、瓶形等,有的著名宅院不下几十种。四是用砖砌成不同图形的墙,如常用闽南红砖通过不同的横竖排列砌成各类精致的墙。五是在墙堵不同位置镶以不同的精美的壁雕。墙身一般可分为六堵,主要包括称为"裙堵"的下半部分,称为"腰堵"的中间部分,称为"身堵"的上半部分,常将各类精美的雕刻艺术品镶嵌于不同部位,这些雕刻有石雕、砖雕、交趾陶等。这些镶在墙上的题材,有山水,如临摹古画,有描写时人生活情境等;有祈福图案,如旗球戟磬(祈求吉庆)、柿子如意(事事如意),松鼠(多子多孙)、如意(平意如意)等;还有避邪图案,如门神(神荼、尉迟恭、秦叔宝、赵光明、康妙威、文丞、武尉、加冠进禄、四大金刚等)、八卦、石狮等。

三、窗的装饰

窗在闽台传统民居中,将采光、通风和装饰功能结合起来,五光十色,千变万化,成为民居建筑主体装饰的有机组成部分。按窗户的形状和装饰功能,大致可分为:石条窗,即用石条排列或围成的窗,一般石条都要求奇数,以石条为窗棂,再加以装饰,这类窗最常见。砖块窗,即用砖仿石条砌窗,组成各种美丽图形,或简单大方的几何形,或吉祥如意的文字形(如喜字等)。竹节窗,即用石材或泥塑弄成竹节状,以此为窗棂,有的还加竹叶。平棂窗,即用细木条做成格子,按一定规律排列。月洞窗,即窗口如圆月,没有窗棂,只有窗口,外为方形框,框四角饰以蝙蝠。槛窗,即窗扇上下有转轴,可以向里或向外开、关,其窗棂的图案一般都精雕细刻。花窗,即将各种花卉或山水图案镶嵌在窗上,既可采光,又起装饰作用。轴面陶砖窗,即用轴面陶砖组成典雅的图案。

四、建筑结构体的装饰

闽台传统民居中木构架的各组成部分,往往也具有装饰功能。以斗拱为例。"斗拱"是较大建筑物柱与屋顶间的过渡部分,它主要用以承受上部支出的屋檐,将其重量直接或间接地转到柱上。由于部位、作用、构造与形状的不同,斗拱有数十种之多。凡在房屋内部的檩拱梁架间的斗拱,称内檐斗拱;凡在房屋外部檐下的斗拱,称外檐斗拱。凡有两道拱的,称双挑,上为正拱,下为副拱。台湾传统民居中的斗拱较为纤丽,因其在结构中的有机体功能被逐渐削弱、功能日趋淡化而装饰性更强。特别由于前拱在整个有机体中的功能不如正拱大,故其被用作装饰的功能远大于正拱。副拱雕刻常见的动物图像为狮子(也说是麒麟),张口睁眼,鬃毛卷曲,威武神气;也有鱼头、龙头、云彩、波涛等其他图案。有的还施以晕色,由虚到实,造成晕旋。这些精美的木雕与整个建筑形成有机体,已成为建筑装饰不可或缺的一部分。再如"雀替",又称"插角"或"托木",是用于梁或阑额与柱的交接处的木构件,功用是增加梁头抗剪能力或减少梁枋的跨距,防止梁柱因屋顶压力产生位移。其在宋《营造法式》中叫"绰幕","雀"是"绰幕"的绰字,"替"是替木的意思。台湾民居中雀替多以三角形透雕为之,简单的刻云纹或卷草纹,繁杂的刻龙、凤、鳌鱼、花鸟等,雕镂细臻,使梁柱极具装饰美。有时鳌鱼与花鸟雀替中为垂花(也称吊筒),位于正拱上头的斗处,上段作斗形,中段圆筒,下段雕莲花或花篮,悬空而挂,正拱不向上弯,平直插入垂花的中段圆筒,既使二者浑然一体,又极富装饰性。最后以"出檐"为例。所谓"出檐",指檐椽一端放在金桁上(重檐则放在上檐的椽材上),一端伸出檐桁外,叫作出檐。出檐的远近,按檐柱高度 1/3 或 3/10 为度。由于台湾地处亚热带地区,炎热多雨,屋顶都喜欢凸出墙身,甚至在其下建廊道,以檐柱支撑,以防日晒雨淋。台湾建筑界把有廊道、檐柱的出檐叫"山廊起",廊道和檐柱的木构件,大都雕镂彩绘,其内容广泛,或山水花鸟,或人物故事,或动物植物,极尽铺陈,令人炫目。

闽台传统民居的装饰还分布在其他地方,如:柱子下端的石雕柱础,门柱下的门枕及报鼓石、梁柱等,可谓无所不在、无奇不有。成功的装饰,无论是雕刻(如砖雕、木雕、石雕等),黏塑(如"剪黏"、贴金箔、灰泥塑、交趾陶等),镶砌(如镶贝、镶木、镶玻璃、镶钻石、花式砖砌等),还是彩绘(如平面彩绘、披麻彩绘、浮雕彩绘、题联、字画等),都已成为建筑结构的一个有机组成部分,成为房宅不可或缺的部分。这些装饰所表现的内涵是十分丰富的,它反映了匠师及主人对美感的追求、对祈福避邪的向往,对教化功能的重视、对爱增是非的表露,也是当时的民风民情的折射与反映。

第四节　闽台宗教建筑艺术

一、福建宗教建筑对台湾寺庙建筑的影响

台湾寺庙因大多为福建移民所建,所以与福建关系很密切。《台闽地区的古迹与历史建筑》书中第一章《台闽地区的古迹与历史建筑之来源与类型》,为说明闽台建筑渊源关系,提出将泉州开元寺与台北龙山寺、鹿港龙山寺,泉州孔子庙与台北孔子庙、彰化孔子庙,泉州同安保安宫与台北保安宫、北港朝天宫等进行比较。这是很有见地的。

泉州开元寺是众多木构建筑中年代最久、规模最大的建筑,其特点一是继承传统又不囿于传统,大胆突破创新。既有浓郁的中国古代建筑的传统韵味,又有鲜明的闽南建筑风格。二是将雕饰艺术与构造技术巧妙地融为一体。台北龙山寺金碧辉煌,内部装饰华丽,特别是各种雕刻绘画极为精美,多有闽南特点,可明显看出出自泉州建筑师之手。鹿港龙山寺坐落在彰化县鹿港镇,曾在清嘉庆年间为泉州开元寺分寺,殿前龙柱及八卦藻井颇具闽南特色,特别是龙柱雕刻得极为精致,前后三进,各不相同,但都玲珑浮出,戏台的藻井被称为"八卦顶",以精巧木雕配上精密设计的榫头而成。诸殿屋脊均为燕尾式,脊有凤凰装饰。五门前的一对石狮是 200 余年前泉州人运来此镇守的,寺中典藏道光年间的古碑《重修龙山寺碑记》与《援倡首敬捐六月十九筹费碑记》,对泉厦郊商如何运载砖石建寺有清楚的描述。在寺庙中可明显感受到闽南寺院的影响。

泉州孔子庙位于泉州市区泮宫内,宏伟壮观,为我国东南现存规模最大的孔庙,主体建筑为宋代典型的重檐庑殿式,殿为抬梁式木架构,斗拱层叠,梁枋纵横,屋脊较短,四角斜坡面较长,殿柱皆为花岗岩石,束腰嵌有莲花图案青石浮雕。台北孔庙位于大龙洞、哈密街一带,由泉州府惠安县著名建筑大师王益顺于 1925 年重建,主要模仿泉州孔庙,建成"正统南中国式孔庙",其特点:1.万仞宫墙中央未开设大门以通泮池,因台北地方未曾出过状元;2.无楹联,因没有人敢在孔夫子面前卖弄文章;3.无门神,因孔夫子不语怪力乱神;4.庙内110 根柱材全为来自福州的杉木和泉州的花岗石;5.大成殿屋顶有通天柱,相传为朱熹于漳州任职时所创设,以表彰孔子道贯古今;6.大成殿屋顶有枭鸟,相传枭鸟凶残,及长反食其母,然会停在屋顶听孔子讲学,寓意有教无类;7.全国孔子庙皆为官府所建,唯独台北孔子庙为民间捐款兴建(时为日本据台时期)。

　　泉州同安保安宫,即今天的厦门青礁慈济宫,为供奉宋代民间神医吴夲,于宋绍兴二十一年(1151)建造。宫分五殿,有 12 根刻着蟠龙、八仙、山川、禽兽的大石柱,宫内青石、石屏、梁上都刻着各类图画,雕工精细,殿顶铺设琉璃瓦。钟鼓楼藻井木拱结构,玲珑轻巧。台北保安宫又称"大道公庙",所供奉的保生大帝由吴夲故乡分灵而来,庙宇巍峨,其山门、大殿、后殿和圆亭,都为传统的闽南建筑风格。北港朝天宫位于云林县,庙宇规模宏大,大殿为硬山式屋顶,重叠三层,脊尾高翘凌空,正殿、后殿与毓麟宫、聚奎阁、凌虚殿、文昌庙、三界公祠等组成建筑群,屋脊装饰有飞龙、凤凰、麒麟、宝塔及各种图案,也为典型的闽南建筑风格。

　　台湾受闽地建筑影响,有代表性的寺庙还有位于台南的延平郡王祠,其为一座福州式庙宇建筑,不仅聘请了福州的林恩培,其他土木工匠亦从福州请来。该祠为圭形山墙马背,屋脊燕尾起翘,整个建筑以厚重的琉璃瓦压信低矮的墙身,高峻的照壁与外墙合而为一。位于台北县三峡镇民生路旁的三峡祖师庙,外观精雕细琢,殿堂精细、典雅,显然受到祖庙安溪清水岩的影响。位于桃园市龟山乡岭顶村的寿山岩观音寺,为两进两廊两护龙式的庙宇,以蟠龙石柱为檐柱的前檐廊正面,"弓"字弯曲代表龙身,不在柱的正面而在内侧是其特色。中门下的石门臼,左右各雕有书、画图像,庙宇与精致的雕饰结合,显得金碧辉煌。整个建筑呈漳州、泉州的建筑风貌。位于新竹市北门街与东门街交叉路口的都城隍庙为台湾规模最大的城隍庙,平面为闽南常见的连续式山墙三殿式庙宇,木雕装饰为整个庙宇的主要特色,无论圆雕、透雕、浮雕、线雕都由来自闽南的工匠雕制,因此有明显的闽南特点,一些斗拱、托木、吊筒、竖材、梁楣、斗座上的木雕题材丰富多样,生动活泼。龙柱、石狮、壁堵、石窗、抱鼓石等处的石雕,都精美绝伦,出自闽南工匠之手。

　　台湾妈祖宫庙的建筑与福建关系非常密切,或仿福建宫庙样式,或从福建运来材料,或由福建运来饰物,或请福建匠师前来,许多台湾妈祖宫庙中随处可看到福建宫庙建筑的痕迹。台北县淡水镇的福佑宫,建庙的一石一瓦大多从福建船运到台湾,庙中高约三公尺的圆形、八角形、正方形的石柱,都来自福建,门口两座碧绿色的石狮也是在福建打造的;大门墙壁上道光十九年(1839)所镌壁画,图案清晰,人物生动,也是在福建完成雕刻后,运至淡水,再由匠师整块打入壁中。台北县新庄市的慈祐宫,建造者利用舟船往来大陆之便,从福建将石材、砖瓦、杉木船运到台湾,盖起了宫庙;之后随着时代变迁而不断翻修,每次都聘请福建工匠前来修建;宫庙中各类神像均出自泉州匠师之手,于清雍正年间制作,坐身搁手的妈祖塑像纯洁慈爱,十八罗汉塑像各具性格,惜原十八罗汉塑像已被窃,现存的为仿制品。台中县大里市的福兴宫,草建于清嘉庆十六年(1811),于1992年11月重新修建,重建时不论石砖雕、绿釉、斗砌、画栋,都是从莆田湄洲直接订制的,先由福建工匠粗加工,再运到台湾进行细琢。澎湖县马公市的天后宫,是台湾最早建立的妈祖庙,至今已有400年历史,为台湾一级古迹,其间多次整修,1923年的大整修是较为成功的一次,它丝毫不像一般宫庙鲜艳俗丽,而以其处处精工巧手,给人留下庄严秀雅的深刻印象,值得一提的是,当时从泉州、漳州聘请来的两班木雕师傅,他们现场竞技,所雕出的各式雕花作品精益求精,才使后人一饱眼福。

二、福建宗教建筑匠师对台湾宗教建筑的影响

从台湾关公庙的建筑中可看到闽地匠师、台湾匠师、客家匠师的不同风格。如桃园县大溪镇的普济堂,其主祀的关庙帝君、孚佑仙祖、九天司令,左右偏殿各祀的延平郡主、文昌帝君,皆出自福建雕刻名家林其凤之手,距今已有90多年历史,系采用陶土脱坯方式雕塑而成。再如宜兰县礁溪镇的协天宫,其设计师为台湾人阮元荣,庙内的木雕、结网、藻井皆由台湾阿水师傅包办完成,关圣帝君后的那条龙则为台湾再兴师傅的手艺。又如云林县口湖乡的关帝庙,可明显看出广东客家建筑和流派风格;其为三殿两廊式的木构建筑,三殿就是前门,栋束不直接承桁,前步口采二,后步口缩为一架,明显分出宽狭;庙门不彩绘门神,接近官庙孔子庙的风格;三川殿后檐向上弯起,牌楼也不做弯枋用雕花取代;正殿前有轩的设计,也是弯拱,展现了客属此派精神;正殿进深有七间,栋架简单明了,栋架的斗拱,只有拱而省去了斗;后殿的屋顶则是穿斗式的构造;庙中最大的特点就是随处可见客家人常用的穿水式栋梁,其束木不与桁木接触,两者之间垫一个斗,也有束木穿过柱头斗下,斗口呈弧状,以承桁木。

对台湾寺庙建筑风格影响最大的主要有三大匠师,即北派掌门陈应彬、漳州派大师叶金万、溪底派大师王益顺。这三位大师,或吸收闽派建筑特点而推陈出新,或本人就是从闽渡台而精益求精,都与福建关系密切。①

陈应彬于1864年出生于板桥中和,祖先来自漳州南靖。他的寺庙建筑风格承续了漳州派,但也有自己的创造。李乾朗在《台湾建筑阅览》中指出:"他的著名标志即是金瓜形的瓜筒与弯曲形的螭龙拱,这两种特别造型虽是由漳州蜕变出来,但都加入了陈应彬自己的创作。易言之,他有承先,也有启后。他提升了台湾近代寺庙以斗拱与瓜筒为主的装饰程度,将力学的美感表现出

---

① 何绵山:《福建匠师对台湾建筑的影响》,《两岸关系》2008年第2期。

来。"陈应彬将装饰与结构功能紧密结合,如台北指南宫的藻井、朝天宫的藻井与嘉义溪北六兴宫的藻井等,都为杰作。陈应彬的代表作为北港朝天宫。

叶金万出生于台湾,祖先来自漳州,工匠风格属漳州派,他的瓜筒形态修长,细部雕琢纤巧。其代表作为桃园八德三元宫、北埔姜祠、竹东彭宅、中坜叶氏宗祠、屏东宗圣公祠等,被称为台湾近代寺庙宗师。

王益顺于1861年出生于泉州惠安崇武溪底村。18岁时,承建惠安青山王庙;23岁时,承建闽南一带宅庙,并修建泉州开元寺;56岁时,承建厦门黄培松武状元宅;1918年,受台湾辜显荣之邀设计艋舺龙山寺;1919年,率侄儿及溪底匠师等10多人抵台北,开始建创艋舺龙山寺;1923年,抵台南设计南鲲鯓代天府;1924年,应新竹郑肇基之聘,设计建造新竹都城隍庙;1925年,受聘设计台北孔子庙;1930年,回泉州设计建造厦门南普陀寺大悲殿,至次年逝世。王益顺来台时间长达10年,并带来家乡许多匠师,包括雕花匠、石匠、泥水匠、陶匠与彩绘师,所以人称溪底派。王益顺对台湾建筑产生了深远的影响,其作品被称为台湾近代寺庙文化的新里程碑。

第九章　闽台文学源流

第一节　闽台文学交流

一、闽台文学渊源

众所周知,闽台仅一水之隔,地缘、血缘、语缘、习俗相近,自唐朝开始,福建就有人移居台湾;宋代,闽南人开始移居和开发澎湖,逐渐形成村落。明朝开始,在台湾本岛已经出现汉人的村庄,明末清初,福建移向台湾的移民开始大量增多,逐渐成为台湾居民主体,现在大约有80%的台湾人祖籍福建。"相随汉族移民而进入台岛的中原文化,作为生存方式和精神方式的总和,自然地、历史地成为台湾地区社会生活和文学发展的基因。"①在相同母语基础上生成的台湾文学,不可避免地打上了先民原住地福建的烙印,因此闽台两地常常被划分为同一个文化区域,在文学艺术上也有很深的渊源关系。

1662年,郑成功收复台湾,跟随郑成功入台的泉籍前明遗臣王忠孝(惠安人)、卢若腾(金门人)、沈佺期(南安人)和江南籍的徐孚远、张煌言、曹从龙、陈士京等人都是诗词大家。卢、沈、徐、张、曹、陈原是大陆几社成员,入台后称"海外几社六子"。他们时常吟咏,讴歌"一重苦雾一重瘴,人在腥风蜃雨中"②的台湾岛开发和"于此开天荒,标立东都名"③的行政建制。他们都有诗集传世,对台湾刚刚萌芽的诗风的壮大起着很大的促进作用。这是福建文人入台的较早记录。

清朝统治之初,祖国大陆渡台的人数不断增长,政府不仅加强对我国东南海防的建设,而且继续开发台湾,对当地的政治、经济、文化的发展起着推进的

---

① 杨匡汉:《唐山流寓话巢痕》,《台湾香港澳门暨海外华文文学论文选》,海峡文艺出版社1993年版,第77页。

② 丘逢甲:《台湾竹枝词》,福建社科院编《复台诗选》,1982年。

③ 卢若腾:《东都行》,福建社科院编《复台诗选》,1982年。

作用。更多的闽、粤,特别是闽泉、漳的诗人文士入台,大大促进了当地文学运动的发展,一时"游宦贤寓,簪缨毕集"①。各种诗社纷纷蔚起,诗风之盛甚至不亚于母文化发源地之祖国大陆。

从清代康熙年间开始,一批又一批祖国大陆作家游历到了台湾。出于对台湾风物的好奇和关爱,也由于"入境问俗""下车观风"一类古训的驱动和影响,祖国大陆游台作家几乎都写有采风问俗的作品。清代乾隆年间起,在祖国大陆去台作家的带动下,台湾本地作家先后响应,台湾文坛刮起一股采风问俗之风,在咸、同年间至光绪初年(1851—1885)盛极一时。福州去台诗人刘家谋的《海音诗》(1851)显示了清代台湾采风创作的最佳状态和最高水准。

福建侯官人陈衍(字叔伊)是近代重要诗派"同光派"闽派诗人领袖,其诗重在学习王安石、杨万里的曲折用笔,骨力清健;其浩繁的《石遗室诗话》力主"三元说",对中国近代旧诗坛产生过广泛的影响。1886年陈衍游幕到台,使得"同光体"诗派的势力及影响播迁于台湾,并使台湾也成为"同光体"诗派的发源地之一。

台湾文学大约在19世纪中叶开始,兴起"击钵吟"创作。击钵吟的出现是由福建诗钟的传入而引起的,台湾诗钟的引领者多为闽籍诗人。诗钟在台湾文坛风行了近百年的时间,对台湾文学产生了深远的影响。

二、创作题材交融

人们往往把闽台划分为一个文化区域,这在文学创作上也可以找到一定的佐证。闽台文学在特定的自然环境和历史条件下,涉及的题材具有较强的区域色彩。古代,闽台远离政治文化中心,交通闭塞,北方动荡,闽台反倒相对平静,作为动乱北方的大后方,造就了文学上的遗民心结和隐逸派文人。如宋末元初的谢翱、郑思肖、熊禾、黄公绍,明末清初的沈光文、徐孚远、陈永华,他们隐居不仕新朝,写作了大量山水诗。擅长写作山水诗,也是闽台文人的一大特色。闽台自古以来也涌现了不少著名的反抗侵略、保家卫国的文人。早在宋元时期,福建就出现了李纲、张元幹、邓肃、刘克庄等人慷慨激昂、壮烈磅礴的抗金抗元诗文。明清时期,闽台大后方的格局逐渐发生了变化,倭寇频犯,清军南下,荷夷据台。在这动荡战乱之秋,俞大猷、黄道周、郑成功、卢若腾等人写下了不少气势雄伟、感情豪迈的诗文。如郑成功在驱荷成功后写下的激情洋溢的《复台》诗:"开辟荆榛逐荷夷,十年始克复先基。田横尚有三千客,茹苦间关不忍离。"近代,闽台成为外国资本主义侵略的最先目标之一,在民族危

---

① 转引自林仁川:《大陆与台湾的历史渊源》第6章第3节。

亡的关键时刻,林则徐、张际亮、谢章铤、林昌彝、丘逢甲、连横、施士洁等闽台作家用手中之笔,奋力揭露、鞭挞西方殖民者的丑恶面目和侵略野心,表现了一代中华民族文人的爱国激情,昭示了闽台文人共同的民族气节。

林则徐在其一首词中,揭露了英帝国主义用鸦片毒害中国人民,给中国人民带来的深重灾难。国人一旦染上鸦片瘾就不事生产,抽上一丸鸦片就有靡费万缗钱的危害:"……最堪怜,是一丸泥,捐万缗钱。"后来林则徐虽被远谪伊犁,但他无时不思虑驱除英国侵略者的事。如《次韵答陈子茂(德培)》诗:"小丑跳梁谁殄灭,中原揽辔望澄清。关山万里残宵梦,犹听江东战鼓声。"张际亮《洋药税》揭露了清廷官吏不仅不杜绝鸦片进口,反而设关权利,而坐关之吏则"半公税,半私抽",造成关吏贪污、官府府库亏空,而百姓赤贫的社会现实。林昌彝对帝国主义者更是深恶痛绝,《杞忧》一诗写道:"海涸山枯事可悲,忧来常抱杞人思。嗜痂到处营蝇蚋,下酒何人啖鲤鲮。但使苍天生有眼,终教白鬼死无皮。弯弓我慕西门豹,射汝河氛救万蚩。"诗中表示亡国已非杞人忧天。他把侵略者比作蝇蚋,最后希望能够驱除侵略者,拯救百姓于水深火热之中。他还将所居的楼取名为"射鹰楼","鹰"与"英"谐音,以示誓灭英国侵略者之志。为此他还写了《猎归图》一诗,射鹰射狼,表示决心驱除侵略者。

台湾作家在台湾沦陷后,除了身体力行积极抗争外,也运用手中之笔鞭挞、揭露帝国主义的野心和丑行,对当局的无能表示愤慨。如丘逢甲在《离台诗》中写道:"宰相有权能割地,孤臣无力可回天。扁舟去作鸱夷子,回首河山意黯然。"诗歌痛斥李鸿章的卖国丑行,感叹抗战的失利、台湾的沦陷、民族的劫难,充满深沉的悲伤和无奈。在《马关条约》签订整整一周年的那天,诗人又悲愤地写下这首题为《情愁》的绝句:"春愁难遣强看山,往事惊心泪欲潸。四百万人同一哭,去年今日割台湾。"春天的到来并没有让诗人感到欢欣。相反,他的心情更加沉重。

长期活跃在台湾诗坛上的施士洁,也为痛失台湾大声疾呼,表达对故土的深情怀念,同时也不忘收复台湾,报仇雪恨。《别台作》是他离开台湾后写的一组有代表性的爱国诗歌,其中的第三首写道:"百雉高城赤堞西,鹧鸪啼罢子规啼。楼前人去如黄鹤,夜斗军来尽水犀。鬼已无头怨罗刹,僧犹有发愧阇黎。逐臣不死悬双眼,再见英雄缚草鸡。"

台湾著名文学家连横的许多诗作也反对日本对台湾的侵略和统治,表现了抗日的爱国思想。如他在日本占领台湾后所创作的《台南》一诗,表达了诗人不忘故土祖先,不忘祖国山川和民族历史的真情实感。"文物台南是我乡,揽来何必问行藏。奇愁缱绻萦江柳,古泪滂沱哭海桑。卅载兄弟犹异宅,一家儿女各他方。夜深细共荆妻语,青山青史未能忘。"

  闽台作家在面临国家危亡时所写的诗作不约而同地借用一些中华民族历史上的典故和人物来表达爱国情操和民族气节,反映了源于同一文化母体的闽台作家对统一的文化和国土的双重体认。

  中华人民共和国成立后,台湾与祖国大陆分离迄今已经有 70 年,海峡两岸的诗人纷纷吟诗作赋,寄托相思之情和表达渴望统一的心声。从不少台湾诗作中,可以看出台湾人民怀念故土和渴望统一的心声。诗人抒发"云物乡心何处是,一衣带水共潮生"(张世昌)[①]的同根同源的追忆。游子怀乡,本于性情,"最是孤媚思子小,暮门望断水边云"(张福生)[②],"无奈归帆迟不发,枉教游子泪沾襟"(詹澄清)[③],"客中佳节多乡思","西望神州又一年"(汪兆钦)[④],"家山梦断卅年更,多少流离骨肉情"(蒋孟梁)[⑤]。这些催人泪下的诗句,迸发出台湾人民饱受分离之苦和日夜思归的急切心情。他们指出"两岸皆同胞,寸心想互依"(张山东)[⑥],强烈地寄望于"两岸深期欣携手"(汪兆钦)[⑦],及"但期海上成功宴,万里江山酒百巡"(张福星)[⑧],要举杯庆祝两岸团圆日子的降临。并希冀国共以大局为重再次合作,唱出"同心协奏埙篪曲,方是炎黄好子儿"(陈佳玲)[⑨]的佳句,道出了祖国大陆和台湾不可分离的殷殷兄弟情怀,等待着"破梦相思入海门"(张福星)[⑩],把梦境化为现实。福建作家抒发苦于骨肉分离,思念海峡对岸的亲人,渴望祖国早日统一情感的作品更是不胜枚举。

  三、闽台诗钟竞咏

  就像唐诗、宋词、元曲各领风骚了中国文学史的一个朝代,诗钟在台湾文学中上也曾发生过深刻的影响。福建文学对台湾文学的影响,也由此可见一斑。

  诗钟的创作是一种具有竞技性质的集体活动,活动中有关于时、体、题、韵

---

① 崇武诗社编:《海韵》第 2 期。

② 崇武诗社编:《海韵》第 2 期。

③ 崇武诗社编:《海韵》第 7 期。

④ 崇武诗社编:《海韵》第 4 期。

⑤ 崇武诗社编:《海韵》第 8 期。

⑥ 崇武诗社编:《海韵》第 6 期。

⑦ 崇武诗社编:《海韵》第 8 期。

⑧ 崇武诗社编:《海韵》第 13 期。

⑨ 崇武诗社编:《海韵》第 18 期。

⑩ 崇武诗社编:《海韵》第 2 期。

的严格规定和各种颇具趣味性和刺激性的项目,限时咏作,分等奖励。"昔贤作此,社规甚严。拈题时缀线于缕,系香寸许,承以铜盘,香焚缕断,钱落铜盘,其声铿然,以为构思之限,故名诗钟,即'刻烛击钵'之遗意也。"[(清)徐珂:《清稗类钞·诗钟之名称及原起》]诗钟有笼纱、嵌珠二格,嵌珠即折枝之异名,但当时人们往往不称嵌珠,而更经常使用折枝之名称。

据陈海瀛《希微室折枝诗话·折枝起源第一》考证,早在清代嘉庆年间(1796—1820),闽籍爱国英雄林则徐就写有折枝诗句。到了道光年间(1821—1850年),福州人已在当地和北京等地组织诗社,开始定期有组织地进行折枝吟活动。总之,据目前所知,折枝始于清嘉庆年间,道光以降乃盛行。福州为诗钟发源地,被称为"诗钟国"。

闽派诗钟在唐景崧入台前就传入台湾,1887年4月,唐景崧莅台就任兵备道,曾设诗会。唐景崧是位诗钟迷,赴台前在北京就曾与许多闽人诗酒酬酢,而诗钟之聚尤频。到台就任后,其组织的诗钟活动规模更大,盛极一时。

闽台诗钟活动大都采取组织诗社、定期集会吟咏的形式。如施士洁《送前韵》"坐中赏雨吟修竹"句表现的就是集体创作的场面。与诗钟的盛行相联系的是诗人结社成风。当时主要的诗社有斐亭吟会、竹梅诗社、荔谱诗社、浪吟诗社、牡丹诗社、海东诗社等。唐景崧在台南、台北先后组织的斐亭吟会和牡丹诗社,其成员中闽人亦占多数,自称"与闽人为亲",如闽县刘荃(旭初)、王毓菁(贡南)、郑祖庚(星帆)等,侯官郭名昌(宾石)、施沛霖(右生)等,崇安翁昭泰(安宇),安溪林鹤年(氅云),长乐丘树桎(少邻),连江王鸣铿(叙珊),政和宋滋兰(佩之)等。其中不少人是诗钟能手,所以唐景崧作《斐亭诗畸·序》赞曰:"闽人雅善诗畸。"据赖鹤洲的《斐亭吟会·牡丹诗社》统计,先后参加斐亭吟会和牡丹诗社的成员共有58人,其中福建籍最多,为24人。

在福建诗人的推动下,台湾的诗社活动青出于蓝而胜于蓝,诗社的数量和活动规模比起福建有过之而无不及。据赖子清的《古今台湾诗文社》统计,清代至日据时期台湾诗文社有300多个,其中大部分从事过诗钟活动。

"光绪十六年(1890),晋江名诗人蔡醒甫在台湾彰化设荔谱吟社,诗钟、律绝并课。吴德功、傅于天、张纲、蔡香邻、张希衮、周维垣诸氏参加,时作诗钟之会,历久不懈。不幸,醒甫以耳顺之年,即归道山,一时磺溪钟声垂绝。后吴澄秋与彰化吴德功,同案同宗,晨夕过从,联吟消遣。由澄秋每日传题,傍晚交卷,风气大开。闻风者拥至,钵声重振。会闽省施文波进士来台,居彰化白沙书院,与德功交好。于是德功、澄秋与鹿港施子芹、蔡毅元、蔡寿石、蔡滋其,彰化廖克稽、周维垣等人,连拟七唱,缮呈文波评选。八人工力悉敌,莫可轩轾,艺林传为佳话。数年之间,南有斐亭吟会,中有荔谱吟社,北有牡丹诗社,先后媲美,南北辉映,风骚普被全省。"①

唐景崧辑录的《斐亭诗畸》一书(光绪十九年,即 1893 年,台北刊本)中共收录诗钟 4000 余联、律诗 200 余首,载有诗钟凡例 9 条。作者共 55 人,其中闽人约占一半,由此亦可见福建文人在台湾诗钟活动中的活跃程度。

台诗钟之盛在全国名列前茅,有多方面的原因。其一,闽台闭塞的自然环境,相对稳定的政治局面,使中原文化原型得以较完整地保留。其二,福建文人大量进入台湾,把诗钟带到台湾,并成为台湾诗钟发展的主力。其三,日据时期,闽台诗人组织诗社,开展诗钟活动,以抒发被殖民之恨。

从整体上看,"击钵催诗"的竞技,过于追求形式、技巧,脱离现实,最终堕入文字游戏的末路,这是一种必然的结果。但也不能抹杀诗钟的积极意义,汪毅夫先生曾谈到诗钟在台湾建省初期(1886—1893)对台湾诗界有如下积极影响:"其一,在台湾近代文学史上开创了诗社活动经常化、常规化的风气;其二,促成台湾各地、各界文学爱好者的联谊;其三,推出一批佳作名篇。"②"日据时期(1895—1945),台湾诗钟(击钵吟)之会促使台湾诗人'养成'和'磨练'汉文学的'趣味'和'表现的功夫',具有抵御异族同化大文化上的反抗意义。"可见,诗钟在台湾的一定历史时期内,其作用和影响是不可低估的。

四、闽台作家往来

早在明末清初,就有福建知名作家到达台湾。如卢若腾,字闲之,福建金门人,曾在明唐王称帝福州时任兵部尚书,后随郑成功入台,同去的还有诗人王忠孝(惠安人)、沈佺期(南安人)等。

清代及近代,福州文化名人中有刘家谋、林琴南、黄笏山、黄宗鼎、黄彦鸿、陈石遗、杨雪沧、周莘仲、郭宾石、郭咸熙、林有庚、王贡南、郑星帆、方雨亭、周松荪等游宦、游幕、游学或者游历到了台湾,而且他们中有人长期寓居台湾,寄籍为台湾人,甚至终老台湾。

刘家谋是福州著名诗人,1849 年 5 月到台任台湾府学训导。在台期间创作了大量采风问俗、关心时政和思乡思亲的诗作,刘家谋在台期间交游甚广,与当时台湾政界、诗坛名人姚莹、张亨甫、徐宗干、陈维英、郭锦襄、陈震曜、韦廷芳、周维新、林树梅、施琼芳等皆有交谊。

福州近代文化名人林琴南 1867 年赴台省父(其父林国铨当时在台湾经

---

① 见林国平主编:《闽台区域文化研究》,中国社会科学出版社 2000 年版,第 237 页。
② 汪毅夫:《台湾社会与文化》,海峡文艺出版社 1994 年版,第 233 页。

商）；1878 年 10 月，林琴南又有“奔耀丧于台阳”之行（耀即林秉耀，林琴南之胞弟）。林琴南两度寓台，居于淡水的时间都三年有余。林琴南在台期间，与台北诗人林尔嘉及寓台福建籍诗人林鹤年、郭宾石、方雨亭等颇有往来。

甲午战争爆发后，台湾作家纷纷回到祖国大陆，其中大多都回到祖籍地福建。林尔嘉（1875—1951），字叔臧，台北板桥人。1895 年离台内渡归于福建龙溪，1912 年在厦门鼓浪屿买山购地，仿台北板桥别墅而建菽庄，并组织菽庄吟社，邀台湾内渡诗人施士洁、汪春源、许南英等入社。

日据时期，祖籍福建晋江西岑（现石狮西岑村）的施士洁是长期活跃在台湾文坛上的一位著名爱国诗人，甲午战争爆发后，他积极参与抵制割让台湾的斗争，年近 40 还毅然从军，抗争失败后和许多台湾诗人一样来到福建，在闽南一带流亡。施士洁在台湾时参加崇正社、斐亭吟会等文学团体的活动，回到福建后又参加了在厦门的由台湾内渡诗人组织的菽庄吟社。1901 年施士洁在厦门悼念亡妻，由于国难当头，故园难回，于是触景生情，一种国破家亡之感油然而生，写下《秋居悼亡》12 首，下录其一：“小别那知成永诀，况堪吊逝又伤离。鹭门咫尺秋江水，不知天河会有期。”施士洁晚年终老在厦门。除施士洁外，祖籍石狮的旅台诗人还有李古愚、林惠祥、郑衍藩（女）等，他们的诗都具有浓厚的爱国情操和浓郁的故园情结。

近现代以来，闽台作家来往更加密切。台湾新文学运动的先驱张我军，最早受到祖国文学的熏陶和“五四”的启迪便是在被派往台北新高银行厦门鼓浪屿支行工作的两年间，他说：“自从领略了海的感化和暗示之后，我就不想回到葫芦底的故乡了。”后来银行关闭，张我军却不甘心回台湾了，便北上来到北平，迈出了构筑他一生成就的关键一步。

祖籍福建永春的台湾著名诗人余光中 1948 年 1 月转入厦门大学外文系学习，凭借“一点起码的原文知识，便开始尝试写‘新诗’了”。他的诗作和短评竟然在厦门的《星光》和《江声》上发表了，这使他受到莫大的鼓励，从此，他便与新诗结下了不解之缘。到台湾后他便立志“要成为一位新诗人”。由此可见在厦门的这段生活对他的影响。

又如许南英之子许地山曾在福建文坛大显身手，台湾著名旅美作家於梨华曾在福建就学，闽籍著名学者、作家林语堂晚年定居在台湾等。

1949 年 10 月，中华人民共和国成立，国民党统治者退踞台湾，两岸相隔，至今已 70 载，同胞往来被人为地阻隔了，但血缘和诗缘是永远割不断的。随着近年来祖国大陆的日渐开放，闽台诗人更多地用诗词作为联结两岸亲缘关系和沟通情感的纽带。20 世纪 70 年代末，泉属各地市诗人经常在元宵、中秋、重阳等佳节,举行诗会。几年来,诗社纷纷成立,如泉州市鲤城区的刺桐吟社、清源诗社、鲤城诗社,惠安的惠安诗社、螺阳诗社、崇武诗社、东岭诗社、文笔诗社,安溪的凤城诗社、龙津吟社,永春的桃源诗社等,并出版诗刊、诗集。诗作中有大量怀台诗作,寄寓对台胞的怀念,渴望台湾早日回归祖国。

闽南大部分诗社和台湾诗社有密切联系,以诗代简,广缔诗缘,两岸诗友开怀赋诗,联络乡情。如台湾的朴雅吟社、丽泽诗社、岱江诗社、网溪诗社、春人诗社、林园诗社、甲子国际诗人大会等,与闽南的龙江吟社、崇武诗社等,都长年保持着诗词唱和往来。① 这不仅是为了弘扬炎黄文化,繁荣两岸文艺,更主要是寄情游子思乡念祖,缅怀故人,或记叙先辈渡台拓荒创业,描绘台湾风光胜景,反映台湾风俗人情,以增进亲情之交流。"声腔虽异心声洽",正是台胞真情实况的写照和盼望祖国统一的心声,给人们以深沉的感怀和美的享受。

1993 年 11 月 8 日,福建省作家协会在福州接待了一批来自台湾的"原乡人":以台湾《联合报》副总编、著名诗人痖弦为领队,《联合报》文学副刊主编、著名诗人陈义芝为副领队,由台湾著名作家廖辉英(祖籍安溪)、侯吉谅(祖籍南安)、王浩威(祖籍平和)、阿盛(祖籍龙溪)等人组成的访问团。11 月 15 日,福建省作家协会和台湾《联合报》文学副刊联合举行了有关海峡两岸文学交流与展望的座谈会,福建、台湾两地作家亲切相聚,推心交谈,气氛显得格外热烈、融洽。

1995 年 5 月 24 日至 6 月 2 日,应台湾"中国作家艺术家联盟"邀请,福建省文学出版访问团赴台湾进行为期 10 天的交流访问。这是祖国大陆文学出版界首次组团赴台访问。该团一行 4 人,省文联副主席、作家季仲任团长,团员为海峡文艺出版社副社长、副总编林秀平、编辑刘磊和作家杨际岚。

2002 年 8 月 17 日,经福建有关部门邀请,台湾诗人尚明、张默、大荒来福州访问,并应《海峡都市报》的邀请,与福建著名诗人蔡其矫、评论家南帆、著名台湾文学史专家刘登翰、诗人伊路就两岸诗歌交流和诗歌生存进行了一次深层次的对话,《海峡都市报》做了整版的报道。

2003 年 9 月 10 日至 21 日,福建省文联、福建省文化经济交流中心、《台港文学选刊》杂志社、福建省文学艺术对外交流中心、福建省文联理论研究室共同举办了以余光中为主题的"2003 海峡诗会"。"海峡诗会"主要项目有"余光中诗歌研讨会"、"余光中诗文朗诵会"以及"余光中专题讲座"等,活动范围遍及福州、武夷山、泉州、厦门等地。余光中此行引发了福建青年学生和诗歌

---

① 蔡尤资:《故乡情 翰墨香——台湾来的诗》,《晋江文史资料》第 11 辑。

爱好者的巨大反响,福建各大媒体都进行了跟踪报道。近年来,福建社科院台湾研究所、厦门大学台湾研究所和华侨大学、福建师范大学等的学者都曾就余光中及其作品发表过研究心得。创办于 1984 年的《台港文学选刊》曾先后发表过 50 多篇余光中的作品,余光中成为该刊自创办以来重点介绍的 1000 多位作家中"出镜率"最高的一位。

在中华民族逐步走向统一的新时代,闽台作家的往来将会越来越多。

第二节 闽台民间故事互动①

一、闽台民间故事所表现的共同内容②

(一)闽台神话

神话主要是原始时期人们不自觉地把自然界和社会生活加以形象化、人格化,从而形成的幻想神奇的故事,它借助幻想和通过幻想曲折地表现人们征服自然等内容。原始时期产生的神话,进入阶级社会后仍有相当部分继续流传,并在流传中演变,甚至衍生出某些新的神话故事。闽台流传的神话中,有许多神话是表现共同内容的,这也从一个侧面反映出闽台文化的密切关系。

盘古神话。盘古神话是我国古老的开天辟地型神话,有多种传说,台湾祀神传说中有"盘古公"神话:"(盘古)为神话中天地开辟之神。传其死后,头为四岳,目为日月,脂膏为江河,毛发为草木。"③在福建流传的盘古神话,如永春的《盘古帝王》、晋江的《盘古开天辟地的故事》都与台湾的《盘古帝王》相似,从台湾与福建的盘古神话可以看出,两地这一神话同源。

女娲补天神话。台湾祀神有"女娲娘娘","女娲娘娘即我国传说中'补天'的女娲氏。传说,与祝融氏战败之共工氏,将自己头触于不周山,致使山崩而天柱折断,于是女娲氏炼石补天云"④。这个神话是将女娲神话、共工神话、祝融神话糅合在一起的神话故事,在全国广泛流传。其在福建的传承中,除许多县市与台湾所流传的相似外,有的地方还结合进当地风物或习俗,"发展"了这

---

① 本章所引用的福建民间故事,除文内注明出处外,均引自《中国民间故事集成·福建卷》及福建各县市分卷。

② 何绵山:《丰富多彩 独具魅力——台湾民间故事述评》,《世界华文文学论坛》2003 年第 2 期;何绵山:《闽台民间故事源流探论》,《美丽的乡愁——首届福建民间文艺"山茶花"奖民间文学奖获奖作品选》,海峡文艺出版社 2014 年版。

③ 吴瀛涛:《台湾民俗》,众文图书股份有限公司 1992 年版,第 77 页。

④ 林衡道:《台湾历史民俗》,黎明文化事业股份有限公司 2004 年版,第 69 页。

个神话,如晋江的《补天石》讲:天漏下雨,洪水泛滥,女娲来到人间炼石补天。她炼了 36 块五色石,补掉 35 块,剩下的 1 块跑到泉州南门外与当的一块大石头一起玩耍。她寻找到这块石头。但石头说,如果把天补得太密,天上一滴水也不漏,老百姓就会干死。女娲听了觉得有理,准许这块五色石和那大石头在一起,于是泉州就有了"补天""填地"两块大石头了。由此可看出,台湾的女娲神话较多地保留着原始风貌,而晋江县的这个女娲神话的内容和情节有了变化,十分有意思的是,它结合进了当地风物和闽台民间习俗,体现出闽台的密切关系。

雷公和闪电神话。台湾的《雷公和闪电》讲:有一孝顺寡妇,自己吃胡瓜种子,却弄米饭给瞎眼婆婆吃。婆婆感觉到了,就把米饭和胡瓜种子对换。寡妇劳动回来看见,仍把米饭给婆婆,将胡瓜种子倒在门外。雷公误以为寡妇倒掉五谷,把寡妇击死。玉皇知道了寡妇的无辜。任命寡妇为闪电娘娘,先以光亮看明善恶,才准雷公打坏人。[①] 这个气象神话,在福建各个县市流传,如漳州市、永春县、古田县、南靖县、平潭县、顺昌县等地都有类似神话。不同的是,漳州市的《打雷之前先闪电》讲:婆婆病重想吃肉,媳妇剜手臂肉煮给婆婆吃。婆婆误会媳妇荒年藏肉,被雷公听见,将媳妇打死。雷公知道真相后自责。媳妇化成闪电,在雷公打雷之前,让他看清善恶,以免再错打好人。平潭县的《雷神公与电神母》讲:媳妇倒掉的是黄菜瓜子,玉帝要斩雷神,太上老君求情,并助雷神救活媳妇,玉帝调太白金星的神灯童子为雷神响雷前先行照明。建阳的《眨刀婆》讲:母亲在荒年将棕化籽煮给儿子充饥,儿子吞咽不下,把棕花籽倒掉。大帝看见,以为倒在地上的是白米饭,派雷公将母亲打死。母亲冤魂上天,辩清冤情。天帝派她作"眨刀婆"(闪电婆),在打雷之前先闪电,让雷公看清人间善恶后再打雷。

通过对上述闽台流传的"盘古""女娲""雷公与闪电"等神话的比较,可以知道,在台湾流传的这些神话,是从福建"照搬"移植而来的。因此,这些神话保留着与福建相同的原貌。诚然,在流传过程中,有的故事情节会因结合当地风物或习俗而有所变化,但体现的主题不变。

(二)闽台民间传说

传说也是古老的口头故事体裁,它具有特定的、历史的和实在的因素,传说中的事件一般都属于一定的历史时代,或以一定的历史阶段为背景。传说常寄寓着当地民众对所述人物、乡土、山川等的深厚感情。有些传说也有以原

---

① 吴瀛涛:《台湾民俗》,众文图书股份有限公司 1992 年版,第 376 页。

始思维为基础的幻想情节,还有一些精怪等。闽台有大量表现共同内容的民间传说。

一是人物传说。如:吴凤传说,在台湾有《吴大人死尊阿里山之神》①,闽南也流传着许多关于吴凤的传说,尤其是在吴凤的家乡平和县流传的《吴凤的传说》,除开篇略有不同外,内容完全与《吴大人死尊阿里山神》一致。从比较中可以看出,因为吴凤自幼随父前往台湾,且在台湾任理番通事直至"死谏",那么有关吴凤的传说应产生于台湾,再由台湾向闽南流传,并且在传承中没有发生什么变化。再如郑成功传说,在台湾和福建都流传着许多关于郑成功的传说,其中有相当一部分内容一致。由于其具有特定的历史的和现实的因素,寄寓着闽台两地人民对郑成功的浓厚感情,所以具有历史感和真实感,因而相同内容的传说能够在闽台两地世代传承。在台湾,还有大量著名的历史人物传说,在福建也有相应的类似的传说流传。

二是地方风物传说。地方风物传说是关于当地山川、江河湖海、名胜古迹,以及地名等的传说,闽台在这方面传说中所表现出的共同内容也很多,如:白米壶传说,讲述基隆的"仙洞"有一空隙,每天会漏出白米。有人贪心,将空隙凿大,后来就不漏米了。② 这一类传说,在福建各个县市均有流传,如南平市的《出钱石》讲:一座大石经赤脚大仙点化,每天能出铜钱。一石匠贪心,砸破出钱石,结果从里面飞走了一只金鸡,石头却再不会出钱了。福建诸多"油岩""米岩"类的传说,与台湾的这一传说相似。再如女魂花传说,讲述澎湖南大屿在明朝灭亡之时,很多百姓来此避难,后来都被海贼杀光,只剩下 7 位妇女,为了誓守贞节,这 7 位妇女最后投井自尽。海滨的那几株花,传说是那 7 个妇魂的化身。③ 在东山县,流传着《澎湖岛上的美人树》的传说,讲述澎湖岛上有 7 位美丽的姑娘,有一年除夕,一伙海盗上岛,要乡亲交出 7 位姑娘。但乡亲们把 7 位姑娘藏进庙里的暗间内。海盗把乡亲赶进庙,正要放火烧庙之时,7 位姑娘出来阻止,海盗押走姑娘,路过一口古井时,7 位姑娘跳入古井。不久,古井边长出 7 棵小树,乡亲们为怀念那 7 位姑娘,便称这些树为美人树。这两个传说内容基本相同,情节与细节有些差异,是同一风物传说的不同"版本"。

三是动植物传说。这类传说,多是说明某种动植物来由的故事,大多表现

---

① 林曦:《台湾民间故事传奇》,联亚出版社 1979 年版,第 275 页。

② 吴瀛涛:《台湾民俗》,众文图书股份有限公司 1992 年版,第 368～369 页。

③ 吴瀛涛:《台湾民俗》,众文图书股份有限公司 1992 年版,第 364 页。

动植物与人或神的纠葛,常常可归结为某种动植物系由人或神物所变的模式。台湾流传的动植物传说,和福建的同类传说相比较,非常雷同,以台湾流传的《白鼻猫》为例:有一位很懒的富家子,把家财花光了,求财神爷赐银子给他,但却饿死了。富家子到阎王那里告财神爷。财神爷说送银给他,叫他他却不开门。阎王爷便让富家子去投生,问他转世要做什么? 富家子说要做白鼻猫,因为老鼠会以为白鼻是白米,他就可以不费气力地捕到老鼠。这样,世上就有了白鼻猫。[①] 在福建的福安市,也流传着《白鼻猫》传说:有一个孩子,活活饿死。阎王问缘故,孩子说他每日都由母亲喂食,母亲因要出门,做了好多糍粑挂在床头,他只吃下面的,上面的吃不到,便饿死了,阎王说,让你去做白鼻猫,老鼠会当白鼻是糍粑,你就可以张口咬住了。从那以后,许多黑猫鼻子都是白的。这二则传说故事,虽然细节有所不同,但内容和情节基本相同,即“白鼻猫”都是懒惰者饿死后,阎王问他投生欲转变成什么,其愿意成为白鼻猫或阎王让他投胎成为白鼻猫,说明了白鼻猫的来由。类似的传说,闽台两地有着同样的传承。台湾这类传说是福建同类型故事在台湾的移植。

　　四是风俗传说。风俗传说是关于各地岁时、婚丧和其他礼仪、居住、饮食、服饰、娱乐、信仰、禁忌等风俗习惯的传说。台湾和福建许多风俗习惯相同,如岁时、婚丧礼仪、信仰等等,与此相关的传说故事,基本无二致。在这些方面,闽台有许多表现共同内容的传说故事,例如每年农历七月初七为“乞巧节”或称“乞巧会”,传说这一天的晚上为牛郎织女相会之时,妇女便在月下设鱼案,备针线、瓜果之类,祭牛郎织女星,在月下穿针线,如穿进,解为针绣巧美兆。在台湾,有关牛郎织女的传说有多种,在福建各县市也流传着多种牛郎织女传说。有关牛郎织女的传说,是我国四大传说之一,汉代即有了比较完整的《牛郎织女会鹊桥》的传说故事,随着这一母题的不断演变,有关异文的内容和情节越来越丰富,闽台两地的相关传说就体现了这一情形。再如每年腊月二十三(或二十四),民间有送灶神的习俗,台湾有《灶神》传说:“灶神是玉皇上帝的第三个儿子,性情怠惰,不务正业,整天只是喜看女神,因此常惹起众神的非议。玉皇上帝看他如此,遂命令他下凡,派他掌管人间的灶火,自此灶神可饱看女人。”[②]福建也流传着许多关于灶神来历的传说故事,各个版本不同,其中南靖县《灶君公的由来》传说,和台湾的传说比较相近,但情节更为丰富,从闽台祭灶神习俗及有关传说中,可以看出其从福建向台湾传承的轨迹。

---

① 吴瀛涛:《台湾民俗》,众文图书股份有限公司1992年版,第444页。

② 吴瀛涛:《台湾民俗》,众文图书股份有限公司1992年版,第374页。

　　五是民间信仰传说。闽台民间有大量共同信仰的神祇,有关这些神祇信仰的民间传说,也在闽台广泛流传,且内容基本一致。如台湾流传着多种关于清水祖师的传说,其中有一种称:清水祖师系宋代人,家贫受雇于寺庙,因不堪寺僧之虐待,独自上安溪清水岩,面壁参禅,得道升天。岩中有石穴甚深,祖师曾将石穴所流出的白米施惠安溪人,所以安溪人在清水岩建庙祀之。① 福建安溪县《清水岩》讲:清水岩寺所在地原来是个鬼洞,洞里住着 100 个山鬼。有一天,祖师拿着一条包头巾去和山鬼斗法,摔死了 95 个山鬼,逃掉了 1 个山鬼,收服了 4 个山鬼守卫山门。祖师镇伏山鬼后,去内地买杉木修建岩寺,山主在他的感召下,将一山杉木送给他。杉木从山上被冲到大溪,又从清水岩口的浮杉池中浮上来,工匠用它们建成了清水岩寺。台湾另一则传说称:祖师系清溪县(即今安溪县)蓬莱山僧普足,曾筑室蓬莱山清水岩,居穴修道达 19 年之久。其时有鬼亦居在穴中,曾把普足关住熏了七昼夜,可是他并没有死。现在清水祖师的脸部很黑,被人称为乌面祖师,就是由于这个缘故。② 福建永春县的《清水祖师》讲:清水祖师是永春岵山人,叫陈荣祖,从小爱读经书,出家当小和尚,改名普足。他学得高深法术,修桥筑路,施医送药,弘扬佛法。一年大旱,安溪县蓬莱乡人请他祈雨,非常灵验,他也就留在蓬莱的清水岩,建起岩宇,修道成佛,人们称他为清水祖师。从闽台流传的清水祖师传说中,可以看出其内容的同一性。这类传说,也是源于福建,而后向台湾传承。

　　六是风水传说。风水传说原为山川风物传说的一部分,由于它融入了堪舆风水之说,便形成了特定条件下的风水传说。这类传说在福建颇多,随着历史上福建人口向台湾的迁徙,此类传说结合了台湾的山川风物,形成了台湾的风水传说。如一则关于台南县麻豆镇古建筑郭宅的传说:"相传,清康熙年间,麻豆某人得到地理师的指点,于一风水极佳之处建立房舍,顿成此地的首富。地理师成了瞎子,富翁便邀他住在家中,并答应供给他所喜吃之羊肉。一天,富翁欺地理师眼瞎,将一跌入粪坑而死的羊,煮给地理师吃。一童工告诉地理师真相,地理师十分愤怒。地理师给富翁说,门前的池塘有害风水,让富翁改为果园。从此,富翁家连遭不幸,逐渐没落。"③台北、台中也有类似传说,台北市大同区《大龙峒传》:该地富豪港墘的陈家(陈悦记)因在蛤蟆穴的风水上建

---

① 吴瀛涛:《台湾民俗》,众文图书股份有限公司 1992 年版,第 70 页。
② 吴瀛涛:《台湾民俗》,众文图书股份有限公司 1992 年版,第 70 页。
③ 林衡道:《台湾历史民俗》,黎明文化事业股份有限公司 2004 年版,第 64~65 页。

筑其住宅而发迹。^① 福建也流传着许多风水传说,如古田县《九蛤蟆地的传说》讲:闽王年间,古田宫园里陈姓两兄弟,在朝当左右丞相,他的家人在故乡横行霸道,欺压乡民。有一地理先生看不下去,就出主意,请工匠把村前的九块风水石"七将军九蛤蟆"以狗血泼后凿平搬掉。这一来,在朝为官的两兄弟不但获罪被处斩,还株连了九族。族中有个已怀孕的远房侄媳妇,曾经救过一头被猎人追捕的山麂,这头山麂在官兵来抄斩族人时,来报恩把侄媳妇救出,这才使陈家没被灭种。顺昌县《鸬鹚山与华宰相的传说》讲:有一华姓人,得到风水先生指点,将先人骸骨葬在鸬鹚山的风水穴,中了状元,当了宰相。但风水先生因风水穴被葬,瞎了眼睛,要华家供养。时间一长,华夫人独守空房,非常气恨风水先生,就给他吃冷饭坏菜,冬天还给他冷水洗脚。风水先生便教华夫人派工人将鸬鹚山的"脖子"挖断,破了风水,华宰相便获罪被处斩于午门外。后皇帝知是错斩,便赐给 36 个金头,装入 36 副棺材,送回故里安葬。这时风水先生因风水已破,双眼复明,离开了华家。比较闽台风水传说,有许多相似之处:第一,都以当地山川风物作为传说的发生地点。第二,都经过地理先生或地理师指点,在风水宝地建宅或葬先人骨骸,才得以致富或做官。第三,虐待已瞎眼的地理先生或地理师。第四,招致风水破坏,家道败落。通过比较,正如台湾林衡道先生所说,台湾的"这些传说,都是大陆上风水传说的翻版"^②。

(三)闽台民间故事

这里所说的故事是以虚构性为突出特征的狭义的民间故事,这些故事很多都是类型化的,某些类型的作品在闽台两地都有流传,虽然在人物或情节上会有某种变异,但故事的主题与内容并未改变。它们大致可分为以下几种:

一是幻想故事。如:台湾流传的《善心的下女》讲:古时有个善心的下女名叫金枝,在种菜时遇到一肮脏的乞丐,金枝把带来的饭给他吃。第二天乞丐来家中讨饭,头家娘(老板娘)把乞丐推出门外。金枝偷偷地拿饭给他吃。过了几天,金枝到溪边去捕虾,又遇到那乞丐,乞丐要金枝帮他把脚上的血脓绞出来,金枝照乞丐的话做了。乞丐走后,金枝去溪边洗脸,发现原来的空盆已装满虾了。金枝回家,头家娘看见她已变成一个漂亮姑娘。头家娘也想变成美女,便问金枝前因后果。等乞丐到来,头家娘也帮乞丐绞脓血,绞完也去溪边洗脸,结果身上长出了毛,脸变成猴脸,这时在旁边的乞丐让头家娘坐上烧得

---

① 林衡道:《台湾历史民俗》,黎明文化事业股份有限公司 2004 年版,第 64~65 页。

② 林衡道:《台湾历史民俗》,黎明文化事业股份有限公司 2004 年版,第 65 页。

火热的瓦片,她屁股被烧得通红。头家娘没脸见人,就住到山上去,成了猴子的祖先。① 福建省连城县《仙姑救婢女》讲:有个财主两公婆待人十分刻薄,他们家的小婢女却很善良。一天,有一污头垢面的讨饭婆来讨食,财主不肯施舍,还放出狗来咬她。正要去挑水的小婢女看见,便捧出一竹筒稀饭给讨饭婆吃。小婢女挑水回来,讨饭婆从水桶里吸口清水向她喷去,小婢女立时变得非常漂亮。财主一见,急忙要小婢女把讨饭婆找回,他要讨饭婆把他全家人都变漂亮。讨饭婆噙了口财主家的酒,喷到财主全家的身上,他们就都变成了猴子。这群猴子经常下山来捣乱,讨饭婆教小婢女让猴子坐烧红的砖头,猴子被烧红了屁股,再也不敢来捣乱了。 显然,台湾的《善心的下女》与福建连城的《仙姑救婢女》属同一故事类型,其主题类同,主人公也类同,情节虽有所变化,但结果相同。此类幻想故事还如,台湾高山族排湾人《蛇妻》讲:一个老人误折了蛇的花,蛇便要求与老人的女儿成婚。老人的三个女儿中,只有第三女愿意与蛇成婚。成亲时,蛇竟变成了俊美的男子。② 卑南人和鲁凯人也流传着《蛇郎君》的故事。这些“蛇郎”型传说故事,和福建广为流传的“蛇郎”型故事,属同一类型。如永春县的《蛇郎君》讲:一位老人有三个女儿,有一天老人采了蛇郎种的三朵山茶花。要带回去给三个女儿戴,蛇郎要求与老人的女儿成婚。老人回去向三个女儿说起此事,只有第三个女儿愿意嫁给蛇郎。第二年,老人去看三女儿,见蛇郎和三女儿日子过得非常美满,回家跟大女儿一说,大女儿也去看蛇郎和妹妹。大女儿把妹妹推到古井里,妹妹变成小鸟跟来挑水的蛇郎回家。大女儿把小鸟杀了油炸来吃,把吃剩的鸟肉倒在厕所边。厕所边长出一丛竹子,大女儿又把竹子砍来当柴烧。邻居老妈妈来铲火炭,从灶膛铲到一只龟,带回家龟变成了漂亮女子。蛇郎来到老妈妈家,漂亮女子原来就是他的妻子,蛇郎把她带回家。这时,大女儿已变成厕所边的一棵大麻竹了。类似的故事在厦门、云霄、仙游、柘荣、惠安、建阳、寿宁等许多县市都有流传。此外,在福建和台湾还流传着《蛇郎君》的变异故事《虎郎君》。福建《蛇郎君》故事,应渊源于古闽越人的蛇图腾崇拜,而台湾高山族先民主要来自祖国东南沿海,即闽越人的一支,因此有关崇蛇的故事在高山族中得到移植或翻版也就非常自然了。《田螺姑娘》也是一个流传广泛的幻想故事,台湾流传的《蚬子》其情节与细节和《田螺姑娘》相近,《蚬女》故事梗概为:有个穷农夫,家有一只祖

① 吴瀛涛:《台湾民俗》,众文图书股份有限公司 1992 年版,第 404 页。

② 巴苏亚·博伊哲努(浦成忠):《台湾“原住民”的口传文学》,常民文化事业股份有限公司 1996 年版,第 38 页。

上传下来的老蚬。一日,这只老蚬变成一个美女,趁农夫去耕作时,为他做饭洗衣。一连几天都是这样。有一天,农夫假装下田,却躲在家里等着看究竟。当他看见漂亮的蚬女从水缸里出来时,便藏了蚬壳,向蚬女求婚。结婚后几年,蚬女生了几个孩子。一天农夫对孩子们说出他们的母亲是蚬变的,孩子们就去问母亲,农夫拿出了藏着的蚬壳,孩子们的母亲夺过蚬壳,变回了蚬的原形走入水缸去了。① 福建省福清市的《田螺姑娘》、寿宁县的《田螺娘子》、明溪县的《蚌姑娘》、南平市的《螺精》与台湾的《蚬女》类似,主要情节相同。关于"田螺姑娘"的故事流传广泛,因民间故事的变异性,许多地方结合当地特点,产生了新的异文,如明溪县的《蚌姑娘》和台湾的《蚬女》便是例证,但是其主题和主要情节并未改变。因此,也可以这样说,《蚬女》《蚌姑娘》是《田螺姑娘》的翻版。

二是鬼狐精怪故事。这类故事借虚幻的鬼灵、狐狸和其他动物精怪的形象,反映某种世态人情。闽台两地,这类故事同样流传广泛。以"水鬼"故事为例,台湾的《老水蛙的奇遇》《水鬼做城隍》就属于这类故事。《老水蛙的奇遇》讲:清朝末年,台北三重埔有个外号叫"老水蛙"的捕鱼人,每捕完鱼,都要买些纸钱向河中烧化,并向河里洒酒,口中默念感谢水鬼帮忙的话语。一天晚上,他果然遇到水鬼来和他一起饮酒聊天,很是投缘。三年后,水鬼告诉老水蛙自己的真实身份,并说自己明天就要"掠交替",即要将一个来洗衣服的女子淹死,自己就可以转生。老水蛙第二天看见来洗衣服的女子是孕妇,就把她救下来了。后来水鬼说,因老水蛙救了孕妇,反祸为福,阎王准他转生别处。临行前,水鬼帮老水蛙网起一小箱银子,供老水蛙过生活。孕妇把生下的儿子给老水蛙做干孙子,自己侍奉他如老父亲。② 福建古田县流传的《水鬼成仙》与《老水蛙的奇遇》相似,其故事梗概为:很早的时候,有位老人经常带午饭到古田城外的剑溪打鱼,总会看到一个叫王六郎的后生在溪边走来走去,老人常把饭菜分一半给他吃,老人打不到鱼时,王六郎就会跳下溪去帮他赶鱼。不久,六郎告诉老人自己是水鬼,第二天要找替身。第二天,老人还在溪边打鱼,却见一个抱着孩子的少妇,扔下儿子,向溪水最深处走去,老人正苦于无法相救时,那少妇又从溪里跑回来了,因此没被淹死。过了七天,六郎来向老人告别,说那天本想抓那少妇做替身,因为心软,把她放了,此事正好被上仙看见,上仙受了感动,便招他为仙了。后人为了纪念善良的王六郎,还在城外山坡上盖了座

① 吴瀛涛:《台湾民俗》,众文图书股份有限公司1992年版,第452~453页。
② 林曳:《台湾民间传奇》,联亚出版社1979年版,第90~95页。

庙,为六郎安了神位。仙游县流传的《义鬼》,故事也类同,情节有所变化。福建临海,境内溪河众多,因为古代人们对自然认识的局限性,因此产生出多种的水鬼或水怪故事。台湾与福建的自然地理状况大体相同,人们结合当地的环境,将水鬼类型的故事移植到台湾并流传。所以,闽台两地的这一类型故事,内容基本相同,结构和情节也大致相似。

三是生活故事。生活故事没有或较少有神奇幻想的成分,主要依据现实生活虚构而成,反映的大多是劳动生产活动、家庭中的矛盾、朋友关系,赞扬巧女,讽刺贪妄和痴呆,表现以智慧得到成功等。闽台两地表现相同内容的生活故事很多,仅举以下数例:

第一,"人为财死、鸟为食亡"故事。台湾流传的《一包雪花银配三条人命》讲:清朝同治年间,嘉南地区一位读书人,路遇一包雪花银,但他没有捡。有蔡赐、李灶、王阿发三人,上山砍柴,看见了这包银子。三人要分银子,但要先祭土地神,另外两人让蔡赐下山去买回烛、酒菜等祭品。拜祭时,李灶用斧头劈死了蔡赐,准备与王阿发两人分银。在山溪洗手时,王阿发把李灶推下悬崖,他要一人独吞银子。王阿发吃了祭土地神的酒菜,中毒身亡。原来蔡赐早在买来的酒菜中下了毒。数天后,王家亲属才找到三人的尸体。[①] 类似的故事,福建各地均有流传。如古田县的《一瓮金银三条命》讲:从前有张三、李四、王五三个好朋友,一天在山上掘出一瓮金银。张三下山买酒菜,准备三人吃完再分金银,李四和王五趁机密谋要杀死张三。张三买酒菜回来,被李四、王五用锄头砸死。张三死后,李四、王五两人相打,王五把李四打死。王五一个人高兴地吃着酒菜,竟被毒死。原来张三早在酒菜里下了毒。建阳市的《人为财死、鸟为食亡》则在故事开头增加了神仙在天上看见三个人掘地很辛苦,点化一缸金一缸银给他们掘出;故事后面增加了三人死后鸟飞来啄食撒满地的食物也被毒死了,以呼应主题"人为财死,鸟为食亡"。其他县市的这类故事,情节大致相同,只是三个人的名字不同。

第二,"吝啬丈人"故事。台湾的《吝啬丈人的四样素菜》讲:清光绪年间,台南府嘉义县乡下有一位非常吝啬的老人,一天他的三个女婿来他家做客。三个女婿故意住着不走,老丈人想赶走他们,便做了韭菜、蒜菜、芹菜、葱菜四碗素菜请女婿们,并要他们行菜令。老丈人领头念:"久(韭)住令人厌",大女婿便念:"算(蒜)来未几时",二女婿接着念:"轻(芹)易我不走",三女婿念:"聪(葱)明我自知"。老丈人又和女婿们在田野上散步,以稻草人暗示女婿为何不

---

① 林曳:《台湾民间传奇》,联亚出版社1979年版,第413～436页。

走？女婿说因为稻草人没有肉（隐喻没有吃到肉）。老丈人只好买来蹄膀煮给女婿们吃，他们才各自回去了。① 这个故事在福建也广为流传，内容基本相同，如惠安县的《咸涩丈人请女婿》讲：有个很吝啬的人，很怕女婿来做客。一天乡里给佛祖庆生，家家户户都请客，咸涩丈人也只得勉强请来三个女婿。当晚，丈人备了几碗菜，对女婿提出吃菜的条件，即每人都要以菜名念一句五字句。老丈人自己开头，挟了韭菜，念道："久住令人厌"，大女婿挟了葱，念道："聪明我自知"，二女婿挟了芹菜，念道："勤来亲也疏"，三女婿挟了蒜仔，念道："算来未几时。"从闽台两地流传的这个故事来看，人物相同，情节类同，仅二女婿所念诗句略有不同，惠安的"勤来亲也疏"似乎比台湾的"轻易我不走"更为合理。不过，口传文学具有变异性的特点，各地在传承中产生一些变化，这是很自然的。

第三，"无某无猴"故事。这个故事，闽台普遍流传。台湾的《无某无猴》故事梗概是这样的：有个害怕辛苦的青年，一天和妻子进城，看见一个耍猴人在耍猴戏，围观的人纷纷丢钱给耍猴人。这个青年便觉得这种生意很轻松，赚钱容易，于是他便用自己的妻子和耍猴人交换那只猴子，要去耍猴赚钱。当这个青年到另一个市镇开场耍猴时，猴子却不听他的指挥，咬断绳索跑掉了。青年落得个"无某（妻）无猴"的下场。② 闽南多个县市都流传着《无某无猴》的故事，如平和县的《无某无猴》讲：洪厝村的洪阿三，是个江湖耍猴戏的，省吃俭用积攒了钱，托媒人说合了邻村的荷花姑娘。娶亲那天，宴请亲朋。在准备合卺的十二碗菜时，凑来凑去少一碗，阿三便把跟着自己多年耍猴戏的猴子杀了，以猴脑为菜凑碗数。新娘子荷花知情后，知道洪阿三这人无情不可靠，立时脱下婚服连夜跑走了。洪阿三落得个"无某无猴"的下场。厦门市的《无某无猴》中的养猴人是穷书生，漳浦县的《无妻无猴》中的养猴人则为穷秀才。与台湾的《无某无猴》故事不同的是，福建的这个故事都是主人公耍猴人自己娶妻并杀死猴子，而不是主人公以妻子交换耍猴人的猴子。不过，故事人物和情节虽有所不同，但其主题依然未变，且具有相当的教化意义，这也是这个故事能在两岸传承的重要原因。

第四，"三人五目"故事。流传于台湾中南部的《三人五目》讲：一个媒婆为了撮合一个独眼的小姐和一个长短脚（跛子）的男子的婚姻，答应男女双方相亲见面，而她则事先交代男子把跛脚搁在楼梯上，又交代小姐躲在房门边只露

---

① 林曩：《台湾民间传奇》，联亚出版社 1979 年版，第 468～472 页。

② 吴瀛涛：《台湾民俗》，众文图书股份有限公司 1992 年版，第 420～421 页。

那只正常的眼睛来看对方。双方见面都表示满意，媒婆就说："你我今日三人五目，日后可无长短话说。"结婚时，双方都发现了对方的缺陷便去找媒婆，媒婆说："我已经讲过，三人五目，日后无长短话说了。"这句话便成了谚语。① 这个故事在福建各个县市都有流传，只是人名和情节略有差异，如莆田市涵江的《三人五目》讲：一周姓青年幼时被庸医误治，变成长短脚；一吴姓少女，幼时出斑疹，被庸医误诊，发高烧烧瞎右眼。两人到了婚嫁年龄，媒婆为他们的相亲做了安排，即周青年骑马经过女方家门前，吴少女则倚门半遮面，此时媒婆高声道："三人五目看得真，日后不说长短脚话呀！"新婚之夜，两人才看出对方破相，后悔中了媒婆圈套。福州市流传的《三人五目长短没后话》中，男青年是一个财主仔，也是骑马去相亲，少女则为邻村李姓人，相亲时以一束鲜花遮住瞎眼。厦门市流传的《三人五只眼》中，相亲时男的也是骑在马上，女的则站在门帘内。漳浦县的《三人共五目，不可长短脚话》中，男子骑马，女子捧花。《三人五目》故事流传全国，福建各县市都有不同的异文故事，但主要情节并无变化。台湾流传的《三人五目》故事，与福建的内容基本相同，情节有所变化，当是移植过去后产生的变异。

第五，"碰舍龟"故事。这种故事极具闽台地方特色，如台湾流传的《碰舍龟》讲：台南一富家子弟，不务正业，花光了家产，还负债累累。后来，在妻子的激将下，自做一种红龟粿去街上卖，改掉恶习，重振家业。因此，人们都称他做的红龟粿为"碰舍龟"。② 永春县的《榜舍卖妻》故事，与台湾的《碰舍龟》有异曲同工之妙，其故事梗概为：榜舍是第三代官家子弟，自幼享受福禄，长大不务正业。他的妻子陈氏女，勤劳贤惠，看见厨师制龟粿，以糯米做皮、弃皮绿豆拌桔冰糖作馅，客人吃时赞不绝口。她便向厨师学来这个好手艺。不久，榜舍家境衰落，无法为生，竟要卖妻。妻子十分痛心，为丈夫准备了可供他食用十天的一盘龟粿。榜舍将那盘龟粿送进烟馆，烟友们吃过后倍加赞赏，纷纷劝榜舍回去帮妻子经营绿豆龟粿。榜舍醒悟，回家撕掉卖妻契，痛改前非，开始卖绿豆龟粿，人们争相购买，还叫其"榜舍龟"。莆田市涵江区《米思帮舍龟》讲：明朝正德年间，有一位陈财主的独子叫陈邦，曾考中秀才。陈财主夫妇去世后，陈邦不务正业，住进妓院，迷上妓女米兰香，不到一年，花光家产，被老鸨赶出，沦为乞丐。正巧被米兰香看见，派丫环送龟粿救济。后在老乞丐和丫环的帮助下，米兰香脱离妓院，嫁给陈邦，并以自己的金手镯为本钱，夫妻俩专做绿豆

---

① 林曳：《台湾民间传奇》，联亚出版社1979年版，第361页。

② 吴瀛涛：《台湾民俗》，众文图书股份有限公司1992年版，第420～421页。

馅、粿皮上撒糯米的"米思帮舍龟"上街卖,和和美美过日子。从比较中可以看出,《碰舍龟》这类故事,在福建很早就已产生,而且有完整的内容和比较曲折的情节。台湾的同类故事,是以福建的故事为"蓝本",演变而成的。

第六,"望夫"故事。"望夫"故事是闽台民间故事中的重要组成部分,这是在闽台特定的地理环境和社会生活背景下产生的悲剧性民间故事,极具震撼力。如台湾流传的《林投姐》讲:过去,台南安平附近有一女子,每天站在海边等待,但她的丈夫始终不见回来。久而久之,该女子终于哭死在一株林投树下。因其冤魂不散,当地居民常看见海边的林投树间,出没披发之女鬼[①]。在《台湾历史民俗》里,这个故事记载得比较简略,实际情节应当丰富得多。在福建沿海县市,有关"望夫"的传说很早就产生和流传了,如晋江市的《姑嫂塔》讲:从前有一对夫妻,还有一个小妹妹,一家三口,生活困苦,大兄只好离别妻子和妹妹,去南洋谋生。大兄去了几年,杳无音信。家中姑嫂二人,常常登山叠石站在石堆上对着大海张望,总是不见归帆。后来,她们写了一封信,绑在风筝上,剪下长发搓成风筝线,把风筝放飞到南洋,被看客捡起传到大兄手里。大兄收到信,急急收拾行装,驾着小船赶回家乡。快到时,狂风巨浪掀翻小船,人船都沉入海底。在山上等待的姑嫂二人,看见大兄葬身大海,无比悲痛,相抱着跳崖自尽,后来,乡亲们为纪念这两人,便在姑嫂叠石堆之处建起一座石塔,起名"姑嫂塔"。福清市《寡妇塔》讲:兴化湾北部上迳乡林姓18家的男人合置一条船,到南洋做生意。有一年,这条船在回乡时,触礁沉船,这18家男子葬身大海。他们的妻子成了寡妇,她们为了后来的海船不再遭厄运,募捐建起一座塔,这18个女人每夜轮流上塔点灯,为船只引航。有一回夜里,狂风暴雨,一位叫欧姐的女人冒雨去点亮塔灯后,下山时掉进大海。因那塔是18家寡妇修建的,人们便叫它"寡妇塔"。比较闽台"望夫"故事,可以看出故事所要体现的主题内容完全相同,即都是在家的妻子苦苦等待漂洋过海离家而去的丈夫平安归来,结果竟然不能团圆,结局悲惨。福建临海、台湾环海,过去福建居民到台湾后又到海外谋生的也不乏其人,因此"望夫"故事从福建移植到台湾,并且得到流传。

四是机智人物故事。这类故事让人们不断从中认识社会,体察人事,从中获取乐趣的同时,得到各种有益的启迪。现仅举以下数例:

第一,邱蒙舍故事。邱蒙舍是闽台两地民间非常熟悉的机智人物,他的故事在闽台广泛流传。台湾的《邱罔舍传奇》介绍这个人物说:"邱罔舍,亦称'邱

① 林衡道:《台湾历史民俗》,黎明文化事业股份有限公司2004年版,第62~63页。

蒙舍',台南中区人,富甲一方,当地人传:'有楼仔内的厝,也无楼仔内的富.'他还机智绝伦,喜欢作弄的对象大多是地痞、流氓、奸商、贪官、污吏或为富不仁的人。"《砸花园》的故事,讲述邱蒙舍碰到一个挑着一担木柴在街上横冲直撞的人,碰倒人家店铺的货物和钩破邱蒙舍的衣服,不但不道歉,还蛮横不讲理。邱蒙舍第二天便化装成一个老头子,单等那个流氓柴贩,以买柴为由把柴贩带到一大户人家的后门,让柴贩把木柴从院墙上扔进去,结果木柴把人家花园的花盆全砸掉了,柴贩被大户人家发现,只得乖乖赔钱。① 闽南流传的邱蒙舍故事很多,说他是闽南人,明朝初期秀才,其先辈曾当过京官。邱蒙舍聪颖、机智、见义勇为,敢于嘲弄官宦,鞭挞豪强,博得百姓赞誉。在闽南各县市流传的故事有《邱蒙舍伏虎》《邱蒙舍请墓客》《用计砸花园》《邱蒙舍戏族长》《邱蒙舍量屋》《水缸买一半》《破尿憋拼孟臣罐》《邱蒙舍讥考官》《秀才被虎咬去》《邱蒙舍火烧龙盘楼》《邱蒙舍杀知县》等。其中《用计砸花园》与台湾流传的《砸花园》非常相似,故事梗概是这样的:从前南诏镇有个豪绅,依仗权势造了一座花园,园中花草、盆景、珍禽等都是从百姓那里抢来的,百姓叫他"花霸"。邱蒙舍见了,给花霸贴了一副对联作为警告。花霸去找柴草商场的"市虎"林太帮忙对付邱蒙舍。邱蒙舍找一位朋友假冒花霸家用人去林太处要柴火,把三个送柴火的人带到花园后墙外,早已等在那里的邱蒙舍,假装买主,叫送柴人将柴火一块一块丢过墙去,结果把墙里花霸的花盆、鱼缸全都打烂了,邱蒙舍就这样惩罚了花霸。机智人物邱蒙舍的故事,闽台两地的内容基本相同,只是人物处在不同的空间(台湾为台南地区,福建为闽南地区),因此故事情节不同。这个故事应同出一源,即源于闽南地区,再向台湾流传。

第二,"白贼七"故事。"白贼"是讲谎话的意思,"白贼七"就是有个叫七仔的机灵人,很会以谎话骗人,这也是流传在闽台的机智人物形象。台湾《白贼七的怪谈》讲述白贼七以线穿松针充宝衣、以旧锅充宝锅、以红黑漆木棍充宝棍等作弄财主佬的故事。② 闽南有关"白贼七"的故事很多,如厦门市同安区《白贼七的故事》就讲述了白贼七的以"宝铫(炒菜锅)"抵祖债、以"宝棍"诱财主上钩、以"宝衣"骗财主等故事。漳州市《千里马和万里牛——白贼七的故事》讲述了白贼七的以旧锅充宝锅、以红绿漆木棍充宝棍、以旧背心充宝衣骗老丈人(财主)等故事。南靖县《白贼七惩财主》讲述白贼七讲谎话让财主刘恶少受到惩罚,让其坐水缸去见龙王,以铁锤敲破缸使其沉入江心丧命的故事。

---

① 林曵:《台湾民间传奇》,联亚出版社1979年版,第488~490页。

② 林曵:《台湾民间传奇》,联亚出版社1979年版,第349页。

闽台两地关于白贼七的故事情节几乎完全相同,其讲谎话作弄财主的情节也基本一样。

第三,《卖香屁》故事。这是关于两兄弟的生活故事,闽台均有流传。台湾《卖香屁》讲:有两兄弟,家里只有一头牛,哥哥霸去那头牛,弟弟只得了一只牛虱。牛虱被一户人家的母鸡吃掉,那家人赔给弟弟一只母鸡。母鸡被另一户人家的狗咬死,那家人赔给弟弟一条狗。狗会帮弟弟犁田,哥哥把狗借去犁田,结果狗被哥哥打死。弟弟把狗埋葬后,墓上长出一枝竹和一株黑豆。弟弟摇竹,竹上落下金银。弟弟采回黑豆,吃后竟会放香屁。县官闻了香屁,赏给弟弟白银。哥哥知道后,也去摇墓上的竹,竹上落下狗屎。哥哥采回黑豆,吃后也跑到县衙去卖香屁,结果放出的是肮脏的粪便,被县官痛打了一顿。[①]这个故事在闽南有多个异文,如东山县《卖香屁》讲述:有个人养了一只狗,狗死后托梦给主人说把它埋在山上,在墓上种白菜,吃后会放香屁,能卖钱。这个人照狗的托梦去做,果然会放香屁。皇帝知道了,请他去宫里放香屁,赏了他千两白银。有个狡猾的人听说这事,也去种白菜,跑到皇宫去,结果放的是臭屁,被皇帝斩了。石狮市的《卖香屁》也是“两兄弟”型故事,讲述两兄弟分家,哥哥分得牛,弟弟分得狗。狗会帮弟弟犁田,嫂嫂把狗夺回去,狗却不给她犁田,被她打死了。弟弟把狗埋了,埋狗的地方长出一棵树,树上结出了红果子。弟弟吃了红果子,满身飘香,连放的屁也香了。一个财主把弟弟叫去放香屁,赏给弟弟十文钱。嫂嫂知道后,也去吃红果子,她找到财主家,要给财主放香屁,结果放出的是粪便,被财主打得骨折肉裂。龙海县的《卖香屁》同样是“两兄弟”型故事,讲述有兄弟俩,分家后,哥嫂占了好厝良田。弟弟夫妻二人却无田土,他们靠自己双手开垦荒地,种了白米豆。白米豆收成后,弟弟吃了能放香屁,妻子让他上街卖香屁,生意兴旺。哥哥好吃懒做,家财花尽,听说弟弟吃白米豆能放香屁卖,就向弟弟借豆炒来吃,也去卖香屁,被县官传去,放出一肚子的粪便,被县官痛打一顿,以木桩插入屁股,赶出衙门。《卖香屁》故事,在闽南地区有多种异文,台湾流传的这个故事,应是从福建移植后又增加了当地的内容。

五是笑话。民间笑话内容非常丰富,它截取生活的片段,故事简短,语言精练而有机锋,结尾常引人发笑,借人们的笑声,达到否定谬误和荒唐言行的目的。闽台流传的民间笑话,也有许多表现共同内容的,以“呆女婿”型故事为例,其不但在台湾汉族人中流传,而且台湾高山族群也移植流传。如台湾流传

---

① 吴瀛涛:《台湾民俗》,众文图书股份有限公司 1992 年版,第 412～415 页。

的《愚子婿》笑话,讲述愚子婿去给岳父祝寿,在路上把本来作为寿礼的鸭子放到河里解渴,把寿面当渔网,把寿幛拿去为竹林御寒,还记住了"苍蝇尝粪疤,看我来就爬过""新篱杂旧篱,暂时过得去""流水相通,水色不同"等话,到岳父家后,把这些话都用出来,让人哭笑不得。① 在福建流传着许多有关"呆女婿"的故事,有的与台湾流传的故事内容、情节基本相同,如南平市《傻婿拜寿》笑话,讲一个财主的第三个女婿有些傻,在去拜寿的路上向一先生学好话,他学了"外面咚咚,里面有没有虫""杉木栏路,双脚跨过""十二个柴头不晓得下礼""一群苍蝇食狗屎,看见人来就爬起""只见一阵风,五爪落地满盘空"等语,到岳父家后,这些话都用上了,弄得客人很尴尬。永春流传的《戀女婿》笑话,讲一个员外的第二个女婿与妻子一起回去给丈母娘拜寿,路上妻子一边走路一边看见事物就教丈夫,丈夫记住了"屎蝇沾屎痞,人到它飞起""旧篱换起,新篱再添起""水头咚咚,水尾不同"等话,到了岳母家后,这些话竟都能用上,来宾便不敢笑他。通过比较闽台"呆女婿"型笑话,就会发现这类笑话在台湾传承后,虽然会随着地域的不同而产生一些衍复,但其基本内容和细节还是相同的。

从以上在台湾流传的各种类型的民间故事来看,与福建表现共同内容的传说故事,有这样的一些特点:第一,台湾流传的神话、传说,大多是在大陆久经流传的源远流长的中华民族口头文学作品,如女娲娘娘、牛郎织女、盘古等。第二,人物传说中,许多是明清时从福建到台湾去的人物,因为他们对开发台湾的杰出贡献和英雄业绩,受到台湾人民的尊敬和爱戴,便产生出有关的传说,如颜思齐的传说、吴凤的传说、郑成功的传说等。第三,因为与福建有共同的民间信仰,因此有关的传说故事也在台湾广为流传,如妈祖的传说、青山公的传说、清水祖师的传说、临水夫人的传说等。第四,许多台湾居民祖籍为福建,流传在福建的许多幻想故事、生活故事和其他类型的故事便流传到台湾,并结合当地风物风俗继续传承,如"田螺姑娘"故事、"蛇郎君"故事、望夫传说、水鬼故事、"仙姑与婢女"故事、"无某无猴"故事、"邱蒙舍"故事以及"呆女婿"故事等。②

二、表现闽台两地内容的民间故事

(一)闽台神话

福建龙海流传的《南北太武姊妹山》神话,以动人的故事情节,说明闽台自

---

① 吴瀛涛:《台湾民俗》,众文图书股份有限公司 1992 年版,第 417～419 页。
② 何绵山:《闽台民间故事源流探论》,《文史哲》2007 年第 5 期。

古以来就是紧密联系在一起的,故事讲:很久以前,金门、台湾和大陆是紧紧连成一片的。有一位老渔翁打鱼时,从乌贼精嘴边救下一对白鹤姐妹。乌贼精贼心不死,千方百计要把白鹤姐妹拉入海底,它掀波鼓浪,海水淹没了陆地,只露出几个较高的地方,其中较大的一个就是今天的台湾岛,其他的是金门等较小的岛屿。从此这些岛屿和大陆被分隔开。白鹤姐姐变成了金门的北太武山,白鹤妹妹变成了龙海港尾的南太武山。

华安县流传着台湾高山族的《天的起源》《人种的来源》《火的起源》《灿米的来历》等神话。《天的起源》讲:天地打开之前,天压得很低,人们无法挺直身子,只得四肢着地爬行。后来高山族降生了一个男孩,族人为他取名天公,天公力气很大,通过他一次又一次挺直身子,天才一次次上升。天公一直支撑着天,最后他的眼睛变成了太阳和月亮,身上的毛孔变成星星。因此,高山族人把天的最高神叫作"天公"。《人种的来源》讲:在没有人之前,就已经有了猫和狗,猫和狗各找到一个石蛋,狗的石蛋孵出一个男孩,猫的石蛋孵出一个女孩,狗和猫教给他们各种本领,使他们终于成为真正的人。《火的起源》讲述:早先高山族中有一个名叫塔岩的人,因为不大会打猎,坐在石头上生闷气,无意中扔出的石子碰出火星,他便将石子带回村,同样碰石子引火,从此就有了火。《灿米的来历》讲述:天神从天上丢下一粒谷种,长出一穗谷子,神巫收割下这一穗谷,交给族中老人平均分给乡亲,从此家家户户都有了谷种。这些神话中,《天的起源》和盘古开辟天地神话有许多相似的地方,但它和其他高山族神话一样,具有高山族口传文学的特征。这些神话在福建流传和传承,反映了闽台文化互相交流和源远流长的密切关系。

(二)以台湾为表现内容的故事

福建流传着许多表现台湾历史人物、历史事件和山川风物的故事。如:古田县流传的《谷口"台湾祖婆"的传说》讲述,清朝康熙年间,古田县内羑洋镇谷口村墩里自然村的林峰,先后做过台湾宜兰县、嘉义县、云林县三任知县,因原配夫人"水口婆"病死在宜兰,便在嘉义任上娶了一位当地女子为夫人。这位"台湾婆"协助丈夫为当地百姓做了很多好事。林峰卸任后,"台湾婆"跟他回到谷口,帮助丈夫与前妻生的儿子成家立业。所以至今林家后代敬重她如亲祖婆,每年清明都去给她扫墓。漳浦县的《台湾"鸭母反"的传说》讲述的是郑成功政权灭亡后,看鸭母的朱一贵继续进行反清复明活动,以得"天书"指示为名,聚众反抗清廷的故事。长泰县的《金门许氏的开基祖》讲:长泰县坂里乡吉土社的许姓"大古人",因在家乡踩死人,又误打死了自己的儿子,只得听从地理师的劝告,用红丝线挑被席,挑到哪里红丝线断了,就在哪里开基立业。结果他渡海到了金门,红丝线断了,便在金门开垦发迹,成了金门许氏开基祖。厦门市的《日月潭的传说》讲:古时候台湾大清溪边的一对青年夫妇,历尽千辛万苦,杀死了大潭里的恶龙,夺回了被恶龙抢去的太阳和月亮。为了不让太阳和月亮再掉进潭里,夫妻俩守在潭边,变成了大尖山和水社山,那个潭便被人们叫作"日月潭"。石狮市《雾社反》讲:高山族"雾社"部落在首领华光一郎带领下,与十几个社的同胞一起,英勇反抗日本侵略者的故事。《戴万星反》讲:清朝光绪年间,台湾漳化县衙的师爷戴万星为替百姓伸冤而遭诬害,当地百姓从刑场救下戴万星,并推他为首领,起义反抗清廷,惨遭镇压。为纪念戴万星,诸罗山人把诸罗山改名为"嘉义"。《"六堆"反》讲:台湾屏东县六个乡的民众反对清廷把台湾割让给日本,组织"先锋""前卫""后卫""左翼""右翼""中锋"等六个小队义民军,英勇反抗日本侵略军,惨遭日本侵略者镇压。后人在屏东县重建"忠义祠",树匾"民族正气",让子孙瞻仰。《鲸助沈军平东番》讲:明万历三十年冬,福建石湖守将沈有容,率领精兵,驾着战船渡海赴台消灭倭寇,途中得到鲸鱼神帮助,使战船顺利抵达鹿耳门港内,消灭了作恶多端的倭寇。

这些民间故事能够在福建世代传承,其根本的原因是闽台文化同根同源,两岸同胞同宗共祖,因而在民间口传文学中能体现出这种血脉亲缘的关系。

(三)以闽台两地人物为表现内容的传说故事

福建和台湾历史上的一些著名的人物,在两岸民众中有着深刻影响,闽台民间广泛流传着有关他们的传说故事。如:

颜思齐传说。台湾流传的《开台先锋颜思齐》讲述的是明代福建漳州府海澄县人颜思齐从福建到日本,又从日本到台湾,历尽艰辛成为开台先锋的故事。[①]福建龙海也流传着《开台王——颜思齐》的传说,故事内容与台湾流传的几乎完全相同。

郑成功传说。福建和台湾流传着大量有关郑成功的传说。在台湾流传的多是郑成功驱逐荷夷,收复台湾,开发台湾过程中的各种传说故事。一些地方,郑成功虽然没有亲身去过,但当地的台湾同胞无限崇敬郑成功,因此许多地方风物便与郑成功有了联系,产生出相关的传说故事,如台中县大甲镇"铁砧山""国姓井"传说、台北市圆山"剑潭"传说、台北县莺歌镇"莺歌石"传说、三峡的"肉鸢山"传说、台北市北投区的"猪歌石"传说、基隆市"莺歌石"传说等。[②]在福建流传的郑成功传说,内容除了包括郑成功在福建沿海秣马厉兵、

---

① 林曳:《台湾民间传奇》,联亚出版社 1979 年版,第 110～114 页。
② 林曳:《台湾民间传奇》,联亚出版社 1979 年版,第 3 页。

准备收复台湾外,还包括郑成功率军跨海驱逐荷兰侵略者以及收复台湾后开拓台湾。如《缺嘴将军》讲述的是郑成功识破荷夷总督揆一劫持他叔叔郑芝凤为人质的阴谋,毅然亲自点燃铁炮轰开台湾城的城门,揆一只得投降的故事。《黑鬼放熕》讲述的是郑成功攻打赤崁城时,以大义感召黑人反戈起义、放熕轰击荷兰侵略者的故事。《激战台湾城》讲述了郑成功以"火艇"烧毁荷夷铁船,并识破荷夷总督揆一的"议和"诡计,终于攻下台湾城的故事。《土地与金子》讲述的是"国姓爷"郑成功不爱金银,只收下高山族同胞送给他金、银、草、土四样礼物中的草和土两样,深得高山族人崇敬的故事。《"国姓爷"玉山却宝》讲述"国姓爷"郑成功在玉山婉谢高山族同胞献给他的红玛瑙宝玉的故事。漳州等地区,也广泛流传着台中"铁砧山""国姓井"及台北"剑潭""莺歌石""肉鸢山"等有关郑成功和这些地方风物关系的传说故事。

朱一贵传说。清康熙六十年(1721)春夏之际,台湾爆发农民起义,起义的领导者朱一贵,福建长泰人,到台湾后以养鸭母为生,人称他"鸭母王",他率领起义队伍攻下了台湾府(今台南市),声势遍及台湾。虽然起义很快就被清廷镇压,但有关鸭母王起义的传说,却一直在闽台民间流传。如台湾的《沈家人长祀鸭母王》讲述了朱一贵聚众起义的全过程。[①] 福建省长泰县流传的《朱一贵在台湾起义》和漳浦县流传的《台湾"鸭母反"》也以感人的故事情节,从不同侧面讲述了朱一贵起义的故事。

林爽文传说。清乾隆五十一年(1786),台湾爆发历史上最大规模农民起义,起义领导者林爽文,福建漳川平和县人,迁台后卜居彰化县,因被朝廷所逼,遂聚众起义,占据彰化县署,得到全台民众响应。后清廷调集重兵,历时三年,才将起义镇压下去。平和县至今仍流传着《林爽文过东阜》的传说故事。

陈第传说。连江县流传的陈第《东渡台湾》传说,讲述明万历年间,连江人陈第不顾年过花甲,随福建都司沈有容率军东渡台湾征剿倭寇,在海上遇到狂风恶浪,但他并不惊慌,还在船上即兴吟诗,安定军心。到达台湾后,又为沈有容参谋策划,狠狠打击了盘踞岛上的倭寇,使台湾民众过上太平日子。

吴沙传说。台湾流传的"吴沙传说",讲述福建漳浦人吴沙,初到台湾时,与高山族人做生意。后来吴沙和朋友一起募集乡勇去宜兰平原垦荒耕种,还以医药帮助高山族病人,受到少数民族同胞的感谢。[②]

---

① 林曳:《台湾民间传奇》,联亚出版社 1979 年版,第 313~318 页。

② 吴瀛涛:《台湾民俗》,众文图书股份有限公司 1992 年版,第 370 页。

蔡牵传说。台湾《跛脚孝子许阿泉》讲:清嘉庆五年(1800)至嘉庆十四年(1809),蔡牵在海上为盗。有一年,蔡牵在嘉义县布袋嘴登陆,清兵抵挡不住,百姓闻风逃走。有一位盐工许阿泉,人虽跛脚,但事母极孝,他被蔡牵部下抓去,却以孝心感动了蔡牵。许孝子的行为,也受到乡邻的称誉。[①] 漳州市《蔡牵的传说》说的是蔡牵原是福建龙溪的一名小贩,靠贩卖土鸭母为生,因得罪了财主和官府,被逼得无路可走,只好下海当海盗的故事。

(四)两地民间信仰传说

"青山公"传说。惠安县崇武附近的青山宫,奉祀"青山公",据说从宋代以来就非常灵验。传说清朝时,台湾万华发生瘟疫,当地井中还有一只三脚蟾蜍精兴妖作怪,当地便派人来惠安青山宫,恭请青山公副驾去台湾驱邪制煞。青山公副驾进入万华境内,果然灵验,平定了瘟疫,镇住了蟾蜍精。后来,青山公副驾就留在了万华,保佑地方平安,百姓为其建新庙宇,至今香火旺盛。关于青山公的传说,台湾吴瀛涛先生所著《台湾民俗》有记载,福建惠安县也流传着《青山公赴台湾镇邪》的传说。

"黑脸三妈"传说。惠安县的《黑脸三妈过台湾》传说讲述,崇武妈祖宫的妈祖神,当地人尊称其为"三妈"。三妈香火很旺,脸被熏得油黑发亮,因此被叫作"黑脸三妈"。乾隆年间,黑脸三妈曾护航朝庭的舟师平安到达台湾,因此受到皇上敕封。后来,去台湾做生意的人便在那里建宫庙奉祀黑脸三妈,如今台湾有很多奉祀黑脸三妈的宫庙。

"英烈圣侯"传说。福建长泰县流传的《英烈圣侯的传说》和《正顺庙和泰源宫的渊源》讲述,200多年前,长泰先民到台湾时,恭请从家乡分割的"圣侯公"香火一同前往,并在彰化县朝拜,至今仍保持家乡的习俗,每年农历四月初四,都举行一次祀奉圣侯公大朝拜活动。

"开漳圣王"传说。"开漳圣王"即唐代率军开发漳州的陈元光。漳州市流传的《碧山岩神石歼群贼》讲述,有一漳州黄姓人家,带领家眷并恭请开漳圣王香火,渡海到达台北定居垦荒,将开漳圣王香火袋挂在碧山岩。有一回,一股土匪来打劫,碧山岩巨大的石笋,化身为开漳圣王,显灵歼灭了那股土匪。后来,人们便在神石原址建了开漳圣王庙,香火越来越旺,庙宇也扩大成今日的宏大规模了。

"五王爷"传说。石狮市《"答王爷"与"金再兴"号的传说》讲:清乾隆年间,一条鹿港商船在蚶江卸货后返回台湾途中,遇上大雾迷失航向,得到蚶江"金

① 林曳:《台湾民间传奇》,联亚出版社1979年版,第381~386页。

再兴"号大船帮助,送他们安全到达台湾。不久,鹿港商船再次来蚶江,船主寻了许久,寻到"五王府宫",这才明白是得到五王府宫的答王爷和王爷船相助。后来台湾各地的船行都来求取五五府香火,鹿港、漳化、淡水、园林、基隆还建立了五王府宫,奉祀答王爷。

"铜砵村妈祖"传说。东山县《铜砵村妈祖过台湾》讲:铜砵村净山院奉祀的大妈祖即陈元光的第三个女儿——陈怀玉女神,在郑成功率师去收复台湾时,铜砵村青年将女神神像搬上船一起赴台湾,女神帮助水师攻打红毛番,取得胜利。

(五)寺庙传说(涉及闽人开庙)

台湾的许多寺庙,其建庙的由来,都有民间传说。其中一些著名的庙宇,多由闽人开庙,因而其传说也与闽人有密切关系,这些庙宇至今香火旺盛,寺庙传说也代代相承。

龙山寺创建传说。传说200多年前,有一位泉州船夫,要去景尾(今景美)购买藤木,走过艋舺(今万华),在现寺址的地方休息。当时那一带还没有人家,船夫走时,忘记带走随身携带的香火。当天晚上,有人看见那边有磷火般的火光。走近一看,原来是香火系在竹枝上,随风摇动,香火上写有"龙山寺观音佛祖"几个字。于是,附近的居民便奉祀此香火。自此甚有灵验,前来参拜的人渐多,终于兴建起宏壮庙宇。[①]

剑潭寺传说。座落于台北圆山山麓的剑潭寺,其建庙传说为:相传康熙年间,有一位厦门来的寺僧华灵和尚,奉观音佛祖本尊,从淡水要至基隆。走到这里,忽然茄苳树下出现了一尾蛇。当时,和尚就掷筊问佛祖,应该进还是退?结果佛祖指示和尚,那天应要住宿在该树下。那天晚上,梦中佛祖又显现宣讬说:"明日当有十五只商船航经此地,你应向他们求喜舍,而建茅屋安祀。"果然,次日有十五只帆船航行该地,遂乞喜舍,盖小屋,祀所带佛祖。后来,因佛祖灵验,参诣者日多,屡经改建为壮宏庙宇。[②]

开元寺传说。台南的开元寺,建于清康熙年间。相传最初郑成功于此地掘井设亭,作为别邸。后来因见附近一带竹林繁茂,风景优雅,官方就卜定为胜地,建起佛庙,命名"海会寺"。据说,当时寺内的僧侣,有很多位是郑氏的遗臣,因不愿降伏清朝,才削发入寺。鉴于唐朝开元年间在国内建起的大寺院都

---

① 吴瀛涛:《台湾民俗》,众文图书股份有限公司1992年版,第81页。
② 吴瀛涛:《台湾民俗》,众文图书股份有限公司1992年版,第81~82页。

称"开元寺",一般人也就改称这座寺院为"开元寺"。①

北港朝天宫传说。"闻名的云林县北港朝天宫(一般称妈祖庙,或称圣庙)奉祀的北港妈祖,系于清康熙三十三年由福建兴化府的僧人名树壁者,奉湄洲朝天阁的天上圣母分身来台的。初为一小祠,后来历经修建,庙宇规模宏壮,冠于全台。"②

青山宫传说。台北万华的青山宫,奉祀灵安尊王。传说,"咸丰四年,有惠安籍的渔夫某,奉了惠安青山的灵安尊王的神体来至艋舺(万华旧称),路经旧街,神轿抬也抬不动。于是,掷笑叩向神意,卜地于此,建了一间小庙宇奉祀。话说,离开旧街不远的欢慈市(今之庙址),当时有一口很大的水井,水井出现了一只蟾蜍精,扰乱民安,闹得街民日夜惶惶不安。大家商量的结果,就到附近的青山宫,请来了灵安尊王镇压。从此蟾蜍精再也不出外作祟了。"③

(六)以闽台关系为表现内容的故事

一是体现闽人对开发台湾的积极贡献。

颜思齐传说。流传于福建闽南和台湾的颜思齐传说主要讲述,明代漳州府海澄人颜思齐怒杀官府恶奴后,先是流亡日本,后由日本到达台湾,带领大家耕猎垦殖,与当地人和睦为邻,传授给他们生产技术。颜思齐还派人回漳泉故里招募平民至台湾开垦,组织大家种植水稻,进行海上贸易,被推举为"开台王"。

郑成功传说。流传在福建和台湾的许多郑成功传说,体现了郑成功率军跨海驱逐荷夷、收复台湾的丰功伟绩,以及他在开发台湾进程中的许多感人故事。至今台湾的许多风物传说,都和郑成功相关,足见台湾民众对郑成功的爱戴之深。

吴凤传说。吴凤传说在闽台两地代代相承,经久不衰,主要讲述清康熙年间,福建漳州府平和县人吴凤,自动随父到台湾,后担任阿里山地区"理看通事"。这期间,他鼓励高山族人发展农业生产,推广闽南的先进农具,传授生产技术。为了帮助高山族兄弟革除"出草"杀人的恶习,他献出了宝贵的生命,被高山族同胞尊为"阿里山之神"建庙奉祀,世代纪念。

二是体现闽台人民的亲缘关系。

《孝子钉》故事讲述,闽南肖厝村有个肖孝子,父亲往台湾谋生,一去三年,

---

① 吴瀛涛:《台湾民俗》,众文图书股份有限公司1992年版,第83页。

② 吴瀛涛:《台湾民俗》,众文图书股份有限公司1992年版,第92页。

③ 吴瀛涛:《台湾民俗》,众文图书股份有限公司1992年版,第95页。

音讯全无,他便和母亲渡海去台湾寻找。船在海上遇到台风,翻船落海,母子失散。肖孝子被渔民救起,一人流落在台湾彰化县,一面行乞,一面寻找亲人。有一日,路经妈祖庙,肖孝子求妈祖保佑他早日找到双亲,他从身上取出从大陆带来的一支铁钉,向妈祖祷告,并以手将铁钉钉入拜石。肖孝子后来果然一家三口团圆,在彰化县定居,繁衍了很多人。至今,妈祖庙中那枚"孝子钉"尚在。

《张石敢以德报怨》故事讲述,闽南塔下村穷书生张石敢,穷得身无分文,赊来三斤猪肉,准备过年祭天公,却又被屠户把猪肉收回去。张石敢一气之下,从厦门搭上一条"鬼船"到了台南。他在台南举目无亲,借住在一栋无人敢住的空大厝里,半夜遇见两个鬼,叫他"主人",并告诉他床下有白银,都是他的。张石敢发了财,买下了那栋大厝,并开了一间大粮行。他后来回乡,设宴请当年那个屠户,送给屠户红包,感谢屠户的激励。后来,张石敢全家迁到台南,成为闽南族人中的首富。

《闽台乌龙茶》故事讲述,清道光年间,台湾南投县鹿谷乡青年林凤池,在乡亲们的支持下,回祖籍福建参加科考,考中举人。林凤池在福建住了几年,回台湾前,到武夷山游玩,向当地茶农买了三十六株乌龙茶苗,带回台湾,种在家乡的冻顶山上,成为名茶。后来,林凤池奉旨进京,将加工好的乌龙茶带去献给道光皇帝,皇帝连称"好茶",并御赐"冻顶茶"名。从此,台湾乌龙茶也叫"冻顶茶"。

《澎湖白沙榕树》故事讲述,清康熙年间,福建漳州月港的陈爱勇,运货去台湾做生意,路过白沙岛的海吼门时,船遇台风,货物都沉入大海,他却死死抱住放在船头的榕树盆景,后被白沙渔民救上岸。为感谢白沙渔民的救命之恩,陈爱勇将这棵心爱的榕树种在白沙保安宫前,他也改名为陈爱榕,并在白沙岛安家落户,迄今已传十几代。保安宫前的那棵榕树,现已长成一棵世界罕见的大榕树。

《谷口"台湾祖婆"的传说》故事讲述,福建古田县羡洋镇谷口村林家先祖林峰,在康熙年间曾做过宜兰、嘉义、云林三县的知县,因随去的夫人去世,便在嘉义任内娶了一位当地女子为夫人,人称"台湾婆",她协助丈夫为台湾百姓做了许多好事。林峰因娶"台湾婆"被罢官,"台湾婆"随夫回到古田,帮助丈夫与前妻所生的儿子成家立业。至今,谷口村林家后代仍把"台湾婆"当作亲祖婆敬重,每年清明都去为她扫墓。

《台湾公雷天群传奇》故事讲述,福建宁德市八都镇畲村,在乾隆年间有位畲族后生雷天群,从军当了甘国宝的"藤牌兵",随军到过台湾。他回乡后,乡人称他为"台湾公"。台湾公武艺高强、为人仗义,帮助乡民制伏了来畲村强要钱粮的恶强人,受到乡亲的敬重。

从以上这些民间故事中,我们可以看出,无论在闽人对开发台湾的积极贡献方面还是在闽台两地人民的亲缘关系等方面,都流传着内容丰富、情节动人的民间故事。这些民间故事有的产生在台湾,有的产生于福建,但表现着两地共同的思想感情,是闽台传承亲情的重要纽带。

（七）以表现两地民俗为内容的故事

由于福建和台湾的密切关系,因此还传承着闽台两地特有的民俗及其传说故事。例如,在台北与闽南的一些渔村,农历每月的初一和十五,各家渔户都要到海边烧香点烛、摆上供品,祭祀死于海上或亡于海边无人收尸的亡者,称为祭"好兄弟"。关于这个民俗的来历,闽台流传着一个《好兄弟》的故事:古时泉州府下的晋江渔村里,有两个好朋友,亲如手足,以兄弟相称。一次两人出海打鱼,遇上大风浪,打破了小渔船,兄弟俩落入大海之中,哥哥为救弟弟,把自己抱着的一块破船板甩给弟弟。海水把弟弟漂送到台湾鸡笼（今基隆）,被当地渔民救起。弟弟天天到海边等哥哥,结果等到的是漂来的哥哥的尸体。后来弟弟在鸡笼娶亲成家,生儿育女。他打听到哥哥和自己两人的父母都健在,便以死去哥哥和自己的名义,经常托人带口信和钱回去。若干年后,弟弟和妻子带着装有哥哥尸骨的"黄金"（陶瓷）回乡安葬,并探望两家父母。到了农历每月的初一、十五,弟弟就到海边烧香点烛,摆起供品,遥祭在海上死去的哥哥。以后,慢慢衍变成闽南和台北、基隆渔家人特别重视的一种风俗,直到如今。

民间故事直接产生于生产劳动和社会生活,民俗故事的产生也是如此,《好兄弟》民俗故事,体现出闽台同一民俗,是此类民俗故事的代表。

（八）台湾表现福建内容的民间故事

台湾流传的民间故事中,有许多表现福建内容的,例如《张仔泡得宝记》讲:清朝咸丰年间,泉州有位叫张泡的年轻人,自幼父母双亡,靠帮人打短工为生,日子过得很艰难。有一天,逢泉州涂门关帝爷庙祭典,张泡在庙会上遇到一位相士"武夷山人"帮他算命,并有意招他为婿。张泡与相士女儿结婚后,相士鼓励他说:"这儿离台湾很近,前去谋求发展的人很多,而且那儿也算是福建的地面,不是千里迢迢的,你何不去闯一番事业呢?"张泡便辞别岳父和娇妻,到台湾去了。张泡在台湾,先是在一家货栈里当厨子,攒了钱后,便与朋友合股做生意。栈主见张泡奋发有为,办货还带他一起去。有一回,栈主叫张泡全权代理去办货,不想在海上遇到大海盗蔡牵,人与货都被掳去。正当张泡自叹之时,恰巧蔡牵的妻子路过听见。蔡牵的妻子也是福建同安人,听见同乡之音,很是同情,她设法救出张泡,蔡牵还送了一面黄旗给张泡,说在海上只要把这黄旗插在船头,就没人敢来找麻烦。此后,张泡在海上通行无阻,往来于天津、北平、大连、台湾之间,生意蒸蒸日上,成为艋舺数一数二的大富户。所以地方上如今还有一句俗语:"第一好张得宝,第二好黄仔禄嫂。"这"得宝"就是指张泡所得的那面黄旗了。①

这个故事,情节曲折,内容丰富,不但讲述了张泡从孤苦无依到赴台湾谋求发展的全过程,而且表达了"那儿(台湾)也算是福建的地面",即台湾和福建原本是一家的历史,因而非常感人。

(九)闽台两地表现相同内容的动植物传说

闽台两地流传着很多非常动人的动植物传说,这些动植物传说,寄托着两岸人民的深情,是两岸密切关系的证物。如闽南和台湾流传的《相思树的传说》讲述,远在三国黄龙元年时,闽南海边水口村后生阿海与姑娘阿秀和两家父母一起,在海面上打鱼,遇狂风暴雨,海上掀起巨浪,船翻人落海。只有阿海和阿秀死里逃生,他们结成了夫妻过日子。后来阿海去台湾谋生,阿秀因怀孕只得留在家里,因过度劳累又生大病,阿秀最终死于海边。阿海从家乡来的船家那里知道阿秀亡故的消息,悲痛得发了疯,他把台湾海边的一棵小树当成阿秀带回家乡,种在阿秀死去的海边,天天守着小树。小树长大了,阿海却死在树边。后来,人们便把这树叫作"相思树",它遍布台湾和福建。

闽台之间流传的《菜鸭、番鸭与土番鸭》讲:很久以前,福建海边有一个后生,出海打鱼遇到风浪,船翻落海。后生被海水漂送到台湾,被泰雅族群的一对母女相救,他娶了泰雅姑娘为妻。一年之后,后生要回福建,妻子和老妈妈送他一些泰雅人喂的鸭子,让他带回去。这样,泰雅人的鸭子就传到福建。因是从台湾高山族地区传入的,家乡人就叫它们"番鸭","番鸭"后来同本地的"菜鸭"杂交,繁殖出的鸭子,人们便叫其"土番鸭"。现在台湾、闽南都还有菜鸭、番鸭和土番鸭。

通过以上各类型闽台流传的民间故事的比较,我们可以看出,在中华悠久历史文化中,闽台有着特别密切的亲缘关系,尤其在民间故事的传承上,这种亲缘关系表现得更加突出。正如台湾林衡道先生指出的那样:"台湾的民间传说,大部分是将大陆之民间传说完整地移植过来,世世相传而保持不坠。但其中不免也有以大陆的民间传说、特别是以福建的民间传说为其原型,加以本地

---

① 林曳:《台湾民间传奇》,联亚出版社 1979 年版,第 61～69 页。

的自然风物、历史事象、民情风俗改变的亚型、变型。"①这就将台湾民间故事的"源"和"流"表述得非常清楚。具体来说,台湾流传的大部分民间故事有着以下四种情况:

一是从大陆尤其是从福建完整移植而来。属于这种情况的如神话中的"盘古"神话,"女娲"神话,"雷公和闪电"神话等,传说中的"牛郎织女"传说、"祭灶神"传说等,民间信仰传说中的"妈祖"传说、"保生大帝"传说、"灵安尊王"传说、"清水祖师"传说、"临水夫人"传说等,幻想故事中的仙人相助型故事《善心的下女》、蛇郎型故事《蛇妻》、鬼狐精怪型故事《水鬼做城隍》,生活型故事《一包雪花银配三条人命》《无某无猴》《碰舍龟》《三人五目》,两兄弟型故事《卖香屁》,机智人物型故事《邱罔舍传奇》《白贼七的怪谈》《吝啬丈人的四样素菜》以及"呆女婿"等笑话。这些神话、传说、故事基本上没有改动,保持着比较原始的面貌。

二是将大陆尤其是福建流传的故事进行改编。或进行较大的改动。主要是将福建的类似人物、风物传统改变成台湾的。如"埋金型"传说、"发财型"传说、"望夫型"传说等。或进行小改动,主要是将福建的有关传说、故事不改变主要内容,而改换人名并结合进台湾风物。如《出米壶》传说(原为《出米岩》)、《蚬女》故事(原为《田螺姑娘》)、《老水蛙的奇遇》(原为《水鬼成仙》)等。或将有关故事进行变异,如《白鼻猫》故事在台湾就有多个异文,《无某无猴》也有异文。

三是闽台因素结合互补。如以福建有关人物为主人公,与台湾历史事象、山川风物相结合产生的传说,如颜思齐传说、郑成功传说、吴凤传说、朱一贵传说、七美屿传说,以及其他相关的传说等。

四是具有鲜明的闽台共同的特点。这是因为:福建与台湾一水之隔,福建许多故事完整地移植到了台湾,其他产生的故事大部分与海有关。台湾居民许多来自福建,两地民风民俗相同,民间故事中的地域特色浓郁。

---

① 林衡道:《台湾历史民俗》,黎明文化事业股份有限公司 2004 年版,第 62～63 页。

第三节　闽台歌谣源流[①]

一、台湾歌谣对福建歌谣的继承和发展

（一）福建移民将歌谣带进台湾

中国《诗经》记录了不少先秦时期的歌谣，其中《国风》诸篇就是民间吟唱的歌谣。这种歌谣，不仅表现了当时人民在劳动生活中的思想感情，也成为后来民间吟唱的歌谣和文人诗歌创作的典范，从而成为中华民族传统文化的一部分。福建自古就是中国属地，福建人民的祖籍几乎都在中原一带，由于同种同祖同文，福建歌谣继承了中国歌谣的传统，又结合福建本地的人文地理等实际，以同样的文学语言反映了福建人民的劳动生产、社会生活和思想感情。它既是中国歌谣的组成部分，又具有其鲜明的地方特色。[②]

台湾自古以来就是中国不可分离的一部分，与福建一衣带水，闽台两地早在隋唐之时即已相通，元代台澎即属福建行政管辖之地，明代之后福建人民数度大规模迁入台湾，至今台湾居民绝大多数的祖籍为福建，特别是闽南一带居多，使闽南语成为台湾方言的主要语种。这种地缘相近和人缘、语缘、文缘的相同，反映在两地歌谣上的传承关系，如根与枝，紧密相连，虽因地理、社会环境等不同而有所不同，然而溯源缘本，台湾歌谣亦属于中国歌谣的一部分，是中华民族文化圈歌谣园圃中独具特色的花簇。

福建人民移入台湾，由少到多，由少量个体到集体成群。他们为谋生计，离乡渡海入台，开始只作临时之计，不带家眷。苦作之余，想念家乡和亲人，就以吟唱家乡的歌谣来解闷消遣。这样，福建歌谣就随着移民入台，而在台湾流传。

（二）台湾歌谣中的福建印记

如《五更鼓》唱：

> 一更更鼓月照山，牵娘的手摸心肝。
> 我君问娘欲安怎，随在阿君你主盘。
> 二更更鼓月照庭，牵君的手入大厅。
> 咱今相好天注定，别人言语不可听。

---

① 本节所引用的福建歌谣，大都选自福建各县市的民间歌谣集成。

② 何绵山：《福建民间歌谣与福建社会文化》，《福建省委党校学报》2002 年第 6 期。

　　三更更鼓月照窗，牵君的手入绣房。

　　二人相好有所望，阿君先侥先不可。

　　四更更鼓月照砖，牵君的手入绣床。

　　咱今两人做夥眠，较好滚水泡米糖。

　　五更更鼓天渐光，阮厝爹娘叫食饭。

　　阿兄穿衫就欲返，手拔门闩心头酸。

　　这显然是一对相爱的男女为爱情而唱的，歌谣中有许多闽南的方言口语，而福建移民入台者多是闽南漳、泉一带的人，歌谣也就随着传入了台湾，风行一时。

　　又如《英台留学歌》：

　　门楼鼓打一更来，英台枕上流目屎。

　　当初共哥作一排，今日分开在东西。

　　一更过了二更时，目屎流落透罗衣。

　　未知何时见君面，生死共哥做一阵。

　　二更过了三更轮，挑尽灯火不爱眠。

　　灯火无油捷捷跳，思想梁哥没得着。

　　三更过了四更返，夜见梁哥入眠床。

　　翻身起来看没人，望哥害阮罪这重。

　　四更过了五更名，耳边听见鸡啼声。

　　杜鹃悲春来啼哮，我今为哥割心头。

　　这是唱者借用英台思念山伯来表达自己对妻子的思念，其形式是由《五更调》变化而来的，也有不少闽南的方言口语。而祝英台和梁山伯的爱情故事出自大陆，在民间流传甚广。

　　在《五更调》之外，还有《十二月调》《四季调》等，都是大陆早已有之的歌谣。中国最早的诗歌总集《诗经》中的《幽风·七月》，就是《十二月调》的滥觞，而《乐府诗集》中也有伏知道的《从军五更转》，《敦煌掇琐》中亦载有《太子五更转》。以上所举的都属长歌谣，用铺陈的表现方法，倾诉唱者心中的情愫，曲尽其致。

　　也有短歌谣，如：

　　一只鸟仔白溜溜，一条大路通福州。

　　福州查某贤拍球，拍起有花与有柳。

从歌谣中第二、三句中的"福州",可知此歌谣出自福建,而从"查某"(女子)、贤(擅长)等方言词来看,此歌谣出自福建闽南无疑。

由上可见,这些歌谣先由福建移民传入台湾,通过移民的传唱,逐渐流传开来。此种传承,由传而产生影响,传是承的源头,承是对待的继承、创新和发展。

福建移民入台,明、清之时渐多。他们在台湾垦荒、经商立足之后,不仅带来了家眷,也招来了亲朋和乡亲。于是他们在加深对台湾的认识的同时,也加深了对台湾的感情。从家乡带来的歌谣,结合台湾的乡土人情,从内容或格调上有所改造或创新,或旧瓶装上新酒,或连旧瓶也换成新瓶。这就造成了台湾歌谣与福建歌谣有同也有异。

二、闽台歌谣内容的异同

(一)历史故事与传说歌

以十二生肖为首句的历史故事歌谣,如:

漳浦:

> 老鼠出世在壁空,大闹花灯是薛刚。
> 踢死太子惊圣驾,一身逃走得平安。
>
> 牛囝出世要犁田,有孝有义是丁兰。
> 丁兰刻木敬父母,孝义两企传世间。
>
> 虎囝出世被人惊,文广被困柳州城,
> 金龙公主来搭救,要救文广早出城。
>
> 兔囝出世目红红,罗通扫北打铜人。
> 虽得素林共素凤,却害罗仁去阵亡。
>
> 龙囝出世在半天,哪吒七岁踏火轮。
> 李靖的囝真厉害,打败龙王闹东海。
>
> 蛇囝出世身腰长,包拯尽忠睡玉床。
> 一时神魂天庭去,奏要仁宗来坐天。
>
> (以下略)

台湾：

> 鼠今出世在壁空,大闹花灯是薛刚。
> 踢死太子惊皇上,连夜逃走火焰山。

> 牛今出世受拖磨,高祖起义斩白蛇。
> 萧何月下追韩信,九里山下埋伏兵。

> 虎今出世人人惊,文广被困李州城,
> 十八天洞治妖怪,宋朝猛将有名声。

> 兔今出世目红红,罗通扫北打铜人。
> 亏得英雄阵上死,罗仁七岁打铜人。

> 龙今出世在半天,潘葛尽忠打梅伦。
> 潘葛一家真厉害,假做苏美上绞台。

> 蛇今出世身腰长,包拯尽忠睏玉床。
> 三魂七魄扫阴去,欲掠鼠精费心肠。

（以下略）

这两首歌谣所唱的历史故事与传说有相同的部分,如薛刚大闹花灯、文广被困、罗通扫北、包拯尽忠等,其故事情节也基本相同。但也有不同的,如前者叙丁兰孝义,后者叙萧何月下追韩信。但所唱的历史故事与传说全是大陆的,其情节也与大陆所传的故事、传说基本符合。说明漳浦这首歌谣传入台湾之后,经过一些改造,但基本上保持了原来的面貌和内容。这是传承改造的典型一列。

以十二天干为起句的历史歌谣,如：

长泰：

> 甲字写来申欠头,千金小姐上彩楼。
> 绣球抛给吕蒙正,愿在破窑结白头。

> 乙字写来弯又弯,子胥透暝过昭关。
> 走来吴国投阖闾,三百鞭尸报父冤。

丙字写来内相连,孟母断机教子严。
孟母三迁选厝边,孟子成器做圣贤。

丁字写来单脚跷,李旦落难遇凤娇。
二人客栈结连理,日后正宫选入朝。

戊字恍忽是戌形,苏秦奋志求光明。
官封六国做宰相,伊嫂伊妻来求情。

己字一边头顶空,韩信起兵追霸王。
逼到乌江去自尽,英雄至今恨未忘。
(以下略)

台湾:

甲字写来申欠头,千金小姐结彩楼。
绣球抛落吕蒙正,甘心破窑来相投。

乙字写来弯又弯,伍员连夜过昭关。
走来吴国投阖闾,三百鞭尸报父冤。

丙宁内上一相连,孟母断机教子严。
教得三迁择邻处,别日著书做圣贤。

丁字一下单脚跷,李旦落难遇凤娇。
客店二人结夫妇,日后正宫选入朝。

戊字仿佛戌共成,苏秦奋志求功名。
官封六国都宰相,伊嫂伊妻来求情。
(以下略)

两首歌谣的故事内容是相同的,只不过文字略有不同,这可能是在传入台湾的过程中,一些文字被改动了。如"透暝""厝边"等都是长泰的方言,被改成为普通话"连夜"和文言词"邻处"。

台湾此类歌谣,多以大陆的历史故事及民间传说为题材,如《三国演义》

《薛仁贵征东》《梁山伯祝英台》《孙悟空大闹天宫》《雷锋塔黑白蛇》《薛平贵回窑会王宝钏》《郑国姓开台湾》《陈三五娘》《周成过台湾》《安童哥买菜》等。而《陈三五娘》是流行在闽南一带的爱情故事,《周成过台湾》是流传于惠安的歌谣。因此台湾此类歌谣与大陆尤其是福建是割不断文缘、地缘以及史缘的,反映了台湾人民对祖国、祖籍文化的认同。

（二）劝世歌

劝世歌的内容是劝说世人向善去恶。也就是要人们在道德和法理上分清善恶是非,行善事而不做恶事。下面是一首原来流行于福建长泰、龙岩、连城、尤溪等地的劝世歌谣：

> 终日奔波只为饥,吃得饱来便思衣。
> 衣食两般皆俱足,又想娇娘美貌妻。
> 娶得美妻生下子,恨无田地养根基。
> 买得田园多广阔,出入万安少马骑。
> 槽头系了驴和马,嫌无官职被人欺。
> 做得官来嫌品小,一心朝中挂袍衣。
> 若要世人心里足,除非南柯一梦西。

歌中说人心不知足,得陇复望蜀,只有死才能了断,实则劝导人们要知足。这一歌谣传到台湾后,就成了一首《人心不知足歌》。

劝世歌在台湾有劝善、劝改过、劝修行三种。其内容都是劝导人们要遵守儒家传统的人伦道德,浸透着儒家的文化精神,与大陆劝世歌的精神并无二致。孝是儒家最重要的伦理道德,故有"百善孝为先"之说。二十四孝的故事几乎家喻户晓,因而也作为劝导世人为父母尽孝的歌谣的题材。福建诏安流传有《二十四孝歌》,台湾也有《二十四孝歌》,这两首歌中所宣扬的孝子及其事迹,基本是相同的,只不过字句上略有差异。由于歌词太多,仅举孝子吴猛部分为例：

诏安：

> 行孝之人是吴猛,吴猛八岁奉娘亲。
> 家贫复夜无蚊帐,不忍娘亲受蚊叮。
> 每夜先睡喂蚊饱,娘亲睡眠可安宁。

台湾：

> 十九孝子是吴猛,着是这个上苦情。

散赤亲像无字姓，无亲无戚可牵成。
冬天无被伊盖草，破裘破被父母包。
会有十分这有孝，大人都无伊彼贤。
冬天过了春天到，想无蚊罩目屎流。
吴猛尽心块行孝，有蚊伊先饲做头。
吴猛有孝身饲蚊，为要有孝民大人。
随在蚊咬不振动，咬煞才请父入房。

两首相较，前首较简洁，后首较繁，多了盖草的情节，把为母饲蚊，改为为父饲蚊。这也是歌谣传播中产生的差异，但其劝导孝德的精神是一致的。可以看出台湾歌谣中的劝世，其标准是以中国传统的伦理道德为依据的。这当然是受到来自大陆的道德思想和文化传统的影响，这一点不容置疑。

（三）情歌

情歌是男女之间互通情爱之歌。这是民间歌谣中最常见且在抒情歌谣中占相当分量的一种歌谣。这种歌谣也最富有地方色彩。闽南一带由于气候、土壤等地理条件，生长着众多品种的花卉，而花卉常被作为美好的象征，因而闽南许多山地情歌，常以花卉名称为起句，唱出男女的爱情。例如：

木棉开花白波波，鸡冠开花结成排。
可惜一人一所在，哥阮不敢娘厝来。

一丛虮花含笑桃，备亦一蕊要送哥。
是哥俭嘴不敢讨，有留哥额免惊无。

一丛好花真清香，开卜两蕊真迷人。
阿哥伸手卜加挽，不知花香雇限限。

这三首是流传于于安溪县的情歌，表现了女子对所爱男子的挑逗和追求。

一从好花是樱桃，路边一朵要送哥。
是哥金口不甘讨，有存哥额不是无。

一丛好花是含笑，四边花叶围朝朝。
哥你要采无把握，哥若不采干甲皱。

棘仔开花白精精，杨梅开花人不知。

阿娘生水惹人爱，天顶仙桃摘未来。

这三首是流传于华安县的情歌。前两首是女子大胆地要所爱的男子主动追求自己，后一首是男子表达对女子的爱。

石榴花开心底红，做了女人吃奈何。

只有男人先开口，女人开口面会红。

门前桐子开白花，大风吹落满地下。

老妹有情先开口，莫做杨梅暗开花。

这两首是流行于连城县的男女对唱的情歌，前首表现女方欲说爱情而羞于开口，后首则是男方劝说女方大胆开口。

六月芥菜假有心，菜篮担水互哥饮。

阿君无来无要紧，眠床空阔好翻身。

（安溪情歌）

门口莲池并蒂花，哥妹相约屋背山。

哥哥装作竹鸡声，妹妹装作画眉声。

（连城情歌）

前一首表达的是女子对情郎的思念，后一首表现的是男女约会的情景。

刺仔开花白利利，伯利先长在水坘。

娘仔生水哥中意，想卜送娘猪脚圆。

玉兰开花白精精，鸡荟开花结成排。

咱哥对娘心意爱，想娶阿娘结成排。

这两首是流行于长泰县的情歌，表现的是男子对所爱女子的追求，要与对方结成连理。

以上情歌都以花卉为起句，引出对爱情的诉说。此类情歌数量不少，难以一一尽举。

由于台湾的气候和地理条件与闽南相似，所产的花卉也多，因而此种以花名为起句的情歌，也随着闽南人迁入台湾，而在台湾风行起来。仅以谢云声编的《台湾情歌集》来说，此类情歌就多达 50 余首，约占全集的 1/4。例如：

芙蓉开花会结子，愿共兄哥结百年。

谁人偄心雷打死,头先偄心路旁尸。

金桔开花红轮轮,相好都是有尽情。
会生会死着做阵,不通放乎娘单身。

这两首表达的是男女爱情始终不渝,永不变心。

木棉开花有一枝,哥仔生成即文理。
恰是潘安再出世,害阮相思十二时。

柳烟开花天顶香,月内无涂也无沙。
仙桃因何乜会活,娘尔要嫁着嫁我。
护你清闲免拖磨。

前一首表达的是女子对男子的爱慕和相思,后一首表达的则是男子要求女子一定要嫁给自己。

甘蔗开花亲像竿,娘子祖家是唐山。
献出真情护哥看,免得打呆哥心肝。

杏花开来笑微微,兄哥亲浅年廿二。
今日我哥要返里,害我春心病相思。

前一首唱的是男子要女子向自己表白真诚的爱,后一首是离别时女子表白难舍心情。

酸枣开花身光光,食入嘴内真正酸。
哥身共娘路要断,不久要回自家门。

英梅开花叶青黄,难得娘仔恰哥返。
勿嫌水陆路头远,即通恰哥回新庆。

前一首表达的是女子舍不得男子离开,后一首表达的则是男子感激女子能够让他回去。

情歌的内容各不相同,但以花草为起句来抒情却是共同的特点。这种闽台情歌的共同特点,体现了闽台两地情歌的传承关系。

(四)地产歌
地产歌包括地方名和物产名两种歌谣,前者显示地方之多,后者夸耀物产

之富。闽南一些地方早就有这种歌谣,如东山县的《铜山地名歌》:

> 一呀一水斋,二呀双空井。
> 三呀三仙洞,四呀四周佛。
> 五呀五里亭,六呀六角井。
> 七呀七弯巷,八呀蜘蛛网。
> 九呀九仙顶,十呀十大庙。

以数字顺序,把有关数字的地名连接起来组成一首歌谣,显示地名之奇。华安县的《地名歌》共16首,其中后面3首是:

> 福建十府又二州,延建汀邵并福宁。
> 福兴泉漳台湾府,龙岩永春是二州。
>
> 天下分为十八省,含有一百九二府。
> 丙百五十有三州,直隶共有五十四。
> 县通天下推连共,一千三百有一十。
>
> 福建台湾六二县,漳州七县分四方。
> 左右学官各县有,云霄石码二三府。
> 海澄漳浦长泰县,南靖平和及诏安。
> 龙岩漳平并宁洋,田亩钱粮几十万。

这些歌谣囊括了清代全国、福建及漳州的行政辖区,显示中国之大,也说明台湾当时就是福建省的行政管辖之地。

南靖县的《靖城地产歌》,歌唱的是南靖县各地的特产:

> 下割产香蕉,下魏织草席。
> 武林做畚箕,古湖好鲢鱼。
> 草坂香荔枝,下尾张番薯。
> 寨连建莲子,阡桥好鱼池。
> 草前养大猪,湖林出大米。
> 径里芙蓉李,珩玩番荔枝。
> 部前产龙眼,沥阳茶盛产。
> 靖城做生意,湖山好地理。
> 沧溪蔗种多,游坑庚布袋。

院前茶苗村,东坂猪母群。

田边大西瓜,天口水库带。

龙合产树葛,大房树莲花。

流行于漳州的《漳州地名物产歌》,歌唱的是漳州所属各县的名产:

漳州市,出果子,最有名,是荔枝;

荔枝肉,汁清甜,有营养,补血气。

华安栽种柚子树,出产坪山文旦柚;

逐年装箱共装笼,运出海外去销售。

长泰好地土,出产槟榔芋;

炊熟香又松,入嘴呣免哺。

南靖县城叫山城,迄地米香真出名;

配料油葱加桔饼,人人团仔拢爱吃。

平和小溪枕头饼,闽南一带有名声;

细条长形包豆馅,酥香清甜人爱吃。

云霄出名咸金枣,吃着甘甜气味好;

会使解酒助消化,止咳功效也不错。

漳浦甲诏安,二县靠海港;

出产海味真多项,第一出名是泥蚶。

东山四面靠海墘,海产出名是鱼翅;

鱼翅请桌上等品,一斤卖着真多钱。

以上两首均融地名与物产于同一首歌谣之中,既让人知道该地所属的地名,又让人了解各地的名产,客观上起了商业广告的作用。

这种地产歌谣也影响到台湾,如《台湾物产歌》:

台湾九份出金门,北投山顶出硫黄。

金铜出在水湳洞,乌油石岩出瑞芳。

士林一带出木炭,关系岭脚出温泉。

北投山脚块烧碗,宜兰鸡爪甲胆肝。

士林名产石角芋,出名椪柑是新埔。

金山海口出佬砧,打狗浅野红毛土。

麻豆出名文旦柚,竹菜山下出石油。

(以下略)

　　此歌谣和上面所举的《靖城地产歌》一样，都是先说地名后举地产，只是地名和地产不同而已。

　　再如以男女对唱的形式介绍台湾各地早期的名称：

　　　　女唱：打猫改名换民雄，大屯然后改台中。
　　　　与兄子孙有中用，年年好运钱可长。
　　　　男唱：丰源早名葫芦墩，寮脚改名东势郡。
　　　　……
　　　　男唱：大溪早名大科嵌，麻城现时讲台南。
　　　　戏情相褒这到站，欲续后集较笑谈。

　　这是说明各地的旧名，让人明白。

　　又如《站站赶车到唐山》，唱的是从台北搭车回唐山（大陆）所经过的地方：

　　　　台北搭车站站歇，举头一看（哎）鹦哥石。
　　　　离父离母真可惜，离别爱人（哎）看不着。

　　　　鹦鹉搭车到桃园，举头一见（哎）鸡笼庄，
　　　　离父离母路头远，离别爱人（哎）割心肠。

　　　　桃园搭车到嘉义，甘愿嫁君（哎）做妻儿，
　　　　唐山草地阮敢去，甘愿啉饮（哎）配番薯。

　　　　嘉义搭车到彰化，彰化开门（哎）八卦山，
　　　　若有恋爱着来娶，姆通外面（哎）想风花。

　　　　彰化搭车到台南，台南一条（哎）运河江，
　　　　双人想招要跳江，看见江水（哎）青葱葱。

　　　　台南搭车到打狗，高雄盘车（哎）到河猴，
　　　　囡仔思母总会哭，阿娘思君（哎）目屎流。

　　　　双人行到凤山寺，手举清香（哎）有三支，
　　　　全望佛祖相保庇，保庇早返（哎）唐山去。

　　此歌谣唱出了赶车所经的站点，体现了返回唐山的主题，其中有亲子难舍之情、男女生死不离之情,更有急切的渡海回归之情。以上两首歌谣的内容及感情比《靖城地产歌》《漳州地区名物产歌》都更为丰富,可见此类歌谣传到台湾后,有所创新和发展。

再以龙岩的《地名歌》和《龙岩土特产》为例:

苏坂算上是万安,白沙雁石到岩山。
蒋武隔河是铁山,社兴溪南靠城关。

有了西陂和江山,也有东肖和红坊。
也有适中和曹溪,大池小池和湖邦。

是识山歌随便唱,全市乡镇一一唱,
共计乡镇十六个,人多钱多是城关。
(《地名歌》)

社对社,乡对乡,
无样看世,龙岩土产只十样。
矮桥头,一入城,韭菜园仔顶出名,
油浮粿真时行。
西门臭三豆花美,癞痢卖硬粿,
顺昌花生有到火。
铜钵巷宝泉的面糕,大可成软糕有字号,
小可成白饼办丰蔬。(宴席)
城墙巷海旺牛渣粉,西门内稳古清汤面,
上井头苟仔圆汤有上字。(有了名)
一出东门外,脆饼圆又圆,
油炸粿一条二分钱,平寨尾专门养鸬鹚。
(以下略)
(《龙岩土特产》)

这两首介绍地名、地产都很纯粹,好像专门介绍当地乡镇、介绍当地土特产的广告,又可见台湾此类歌谣,骨子里继承了福建歌谣,但其面貌有了改变,内容更丰富。

(五)儿歌

儿歌,顾名思义是儿童唱的歌谣。其特点是从儿童的口中,用儿童的语言,唱出儿童内心的思想感情,具有天真烂漫的情趣,通俗得谁都听得懂,因而流传得也快。福建的儿歌,流传最早也最广的是《月光光》。据载唐时常衮任福建观察使,见福建文化教育落后,大力兴学推广文化,作《月光光》歌让儿童传唱。

> 月光光,照池塘,骑竹马,过洪塘。
> 洪塘水深不得渡,奴今撑船来接郎。

此儿歌最先从福州传开,洪塘是福州郊区的一个地名。儿歌以"月光光"起句,"骑竹马"则是儿童游戏,具有深厚的儿歌色彩,几乎传遍了福建各地。如闽北沙县,只将末句的"奴今"改为"阿妹"。有的地方则对其加以改造和延长,例如永春的《月光光》儿歌:

> 月光光,秀才郎,骑竹马,过三堂;
> 三堂兴,过官卿,官倾牛,牛触虎;
> 虎滥累,累着狗仔汪汪吠;
> 吠着谁? 吠着凭公拔麦穗;
> 拔几穗? 拔三穗;
> 一穗挨,一穗曝,一穗乌仔啄啄凿。
> (以下略)

华安县的《月公公》歌谣,则从《月光光》蜕化而来:

> 月公公,秀才郎,骑白马,过南塘。
> 南塘未得过,举香来志过。
> 志未倒,狗公咬狗母;
> 狗母跌落屎窖桥,用簸箕捞未着。
> (以下略)

这首《月光光》也传到台湾,但有了改变,歌名改为《月娘月光光》,内容也不同:

> 月娘月光光,骑马过南塘。
> 南塘刽得过,掠猫仔来戴髻。
> 载刽得,举竹篙托鸥鹑。
> 鸥鹑嘴开开,笠仔换棕蓑。
> 棕蓑好遮雨,刣猪羊,翻猪肚。
> 猪肚翻轮转,火垂换火管。

火管好喷风,老婆打老公,

老公颠去死,老婆偷粜米。

(以下略)

这些歌谣虽与原来的《月光光》有所不同,但从起始句看,显然都脱离不了其影响,也说明台湾的儿歌与福建儿歌存在着千丝万缕的传承关系。

以"天乌乌"起句的儿歌,也在福建相当流行。如福州的《天乌乌》儿歌:

天乌乌,要落雨。

虾吹箫,鱼打鼓。

水鸡扛轿嘴凸凸。

虾蟆做媒人,草蜢提灯笼。

接亲长长阵,拜堂两个人。

这首儿歌用儿童的语言和其天真的想象,唱出动物迎亲的场面,可算是浪漫主义与现实主义创作方法的结合。

华安的《天乌乌》:

天乌乌,要下雨。

拿锄头,巡水路。

碰着一群鱼仔虾仔要娶某。(娶某:娶妻。)

三关做新娘,土塞做阿祖。(三关、土塞:鱼名。)

⋯⋯

水鸡扛轿大北肚。(水鸡:青蛙。大北肚:大肚子。)

这首内容基本与前首相同,只是一些情节不同。

惠安县的《天乌乌》:

天乌乌,卜落雨,海龙王,卜娶某。

龟吹箫,鳖打鼓,水鸡扛轿目吐吐。

⋯⋯

螳螂媒人穿绿裤,蛙鱼送嫁大腹肚。

呀噫呀! 叮叮当当喳,叮叮当当喳。

这首儿歌也是唱迎亲场面,只不过是迎娶者换为海龙王,其中情节与前几首有同有异,歌末还加上奏乐之声,增强了热闹气氛,也增强了现实感。

台湾也有《天乌乌》的儿歌:

天乌乌，欲落雨，

夯锄头，清水路，

清着一尾鲫仔鱼，欲娶某。

水鸡扛轿目珠吐，

蜻蛉举旗叫艰苦，

遇到四婶婆仔，食一碗白米饭。

此儿歌内容也是说动物迎娶之事，与前三首相比，大同小异。我们可以从中看出《天乌乌》在流传中，传唱者不是照搬原歌，照唱原调，而是有所改造。台湾的《天乌乌》，是福建儿歌移植到台湾之后，继承了福建《天乌乌》的原版，又有所创造的。

从以上对闽台两地歌谣的比较和分析中，可以看出福建歌谣对台湾歌谣的影响，福建歌谣传入台湾后，台湾歌谣从中吸取其可用者用之，并加以创新改造，从而传承了福建歌谣文化。

三、闽台歌谣的艺术传承

自古以来，中国歌谣的艺术方法，都归结为赋、比、兴三种。《诗经》中的歌谣，就已创造了这三种艺术方法。福建歌谣传承了这些艺术方法，也将这些艺术方法传入了台湾，而台湾歌谣也接受了这些艺术方法。

（一）赋

朱熹对于赋的解释是："敷陈其事而直言之也。"通俗地解释，就是直接叙述情事，让读者从其叙述中明白其事。有关历史之事的歌谣，多用此种艺术方法。前文所举的以十二生肖和十二天干为首句的历史故事歌谣，就是用此方法叙述历史上的许多故事和传说，其目的是通过歌谣的传唱，让人直接了解相关内容，起到一种传播知识和教育的作用。

闽台两地都有《二十四孝歌》（见前文），都是用赋的方法歌唱历史上著名的二十四孝子，突出他们孝的表现，让人知道其人其事，不仅是传播知识，更重要的是起一种道德教育的作用。又如前文所举的地名歌、地产歌，也是用赋的方法，一一介绍地名、地方物产，让人了解。经过传唱，起一种广而告之的作用，因此重点是让读者或听众直接知意，字句中有无修饰并不重要。

但也有些歌谣，用赋的方法表现男女爱情。如前文所举的《五更鼓》，用更鼓的推移，有层次地表现一对男女倾诉相爱之情，以见出其相爱之深。而《英台留学歌》是以《五更调》，直接抒述一位女子对情郎的情思，情思诉了一更又一更，一层深入一层，直至高潮。

（二）比

朱熹对于比的解释是："以彼物比此物也。"通俗地说即比喻。《诗经》中的《国风》用此艺术方法的不少，如《硕鼠》篇，即用大老鼠譬喻贪得无厌的人。譬喻有直喻、隐喻等。

直喻，是一种明白而直接的比喻，以此物的某一特点与彼物的某一特点相似，直接指出比喻的对象以增强文采。例如南靖县的《好比鲤鱼上急滩》：

> 恋妹实在是艰难，好比鲤鱼来上滩。
> 水深恐怕鹭鹚打，水浅又怕水来拦。

篇中用鲤鱼难上滩之艰难比喻恋妹之艰难，又用"鹭鹚打"和"水来拦"譬喻恋妹担心遭到打击和阻挠。

还如永春县情歌《遇着歹某》(歹某：恶妇。)

> 魁星踢斗一脚勾，曹操落难刘嘴须。
> 遇着歹某真无救，亲像死坨活尾溜。

最后一句用"死坨活尾溜"，比喻遇到歹妇就像蛇那样心已死而尾巴痛苦尚存。

台湾情歌中，也有不少用直喻的，例如：

> 木棉花开有一枝，哥仔生成即文理。（即：这么。文理：形容美。）
> 恰是潘安再出世，害阮相思十二时。（恰：莫非。）

篇中用中国古代美男子"潘安"比喻情哥。

> 风葱开花结成球，船车那歹着抹油。（歹：坏。）
> 看见娘仔白甲幼，亲像竹纸包红绸。（白甲幼：白又嫩。）

末句用"竹纸包红绸"比喻"娘仔"又白又嫩。

> 娘子生水十二分，看娘行路月过云。（生水：生得美。）
> 内港无人通比论，较水汉朝是昭君。（较水：比……还要美。）

篇中用"月过云"比喻娘子行路之状，并以王昭君相比。

从以上三例，可以看出台湾情歌中，歌唱者常用中国古代著名的俊美人物，直喻其所爱慕的人的外貌之美。这种直喻既传承了中国诗歌传统的艺术方法，又取材于中国历史。用这种方法让人一听就知道其所赞对象之美，可以省掉许多形容的语言。

隐喻，是把譬喻藏在整篇或字、句之中，让人慢慢品出其中譬喻的意思，或

者是表面说的是此意,而暗中则用以譬喻别的意思。这种方法在民歌中常常见到。例如云霄县民歌《千年竹子做扁担》:

千年竹子做扁担,扁担千年用不断。

有心相好要到老,到老相好情不断。

前面两句是用竹扁担千年用不断隐喻爱情坚贞不渝。

又如龙海市民歌《摸水过河不知深》:

摸水过河不知深,不知阿哥哪样心。

拿起竹篙试深浅,锡做茶壶假镀银。

篇中除第二句外,都用隐喻。首句用"摸水过河不知深"隐喻不知相好者情意深浅,第三句隐喻决心要探知相好者之情如何,末句则隐喻相好者外表装好而实际是假的。

台湾民歌也常用隐喻方法。例如:

一丛柴名是石柳,一只鸟名是乌鹙。

前日合娘相接手,亲像死坁活尾溜。

末句隐喻怀念情长,身虽死而情不绝,表明爱情坚贞。

黄菊花开层层黄,用了钱粮无怨恨。

只惊娘仔谢圣恩,好娘不可侥负君。(侥:变心。)

这首歌是男子担心对象变心而唱的,"谢圣恩"隐喻推辞。

以上两首的隐喻句都不直接指出隐喻对象,把真意隐在其中,让人颇费心思来想。

有的民歌是通篇隐喻的,例如:

路边出有相思草,阿君要用才来搞。(搞:拔。)

搞去泡茶食落喉,若好随时来娘兜。(兜:家。)

全篇隐喻,是女子暗示男子要是爱上自己就来家造访。

又如《人插花》一歌,本是流行在闽南一带的儿歌,后传到台湾,日本据台之时,台湾人民就用此歌表达反日之情:

人插花,伊插草。

人抱婴,伊抱狗。

人睏红眠床,伊睏屎礐仔口。

通篇讥刺日人习俗诡怪,暗喻日本人不是人。这种移他山之玉来表现暗中之意的手法,是很有创造性的。据说此歌曾经风行台湾一时,日本侵略者大概没有猜想到其中之意吧。

(三)兴

朱熹对于"兴"的解释是:"先言他物,以引起所咏之词也。"据此,"兴"的作用在于引发所欲咏的事物。自古以来,"兴"与所咏之歌的意义无关者有之,有关者亦有之。

无关的如惠安县的一首民歌:

> 厝顶曝菜又曝葱,娶了好某成富人。
> 人来人去会招待,炒肉煮菜碗碗香。

首句起兴,其意与歌的主题"娶了好某"没有关系,可能是唱者在曝菜、曝葱之时,即兴而唱出以下三句。福州民谣《一粒橄榄丢过溪》也属此类:

> 一粒橄榄丢过溪,对面伊妹是奴妻。(奴:自称之代词,即我。)
> 金鼓花轿放礼等,是奴毛钱放礼挨。(放礼:放着。挨:拖延。)

有些歌谣的起兴句,只是单纯为了引起全歌之韵。例如福州儿歌《真鸟仔》:

> 真鸟仔,啄菠菠;三岁孩儿会唱歌。
> 不是爸妈教奴唱,是奴腹老通笼歌。

末句意为头脑聪明。

又如《莺哥仔》:

> 莺哥仔,啄蜘蛛;
> 爹娘教仔去读书。
> 读什么?读四书。

这两首的儿歌的起兴,都与全歌的意思无关,只是出于提起押韵的需要。

再看台湾的歌谣:

> 菜瓜开花满棚香,二条铜钱通衙门。
> 一时无哥可来坐,亲像病人要茶汤。

> 竹笋离土日日大,花生开花钉落沙。
> 身边无娘可作伴,心肝想死恰快活。

这两首起兴都与歌谣本身意义无关,也许起兴是起引韵的作用。

与所咏之歌的意义有关的,如漳州的一首歌谣:

> 连理枝,花并蒂,
> 新婚暝,烛双支。
> 想那时,花园会,
> 情投意合盼佳期。
> 今宵欢乐嫌暝短,
> 一暝夫妻恩百年。

歌谣以象征男女结合的连理花起兴,明显与新婚内容密切相关。

又如福清的《十月情歌》:

> 正月茶花滴滴金,妹拿赠品表寸心。
> 劝哥钱财如粪土,人的情谊值千金。

首句以"茶花滴滴金"引出"情谊值千金"的主题。

> 八月中秋月亮明,妹妹住在远山林。
> 哥身在城心在妹,时时刻刻思情人。

用"中秋月亮明"起兴,引出"思情人"的内容。这两首歌谣的起兴,都与歌谣的主题思想紧密相关。

台湾也有不少歌谣,起兴与歌谣的内容关联密切,例如:

> 芙蓉开花会结子,愿共兄哥结百年。
> 谁人枭心雷打死,在先枭心路旁尸。

歌谣以"芙蓉开花会结子"起兴,表白爱情有始有终,誓不变心。

> 好花也看好花盆,美娘着配美郎君。
> 今来英台配马俊,嘴齿打折含血吞。

起兴句与歌谣的主题"夫妻要相配"十分切合,这是一首女怨嫁丑夫老夫的歌谣。

总之,不论福建还是台湾的歌谣,其表现的内容和运用的艺术方法,都来自中国古代歌谣的传统。而台湾的开发,主要力量是来自福建的移民。福建民众早先接受了中国古代歌谣的优良传统,吸取其思想内容的精华和艺术方法,结合本地的地理、风情和语言等,创作了无数反映福建乡土、人情的歌谣,经过入台移民的口声传授逐渐传入台湾。随着斗转星移,当地人由传唱福建歌谣,然后渐以台湾的环境,结合台湾的地理、习俗、生活实际,或对福建传来的歌谣加以改造,或创作新篇,以满足台湾社会生活的需要。并且这种改造和创新,由群众而推及文人。但不管改造也好,创新也罢,都没有离开福建歌谣的影响,无论思想内容、艺术方法还是语言、声调,均是如此。因此,台湾歌谣脱离不了对福建歌谣的传承关系,自然也脱离不了对中国传统歌谣的传承关系。

第十章　闽台造型艺术源流

第一节　闽台书法源流

一、福建书法家赴台

能在今天台湾留下精美墨迹的、被我们称为书法家的,并非都是专业从事书法的文人,他们或为官,或经商,或从教,或游幕。早期来台并留下墨宝、在台湾书法界产生过或多或少影响的福建书法家,其来台因缘和途径主要有以下几种[①]:

来台湾就任公职。如:沈鸿儒,永定人,乾隆五十五年(1790)由延平调任台湾府儒学教授。沈葆桢,侯官人,赴任台湾,同治十三年(1874)为钦差大臣,驻节台湾府治。周长庚,侯官人,光绪十三年(1887)任彰化县教谕。林君升,同安人,康熙六十年(1721)奉调带兵押饷赴台湾,曾补台湾总兵。林绍年,闽县人,曾任台湾巡抚。柯辂,晋江人,嘉庆六年(1801)任台湾训导。唐山,莆田人,乾隆二十年(1755)由泉州教授调任台湾。孙云鸿,漳州人,曾任澎湖水师副将。梁鸣谦,闽县人,道光年间(1821—1850)任台湾海防同知。陈伦炯,同安人,雍正四年(1726)任台湾镇总兵。曾光斗,古田人,同治二年(1863)随提督林文察赴台平定戴潮春之乱,后以知府尽先补用。叶文舟,海澄人,任台湾嘉义县教谕后居台湾。潘国材,闽县人,乾隆五十二年(1787)赴台平林爽文之乱,次年授台湾镇中营游击。谢贤霖,福建人,清光绪年间赴台任台湾府儒学教谕。魏大猷,同安人,康熙六十年(1721)奉命来台平定朱一贵之乱,因功接任台湾水师协副将。宋滋兰,政和人,作为提督林朝栋幕友赴台。苏元,晋江人,光绪年间赴台任淡水县教谕,1895年割台后返闽,1915年再度来台,筑室于彰化八卦山阴。

应邀来台湾担任官府幕僚。如:宋滋兰,政和人,作为提督林朝栋幕友赴

---

① 　何绵山:《福建书法家在台湾》,《福建文史》2016年第2期。

台。林嘉,诏安人,清光绪中叶,幕游来台。倪湜,福建人,光绪初游幕来台。陈衍,侯官人,光绪二十年(1894)应台湾巡抚刘铭传之邀作为幕友赴台。刘齐衔,闽县人,光绪二十年(1894)作为唐景崧幕友来台。谢颖苏(琯樵、管樵),诏安人,咸丰七年(1857)以佐幕身份赴台南,后应板桥林家之聘为教席。谢曦,闽县人,清乾隆三十四年(1769)佐海防同知朱景英守鹿港,有名幕之誉。

应邀来台湾任私家教席及整理文献。如:何冠英,闽县人,应板桥林国华之邀请,数次来台。吕世宜,厦门人,应板桥林家之约赴台任教,台湾人尊其为金石学导师。林豪,同安人,同治六年(1867)赴台应林占梅之聘,任潜园教席,宣统元年(1909)重游淡水。庄正,晋江人,被台湾板桥林本源家族聘为教席。许筠,侯官人,应邀为板桥林本源家族教席。杨浚,晋江人,同治八年(1869)渡台,后应竹堑郑氏之聘编订《北郭园全集》。叶化成,海澄人,道光十五年(1835)应邀至台湾板桥林家任教席。吴钟善,晋江人,应林本源之聘来台,任家庭私塾教师,并参加诗社活动。辜菽庐,惠安人,1919年赴台,曾多年为鹿港辜家、板桥林家教席。

应聘来台湾主持书院。如:王式文,晋江人,来台主讲台南蓬壶书院。林天龄,长乐人,应海东书院之聘任教。林鹗腾,同安人,曾应聘主讲澎湖文石书院。张亨嘉,侯官人,同治五年(1866)应邀任台北艋舺学海书院山长。陈楷,闽县人,应台湾道陈懋烈之聘赴台掌海东书院。

来台湾设帐授徒。如:郭尚先,莆田人,曾赴台于八里坌设帐授徒。赵在田,闽县人,乾隆五十六年(1791)来台执教。游夺魁,漳州人,1927年因漳泉械斗避难来台,后设帐授徒。

随家人移居或游览台湾。施世榜,晋江人,随父移居台湾凤山。庄俊元,晋江人,幼时随父赴台经商居台。后返乡中进士,常往返闽台之间,以与台湾文士唱和为乐。陈祚年,幼年随父迁台。陈凤昌,南安人,七岁从父来台,居南郡看西街,后多次往返于闽台之间。陈懋侯,闽县人,少时从父经商于淡水,后移居鹿港。林维丞,闽县人,14岁时随父游台,稍后再次来台取淡水厅儒学,为附生;咸丰末年来台居竹堑,主持潜园文酒之会几近三十年。

因家人或姻亲关系而赴台湾办理各种事宜。如:林纾,闽县人,少年时随父居台湾沪尾,后因家人去世而赴台料理,光绪年间曾游台南府。方家澍,侯官人,因奔丧来台。王仁堪,闽县人,因前辈家族中有一支迁台,故曾来台祭墓。黄嘉尔,同安人,因与板桥林家有姻亲关系而多次赴台。黄锡尔,同安人,因其兄黄嘉尔与板桥林家的姻亲关系而赴台。苏镜潭,晋江人,因与板桥林家有亲戚关系,曾多次赴台居板桥林家,并任雾峰林邸教席。龚显升,晋江人,因与台湾板桥林本源家族有姻亲关系而赴台。

应邀来台湾做客及参加各种文化活动。如:王毓菁,闽县人,来台参加诗社活动。林士博,侯官人,应邀至新竹林占梅潜园做客。陈绣莹,侯官人,多次应邀赴台板桥林本源邸做客。陈赞图,长乐人,多次来台,客居板桥林本源庭院。杨栽,南安人,应淡水县同知之邀前往淡水厅献艺。石雪庵,同安人,来台从事绘画活动。李霞,仙游人,来台参加书画展;1928年赴新竹参加"全台书画展",后举办个人画展。

因其他各种原因移居或寄居台湾。丁捷三,晋江人,来台居嘉义。李文岱,泉州人,移居台北艋舺。王之敬,莆田人,客居台湾。李清琦,晋江人,移居彰化。施之东,石狮人,寄居台北彰化,光绪十八年(1892)进士。彭培桂,同安人,少时来台,定居于淡水竹堑榉榔庄。黄博扶,晋江人,光绪年间来台居鹿港。詹少安,安溪人,曾客居台湾。简祥茂,漳州人,寄居台北。郑贻林,光绪八年(1882)迁居鹿港。苏淞,晋江人,光绪年间旅居台湾雾峰、鹿港等地10余年。龚植,晋江人,于光绪初年来台,居台南、台北。

游历台湾。余玉龙,福建人,游台。陈浚,闽县人,曾游台湾。曾茂西,福建人,道光年间游台阳。廖秉钧,永春人,游学来台,入云林县贡生陈慕周家。蒲玉田,漳州人,道光年间(1821—1850年)游台。沈瑞舟,诏安人,游台。

收复并统治台湾。郑成功,南安人,收复台湾。郑经,南安人,统治台湾。陈永华,同安人,永历十七年(1663)随郑军入台。

来台湾原因不明。李灿,汀州人,乾隆年间来台。沈瑶池,诏安人,乾隆年间来台。陈克虎,泉州人,乾隆后期来台。陈蓁,南安人,清光绪年间来台。

二、台湾对福建书法家作品的宣传和收藏

(一)台湾对福建书法家作品的展出和出版

1.台湾各种不同门类不同级别的展出和出版活动推动了书法的普及

福建书法家对台湾书法界的影响,设帐授徒是一个重要渠道,但毕竟受各种条件制约,能够亲自受到耳提面命、长期直接得到当面指导的毕竟不多,故影响面有限。倒是闽籍书法家留在台湾的作品、或通过各种渠道流入台湾的作品,得到台湾相关人士的珍惜和保存,在流传过程中得到台湾爱好书法人士的学习、模仿,产生了广泛的影响。福建不同时期的书法家作品对台湾书法家产生的影响,台湾各种书法类文集中均有零星记载,如台湾著名文化人魏清得(1886—1964)在为台湾著名书画家王坤泰(1892—1918)的画卷做序时,称王坤泰"书法学张瑞图"①。限于篇幅,本章仅就福建书法家作品在台湾流播做一简要介绍。

福建书法作品近年通过各种展览,为更多人所知晓。如 1970 年,台北市文献委员会王国璠将其收集的台湾早期书画,于"国立"历史博物馆展出。之后,台南市文献委员会举办了"台南府城书画展",新竹收藏家举办了"竹堑古今书画特展",1983 年台湾"文建会"举办了"明清时代台湾书画作品展"。同时,还以出书等方式,推动作品在更大范围内传播,为更多的书法热爱者所熟悉。

这些参加各种作品展和出版作品辑的作品,不仅有台湾各机构的藏品,还有大量的私人藏品。台湾民间收藏的作品极多,如涂胜本出身于中医世家,收藏台湾清至近代作品约 400 件,1983 年,台湾"文建会"举办"台湾清代先贤书画展",仅涂胜本就提供了 167 件作品参展。私人藏品大量参加台湾举办的各种书画展、并被不断选入出版的各种专辑,大大拓展了书法热爱者的视野,为他们临摹、学习、鉴赏提供了方便。这些作品虽然多标以台湾书法家,但其中包括了大量的闽籍书法家作品。(此处"福建书法家"指在闽出生而以各种渠道到过台湾的闽人,在台出生的闽人后代均不包括在内。)

台湾出版福建书法(包括入选)作品的出版物,如:王国璠主编的《台湾与中原文化之渊源——百家翰林书画集》,禹甸文化 1979 年出版。王国璠主编的《台湾关系——一百翰林书画集》,台湾省立台中图书馆 1976 年出版。江世正主编的《翰墨飘香——南投县立文化中心典藏台湾先贤书法作品集》,南投县立文化中心 1992 年出版。何勋尧主编的《馆藏书画选辑》,台湾省立博物馆 1987 年出版。吴鼎仁主编的《金门民间古字画珍藏集》,金门县立文化中心 2002 年出版。吴鼎仁主编的《浯风和畅——金门古扇面字画珍藏集》,金门县立文化中心 2002 年出版。尾崎真秀、林熊光主编的《吕世宜、谢管樵、叶化成三先生遗墨》,1926 年印刷。林锡庆主编的《东宁墨迹》,东宁墨迹编纂会 1933 年印刷。台北故宫博物院主编的《林宗毅先生林诚道先生父子捐赠书画图录》,台北故宫博物院 2002 年出版。洪惠冠主编的《郑再传收藏——竹堑先贤书画展》,新竹市立文化中心 1995 年出版。洪惠冠主编的《迎曦送晚三百年——竹堑先贤文献书画展专集》,新竹县立文化中心 1993 年出版。高玉珍主编的《庆祝本馆四十周年馆庆——台湾早期书画展图录》,"国立"历史博物馆 1995 年出版。"国立"历史博物馆编辑委员会主编的《丹青忆旧——台湾早

---

① 詹雅能、黄美娥选注:《魏清德集》,"国立"台湾文学馆 2013 年版,第 111 页。

期先贤书画展》,"国立"历史博物馆 2003 年出版。"国立"历史博物馆编辑委员会主编的《台湾先贤书画选》,台北县文化局 2001 年出版。"国立"历史博物馆编辑委员会主编的《振玉锵金——2005 年台湾早期书画展》,"国立"历史博物馆 2005 年出版。崔咏雪、林明贤主编的《翰墨春秋——1945 年以前的台湾书法》,"国立"台湾美术馆 2004 年出版。崔咏雪、林明贤主编的《翰墨珠林——台湾书法传承作品集》,淡江大学文锱艺术中心 2004 年出版。张德南主编的《竹堑先贤书画集 2》,新竹市立文化中心 1998 年出版。张体义主编的《馆藏古今书画专集》,台湾省立彰化社会教育馆 1985 年出版。梁德碁主编的《清翰林等科举名家墨迹珍藏》,彰化县文化局 2001 年出版。陈韵如主编的《书画双华——画家的书画篆刻特展》,高雄市立美术馆 2001 年出版。冯永华主编的《彰化县美术发展调查研究——书法篇》,彰化县立文化中心 1998 年出版。黄才郎主编的《明清时代台湾书画作品》,"行政院文化建设委员会"1984 年出版。黄志农主编的《彰化县先贤书画专集》,彰化县文化局 2004 年出版。黄瀛豹主编的《现代台湾书画大观》,现代台湾书画大观刊行会 1930 年出版。温文卿主编的《鹿港先贤书画展专辑》,朝阳鹿港协会 2000 年出版。蔡辰男主编的《明清五百年名家书画辑》,国泰美术馆 1980 年出版。郑文彰主编的《汲古润今——台湾先贤书画专辑》,台南县政府 2003 年出版。赖万镇主编的《台湾先贤书画展专辑》,嘉义市文化中心 1997 年出版。赖万镇主编的《桃城早期书画集》,嘉义县立文化中心 1995 年出版。谢鸿轩主编的《近代名贤墨迹初辑》,谢启大 1970 年印刷。谢鸿轩主编的《谢述德堂千联斋鸿轩氏藏——近代名贤墨迹续编初集》,谢启轩 1996 年印刷。《艺术家》杂志主编的《清代台南府城书画展专集》,台南观光年推行委员会 1976 年出版。

2."台湾早期书画史"三部专辑中的福建书法作品

现仅以被称为"台湾早期书画史"的《台湾早期书画专辑》《翰墨因缘——台湾早期书画专辑(二)》《翰墨大观——台湾早期书画专辑(三)》这三本最具代表性的专辑为例。(此处的"早期",指"明清到日据时代",即 1661 年至 1945 年之间。)为便于读者对照查找,本文所涉各作者书画名称皆沿用展出(出版)时的名称,不再另起名称。

《台湾早期书画专辑》,即 2002 年 11 月由"国史馆台湾文献馆"展出清至日据时期台湾书画作品,后由林金田、萧富隆策划编辑,"国史馆台湾文献馆"2006 年出版。展品以民间私人收藏家涂胜本的藏品为主,其次为"国史馆台湾文献馆"的藏品。共收录台湾早期书画家 100 位,作品 154 组件,其中闽籍书画家 23 位,作品 35 件。其中书法家及其书法作品如:黄抟扶《行楷四屏》、郑贻林《隶书七言联》、谢颖苏《行草琴条》、庄俊元《行草条幅》、曾遒《行书七言联》、许筠《行草四屏》、吴鲁《小楷书中堂》、王仁堪《行书七言联》、陈宝琛《楷书八言联》、林绍年《行书七言联》、詹绍安《行书七言联》、宋滋兰《楷书八言联》、陈蓁《隶书七言联》、王毓菁《行书五言联》、苏镜潭《行书八言联》、方家澍《楷书七言联》、廖兰洲《行书七言联》、石雪庵《草书条幅》、郭尚先《行草四屏》(传)。

《翰墨因缘——台湾早期书画专辑(二)》,即 2009 年初由"国史馆台湾文献馆"展出的清至日据时期台湾书画作品,由林金田、萧富隆策划编辑,"国史馆台湾文献馆"2008 年 12 月出版。共收入早期书画家 77 位,作品 111 组件。其中闽籍书画家 16 位,作品 25 件。其中书法家及其书法作品如:许友《草书中堂》、柯辂《行书中堂》、谢曦《草书中堂》、吕世宜《隶书条幅》、叶化成《草书扇面》、林纾《行书中堂》。

《翰墨大观——台湾早期书画专辑(三)》,即 2011 年初由"国史馆台湾文献馆"展出的清至日据时期台湾书画作品,由欧素瑛、刘泽民策划编辑,"国史馆台湾文献馆"于 2011 年 1 月出版。共收入早期书画家 143 位,作品 182 组件,其中闽籍书画家 22 位,作品 28 件。其中书法家及其书法作品如:谢曦《行书条幅》,柯辂《行书条幅》,吕世宜《隶书四屏》,叶化成《行书小品》(一)(二),何冠英《隶书八屏》,杨浚《行书小品》,陈宝琛《行书四屏》,林绍年《行书对联》,黄贻楫、方家澍、张得贵《小品合裱》,王式文《行书条幅》,江春霖《行楷对联》《行书四屏》《楷书对联》,陈衍《行书对联》,吴钟善《行书中堂》,陈培锟《行书四屏》,释圆瑛《行书对联》,郭则沄《行书中堂》,苏松《行书条幅》。

3.台湾有代表性的书画专辑中的福建书法作品。

"丹青忆旧——台湾早期先贤书画展",由"国立"历史博物馆、"国家"图书馆、台北市文献委员会主办,于 2003 年 12 月 26 日至 2004 年 2 月 8 日,在"国立"历史博物馆 201、203 展厅开展,所展作品同时由"国立"历史博物馆编辑委员会编辑,"国立"历史博物馆 2003 年出版。书中收入展出的书法作品 37 件,绘画作品 40 件,其中闽籍书画家创作的作品 23 件。其中书法家及其书法作品如:谢曦《书法中堂》、郭尚先《法书》、吕世宜《隶书》、叶化成《行书》、吴鲁《行书中堂》《真书》、曾遒《对联》、郑贻林《隶书对联》《隶书四屏》、龚植《书法》。

"振玉锵金——台湾早期书画特展",缘于"国立"历史博物馆为庆祝建馆50 周年,于 2005 年举办,精选寄畅园张允中先生收藏的台湾早期书画 137件,为近 90 位书画家作品,其中闽籍书画家 31 位,作品 65 件。所展作品由"国立"历史博物馆编辑委员会编辑,"国立"历史博物馆 2005 年出版,其中闽籍书法家及其书法作品如:谢颖苏《行书》(一)、叶化成《行书》、谢曦《楷书》《草

书》《草书中堂》、郭尚先《楷书》《行书》、吕世宜《隶书》(一)(二)、何冠英《行书》、王仁堪《楷书》《行楷》、陈祚年《行书四联》、郑贻林《隶书四联》《楷书》、陈宝琛《行书》、林绍年《楷书》《行书》、林纾《行书》、陈衍《行书》、陈棨《隶书》《古文》、苏镜潭《行书》、黄彦鸿《隶书》、吴鲁《行书》、蔡丽邨《篆书》、辜鸿铭《草书》、林鹗腾《行楷》、魏大献《行书中堂》。

高雄市立美术馆以明郑时期至台湾光复前 300 年的台湾书法作品为主,举办了"台湾书法三百年"展。展出作品同时由陈伟主编为《台湾书法三百年(1645—1945)》,高雄市立美术馆 1998 年出版。共展出有代表性书法作品 80 余件,其中闽籍书法家作品有 37 件,具体如:谢曦《条幅行书》《大堂行书》(一)(二)、吕世宜《条幅隶书》(一)《对联隶书》《条幅隶书》(二)、郭尚先《条幅行书》《对联行书》(一)《四屏行书》《四屏隶书》《对联行书》(二)《拓本》、谢颖苏《条幅行书》《条幅竹石》(一)《楷书八屏联 石芝圃寿屏》《四屏竹石》《条幅竹石》(二)(三)、沈葆桢《条幅行书》《对联行楷》、许筠《条幅竹石》、吴鲁《对联行书》、陈宝琛《对联行楷》、王仁堪《条幅行书》、林纾《对联行书》、郑贻林《条幅隶书》(一)(二)、曾遒《条幅行书》、陈祚年《条幅行书》、黄搏扶《四屏行书》、苏镜潭《对联行书》。

"国立"历史博物馆、金门县政府、连江县政府于 2007 年 12 月 29 日至 2008 年 1 月 20 日、2008 年 2 月 2 日至 2008 年 3 月 2 日分别在金门、马祖举办"翰海霞光——近百年名家书画展",展品由徐天福主编,以《翰海霞光——近百年名家书画》为名,由"国立"历史博物馆于 2007 年出版。

彰化县文化局为配合彰化建县 280 周年系列纪念活动,举办"彰化先贤书画展览",展出先贤作品 100 件,之后由黄志农编著《彰化县先贤书画专集》,彰化县文化局 2004 年 12 月出版。专集中收有闽籍书法家作品如:庄俊元《楷书对联》,黄搏扶《楷书对联》,郑贻林《隶书中堂》,苏淞《行书中堂》,辜叔庐《行书条幅》,杜友绍《楷书条幅》,游夺魁《行书对联》。

彰化县文化局指导,林炜镇等人撰文的《彰化县文化局典藏书画赏析专辑》,由彰化县文化 2001 年出版。收入彰化县文化局典藏的 143 余件作品,每件作品均有作者简介和作品赏析,闽籍书法家作品如:欧阳锦华《行书扇面》、郑贻林《对联》、黄搏扶《对联》、游夺魁《行书》、杜友轴《行书轴》、傅启富《隶书轴》。

台北故宫博物院的院刊及出版部门亦发表出版了一批福建书法家的作品,仅以蔡襄作品为例,如:《蔡襄致杜君长官尺牍(离都帖)》《蔡襄尺牍(陶生帖)》,收入林柏亭主编的《大观——北宋书画特展》,台北故宫博物院 2006 年出版。《宋蔡襄陶生帖》,发表于《故宫文物月刊》第 80 期(1989 年 11 月)。蔡襄《书尺牍(陶生帖)》《致公谨尺牍(暑热帖)》,收入何传馨、陈阶晋、何炎泉编的《故宫书法新编(八)·宋蔡襄墨迹》,台北故宫博物院 2011 年出版。《蔡襄致公谨三帖考之暑热帖》发表于《故宫文物月刊》第 129 期(1993 年 12 月)。

(二)台湾相关部门对福建书法家作品的收藏和宣传

台湾收藏闽籍书法家作品的相关部门很多,有各高校图书馆、各研究机构、各大型中型公益图书馆、各档案馆和资料馆、各县市的文化中心或文化局、各相关团体(如寺庙)、各博物馆等。其中各博物馆、艺术馆无疑是收藏的重镇,如台北故宫博物院、"国立"历史博物馆、台湾省立博物馆、台北市立美术馆、鸿禧美术馆、台湾省立美术馆、高雄市立美术馆、高雄市史迹文物馆、马祖历史文物馆等,其中收藏数量最多、质量最高、宣传工作做得最好的,应为台北故宫博物院,"不论在文物的保存、文化的宣扬及全体国民的教化上,都具有重要贡献"①。下面介绍台北故宫博物院对福建书法作品的收藏和宣传。

台北故宫博物院收藏的书法作品经过整理的约 2000 余件,其中福建书法家作品约 100 余件。② (限于篇幅,书法文字内容一律不录。)其收藏途径主要有以下三种:

1.国民党败退台湾时从大陆带到台湾的福建书法家作品

宋代福建书法家作品。以蔡襄的书法作品为例:行书《宋蔡襄致杜君长官尺牍》墨拓,草书《宋蔡襄书尺牍(陶生帖)》墨拓,行书《宋蔡襄致公谨尺牍》墨拓,草书(行草)《宋蔡襄书尺牍(春初帖)》墨拓,草书《宋蔡襄致通理当世屯田尺牍》墨拓,草书《宋蔡襄致茂才陈弟尺牍》墨拓,草书《宋蔡襄与大姐尺牍》墨拓,楷书《宋蔡襄自书谢表并诗》墨拓,草书《宋蔡襄书尺牍(远蒙帖)》墨拓,草书《宋蔡襄书尺牍(与郎中书)》墨拓,行书《宋蔡襄书尺牍(与安道侍郎书)》墨拓,行楷书《宋蔡襄书尺牍(与宾客七兄书)》墨拓,草书(行草)《宋蔡襄书动静交相养赋》,行楷书《宋蔡襄临锺繇帖》一卷,行书《宋蔡襄致杜君长官尺牍》(也称《宋蔡忠惠公杜君帖》)单件,草书《宋蔡襄书尺牍》单件,行书《蔡襄致公谨尺牍》单件,《宋蔡襄尺牍》《宋蔡襄谢郎帖》。以朱熹的书法作品为例:草书(行草)《宋朱熹致彦修少府尺牍》墨拓,行书《宋朱熹书尺牍》墨拓。以蔡京的书法作品为例:行书《宋蔡京致节夫亲契尺牍》墨拓,行书《宋蔡京书尺牍》墨拓。再

① 陈以超策划:《台闽地区公私立博物馆专辑》,"行政院文化建设委员会"1996 年版,第 18 页。
② 何绵山:《台湾收藏福建书家作品概述》,《艺苑》2015 年第 4 期。

如宋代其他闽籍书法家的作品:陈师锡的行书《宋陈师锡致方回监郡宣德执事尺牍》墨拓,刘焘的行书《宋刘焘尺牍中帖》墨拓,蔡卞的行书《宋蔡卞致四兄相公尺牍》墨拓,李纲的行书《宋李纲书尺牍》墨拓。

元代福建书法家作品。陈旅的行书《元陈旅书赠陈基诗》,成廷珪的《元成廷珪致德常府判相公尺牍》,宋珏的草书《明宋珏尺牍》。

明代福建书法家作品。张瑞图于明熹宗天启七年(1627)撰写的草书《明张瑞图书后赤壁赋》,陈元凯的草书《陈元凯尺牍》,李贞于明神宗万历四十五年(1617)书写的楷书《明李贞书妙法莲华经塔》轴,黄道周的行楷书《黄道周行楷书七言诗》,吕图南的书法《明吕图南行书夏景雨中花》。

清代福建书法家作品。蔡新的楷书《蔡新书经筵御论(一)册》《清蔡新书经筵御论(三)册》《清蔡新书经筵御论(四)册》,蔡世远的行书《清蔡世远书宋儒铭》轴、《清张廷珩孝经(四)册蔡世远跋》。

2.在台湾购买的福建书法家作品

宋代福建书法家作品。蔡襄的行书《宋蔡襄别已经年帖》,游酢的草书《宋游酢寄友诗帖》,朱熹的行书《宋朱熹水调歌头帖》、行书《宋朱熹德门庆聚帖》。

明代福建书法家作品。黄道周的行楷书《明黄道周五言律诗十四首》。

清代福建书法家作品。郭尚先的行草书《清郭尚先致理堂二月九日函》《郭尚先行书》《清郭尚先行书七言联》《清郭尚先行书七言联》,谢曦的书法《清谢曦草书翁森四时读书乐》《清谢曦行书七言联》,沈葆桢的书法《清沈葆桢行书张光祖言行龟鉴家道门》,谢颖苏的书法《清谢管樵行书中堂》,吕世宜的书法《清吕世宜隶书五言联》,伊秉绶的书法《清伊秉绶行书五言联》,林则徐的书法《清林则徐行书录沈大悟诗四屏》《清林则徐行书中堂》,王仁堪的书法《清王仁堪小除夕函》,梅曳的书法《清梅曳赠竹曳和松曳七言律诗一首》《清梅曳致松曳函》,郭则沄的书法《清郭则沄致梅生函》。

近代福建书法家作品。陈宝琛、樊增祥、郭曾炘、李岳瑞、柯劭忞、易顺鼎、林开謩、罗惇曧、顾璜文于1920年所书的《民国海王村东南园春日燕集联句》,陈宝琛的书法《清陈宝琛行书八言联》,伊立勋的《民国伊立勋隶书八言联》《民国伊立勋隶书八言联》,萧愻的绘画和黄浚的书法合一作品《民国萧愻山水黄浚行书姜夔词二首》,郑孝胥的书法《民国郑孝胥行书法书要录》《民国郑孝胥行书四屏》。

3.接收相关人士捐赠的福建书法家作品

宋代福建书法家作品。如蔡襄:行书《宋蔡襄与宾客七兄书》墨拓、草书《宋蔡襄与知郡司门书》墨拓、行书《宋蔡襄与宾客七兄书》墨拓、草书《宋蔡襄书尺牍》墨拓、《宋蔡襄楷书》墨拓、《宋蔡襄书荔枝谱》墨拓、《宋蔡襄草书》墨拓、《宋蔡襄行草书尺牍》墨拓、《宋蔡襄草书尺牍》墨拓、草书《宋蔡襄书尺牍（陶生帖）》墨拓、行书《宋蔡襄澄心堂纸帖》、行书《宋蔡襄自书诗》。如朱熹:行书《宋朱熹书尺牍》墨拓、行草《宋朱熹致彦修少府尺牍》墨拓、行草《宋朱熹书诗》墨拓、行楷《宋朱熹易系辞》册,其他的如:白玉蟾的草书《宋白玉蟾尺牍》墨拓,真德秀的行书《元真德秀致□□学士尺牍》墨拓。

明代福建书法家作品。如:董应举的楷书《明董应举书墨拓本　横披》墨拓,章惇于的行楷《宋章惇题跋》墨拓,张瑞图的草书《明张瑞图草书七言诗》墨拓、《清(明)张瑞图书诗》、《明张瑞图行书》,黄道周的楷书《明黄道周楷书孝经》册。

清代福建书法家作品。如:郭尚先的《清郭尚先行楷书》《清郭尚先行书直幅》《郭尚先行草尺牍》《郭尚先行草致笛生四兄尺牍》《清郭尚先楷书甫里先生传四屏》,吕世宜的《清吕世宜隶书八言联》《清吕世宜隶书》《清吕世宜行书五言联文物》《清吕世宜隶书书西汉古镜记》,其他人的作品如:《明(清)郑成功草书中堂》《清沈葆桢行书七言联》《清王仁堪行楷书八言联》《严复行书东坡女王城诗》《林则徐行草书诸葛琴旧作扇面》《林则徐行草书诸葛琴旧作扇面》《清谢管樵行书五言联》《清辜捷恩行书七言联》《严复行书东坡女王城诗》等。

现代书法家作品。如:林同济的《民国林同济行书双面扇　成扇　林同济行书录香山诗五首》《民国林同济行书双面扇　成扇　林同济行书集宋明先贤语》《民国林同济行书双面扇　成扇》,卓君庸的《民国卓君庸行书七言联》,郑孝胥的《民国郑孝胥行书七言联》《民国郑孝胥隶书临西狭颂》《民国郑孝胥行楷书中堂》等。

三、台湾对福建书法家的研究

(一)对福建书法家在台影响的综合研究

这类研究往往结合展览和出版进行,有一定推介意思。

最有代表性的如"国史馆台湾文献馆"的展出及配合展出所出版的专辑,均有专家撰写长文论及台湾书画与福建书画的传承关系,其中许多内容都涉及闽籍书法家。如《台湾早期书画专辑》中崔咏雪的《台湾早期书画发展》,第三部分专论"台湾早期书法",第四部分专论"台湾早期书风特色探讨";郑进发的《早期台湾书画的艺术本质》,也论及闽籍书法家对台湾的影响。在《翰墨因缘——台湾早期书画专辑(二)》中,崔咏雪的《清代至日治时期台湾书画概况(1736—1945)》专门论及各时期台湾的书法界与福建的关系;赖俊雄的《日治时期台湾书法貌》也论及在台闽籍书法家。在《翰墨大观——台湾早期书法专辑（三）》中，赖俊雄撰写的《台湾早期书画源流寻根》论及闽籍书法家在台作品；崔咏雪撰写的《台湾早期书画的传承到蜕变》论及闽籍书法家对台湾书风的影响。

此外，《振玉锵金——台湾早期书画展》中，王寿来撰写的《也是美学沉思的对像——"寄畅园"收藏台湾书画点将录》；《丹青忆旧——台湾早期先贤书画展》中，庄永明撰写的《夙昔书画，典型人物——记〈丹青忆旧——台湾早期先贤书画展〉》，麦青仑撰写的《由史博馆〈台湾早期先贤书画展〉看台湾清代、日治时期的几股地域性书风》；《台湾书法三百年》中，何国庆撰写的《台湾人文构成的省思——〈台湾书法三百年〉展出序》，陈宏勉撰写的《台湾书法简述》，都从不同方面、不同层次、不同角度论及了福建书法家在台湾的影响。

张炳煌、崔成宗主编的《台湾书法论集》，由里仁书局于 2005 年出版，书中不乏论及对台湾有影响的福建书法家的文章，如麦青仑的《明清台湾十五大书家之研究》，论及了 7 位对台湾早期书法界产生过巨大影响的福建书法家，见解精辟，视角独到，资料翔实。

（二）对福建书法家个人的研究

有相关的学位论文。如郭承权的《吕世宜书法研究——兼论与台湾书坛发展之关系》，台湾师范大学美术系硕士论文（2000 年）。吕成发（台籍）的《金门名士吕世宜艺文研究》，福建师范大学人文学院博士论文（2015 年），金门县文化局 2018 年出版，全书分为八章，第五章对吕世宜的金石学、文字学、书法三者互相促进的关系进行了深入研究，对被誉为"金门 1700 年有史以来唯一的书法家"吕世宜做了全面客观的评价。

有对书法家逐一进行介绍的小传式评介。如郑国瑞编著的《台湾书法家小传（1662—1945）》，高雄复文图书出版社 2009 年初版、2011 年二版。全书收台湾书法家 400 余人，其中福建赴台书法家近 90 人，书中不仅对各书法家的生平进行简介，还对其在台湾留下的书法作品进行一一介绍，其中对吕世宜的书法墨迹介绍多达 138 条；对谢颖苏的书法墨迹介绍多达 47 条；对郭尚先的书法墨迹介绍多达 72 条，全书旁征博引，几乎穷尽所有可利用文献。

有对书法家进行全方位研究的专著。以郭尚先为研究对象的，如郑国瑞的《郭尚先——清代台湾书法个案研究》，高雄复文图书出版社 2009 年出版。作者深入地研究了郭尚先的生平、交往、书法艺术、书学观念、影响，并对其书论进行了注释，内容翔实，资料丰富，学术性较高。崔成宗的《郭尚先书法学研究》，文史哲出版社 2008 年出版。作者从郭尚先的传记资料、诗文著作及书迹入手，全面地研究了郭尚先的生平学养、书法造诣、书法理论、书法批评，分析较为准确,特别书后附有郭尚先 70 幅书法图版,使读者加深了对郭尚先书法的感性认识,犹足称道。

有对福建书法作品进行研究的论文。以蔡襄为研究对象的,如曹宝麟的《蔡襄皇祐三年所作三帖考之陶生帖》,《故宫文物月刊》第 130 期(1994 年 1 月);何炎泉的《蔡襄〈陶生帖〉与北宋散卓笔》,《故宫文物月刊》第 280 期(2006 年 7 月);曹宝麟的《蔡襄致公谨三帖考之暑热帖》,《故宫文物月刊》第 129 期(1993 年 12 月)。

(三)收藏单位的普及性评介和宣传

最有代表性的为台北故宫博物院书画处组织专家撰写的闽籍书法家介绍,具体如下:

对蔡襄的评介。蔡襄行书《宋蔡襄致杜君长官尺牍》(也称《宋蔡忠惠公杜君帖》)单件,收入《宋四家墨宝》册,台北故宫博物院书画处综合中英文研究性论文评介:"蔡襄,字君谟,兴化仙游(今福建仙游)人。襄书初学周越,后出入颜真卿、虞世南、王羲之,而能自辟蹊径。行书第一,小楷第二,草书第三。他擅长真行草隶各体,尤以行、楷著称,更有善写丰碑巨额的绝招,誉满书苑,时与苏、黄、米并列'宋四家'。蔡天资高颖,书法入二王,行书最佳,系超法尚意书风的第一人。蔡襄传世书迹为楷、行两体,楷体蹈唐人规矩,无甚超越,行书则个性突出,别树一帜。此帖可窥堂奥。从现存留下的蔡襄墨迹看,以笔札最优。其中行楷受到颜体影响较深,严谨厚重不及,但潇洒蕴藉可上追晋人。行草书明显地受'二王'影响,值得珍视的是吸收、消化了颜体笔意。蔡襄书法中的天趣,只有简札中保留最多,在日常的问答、往还中无意工书而趣味盎然。全幅 22 行 112 字,系蔡襄即将渡长江'南归'途中所书。此帖追述离都(开封)行至南京(今商丘)而痛失长子等事。至和二年(1055)六月,蔡襄出知泉州,离汴京经商丘,长子匀感伤寒去世,友人杜衍来信慰问,蔡作此书答谢。信中所谓'南归'指回老家做官。蔡襄宦迹中曾两度出守福州,首次在庆历四年(1044),他 33 岁,第二次在至和三年(1056),45 岁。据欧阳修《瑞明殿学士蔡公墓志铭》记载,襄有三子:'曰匀,将作监主簿;曰旬,大理评事,皆先公卒。幼子耆也。'蔡匀既有官职,显然已经是成人,所以可以推断此书必定作于后一次的'南归'。蔡返乡为官本是荣幸之事,却逢中年丧子之哀事,矛盾复杂心情交杂一时,故此帖平静中含杂乱,踌躇中见伤痛。书信虽在哀伤惨淡的情绪中写就,犹不失遒丽之致,可见蔡襄襟怀与颜真卿告伯祭侄时的激烈有大异。这似乎可诠释苏轼评蔡襄'真(学颜)不如行(学虞)'的原因。颜真卿之《祭侄文稿》书于心情极其摧裂之时,但行笔恍惚、错杂;蔡襄之离都帖则书于悲喜交加之时,故行笔冲融有致,但内含哀韵。书尚宣情,意情不同,自然行笔有异……其实蔡襄是学颜、二王的高手,与虞世南关系不大。此帖书法丰腴厚重处似颜真卿,兼有王羲之行草之俊秀。"台北故宫博物院书画处多次对他及其作品做出评介,如 2006 年 12 月 6 日评介:"蔡襄,字君谟,兴化仙游(今福建仙游)人。天圣八年(1030),十九岁中进士,曾做过开封知府,福州、泉州、杭州等地的知州。书法学虞世南、颜真卿,并取法晋人,与苏轼、黄庭坚、米芾并列为'北宋四家',誉满书苑,苏轼称他'天资既高,积学深至,心手相应,变态无穷,遂为本朝第一'。此帖又名'离都帖'。至和二年(1055)六月,蔡襄出知泉州,离汴京经商丘(南京),长子匀感伤寒去世,友人杜衍来信慰问,襄作此书答谢。书法丰腴厚重似颜真卿,兼有王羲之行草之俊秀。本幅选自《宋四家墨宝》册。""蔡襄(1012—1067),字君谟,福建仙游人。书法学虞世南、颜真卿,并取法晋人。与苏轼、黄庭坚、米芾并列'北宋四家',誉满书苑。此帖又名《离都帖》,乃蔡襄即将渡长江'南归'途中所书,追述离都(开封)行至南京(今商丘)而痛失长子。友人来信慰问,襄作此书答谢。书法丰腴厚重处似颜真卿,兼有王献之行草之俊秀。蔡襄享年五十六岁,因而这件尺牍即可视为他成熟书风的代表作。"蔡襄草书《宋蔡襄书尺牍》单件,收入《宋四家墨宝》册,台北故宫博物院书画处于 2006 年 12 月 6 日评介:"蔡襄(1012—1067),字君谟,福建仙游人。书法学虞世南、颜真卿,兼取晋人法。帖中用笔粗细变化较大,线条外缘爽朗利落,末笔出锋常露笔心,故推测书写此札之笔应为健毫,外型短胖且含硬挺的心毫,接近记载中的散卓笔。北宋时以诸葛家散卓笔为最,初以粟鼠尾捻心,后经梅尧臣引进苍鼠须后,受到杜衍、蔡襄等文人的喜爱。文中所称'大佳物'的'散卓',应指当时最负盛名的鼠须散卓笔。"蔡襄行书《蔡襄致公谨尺牍》单件,收入《宋四家墨宝》册,台北故宫博物院书画处于 2009 年 10 月 15 日评介:"蔡襄(公元一〇一二—一〇六七年),福建仙游人,字君谟。天圣八年(一〇三〇)中进士,一生仕途顺利,累官谏院,直史馆。性忠正,工诗文,善书法。蔡襄书法初学周越,后出入颜真卿、虞世南、王献之,行、楷书简札典雅秀丽。此帖又称《暑热帖》或《精茶帖》。结体大小、重轻、疏密,皆随兴所至,潇洒流利,线条顿挫转折粗细变化较大,别开新意。选自《宋四家墨宝册》第三开。"

　　对朱熹的评介。朱熹书法《宋朱熹易系辞》册,台北故宫博物院书画处评介:"朱熹(公元一一三〇—一二〇〇年),江西婺源人,家福建建阳。字符晦,一字仲晦,号晦庵,又号云谷老人,更号沧洲病叟,晚号遯翁,人称考亭先生。工书,而不以书名,固以学掩之,然寻其书则点画波磔,无一不合书家矩矱。本幅大字行书约五寸见方,内容为《易经》上之系辞,共一百零七字,为仅见之佳作。通幅行笔迅疾,纵逸奔放,擒纵自如,气势雄健,神化无穷。"台北故宫博物院书画处转引王耀庭评介:"朱熹(1130—1200),字符晦,号晦翁、晦庵,安徽婺源人。以父亲任官福建,于福建延平出生。绍兴十八年(1148)进士。朱子的学术成就,尤其对四书的章句注解,成了南宋的官学,以后士子科举必读的书,影响至今。本件是行楷大书,每字在五寸之上,共一百零七个字。朱熹大约于四十五岁到五十三岁之间写成。朱熹对书法也有所讲究。从朱子的楷书作品与唐虞世南比较,笔法与结体相近。易系辞字的结体,上重而下轻,也与虞字相近。行笔笔势深沉而急速,时有飞白,大有快剑斫阵之感,筋骨突出,这也是朱熹书迹常见的特征。"台北故宫博物院书画处 2011 年 2 月 4 日评介:"本幅是朱熹存世仅见的大字墨迹,所书为《易经》上的'系辞',共一百零七字,经元明两代藏家之手,于清乾隆时入宫,著录于《石渠宝笈·初编》,为流传有绪之作品。此册楷书为主,笔划却是爽快有力。墨色黝黑,非常醒目。"

对张瑞图的评介。张瑞图于明熹宗天启七年(1627)撰写的草书《明张瑞图书后赤壁赋》一册,为十五开(本幅十五开,第十五开一幅,余每开二幅,合计十五开二十九幅),台北故宫博物院书画处评介:"张瑞图(公元一五七〇——一六四一? 年),字长公,号二水、果亭山人、白毫庵道者,福建晋江人。曾官少詹事,后升为礼部右侍郎,官至大学士。与邢侗、米万钟、董其昌同为明末四大书法家。张氏用笔多方硬侧锋,笔画拙重,笔势多呈横势。其字体结构严密,排列成狭窄的纵行,行间空白很宽,颇具鲜明个人特色。此卷笔力劲健,转折尖锐,堪称新颖奇特。"对张瑞图的书法作品《清张瑞图书诗》,台北故宫博物院书画处评介:"张瑞图(公元一五七〇——一六四一年),福建晋江人。曾官至武英殿大学士。工书善画,书法与邢侗、米万钟、董其昌齐名,被并称为明末的四大书家。张氏运笔,喜用侧锋,转折锐利,且笔势多呈横敧。字体的结组,经常排列成狭窄的纵行,行间空白很宽,颇富个人特色,对日本书坛的影响亦极深远。本件为李石曾先生所遗赠,由于是长卷形式,手卷横长的特性,益能展现出张氏活泼跳荡的书风。"

对黄道周的评介。黄道周的行楷书《黄道周行楷书七言诗》收入《明人便面书册》,台北故宫博物院书画处评介:"黄道周(公元一五八五——一六四六年),福建漳州人。字幼玄、螭若,号石斋。天启二年(一六二二)进士,选庶吉士,授编修,历官礼部尚书。学贯古今,尤以文章风节高天下。书画奇古,真、草、隶自成一家。此帧为《明人便面书扇册》第十九幅,行楷书七言律诗一首。本幅笔法由锺繇变化而来,但略带隶意,方劲峭厉,别具一格。"

对吕世宜的评介。吕世宜的书法作品《清吕世宜行书五言联文物》,台北故宫博物院书画处于 2011 年 2 月 4 日评介："吕世宜(1784—1855)，字可合，号西村，泉州金门人，道光二年(1822)举人，因周凯(活动于十九世纪前半叶)推荐，应聘板桥林家，协助收集金石书画，所购得之书籍及金石拓本，立下台湾金石学基础。此幅行书内容为'茶香禅榻味，瘦竹古梅居'。古拙中带逸气的书风，别有韵致，对于台湾清领末叶和日治时期书坛具重要影响。"吕世宜书法《清吕世宜隶书》，台北故宫博物院书画处评介："吕世宜(一七八四——一八五五)，字可合，号西村，泉州金门人，道光二年(一八二二)举人，因周凯(活动于十九世纪前半)推荐，应聘板桥林家，协助收集金石书画，所购得之书籍及金石拓本，立下台湾金石学基础。吕氏工篆书古文，尤长于隶书，此幅隶书采右行式，古拙中带逸气的篆、隶书风，别有韵致，对于台湾清领末叶和日治时期书坛具重要影响。"

对郭尚先的评介。郭尚先书于清道光六年(1826)的书法作品《清郭尚先楷书甫里先生传四屏》，台北故宫博物院书画处于 2012 年 1 月 6 日评介："郭尚先(1785—1832)，字符闻，又字兰石，福建莆田人。精鉴别，工书，以骨力胜。本幅泥金楷书陆龟蒙自传《甫里先生传》和《江湖散人传》，书风近于欧阳询。陆氏是唐代的文学和农学家，在历任湖州、苏州刺史幕僚后，归故里甫里(今江苏省吴县甪直镇)隐居，被称为'甫里先生'。又常带着书籍、文具、茶壶、钓具等乘舟遨游江湖之上，故有'江湖散人'之号。"

对余承尧的评介。余承尧书于 1993 年的书法作品《民国余承尧草书七言绝句》，台北故宫博物院书画处于 2012 年 1 月 6 日评介："余承尧(公元一八九八——一九九三年)，福建人，生于清末，投身军旅。曾入日本士官学校，回国后在黄埔军官学校执教。后出掌部队，参加战役，随军跋涉，抗战后卸甲归园。后辗转来台。余承尧书画作品独树一格，画作灵感从军旅生活所得，笔墨别于传统，却有北宋山水画之雄奇壮丽。本幅草书'峻峻石骨自天来。屹立云间大展开。一生蓝光明五色。清空显得更璀嵬'，书于一九九三年。"

第二节　闽台绘画源流

一、清代台湾画家对福建"闽派"画家作品的模仿

(一)清代福建画家的"闽习"特点

清朝时期，台湾画家有创意的作品不多，大多靠临摹古人作品，并主要受福建画家画风的影响，正如颜娟英在《台湾美术发展史略》中所言："整体而言，清代台湾传统书画以临摹古人作品，接受福建地方影响为主，较少创意，也远

未能将实际经验中的风土民情融入画中。"①林柏亭在《中原绘画与台湾的关系》中也说:"台湾的绘画传自福建地区的画风,决定台湾绘画的发展倾向。"②福建画家独特的画风,被称为"闽习"。台湾美术史界对"闽习"画风对台湾的影响,有着共同的认识。如庄伯和在《明清台湾书画谈》中所言,"闽人失之浓浊"的"闽习"画风影响了处于海疆一隅的台湾③;王耀庭亦在《从闽习到写生——台湾水墨画发展的一段审美认知》中指出,台湾画家因袭"闽习"之风,形成了"台湾味的美感"④。王秀雄在《战前台湾美术发展简史》中称:"林觉的《归渔图》、陈邦选的《指画寿星》(注:陈邦选为福建旅台画家)、谢彬的《麻姑献寿》、许龙的《南宫拜石》等,都受黄氏(黄慎)画风影响很大。换言之,甚有'闽习'风格。"⑤那么,何谓"闽习"呢?杨宗贤在《从台湾美术史的回顾论宜兰美术发展之人文精神特质》中指出:"'闽习'虽指福建地区的绘画呈现粗犷豪放的墨法,其实承自南宋院体中马远、夏圭等水墨苍劲、浑厚沉郁画风,并受到以杭州为中心的浙派风格之影响。明宣德、成化年间的画院中,被文人批评为'狂态邪学'的郑颠仙及清代的上官周、黄慎等,均属闽派画家,擅于人物表现,具有福建风格的特殊地方色彩。在粗犷率意的闽派画家中,以黄慎对早期台湾民间绘画发展的影响最为深远,扮演着极重要的角色。"⑥

如果从闽人开始溯源,最早可追溯到明代闽籍画家郑文林(号颠仙),他的绘画因有"狂"、"邪"的特点,在当时被称为"狂态邪学";清初福建闽西画家上官周沿袭了郑颠仙的画风,当代美术史家王伯敏在《中国绘画史》中指出,上官周"所画人物,开'闽派'的先路"⑦。当代闽籍画家陈子奋在《福建画人传》中

①　颜娟英:《台湾美术发展史略》,《台湾史迹研习会讲义汇编》,台北市文献委员会2002年版,第189页。

②　方友德:《一幅闽台画史长卷》,转引自张金鉴:《闽台历代国画鉴赏》(序),海潮摄影艺术出版社1998年版,序。

③　庄伯和:《明清台湾书画谈》,《明清时代台湾书画展》,"文建会"1983年版,第31页。

④　王耀庭:《从闽习到写生——台湾水墨画发展的一段审美认识》,《东方美学与现代美术研讨会论文集》,台北市立美术馆1992年版,第150页。

⑤　王秀雄:《战前台湾美术发展简史》,《台湾美术发展史论》,"国立"历史博物馆1995年版,第26页。

⑥　杨宗贤:《从台湾美术史的回顾论宜兰美术发展之人文精神特质》,《宜兰研究第三届学术研讨会论文集》,宜兰县文化局2000年版,第115页。

⑦　王伯敏:《中国绘画史》,上海人民美术出版社1982年版,第628页。

记："上官周,字文佐,号竹庄。长汀人。乾隆布衣。善画山水,烟岚弥漫,墨晕可观。查慎行题其《罗浮山图》有'上官山人今虎头'之句(笔者注:'虎头'为我国绘画史上第一个明确提出'以形写神'的东晋杰出画家顾恺之的小名),其推许可谓至矣。人物、神情潇洒于唐寅、仇英之外,别树一帜。著《晚笑堂画传》。日本人彰印以行,其见重于彼邦者又如此。而张浦山谓其'有笔无墨,尚未脱闽习也。人物功夫老到,亦未超逸'。"①李钦贤在《台湾美术阅览》中指出,扬州八怪"是文人画家却以卖画为生。其中福建宁化人黄慎,并非士大夫出身,因家贫为谋生而学画,但卖画又不忘读书,自没有沦为工匠。若说郑板桥是职业化了的文人画家;黄慎可称为文人化了的职业画家了。……前举黄慎为闽人,清代台湾绘画与大陆流派的关系,最可能与八怪中的黄慎有近缘的成份。福建的闽派作风被称作'闽习',其实是专对黄慎的酷评,'未脱闽习,非雅构也'这种语气一如文人针对福建籍的明代画家郑颠仙所谓的'狂态邪学',或'闽人失之浓浊'等评断"。李钦贤还进一步指出:"'闽习'始作俑者黄慎及扬州八怪,因时代不同反而有翻身的机会,难道深受'闽习'之'害'的台湾绘画,没有重新评价的必要吗?"②王秀雄在《战前史前台湾美术发展简史》中称:"所谓'闽习',指的是大胆涂抹,恣肆的笔意,短暂的时间,完成大体形象,气氛浓浊,十足霸气,一点也不含蓄。台湾早期的书画,正是这种倾向,这种趣味却为新移民社会所接受,这正显示新地区的品味,无关水准的高下。"③

综述以上评议,可看出"闽习"的特点,即:第一,从传承上看,明代闽侯人郑文林(号颠仙),专用焦墨枯笔,点染粗豪,板重颓放,特别是所画人物笔致野放,具有"狂"、"邪"特点,已有"闽习"之风;清代长汀人上官周,所绘山水烟岚弥漫,所绘人物功夫老到,用笔有"闽习"之风;清代扬州八怪之一的福建宁化人黄慎为上官周弟子,后变工而为大笔写意,用狂草笔法作画,纵横挥毫,但有时失之粗俗和浓浊。第二,从绘画特点上看,"闽习"画风具有"狂"、"邪"特点,构思不雅,涂抹大胆,笔意恣肆,行笔仓促,短暂的时间完成大体形象,气氛浓浊,霸气十足,毫不含蓄。

此外,谈到清代福建画家对台湾画家的影响,不得不提及福建的"诏安画

---

①　陈子奋:《福建画人传》,福州市国画研究会 1957 年油印本,第 1 页。

②　李钦贤:《台湾美术阅览》,玉山社出版事业股份有限公司 1996 年版,第 28~29 页。

③　王秀雄:《战前台湾美术发展简史》,《台湾美术发展史论》,"国立"历史博物馆 1995 年版,第 26 页。

派",因为"诏安画派"也对台湾清代画坛产生了深远的影响。有人将"诏安画派"与"闽习"画风都归于"闽派",将二者混为一谈。但实际上二者既有联系,又有很大的不同,不可同一论处。当代福建画家张金鉴对"诏安画派"的来龙去脉和特点有精到的诠释:"诏安早自明代天启年间就出了书画名家沈起津。清代康熙至嘉庆道光年间,又有康喜子、沈大咸、沈锦洲等名家。他们在不同程度上对诏安画派的形成产生了影响。诏安画派是以沈锦洲的院体工笔画为基础,掺合康喜子、刘国玺的写意笔墨,演变为半工写;又继承黄慎的苍劲、华嵒的清丽,着色偏重赭石、花青,以孤冷雅淡自成一格。著名画家有沈瑶池、汪志周、谢颖苏、吴天章、沈镜湖、马兆麟、林嘉等数十人。他们一脉相承,代有发展,影响波及闽台,所以当时'诏安画派'又有'闽派'之称。"[①]

从现存台湾清代画家的绘画作品中,可看到很明显的模仿之作,以人物画为例,"台湾人物画家的师承,亦以福建画家为主。扬州八怪之一的黄慎,其狂草笔意的人物和花卉,对闽台人士起了很大的影响"[②]。最有代表性的如出生于台南的职业画师林觉对黄慎的模仿。《台湾人物志》对林觉的介绍为:"字铃子,嘉道间台湾县治人。曾为庙宇及大建筑物作壁画,见者称许,遂刻意研求,善绘花鸟,而人物尤精。嘉庆间游竹堑,竹人士争求其画,今犹保之,潜园及北郭园特多。日人尾崎秀真曾谓过去三百年间,叶王与林觉为台湾最杰出之陶工与画工。"[③]在当时,林觉独占台湾画坛鳌头,求画者接踵而至,其《苇鹅图》曾于1990年入选"台湾美术三百年作品展",《墨笔青蛙图》曾入选台湾"文建会"主办的"明清时代台湾书画展"。林觉虽然是职业画师,需要制作大量的寺庙亭园壁画,但于自娱提笔墨戏之时,用大写笔意墨,直抒胸襟,创作了不少如《刘海戏蟾蜍》等有浓郁"闽习"特点的作品,被称之为"犹有闽习'狂态邪学'里面的真性情"[④]。尤其"晚年艺益工,芦枝、蔗粕皆可用为作画工具,故所作亦更为奇妙。当今所见类多山水、人物、花鸟,笔意风格甚至款书,绝似黄瘿瓢(黄慎),间有过之者。"[⑤]林觉的《渔翁图》与黄慎的《渔翁图》,表现的都是一位戴着大斗笠、愁眉弯腰的渔翁形象,下笔大胆,抒情纵放,徐疾自如,浓淡分明,

---

①　张金鉴:《闽台历代国画鉴赏》,海潮摄影艺术出版社1998年版,第81页。

②　王秀雄:《战前台湾美术发展简史》,《台湾美术发展史论》,"国立"历史博物馆1995年版,第26页。

③　王诗琅:《台湾人物志》(上),德馨室出版社1987年版,第132页。

④　李钦贤:《台湾美术阅览》,玉山社出版事业股份有限公司1996年版,第30页。

⑤　王国璠:《台湾开拓过程中的书画艺术》,国学文献馆主编:《台湾地区开辟史料学术论文集》,联经出版事业股份有限公司2003年版,第345页。

形神兼备，一气呵成，无论从构图、用笔、画法、格调，甚至题画的草书都一样，以致后人称这两幅图"简直像得惟妙惟肖。不仅构图近似，连表情的诙谐和笔触率性起伏，都极为神似"①。台湾嘉义人许龙擅长人物、花鸟，"人物师法黄慎，花鸟拟八大山人"②。其《南宫拜石图》以写意笔调绘出米芾弯腰拜石痴象，用笔流畅活泼，可看出"闽习"遗风，他本人亦在画上自题"禹门许龙仿古"。此外，许龙还受也曾被称为"扬州八怪"之一的福建上杭人华喦的影响，正如许龙在其画《羲之爱鹅图》中自题："画之一途，余功本拙，连年不过东涂西抹已耳，其人物未尝领略也。己丑端阳无事静坐，翻阅粉，偶见新萝山人有此笔法，试率成之，类狗之讥，知所不免，识者谅之。守愚子志。""粉"，指"粉本"，即中国古代绘画施粉上样的稿本，其法有二：一是用针按画稿墨线密刺小孔，把粉扑入纸、绢或壁上，然后依粉作画；二是在画稿反面涂以白垩、土粉之类，用簪钗按正面墨线描传于纸、绢或壁上，然后依粉痕落墨。后引伸为对一般画稿的称谓。③ "新萝山人"即指华喦，他号新罗山人。"守愚子"是许龙的号。从自题中可知，华喦的画稿当时已传入台湾，许龙正是据此画本的笔法摹写了这幅《羲之爱鹅图》。

（二）清代台湾画家临摹福建画家的原因

一是处于开创时期的摸索。当时台湾画坛以为临摹就是学画画的最主要任务，是画画的最高追求，忽略对生活的观察，不知追求画家的个性与创意，认为临摹得越像越好，这从许龙在其《羲之爱鹅图》的自题中可看出，他"东涂西抹""未尝领略"之后将提高技法水平寄希望于临摹，又恐画虎不成反累犬，以华喦画作为高不可攀的样板。其实许龙的画已颇见功力，完全可以走自己的路。

二是受清代画坛临摹风气的影响。清代画家为标榜学有渊源而非杜撰，学画时喜欢临摹古人作品。"此种因袭传统，师古临摹的陋习，台湾文人画界亦不能避免。"④台湾画家为表示自己学有师承，有时在所绘画中自题"模仿某某"，看似随意，实为有心，颇有"借名人以自重"意味，这也是台湾画坛初期的画家视野不够开阔而不自信的表现。即使是一些较为成熟的画家亦不能免

---

① 李钦贤：《台湾美术阅览》，玉山社出版事业股份有限公司1996年版，第30页。
② 张金鉴：《闽台历代国画鉴赏》，海潮摄影艺术出版社1998年版，第128页。
③ 沈柔坚主编：《中国美术辞典》，上海辞书出版社1987年版，第12页。
④ 王秀雄：《战前台湾美术发展简史》，《台湾美术发展史论》，"国立"历史博物馆1995年版，第27页。

俗,如以上许龙在画中自题时点出"新萝山人"便为一例。

三是"闽派"画家的画风比较符合台湾画家的胃口。闽派画家不受清代朝廷正统派的拘束,率性起笔,受到台湾画家的认可和欢迎。"起步稍晚的台湾画家,料必没有扬州八怪的大彻大悟,只是因地缘性,尤其是闽人黄慎抒情纵放的感召,举笔花卉鸟禽,徐疾自如,认为学起来比较容易吧!"①

四是与台湾早期移民的宗教信仰有关。台湾早期移民,无论是靠天吃饭的佃农,或冒着生命危险在海上讨生活的渔民,常常处于自己无法把握的惊恐之中,只好祈求神灵保佑,无形中均转向以寺庙为中心,以此寄托自己的宗教信仰。"绘画方面,特别以'闽习'作风等地域性风格的神仙人物画,最受平民阶层的欢迎,民间艺术匠师也因此得到发展的机会。"②

五是与移民冒险精神契合。"'闽习'主要是受闽西黄慎以'狂草'入画,挥毫恣肆的作风影响。台湾乃海岛地区,开疆辟土,本须冒险犯难,'闽习'画风带有野气,正与移民勇往直前的剽悍精神相契合。"③因此台湾画家所模仿的画,呈现出浓厚的拓荒精神,于此中似不经意流露出一种台湾特有的俚俗之趣。

六是种种原因使当时的台湾画家较少从所处的环境中汲取题材。台湾四季常青,山水秀丽,为什么当时的台湾画家不醉心于此而热衷临摹呢?正如台湾美术史家李钦贤所指出的:"山水画传统都是文人胸中丘壑和纸上云烟,实在不是拓荒者横渡台海九死一生之寄情所在。新天地的子民,登岸之后再也不敢回头向波涛;若仰望高山,那是'原住民'的猎场,不许汉人接近,早期移民的山水之情怎么会惬意?今天台湾人对风景知觉的迟钝,原来是这样造成的。"④清代台湾画家未被祖国大陆的书画类书籍所载入,有台湾美术史专家认为这与台湾画家醉心摹拟不敢创新有关:"假使当时的画家,能够排除摹拟的桎梏,放眼新风土的景观,把多年奋斗的甘苦哀欢,尽流于画面,则文人画未尝不能反哺传统绘画,使之重现生机。"⑤其实台湾在清代没有出现被祖国大陆的书画界所认可、所记载的画家,有多方面原因,一味摹拟、缺少创新固然是

---

① 李钦贤:《台湾美术阅览》,玉山社出版事业股份有限公司 1996 年版,第 31 页。
② 杨宗贤:《从台湾美术史的回顾论宜兰美术发展之人文精神特质》,《宜兰研究第三届学术研讨会论文集》,宜兰县文化局 2000 年版,第 114 页。
③ 张金鉴:《闽台历代国画鉴赏》,海潮摄影艺术出版社 1998 年版,第 134 页。
④ 李钦贤:《台湾美术阅览》,玉山社出版事业股份有限公司 1996 年版,第 31 页。
⑤ 李钦贤:《台湾美术历程》,自立晚报社文化出版部 1992 年版,第 12 页。

一个方面,但主要原因是当时台湾画坛还处于草创阶段,祖国大陆对台湾画坛还不了解。

二、清代闽台画家的互动

(一)福建画家赴台

康熙统一台湾后,大量的福建人来到台湾。"这些人士的宦游,是影响台湾文人画勃兴的直接原因。"①清代福建人赴台湾有多种方式,具体如下:

赴台出任官吏或公职。这些人虽然不是专职画家,亦不靠画画为生,但由于在画画方面颇有造诣,其地位又不一般,因而在台湾文人中产生了一定的影响。有代表性的如甘国宝,字继赵,一字和庵,福建屏南县(一说古田县)人,雍正十一年(1733)参加会试,高中武进士,于雍正、乾隆年间历任贵州、南粤、台湾总兵,广东提督,福建水师陆路提督,爱好文墨,《福建画人传》称其"画虎,多以指头为之"②。"指头为之"指"指头画",即特用指头、指甲和手掌蘸水墨或颜色在纸绢上作画。甘国宝在台湾时创作了大量的指头画,代表作如现为台湾施翠峰先生珍藏、并于1990年入选"台湾美术三百年作品展"的《指墨猛虎图》,左上侧落款"甘国宝指头生活",图中以巨石为背景,描绘了一只蹲踞回首、顾盼生风的威严猛虎,"虎的身躯修长,臀部蹶起,尾巴卷曲,前肢直撑地面。画虎关键在头部。甘氏指下的虎头,强调阔嘴、獠牙、竖眉、突眼、两腮鼓起,以增其威猛气势,颇有仿效民间美术的质朴生机和夸张变形手法。由于指头不能蓄水,画长线只能一节一节地接上,故勾皴虎斑或粗或细,似断若续,墨韵色彩凝重朴拙,斑纹节奏别具一格。在绘虎的五官、须髯和脚爪等处细节,则用焦墨锐甲勾勒,线条挺劲扣紧形体。双目炯炯有神,水晶状的眼球,似用淡彩打底,由于烘染精妙,给人有光亮四射之感"③。再如叶文舟,字晴帆,号藕香,福建海澄人,乾隆五十一年(1786)举人,擅长指墨画,所绘松柏尤为世人称道。后赴台湾任嘉义教谕,把绘画艺术带到台湾。

以佐幕人物身份赴台。代表人物如杨舟,《福建画人传》介绍其:"字渔者,莆田人,居苦竹山麓,写鹿形致逼肖。又善山水,烟云飘渺,岩壑嶙峋,近石田翁。"④他于嘉庆十二年(1807)游幕来台(一说道光十二年,即1832年),其山水画苍凉而萧瑟,观之者往往泫然欲泣。其作品遗于台湾约十余件,多为松

---

① 李钦贤:《台湾美术历程》,自立晚报社文化出版部1992年版,第12页。
② 陈子奋:《福建画人传》,福州市国画研究会1957年油印本,第4～5页。
③ 张金鉴:《闽台历代国画鉴赏》,海潮摄影艺术出版社1998年版,第60页。
④ 陈子奋:《福建画人传》,福州市国画研究会1957年油印本,第45页。

鹿,如其《松鹿图》以山石老树为背景,两只梅花鹿欲跃又收,似乎在聆听、观察动静,一副机灵的形象,创造出一种静谧的意境。他的画在台湾产生了一定的影响,"台人喜法其笔意"①。谢蓉生,同安人,字秋塘,善画竹,山水亦有神韵。嘉庆中佐台镇林承昌幕居于府治。承昌卒,护其眷归里。他的画至今在台湾还有人模仿,"鹿港画家王席聘时有橅秋塘笔意作品行世"②。

赴台设馆授徒。有代表性的如郭尚先,《福建画人传》对他的介绍为:"字元开,又字兰石。莆田人。清嘉庆十四年(1809)进士,授翰林院编修官至大理寺卿、礼部侍郎。精鉴别。长于书法,仿米襄阳、董华亭,工夫老到。兼工兰竹。著《芳坚馆题跋》《增默庵遗集》。"③其作品《黄花晚节香》为一幅写意花鸟画,由山石、菊花和其他花草构成,用笔矫劲畅达,濡墨浓淡适中。其于道光四年(1824)所作《墨笔蕙兰图》,将三丛兰蕙与长篇题字巧妙结合,书画一体,相得益彰;纤细的线条和清润的墨色浓淡相宜,柔中带刚,轻松自如,笔势流畅洒脱,构图匀称自然。郭尚先于嘉庆二十年(1815)东渡台湾,于淡水八里坌(今台北县泰山乡一带)设馆授徒,将绘画技巧传授给台湾门人,在台湾有一定影响。台南举人吴尚霑《墨笔兰花图》中的兰花,在笔意、线条、用墨、构图上,都颇得郭尚先画作神韵。吴尚霑还在此图的右侧题写郭尚先对画兰的见解,以为座右铭:"莆阳兰石(即郭尚先)太史好写墨兰,枝繁叶乱纵横盛开。尝曰:'写兰须笔气流旺,偶一涩滞,便少风致。'时光绪戊寅冬十一月冬至节前,写于寄傲园中之清客轩。秋农吴尚霑。"

赴台游寓。由于地缘便利和语言相通,不少福建画家赴台湾游览后寓居当地,流连山水,数年不归。有代表性的如蔡推庆,《台湾人物志》介绍其:"人呼庆舍,福建晋江人。有识之者曰:某总戎第六子也。不得志于时,游台寓彰邑,性洒脱不羁,有飘飘欲仙之致;能吟咏,时作淡描水墨画亦佳。有富人置酒招饮以纸求画,兼置白金榻上,庆舍问故,曰:'为先生润笔耳。'庆舍拂袖去,曰:'吾画岂可买哉!'或知其癖,于不经意时,置笔墨以待,一挥而就,得其尺幅,珍同拱璧。庆舍寓彰数年,寒暑惟著一袍,虽爨火久虚淡如也。后卒于关

---

① 王国璠:《台湾开拓过程中的书画艺术》,国学文献馆主编:《台湾地区开辟史料学术论文集》,联经出版事业股份有限公司 2003 年版,第 332 页。

② 王国璠:《台湾开拓过程中的书画艺术》,国学文献馆主编:《台湾地区开辟史料学术论文集》,联经出版事业股份有限公司 2003 年版,第 333 页。

③ 陈子奋:《福建画人传》,福州市国画研究会 1957 年油印本,第 37 页。

帝庙,街人葬之八卦山上,题其墓曰:'处士蔡推庆之墓.'卒后诗草散佚无存."①蔡推庆游寓台湾彰化数年,其画受到当地人的喜爱,被"珍同拱壁",可见其影响之大。再如林元俊,《福建画人传》介绍:"字份生,厦门人,徙居台湾,善竹石及草书,纵横如意,瘦硬入古。精弈棋并岐黄术,俱为国手。"②又如朱苒、朱承父子皆为福建游寓台湾的画家,《福建画人传》称朱苒:"字石农,闽县人。善山水,恒写大幅,峰峦起伏,远近合法。"③称朱承:"字小龙,号沙道人。山水承家法,尤长画柳,以燥笔点叶,凝烟隔雾,神韵自足。又擅花鸟、草虫,工细精到,赋采则近诏安派。"④朱苒的传世之作《溪山渔歌图》由远景的高山巨石、中景的茅屋杂树、近景的渔夫撑排构成,繁而不杂,意境深远。朱承的传世之作《摹黄子久山水图》中,溪水从起伏的群峰中跃出,溪边屋舍与山中屋舍遥相对应,岸边扁舟或隐或现,整个画面隐透出一种闲适安详的气息。朱氏父子将画艺传到台湾,为一直萎靡不振的台湾山水画注入活力。由于在台湾颇有名气,以至《台湾美术年鉴》曾将朱苒写为台湾府台湾县人,将朱承写为嘉义县人,亦有台湾美术史家认为这父子二人皆为台湾县人:"朱苒,是台湾县人,字石农,乾隆十二年岁贡生,曾任德化县训导。工绘山水,小品秀洁幽妍,有情有景;大堂纵横驰骋,谷响山鸣,算得是台湾一代巨匠。……王观渔自嘉义藏家购得长轴一帧,长凡八尺有余,层峦叠嶂,飞瀑奔泉,森然立于纸外。而设色朗润,出笔劲俊,尤其余事。款书朱苒,下镌二印,一曰朱苒,一曰石农。王君以为明松江人朱苒所作,索价三万元。我告诉他,这是台湾朱苒,字石农;不是洪武初叶那个沧洲生字孟辨的朱苒。正谈论间,竟有一位豪客出价两万元,王君以为良机难得,立刻成交。却使我失之交臂,至今思之黯然。朱苒之子名朱承,字小农。官至四川某府同知,亦以山水名世,超隽逸群,不弱于乃父。朱氏父子作品,我曾入藏两幅,嗣转让台中图书馆珍存,便同好观摩。"⑤从中可看出朱氏父子的绘画风格,亦可得知至今台湾民间还保存有不少朱氏画作,至1975年在民间还曾有过朱氏画作的交易。

赴台游历。有代表性的如马兆麟,《福建画人传》介绍其:"字竹坪,又字瑞

①　王诗琅:《台湾人物志》(上),德馨室出版社 1987 年版,第 394 页。

②　陈子奋:《福建画人传》,福州市国画研究会 1957 年油印本,第 16 页。

③　陈子奋:《福建画人传》,福州市国画研究会 1957 年油印本,第 6 页。

④　陈子奋:《福建画人传》,福州市国画研究会 1957 年油印本,第 6 页。

⑤　王国璠:《台湾开拓过程中的书画艺术》,国学文献馆主编:《台湾地区开辟史料学术论文集》,联经出版事业股份有限公司 2003 年版,第 344 页。

书,号子般,又号东山里人,东山人。光绪举人。善花鸟,一时画名藉甚。间作山水,孤冷幽淡。'诏安派'中之健者。"①马兆麟为清光绪(1875—1908)举人,其水墨画《春夏秋冬四景图》于1885年获巴拿马世界博览会荣誉奖。其一生创作颇丰,曾赴台游历,在台创作了大量的画作,为台湾各界人士收藏,影响甚大,1990年《台湾美术年鉴》"明清至近代过世美术家名录"载入其个人简介。王之敬,《福建画人传》介绍其:"字笃夫,号竹冠道人。福州人,太学生。书画入妙品,诗古文词脍炙人口。"②其曾居台湾府治多年。兼擅书画,"绘人物极似瘿瓢子黄慎,与诏安刘国玺、仙游李灿,师承如出一脉,且成就不相上下。台湾画家林天爵、陈心授、范作华等皆宗之。"③蒲玉田,漳州人,道光年间来台游历,善工笔,人物、花鸟、山水无所不绘,在台湾作有《乘风破浪图》《登岸图》《斐亭课子图》等。余玉龙,字冰云,号梦熊,福建人,工隶书,擅墨梅,用笔湿润,层次分明。约于咸丰、同治之交来台游历,习其法者不少,清代如安平郭彝,日据时如鹿港杜友绍。龚植,字樵生,晋江人,光绪初年来台北游历,善绘花鸟虫鱼,落笔轻隽,绘花卉有秀色可餐之美誉。洪章,安溪人,居台湾府治看西街。其"画山水若不经意,信手渲染烟云,但千岩万壑,怒瀑奔流,自在其中"④。习其画法者,如赤嵌女子林纫,能泼墨山水,亦能绘清丽小品。

赴台省亲。有代表性的如林纾,《福建画人传》介绍其:"初名群玉,字琴南,号畏庐。闽县人。光绪壬午举人,官教谕。工诗文、古文辞,以译外国名家小说见称于时。复肆力于画,求者门限为穿。山水初灵秀似文徵明,继而浓厚近戴熙,偶涉石涛,故其浑厚之中颇有淋漓之趣。其题画诗云:'平生不入三王派,家法微微出苦瓜;我意独饶山水味,何须攻苦学名家。'花鸟得其师陈文台之传,淡墨薄色,神致生动,晚年居北平,求者多以山水,而花鸟则不复作矣。著《畏庐文集》《诗集》《春觉斋题画跋》及小说笔记等若干种。"⑤由于林纾父亲林国铨和弟弟林秉耀在台湾经商,家中生活主要靠台湾接济,林纾曾多次赴台省亲并协助经商。据林纾《黄笏山先生画记》所载,清同治六年(1867),林纾赴台省父,在台湾李氏寓所拜见黄笏山之兄黄韫山,诵读黄笏山诗,仰慕不止;第

---

① 陈子奋:《福建画人传》,福州市国画研究会1957年油印本,第23页。

② 陈子奋:《福建画人传》,福州市国画研究会1957年油印本,第3页。

③ 王国璠:《台湾开拓过程中的书画艺术》,国学文献馆主编:《台湾地区开辟史料学术论文集》,联经出版事业股份有限公司2003年版,第334页。

④ 王国璠:《台湾开拓过程中的书画艺术》,国学文献馆主编:《台湾地区开辟史料学术论文集》,联经出版事业股份有限公司2003年版,第334页。

⑤ 陈子奋:《福建画人传》,福州市国画研究会1957年油印本,第17页。

二年又在李氏寓所瞻见黄笏山所绘赠送李氏的长松巨幛,"则奇古苍郁,一鹤立丑石上,振翮欲飞。余每遇李氏辄吮笔抚之,凡数十百次不复一似"①。黄笏山为福建侯官人,名玉柱,字笏石,善画兰竹,间作虎。从中可得知当时福建画家的画已作为珍品挂在台湾民居堂中,供人欣赏把玩。此后,林纾私淑黄笏山四十余年。林纾还写道:"然余曾闻韫山先生言,兄弟东渡遇贼于澎湖,先生藏明板杜诗及石谷画册于积薪中,贼酋觅得之,去诗取画,先生欲索归贼手,韫山先生止之。呜呼!天下性之所嗜,宁复计及利害。以画之故,几轻其性命,此足知先生笃嗜风雅之酷矣!"②短短几句,一个爱画甚过自己生命的福建画家形象呼之欲出。石谷,即清代著名画家王翚,为江苏常熟人,被尊为"虞山派"领袖。从中可知当时福建画家赴台时曾携有大陆名人画作,也可看出过渡台湾海峡的艰险。清光绪四年(1878),林纾弟林秉耀死于台湾,林纾赴台奔丧,留下不少作品。台湾王国璠称:"林琴南一代宗工,少壮居台,即通画理。《淡海观涛图》(双修庵藏)笔情壮阔,无可方物。"③林纾赞赏谢颖苏的画作,认为其落笔如风雨,台湾评者认为林纾"对谢琯樵(谢颖苏)的书画造诣极为推崇,时有仿谢之作"④。林纾在赴台期间留下了不少画作,又由各种途径流入台湾不少其画作。《台湾美术年鉴》(1990年)选刊了林纾的《雪景》,图中山路尽头曲折转弯的山凹处,几棵高大的落叶枯树拥簇着两三座高低不一的平房,隐约可见一人在高处平房窗前倚立远眺,山上为白雪覆盖,伸向远处的山腰小道远处,有一行人头戴斗笠,正蹒跚而行,小道下深渊树木耸立,整个画面用笔简洁典雅,酿造出一种荒寒的意境。其画作《碧峰楼阁》中群山峥嵘,由远至近,山腰与山谷中云雾缭绕,整个画面气势磅礴,线条粗犷,风格与《雪景》迥然。台湾国泰美术馆收藏的林纾《江南雨山图》为林纾代表作之一,图中黑云密布,电闪雷鸣,山脚下的水面白茫茫一片,临水小屋中有人静坐观雨,林纾以横点画山,适足地表现出山中雷雨的迷离。林纾对台湾绘画的最大贡献,是为台湾沉寂的山水画坛注入了活力,开拓了台湾画家的视野。正如台湾美术史家王秀雄所言:"在大陆,山水画为文人画的主流。自唐代兴起后,经五代、宋、至元而大为盛行,明清也是一直延续着盛况,历代名家极多。然而,当时的台

---

① 曾宪辉选注:《林纾诗文选》,华东师范大学出版社1990年版,第58页。
② 曾宪辉选注:《林纾诗文选》,华东师范大学出版社1990年版,第58页。
③ 王国璠:《台湾开拓过程中的书画艺术》,国学文献馆主编:《台湾地区开辟史料学术论文集》,联经出版事业股份有限公司2003年版,第340页。
④ 张金鉴:《闽台历代国画鉴赏》,海潮摄影艺术出版社1998年版,第107页。

湾,山水画是最弱的一环。这可能因移民从事垦荒,没有卧游山水之心情。道光以后,才见寥寥可数的作品。……林纾的《雪景》是斯界的佳作。其中林纾亦是设色山水画的好手,《碧峰楼阁》是难得一见的设色山水画。"①

为台湾乡绅富豪所延揽。这是当时最为常见的一种方式。清代台湾的豪门世家往往爱请文人画家到家中风雅一番,一时成了风气,正如颜娟英在《台湾美术发展史略》中指出:"清代台湾系政治文化上的边陲移民社会,然而少数的土豪或富商在家产丰足后,便教育家庭子弟换取乡绅的形象。乡绅提倡儒家文化,雅集名士酬唱诗文。传统诗画创作便依附在此形式下展开。……台湾的乡绅,往往延揽福建的文人及书画家至家中担任教席,或为其挥毫并协助收藏古董,例如书画家吕世宜(一七八四——一八七六)与谢琯樵(一八一一——一八六四)。"②吕世宜和谢颖苏是清代被台湾士绅延揽最有代表性的福建书画家,《台湾人物志》也将此二人列为福建赴台最有代表性的书画家,专门列出条目介绍:吕世宜,"字西村,福建泉之厦门人。博学多闻,富阳周凯任兴泉永道,见而居于玉屏书院,与庄中正、林焜煌等有名庠序间,嗣举乡荐。性爱金石,工考证,精书法,篆隶尤佳。家藏碑版甚富,见有真迹,辄倾资求之。当是时淡水林氏以豪富闻……而国华与弟皆壮年,锐意文事,见世宜书慕之,具币聘,且告之曰:'先生之志诚可嘉,先生之能亦不可及,今吾家幸颇足,如欲求古之金石,敢不惟命是从。'世宜遂主林氏。日益收拾三代鼎彝,汉唐碑刻,手摹神会,悠然不倦。林氏建枋桥亭园,楹联楣额,多其书也。又求善工刻所临篆隶,未竣而卒,归葬于里。"③吕世宜于清道光十七年(1837)至台湾,受聘于林国华、林国芳府第,于清咸丰九年(1859)(与颜娟英所言不同,今从王金波《小兰雪堂吟稿》)卒于板桥林本源邸,在台湾时间有 22 年。据林宗毅《爱吾庐题跋后志》所言,他曾为林氏兄弟及后人致书 10 万册,金石、书画无计。其书法作品在台湾曾广为流传,观其在台湾所书作品,多为隶书,古朴秀丽,颇有清代福建宁化人伊秉绶之遗风。台湾双修庵收藏其丈余大轴"笔阵堂堂,气凌百代"④;台湾谢

---

① 王秀雄:《战前台湾美术发展简史》,《台湾美术发展史论》,"国立"历史博物馆 1995 年版,第 27 页。

② 颜娟英:《台湾美术发展史略》,《台湾史迹研习会讲义汇编》,台北市文献委员会 2002 年版,第 189 页。

③ 王诗琅:《台湾人物志》(上),德馨室出版社 1987 年版,第 400~401 页。

④ 王国璠:《台湾开拓过程中的书画艺术》,国学文献馆主编:《台湾地区开辟史料学术论文集》,联经出版事业股份有限公司 2003 年版,第 338 页。

鸿轩教授收藏其八尺长联"姿宇端劲,风概沉酣,虽古贤恐亦有所不逮"①。吕世宜在台湾影响深远,不仅林国芳及林国华长子林维让、次子林维源皆师之,因其手迹流传甚多,社会上不少人广为效之,如竹堑郑神宝、丰原蔡说剑、铜锣谢景云、嘉义罗峻明等,都能得其风貌。台湾书画界称其"造诣之深,首推闽习"。"对中华文化在台湾的浸润、发扬、光大,居功弥深弥远。"②谢颖苏,"字琯樵,号嬾云,少时亦署管樵,福建诏安人。少负奇气,善技击,喜谈兵,工诗文,精书画,尤擅水墨兰竹花鸟。咸丰年间来台,初主台南庄雅桥家,旋寓海东书院。迨移淡水板桥林本源家,尝庐于艋舺青山宫,与淡水大龙峒士大夫游,后又客台中雾峰林文察处。书法平原海岳,画着墨无多,靡不超妙。求画者户限为穿,非其人不应。有求书者,则兴之所至,并画与之。吴肃者尝跋其画曰:'宋元以来,讲六法者分南北派,北派以萧疏胜,南派以韶秀胜。吾闽诏诸家,尺幅中具有千寻之势,视江浙诸家直驾而上之。惟每流于粗犷,故难与齐名。琯樵先生,笔力沉雄,蔚然深秀,盖书卷气溢于毫纸间矣。莫怪吉光片羽吾乡皆珍如拱璧。'同治三年四月,林文察奉命内渡,御击太平军,颖苏参文察戎幕。十月到福州,十一月住漳州,十二月移万松关,太平军来攻,文察督勇奋斗,寡不敌众,所部死伤殆尽,援军不至,遂阵殁。颖苏方食,闻报,投箸起,策马略阵,亦殁,时论壮之"③!《福建画人传》介绍谢颖苏:"字管樵,诏安人。书法之外兼善画法,写竹瓣香郑板桥,然能自出新意,不为所囿。少作不工,后渐悔之,辄易其款曰:'琯樵,划昔之管樵而二之。'书初学米帖,至是一变为颜鲁公。题诗、篆刻皆自为之,驵宕可喜,时有三绝之誉。故人观管樵画,于署款外,恒致意于颜体者,乃其晚年到家之作,尤为宝惜。间作山水、花卉、翎毛。纯用敛笔,是其一短。"④根据以上描述并参考《林衡道先生访谈录》("国史馆"1996年版)、《台湾地区开辟史料学术论文集》(联经出版事业股份有限公司2003年版)等有关书籍记载,可知当时清乾隆年间,林平侯已成为台湾首富,他去世后,两个儿子林国华、林国芳所分得的财产分别是"本记"和"源记",后合称"林本源"。林本源家族当年礼聘延揽了大量的诗文书画人才,其中不乏福建书画

<hr>

① 王国璠:《台湾开拓过程中的书画艺术》,国学文献馆主编:《台湾地区开辟史料学术论文集》,联经出版事业股份有限公司2003年版,第338页。

② 王国璠:《台湾开拓过程中的书画艺术》,国学文献馆主编:《台湾地区开辟史料学术论文集》,联经出版事业股份有限公司2003年版,第338页。

③ 王诗琅:《台湾人物志》(上),德馨室出版社1987年版,第404～405页。

④ 陈子奋:《福建画人传》,福州市国画研究会1957年油印本,第54页。

界的代表人物。有的是闻其名直接从福建聘请,有的是在台湾延揽。谢颖苏第一次到台湾时为清咸丰元年(1851)夏秋之季,即被聘至淡水林氏家中,与同是福建人的吕世宜、叶化成相识,相处甚欢。谢颖苏第二次到台湾为清咸丰七年(1857),先为台湾兵备道裕铎幕僚,一年后裕铎升任福建按察使离台,谢颖苏为台南吴尚霑所礼聘,居于吴尚霑的宜秋山馆,吴尚霑师事谢颖苏,习画梅、兰、竹、菊等,以兰最为出色。之后,被聘至富绅庄雅桥家,又被聘至当时最具规模的台南海东书院,因院中修竹环绕,谢颖苏即将此命名为"修竹山馆"。时台南乡绅石荣做寿,谢颖苏挥毫作寿屏八幅,于持重舒和中别具逸迈奇倔之势,一时声名大振。清咸丰九年(1859)春被聘至台北林本源邸。林家于1853年在板桥建造了三落大厝,林家后人、曾任台湾省文献委员会主任的林衡道称"国华、国芳当年养了很多文人墨客,如吕西村(世宜)、谢琯樵(颖苏)、叶东谷至(化成)等人"①。是年吕世宜卒,谢颖苏悲痛难抑,遂寄寓艋舺欢慈市(青山王宫附近),嗣赁一宅于庙侧,曰"静远山房",最后为台中林文察所延揽。清同治元年(1862)回到福州。同治三年(1864)秋,太平军破漳州,时为陆路提督的林文察至福州请谢颖苏参战,谢颖苏慨然允之。十二月太平军将领李世贤来攻,林文察力战陷阵,谢颖苏策马驰援而被擒,李世贤劝降不果,与林文察同被杀。消息传至台湾,世人皆唏嘘叹息,往日在台湾所作书画,立即成为珍品,有心之士百般收集,价格飞涨,至今行市不衰。谢颖苏在台湾三四年时间内,为台湾南北名邸所争相迎聘,各家子弟均以师事之,所到之处皆受名家礼遇,在台湾画坛产生了前所未有的影响,被尊为"台湾美术开山祖师"。在台湾对其执弟子礼的除林本源邸的林维让、林维源兄弟,及吴尚霑外,尚有淡水庠生郑鹏翔等,卒后师其法度的有嘉义林玉书、基隆蔡大成、淡水洪诗清等,均在台湾画坛占有地位,称誉一时。谢颖苏在台湾居住时留下了大量的书画作品,至今台湾忠烈祠的主壁勒石兰竹书即为其作品,特别其居艋舺"静远山房"时,乞画者门庭若市,他往往先推辞但后必许之,目前其尚有许多画作为台湾各团体或个人所收藏,如林本源祭祀公业藏《秋塘鸭戏图》、杨文富藏《四季花鸟屏》、郑夫人藏《碧玉凌霄图》,及《夏山烟雨图》等。其《老树苍鹰图》描绘一只老鹰盘旋于老树上,形态优美逼真,濡墨浓浓相宜,被选入台湾出版的《明清时代的台湾书画》书中。②其《水墨花鸟画》以泼墨的手法,描绘一只停在巨石上的小

---

① 林衡道口述,林秋敏记录整理:《林衡道先生访谈录》,"国史馆"口述历史丛书(第十集),"国史馆"1996年版,第6页。

② 何绵山:《试论清代文人画对台湾画坛影响》,《中国美术研究》2007年第1期。

鸟,正左盼右顾,欲飞还留,为玉禾山房所藏。他在台湾留下最多的是墨竹、墨兰图,这可能与清代台湾人有养兰的嗜好有关,因当时有一时期允许人民交纳兰花以当作租税的代金。其有代表性的作品如《墨竹册页》《墨竹扇面》《墨竹牡丹》《墨梅》《墨竹图》等,皆有两个特点,一是将书入画,以书法笔划状写墨竹、墨兰,长撇短捺,柔中带刚,节节有意,片片自然,肆意挥洒,运用自如;二是每每在空白处题字,字迹洒脱,书画一体,珠联璧合。"谢琯樵流畅潇洒的墨竹、墨兰,接近正宗四君子的稳健与老练,相信是那个时代在台湾最上乘的临本。"①《台湾美术年鉴》对谢颖苏的评论是:"谢氏善书,能诗,解音律,工书法,善画花鸟,尤精兰竹,兼工山水、人物。所绘者造型瘦俊,笔墨潇洒清劲,遗作以兰竹居多。"当代福建画家张金鉴认为:"谢氏画作具有'诏安画派'孤冷雅淡的特色。他画禽鸟造型优美,细笔巧加点渍,近似新罗山人。山水画常仿唐寅之作,皴笔细劲,亦有类似浙派或远溯马远、夏圭之水墨苍劲作品。"②台湾王国璠对谢颖苏在台湾留下的大量书画深有研究,他对谢颖苏在台画作的评价是:"世俗相传:琯樵之画,兰竹最工,山水次之,花鸟又次之。其实琯樵作品不管是花卉、翎毛、走兽、山水、人物,几乎无一不佳。即使是酬应塞责之品,也一样保持其萧疏淡远风格,百读而弗厌,所以古今艺评家对于他的画,都有一致好感。至于他的师承,有的认为是出自诏安一派,有的认为是得于新罗山人华喦。所谓诏安画派,是否以刘国玺、沈瑶池、吴天章、许钧龙诸君子的画风为主,抑或另有其人。就我所见刘、沈、许(吴天章作品在台未曾出现)大构,似与瘿瓢子黄慎关系深密,喜标新异,爱弄粗犷,与琯樵之超逸秀润,满纸清气而入于浑厚者判然两途。若言新罗,虽神趣不谋而合,但力肆纵逸驰宕,又略有区别。观其遗留下来的手迹,可以说是上窥宋、元大家,下法明、清诸子。承传领域,含识层次,极为辽阔宏富,在其款式中不难明辨。例如《夏山烟雨图》是仿自高房山(克恭),《危岩观瀑图》是仿自马秋山(远),《古木(老树)苍鹰图》是仿自吕廷振(纪),《晴竹新篁图》是仿自管仲姬(道昇),《悬崖垂翠图》是仿自沈石田(周),《秋菊寒皋图》是仿自张雪鸿(敔),《风雪雾雨墨竹图》(萝石居藏)是仿自文与可(同)。如此广通博贯,岂能局限其灵慧优长于一代一家。"③台湾美

---

①　李钦贤:《台湾美术阅览》,玉山社出版事业股份有限公司1996年版,第32~34页。

②　张金鉴:《闽台历代国画鉴赏》,海潮摄影艺术出版社1998年版,第81页。

③　王国璠:《台湾开拓过程中的书画艺术》,国学文献馆主编:《台湾地区开辟史料学术论文集》,联经出版事业股份有限公司2003年版,第336~337页。

术史专家李钦贤认为,谢颖苏的画"最接近正统,被当时台湾上流社会视为台湾有史以来最好的画家。"①当时与吕世宜、谢颖苏并称"板桥三先生"的福建画家叶化成,字东谷,海澄人,为莆田郭尚先的弟子,道光十五年(1835)时居厦门玉屏书院,后为板桥林氏家族礼聘至林宅,与林家结下深厚的感情。道光二十五年(1845),林国华返漳州扫墓时,叶化成曾伴其泛舟九龙溪,作有《春溪泛酒图》,因得到贵州巡抚何冠英、广东雷琼道蔡徵藩、台湾道梁元桂等十数人激赏并为之竞相题咏,已成为今日研究漳州的重要文献。叶化成在台湾时间虽长,且名气与吕世宜不相上下,但目前在台湾所发现的其书画作品,却只有十余件,有代表性的如林明成所藏的《山水图》(长卷),瞿守恒所藏的《柳荫垂钓图》,其他多为短轴、斗方、扇面等。王国璠曾在台湾旧肆中寻获一幅方广不及50厘米的《曾经沧海图》,图中一叶扁舟于万顷波涛之中上下颠簸,图的右下方题有七绝一首:"眼中沧海小秋毫,一叶浮天五尺高;济险有方能出险,只凭忠信涉波涛。"其留在台湾的画作《春溪泛酒图》,远处群山耸立,半山腰云雾迷漫,一条宽阔的溪水从下流过,溪两岸杂树丛生,溪中漂浮着一叶扁舟,一人倚躺在船舨上饮酒,翻动的溪水和闲适的饮酒者构成一幅动静相宜的画面,在万物峥嵘的春潮中隐透出几丝安闲。应聘到林本源邸作画的不仅仅是名士,如福建画家许筠以一介寒士身份,也曾应林本源邸之聘前来作画,以花鸟画享誉台湾,后人称其作品"特佳者虽任伯年父女亦不多让"②。台湾林氏兰千山馆所藏其《春柳图》,宽六尺,高三尺,图中"植柳三十余株,半立于清溪之畔,半隐于烟云之中,莺燕五十七只,穿梭其间,或冲或俯,或比翼双飞,或群相嬉戏,体物的细腻,渲染的工巧,令人有置身烟雨隋堤,怡人心目的感受,真不朽巨作"③。当时还有许多福建画家到板桥林本源邸作画,与台湾书画界人士酬唱应和,互相交流。林本源家族这种长期延揽福建画家的做法,使"闽习"画风进一步在台湾流播,正如王秀雄在《战前台湾美术发展简史》中所言:"在政治或经济上甚有权势的人,其支持的艺术,就会带来该社会的艺术倾向。例如,宋皇帝爱好工笔设色的花鸟画,因而就造成了该时代富丽华贵的院体画风潮。

---

① 李贤钦:《从附庸风雅到启蒙时代的台湾美术》,张宪炎主编:《历史文化与台湾》(第4集),台湾风物杂志社1996年版,第353页。

② 王国璠:《台湾开拓过程中的书画艺术》,国学文献馆主编:《台湾地区开辟史料学术论文集》,联经出版事业股份有限公司2003年版,第340页。

③ 王国璠:《台湾开拓过程中的书画艺术》,国学文献馆主编:《台湾地区开辟史料学术论文集》,联经出版事业股份有限公司2003年版,第340页。

同理,当时的台湾首富林本源家设有'汲古书屋',常聘请江南或岛内的文人画家,如谢琯樵、王霖、周凯等人作画。此种爱好'闽习'风格的文人画,就造成了台湾崇尚该风格文人画的风潮了。"①

除了林本源家族外,还有许多台湾富绅也争相礼聘福建画家,"十九世纪中叶是台湾文治社会内地化取向的巅峰,富贾名绅竞相延聘宦游或流寓书画家以求邸宅蓬荜生辉"②。如新竹的北郭园为富绅郭用锡于清咸丰元年(1851)所建,潜园为富绅林占梅于清道光二十八年(1848)所建,"北郭园和潜园不仅是族内及远近台湾文人荟萃之所,甚至有来自海峡对岸的流寓文人,较长期地居住园内,成为座上宾,其创作也就与'家族文学'有了密切的关系。也许由于地缘、亲缘等关系,长居园内的客人,多为闽人"③。当时有不少福建画家为北郭园和潜园所礼聘,以陈邦选为例,他擅长指墨人物山水,精篆刻,曾于道光年间被北郭园和潜园礼聘,多有画作留下。其《指画寿星》绘一老翁带一顽童,手拄拐杖,弯腰回首,神腴气足,形象逼真。陈邦选在台湾画坛产生了一定的影响,如日据时期台湾新竹人范耀庚专攻指墨画,师法陈邦选,其《指墨双松图》于1929年参加新竹"全岛书画赛会",获"特选";1991年被台湾省立美术馆选刊于馆刊《台湾美术》第四卷第一期。

(二)福建画家入台对台湾画家的影响

清代福建书画家入台,对台湾画坛产生了深远的影响,其具体表现在以下六个方面④:

第一,使台湾画家从单纯的临摹上升为有老师面对面地指导,不同程度地提高了他们的创作水平。由于早期老师难寻,台湾画界临摹风气盛极一时,台湾习画者大多奉由福建等地辗转流落到台的画作为圭臬,一味学习和临摹古人的笔墨皴法与造境,忽略了对自然和事物的观察,使作品缺乏个性与创意,有的甚至仅靠临摹某一画本就逞强于一时,绘画水平难以提高。当时台湾淡水艋舺人吴鸿业可算此类典型,他欲画蝴蝶却无人请教,只好依靠粉本、画谱来"按图索骥",正如他在其《百蝶图》"自序"中所称:"然徒为好事者借作粉本,于余结习所得,终未得其一斑。今春与黄友阅《芥子园》所详蝶诀,亦自信前辈

①　王秀雄:《战前台湾美术发展简史》,《台湾美术发展史论》,"国立"历史博物馆1995年版,第30页。

②　李钦贤:《台湾美术阅览》,玉山社出版事业股份有限公司1996年版,第31页。

③　朱双一:《闽台文学的文化亲缘》,福建人民出版社2003年版,第141页。

④　何绵山:《试论清代福建画家对台湾画家的影响》,《福建文史》2006年第2期。

之不余欺。"①由中可看出习画者的无奈。福建画家入台后,使台湾画家有机会当面请教,可以互相进行切磋和交流,在学习上从静态到动态,从间接到直接,视野得以开阔,这些都有利于台湾画家绘画水平的提升。

第二,培养了一批台湾绘画人才。从上述可知,在台湾的福建画家大都收有弟子,这些弟子继承了他们的画风之后,弟子再传弟子,有的青出于蓝,在台湾绘画史上放出异彩。除了亲炙之外,还有许多为私淑,有的影响了几代人。

第三,增添了台湾的绘画资源。福建赴台画家留下的大量作品,先是在台湾书画界广为流播,后有的流入民间为私人收藏,大都保存完好。之后,有的收藏家将其捐给各种博物馆或图书馆,以供后人学习观摩。通过办展览、出画册、开研讨会等方式,进一步扩大了其利用价值,为习画者和研究者提供了方便,成为研究台湾早期绘画史极为珍贵的实物。

第四,开台湾各种画派风气,并成为台湾画坛中坚力量。台湾当代美术史家王秀雄根据今日留存在台湾的绘画作品,在《明清时代台湾书画作品中》一书的《明清时代的台湾书画家年表》中,分类整理出一份画家名单②,花鸟画方面的代表画家有:林朝英、周凯、叶文舟、庄敬夫、谢颖苏、林觉、吴鸿业、曾统勋、丁捷三、林汝梅、陈亦樵、黄元璧、曾茂西、郑观图、陈如珪、朱长生、黄玉柱、郭彝、许筠、何翀、施少雨、洪以南、余玉龙、李如苞、王献琛、苏元为、洪文光、林嘉、林占魁、龚植、黄宗鼎、苏淞、吴凤生、林天爵等;人物画方面的代表画家有:林朝英、朱承嘉、陈邦选、林觉、蒲玉田、洪毓琛、廖庆三、谢彬、许龙等;山水画方面的代表画家有:张朝翔、谢颖苏、朱承嘉、陈邦选、林觉、王霖、林纾等。从这份名单中可看出,其中许多是以上所论述的福建赴台画家。

第五,丰富了台湾绘画的样式。除了大胆涂抹、笔意恣肆的"闽习"画风影响台湾当时的画坛外,有不少福建赴台画家有着不同于"闽习"的画风,如在台湾水墨画方面产生深远影响的谢颖苏,所绘之画文质彬彬,颇有文人画简逸疏淡的风格;林纾的画风别有情趣,亦有自己独特的风格。这些与"闽习"不同的、具有别样风格的画家入台,使台湾绘画的样式更加多样。

第六,掀起了台湾品评书画的风气。有不同才有比较,有作品才可品评。福建画家赴台后,随着台湾画作的增加与酬唱应和风气的日盛,始开品评书画风气,大大提高了台湾书画界鉴赏书画的水平,如"祖籍福建诏安的谢琯樵,寓

① 王诗琅:《台湾人物志》(上),德馨室出版社1987年版,第133页。
② 王秀雄:《战前台湾美术发展简史》,《台湾美术发展史论》,"国立"历史博物馆1995年版,第24～25页。

台近四年间,于上流社会卷起品评书画的旋风,所谓影响力,无非是远来和尚会念经,让本地士绅阶层亲炙到诗书画三绝的中国文人真风骨"①。

(三)台湾画家在福建

清代台湾画家赴福建主要有两种情况,第一种是不长期住福建,而是因经商、游历、赴任、赶考等在福建短期逗留或经过,但开拓了视野,也收集了许多画作和资料;第二种是长期住在福建,或学画,或卖画。

第一种有代表性的台湾画家如林朝英,《台湾人物志》介绍其:"字伯彦,台邑人。乾隆五十四年,贡成均,以资授中书衔。乐襄地方义学。嘉庆初,倡修县学文庙,并董工役,自费万金。庙成,有司奏闻,下旨嘉奖,建坊,赐'重道重文'之匾,坊在龙王庙前。林爽文之变,其党有与相善者,书函往来,潜示不轨,朝英非之,报书谏止,痛陈利害。事败,索党人,发朝英书,嘉之。召入见,以病固辞。朝英工墨画,潇洒出尘。书亦奇秀,多作竹叶形。善雕刻,竹头木瘿,一经其手,靡不成器,家建小亭,颜曰一峰。亭额三字大径尺,笔力劲秀,悉为朽木所成。光绪十二年某夜被盗,闻为淮军所窃,邑人士至今犹惜之。朝英诗书画均为当时之代表。"②

从以上可知,林朝英家资颇为丰厚,其书画作品代表当时台湾的水平。林朝英(1739—1816),他早年一心向往科举却屡屡落第,后因家有商船,他曾往返于海峡两岸,直接到福建等地观摩名家书画,并带回大批书画及资料回台湾,深受福建名家影响。台湾美术史家认为林朝英:"工书善画。书作竹叶形,人称竹叶体;瘦硬通神,如蛟螭之游沧海,如龙虬之戏清虚,雄奇险劲,咄咄逼人。庄伯和先生以为与张瑞图之奇异同出一脉,不无见地。其画天然灿发,墨气淋漓,写于南岭墨荷大堂,简淡清逸,洗尽凡流习气,实为超凡入圣之作。"③张瑞图为明代著名书画家,福建晋江人,书法奇异,与邢侗、董其昌、米万锺并称"明末四大书家",至今在闽南还多处可见张瑞图的笔墨遗存。林朝英书行楷多为竹叶体,草书多为鹅群体,与张瑞图偏斜取势有许多相通之处。林朝英将其独有的书法笔意融入绘画,使他的绘画作品与其书法一样,也带有急促、劲挺、纵逸之风。林朝英主要作品为花鸟画与人物画,《荷花图》为林朝英64岁时所作,荷花、荷叶、小草以不同姿态在风中招展,作者放胆用墨,浓淡相宜。

---

① 李钦贤:《台湾美术阅览》,玉山社出版事业股份有限公司1996年版,第34页。

② 王诗琅:《台湾人物志》(上),德馨室出版社1987年版,第132页。

③ 王国璠:《台湾开拓过程中的书画艺术》,国学文献馆主编:《台湾地区开辟史料学术论文集》,联经出版事业股份有限公司2003年版,第345页。

《水墨蕉鹭图》为其 71 岁时所作,图中两棵芭蕉斜立于画中,一只白鹭低首张望,作者激情泼墨,纵逸淋漓。这两幅画都曾入选台湾"文建会"主办的"明清时代台湾书画展"。其人物画的代表作是他的《自画像》,画中人物身穿长衣而立,左手放于胸前,右手垂于膝前,一幅怅然神态,有趣的是其左眼闭,右眼睁,表情似麻木,又似若有所思,足可引起观者的无限联想;此人物后又站一小童,用好奇的眼神打量着这"睁一只眼,闭一只眼"的奇异人物,更加引发观者的猜测。

台湾美术史界认为林朝英的《自画像》和上面介绍过的林觉的《归渔图》,为清代台湾最有代表性的人物画:"清代台湾绘画留存的人物画不多,却以林朝英与林觉的两幅最脍炙人口。"①

第二种有代表性的台湾画家如叶如松,"字长春,彰化人,道光时居福建泉州多年,工画花鸟,写意梅菊亦佳。他的花鸟画风,粗中有细,疏而不散,有一定影响"②。

(四)传承于福建的台湾寺庙壁画

清代台湾在文人画兴起的同时,民间艺人画也得到相应发展。台湾美术史家林惺嶽在《台湾美术的过去与未来》中指出:"台湾美术从大陆过来有两种现象,一种是基层文化,是属于民俗活动,例如年画类等民间工艺早就产生。第二种是比较高层次的画家、诗人受大地主豪门世家邀请做客。""台湾有两种层面美术,一种是基层文化,一般民间谋生技艺,如画观音、年画及庙中装饰等。另一种是文人画家,是地主或豪门世家请到台湾来风雅一番的。"③现仅以最有代表性的台湾寺庙壁画为例。

寺庙壁画为绘画的一种,指绘制在土砖木石等各种材料的寺庙壁面上的图画。台湾早期寺庙大都传承于福建,因此台湾寺庙与福建寺庙关系极为密切④,很多台湾寺庙为福建匠师所盖,或为在福建匠师指导下而盖的,台湾寺庙壁画受福建影响是不言而喻的。福建对台湾寺庙壁画的影响主要体现在六个方面:

第一,请福建画师前来台湾作画。如清乾隆、嘉庆年间,福建同安籍画师

---

① 李钦贤:《台湾美术阅览》,玉山社出版事业股份有限公司 1996 年版,第 31 页。

② 王伯敏:《中国绘画史》,上海人民美术出版社 1982 年版,第 626 页。

③ 林惺嶽:《台湾美术的过去与未来》,《历史文化与台湾》(三),台湾风物杂志社 1991 年版,第 102～103 页。

④ 何绵山:《闽台寺庙建筑渊源》,《世界宗教文化》2002 年第 1 期。

庄敬夫"应台南寺庙之请制作壁画"①。

第二，福建画师带台湾徒弟。福建画师在作壁画时常带徒弟，"台湾的庙宇装饰艺术师傅大都是闽、粤来的师傅，在此专为庙宇工作，同时传授徒弟，一代传衍一代，由于专业精神，所以各有精美的表现"②。

第三，台湾画师自学福建画师绘画技艺。"台湾本土第一代民间传统画师在庙画方面……往往是趁唐山师傅来台工作时，悄悄从旁观察其所作所为，默记于心，返家后再迅速用笔记下，描成图形。这里的唐山主要指闽粤两地。"③

第四，用料特点和门神传自福建。如福建寺庙壁画大都油彩加漆，色彩绚丽，寺庙的门神大都为秦琼（叔宝）和尉迟恭（敬德），"今存福建泉州、同安庙门的门神画皆如此。同安后河宫画有秦琼和尉迟恭二像，勾线，略作晕染，也是油彩加漆，色彩绚丽，有少量贴金。"④台湾的寺庙壁画沿袭了福建壁画用料特点，历经多年还色彩鲜艳，台湾寺庙将秦、尉迟作为门神的更是比比皆是。⑤

第五，闽台寺庙壁画在题材上一脉相承。台湾寺庙壁画所表现的内容大多与福建寺庙壁画相同，如二十四孝故事、三国故事、西游记故事等，如出一辙，具体可参阅拙著《台湾的建筑》中的《台湾佛寺的装饰》（九州出版社2003年版），此不赘述。

第六，台湾画家将"闽习"画风引入寺庙壁画创作。这方面的代表画家如清代台湾最杰出画家之一的林觉，正如台湾美术史家所言："尤其林觉人物画的笔法与题字的书体，近似扬州八怪的黄慎，具有草书狂怪的率意风格。虽曾为寺庙从事壁画创作，但其线条造型的流畅与意境营造之高超，绝非一般匠师可比，其风格直接影响民间绘画的发展，成为民间艺师模仿的对象，并树立庙宇绘画之主流风格。"⑥

三、日据时期福建画家对台湾画坛的影响

（一）日据前期福建画家对台湾画坛的影响

日据前期，即1895年至1926年，此时福建画家的画风在台湾画坛仍占主流。台湾画坛"仍然是因袭性较强的'闽习'风格的文人画为主流，这些作品虽

---

① 汪洁、林国平：《闽台宫庙壁画》，九州出版社2003年版，第76页。
② 刘文三：《台湾宗教艺术》，雄狮图书股份有限公司1998年版，第13页。
③ 汪洁、林国平：《闽台宫庙壁画》，九州出版社2003年版，第81页。
④ 王伯敏：《中国绘画史》，上海人民美术出版社1982年版，第649页。
⑤ 何绵山：《台湾佛寺建筑艺术探魅》，《中国美术研究》2006年第1期。
⑥ 杨宗贤：《从台湾美术史的回顾论宜兰美术发展之人文精神特质》，《宜兰研究第三届学术研讨会论文集》，宜兰县文化局2000年版，第115页。

具有文学性与雅意,然而玩弄笔墨技法、师古临摩、代代相袭的作风,使得他们的作品跟时代与环境脱节,缺乏个性与创意,令人索然无味。"①这一时期台湾画坛的许多作品可明显看出因袭"闽习"画风,有的几乎就是闽人画作的翻版,如林天爵的《采菊图》中,一拄杖的白发老人正极目远眺,从用笔、着色、构图等方面,一看便知是对黄慎画作的临摹。这一时期台湾有代表性的画家如施少雨、洪雍平、朱少敬、李学樵、周定山、林建元、蔡九五、蔡宽荣、蔡文华、周笑轩、范耀庚、蔡凤、吕璧松、郑坤五、林天爵等,从他们的作品都可看出对"闽习"的因袭。对这种日据前期沿袭"闽习"画风仍为台湾画坛主流的现象,台湾美术史家王秀雄认为有四个方面原因:第一,与学画的途径有关。当时要成为画家,必须选定自己喜欢或认为理想的画家,拜师学艺。当时实行的是师古临摩的教学法,老师期望学生按部就班,依据古法规规矩矩地学习;学生在尊师重道的传统观念下,不敢质疑老师或背叛老师,总是忠于师训作画。唯有如此,才能得到老师的喜欢而倾囊相授,甚至获得提拔。第二,与出名的途径有关。当时没有官办美展、画廊或美术馆,要想出人头地,必须依靠老师的人脉和关系,来渐渐建立自己的名声和地位。如此紧密的师生纽带,学生当然不敢逾越雷池一步。尤其老师是名师时,更是标榜其师承,毕生忠于老师的艺术,强调自己是某名师的高徒来提高自己的地位。第三,与有权势者的喜好有关。在政治上或经济上甚有权势的人所支持的艺术,就会带来该社会的艺术倾向。例如,宋皇帝爱好工笔设色的花鸟画,因而就造成了该时代富丽华贵的院体画风潮。当时台湾有权势的人争相迎聘带有"闽习"风格的文人作画,使"闽习"画风进一步在台湾流播。第四,与画家迎合民众需求有关。当时的台湾,一般民众所接触到的只有陈陈相袭的文人画,再不然就是庙宇的彩绘画。民众很难有机会接触岛外美术,更不用说对其有所了解。画家为迎合民众的爱好和欣赏品味,当然就创作他们所需的艺术作品了。②

这一时期福建赴台的画家,有代表性的如:张锵,字菱波,福州人,"工山水画,多写实之作,皴法常以小斧劈杂披麻,时饶新格。雾气月痕、烟云缥缈尤为擅长。人物神采清秀,设色明丽,间作花鸟草虫,亦楚楚有致"③。《台湾美术

① 王秀雄:《战前台湾美术发展简史》,《台湾美术发展史论》,"国立"历史博物馆1995年版,第26页。

② 王秀雄:《战前台湾美术发展简史》,《台湾美术发展史论》,"国立"历史博物馆1995年版,第30~31页。

③ 张金鉴:《闽台历代国画鉴赏》,海潮摄影艺术出版社1998年版,第158页。

年鉴》(1990)称其"光绪年间移居台湾"。郭梁,字剑狂,福建福安人,"善人物,初学黄慎,后追摹宋元明诸家,艺益进。尤精仕女,神韵潇洒,笔致隽逸。花鸟亦幽淡妍雅"[①]。郭梁曾东渡台湾,居新竹。

这一时期台湾受福建画风影响的画家,有代表性的如:林占魁,鹿港人,深受闽派画风影响,工水墨花鸟,代表作《梅花山鸟图》书画结合,清新悦目。谢彬,台南人,其作品深受黄慎影响,正如台湾评者所言:"当时从福州传来的人物画亦多笼罩在黄慎影响之下,谢氏与福州传来的画亦可能深有渊源。"[②]其作于1916年的代表作《麻姑晋酿图》曾被台湾"文建会"选入"明清时代台湾书画展","其笔下的麻姑,柳眉胆鼻瓜子脸,樱桃小口蚂蚱眼,云鬓斜肩修长身,显然从开脸至身段具有仙人风骨而又不脱常人的特点。麻姑身侧有仙鹿一只,古人视鹿为仁慈吉祥之物而赋予丰富的神话色彩,它既衬托了人物形象,也增强了仙境气氛。图中人物墨线揉入书法,爽利而有顿挫萦回,于单纯中求变化,具有联绵不断之势,能恰当地表现衣服体态的特征,并与女性的娴静美吻合;仙鹿、酒坛、牡丹花等通过笔墨的刚柔浓淡绘出不同的质感,整个画面富丽优美,雅俗共赏。谢杉这种造型技法可追踪于福建黄慎的草书入画笔意"[③]。

(二)日据后期福建画家对台湾画坛的影响

1927年至1945年,即日据后期,此时福建画家的影响在台湾画坛仍遗有余绪。

1927年,台湾画坛发生了一件大事,即统治当局举办了"台湾美术展览会",当时除了郭雪湖、林玉山、陈进三位年轻人的作品入选外,传统文人画都被封杀出局。之后此展每年都举办,简称"台展"。由于统治者的操控,文人画逐渐与"台展"无缘。当时的统治者让作品入选"台展"的画家能得到很大实惠,试图通过这种封杀和提倡相结合的方法来推进东洋画(日本画)在台湾的发展。当时台湾的文人画虽然受到很大打击,但由于福建与台湾的特殊地缘关系,福建仍有不少画家赴台,对台湾画坛不同程度地产生了影响。

福建赴台的画家,有代表性的如:李霞,字云仙,号髓石子、抱琴游子,福建仙游人,"善人物,初学黄慎,笔势雄健,文匹大幅,尤见力量。喜作关羽像,神

---

① 陈子奋:《福建画人传》,福州市国画研究会1957年油印本,第38页。
② 张金鉴:《闽台历代国画鉴赏》,海潮摄影艺术出版社1998年版,第177页。
③ 张金鉴:《闽台历代国画鉴赏》,海潮摄影艺术出版社1998年版,第177页。

采生动,一时建大厦者,必求作堂幅,以壮观瞻"①。1928 年 8 月,李霞与黄羲及侄李壁一起东渡台湾,曾在台湾新竹参加"全台书画展览会"并任审查员。他在台期间多次举办个人画展,作品被抢购一空。台湾女画家范侃卿特意登门拜师学画,还拜李霞为义父。李霞于 1930 年由台返闽,虽然在台的时间才一年多,但在台湾还是造成了一定影响,一是李霞将文人画与民间画的优点融为一体,特别他受黄慎以草书入画的影响至深,用笔纵横奔放,画面富有气势,与台湾的"闽习"画风相贴近;二是他的许多画作取材于闽台两地民间喜闻乐见的内容,迎合台湾民间的喜好,所以在台湾颇受欢迎。"李霞在台湾一年多,留下大量作品,他的画展轰动一时。他所绘的关公题材如《关壮缪》《云头思汉》《坐鼓观书》《单刀赴会》等图像,虽内容情节、构图背景、人物动态各不相同,但无不表现出气宇轩昂、神威显赫、正气凛然的英雄形象,深受大众赞赏。"②龚槇,字樵生,福建泉州人,善花卉虫鱼,曾东渡台湾,有画作在台湾流传。《台湾美术年鉴》(1990 年)刊文评其《牡丹图》:"有画院酣熟之习,赋色修洁,时得物外之趣。"其另一幅《牡丹图》刊于台湾版的《中国书画》,"用笔柔软圆浑,赋色淡雅清丽"③。其《华清春艳图》刊于《台湾美术三百年作品展》画册。林嘉,字瑞亭,诏安人,"善人物、花鸟,喜学山阴任颐。笔致雄健,色彩浓厚,气局则仍不脱'诏安派'"④。他曾旅居台湾,靠卖画为生。《台湾美术年鉴》(1990 年)选刊了其代表作《晓春访梅图》,并将其列入《明清至近代过世美术家名录》。黄羲,原名文清,又名文倩,字可轩,福建仙游人,善人物及山水花卉,画风深受上官周、黄慎的影响,曾随李霞到台湾新竹等地写生鬻画。林子白,字玠生,号雪丘,福建永春人,善花鸟、山水,曾东渡台湾,并在台北、台中等地举办书画展,画作受到当地人的喜爱。

四、台湾对福建画家作品的展出和出版

(一)"台湾早期书画史"三部专辑中的福建画家作品

福建画家主要指在福建出生的画家,他们或以各种渠道到过台湾,或作品传进台湾而产生影响。福建画家作品在台湾流播,除了民间少量的同好之间流传借阅外,主要是通过各种画展和画册进行传播而扩大影响。台湾近些年

---

① 陈子奋:《福建画人传》,福州市国画研究会 1957 年油印本,第 10 页。
② 张金鉴:《闽台历代国画鉴赏》,海潮摄影艺术出版社 1998 年版,第 134 页。
③ 张金鉴:《闽台历代国画鉴赏》,海潮摄影艺术出版社 1998 年版,第 125 页。
④ 陈子奋:《福建画人传》,福州市国画研究会 1957 年油印本,第 18 页。

频频举办各种画展,并出版了大量的各种书画专辑。①

在台湾 40 余种书画专辑中,《台湾早期书画专辑》《翰墨因缘——台湾早期书画专辑(二)》《翰墨大观——台湾早期书画专辑(三)》这三本专辑最具代表性。正如台湾"国史馆台湾文献馆馆长"林金田在为《专辑(三)》所作的《馆长序》中所言:"故将本《专辑(三)》名为'翰墨大观',与《专辑》、《专辑(二)》结合起来,堪称是一部完整的'台湾早期书画史',更是台湾历史文化发展史上重要的参考文献。"(其"早期",指"明清到日据时代",即 1661 年至 1945 年之间。)现以此三部专辑为例,将收入的福建画家作品择要介绍如下。为便于读者对照查找,本文所涉各作者书画名称皆沿用展出(出版)时称呼,不再另起名称。

《台湾早期书画专辑》,即 2002 年 11 月由"国史馆台湾文献馆"展出的清至日据时期台湾书画作品,共收录台湾早期书画家 100 位,作品 154 组件,其中闽籍书画家 23 位,作品 35 件。闽籍画家及其画作如:施少雨(1864—1949),晋江人,后游台湾,居鹿港,作品有《墨牡丹图中堂》《博古图条幅》《梅花水仙图卷轴》。许筠,晋江人,曾应板桥林本源家族之邀赴台,作品有《墨菊图条幅》。苏元,闽人(具体籍贯不详),作品有《牡丹清供图中堂》。廖庆三,汀洲人,清光绪年间流寓至台,作品有《松鹤图中堂》《荷塘水鸭图条幅》。吴苇,厦门人,清光绪末来台,作品有《花鸟图卷轴》。

《翰墨因缘——台湾早期书画专辑(二)》,系 2009 年初由"国史馆台湾文献馆"展出的清至日据时期台湾书画作品,收入台湾早期书画家 77 位,作品 111 组件。其中闽籍书画家 16 位,作品 25 件。闽籍画家及其画作如:郑兰,福州人,清光绪年间旅居台湾丰原多年,作品有《鱼》(一)(二)。李灿,汀洲(今长汀)人,生活在清乾隆时代,作品有《人物中堂》。吴慎,厦门人,生活在清乾隆、嘉庆、道光时代,作品有《牧马图条幅》《五子登科图大中堂》。沈瑶池(1810—1888),诏安人,作品有《老丐中堂》。谢颖苏(1811—1864),诏安人,咸丰年间来台,作品有《牡丹花小品》。马兆麟,东山人,作品有《山水中堂》。林纾(1852—1924),闽侯人,作品有《山水中堂》。龚植(1869—1943),生于泉州,后迁居厦门,与板桥林家有亲戚关系而居台多年,作品有《牡丹中堂》《菊花中堂》《紫藤中堂》《杏花中堂》。李霞(1871—1938),仙游人,曾两次来台展售画作,作品有《人物四屏》。《讴歌宝岛花果之美》由多位画家共同完成,其中福建

---

① 何绵山在《试论福建书法家在台湾书坛的影响》(《艺苑》2015 年第 3 期)已列举近 40 种,此不赘述。

画家有两位:赵素,旗人入闽,厦门籍,曾应邀赴台访问,所画《草虫》为之四;吴蒂,厦门人,曾应邀赴台,所画《枇杷》为之六。《翰墨因缘》也由多位画家共同完成,其中福建画家有两位,一为赵素所作《花果》,一为吴蒂所作《花》。

《翰墨大观——台湾早期书画专辑(三)》,系 2011 年初由"国史馆台湾文献馆"展出的清至日据时期台湾书画作品,共收入台湾早期画家 143 位,作品 182 组件,其中闽籍书画家 22 位,作品 28 件。闽籍画家及其画作如:陈邦选(1770—1850),泉州人,随乡人移居台湾,作品有《指画条幅》。郑观图,福州人,生活在清乾隆至道光年间,道光初年渡台后居新竹,作品有《双兔图》。叶化成,海澄人,生活在清嘉庆、同治年间,曾至台湾板桥林家任教席,作品有《山水》。黄羲(1899—1979),仙游人,曾赴台游历,作品有《人物中堂》《人物画中堂》《玉川品茶图》。林子白(1906—1980),永春人,曾多次赴台旅游和举办个展,作品有《松溪渔隐中堂》。

(二)台湾各不同部门对福建画家作品的展出和出版

为了便于借鉴和推广,长期以来,台湾对以闽台画家为主的作品进行了各种不同层次的展览,并同时将展品出版。这些展品,或由展出单位收藏,或由私人收藏。现仅择相关部门在台北举办的展览、相关部门与地方部门在偏远之地联合举办的展览、地方部门自己在本地举办的展览这三种情况各举一例介绍如下。

"丹青忆旧——台湾早期先贤书画展","国立"历史博物馆、"国家"图书馆等主办,于 2003 年 12 月 26 日至 2004 年 2 月 8 日,在"国立"历史博物馆 201、203 展厅开展,同时由"国立"历史博物馆编辑委员会编辑,"国立"历史博物馆 2003 年出版。书中收入展出的书法作品 37 件,绘画作品 40 件,其中福建画家作品 23 件,如:郭尚先的《墨兰》,展方介绍其:"能画墨兰,传世甚少。"介绍其展品:"蓝底描金的表现方式亦为清代画家所喜好,海派画家则特别擅用。此种表现具有华丽的气息,却不失文人的雅趣。"谢颖苏的《山水》,展方介绍其:"诗文书画颇精道,尤善水墨兰竹、花鸟。"龚樵生的《牡丹立轴》,展方介绍其及其作品:"台湾早期画家,作工笔画者极少,花鸟题材以文人简笔写意为之。这件工笔花卉,未以墨线勾勒,直接用色敷彩,为没骨花卉画法,敷粉的方法接近海上画家风格。没骨花卉自宋代徐崇嗣以来,至清代恽寿平发扬为大家。"《牡丹青松立轴》,展方如此介绍:"擅长直接用色表现花鸟题材,松针叶、牡丹、兰叶均直接以色彩描绘,惟松树老干,以重墨双钩,笔法飘忽,亦为闽南地方绘画遗风所及之影响。"许筠的《花鸟》,展方介绍其:"善画、知画、能诗文。"介绍其展品:"拟徐青藤笔意而作的花鸟,台湾早期花鸟画家多景仰明代大写意名家徐渭,经常以其笔意入画,而实际上,仍以扬州画派诸家及闽派风格为重。此幅徐渭笔意并不重,而是扬州意味较强。"《大中堂》,展方如此介绍此幅展品:"藉由浓墨与淡墨的对比,制造竹林的层次关系,并将背景淡墨与前景的对比加大,让画面产生强烈的视觉艺象。以竹林表现为主题,明清文人画较少,多数以简单三两竿修竹或局部竹枝表现……线条。这件作品以完整的竹意象表现,颇为突出。"林嘉的《花鸟四屏条画》,展方介绍其:"喜绘事,师事同邑马兆麟。清光绪中叶,幕游至台,喜与时彦交,有暇即闭门作画。尝云:'吾以此度生涯也。'晚年艺益进,有任伯年风格,盖兆麟出任氏门,嘉宾再传弟子也。"展方介绍此作品:"1913年所作。有岭南画风,大雁以没骨法着色,并加光影变化,颇有新意,鹌鹑表现也有八大的风味。以没骨和双钩结合而作,为此作品特色。"陈邦选的《指画人物精品》,展方介绍此展品:"陈邦选描绘三个文人在郊野林间石桌观赏诗文绘画的情节,是典型的明清文人画题材。陈邦选以熟纸作画,使得树点自然晕染融合,有淋漓的效果,比之于清代高其佩指画……这件作品类似唐六如笔趣。"《指画达摩大中堂》,展方如此介绍:"指墨山水、人物。指画文献记载颇早,清代以高其佩发扬最甚,画家除以单指作画外,亦有两三指并用,或以握拳,或以掌作画,以促成墨色及墨迹变化。"李霞的《五老图》,展方介绍其:"人物画的笔墨之间带有浓厚黄慎风格,题材选择亦遵循明清以来世俗化的趋向,喜欢以一般民间易懂喜好的题材入画,一如海上派擅长表现钟馗、风尘三侠等故事人物。"吕璧松的《三顾茅庐》,展方介绍此件展品:"类似三顾茅庐的历史故事,对于明清画家而言,扩大了他们在人物题材上的选择和养分,将许多通俗的题材引进画面,也增加了对书画接受的面积,此即成为明清人物画的基础。"黄羲的《人物中堂》,展方介绍此件展品:"垂柳为景,小桥头顾盼的仕女,传袭清代仕女画的表现手法。清代仕女画以改琦、费丹旭等人最为有名,而削瘦羸弱的形象,代表明清两代对仕女的审美主流意识。"

彰化县文化局为配合彰化建县280周年系列纪念活动,举办"彰化先贤书画展览",展出先贤作品100件,之后由黄志农编著《彰化县先贤书画专集》,彰化县文化局2004年出版。书中收有福建画家的画作,如:施少雨的《富贵花开图》、苏淞的《梅鹤图》、苏元的《墨梅》、杜友绍的《墨梅》、廖庆三的《人物》。

此外,彰化县文化局指导、林炜镇等人撰文的《彰化县文化局典藏书画赏析专辑》,由彰化县文化局于2001年出版。书中共收入彰化县文化局典藏的143件作品,每件作品均有作者简介和作品赏析,以福建画家及其画作为例,如:刘平衡的《山水》、施少雨的《富贵花开图》《墨菊》、苏淞的《梅鹤图》。

（三）台北故宫博物院对福建画家作品的展出和出版

台北故宫博物院是展出和出版福建画家作品最为频繁的机构,扩大了福建画家作品的传播和普及程度。其主要方式有以下三种:

一是举办福建画家个人画展并出版专辑。台北故宫博物院于 2012 年 10 月 1 日至 12 月 25 日举办了"状奇怪非人间——吴彬的绘画世界"画展,同时由何传馨主编、台北故宫博物院出版了同名的出版物。这部《状奇怪非人间——吴彬的绘画世界》收入了吴彬的大部分作品,如《明吴彬画十八应真》《明吴彬岁华纪胜图册》《明吴彬画山水》《明吴彬仙山高士》《明吴彬画十六罗汉》《明吴彬画佛像》《明吴彬画鱼篮观音》等作品,为目前明代著名福建画家吴彬最为成功的画展。还如举办了"华嵒写生册"展览,并由台北故宫博物院 2012 年出版了画册。

二是举办包括福建画家作品在内的综合性或某主题性展出或出版专辑。如:《宋惠崇寒林鸳鸯图》,收入谭怡令编的《画里珍禽》,台北故宫博物院 1988 年出版。《明李在圯上授书》,收入陈阶晋、赖毓芝主编的《追索浙派》,台北故宫博物院 2008 年出版。台北故宫博物院于 1977 年举办了"晚明变形主义画家作品展",同时出版了同名出版物,收入了《明吴彬画十八应真》《明吴彬月令图》《明吴彬文杏双禽图》《明吴彬岁华纪胜图》《明吴彬画鱼篮观音》等福建画家作品。《明吴彬岁华纪胜元夜》,收入台北故宫博物院编辑委员会编的《春景山水画特展图录》,台北故宫博物院 1987 年出版。《明吴彬结夏》,收入何传馨、许郭璜编《夏景山水画特展图录》,台北故宫博物院 1991 年出版。《明吴彬岁华纪胜图》,收入林莉娜编的《秋景山水画特展图录》,台北故宫博物院 1989 年出版。《明吴彬画迦里迦尊者》,收入李玉珉主编的《罗汉画》,台北故宫博物院 1990 年出版。《明吴彬画观音大士》,收入葛婉章编的《妙法莲华经图录》,台北故宫博物院 1995 年出版。《明吴彬持提菩萨》,收入林柏亭、张华芝编的《画马名品特展图录》,台北故宫博物院 1990 年出版。《明吴彬大士像》,收入李玉珉主编的《观音特展》,台北故宫博物院 2000 年出版。《清黄慎梅花山茶》,收入台北故宫博物院编辑委员会编的《画梅名品特展》,台北故宫博物院 1991 年出版。《清黄慎炼丹图》,收入王耀庭、童文娥编的《长生的世界:道教绘画特展图录》,台北故宫博物院 1996 年出版。《清黄慎燕市遇琴图》,收入刘芳如主编的《书画装池之美》,台北故宫博物院 2008 年出版。

三是福建画家一种画作同时被收入几种不同主题的专辑中。如:《惠崇秋浦双鸳》,收入台北故宫博物院编的《宋代书画册页名品特展》,台北故宫博物院 1995 年出版;收入谭怡令编的《画里珍禽》,台北故宫博物院 1988 年出版;

刊于《故宫文物月刊》第 32 期(1985 年 11 月);刊于《"七十件书画册页名品特展"精选(六)——惠崇秋浦双鸳》,《故宫文物月刊》第 152 期(1995 年 11 月)。《明边文进梅花幽鸟》,收入谭怡令编的《吕纪花鸟画特展》,台北故宫博物院 1995 年出版;亦收入台北故宫博物院编辑委员会编的《画梅名品特展》,台北故宫博物院 1991 年出版。《明吴彬文杏双禽图》,收入台北故宫博物院编辑委员会编的《名宝上珍》,台北故宫博物院 1995 年出版;也收入台北故宫博物院编的《晚明变形主义画家作品展》,台北故宫博物院 1977 年出版。《明吴彬岁华纪胜图》,收入台北故宫博物院编辑委员会编的《界画特展图录》,台北故宫博物院 1986 年出版;收入台北故宫博物院编辑委员会编的《园林名画特展图录》,台北故宫博物院 1987 年出版;收入台北故宫博物院编的《晚明变形主义画家作品展》,台北故宫博物院 1977 年出版。《明吴彬画山水》《明吴彬仙山高士》《明吴彬画十六罗汉》《明吴彬画佛像》收入台北故宫博物院编的《晚明变形主义画家作品展》,台北故宫博物院 1977 年出版;也收入何传馨主编的《状奇怪非人间——吴彬的绘画世界》,台北故宫博物院 2012 年出版。《明吴彬画鱼篮观音》,收入葛婉章编的《妙法莲华经图录》,台北故宫博物院 1995 年出版;收入李玉珉主编的《观音特展》,台北故宫博物院 2000 年出版;收入台北故宫博物院编的《晚明变形主义画家作品展》,台北故宫博物院 1977 年出版;收入何传馨主编的《状奇怪非人间——吴彬的绘画世界》,台北故宫博物院 2012 年出版。《清华嵒午日钟馗》,收入台北故宫博物院编辑委员会编的《迎岁集福——院藏钟馗名画特展》,台北故宫博物院 1997 年出版;亦收入《华嵒写生册》,台北故宫博物院 2012 年出版。

五、台湾对福建画家作品的收藏和研究

(一)台湾对福建画家作品的收藏

除了私人收藏外,台湾收藏福建书画家作品的相关部门也很多,有各高校图书馆、各研究机构、各大中型公益图书馆、各档案馆和资料馆、各县市的文化中心或文化局、各相关团体(如寺庙)、各博物馆等。其中各博物馆、艺术馆无疑是收藏的重镇,如台北故宫博物院、"国立"历史博物馆、台湾省立博物馆、台北市立美术馆、鸿禧美术馆、台湾省立美术馆、高雄市立美术馆、高雄市史迹文物馆、马祖历史文物馆等,其中收藏数量最多、质量最高、宣传工作做得最好的,应为台北故宫博物院①,其"不论在文物的保存、文化的宣扬及全体'国民'

---

① 何绵山:《台湾收藏福建画家作品概述》,《艺苑》2015 年第 2 期。

的教化上,都具有重要贡献"①。

台北故宫博物院收藏的书画作品经过整理的约 2000 余件,其中福建书画家作品约 150 件。现以台北故宫博物院收藏的福建画家作品为例,按其三种主要收藏途径,简要陈述如下。

1. 国民党败退台湾时从大陆带到台湾的福建画家作品

宋代福建画家作品主要如:《宋惠崇春湖放鸭》收入《唐宋名绩》,《宋惠崇秋浦双鸳》收入《历朝画幅集册》,《宋惠崇秋野盘雕》收入《艺苑藏真》,《宋惠崇寒林鸳鸟图》收入《宋元名绘》,《宋惠崇秋渚文禽》收入《宋元集绘》;《宋陈容画霖雨图》《宋陈容神龙沛雨图》《宋陈容雷雨升龙》收入《云烟揽胜册》,《宋陈容画龙》收入《唐宋元明四朝合璧册》,《宋陈容雷雨升龙》收入《云烟揽胜册》;《宋厉昭庆采芝献寿》收入《名画荟珍》;《宋陈善画犬兔》收入《宋元人真迹册》;《宋郑思肖画龙》收入《宋元明集绘册》;《叶采荫下行吟》收入《名人画扇(甲)册》。

明代福建画家作品主要如:《明边文进三友百禽图》《明边文进分哺图》《明边文进栗喜图》《明边文进花鸟》《明边文进春花三喜》《明边文进疏枝寒鹊》收入《历代名绘》,《明边文进梅花幽鸟》收入《历代名绘》,《明边文进孔雀》收入《宋元集绘》,《明边文进胎仙图》《明边文进百爵图》《明边文进画群仙祝寿》《明边文进芦雁》收入《集古名绘册》;《明吴彬罗汉》,《明吴彬画罗汉》,《明吴彬文杏双禽图》,《明吴彬月令图》(一月至十二月),《明吴彬画十八应真》,《明吴彬岁华纪胜图》(包括《元夜》《秋千》《蚕市》《浴佛》《端阳》《结夏》《中元》《玩月》《登高》《阅操》《赏雪》《大傩》),《明吴彬画山水》,《明吴彬仙山高士》,《明吴彬画罗汉》(包括第一阿迎阿机达尊者、第二阿资答尊者、第三拔纳拔西尊者、第四嘎礼嘎尊者、第五拔杂哩通苔苔喇尊者、第六拔哈达喇尊者、第七嘎纳嘎巴萨尊者、第八嘎纳嘎拔哈喇缀杂尊者、第九拔嘎沽拉尊者、第十喇乎拉尊者、第十一租查巴纳苔嘎尊者、第十二毕那楂拉拔哈喇鐷杂尊者、第十三巴那塔嘎尊者、第十四纳阿噶塞纳一马恩省尊者、第十五锅巴嘎尊者、第十六阿必达尊者),《明吴彬画观音大士》,《明吴彬画佛像》,《明吴彬画鱼篮观音》,《明吴彬画楞严廿五圆通佛像》;《明张经画山水》,《明张经画山水册》(包括《高城飞阁》《高峰绿阴》《松上高塔》《策驴寻胜》),《明张经画山水》(包括《策驴寻胜》《桥上赏瀑》《高阁吟咏》《柳风归牧》《高城飞阁》《高峰绿阴》《泛舟上流》《松上高塔》《层楼高会》《危栈行旅》《连廊迭楼》《雪天山白》《桥上赏瀑》《高阁吟咏》《柳风

① 陈以超策划:《台闽地区公私立博物馆专辑》,"行政院文化建设委员会"1996 年版,第 18 页。

归牧》《危栈行旅》《连廊迭楼》);《明李宗谟兰亭修禊图》;《明陈廉云间十一家山水》;《明李在圮上授书》收入《集古名绘册》;《明周文靖湖陂散牧》收入《艺苑胪珍册》;《明曾鲸独上江楼》收入《明诸臣书画扇面册页册》。

清代福建画家作品主要如:《清华嵒午日钟馗》《清华嵒画寿星》;《清黄慎王昹序荣集绘册》(包括《桃花》《梨花》《芍药》《芙蓉》《芙蓉桂花》《秋葵》《白梅茶花》),《清黄慎王昹序荣集绘册》(包括《菊》《水仙茶花天竺》《月季石榴》《荷花》);《清蔡远溪山渔隐图》收入《名人画扇贰册(下)册》。

2.在台湾购买的福建画家作品

清代福建画家作品主要如:《清谢管樵画牡丹》《清谢管樵牡丹 镜片》;《清华嵒鱼与花卉》;《清上官周山水》。

3.收受捐赠的福建画家作品

明代福建画家作品主要如:《明王建章秋山暮江图》《明王建章临松雪马图》。

清代福建画家作品主要如:《清黄慎炼丹图》收入《故宫受赠文物选萃》,《清黄慎人物》,《清黄慎花卉》(包括《玉簪》《水仙》《梅花》);《清上官惠山水四屏轴》;《清谢管樵水墨牡丹》《清谢管樵画石》《清谢管樵山水册》《清谢管樵墨竹》《清华嵒花鸟》;《清郭尚先竹石》。

现代福建画家作品主要如:《民国郭梁仕女图》《民国郭梁牛郎织女图》《民国郭梁秉烛待旦图》。

(二)台湾对福建画家作品的研究

1.关于福建画家对台湾影响的综合研究

一是结合展览和出版活动进行的研究。这类研究往往是结合展览和出版活动同时进行,有一定推介意思。有代表性的如"国史馆台湾文献馆"的展出及配合展出所出版的专辑,其中均有专家撰写长文论及台湾书画与福建书画的传承关系,许多内容都涉及闽籍书画家,如在《台湾早期书画专辑》中崔咏雪撰写的《台湾早期书画发展》,第二部分专论"台湾早期水墨画";郑进发撰写的《早期台湾书画的艺术本质》,论及福建画家对台湾的影响。在《翰墨因缘——台湾早期书画专辑(二)》中,崔咏雪撰写的《清代至日治时期台湾书画概况(1736—1945)》,专门论及各时期台湾画家与福建的关系;在《翰墨大观——台湾早期书画专辑(三)》中,赖俊雄撰写的《台湾早期书画源流寻根》,论及福建画家在台作品,崔咏雪撰写的《台湾早期书画的传承到蜕变》,论及福建画家对台湾画风的影响。此外,《振玉锵金——台湾早期书画展》中,王寿来撰写的《也是美学沉思的对像——"寄畅园"收藏台湾书画点将录》;《丹青忆旧——台湾早期先贤书画展》中,庄永明撰写的《夙昔书画,典型人物——记〈丹青忆旧——台湾早期先贤书画展〉》,麦青仑撰写的《由史博馆〈台湾早期先贤书画展〉看台湾清代、日治时期的几股地域性书风》,都从不同方面、不同层次、不同角度论及了福建画家对台湾的影响。

二是台湾美术史家的学术研究。各种台湾美术史著作中均有若干部分或章节,从台湾绘画发展的历史演变中,揭示福建画家对台湾的影响,其中不乏见解精辟的论述,如刘益昌、高业荣、傅朝卿、萧琼瑞的《台湾美术史纲》,艺术家出版社 2009 年出版;李钦贤的《台湾美术历程》,自力晚报社文化出版部 1992 年出版;徐文琴的《台湾美术史》,南天书局有限公司 2007 年出版;谢东山的《台湾美术批评史》,洪叶文化事业有限公司 2005 年出版。一些涉及台湾绘画的美术史论著,其中亦不乏有研究福建画家与台湾关系的精彩的论述,其中以"国立"历史博物馆出版的多集系列专著丛书"史物丛刊"、台北市立美术馆出版的多集系列专著丛书"美术论丛"最为系统和最有代表性,如王秀雄的《台湾美术发展史论》(收入"史物丛刊"7),"国立"历史博物馆 1995 年出版,书中以"战前台湾美术发展简史"专节论述了福建画家对台湾的影响。骆华笙的《台湾画坛风云》(收入史物丛刊 24),"国立"历史博物馆 1999 年出版,书中以"画坛怪杰——郑善禧画出'朴拙美'"专节论述了福建在台画家及其影响。李进发的《日据时期台湾东洋画发展之研究》(收入美术论丛 46),台北市立美术馆 1993 年出版,书中以"清代台湾传统绘画的发展"专章,分由"移民垦拓期的绘画走向""承袭文人画简逸风格的文士绘画""承袭闽习粗犷风格的民间绘画倾向"三节,论述了"闽习"影响下的台湾绘画。黄光男的《台湾画家评述》(收入美术论丛 74),台北市立美术馆 1998 年出版,书中论述了台湾画坛的著名福建画家。

2.对福建画家的个人研究

一是通过举办个人画展进行研究。台湾对福建画家的个人研究,往往通过举办个展后出再专辑来推动。如:2007 年 4 月 6 日至 5 月 13 日,"李霞人物画展"于历史博物馆展出,巴东主编了《李霞的人物画研究》,由"国立"历史博物馆于 2007 年出版。"国立"历史博物馆馆长黄永川在序中曾简要谈及李霞与台湾的关系:"李霞曾来台寓居两年,他与新竹地区艺文人士往来密切,担任新竹书画益进会举办全岛书画展览会审查委员,在台中新富町还举办过画展。他为日据台湾渐趋萎靡的中国传统画注入一股新的活力,加上前后来台的福建画家,以及福建与台湾的深切关系,造成台湾所谓'闽习'的出现,至今仍影响此间之水墨人物画。由于李霞非文人出身的正统画家,在清代绘画史中甚少提及,但其影响力不容小觑。'国立'历史博物馆有鉴此段历史渊源的重要性,透过家属奔走与搜集,是继其1929年台中个展迄今七十九年之后,首度在台湾举行的大规模李霞人物画展。"书中收录了施翠峰撰写的《人物画家李霞》、沈以正撰写的《由扬州画派论台湾收藏李霞画作之特色》、胡懿勋撰写的《李霞绘画风格渊源与创作定位》、李再钤撰写的《惊梦与夙愿——李霞人物画展感言:附"鉴赏与探讨"》等长篇高质量专文,从各个方面掘进了李霞研究的深度,书后附有与李霞相识多年的同乡余启锵撰写的《名画家——李霞先生》、台北故宫博物院书画处专业研究人员王耀庭撰写的《李霞的生平与艺事——兼记〈24年〈李云仙先生人物精品〉李霞草书自序》《李霞年谱》《作品索引》,书中收有李霞人物画作品53幅,其中近1/4为台湾李再钤先生捐赠给"国立"历史博物馆的,其余皆为台湾私人收藏品,分"历史与传奇人物""吉祥祝寿、贺岁避邪""文人雅兴与小品"三个部分。

二是以专文形式进行研究。此类论文甚多,仅举数例:郑文倩的《吴彬〈十六罗汉图〉——晚明佛教的意象》,刊于《故宫文物月刊》第357期。徐一智的《吴彬十六罗汉画和贯休十六罗汉画之比较研究》,刊于《史汇》("中央"大学历史研究所年刊)总第4期。陈韵如的《见诸相非相——吴彬画罗汉轴》,刊于《故宫文物月刊》第355期。陈韵如的《吴彬〈画楞严二十五圆通册〉研究》,刊于《台湾大学美术史研究集刊》总第13期。许兆宏的《宋人霖雨图赏析与修复》,刊于《故宫文物月刊》第356期。

三是以撰写学位论文的形式进行研究。如:陈韵如的《吴彬佛教人物画风研究》(台湾大学艺术研究所硕士论文,1996年)是一部高质量的研究吴彬的成果,作者从独特的视角指出:吴彬不以绘画谋生,而是具有虔诚生命形态的居士画家,他的佛教人物画创作,绝不像职业画家一般只是谋生工具,必定是寓有深沉的信仰意义。作者试图通过重塑吴彬的生平并理解他创作佛教人物画的功能考虑,让吴彬以"真实而具体"的风貌重回中国艺术史的研究领域。全文分四个章节,第一章研究吴彬的生平,如家乡莆田、南京游历、艺术活动、宗教生活;第二章研究吴彬与仪式有关的作品,如《画佛像》《鱼篮观音》《画罗汉轴》;第三章研究吴彬罗汉画的新奇画风,如《十六罗汉卷》《五百罗汉图卷》;第四章研究吴彬的经典作品《二十五圆通册》,如《二十五圆通册》与《楞严经》《二十五圆通册》的表现方式、《二十五圆通册》的风格意义。张启文的《金农、罗聘、黄慎的神佛鬼魅像研究》("中央"大学艺术学研究所硕士论文,2004年),将金农、罗聘、黄慎三人的宗教绘画进行比较,突出了各自的特点。

四是收藏单位推介性的宣传和评介。台湾收藏单位通过各种媒介(如宣传品、刊物、网页、展览)对藏品的评介、宣传,大大提升了藏品的影响力,使其为更多人熟知。其中最有代表性的应为台北故宫博物院,常通过各种宣传媒体,对福建画家个人及其作品进行评介和宣传,如对惠崇、李在、陈容、李宗谟、边文进、吴彬、黄慎、华喦、谢颖苏等画家及其画作,都有精彩的分析和点评。

第三节　闽台工艺源流

一、福建年画对台湾年画的影响

(一)福建年画工艺传入台湾

民间年画为中国画的一种,大都用于新年时张贴,装饰环境,含有祝福新年吉祥之意。民间年画在明代已经很发达,至清代更加盛行,其接触群众之多、在群众中影响之大,在中国绘画史上,没有一种民间美术能比得上。传统民间年画多用木版水印制作,福建的泉州、漳州,都是我国年画的主要产地。清代泉州的道口街,曾是印制年画的集中地方,以"三兴""福记""美记"等字号较老,规模也较大。漳州年画作坊过去曾集中在旧桥香港路一带,有影响的如"颜记""恒记""俊记""三成"等家,其中以"颜记"历史最为悠久,据我国年画研究者和收集者王树村调查,颜家祖籍永春,先人于明代来漳州当总兵,后退居漳州,因喜欢收集绘画,就开始绘刻大众喜爱的新年贴的年画,当时不过三五种,聊以消遣,此艺遂由此流传下来。清初漳州人大规模出海谋生,也将年画带到海外,生意也随之兴盛。到晚清,漳州年画的版样已有数十种。①

福建年画传入台湾,先是随着移民浪潮,年画被涌入台湾开垦的福建移民随身带入台湾,并由来往于闽台两地的商人从福建进货出售。后随着移民生活的渐渐安定,每逢过年,他们往往按家乡的习俗行事,因此年画需要量增多,就开始在台湾本地制作年画。最有代表性的如泉州人王墙来台湾时,先是随身带来泉州印制的年画,后因供不应求,则开始翻雕泉州年画版样,专门经营起年画生意。正如台湾潘元石在《驱邪纳吉村节庆　台湾年画闽粤风》中所言:"在台南开设纸店,最早的一家是王泉盈纸店,其祖先王墙在二百多年前从泉州晋江石狮来台时,携带了许多泉州印制的门神、吉祥等年画,并在米街开设纸店,从事年画批发生意。后来市场需求越来越多,而行船风险大,运费昂

---

　　①　王树村:《福建传统年画调查记略》,《中国民间年画史论集》,天津杨柳青画社1991年版,第106页。

贵,于是便开始自行雕印来销售了。"①早年泉州"美记"字号出版的年画,至今在台湾还可找到。其如台湾王行恭在《台湾传统版印》中所言:"泉州'美记'画铺,开设在义全宫巷内,其所生产印制之纸品、年画等种类丰富,画面优美,色彩鲜艳,为晋江地区之最。早年亦随闽系泉州移民,大量运销台湾;数年之前,于泉州移民居住之古城,如台南、鹿港等地,尚不难寻获一二'美记'生产之纸品,此现象亦凸显闽台间之密不可分之关系。"②台湾李玉清在《年画档案》中也指出泉州、漳州年画对台湾年画的影响:"泉州雕版年画种类丰富,画面多彩多姿,不但销售晋江地区,也遍及台湾、南洋等地。'美记'是泉州最著名的画铺,现存的台湾早期版画中,即以美记的产品最为常见。漳州年画以'颜锦华'最著名,除了年画之外,颜锦华尚有'斗方'、'神妈'之类版画发售。早期在台刊印的'斗方''神妈',图样受漳州影响极大,甚至用墨、用色和用纸也完全相仿。"③当时许多漳州、泉州的纸铺由供货转换为在台湾设立分铺,直接就地取材,如开设于台南较有知名度的有"泉盈""源裕""林坤纪""林荣芳""隆发""美记"等,开设于嘉义朴子的有"正利成",开设于鹿港的有"德记"等。

(二)台湾年画工艺对福建年画工艺的继承

台湾年画在哪些方面继承了福建年画的传统?对此,我国民间年画研究者王树村指出:"就现存的台湾省所印制的年画来看,从题材内容到体裁形式,以及色彩和风格等等,几乎皆与闽南的木版年画相仿佛。"④从年画的内容和形式上看,闽台年画的共同特点主要表现在以下几个方面:

1.门额厌胜常以"狮子啣剑"和"太极八卦"为主

此处的门额,除了指住宅的门额外,还包括渔船的船头、船舱、船尾等;厌胜,指古代方士的一种巫术,谓能以诅咒制服人或物,此处指用以镇邪的年画。闽台两地的厌胜年画一般为"狮子啣剑"和"太极八卦",用以张贴在住宅的门额上及渔船的船头、船舱、船尾等处,旨在趋吉辟凶,祝愿诸事顺利。"狮子啣剑"的年画为一凶猛狮子,鬃毛飞卷,怒目圆睁,额上有一小八卦,口啣七星剑,七星剑面上有七个点以曲线相连,这七个点就叫七星,也称为北斗星,由斗、

① 潘元石:《驱邪纳吉衬节庆　台湾年画闽粤风》,王秋桂等编:《表演、艺术与工艺》,稻乡出版社1996年版,第108页。

② 王行恭:《台湾传统版印》,汉光文化事业股份有限公司1999年版,第17页。

③ 李玉清:《年画档案》,王秋桂等编:《表演、艺术与工艺》,稻乡出版社1996年版,第115页。

④ 王树村:《简说台湾木版年画》,《中国民间年画史论集》,天津杨柳青画社1991年版,第109页。

牛、女、虚、危、室、壁七星构成,位北方,为"玄武",有"龟""蛇"之相,是没有生气的黑色,故称能辟邪。在狮口的七星剑之所以剑柄在左,缘于一般人惯用右手杀生作歹,所以过年过节拱手拜礼时,合拳要左掌遮住右拳,七星剑用以斩妖,要以左手持剑,故剑柄要在左边。漳州、台南的"狮子啣剑"的年画几乎一模一样,如出一辙,其传承关系一目了然。但再仔细揣摩,二者之间又略有不同,如漳州年画中的狮子额头上有时不是小八卦,而是书着个"王"字;台南年画中的狮子额头上一般皆为小八卦,但大都会印上画铺的号记名称,更强调它的出处,以示正宗。此外,相比之下,漳州年画中的狮子更加威严凶猛,而台南年画中的狮子则相对温顺平和。

"太极八卦"被闽台民间认为是最有效的辟邪物和守护物,其原因,一是认为"八卦"为伏羲所画,因此被民间视为一个神圣无比的图式,足具阻吓四方邪魔、八面妖怪的神力;二是认为"八卦"来自上天降下的"河图"与"洛书",因其图形取象来自天启,由此理所当然地被民间作为守护镇宅之物;三是认为"八卦"为天罗地网,由于其外形如蜘蛛网,被民间视为"天网恢恢、疏而不漏"的乾坤网,由此成为抵御邪灵入侵最有力的象征物。[①] 闽台两地的八卦图颇为相似,可明显看出二者之间的传承关系,如全纸皆为方形,图中都套有大、中、小三种八卦,大八卦边缘饰以各种图案,中八卦内则饰以各种花纹或七星北斗,小八卦中间皆印有"太极"二字,整个图样富丽堂皇,略有不同处如台湾的太极八卦图四方角落一般为蝙蝠,取其"福"音,而福建的太极八卦图四方角落不一定为蝙蝠,大多为被夸张变形了的各种禽兽。

2.门神从种类到造型大体一样

门神在闽台两地一般都张贴在大门口的两扇门上,在春节时贴上,旨在祈求门神在新的一年中,为全家辟邪除祟。闽台两地的门神大都为两张一组,武神如"神荼、郁垒""秦琼、尉迟恭"等,文神如"加冠、进禄""簪花、晋爵""添丁、进财"等,神荼、郁垒为《山海经》中的神话人物,传说他们为毫不留情的守门神,如遇恶鬼,便用苇索绑起来喂老虎。门神中,武神或骑马,或插旗,怒目圆睁,全身披甲,根据不同身份,或双手持剑,或手握钢鞭,威风凛凛,画面线条粗犷,繁简得当,于雄健中透出一股阳刚之气;文神则依其不同功能,加冠的手持官帽,进禄的手抓钱袋,添丁的手抱童子,进财的手托元宝,画面线条柔和,气韵生动,于圆润中见出沉稳。与闽地门神相比,台湾门

---

① 董芳苑:《台湾民宅门楣八卦牌守护功用的研究》,稻乡出版社1988年版,第25~26页。

神略有不同的是画幅较小,线条细腻柔和,门神体态较短小矮胖,有些清俊有余,威武不足。以台南"源裕"纸铺所印制的武神、文神为例:其武神,如神茶、郁垒,皆身披铠甲,一手捋须,一手持节棒,神茶双眼微睁,杀气不足而和气有余;郁垒虽双眼圆睁,却威风不足。秦琼、尉迟恭不仅全身披挂,身后还插了数面小旗,长须飘逸,目视前方,一个挥剑,一个执鞭,于自信中透出一股温柔之气。其文神,如加冠、晋禄,皆头戴官帽,身着官袍,肚子浑圆,体态臃肿,憨态可掬。簪花、晋爵则头戴镶有红绣球的官帽,身着镶有波浪形花纹的官服,笑容可掬,每人身后各藏一个手执障扇的侍女。与闽南门神相比,台南"源裕"印制的门神不仅略为矮胖,还显得有些臃肿,这或与台湾的早期民居不如闽南民居壮观有一定关系。

3.斗方所涉及的内容和样式大体相同

斗方是用于贴在门扉、墙壁、米缸、箱柜上的字画,大多为方形,也有少数为长方形,北方多为大幅,闽台多流行小幅。其题材多样,几乎涉及人们生活的各个方面,如历史戏文、劝善讽世、男耕女织、添丁进财、升官增寿等。闽台两地常见的"福禄寿星",大都以红色为底,套以紫、黄、绿、粉红等各种颜色,中间为一手捧如意的天官,两仙女各擎障扇分立于左右,天官左方为抱一子的禄星,右边为手托仙桃的老寿星,全图给人一种吉祥和睦、喜意盎然之感,故深受两岸人民的欢迎。"余庆"斗方,画面是鱼磬图样,取"鱼"的谐音"余"、"磬"的谐音"庆",意为年年有"余",可"庆"可贺。"春"字斗方,或将"春"字放大倾斜45°印制,"春"字中布满精致花纹;或由一满脸福相之人,双手抱一大"春"字。"日日进财"斗方,画上两个小童互相炫耀手中法宝,一个手持元宝,一个手持铜钱,铜钱上写着"日日进财"四个字。"年年添丁"斗方,画上男女二人勾肩搭背,亲昵万分,男方手托一物,上写"年年添丁"四个字。"春招财子"斗方,画上由两个憨态可掬的小童用手共同捧起一枚大铜钱,铜钱上写"春招财子"四个字。

4.门楣挂笺从格式到图样大体一致

这种挂笺在台湾更为常见,大都为长条形,以三张或五张为一组,取"三星拱照""五福并臻"之意,故又称"福符"或"五福符"。挂笺一般最上方印有"满堂吉庆"字样,接下印有各种花纹,中间印着双手展示"福"字的天官,挂笺的末尾有的为锯齿形,如为五张一组的,颜色则分别为大红、紫红、粉红、绿、黄五种,也有的皆为黄纸,上印有"花瓶"(取其谐音"平安")等图案。上半部贴在门楣上,下半部悬空,在风的吹拂下起伏飘扬,以盼招来五福。有时佛寺在农历四月初八佛祖诞生日过浴佛节时,也于庙门贴黄纸版印挂笺。

闽台两地年画最为杰出的作品,是表现演绎各种人物故事的画卷。这些人物故事或取之于民间传说,或来自史书记载,或套用流传已久的小说戏曲,均为闽台两地人民耳熟能详、津津乐道的,有代表性的如漳州印制的八幅"孟姜女前本",将孟姜女与丈夫成亲、丈夫被抓、她历经千辛万苦寻夫的过程,生动地表现出来,画面深沉而又富有变化。如丈夫被抓之时,五个人物神态各异:孟姜女从家中急步追出,双手向前,似要拽住已被差役扣住的夫君,脸呈焦急和哀愁之情;其夫君双手被木枷枷住,但还频频回首,与孟姜女相呼应,于依依不舍中流露出对家庭的无限眷念;一差役一手提棍棒,一手牵住梏住其夫君的木枷,回头张望,显然是被孟姜女的哭叫声所惊动;县官则高举一令旗,以示不可违抗;另一差役在照看马匹,也止不住回头张望,显然也是被孟姜女的哭叫声所震动,真是此时无声胜有声,整个画面充满哀怨悲切之情。相对来说,台湾表现人物故事的年画在形神方面较为粗糙,远不如漳州、泉州两地的细腻精致,但也有一些精品。与福建年画相比,台湾年画的长处是更为夸张,如台南印制的"鸿门宴"将各种人物的动作表情和神貌形态表现得惟妙惟肖;鸿门内范增头戴乌纱帽,身着官袍,往鸿门外拱着双手,于微笑中流露出稳操胜券的神情,身体内转,正迫不及待地把刘邦往里迎请;鸿门外刘邦头戴镶有绣球的官帽,身着朝服,面对范增的迎请弯腰作揖相谢,于强笑中流露出无可奈何的窘态;刘邦身后的张良手持拂尘,侧身斜眼低眉,作沉思状;张良身后一执矛武士守门,表示已无退路;背景是几团云烟,于平和中透出几许紧张气氛。台南印制的"徐母骂曹"极富创造性和想象力;图中有一方桌,曹操身着官服坐于桌前太师椅上,身后为一全身挂甲的武士侍立,桌后徐母横眉怒目,左手拄杖,右手举砚,作欲击曹操状;曹操急回首,眼睛中流露出惊恐;身后武士也转身向徐母,脸色紧张;曹操前方,才归来的徐庶头戴文巾,一副风尘仆仆的模样,徐庶拱手拜见老母,尚不知自己受骗。按记载此时徐庶本不应在场,民间画师为了使读者从这一画面上看到全部故事内容,把曹操逼徐母召徐庶、徐母举砚击曹操、徐庶被骗进曹营的全部情节,于同一时间一起概括于画中,它不仅体现了民间画师的创作智慧与才能,同时也反映了民间年画艺术中的浪漫主义特色。① 台南荣芳出品的"杨妃醉酒"和"昭君画图"都是台湾年画中的极品,它不仅继承了福建年画用色追求对比、用线粗细迥异的特点,画面色彩艳丽,还注意人物形象的刻画,如在"杨妃醉酒"中,杨妃处于中间位置,她身着艳丽红裙,双手高举,一副欲醉又醒、婀娜多姿状;一边是一位身着蓝色衣袍、背插拂

---

① 王树村编著:《中国民间年画百图》,人民美术出版社 1988 年版,第 100 页。

尘的宦官跪在杨妃脚下听候吩咐；另一边是身着淡红裙的丫环双手持着酒壶正在伺候，三人神情不一：杨妃醉眼迷离显得更加雍容高贵，宦官哭丧着脸看似心事重重，丫环表情严肃显得小心谨慎。在"昭君画图"中，昭君脸色凝重，似若有所思，右手握笔，左手按住铺在桌上的一张白纸，作绘画状；旁边一丫环手抱琵琶，侧身专注地看昭君作画；画桌前站着一位头戴官帽、身着官服的官员，他虽然与昭君还隔着一定距离，还是仰首认真地看昭君作画，像在期待着什么。这些年画所表现的人物神情不仅符合他们各自的身份，也符合当时的特定环境，皆为珍品。[①]

第四节　福建雕塑对台湾雕塑的影响

一、泉州派和福州派

福建雕塑对台湾雕塑的影响是多方面的，但最有代表性的是在宗教神像雕塑方面。

随着佛教、道教、民间信仰传入台湾，当地对各种神像的需求量也剧增。台湾雕塑神像的师像，主要从福州、泉州、漳州渡海而来。木雕佛像工艺，在台湾有泉州、福州两个流派。泉州派雕法的特色是沉稳、自然流畅，福州派则重生动、活泼。两派都注重师徒传承，但泉州派是以家族子弟来传承手艺的，福州派则可扩大至旁系亲属。这种传承可以保证手艺代代相传，各保特色，以至精益求精。

从外观、造型来看，泉州派重写意，福州派重写实，且两派在色泽、身长比例、漆线等方面各有不同：以色泽而言，泉州派色法浓而沉重，稍呈橘红色；福州派淡而雅，如肤色。以身长比例而言，泉州派头身比例为 1∶3～4.5 之间，福州派则仿真人，但比例缩小。以漆线而言，福州派用"粉漆"；泉州派用"干漆手油法"制作线饰，比"粉漆"均匀细致，而且扎实耐久，是其一大特色。吴清波的五原色粉彩和手油干漆就极为有名。但泉州派技法繁复，费时难学，授徒又多在家族内相传，故传承不如福州派广泛。清末以后，福州派师傅渐多，现今散布于台湾各地，而泉州派师傅则仅以鹿港为主。

福州人开的神像雕塑店，有代表性的如和成轩，位于台南市民权路。福州人以轩为店号，广收徒弟，为讲究效率，神像常采用分工的办法来制作，每个徒弟各自负责一部分，最后由师父总成。福州派的神像雕塑生动活泼，男神孔武

---

①　何绵山：《闽台民间年画探论》，《福建艺术》2007 年第 3 期。

有力,两眼圆睁。泉州人开的神像雕塑店,有代表性的如位于台南市神农街的西佛国店,为世袭之家,首创了以陶器用的陶土做成的黏土神像,台湾各地许多大型泥塑神像皆出自西佛国店。泉州派神像面目安详、自然、端庄,线条流畅。泉州人开的另一个有代表性的雕塑店为位于台南市民权路的承西国店,其主要雕塑是家中供奉的神像,线条沉稳、优雅端庄。

二、从福建传入台湾的神像制作仪式

福建前往台湾的神像雕塑师傅,都要在雕塑时举行许多复杂的仪式,旨在使神明住进已刻好的形体之内,使神像有灵气。其过程仪式主要有以下三个阶段:

第一,决定神的大小及姿态。通常由乩童来指示其所要刻的神之姿态,若乩童指示的样子不太好,可以沟通加以改变。神像大小先约略订为二尺或三尺,然后以平安尺来决定神像确实的尺寸。

第二,进行入神仪式。神像雕刻进行至粗坯时,选定一个良日吉时,点香祭拜,并将虎头蜂或金、银、香火等(依顾客之决定)塞入神像背后预先挖好的洞内,以土塞塞紧,不再取出。此仪式的目的是欲借虎头蜂、香火等之灵气,灌入木雕神像中,使神像亦有灵明之气,发挥护佑人们的作用。

第三,依开眼仪式作法。由乌头道士主持,依"开眼科仪"做法,据信,如此神灵才会进入神像中,神才会灵圣,此后即可供百姓奉礼祭拜。① 今日台湾道教宫观中的木雕神像,许多是从闽南运去的,笔者1996年在宜兰县冬山乡的三清宫考察时,据管理宫观的人讲,新进的大小几十尊神像,包括桌案,都是从闽南购进的。笔者2001年又至该三清宫考察,发现泉州清源山的老君像,被仿造缩小后建在三清宫旁,其神态之逼真、形态之惟妙,几可乱真。

三、台湾雕塑家对福建雕塑风格的传承

台湾许多著名的雕塑家都不同程度地继承了福州派或泉州派的雕塑风格。如对传统工艺尤其执着的吴清波,曾获台湾第三届薪传奖,为泉州"小西天"神像雕塑祖铺的第五代传人,至今他仍执着地传承吴家传统技法,在雕刻佛像或神像的过程中毫不含糊,坚持亲自用手工打造粗坯,绝不用机器代替手工。粗坯经中坯、磨光制出佛像白身之后,便用黄土溶上水胶,匀刷白身。其所用黄土,是来自山里的纯黄土,绝不用化学替代品。刷上黄土,便粘贴漆线。一般雕刻铺的漆线,是将白色牙膏状的水溶矿物由容器挤出,

---

① 黄天喜、胡俊媛:《台南西佛国、承西国及和成轩神像雕刻店采访纪实》,载丁煌主编:《道教学探索》1989年总第2号,第336页。

而吴清波坚持用吴家古法,将干漆搓成均匀的细线,粘在佛像之上。粘漆线则全凭自己的高超手艺,从不打底稿。在色泽方面,仍坚持吴家古法,只用红、黄、青、黑、白五色,因而他雕塑成的佛像质朴、庄严,无艳丽炫目之状。这种执着于传统工艺的精神,使古法工艺得以传承,以保留古拙质朴的风格,其苦心孤诣令人钦佩。

第十一章　闽台舞台艺术互动

第一节　闽台音乐源流

一、福建民歌对台湾民歌的影响

（一）福建民歌对台湾福佬系民歌的影响

福佬系民歌是指用闽南语演唱的民歌,曲调多以五声音阶构成,并多属小调系统,演唱形式全为单音唱。这些音乐主要随漳州、泉州的移民而传入台湾,至今有许多仍在海峡两岸闽南语区流行。由于漳州、泉州的先民为中原汉人,因中原多次动荡,先民经历代迁移而至闽南,所以福佬人多承中原先民遗风。

福佬系民歌的流布区域,可分为彰南地区、恒春地区、宜兰地区及其他地区,这些地区流传的民歌都与闽南民歌有着不同程度的关系。现分别陈如下:

1.福建民歌对台湾彰南地区福佬系民歌的影响

彰南地区包括台湾中央山脉西侧的台湾中南部平原,为闽南人最早的移居地。这些移民冒着生命危险横渡汹涌海峡来台,以中南部平原为落脚地后开始向外延伸。这一地区的民歌较多,内容丰富,民歌多为小调,常见于"车鼓弄""牛犁阵"等民间歌舞、戏曲演唱等音乐形式中,与闽南关系最为密切,正如台湾音乐家许常惠所言:"本地区的民歌虽然数量较多,但其中有相当多的部分是属于福建闽南地区的古老民歌,是随先民带到台湾来的——闽台共同民歌。"①台湾音乐家简上仁也认为:"在西部大平原所产生和流传的早期古老民谣,除大部分是先民日积月累的集体创作之外,一部分系溯源自大陆的民间小曲,还有少数则是模仿当时盛行于闽南地区的俗谣。至于哪些源自大陆,哪些仿自闽南,哪些创始于嘉南地区,其间之分野,恐怕要等到福建一带的民歌整

---

① 许常惠:《台湾音乐史初稿》,全音乐谱出版社 1996 年版,第 122 页。

理就绪,经过比较、分析、研究之后,始可视出端倪。"①福建音乐工作者刘春曙曾将彰南地区的福佬系民歌与闽南民歌进行初步比较,认为与闽南民歌共同的或有关系的便有《草螟弄鸡公》《天乌乌》《六月田水》《牛犁歌》《雪梅思君》《病子歌》《五更鼓》等。

《天乌乌》音乐形象纯朴、天真,富有农村生活气息,平朴自然。泉州的《天乌乌》和漳州的《天乌乌》大体一样,都是宫调式,但也有小差别,泉州的《天乌乌》,结束在徵调式上,强调大三度的 do mi 两个音,是 do mi sol 三音列结构,一字一音,为了唱得字正,不少字加了下滑音,整个曲子十分简洁,富有儿童特点。漳州的《天乌乌》强调的是小三度的 la do 两个音,旋律起伏,活泼一些。台湾的《天乌乌》可明显看出继承和翻版自泉、漳的《天乌乌》,但也有所不同,如它是角羽小调式。由于经过改编,因而是较完整的二段体结构。A 段的头八小节是 A 段高四度的模进,第五小节的"阿公仔要煮盐……"又再现 B 段,只是两处的"盐"和"淡"字,作者都把节奏扩展开,做了变化,最后加一个小尾声结束。全曲前一部分唱阿公挖了泥鳅回来,全家高兴;后一部分唱二老争吵,把锅打破了。第一部分由两个乐段组成,旋律以第一乐段为基础,慢慢衍化,音域也逐段向上扩展,层次清晰,乐段的结尾处常用衬腔。② 无论是闽南的《天乌乌》,或是台湾的《天乌乌》,其曲调都是轻松活泼的,其歌词都是诙谐逗趣的,其内容都是表现阿公和阿嫲为煮咸或煮淡而吵得把锅打翻,所表达的意思都是一样的,即:人与人之间必须合作相处才能成事。

《桃花搭渡》的曲调原为闽南小调,从明代万历年间《重补摘锦潮调金花女大全》刻本里附刊的一出《苏六娘》戏剧中可得知,曾被潮剧艺人用作《苏六娘》一剧中的对唱,后被移植进高甲戏中的传统小戏,演婢女替主人送信,在渡船上与老艄公愉快地对歌。剧中唱腔来源于《大补缸》《长工调》《灯红歌》《四季花》等民歌小调,桃花唱腔的清新优美、明快爽朗,与老艄公的诙谐风趣相得益彰,极富喜剧性,在闽南一带流传甚广,可谓家喻户晓。《桃花搭渡》何时传入台湾,目前难下确切定论,但从台湾发现的"《新传桃花过渡歌》歌仔册"来看,因书的封面上端印有"道光丙戌年新镌",可知在 1826 年之前,其就已经在台湾流传开了。《桃花搭渡》传进台湾后,不仅作为民歌广为流传,还作为阵头"车鼓弄"的曲调,演者唱,观者和,以其浓郁的乡土风味而备受台湾人民的喜爱。现将福建的《桃花搭渡》和台湾的《桃花搭渡》进行比较,或可看出其中

---

①　简上仁:《台湾民谣》,众文图书股份有限公司 2000 年版,第 31 页。

②　何绵山:《八闽文化》,辽宁教育出版社 1998 年版,第 326 页。

源流。

流传于福建泉州的《桃花搭渡》①如下：

春季花开百鸟鸣，阿娘郊外踏青时，拄着一官陌头上，归来日暝苦相思。

夏季荷花开满塘，荷花底下戏鸳鸯，鸳鸯有偶娘无伴，郎在潮阳西炉乡。

秋风一起有云飞，阿娘难守深闺帏，春去夏来秋终尽，不见一官暗泪垂。

冬季梅花红满枝，阿娘私自计佳期，今日遣婵传书信，愿与一官订亲谊。

流传于台湾阵头的《桃花搭渡》②如下：

春季花开百鸟啼，阿娘郊外踏青时；遇见一官陌头上，归来日夜苦相思。

夏季荷花开满塘，荷花池下戏鸳鸯；鸳鸯有偶娘无伴，郎在潮阳西芦乡。

秋风一起白云飞，阿娘难守深闺帏；春去夏来秋将尽，不见一官暗泪垂。

冬季梅花红满枝，阿娘私自订佳期；今日遣婵传书信，要与一官订亲谊。

通过对这两首民歌的比较，可看出除了个别字词的改动外，几乎如出一辙。

以流传于福建南安的《桃花搭渡》为例③：

正月人在迎尪，单身娘困守空房，面上抹粉唇点红，手捧香炉去等无尪。

二月是春分，无好佳人无好君，看恁船头船尾无人影，邀恁来载，恁这

---

① 苏燕玉唱，刘春曙记：《中国民间歌曲集成·福建卷》，中国 ISBN 中心 1996 年版，第 485～486 页。

② 陈正之：《乐韵泥香——台湾的传统艺阵》，台湾省政府新闻处 1997 年版，第 142～143 页。

③ 施香治、王文轩唱，沈民音记：《中国民间歌曲集成·福建卷》，中国 ISBN 中心 1996 年版，第 495～496 页。

撑渡的人。

三月人播田,我只船仔那唔搭,查某人啊,一样的姿娘不中我,标魄查某嫁无人。

四月是梅天,无好狗拖在江边,恰是千家人载贩,趁人银钱也总会取无某。

五月人爬船,流寿查某无穿裙。手举雨伞缀以人走,走到江边我都唔收留。

六月日头红,撑渡那早死爱看人,我看你,裙衣破碎无人补,汗流汁滴身生虫。

七月秋风转,邋遢查某爱困床,一暝五更困到哪,六更翻身找无人。

八月是白露,无好狗拖来撑渡,我看你,船头船尾无人影。长暝翻身叫哀苦。

九月是重阳,邋遢查某臭脚瘴。唔信恁翁食邋遢困,(不汝)阿伯无某无想你。

十月人收冬,撑渡早死不是人,即唔愿嫁你撑渡的人,情愿单身守空房。

十一月是冬至,邋遢查某臭脚桧,(不汝)阿伯无某,我都无苦切。

十二月是年边,春米做粿孝祖宗,有公有妈来奉侍,无公无妈免你来溪边受风霜。

以流传于福建漳浦的《桃花搭渡》①为例:

正月人迎尪,单身娘仔守空房。嘴吃槟榔面抹粉,手捧团蒲等待君。
二月是春风,没好狗拖破围裙。
三月人播田,船仔不撑追媒人。踢去堂客人使我,赚有钱银煞无人。
四月是夏天,没好狗拖太奸缠。
五月乘龙舟,垃圾杳某爱风流。手撑雨伞缀人走,走到溪底没人救。
六月人收冬,没好狗拖爱看人。
……

①　谢元龙唱,庄宝琮、邱道记:《中国民间歌曲集成·福建卷》,中国 ISBN 中心 1996年版,第 536～537 页。

流传于台湾阵头的另一种《桃花搭渡》①如下：

正月人迎尪，单身娘仔伊都守空房，嘴食那槟榔伊都面抹粉，手提珊瑚伊都等待君。

二月是春风，无好狗拖伊都撑渡船，船顶那食饭伊都船底睏，水鬼拖去伊都无神魂。

三月是清明，风流查某伊都假正经，阿伯那宛然伊都杨宗保，桃花可比伊都穆桂英。

四月是春天，无好狗拖伊都守港边，一日那三顿伊都无米煮，也敢对阮伊都糕糕缠。

五月龙船须，桃花生美伊都爱风流，手揭那雨伞伊都隶人走，爱着缘投伊都无尾揪。

六月人收冬，无好狗拖伊都撑渡人，衫裤那穿破伊都无人补，穿到出汗伊都遂生虫。

七月树落叶，娶著桃花伊都满身摇，唇边那头尾伊都人爱笑，可比石头伊都掘著石。

八月是白露，无好狗拖伊都撑横渡，要食那不做伊都叫艰苦，船杯打断伊都面著乌。

九月红柿红，桃花生美伊都割吊人，割吊那阿伯伊都无要紧，割著少年伊都先不通。

十月十月烧，阿伯憨想伊都阮昧著，日时那笨弹伊都无人叫，暝时无某伊都困破蓆。

十一月是冬节，大脚查某伊都假小蹄，八寸那鞋面伊都九寸底，较大阿伯伊都的船杯。

十二月是年终，精糙做粿伊都敬祖公，有尪那有婿伊都人块爽，阿伯你著伊都抵冬风。

这三首对比，可看出改动较大，但再将它们与 1826 年印制的"《新传桃花过渡歌》歌仔册"内容相比较（限于篇幅，不再列出），可发现"歌仔册"的唱词介于这三首之间，可推测在原有唱词的基础上，在漫长的岁月中，福建南安、漳浦和台湾的民歌又各自有了发展，如台湾加入了富有台湾地方特色的风俗。但

---

① 陈正之：《乐韵泥香——台湾的传统艺阵》，台湾省政府新闻处 1997 年版，第 163～164 页；简上仁：《台湾民谣》，众文图书股份有限公司 2000 年版，第 126～127 页。

不论怎么发展变化,这三首民歌的韵味和框架基本上还是一样的。[①]

以海峡两岸流传的《五更鼓》为例进行比较。

流传于福建惠安的《五更鼓》[②]如下:

一更更鼓月照山,牵君的手摸心肝,君今问娘卜安怎,随在我君的心肝。

二更更鼓月照埕,牵君的手入绣厅,咱今相好心头定,别人言语呣通听。

三更更鼓月照窗,牵君的手入绣房,咱今相好有所望,望要永远一世人。

四更更鼓月照门,牵君的手入绣床,咱今相好着久长,呣通无尾半中断。

五更更鼓天渐光,恁厝爹妈叫吃饭,赶紧开门给哥返,手提门栓心头酸。

流传于台湾的《五更鼓》[③]如下:

一更更鼓月照山,牵君的手摸心肝,君来问娘要按怎,随在阿君你心肝。

二更更鼓月照埕,牵君的手入大厅,双人相好天注定,别人言语不通听。

三更更鼓月照窗,牵君的手入绣房,甲君相好有所望,叫君侥娘先不通。

四更更鼓月照门,牵君的手入绣床,双人相好有所映,恰好烧水泡冰糖。

五更更鼓天要光,恁厝父母叫吃饭,想要开门叫君返,手提门闩心头酸。

以上两首民歌歌词相差无几,再比较其曲谱,也有许多相同处,可谓一脉相承。

---

① 何绵山:《娓娓乡音两岸唱——试论福建音乐对台湾音乐的影响》,《福建文史》2007 年第 2 期。

② 佚名唱,沈民音记:《五更鼓》,《中国民间歌曲集成·福建卷》,中国 ISBN 中心 1996 年版,第 456 页。

③ 简上仁:《台湾民谣》,众文图书股份有限公司 2000 年版,第 128 页。

再如将流传于福建长泰的《雪梅思君》①与流传于台湾的《雪梅思君》②相比较,可看出其在海峡两岸的渊源关系。据《福建歌声》2006 年第 4 期《台湾的闽南语歌曲源头在厦门》介绍:"清末,台湾被日本占领,台湾民众许多人都表现出了民族气节,当时一首名为《雪梅思君》的歌仔就在海峡两岸广为传唱。歌里唱道:'唱出一歌分你听,雪梅做人真端正……劝你列位注意听,要学雪梅这所行(品行)。'讲的是一个女子在丈夫死后,一个人带着孩子,坚强地生活,而这个故事传到台湾后,被赋予了新的意义,因为当时台湾处于日本的统治之下,所以人们借女子思夫,为其守节,来表达自己不甘于受日本的统治,做人要端正,要有民族气节。《雪梅思君》在当时被称为'国庆调'或'厦门调'。"

2.福建民歌对台湾恒春地区福佬系民歌的影响

恒春地区位于台湾南端,是一个三面环海一面靠山的半岛,地理较为闭塞。恒春地区的福佬民歌,统称为"恒歌调",包括《台东调》《思想起》《四季春》和《牛摆尾》四种曲调,本质纯朴,富有山歌的特点。③ 其中有代表性的如"思想起",源于 200 多年前闽南前往台湾的士兵、工匠和其他劳动者因思乡而填唱的民歌。旋律委婉柔美,深沉内在,抒情性强。音乐由四句构成,五声徵调式,旋律抒情,四度、六度、七度大跳与迂回级进相配合,富于表现力。蓝雪菲教授认为《思想起》虽是在台湾产生的民歌,但其蕴含的某种旋律结构因素,则可在闽南民歌中寻得,她指出:"恒春民歌《思想起》中的're'与高音're'的间接八度进行,主要见于漳州一带民歌。"④《思想起》在恒春极为流行,后来发展到有 50 余种不同唱法。

3.福建民歌对台湾宜兰地区福佬系民歌的影响

宜兰地区三面负山,一面临海,位于台湾东北角。宜兰地区先前的移民漳州人占大多数,因此宜兰地区的民间戏曲音乐与漳州有着密切的关系。宜兰地区的民歌曲调,则多保存在歌仔戏的唱腔中。如《丢丢铜》(也称《丢丢铜仔》),为儿童们做铜板游戏时唱的儿歌,情绪轻快、愉悦,衬词生动形象、明快

---

① 张上下唱,王利、蓝雪霏记:《中国民间歌曲集成·福建卷》,中国 ISBN 中心 1996 年版,第 536～537 页。

② 简上仁:《台湾福佬系民谣:老祖先的台湾歌》,汉光文化事业股份有限公司 1998 年版,第 88～89 页。

③ 徐丽纱:《乡土音乐及其教学策略综述》,杜裕民主编:《乡土艺术教育论谈》,台湾艺术教育馆 1998 年版,第 120 页。

④ 蓝雪菲:《恒春民歌之初步辩识》,福建师范大学闽台区域研究中心编:《闽台关系研究》(打印稿),2000 年,第 45 页。

灵巧,五声音阶,音域大都在六度内进行,结构为七字一句,两句一段,句内夹有衬腔。由于流行于宜兰一带,又称为"宜兰调"。后被收入台湾的歌仔戏和闽南芗剧中,称为"客人调",多为丑角演唱。

(二)福建民歌对台湾客家系民歌的影响

1.福建民歌对台湾北部客家系民歌的影响

台湾北部客家地区以桃园、新竹与苗栗县为主。台湾北部客家民歌旋律主要有"老山歌""山仔歌""平板""小调歌曲"四种类型,过去一般认为其与来自广东的嘉应、海丰、陆丰等地移民关系密切,台湾音乐研究专家许常惠指出:"由最近海峡两岸音乐学的比较研究,台湾北部客家民歌多数与闽西民歌相似,由此可以证实大部分台湾客家人可能来自福建。"[①]从台湾北部客家民歌部分曲调可明显看出闽南民歌的影响,如北部的《撑船歌》是与闽南《桃花搭渡》相结合而成的。许常惠认为台湾北部客家民歌有三个特点,其中之一是"跟福建闽西客家民谣的关系密切"[②],并推断"台湾北部客家人可能移民至闽西地区"[③]。其根据是福建音乐研究专家王耀华在 1988 年出版的《中华民俗艺术年刊》中发表的论文《闽台客家民歌比较》,该文指出:这一地区的客家民歌中,《苦力娘》《老山歌》《山歌子》《瓜子仁》《剪剪花》《桃花开》《洗手巾》《思恋歌》等,与福建闽西客家民歌有类似的地方。

2.福建民歌对台湾南部客家系民歌的影响

台湾南部客家地区以屏东与高雄县为主。这一地区的客家民歌以"美浓山歌""摇篮歌"最有影响,其中"美浓山歌"曲调的来源,据吴荣顺研究有七类,其中第三类"福佬系歌舞小戏调"、第四类"歌仔调"都与闽南有关。以第三类为例,美浓人借用了《桃花间》《五更鼓》《病子歌》等闽南小调改编成美浓山歌。以第四类为例,"'歌子'和'七字调'为歌仔戏形成初期的两大主要唱腔。民国 26 年(1937)左右,在福建漳州府南靖县都马乡,兴起了以演唱地方民谣为主的'都马戏',戏中常用的歌调称之为'都马调'。其后流入台,并为歌仔戏所引用,'都马调'因此继'歌子'和'七字调'之后也成为歌仔戏里的重要唱腔之一。'都马调'由台北传入美浓后,甚受当地歌者喜爱。于是当地人将歌调用客语即兴填词来唱,并且改名为'下南调',仍因它是由北向南传来之故。"[④]王耀华

---

① 许常惠:《台湾音乐史初稿》,全音乐谱出版社 1996 年版,第 145 页。

② 许常惠:《台湾音乐史初稿》,全音乐谱出版社 1996 年版,第 148 页。

③ 许常惠:《台湾音乐史初稿》,全音乐谱出版社 1996 年版,第 148 页。

④ 吴荣顺:《台湾南部的客家音乐》,《民俗曲艺》1999 年总第 120 期。

也在《闽台客家民歌比较》中指出:这一地区的《摇篮歌》与上杭山歌、《送郎》与连城山歌的旋律酷似。

二、福建音乐对台湾传统音乐的影响

(一)闽南文化与台湾南管

南管系音乐指流传于闽南语系的泉州、漳州及潮、汕等地小部分区域的音乐,包含的乐种有弦管、品管、太平歌、车鼓、南管戏、九甲戏及白字戏等,主要使用的语言为泉州话。南管在台湾狭义指福建泉州的"郎君乐",是因为该地的演奏社团奉祀"郎君爷"。南管在闽南称"南音",流传于泉州、厦门、漳州等地。梨园戏、高甲戏、打城戏、竹马戏、芗剧、车鼓戏、白字戏、提线木偶、掌中木偶、笼吹、马上吹、十音、十番等,都以南音为声腔或主要声腔。从南音所用乐器、演奏特点、曲牌名称等方面看,它与唐、宋、元、明时期音乐的关系密切,是保存我国古代音乐文化最丰富和最完整的乐种,被称为"活的音乐历史"和"音乐化石"[①]。

对于台湾南管源自福建闽南,台湾音乐界有一致的看法,如简上仁指出:"台湾的南管,主要是承袭自福建泉州一带的音乐。"[②]李秀娥指出:"据田野访查,台湾目前流传的'南管音乐'是由福建泉州市(晋江)或厦门二地传来,然而它在福建却多称为'南音'或'弦管'。其中泉州原本就是'南音音乐'的大本营,之后南音传至厦门,厦门也日益发展出稍异于泉州市的弦管与唱韵,独树一格后的厦门南音,随年代发展与港口贸易之变,厦门也与泉州同为近代两个南管音乐的传播中心。"[③]陈保宗在《台南的音乐》一文中说:"台湾的南管则是从福建泉州传来的。悠长清雅,气质崇高,没有大鼓铜锣等打击乐器,它是跟随在妈祖神舆后面的一种相当特殊的乐团。"[④]吕锤宽认为:"根据台湾移民及个人对道教仪式和南北管阁在台湾发展的情况看来,南管大约是 300 年以前从泉州、厦门地区传过来的。"[⑤]吕锤宽还进一步指出:"透过艺人祖籍、技艺传承体系的调查,台湾的南管音乐主要来自福建泉州地区,部分则传自厦门,两地的南管乐曲种类、曲目,所使用的乐器种类、乐队编制,以及演奏唱制度仍完

---

① 何绵山:《闽南文化与台湾的南管与北管》,《闽南文化研究》2015 年总第 21 期。

② 简上仁:《台湾民谣》,众文图书股份有限公司 2000 年版,第 80 页。

③ 李秀娥:《民间传统文化的持续与变迁——以台北市南管社团的活动为例》,台湾大学人类学研究所硕士论文,1989 年,第 8 页。

④ 陈保宗:《台南的音乐》,《民俗台湾》第三辑,第 44 页。

⑤ 吕锤宽:《台湾的南北馆》,《音乐台湾一百年论文集》,白鹭鸶文教基金会 1997 年版,第 73 页。

全一致。"①王樱芬认为:"南管是闽南泉厦地区盛行的古老乐种,随着闽南移民传入台湾。"②施翠峰认为:"本省之南管音乐乃由泉州传来,此乐之乐谱,乃采用宋代大乐谱,但记录上均以工尺谱:工、六、士、乂、下代替。曲词均用闽南音唱之,听起来比北管高尚,发声由丹田,所以唱时颇费力气,有时仅奏乐曲而已,乐曲不用锣鼓,乐调悠长清雅,是一种最好的室内乐,全台湾之中,鹿港最盛,其次为台南市。"③许常惠认为:"台湾的南管可上溯自泉州的梨园戏、九甲戏以及漳、潮一带的白字戏,歌仔戏的七字调则是由漳州五空、四空调而来,因此台湾音乐也承袭了明清闽粤的民间音乐传统。"④林伯姬认为:"南管音乐保存了汉、魏、唐、宋以来音乐的部分特色,曲诗以近中原古韵的泉州话为正音,讲究咬字吐音,归韵收音;曲调优美,节奏徐缓,保存了许多中原古乐的原貌,可以说是台湾最具代表性的古典音乐。"⑤

南管随着泉州人移居台湾而得以在台湾流播,正如林伯姬指出:"台湾福佬人大部分来自漳州和泉州,如宜兰地区与南投县都只有漳州人,这里就没有南管音乐的馆阁;大部分的泉州人居住在台湾西部沿海地带,而南管音乐正是来自泉州的地方音乐,所以只要有泉州人的地方就有南管,早期由北至南,如基隆、淡水、大稻埕、艋舺、新竹、大甲、清水、鹿港、北港、台南、高雄、屏东等海岸线沿岸的港口,都有南管馆阁的存在。其中最著名的就是鹿港,鹿港的语言至今仍保存泉州音,南管音乐在鹿港的传承已有二百多年历史,著名的馆阁有雅正斋、聚英社、遏云斋等。每逢周末假日,一靠近鹿港龙山寺,就可听到阵阵随风传来的丝竹管弦声,令人发思古之幽情。"⑥

对于南管音乐在台湾的流播与普及,众多的泉州籍南管馆阁社团起了积极的作用。馆阁是南管音乐的传习之处,包括活动场所和音乐团体。南管音乐团体常以斋、社、轩、堂、阁等为名,有代表性的如:彰化县的鹿港雅正斋、鹿港遏云斋、鹿港聚英社、彰化县文化局南管实验乐团,台南市的振声社、南声社、和声社、群鸣社,高雄市的光安社、集贤社、右昌光安南乐社、聚云社、振乐

---

① 吕锤宽:《台湾传统音乐现况与发展》,台湾传统艺术总处筹备处2009年版,第341页。

② 王樱芳:《台湾南管一百年:社会变迁、文化政策与南管活动》,白鹭鸶文教基金会1997年版,第87页。

③ 施翠峰:《台湾民间艺术鉴赏》,台湾史迹源流研习会1994年印刷,第10页。

④ 许常惠:《台湾汉族民间音乐》,白鹭鸶文教基金会1997年版,第25页。

⑤ 林伯姬:《南管乐语与曲唱理论建构》,台北艺术大学2011年版,第9页。

⑥ 林伯姬:《南管乐语与曲唱理论建构》,台北艺术大学2011年版,第10页。

社、正声社、阿莲荐善堂南乐社,屏东县的东港镇海宫南乐社,金门县的南乐研究社,澎湖县的集庆堂,台北市的聚贤堂、清华阁、闽南乐府、汉唐乐府、华声社、江之翠南管乐府、和鸣南乐社、中华弦管研究团、台北市南乐文化基金会、东宁乐府、松山奉天宫南乐队、咸和乐团、晋江同乡会南管组、惠泉南乐社、圆山万寿团南管组,台东市的聚英社,新北市的浯江南乐社、永和南乐社、集美郎君乐府,基隆市的基隆闽南南乐演艺团,台中市的清雅乐社、合和艺苑,云林县的北港新街南乐社,等等。据可查阅的资料,自清至今最少有 103 个南管郎君乐团,从其分布的区域看,几乎都属泉州籍移民的居住地。正如李秀娥所指出的:"南管郎君乐团既是由福建南音传播而来,那么社团的成立应与地方上迁台的汉籍人士有密切关系,尤其是泉州府籍者。"[①]如新庄聚贤堂是台北地区最早的南管社团,其各个时期的弦友,据台湾学者调查[②],大都为泉州籍人士,他们都醉心于南管艺术,或身体力行,或子承父业,如:蔡春德,福建同安人;蔡音伦,蔡春德之子,乐器手;潘训,乐器手,福建同安人;蔡添木,蔡音伦之子,曾教过鹿津斋、永春馆、闽南乐府、汉唐乐府、基隆闽南第一乐团、淡水清弦阁、永和清音阁等南管社团馆阁及东吴大学音乐系课外活动南管组,还教过台北新丽园、台南新丽园、三重新金英等戏班南管音乐;潘荣枝,潘训之子,专攻南管艺术,曾赴厦门学习南管六年,整理过许多南管曲簿,为专职南管教师;林藩塘,福建同安人,曾教过艺妲南管音乐,后为职业南管教师;江嘉生,福建惠安人,曾随清华阁的先生学南管,平时以南管为娱乐;江丕来,福建惠安人,曾与江丕来共组江姓南乐堂;林新南,林藩塘之子;潘润梅,潘荣枝之子,擅吹箫。

台湾光复后,台北成立了许多南管社团,几乎都是以泉州籍闽南人为主发起的。如光复后台北成立的第一个南管社团"鹿津斋",馆址自设某茶行内,茶行老板为泉州人,喜欢家乡南管音乐。再如"江姓南乐堂",则是以福建惠安的江姓族人为核心组建的。再如"永春馆",是由福建永春人余承尧和时任永春同乡会理事长的余超英共同创办的。台北市规模最大的南管社团"南乐府管弦研究会"(简称"闽南乐府"),也以泉州籍移民为骨干。台北"浯江南乐社",由金门人组成。"晋江同乡会南管团",则由福建晋江同乡会组建。1949 年之前,台北市、鹿港镇、台南市、高雄市的南管馆阁,曾与泉州、厦门两地的南管馆

① 李秀娥:《民间传统文化的持续与变迁——以台北市南管社团的活动为例》,台湾大学人类学研究所硕士论文,1989 年,第 36 页。

② 李秀娥:《民间传统文化的持续与变迁——以台北市南管社团的活动为例》,台湾大学人类学研究所硕士论文,1989 年,第 47 页。

阁维持着音乐艺术的交流,例如有名的南管艺师林祥玉(1851—1923)、许启章 (1874—1934)、纪经亩(1901—1985)等,都曾到台北、台南、高雄等地教授南管音乐,林祥玉、许启章两人且都曾编有南管指谱集留存于台湾,此外,知名的台南市南声社创社馆先生江吉四、目前的馆先生张鸿明,都来自泉州或厦门。而成立于1961年的台北市闽南乐府,核心馆员如曾省、欧阳泰、施振华、张再兴、陈瑞柳等,都是1949年由泉州、厦门到台北的,他们南管艺术的养成训练都来自泉州、厦门两地。[①] 近些年和泉州交流颇为密切的"汉唐乐府",其社团负责人陈美娥之兄娶泉州南音名演员王心心为妻,并于1991年移居台湾。此外,台湾南管馆阁奉祀的五少先贤有两种说法:一是晋江吴志、陈宁,南安傅廷,惠安洪松,安溪李义五人;另一是同安陈云行、晋江黄映应、泉州李义伯、晋江叶时蔼、永春王祥光等五人。无论是哪一种说法,所奉祀的先贤均为泉州人,可见与泉州关系的密切。由于南管社团的组建除了成员的共同兴趣外,还有同乡会的互助功能,扮演着会馆的性质,许多泉州人到台湾常以南管作为融入当地社群的媒介,所以它不但遍地开花,还多能长期持续下来。可以说,有泉州移民的地方,就有南管社团和南管活动。特别是台湾彰化鹿港和台南因与泉州贸易频繁,南管在这两地尤为鼎盛。20世纪80年代,当时在台北、台南、清水、鹿港、高雄等地比较活跃的南管社团,如台北新乐府、高雄国声社、台南南声社、基隆闽南第一乐团等,多以新近移居台湾的泉州人为主力,故台湾有"有泉州移民处必唱百代乡音"之说。

台湾的南管音乐能不断得以发展,与频繁地与祖地泉州、厦门交流是分不开的。即使在日据时期,这种交流也没有中断。以日据初期到中期(1895—1937)为例,南馆音乐交流主要有六种方式:一是请闽南演员来台湾演出。如日本裕仁皇太子在1923年访台时,台北集弦堂曾请厦门集安堂支援演出。二是闽台两地社团馆阁的频繁交流。两地一些著名的社团馆阁之间关系尤为密切,如台北的集弦堂与厦门的集安堂、台北的清华阁与厦门的锦华阁,都是两地最大的管阁,关系也最为密切。三是请闽南南管人来台湾授课。如厦门锦华阁的戴梅友曾到台湾清华阁任教十数年;厦门集安堂的林祥玉也曾应邀赴台湾集弦堂任教;厦门集安堂的许启章亦曾应邀赴台湾清平阁任教;石狮吴彦点赴台后曾在鹿港、北港、嘉义、清水、台北等地任教,学生遍布全台;从永春、泉州、厦门等地赴台任教的南管先生还有不少,大大提升了台湾南管的艺术水

---

① 吕锤宽:《台湾传统音乐现况与发展》,台湾传统艺术总处筹备处2009年版,第341页。

平。四是赴台的闽南南管先生为台湾南管界编制了大量的资料。如厦门集安堂的林祥玉在任教期间校正了一套《南音指谱》,其于 1914 年在台北大稻埕以石版印行出版。"此指谱集在当时是极为珍贵的南管资料,因为一般南管先生大多视手上的抄本为吃饭的家伙,不轻易示人,遑论出版。林祥玉这套指谱不但对台湾南管的艺术有推广和提升作用,而且将厦门的演奏法更完整地引进台湾。笔者便曾听闻芳苑社成员提及当年他们好不容易由北斗秀螺社借来林祥玉的指谱。视为宝贝(因为他们当时的老师并未教他们指谱),赶紧分工合作,一人手抄一册。"① 厦门乐人许启章在台期间与台南南声社馆主江吉四及其子江主合作,校编了一套《南管指谱重集》,于 1930 年在台南出版。五是台湾南管乐人赴闽南观摩学艺。除了前面提到的新庄聚贤堂的潘荣枝赴厦门学习南管六年外,鹿港遏云斋的陈贡生也曾赴厦门与南管乐人交流,而新庄聚贤堂的林藩塘等都赴厦门交流过南管。六是闽南船员与台湾南管爱好者的交流。当时往返于闽台之间的闽南船员大多会南管,而且不乏个中好手,当他们滞留在台湾等待船期回闽南期间,主要的娱乐之一便是玩南管,因而带动了台湾几个海港的南管活动,如鹿港、淡水、芳苑(当时称为"沙山")等。这些船员的参与不但使这些海港的南管活动兴盛,也无形中提升了当地的南管艺术水平,曾对台湾南管产生了重大影响。②

此外,"两岸隔绝之后,厦门集安堂的弦友,如欧阳(启)泰来到台北,在(20世纪)70 年代对台北地区的南管曲唱风格的发展,有至深的影响,台北的几位大曲脚如陈梅、江月云、曾玉、李丽红等都曾受教于其门下,因此,台北地区的演唱风格可以说是厦门流派的代表。"③ 再如,1949 年前后从泉州赴台的制作南管乐器的优秀艺人,以其精湛的工艺,为台湾南管音乐的普及和提升做出贡献。如泉州人曾高来,出身南管世家,其父亲、祖父都精于南管乐器制作,他14 岁即跟随家人学制乐器。1948 年赴台,即参加台北市闽南乐府的南管活动,1976 年后以南管乐器制作为主要工作,制作的乐器包括琵琶、洞箫、二弦、三弦等,其制造的尺寸皆为历代祖先所传,都直接向南管馆阁销售。④ 泉州人

---

① 王樱芳:《台湾南管一百年:社会变迁、文化政策与南管活动》,白鹭鸶文教基金会1997 年版,第 96 页。

② 王樱芳:《台湾南管一百年:社会变迁、文化政策与南管活动》,白鹭鸶文教基金会1997 年版,第 96 页。

③ 林伯姬:《南管乐语与曲唱理论建构》,台北艺术大学 2011 年版,第 12 页。

④ 吕锤宽:《台湾传统乐器生态与发展》,"行政院文化建设委员会文化资产总管理处筹备处"2011 年版,第 202 页。

尤奇芬,于1949年赴台,为台北市闽南乐府馆员,善于制作南管琵琶。晋江人谢永钦,1949年赴台,为台南南声社馆员,善于洞箫与二弦的演奏,善于制作南管洞箫与二弦。

南管不仅是台湾最具代表性的音乐,也是用途最为广泛的音乐。除了在馆阁的活动中展演其多种艺术形式,在"整弦"的合奏中展示其独特艺术魅力,在弦友的雅聚中相互切磋而令人陶醉,"在台湾传统音乐的生态圈中,也有颇为广泛的运用,除了曾被北部地区的布袋戏吸收,仍能见于南管戏、交加戏(亦称高甲戏)、车鼓弄、太平歌、以及南部灵宝派道教仪式、释教仪式中"①。其适应性由此可见。必须指出的是,南管在传入台湾后,由于时代的变迁等多方面原因,在音乐唱腔上也发生了一些变化,以《长潮阳春·小妹听》为例:"小妹听我说拙因来,念伯卿亦曾读书做秀才,厝住泉州许处繁华所在,我哥广南做运使,我叔做知州现值西川城内,因送哥嫂,即会只于路来,记得骑马游遍街西,阿娘同住小妹在许楼上绣樱鞋,共我眼里偷情,做出有意体态,袂得见恁娘面,假做磨镜司,故意打来破恁厝宝镜,伯卿为恁娘娴只路来,故意打来破恁厝宝镜,伯卿为恁娘娴只路来。"此曲在唱时,与泉州音略有区别,有专家指出:"本曲所使用的韵字:来、才、在、内、使、西、鞋、态、师、来等,为'开韵',此韵脚在台湾南管曲唱时,常以'一''牵音'(拖腔),但泉州则否。"②

为了进一步发掘南管艺术,台湾中华民俗艺术基金会受鹿港文物维护地方发展促进委员会委托,于1978年用5个月时间对鹿港音乐做了调查与研究,据台北市闽南乐府张再兴先生提供的情况,可知台湾当时有65个南管乐团,其中台北市3个,基隆市1个,新竹市2个,台中市2个,台南市11个,新化县12个,云林县4个,嘉义县4个,高雄市18个,屏东市1个,屏东县4个,台东市1个,花莲市1个,澎湖县1个。台湾南管乐团多次从闽南延请乐师教唱,长期沿袭"执节者歌,丝竹更相和"的演唱方式,保留了相和歌之遗风和众多曲谱。鹿港南管蓬勃发展时,不到1公里的道路上就分布有聚英社、雅正斋、崇正声、雅颂声、大雅斋5个南管社团。许常惠、吕锤宽、张舜华、何懿玲等对鹿港镇南管音乐进行调查与研究后,出版了《鹿港南管音乐的调查与研究》,书中全面考察了南管乐种和鹿港地区的南管音乐团体,详细剖析了南管的音乐本质及历史文化,探讨了南管在鹿港的发展脉络、乐种生态及人文现状,是

---

① 吕锤宽:《台湾传统乐器生态与发展》,"行政院文化建设委员会文化资产总管理处筹备处"2011年版,第162页。

② 林伯姬:《南管乐语与曲唱理论建构》,台北艺术大学2011年版,第179页。

目前研究南管在鹿港发展的最全面的一部著作。许常惠等专家还对有着 130 多年历史的鹿港南管团体雅正斋进行音乐辅导,将雅正斋演奏及演唱的南管音乐曲目进行录音。王樱芬 1996—2000 年主持了"国科会"专题计划"南管滚门曲牌分类系统比较研究",发表了《南管曲目分类系统及其作用》(《民俗曲艺》2006 年总第 152 期)、《浅谈台湾南管馆阁文化的传统与变迁》(《本土音乐的传唱与欣赏》,传统艺术中心 2000 年版)等系列成果。台湾"文建会"委托"中华民俗艺术基金会",由许常惠策划,林淑玲、王维真、宋楚华参与的"彰化县鹿港镇雅正斋之维护与辅导",于 1985 年 1 月至 1985 年 12 月执行,由林淑玲撰写报告书一册。台湾"文建会"委托"中华民俗艺术基金会",由许常惠主持,王维真、吕锤宽参与的"南管音乐曲谱蒐集与整理",于 1986 年 10 月至 1987 年 5 月开展,出版《泉州弦管指谱丛编》一套。"民族音乐中心筹备处"委托台北艺术大学,由林伯姬主持的"吴昆仁先生南管音乐保存计划",于 2001 年至 2002 年开展。"民族音乐中心筹备处"委托江之翠实验剧场,由周逸昌主持的"现阶段南管滚门曲牌影像与声音资料保存计划",于 2001 年 7 月至 2002 年 12 月执行。

自 20 世纪 80 年代以来,台湾学者对南管音乐进行了相关调查和研究,其中以吕锤宽的研究最为突出,其《泉州弦管(南管)研究》(学艺出版社 1982 年版)包括上篇、下篇及结论,上篇探讨泉州弦管的历史渊源、名称、分布地区、及文献资料,解读琵琶指法,对套曲(即"指")的组织与音乐结构进行实例分析和深入诠释,对清奏谱的音乐结构进行结构例释。下篇分析曲的组成、曲的组织、曲的演唱形式等。结论从曲式的运用、音乐的独立性、旋宫转调的运用、反复的运用、拍法的变化、大典的变奏方式等方面来诠释和说明"泉州弦管在音乐上的意义"。其《南管记谱法概要》(学艺出版社 1983 年版)、《弦管记谱法概论》(学艺出版社 1984 年版),对管门、撩拍、指法等弦管记谱内容进行解释,简述了弦管记谱的独特性。他还通过对南管音乐曲谱的调查与整理,在此基础上,编纂了三大册《泉州弦(南管)指谱丛编》("行政院文化建设委员会"1987 年版),以序、凡例与弦管总说揭开序曲,上编对套曲和散曲分两辑加以介绍,下编介绍散曲和谱,附编收录田野调查照片以及散曲总目稿。此书保存了南管音乐传统四大曲种的琵琶指法谱,收录新发现的散套九套,滚门则较民间所知者多出一倍而达 200 有余,在诸多方面皆为开创性研究。作者还以音乐法方法对其内容进行剖析,有助于读者进一步了解南管与诸宫调、元明杂曲的关系。其《南管音乐》(晨星出版社 2011 年版),全书分五个部分,第一部分从乐器与乐制的来源、曲词来源、记谱法的形成等方面论述了南管产生的历史背景,再从馆阁的诞生、馆阁组织、活动形态、分布与扩散、馆阁的南管、乐种与剧种的南管等方面论述了馆阁组织及其活动;第二部分逐一阐述了指套、曲、谱、曲目、乐曲内容、音律特征、大小都会套曲等乐曲种类;第三部分论述了乐器种类、乐队编制、乐器制造等;第四部分从乐谱形式、音高符号及管门、指法与时值节奏、拍子符号及拍法种类等论述了记谱法与音乐理论;第五部分为音乐欣赏分析,书后附有南管乐曲谱、谱例、图例、表例。全书深入浅出,为台湾研究南管最为全面精确、最为翔实完整的著作。这方面研究成果还如:温秋菊著《在东方——南管曲牌与门头大韵》(台北艺术大学 2010 年版)、林珀姬著《南管乐语与曲唱理论建构》(台北艺术大学 2011 年版)、李国俊著《千年清音——南管》(彰化县立文化中心 1994 年版)、林吴素霞编《南管音乐欣赏(一)入门篇》(彰化县文化局 1999 年版)、刘美枝主编《台北市南管调查田野报告》(台北市文化局 2002 年版)、蔡郁林著《台北市南管发展史》(台北市文化局 1992 年版)、林伯姬著《南管曲唱研究》(台北市文史哲出版社 2002 年版)。

值得专门提到的是,吕锤宽于 1974 年至 1987 年通过对南管曲目的蒐集、校勘、分析,对台湾各曲簿所藏的南管曲目录进行大致摸底和盘查,并在《泉州弦管(南管)指谱丛编》中予以披露,有利于读者认知南管在台湾的传承。南管音乐包括"指""谱""曲"三类,"指"是有词有谱和注明指法的大曲;"谱"是无词而有指法的器乐演奏谱;"曲"即散曲,在南管音乐中占有很大比重,不下于数千首。据吕锤宽调查,南管曲目总数为 2000 多阙[1],而吕锤宽《泉州弦管(南管)指谱丛编》就涉及了千余首。吕锤宽将散曲指谱分为"曲牌体""滚门体""小曲体""集曲体""犯曲体""南北合"六类,并依次将所能收集到的台湾各曲簿中所收录的曲牌、曲名一一列出。[2] 吕锤宽将所收集到台湾各曲簿中所收录的曲牌、曲名一一列出,对于研究南管在台湾的传播,具有积极意义:不仅可较为全面地了解不同类别曲调系统所包括的曲牌、曲名,知晓台湾相关曲簿收录南管曲牌、曲名的数量及总体情况,还可通过与祖地泉州所收藏的文献资料进行对照互比,由此廓清泉州南管音乐传到台湾后的继承和衍化,对于深入研究南管音乐的乐源、传播、变迁,对于进一步发掘、传承、丰富、提升南管音乐,都是有益的。

---

① 吕锤宽:《台湾传统音乐现况与发展》,台湾传统艺术总处筹备处 2009 年版,第162 页。

② 温秋菊:《在东方——南管曲牌与门头大韵》,台北艺术大学 2010 年版,第 252~268 页。

令人高兴的是,2009 年,南音入选世界非物质文化遗产后,闽台两地都高度重视其传承和保护,分别遴选了其传承人和保护人。台湾登录的相关团体,有台南市南声社,彰化县聚英社、雅正斋、遏云斋,基隆市闽南第一乐团,台南县海寮清和社,台东县聚英社。"两岸对南音的保存相当有默契,这对南管音乐的传承,无疑打了一剂强心针。"①

(二)闽南文化与台湾北管

北管系音乐,泛指南管系音乐以外的音乐体系。"北管"在台湾是与"南管"相对而言的,与"南管"同为台湾民间传统音乐的两大主流。一般认为北管有狭义和广义之说,狭义指乐种,乐曲种类包括牌子(鼓吹乐形式)、谱(丝竹乐形式)、细曲(纯粹歌唱形式)、戏曲(戏剧形式),四类乐曲保存于馆阁之中。戏曲部分,在 20 世纪 60 年代之前,被称为乱弹班的职业戏班,所演的剧目仍为北管的戏曲。广义的北管被引用指称风格较为高亢热闹的音乐。② 台湾学者王振义给北管音乐下的定义是:"北管音乐则泛指北方传来的音乐,不是用闽南语演唱,而是用类似'北京话'的北方语系唱奏。这儿所指的北方,以闽南人的观念而言,即是福建以北闽南语系外的地方,而不是通常地理上所指的中国北方。"③ 如按此说,北管音乐并不是指中国北方的音乐,而是指福建以北的音乐。吕锤宽则提出,"有一种说法认为,南北管源自福建省泉州与漳州二地,曲辞本事都出自中国的旧社会,演唱的语言又属于泉州话或明清时代的官话,乃以简单的二分法将它们视为非台湾的传统音乐。"④ 从以上两种有代表性的论述可看出,北管的音乐并非指流传于北方的音乐,而是指流传于福建的闽南语以外的音乐。也有人认为"从音乐内涵、人文活动两方面略作比较,即可了解北管的传统活动似已淡出福建漳州地区,因此毫无疑问地,它已成为台湾特有的乐种。"⑤ 在台湾,如从更为广泛的意义上讲,北管系音乐包括昆腔系、北管系两个系统,昆腔系分细曲、谱(八音、十音、十三腔、串子等)、昆剧;北管系分福路戏、西路戏、四平戏、杂腔、鼓介、空牌(鼓锣鼓经、清锣鼓)、牌子(歌乐或吹

---

① 林伯姬:《南管乐语与曲唱理论建构》,台北艺术大学 2011 年版,第 21 页。

② 吕锤宽:《台湾传统音乐现况与发展》,台湾传统艺术总处筹备处 2009 年版,第 9 页。

③ 王振义:《台湾的北管》,百科文化事业股份有限公司 1982 年版,第 1 页。

④ 吕锤宽:《南北管音乐与台湾社会》,《百年台湾音乐图像巡礼》,时报文化出版企业股份有限公司 1998 年版,第 23 页。

⑤ 吕锤宽:《台湾汉族传统音乐》,《台湾传统音乐之美》,晨星出版社 2002 年版,第 122 页。

打乐）。

　　虽说北管在福建已难以找到相对应的乐种，但对于北管是由福建传入台湾的说法，台湾音乐界的看法基本是一致的。具体如何传入，却有不同的看法。一种看法认为直接由福建漳州传入台湾。如吕锤宽认为："北管因为保存于漳州人社区，所以推测是从福建的漳州传过来的，但中国大陆目前已无整体的北管保存下来。"①李婧慧认为，北管虽然源自漳州，却不是漳州本地的乐种："北管传自福建，主要在漳州，从其戏曲与细曲所使用的语言——称为'正音'或'官话'——并非福建本地语言来看，它在福建就是一种外地传入的乐种。"②在比较了北管传入台湾的多种说法后，李婧慧又进一步指出："北管是台湾最主要的乐种之一，名称中的'北'指出它传来的地理方位，而歌词与口白等所使用的官话，也透露出它是一种从北方辗转到福建的乐种，时间大约在明代，后来再随着移民路线，约于十八世纪开始，陆续从福建（主要是漳州）传到台湾，落地生根。"③另一种看法认为部分从福建传入、部分从福建以外的地方传入，如认为北管系音乐有福禄派和西皮派，"福禄派音乐（包括乱弹戏）经由福建传来，西皮派音乐（包括四平戏）从使用京胡、唱腔较高亢等音乐性格来看，应属较北方，如扬州或杭州传来。"④《声震竹堑城——新竹市北管子弟团振乐轩专辑》认为："北管所涵盖的范围非常地广，目前一般较被接受的说法是，早期从福建及广东等地传入台湾的非闽客系统音乐声腔及戏曲，都被归入北管的范围，有别于'闽南土腔'的南管和客家戏曲。"⑤还有一种看法认为北管从大陆北方传至福建，再经由福建传至台湾，如许常惠认为：北管"产生于大陆的北方，以北京官话（或湖广话）唱曲，是属于清代梆子腔或皮黄腔系统的唱腔。这一类戏曲后来由北方传至南方闽粤，当地人称为'汉剧'或'汉乐'，然后再传入台湾，称为'北管'。"⑥此外，由于北管戏是由中原传至福建再由闽西传入台湾的，按此推测，北管系音乐似也应由闽西传入。北管是何时传入台湾

---

①　吕锤宽：《台湾的南北管》，白鹭鸶文教基金会1997年版，第73～74页。

②　李婧慧：《根与路：台湾北管与日本清乐的比较》，台北艺术大学2012年版，第27～28页。

③　李婧慧：《根与路：台湾北管与日本清乐的比较》，台北艺术大学2012年版，第44页。

④　王振义：《台湾的北管》，百科文化事业股份有限公司1982年版，第1页。

⑤　《声震竹堑城——新竹市北管子弟团振乐轩专辑》，竹堑文化丛书出版社1998年版，第2页。

⑥　许常惠：《音乐史论述稿》，全音乐谱出版社1996年版，第83页。

的？王振义认为：“台湾北管音乐，不是光绪后从北京传来的，它在光绪之前，早就传来，而传来的音乐，并不像平剧各腔调已熔为一炉，而常是各自独立的，即西皮音乐、二黄及四平调等各地方腔调，单独使用，而不合用。”①许常惠认为：“北管何时传入台湾？目前最具体的根据是先民保存下来的文化资产——‘梨春园’。该园所保存的文物曾经过专家学者的考据，成立年代应该在一七三八年（乾隆三年）前后，离今天已有二百五十八年的历史。这时代，大陆的戏剧史即将踏入‘乱弹’时代，即花部的梆子腔、弋阳腔、皮黄腔等互相角逐的前期。”②综合以上各种观点，可得知：第一，从传入地看，没有确切的路线图，或由漳州传入台湾，或由闽西传入台湾，或由福建其他地区传入台湾，或由北方传入福建后再传入台湾；第二，从传入时间看，并没有明晰的时间表，早在200多年前就多次传入台湾。第三，从传入乐曲看，并无以一种为主的核心音乐起主导或垄断作用，而是各种乐曲互相影响。总之，北管传入台湾的过程类似福建移民进入台湾，是多管道、长时间地传入台湾，经过较为混杂无序的过程，最后逐渐迎合了当地人民的需要（如民俗活动）而定型。因此北管传入台湾的轨迹无法像南管那样，可以有明显的时空描述。

由于北管与福建的多源关系，所以在福建诸多的民间音乐中可以清晰地发现北管的踪影，即使不是在漳州等典型的传入区域，这种踪影也是有迹可寻的。以泉州地区的惠安北管为例，从功能上看，在兴盛时其常用于庆典、普渡、迎神、出游、朝拜、交流等活动，而在台湾，凡庆典、祭拜、游行、诞辰、迎神及结婚、丧事等，无一不用北管音乐来衬托。从乐器上看，惠安北管与台湾北管使用的乐器如品箫、壳仔弦、京胡、双清、单皮鼓等，都是相同的。从曲目上看，台湾北管的曲目与惠安被称为北管的曲目是相同的。“根据中国民族民间器乐集成·福建卷》，福建省惠安地区仍有称为北管的乐种，它的乐曲包括曲与谱，其曲目，曲的部分有：四大景、采莲歌、采桑、红绣鞋、玉美人、纱窗外、出汉关、玉兰花、四季景、美人相思、五更串、昭君出塞、尼姑下山。谱方面有：贵子图、将军令、上小楼、下小楼、下山虎、拾相思、清串、八板头、大八板、二锦板等。除了曲调名称外，其中并有多首的旋律与台湾的北管细曲或谱相同者。”③2014年8月15日至17日在泉州泉港召开的第二届海峡传统文化北管学术研讨会

---

① 王振义：《台湾的北管》，百科文化事业股份有限公司1982年版，第67页。

② 许常惠：《音乐史论述稿》，全音乐谱出版社1996年版，第84页。

③ 吕锤宽：《台湾传统音乐现况与发展》，台湾传统艺术总处筹备处2009年版，第342页。

上，"泉州师院曾华宏教授介绍，北管现在主要流行于闽南地区的泉港和台湾，根据地域特色称'泉州北管'和'台湾北管'。泉州师院的李寄萍和吴秋红两位教授认为，泉州北管和台湾北管是一对根生在大陆，花开在海峡两岸的民间传统音乐姊妹花。"①惠安即属泉州，泉州北管与台湾北管，或可从中进一步寻找出源流关系。

北管传入台湾后，因受各种因素的影响，其民俗功能得到进一步拓展。"北管提供人们休闲娱乐、强化社会的凝聚力、巩固参与者的社会地位，更重要的是，其热闹应景之特长，使它成为社会上各种宗教仪式与节庆活动所不可缺之音乐，并且为社会成员所熟悉，可以说是地方的声音标志。有如此重要的角色，使北管的根得以深植于台湾，成为台湾汉族传统音乐的主要乐种之一。"②与南管多为士大夫娱乐工具不一样，利用台湾北管的曲目以展演谋生之职业班社不少，如以戏曲表演的乱弹班，以唱腔搬演的掌中戏班、傀儡戏班，以鼓吹乐为主的各式阵头吹、八音班等，而众多子弟型的社团馆阁，则使北管由雅入俗，受聘作为庙会或丧葬的仪仗引导鼓吹③，在此过程中北管进一步从精致变为粗犷，且由于民众常有接触或闻听北管音乐的机会，因此也有人认为它是一种民俗音乐。北管系音乐与柔和哀怨的南管系音乐截然不同，它章节宏亮，曲调高亢，节奏流畅，风格热情洋溢。"北管最显著的功能在于其高亢热闹的乐声，提供台湾汉族社会上各种庙会仪式与节庆所需之庄严或热闹气氛。特别在制造热闹气氛方面，不仅符合人们爱热闹的心境，更重要的是烘托出一片社会繁荣的景象。"④日据时期日本音乐家黑泽隆朝在台湾进行音乐调查时，对北管的描述是："先提到北管是震耳欲聋、令人热血沸腾的音乐，并提到北管团体作为庙的祭典的奉纳音乐，经常有流血事件、分类械斗、拼馆等，音乐上分为北方系的西皮和南方系的福路互相对峙，这些集团甚至有能力豢养侠客，真是惊人。上述这类状况及庙的祭典都被禁止了。"⑤被禁止的原因，除了日本殖

---

① 王祥楠：《北管根生大陆花开两岸·技艺传承亟待重视》，东南网[2014-08-17]。

② 李婧慧：《根与路：台湾北管与日本清乐的比较》，台北艺术大学 2012 年版，第 240 页。

③ 吕锤宽：《台湾汉族传统音乐》，《台湾传统音乐之美》，晨星出版社 2002 年版，第 119 页。

④ 李婧慧：《根与路：台湾北管与日本清乐的比较》，台北艺术大学 2012 年版，第 241 页。

⑤ 王樱芬：《听见殖民地——黑泽隆朝与战时台湾音乐调查(1943)》，台湾大学图书馆 2009 年版，第 264 页。

民者对汉人传统音乐的排斥,还在于它颇具煽动性和震撼性,往往让人热血沸腾、不能自已。

北管的馆阁,其功能和作用与南管馆阁无异。台湾有代表性的北管馆阁如罗东福兰社、宜兰金兰社、宜兰集和堂、宜兰暨集堂、宜兰总兰社、瑞芳德意堂、基隆得意堂、基隆聚乐社、台北灵安社、板桥潮和社、板桥福安社、板桥武当社、新竹市同乐轩、新竹市新乐轩、新竹市振乐轩、彰化市梨春园、彰化市集乐轩、彰化市新芳园、员林凤梨园等。其主要特点如下:一是与漳州移民关系密切,如大都流行于漳州人社区、创办者大都为漳州人、弦友也大都为漳州人。二是参与者大多为生活在社会中低层的人士,如农民、小贩、工人等。三是与民俗活动需求有关,特别作为迎神赛会时阵前的鼓吹阵头,要求排场盛大,往往成为馆阁义不容辞的义务。四与宗教和民间信仰有关,有的馆阁就设立在庙内,凡庙会或宗教活动,馆阁大都参与。五是所奉祀的神明并不一样,有的馆阁奉祀西秦王爷,有的馆阁奉祀田都元帅,这与音乐系统与区域不同有关。六是除了自娱自乐外,也常应邀参与普通家庭的相关活动,如婚丧嫁娶鼓吹等。七是经费常由商人捐助或由弦友捐赠,大多有请专职老师来教馆的习俗和传统。八是保存了大量的珍贵文献和相关文物,相对其他乐种,北管音乐的各类资料较为丰富,保存得较为完整。九是"拼馆"现象层出不穷,有时由馆阁之间的戏曲竞技演化为暴力械斗。

日据时期,即使在"皇民化"时,北管虽在一些祭典活动中屡屡被禁,但仍然在民间广泛流传。据以日本音乐家黑泽隆朝为主的调查团 1943 年在台湾所录的汉人音乐来看,北管音乐曲目和乐器如:《二进宫》(二黄原板),文榜:吊鬼、二弦、三弦,武榜:北鼓、板、大锣、大钞、小锣;《四郎探母》(快板),文榜:吊鬼、二弦、三弦;《古城会》(吹腔调),文榜:横笛,武榜:横笛;《水淹七军》(吹腔调),文榜:哒仔、三弦,武榜:哒仔、三弦;《叹烟花》,扬琴、胡弦、三弦、横笛、北鼓、板。

20 世纪 80 年代以来,台湾对北管的研究渐趋火热,有代表性的著作如:吕锤宽著《北管弦谱集成》(传统艺术中心筹备处 1999 年版)、《北管细曲集成》(传统艺术中心筹备处 1999 年版)、《北管牌子集成》(传统艺术中心筹备处 1999 年版)、《北管音乐概论》(彰化县文化局 2000 年版)、《北管细曲选集》(彰化县文化局 2000 年版)、《北管古路戏的音乐》(传统艺术中心 2004 年版)、《北管古路戏唱腔选辑》(传统艺术中心 2004 年版),许良荣著《北管音乐》(台湾省教育厅交响乐团 1985 年版),陈蓝谷等著《北管艺术发展史·田野记录》(台北市文化局 2002 年版)。

三、福建音乐对台湾其他音乐的影响

（一）福建音乐对台湾杂乐和说唱音乐的影响

杂乐指兼具各音乐系统特点的乐种。其主要为歌仔调和潮调。徐丽纱认为："属于杂乐之'歌仔调'，其音乐来源多方，源自民歌、各种传统戏曲和歌舞等，歌仔调之基础唱腔为七字调、大调、杂念仔调，继又引入哭调、江湖调、都马调、民间小调和通俗歌曲，是说唱音乐的一种。"[①]其七字调、哭调、杂念仔调等至今仍是芗剧中最富于剧种特色的唱腔，二者关系之密切不言而喻。

台湾的说唱音乐源于福建闽南，闽南的移民将当地的民歌小调带到了台湾，在台湾发展为说唱艺术。台湾的说唱与福建闽南的渊源关系可从两个方面来考查：第一，台湾说唱音乐的曲调与福建闽南关系密切。其一，以曲种为例，其"念歌仔类"，采用漳州"歌仔"系统的"四空仔"或"五空仔"的七字调，作为说唱曲调基础；其"杂念调类"，采用属于漳州"歌仔"系统的杂念仔调，说的成分多于唱，以具有节奏感的唱念方式说唱故事。[②] 其二，以曲调为例，其"都马调"即源于福建漳州南靖县的地方民间音乐，其唱腔如：中板及慢板杂碎仔调、都马哭调、都马走路调、杀房调等，用作长篇叙述时进行舒缓，因语言声调的起落变化而别具韵味。第二，"歌仔册"在闽南和台湾的流行使说唱内容大体相同。"歌仔册"是说唱艺人的唱本，一般以"七言四句"或"七字仔"形式写成，每四句一段，四句皆押同韵，说唱者以大广弦或月琴等乐器伴奏，视场面而决定说与唱的变化。福建闽南等地的书局（如厦门会文堂书局、博文斋书局）刻印后运销台湾，后台湾书局（如玉珍书局、竹林书局、文林书局）大量翻印后出售，有的说唱者也自行刻印"歌仔册"，故有的说唱者一边说唱，一边摆摊推销"歌仔册"。"歌仔册"中许多内容长期在闽台两地流传，人人耳熟能详，如《周成过台湾》讲清末福建安溪人周成到台湾谋求发展的故事，饱含台湾早期移民的辛酸血泪，在两岸引起共鸣。

（二）福建音乐对台湾宗教音乐的影响

福建音乐对台湾的佛教音乐、道教音乐等宗教类音乐产生了不同程度的影响。

台湾佛教音乐，基本上以声乐为主。这种声乐，广义来说包括佛教平时礼佛课诵和法会仪式上赞颂佛陀的"梵呗"，朗诵佛教经文的"转头"及宣讲佛法

---

① 徐丽纱：《乡土音乐及其教学策略综述》，杜裕民主编：《乡土艺术教育论谈》，台湾艺术教育馆 1998 年版，第 121 页。

② 许常惠：《音乐史论述稿》，全音乐谱出版社 1996 年版，第 9 页。

的"唱导"。狭义则指"梵呗"。所谓"梵呗",是以清净之心讴歌赞颂佛陀的意思。台湾佛教的梵呗,随着佛教的传入而传入。早期传入的是"龙华音",后则有"鼓山音""海潮音"的传入,目前多属后两种音系。海潮音属北方系统,为大陆北方传入,国民党退到台湾,随之到台的僧人所传的唱腔多为海潮音。鼓山音属南方系统,传自福州鼓山涌泉寺,故名。日据前后,台湾僧人以到鼓山涌泉寺受戒为荣,他们回台后也将在鼓山所学的唱腔带回,故也称"鼓山调"。正如英国伦敦大学陈慧珊在《佛光山梵呗源流与中国大陆佛教之关系》中指出:"台湾最早期的出家人,许多同出福州鼓山涌泉寺法派,这一法系的梵呗唱腔随着传入了台湾,被广称为'鼓山调'。"陈慧珊还进一步指出:"我在福建采访录音时,曾经有一位漳州的老尼僧为我录了快板的《三皈依》,并说这是'福州调'的唱法。这首快板《三皈依》佛光也唱;我也曾经在闽南大寺院听过。"①简上仁也指出:"台湾的佛教音乐大体可分成两个系统:一为大陆北方系的海潮音,庄重而严肃。另一为大陆南方系的鼓山音,唱法和祥舒缓,也是目前台湾寺院大多使用的宗派。"②鼓山音多用闽南语发音,曲调拍子平稳流畅,唱法缓慢,在旋律中装饰音和加花音较少。在伴奏方面,海潮音仅以击乐器伴奏,鼓山音除击乐器伴奏之外,在经忏法会上常加入旋律乐器作为伴奏。必须看到,当年在福建各大丛林中的出家人并不都是福建人,有许多是从外省来福建出家的;此外,即使都是福建人,八闽各地的方言音调也不一样,因此从祖地福建传入台湾的"鼓山音"就不可能是很地道的闽南音;再加上传入台湾后又受各方面影响,而佛教音乐过去大都口传心授,"鼓山音"与台湾其他的佛教音乐交汇在所难免,在唱腔上有不同程度的差异是不足为奇的。此外,台湾佛教有许多咒语和唱颂,也都是用南管伴奏的。

台湾道教科仪所用的乐曲有各种吟、咒、赞、偈。吟是念经文不用乐器。咒、赞、偈是唱文,有乐器伴奏。演唱时由主要道士唱一句,而后由其他道士及后场乐师帮腔。③ 台湾道教音乐,根据其宗派和用途,或取之于南管音乐,如灵宝派道曲的婉约华丽即吸收自南管;或取之于北管音乐,如正一派道曲的刚健热闹即吸收自北管。许多道教神庙的科仪乐曲都与南管有关,如《弟子坛前》:"弟子坛前专拜请,请卜,一请田都元帅,二请土地公公,三请金丝舍人,四

---

① 陈慧珊:《佛光山梵呗源流与中国大陆佛教之关系》,《1998年佛学研究论文集(佛教音乐)》,佛光文化事业股份有限公司1999年版,第376~378页。

② 简上仁:《台湾民谣》,众文图书股份有限公司2000年版,第172页。

③ 许常惠:《台湾音乐史初稿》,全音乐谱出版社1996年版,第338页。

请分花娘娘,五请半路夫人,都降临来⋯⋯"就是用南管伴奏的。

(三)福建音乐对台湾仪式音乐的影响

台湾祭祀音乐是台湾仪式音乐中最主要的一种,其中又以祭孔音乐为代表。台湾在祭孔时所演奏的音乐被称为"十三音",也称"十三腔",即由十三种乐器组成合奏乐,这十三种乐器分别为:三音(由小锣三面组成)、叫锣(小锣)、鳄铎(小型木鱼)、双音(铃子两个)、饼鼓(小鼓)、檀板(两块小木板)、笛(横笛)、胡琴(有提弦、和弦、提壶、猫弦、钟弦、四弦等)、箫(纵笛)、琵琶(四弦)、笙、管(纵笛)、三弦等,早期由台南孔庙乐生引进台湾,台南孔庙的乐生当时奉派到福州学习祭孔圣乐,顺便学习了当地的民间器乐,这就是"十三音"的来源。[①] 施翠峰曾援引日据时代苏有章所作《善化街雅乐十三音之由来》一文来说明"十三音"的由来:"前清道光十五年,圣庙祀典,恭备礼乐仪器,台南乐局董事、绅士吴尚新、刘绍等,主倡修制各种乐器,协正音律,专往闽浙,招聘乐师,教习诸生,以应圣庙春秋祭典演奏。是以台湾人士得其纯正雅音,日新月盛,留传至今。⋯⋯学习演奏,是以各界人士之长音律者,亦别树一帜,各立社名。盖前清之时,每十二年一次,恭送圣迹(按:焚化之字纸灰),放流江海,敬请孔子神舆,巡绕府城内外。是时,十三音编队,随神舆之前,奏乐灿行,此乐专俟文武圣祭典或绕境之用,其吹奏音律,金声玉振,雅韵悠扬,令人听之。精神为之一爽,是为文教之雅乐,亦即文人韵事,实为雅颂升平之一美风,故不可与俗乐同日而语也。"[②]可见此乐由福建和浙江的乐师传入,先流播于台南地区,为书生与士绅所习用,在圣庙春秋祭典时演奏。

四、福建音乐在台湾

(一)福州音乐在台湾

福州音乐并不流行于全台湾,它只在福州人居住的地方传播。据1921年日本人片冈岩在《台湾风俗志》中记载,在台湾福州人聚居处,每逢祭日或喜庆之日,名为"福州团"的乐队就拿出彩额、艺阁、炮担、戟旗等,加入当地乐队之中,但却自己单独排成一个行列。"福州团"所使用的乐器矛盾和台湾人的乐器大同小异,如:大锣、大钹、小锣、小钹、狼帐、清鼓、管、笛、笙、文锣、拔琴、叫只等,但只有乐谱没有歌词,如《凤鸣阜》工尺谱为:"工工六。五上六五六。工五上六工尺。上尺。工工六。尺工上四合上。上工六尺上尺。工尺六。尺工尺。上尺上乙五五。五尺上上。五六工六。五五五尺上上。五尺上五六。五

---

①　许常惠:《音乐史论述稿》,全音乐谱出版社1996年版,第61页。

②　施翠峰:《台湾民间艺术鉴赏》,台湾史迹源流研习会1994年印刷,第8页。

六六工六。五上六。五六。六五六。上五五。上六五六工尺。上四上尺工工。"《凤鸣阜》的乐调为:"得他页他页他页市页市独页他,得页市页得,页页市页市页得,页页市页市页得,达他页他页,市页他矢得,得页市他页得,市页他他,他他市页市独得,他那矢得加管他得市得得他得得市得得得利他莲腾他他宁,他达得他得。"其中"得"代表打鼓,"市"代表打锣,"页"代表打小锣,"独"代表打柏鼓。再如《蟠桃会》工尺谱为:"五六上。五六。五六工六。六五上五六。五上五六。凡工尺。四合乙。四合尺。四乙四。乙四合。合四上尺。合四上尺。合四上四合。乙四合。合四上尺。合四上尺。合四上四合。四合四合。六乙工尺乙六五六。六凡工尺。乙六五六。五六乙。五六乙。尺工乙乙。五乙尺乙五乙尺五六乙。乙五乙尺。五乙尺。乙尺乙六五六乙。工尺工尺上尺尺。"《营字类》工尺谱为:"上上工尺。五上五六。五上六五上六。工六工尺上。尺六工尺。尺上尺。五上六乙五。尺上尺五上六乙五。尺工上。五六五六工尺六尺五上六五上六。工六尺尺尺尺尺尺。尺工尺上。尺上四上尺。尺工尺上五上六。五六工六。五上六工六工尺。上。尺六工。"①

(二)厦门音乐在台湾

据《台湾的闽南语歌曲源头在厦门》介绍,厦门音乐与台湾闽南语歌曲关系密切,清末民初,厦门的"文德堂"和"会文堂"印制了大量的闽南方言歌仔册,先水印,后石印,许多销售到台湾。许多厦门音乐家对台湾闽南语歌曲的发展发挥了不可估量的作用,如:厦门才女周淑安于1922年创作了第一首用钢琴伴唱的闽南语花腔歌曲——《安眠曲》,堪称闽南语流行歌曲的雏形。随后厦门人姚占福渡海赴台进行闽南语歌曲创作,他创作的《苦酒满杯》《心酸酸》在台湾风靡一时。著名词曲作家曾仲影,是在厦门大学毕业后去的台湾。20世纪30年代,是台湾闽南语流行歌曲的黄金时代,现在还流传的许多经典歌曲就是当时创作的,如《望春风》《月夜愁》《雨夜花》《四季谣》等,而这与厦门音乐家的推动和影响,是分不开的。②

第二节　闽台舞蹈源流

一、直接从福建移植台湾的舞蹈

福建舞蹈有160多种,节目700多个。台湾的传统舞蹈有汉族舞蹈和"原

---

① ［日］片冈岩:《台湾风俗志》,众文图书股份有限公司1996年版,第256～257页。
② 闽音:《台湾的闽南语歌曲源头在厦门》,《福建歌声》2006年第4期。

住民"舞蹈两大支系,汉族舞蹈主要以闽南人与客家人的舞蹈为主,有代表性的如:祭孔俏舞、跳加官、采茶舞、跑旱船、凉伞锣鼓、车鼓、跳鼓、弄牛犁、舞狮、七响、布马、斗牛、歌仔、春灯舞等。

闽台舞蹈源远流长,关系密切。台湾许多有代表性的舞蹈大都是随着福建人移居台湾而传入的,在台湾又吸收了其他艺术形式,经过再创造,产生一种与福建舞蹈有着若即若离关系的艺术。① 直接从福建移植到台湾的舞蹈,可从以下几个方面进行讨论。

(一)舞种起源于福建的台湾舞蹈

如跳鼓(又称弄花鼓),其为台湾有代表性的民间艺阵中武阵的一种,通常是八人一阵,具体分工如:一人撑头旗,此人为全队的指挥,动作要敏捷,表演时舞动头旗引导全队穿梭跳跃;一人鼓于胸前,此人为全队的灵魂人物,控制全队节奏,双手既要不停地击鼓,嘴中还得出声吆喝,还得背着鼓蹲步跃动,摆动肢体;二人各持一把凉伞,随着锣鼓声摆动肢体,并及时出声吆喝;四人敲锣,动作轻快剧烈,并按节奏摆动肢体,不时吆喝。表演时以四方形阵为多,鼓手在中间,凉伞分居前后,锣手分处在四个角落,全队由头旗引队形变化,有时屈膝,低姿势就形成蹲步,有时仰腰,时而进退,时而翻滚,步法听命鼓声,鼓落锣起,击鼓动作越快则越能显示其旺盛的动力。表演者高度默契,不断变化出四门阵、龙门阵、穿锣、孔雀开屏、趋四角等各种阵形,让人目不暇接。

跳鼓的形成和传入,主要有三种说法,前两种说法认为其源于福建,并由福建传入,第三种说法也与福建人有关。"第一种起源之说是明嘉靖到万历年间,我国沿海浙江、福建、广东一带常有倭寇侵犯,铁面将军戚继光见于明朝腐败,便到处打鼓招兵,组织军队对抗倭寇,并擂鼓助威。在平息倭寇之后,当地的百姓为庆祝胜利,在每逢节日之时,便打鼓纪念,于是跳鼓逐渐成为民间的舞蹈形式,随着闽南人移居台湾,跳鼓也就传到台湾,在农历正月初九,台湾人和闽南人都称为天公生的这一天,男女青年都高高兴兴跳起鼓来怀念名将戚继光,并寄以思乡之情怀。第二种说法是相传于陈元光的'中军乐吹',根据史料记载,唐高宗时代在泉州及潮州之间,蛮僚作乱,高宗使派陈元光将军率领军队3000多人,前往百越交界之处,在陈将军统治此地之后,便进行有关开发工作,同时使移民的军眷和当地的'原住民'相处感情融洽,常以歌舞同欢,相

---

① 何绵山:《闽台舞蹈渊源》,《舞蹈研究》2001年第4期。

传当时军民所跳之乐舞,便是跳鼓。"①第三种认为源于明朝郑成功时代,当郑成功收复台湾以后,致力于整军经武,勤加操练军队,以便有朝一日收复大明江山,于是当时各族各方英雄豪杰闻风竞相来归,为施展才华,定期举行武林比武大会,在进行时,便有一两位击鼓者在旁边击鼓助威,颇受青年一辈喜爱,鼓声豪壮,比武者随着鼓点节奏跳跃。清廷收复台湾后,一些明郑遗民谋图反清复明,又怕被官府发觉,于是分散各地,以农耕渔牧为生,但仍时不忘操练武艺,便以花鼓及锣鼓取代原来的军鼓,并穿插一些娱乐性、趣味性的动作以避人耳目,后来终于慢慢演变为动作轻快活泼、节拍富有韵律的民俗舞蹈。②

在台湾,跳鼓的表演曾受到普遍欢迎,有一时期还常常应邀参加节日庆典或民间赛会表演,它以各种优美的姿态、整齐的阵容、变化的队形,受到观众喜爱。表演时,每组通常为八人,一人撑队旗,四人敲锣,二人撑凉伞,一人背鼓。经过长期的演变,为使阵式更好看,场面更壮观,常常多设几组,往往增加表演人员,有时多达五六十人,形成多组队伍,并在队形的变化上下更大的工夫,编排了许多队形,目前台湾有代表性的队形如:"跳四门""四方锣""祥龙摆尾""凉伞翻鼓""空穿""什花""十字什花""穿锣""凉伞穿锣""开花""合圆""龙门阵""八卦阵""蜈蚣阵""金玉满堂"等,为了取乐于观众,一些民间团体除了在队形变化上下工夫外,在表演时还增加了一些本不属跳鼓舞表演的内容,如迭罗汉、反腰特技等来吸引观众,有的中小学将其列为民俗体育,予以推广。③

(二)直接从福建传入台湾的舞蹈

如车鼓(也称车鼓弄、弄车鼓、车鼓戏、车鼓阵),它是台湾具有闽南特点的舞蹈,以夸张的肢体语言来互相逗趣为主,丑角要随时造出打诨逗笑的效果,常要半身微蹲,双腿交叉,左右横向进退,以及夸张地耸肩扭摆舞步,动作难度大,旦角动作娇柔细腻,神眼灵巧。

车鼓最早起源于闽南,从闽南传入台湾已有 200 多年历史,其由来在闽台两地有多种说法:

第一,源于徒弟对师父的报复。传说闽南一位跟师父学打鼓技艺的徒弟,

① 蔡丽华:《台湾传统舞蹈之美》,林明德主编:《台湾民俗技艺之美》,台湾省政府文化处 1988 年版,第 228～229 页。
② 陈正之:《乐韵泥香——台湾的传统艺阵》,台湾省政府新闻处 1997 年版,第64 页。
③ 何绵山:《根与叶:源于福建的台湾舞蹈》,《福州大学学报》(哲学社会科学版)2007年第 4 期。

因鼓被师父翻倒,气愤不过,与妻子在元宵节的踩街中,各扮成阿公、阿婆,把师父如何弄倒他的鼓的经过编排出来,边走边唱,滑稽逗趣。

第二,源于一对做豆腐老夫妇的自娱。传说在福建同安新圩,有一对做豆腐的老夫妇,因为每天面对石磨非常无聊,于是苦中作乐,随着转动的石磨起舞,后来被邻居邀请去表演,因石磨太重,就改以箩筐来当道具,慢慢演变为动作丰富的舞蹈。

第三,源于唐代陈元光的以乐教化。传说陈元光与父亲陈政率府兵在七闽百粤交界处(即今天漳浦县)实施"乐武治化",以音乐歌舞教化当地"原住民"。

第四,源于民间迎神社火。闽南盛行各种迎社活动,而化妆游行是活动中少不了的项目,因路上看热闹的人太多,就将演员安排在牛车上,演员在牛车上做些小步进退的动作,由于受限制而难以发挥,演员又从牛车上走到路上演出。

第五,源于久旱求雨喜下甘霖而狂欢。清朝时某地连年干旱,草木焦枯,饥荒蔓延,灾民搭台向上苍求雨,后下了一场大雨,旱情解除,百姓狂欢庆祝,或举竹为舞,或持扇取乐,彼此粉面相悦,适逢皇帝出巡,遂赐此歌舞为"车鼓戏"。

第六,源于表演时的声音。演车鼓时演员两手中的"四宝"互击发出"车""车"的声音,加上舞弄钱鼓,所以叫作"车鼓弄"。

第七,源于唐宋时期的"三杖鼓"。唐宋时期的"三杖鼓"流传到明清时被称为"三棒鼓"或"花鼓",在闽南结合当地民间音乐形成了百姓喜闻乐见的、生活化的、通俗诙谐的新歌舞。

车鼓的来源传说繁杂,也说明了车鼓形成过程的繁杂,它或许在闽南多处不同时间形成,汲取了包括百戏、杂技、小戏在内的各种民间艺术,形成了形式多样、内容丰富的一种民间舞蹈。车鼓仍为今日闽南一带婚丧喜庆、节日庆典、迎神赛会时不可缺少的节目,只是经过长期演变,已形成颇有特色的舞蹈,其表演形式日趋多样,主要的种类如:

第一种为双人舞型:由一丑一旦两个角色随着音乐起舞,丑角为"车鼓公",头上戴着帽子,有时脸上还挂着墨镜,嘴角两撇八字胡,手摇蒲扇;旦角为"车鼓婆",手拿手帕,两人抬着箩筐,跳着"进三步,退三步"的舞步,时而双腿交叉,时而侧身前进,时而急遽后退,时而突然转身……

第二种为三人舞型:丑角头戴斗笠,身着灰暗色的大衫,鼻孔下两撇八字胡,腮帮贴了颗黑痣;旦角则打扮得花枝招展,尽情与丑角打情骂俏;副旦打扮成半老徐娘状,手摇蒲扇,时不时过来打岔逗趣。

第三种为多人舞型:表演者或 7 人,或 10 人,或 13 人。以 7 人表演为例,丑角"车鼓公"身穿大绉衫,腰扎黑、蓝色布带,一身诙谐打扮,手拿旱烟管;2 个旦角"车鼓婆"身穿镶着大宽边的桃红色大绉衫,下着黑裤,一身耀眼鲜丽打扮;小旦 4 人,分别拿着四宝、钱鼓、钱棍、小酒盅,丑角车鼓公装疯卖傻,旦角车鼓婆卖弄风情,丑、旦一路打情骂俏,诙谐逗趣。以 10 人表演为例,除了车鼓公、车鼓婆外,尚有鼓手 1 人,另有 1 人装扮成"花花公子",不时与车鼓公、车鼓婆戏弄逗笑;另有 6 人装扮成少女模样,手执乐器,随着音乐起舞。

第四种为演绎故事型:有戏剧的成分,但缺乏情节的发展,如表演《昭君和番》的故事,表演者 13 人,主角是手抱琵琶的王昭君,车夫推车,车鼓公擂鼓,老公老婆分别敲锣打拍板,2 个小丑各有分工,1 个舞钱棍,1 个弄钱鼓,6 个小旦为护送昭君的宫女,分别手持叫锣、四宝、酒盏(乐器),轻松活泼,逗趣动作贯穿始终。随着闽南人进入台湾,车鼓也传入台湾。正如台湾陈正之所言:"开台先民以闽南漳泉地区移民较多,在这两个地方发展形成的车鼓戏自然而然随同移民传递到台湾来。大大小小不同类属的车鼓戏在台湾汇集融合,形成了一种最精采、最普遍,也极可能是台湾最早的民间艺阵。"①陈正之还指出:"台湾的车鼓阵,事实上没有鼓,早期的型态与泉州同安新圩地方的'车鼓弄'类似,名称、型态都相同,而同安的移民在台湾也占了很大的比例,台湾的车鼓阵源自同安车鼓弄的可能性很高。"②

由于源头闽南的车鼓繁杂多样,传进台湾后虽然进行了不同程度的整合,但仍有各不相同的表演模式,有代表性的如:前场以一丑一旦为一组,有时另加副旦,可数组或轮番演出,后场操弦管的乐工三人到九人。丑角扮相诙谐滑稽,通常在鼻端涂白色,有时鼻孔插两岔须,或嘴边挂八字胡,也常在脸部任意点痣,身穿黑色老式的日常衣裤,腰间围一白裙,头戴圆帽,脚穿布鞋,手持的乐器是四宝(即四块竹片),或钱鼓、钱棍;旦角扮相美丽妖艳,脸上涂脂抹粉,头上结有一朵大绸花,长绸布的两端由耳边垂下来,有时在头上贴整片彩珠,有的则将发髻披戴在头上,上面再粘珠花作为装饰,两手分持折扇及手帕。表演时,先由丑角"踏大小门""踏四门",接着把旦角引出场,两人边歌边舞,一唱

---

① 陈正之:《乐韵泥香——台湾的传统艺阵》,台湾省政府新闻处 1997 年版,第 120～121 页。

② 陈正之:《乐韵泥香——台湾的传统艺阵》,台湾省政府新闻处 1997 年版,第 122 页。

一答。丑角动作夸张活泼、滑稽逗趣,旦角动作明快优雅、细腻柔和,演员的活动范围不大,舞步变化多用"对插""双入水""双出水"的旋转方式,丑与旦走"8"型或"内8字"型,丑角的转动幅度比旦角大。表演动作时,丑、旦两人都微微屈膝,双腿交叉左右横向移动,丑角上身耸肩,夸张地摇摆扭动,双手所握的四宝或钱鼓、钱棍,发出"雀""雀"的声音,两人的步法相互搭配,旦角进丑角就退,丑角进旦角则退,如行云流水,自由自在。① 车鼓在台湾经过长时间演化,又因各种原因而呈多种表演形式。台湾艺术大学施德玉教授曾接受台湾"文建会"委托进行有关车鼓的调查,他认为台湾的车鼓因基准不同可分为多种样式,如依场合不同可分为"行进中搬演"与"定点为场搬演",因内容不同可分为"歌谣式""民间故事式""南戏故事式""器乐式",因搬演的对象不同可分为"庄严形式""滑稽诙谐形式""喜庆式""丧事式",因搬演的性质不同可分为"文车鼓""武车鼓",因搬演人的创发性不同可分为"传统形式""演化形式""创新形式",因着重的道具不同可分为"锣车鼓""钱鼓弄""高跷车鼓""打车鼓""单车鼓"等不同特色的搬演形式。② 总之,车鼓舞传入台湾后,虽经过多次融合和裂变,由于丑角旦角表演生动诙谐,适合普通民众的欣赏口味,所以经久不衰,已成为台湾庙会节庆舞蹈中不可缺少的节目之一。

（三）不同程度地受到福建多个舞种影响的台湾舞蹈

台湾舞蹈在长期发展中,有的舞种不同程度地受到福建多个舞种的影响。如台湾的七响(也称"打七响"),是演员用双手交互拍打身体七个部位而发出声响。台湾蔡丽华教授认为七响与闽南的拍胸舞有关系:"'七响'就是拍打身体的七个部位,如胸部(胸大肌)、两腕、大腿及手臂、肘臂、手掌等部位,因拍左右胸膛声响最大,所以也叫'拍胸舞'。它在闽南一带民间非常盛行,农民并模仿田里工作情态,注入舞蹈中,如抓田鸡、学公鸡展翅飞、喝醉酒或高兴拍地等动作。通常一群男子集体拍胸而舞,节奏很有气魄,现已成为元宵节踩街最受欢迎的节目之一。"③

此外,七响也明显受到流传于闽西的舞蹈九连环的影响,舞蹈者打起道具"莲湘"(又称"连向""霸王鞭""钱棍"),扭腰摆胯,沿街表演。可看出其也受到

① 陈正之:《乐韵泥香——台湾的传统艺阵》,台湾省政府新闻处1997年版,第122~123页。

② 施德玉:《台湾台南县"车鼓"概说》,《福建艺术》2006年第4期。

③ 蔡丽华:《台湾传统舞蹈之美》,林明德主编:《台湾民俗技艺之美》,台湾省政府文化处1988年版,第232~233页。

流传于福州地区的舞蹈"打钱套"的影响,舞蹈者手握串着铜钱的竹棍中间,用棍弹击或滑击肩、臂、掌、腿、腰等部位,发出有节奏的撞击声,多在迎神赛会、喜庆佳节时以沿街游舞形式进行表演。台湾的"打七响"往往由丑角在阵头表演,表演者以钱棍或钱鼓拍打肩、身、手、肘、膝……等七个部位,发展到一定规模时,也单独成为七响阵或七里香仔阵。

(四)受福建不同地域影响的台湾舞蹈

即使是同一舞种,也因地域不同而特色各异,使台湾舞蹈更加绚丽多姿。如灯舞在台湾是节庆舞蹈中极为讨人喜欢的一种,其受福建各种灯舞的影响是显而易见的。福建灯舞有多种,福州市的如:看花灯、元宵灯,厦门市的如:戏灯,泉州市的如:抛球灯、戏灯、竹马灯、车鼓灯,三明市的如:迎灯、竹马灯、烛桥灯、桥灯、马灯、走灯阵、花灯、伞灯、花钵灯、八仙灯、板桥灯、挑菜灯、采茶灯、跳花灯、鱼子灯,莆田市的如:九品莲花灯、双莲灯、蛇灯、迎春灯,宁德市的如:马灯、凤凰灯、舞鱼灯、姐妹看花灯、八仙灯、八宝灯、马仔灯、蛤蟆灯、莲花灯、十锦灯、鲤鱼灯,龙岩市的如:采茶灯、竹马灯、龙凤灯、踩马灯、花灯、七星灯、穿灯、船灯、香灯、鱼灯、牛灯、踩船灯、迎花灯、踩茶灯、五人船灯、迎屋角子灯、兰花灯,南平市的如:旗盘灯、迎龙灯、烛笼灯、竹蛇灯、竹马灯、麒麟灯、魏氏莲花灯、采茶灯、花灯舞、大头灯、打刀花、花鼓灯、花灯、舞鱼灯、蚌壳灯、马灯等。这些灯舞,对台湾的灯舞,产生了或多或少、不同程度的影响。台湾灯舞在舞蹈表现手法上,有不同的特色,或一人一灯、一人两灯在各种队形变化与穿插中,表现出不同意境;或数百盏灯,摆成各种阵形,不断变化出各种复杂构图;或形成各种曲折回环的灯阵,在游行中进行各种表演。其吸收了福建各类灯舞的精华,又经过台湾艺人加工创造,成为台湾人民喜爱的保留节目。[①]

(五)从福建传入台湾的舞蹈与艺阵关系

台湾有些舞蹈虽然从福建直接传入,但由于不同时期的表演目的不同,其表现出的韵味和美感也不一样。如流行于泉州的舞蹈"公背婆",为一个演员扮演两个角色的独舞,即由一个演员背着不同道具扮演两个角色。据传,它是从木偶戏《目连救母·会缘桥》一段戏发展来的。表演一个哑子背着一个癞痢头的妻子,沿途乞讨。演员上半身装作"婆",下半身装作"公",一个演员同时表演两个人物的性格特征及各种身段动作。过程一般有:上坡、下坡、涉水、过桥、捋花等,通过形体动作及出神入化的表演,将不存在的坡、水、桥、花等活灵活现地展示出来。20世纪50年代后,泉州的这一舞蹈改为哑父背着女儿进

---

① 何绵山:《闽台舞蹈源流探论》,《艺苑》2008年第5期。

城观灯、看踩街。"公背婆"随着泉州人迁台而传入台湾,在台湾一般称为"公央婆"。"央",闽南话"背"的意思。台湾光复时,闹市有表演"公央婆"以卖"种子丸"者,其中"婆"头包毛巾,穿着红花大绸衫,满面花粉,嘴唇涂着鲜红的口红,两只为三寸金莲的脚往后出跷起;"公"的脸上挂着纸糊的面具,头戴一顶破呢帽,身着大绸衫,两只袖子朝后面做环抱背人状。"婆"一会儿娇声娇气向"公"撒娇,一会儿粗声粗气对"公"发火,"公"背"婆"来回晃荡几次后,"公"跑不动了,"婆"用扇柄敲"公"的头说:"才走几步就跑不动了,看你身体虚弱,该吃'种子丸'啦!"借机推销自诩可以补肾的"种子丸"。进入 20 世纪 80 年代后,台湾各种绕境阵头风行一时,阵头中常出现附生的舞蹈形态,如"乞食狮""扮财神""扮寿星""捧神像""公背婆"等,主要通过舞弄来取悦沿途摆香案的人家,目的是"弄"些红包,故有人称这些依附于阵头的表演者为"弄平安者"。有时"公背婆"作为艺阵的组成部分,也有独特的表演。如台北士林芝山岩惠济宫每年农历四月二十二日都要举行迎妈祖活动,"公背婆"是艺阵不可或缺的组成部分,且常常出现四五对,每一对动作都不一样,或进或退,滑稽逗趣,让观众捧腹不已。

　　福建的一些舞蹈传到台湾后,被台湾的各种艺阵所吸纳包容,有的成为艺阵表演时不可或缺的有机组成部分。有代表性的如福建的藤牌舞,其传入台湾后被宋江阵所吸纳,成为宋江阵中的一种主要舞蹈样式。福建的藤牌舞的来源,传说为明代抗倭名将戚继光在福建训练士卒的健舞,当时戚继光吸收了古代"舞蛮牌"及民间"盾牌舞"的表演方法,以威武雄壮为特点,每逢阅兵,水陆两军集中校场会操,必由藤牌队表演。入场时战鼓、长号齐鸣,内容为两军对垒破阵、两人出阵对舞表演搏斗击技,队形变化模仿操练军队阵形的变化。后由乡间有威信的长老组织演练,参加喜庆节日活动。出演时,两位旗手走在藤牌队前面,藤牌手分两纵队跟进,一队为红色装束的陆军,一队为蓝色装束的水军,他们左手持着藤牌,右手持着大刀,随着乐曲节奏,在简单对打中边舞边行。停下围场表演时,两队分别从左右两侧出场,他们右手舞大刀,均为砍、杀、劈、刺、架、扫等攻击性动作,左手舞藤牌,多是抵、挡、阻、顶、架等防守性动作;双手动作协调,攻守兼施,动作干脆有力。队形变化以横、竖、斜、圆为主,线条粗犷。[①] 台湾宋江阵来源较为复杂,一种说法是来自福建,如台湾吴腾达认为:"宋江阵来自大陆福建地方(漳州、泉州一带),系师法戚继光的鸳鸯阵蜕

---

　　①　李联明主编:《中国民族民间舞蹈集成·福建卷》,中国 ISBN 中心 1996 年版,第161 页。

变而成。"①还有一种说法是明郑灭亡之后,尚有反清意识的人士受《水浒传》中 108 个人物离散聚合的影响,借用"宋江"之名来组织武阵,开始还有些为反清复明集聚力量的意思,后来就渐渐往观赏表演方面发展,并吸收了包括藤牌舞在内的多种舞蹈的特点,以 72 人、56 人、42 人、36 人为阵势,表演时除了有藤牌及各种武器外,还配以锣、鼓及钹。发展到后来,最完整的宋江阵的套路有 18 种,即:1.龙吐身,2.跳四门,3.走蛇泅,4.跳中村,5.开斧,6.蛇脱壳,7.田螺阵,8.双套,9.连环套,10.蜈蚣阵,11.排城,12.破城,13.跳城,14.交王花,15.四梅花,16.八卦阵,17.黄蜂结巢,18.黄蜂出巢。② 有时为了演出方便,把这些套路简化了,训练时分单打、双打、三人一伍及梅花阵等。台湾曾于 1984 年起举办"民族艺术薪传奖"活动,宋江阵最有名的师父谢闹枝获奖,他以二十年功夫精心传授弟子,不但挽救了宋江阵濒临失传的命运,而且将其发扬光大。

二、从福建传入台湾后被改造的舞蹈

(一)向民间小戏发展的舞蹈

福建舞蹈传到台湾后,有的逐渐增加角色并增加花样,开始向民间小戏方面发展。有代表性的如福建传入台湾的"三脚采茶",台湾艺人通过自编自导自演,融入大量生活题材,大大拓展了所表现的内容,并以带有浓郁的夸张性的表演来取悦观众,已具民间小戏雏形。台湾陈正之指出:"目前台湾的三脚采茶,与两广的'唱采茶'、'采茶歌'、'壮采茶',福建的'采茶灯'一样,都保持着在赣州发展形成的三脚班形式,脚色通常由一男一女或一男两女表演,男的手中拿有折扇、扁担、船桨等等,视所表演的内容而定,女的则手拿红丝巾一类,表演时载歌载舞,虽然名曰'采茶',倒不一定表演与'茶'有关的内容,表演'剧本'(其实是山歌民谣)很丰富,后场乐工三四人,乐器有拍板、班鼓、梆子、小锣以及弦乐器等。"③其之所以与广东的采茶灯相同,除了从广东直接传入台湾外,还有可能是先从广东传入福建,再由福建传入台湾,如闽西龙岩城乡民众喜爱的"采茶灯"有悠久的历史,"据至今仍熟记《采茶灯》古老程序的苏坂乡美山村老人林宗发(1908 年生)忆述,《采茶灯》的曲谱和'的笃鼓'乃该村林氏十七世祖由广东传入的。又据该村著名的'的笃鼓'手、八旬老人林枝旺

---

① 曾永义等:《乡土的民族艺术》,"行政院文化建设委员会"1998 年版,第 77 页。
② 陈正之:《乐韵泥香——台湾的传统艺阵》,台湾省政府新闻处 1997 年版,第 48 页。
③ 陈正之:《乐韵泥香——台湾的传统艺阵》,台湾省政府新闻处 1997 年版,第 175~176 页。

(1906 年生)介绍,其祖父早在 1870 年左右,即由上一辈授艺表演过《采茶灯》,距今亦有一百五十多年了。"①闽西的"采茶灯"主要表现采茶时节的劳动场景,角色有茶婆、花姑、武生、男丑等,舞蹈以穿插、变化队形为主,一般有几十种花式,如表现盘山、越岭、涉水的有"篱笆花""水波浪""绕三柱"等;表现花锦交织的有"剪刀股""大团龙""球形对穿"等。基本步伐为风格独特的"采茶步",步伐轻盈、细碎,身体挺拔;尚有"扭步",似闽西汉剧的"花旦步",但出胯大,显得粗犷而带野味。独具风采的角色是茶婆,风趣而诙谐,善于随机应变,既要即景歌赋,自由表演,又要用当地方言见隙编说诙谐、贴切的顺口溜,以活跃气氛。② 一些动作较为讲究和繁杂,如对扇子的执法,就有举扇、抱扇、抖扇、腰扇、肩扇、倒扇、腰顿扇、八字散花等。"三脚采茶"舞蹈之所以在台湾开始向小戏发展,主要有三个方面原因:一是其本身就可以表演一些趣味性短剧,如常表演的"上山采茶""送茶郎""跳酒""劝郎怪姊"等就具备简单情节;二是对唱的歌词极具动作性和戏曲性,有时开始虽然仅仅是对唱,但为吸引观众,歌词大多是一长串幽默笑话,形式都是四句联语式的,所以表演者必须长于口才,随机应变,临时创作歌词,对答如流,有时观众为了捧场,会当场赠送演员东西,如是手帕,表演者就得随即唱出有关手帕的歌词,以娱观众,久而久之,就形成了不可或缺的"求乞"的剧情;三是台上台下互动,此指在舞台上或广场上演出时,为推动演员与观众的互动,在演出过程中,时而演员用绳子系一小竹笼,对着观众抛下,有兴趣的观众也可主动拍手示意演员抛出竹笼,由观众即兴将所谓"礼物",如手巾、水果、钞票、香烟等放入,演员拉回竹笼后,必须以竹笼中的礼物为主题,即兴唱出相关情歌,唱完后再将礼物掷还原主人,原主人收回时换为金钱或就以原物赠予演员,演员拉回竹笼时,再唱一句表示感谢,其中演出各种剧目,如《无良心》《李九五看山花》《红花告状》《送哥》等。③

(二)成为民俗技艺的舞蹈

福建舞蹈传入台湾后,有的成为迎神赛会的阵头,再经过改造,成为一种

---

① 李联明主编:《中国民族民间舞蹈集成·福建卷》,中国 ISBN 中心 1996 年版,第 307 页。

② 李联明主编:《中国民族民间舞蹈集成·福建卷》,中国 ISBN 中心 1996 年版,第 307～308 页。

③ 曾永义等:《乡土的民族艺术》,"行政院文化建设委员会"1998 年版,第 100～101 页。

表演的民俗技艺。如流传于闽南漳州一带的舞蹈"大鼓凉伞",传说明代抗倭名将戚继光胜利归来时,闽南百姓为表达感恩之情,以凉伞为将士遮阳,以蒲扇为将士驱热,挑茶献果慰问将士……就产生了这种情感欢乐、节奏激昂的民间舞蹈,表现百姓为凯旋的将士撑伞遮阳、扇风驱热、送茶献果的热烈欢快的情景。表演时将士身背战鼓,神态威武,动作刚劲洒脱;姑娘手撑罗伞,身姿灵巧,舞步轻盈优美,与将士的阳刚成鲜明对比;伞绕鼓转,翩翩起舞,表达了姑娘对将士的敬仰爱慕之情。一老大伯肩挑竹篮,类似戏曲中的三花,为将士送茶献果,一老大妈手执蒲扇,类似戏曲中的彩旦,为将士搧扇驱热;他们不停地穿插游走于鼓与伞之间,抓住时机插科打诨,动作诙谐风趣,妙趣横生。另有青年男女,手执铜锣,随着鼓点节奏,敲出各种声响,绕场欢舞,他们既是舞者,也是伴舞者。[①] 大鼓凉伞随着闽南移民传入台湾后,由于迎神赛会的需要,它渐渐成为神舆起驾、接驾仪典中不可缺少的阵头,为了满足迎神阵头的需求,不仅表演的内容发生了变化,一些表演的器乐、道具、角色、表演者的服装等都发生了变化:以表演器乐为例,原器乐以鼓为主,以锣为辅,锣随鼓动,时急时缓,时快时慢,时轻时重,一切按固有的节奏走;在台湾阵头上,则锣鼓齐鸣,声音明亮高亢,旨在增加热闹气氛,吸引远近百姓。以表演道具为例,在闽南表演时,凉伞较为简单,大多用绸布围饰而成,并未绣饰任何图案,伞围分两节,上围用红缎制成,下沿缀以粉红色排穗,下围用紫缎叠绉接于上围,下沿缀黄色排穗,围顶沿饰绿色排穗,并缀六条红色剑形带;在台湾阵头表演时,凉伞最上端绣上表演单位(如"大甲镇澜宫""清水镇朝兴宫""大肚乡永和宫"等),凉伞上还用彩色丝线绣着"八仙祝寿""双龙戏珠"等图案,锦簇艳丽,旨在增加神明威严。以角色为例,原持伞者为女性,称为"伞娘",主要与鼓手(男)互动,即"平步对绕",第一拍到第四拍时,鼓手做"弓步击鼓",伞娘原位做"转伞步";第五拍到第八拍时,二人同时向左或向右横移四步,对绕四分之一圈或半圈;在台湾阵头表演时,凉伞成为神明起驾前的重要仪仗,持伞者为男性,持伞者不是与鼓手搭档,而是成为神轿的前导,"取地球自转不急不徐,以逆时针方向不停转动",以示"生生不息,人人平安"之意,沿途以壮声威。以表演者的服装为例,在闽南表演时,男性头戴遮阳笠,笠顶饰一红缨,穿天蓝色紧袖对襟上衣、箭裤、黑色快靴,或头戴黑色罗帽,穿镶有绿边的红色对襟上衣、中式裤,系黄

---

① 李联明主编:《中国民族民间舞蹈集成·福建卷》,中国 ISBN 中心 1996 年版,第254 页。

色绸质腰带,披绿色斗篷,穿黑色布鞋①;而在台湾阵头表演时,对着装无特殊要求,经常是穿便服。

在台湾,随着民俗技艺被逐渐发掘,"大鼓凉伞"演化为"凉伞锣鼓",有的单位在吸收了众多表演技艺的基础上,将其发展为一种民俗技艺阵头,如澎湖白沙中学将其改造后分为两个方面:一,锣鼓:1.开场——小牌,2.中场——大牌、上小牌、三声威令、半空中,3.尾场——连环小牌、柳今日;二,凉伞:1.第一段——大小门、双合卦、八卦,2.第二段——五门、八卦、双合卦,3.第三段——大小门、七星,4.第四段——五门、八卦、双合卦,第五段——大小门、八卦,第六段,五门。②

（三）成为游艺活动的舞蹈

有的福建舞蹈传入台湾后至今不但依旧盛行,而且因环境不同而发展出多种样式,但在传出地闽南已难寻踪迹,却在福建相对较为封闭的其他地区发现了其源头。如今日盛行于台湾台南、高雄、屏东一带的牛犁阵,是由中原传入福建,再由当年闽南移民赴台时传入台湾的,迄今已有五六百年的历史。明代至清代,每年开春时,从官府到民间都要举行开犁仪式,民间以自然村或家族为单位组织开展,祈求来年五谷丰登、六畜兴旺、四季平安。其来源在台湾有两种说法:第一种是取之于唐传奇,相传书生郑元和于赴京赶考途中,因迷恋名妓李娃而用尽钱财,穷愁潦倒,一乞丐传授牛犁阵,使其赖以为生,后在实践中加以发展,成为牛犁阵祖师爷;第二种是取之于舜的传说,相传舜是一位勤奋孝顺的农民,尧将王位让给他,他即位后更加勤政爱民,鉴于农民白天辛劳苦作而夜晚生活枯燥单调,每至夜晚来临时,他就集合全村农民一起欢乐歌舞,有的扮牛头,有的扮牛尾,有的扮阿公,有的扮阿婆,有的敲砖块,有的奏乐器,后来逐渐发展为牛犁阵。③ 台湾关于牛犁阵来源的这两种传说,说明了其与祖国大陆的源流关系。

牛犁阵主要源于早期闽南农村借犁春牛这一习俗而自发产生的一种带有自娱性质的歌舞,后来成为农民农暇时的一种游艺活动,内容活泼逗趣。但在今日的闽南却因这一习俗的失传而未发现这一舞种,如 2006 年春,盛行牛犁

---

① 李联明主编:《中国民族民间舞蹈集成·福建卷》,中国 ISBN 中心 1996 年版,第 256～257 页。

② 陈正之:《乐韵泥香——台湾的传统艺阵》,台湾省政府新闻处 1997 年版,第 253～255 页。

③ 曾永义等:《乡土的民族艺术》,"行政院文化建设委员会"1998 年版,第 101 页。

阵的台湾高雄县仁武乡乡长沈英章提出创意,希望与大陆的犁春牛这一古老习俗对接,但跑遍漳州、泉州,都因当地这一习俗失传而没有成功。后在闽西连城县新泉镇发现当地民间完好地保存了犁春牛习俗,此习俗为500多年前从中原传入客家地区,客家地区交通闭塞、信息不通,与外界交流不方便,周边地区相继失传的习俗却由此保存下来。经多方考证,最终确认连城新泉镇的犁春牛活动就是台湾高雄武仁乡牛犁阵的前身。2006年9月13日,台湾高雄仁武乡的50多名乡亲来到连城新泉镇,与当地村民进行了交流对接活动,新泉村民表演了犁春牛,台湾乡亲表演了牛犁阵,通过舞蹈动作表现了从犁春牛到牛犁阵的原生态过程,双方互相切磋,彼此取长补短,交流获得圆满成功。新泉镇的村民先展示了犁春牛习俗:新泉的两支犁春牛队伍在农舍门前和街市两边巡游。每列队伍有二三十人,男女老少不限。走在队伍前面的人高擎着松明火炬,紧跟着的是五六个分别举着"风调雨顺""国泰民安""五谷丰登""六畜兴旺"等吉祥语灯箱的后生;随后是农夫(妇)牵着披红挂彩的耕牛,这个农夫(妇)化了装,戴一顶草帽,显得诙谐有趣;耕牛后面跟着戴斗笠、打赤脚的犁手,这个犁手由一个50来岁的农妇打扮而成。跟在犁手后面的是挑牛草、送午饭的村姑,以及一群荷锄、挑谷、扛铁器的农妇,再后面就是表现历史典故的人物化装造型,这些典故有"桃园三结义""唐僧取经""八仙过海""梁祝"等,此外还有反映农村社会风貌的渔翁、樵夫、商人、读书人以及装饰华丽的"古事",最后是锣鼓队、十番队和春牛队的组织指挥者。新泉镇的村民接着通过牵牛者和犁手展示了简单的舞蹈动作:牵牛者为男者所扮,腰缠红绸带,嘴上叼一旱烟管,一边牵着牛鼻子,一边用斜步前行,作颠簸不稳、步子艰难状;犁手为女者所扮,她手持犁耙,一边吆喝着牛作犁田状,一边作犁片翻泥、无法掌握方向状,动作十分滑稽。化装成历史人物的,则根据所扮人物的特点,表演一些符合人物性格的动作;充当渔翁、樵夫的,一边走一边对唱反映劳作艰辛和男女爱情的山歌,展示了农村人勤春早、热闹欢快的劳动场景。[①]通过两地的表演,再考察台湾其他地方的牛犁阵,可发现犁春牛与牛犁阵同根同源,都是模仿农民牛犁田驶犁的种种模样演化而来的,后来逐渐演变成多角色的舞蹈样式,但经过长时间的各自发展,又有所不同。如闽西的犁春牛舞蹈主要依据牛耕田驶犁的种种动作编排而成,动作滑稽却极为古朴,于欢快中透出可爱。

台湾的牛犁阵舞蹈则演绎出多种形式,第一种较为简单,不受场地限制,

---

① 宋客:《有趣的"犁春牛"习俗》,《闽西日报》2006年9月21日。

人数不多,主要由两个皆为丑角的老公、老婆且歌且舞,互相问答,不时地相互捉弄、调情,并随机应变地不断制造一些打骂的笑料,以带动观众情绪,牛则穿梭于歌舞阵中作拖犁耕田状。第二种基本角色有八个,即:田头家、犁兄、犁妹、推犁、犁田歌仔丑、犁田歌仔旦、挑夫、牛头,在人手不够时,常常只派牛头、推犁、丑、旦上场。表演时除了做出耕田动作外,也做一些表现男女私情、插科打诨的表演,演出时旦角配对,或扭或摇、或立或蹲、或摆或晃、或戏或弄,惟妙惟肖地表现出农村轻松愉悦的生活。第三种表演样式人数较多:"一对老公婆、多个生扮农夫、与生相对应的表演旦扮村姑、假牛以人称牛头",加上管弦的乐师,有近20人。表演时生与旦两两相对,且歌且舞,相互问答,有时相互捉弄调情。《台南县志·文化志》中有对牛犁阵表演情况的记载:"以一小童头戴纸糊之牛首作牛拖犁状,一男子手牵犁作驶犁状,两人打扮女子随伴左右,手持纸扇,如在田里耕作,男女一来一往,唱起情歌,互相戏谑,并以各种姿态动作,边唱边舞。另有两男人打扮成老人及老妇排在两女子之后边,老人手拿长烟吹,戴眼镜、帽子,身穿长衫马褂,是旧时代之乡保(乡时干部,相当于里长、邻长之类官职)之典型。老村妇口嚼槟榔,头梳大头鬃,插上针仔香火,穿黑布衫裤,手拿大面槟榔扇。而两老夫妇为子女父母,以口相骂,边骂边摇摆舞之。伴奏有月琴、胡琴(弦仔)、铜钲等乐器,调节音律。在此歌舞,充分表达农村生活之情绪。"牛犁阵对道具有一定的要求,如:纸糊的牛头,牛头两侧各挂几个铃铛,牛角上缠着红布,有时头上还贴着两道神符;装着轮子的犁;仿制的锄头和折扇等。表演时,一个人手举牛头上下晃动,另一个人手扶牛犁前后推移,俨然一幅农人驶牛犁田的架式;其他表演者则两人一组,扮农夫的肩荷锄头,扮村姑的手持折扇,男女对舞,一问一答。

(四)发展为一种新的舞蹈

有的台湾舞蹈在吸收、融会了由福建传入台湾的舞蹈和小戏后,根据台湾的需要,发展为一种新的舞蹈。最有代表性的,如从闽南传入台湾的舞蹈竹马灯和小戏竹马戏,在台湾经不断磨合,发展为一种新的舞蹈布马阵。竹马灯流传于泉州、漳州一带,但形式有所不同。流传于漳州一带的竹马灯多为民间在传统佳节时表演的一种民俗文艺活动,舞蹈动作较为简单,表演者身着彩装,道具即"竹马",为用竹篾扎制成马的形状,分马前、后身,再蒙上绸布或彩纸,表演时马头(马前半身)高挂在胸前,马尾(马后半身)低挂于背后腰间,使表演者看上去似骑在马上,表演者手持小竹竿或马鞭,做出骑马状,或徐行、或奔驰、或跳跃,以一连串生动形象的舞蹈动作取悦吸引观众。流传于泉州一带的竹马灯又称"番仔弄昭君",是民间迎神赛会或婚丧喜庆活动中一种常见的传统舞蹈,可在广场、舞台上及游乡踩街中进行表演。表演者为一旦、二丑共三人。旦扮昭君,身着宫装,肩披斗篷,胸前背后缚着竹马道具,右手插腰,左手勒马,目视前方,走动稍带弹跳,其骑竹马的基本动作,有"扬鞭勒马""夹鞭勒马""漫步""踮脚退步"等。丑饰"番头""番尾",身穿袴衣,腰系垂带,腿扎绑带,"番头"手握钱鼓在前,"番尾"手执钱棍在后,随着音乐节奏,舞击钱鼓钱棍,其基本动作有"偶手垂摆""偶手左转""弹击弄""蹲裆弹敲""肩鼓摊"等,并以高甲戏、木偶戏丑的科步动作为主体步伐。为获昭君欢心,"番头"和"番尾"在高歌欢舞时故意出乖卖丑,场面活跃诙谐,通过舞蹈,再现了离城、出关、越岭、涉溪、迎风、踏雪、对歌、嬉舞等场景,表现了昭君出塞时的沿途情景和她的复杂心情。①

竹马戏是在竹马灯舞蹈的基础上,吸收了正字戏、四平戏、梨园戏、汉剧、徽班等的表演艺术特点,又融合了南曲、锦歌及民谣小调的曲调,逐步发展为具有固定剧目、人物形象、科步唱腔的小戏。竹马戏的剧目题材较为广泛,据老艺人口述记录的有50余种,主要可分为三类:第一类是排场戏,如《跑四喜》《跳加官》《答谢天》《送子》《大八仙》等;第二类是移植外来的剧目,如《王昭君》《赛昭君大报冤》《宋江劫法场》《宋江征方腊》《燕青打擂》《李广挂帅》《武松杀嫂》《崔子弑齐王》《陈三五娘》《金钱记》《水牛》等;第三类是弄子戏,即只有丑、旦两个角色的民间小戏,如《番婆弄》《砍柴弄》《搭渡弄》《士久弄》等。竹马戏的角色行当以丑、旦为主,以净、生为主的戏不多见。丑有正丑、副丑、女丑,旦有正旦、贴旦等。由于脱胎于舞蹈竹马灯,表演古朴粗犷,只在鼻梁上和唇上抹点白粉。丑角在表演中占突出地位,动作集中在上身的扭动上,却不失秀美,明显带着舞蹈的特征,如化装较为简单,旦角只在双颊略施胭脂,丑角讲究"眉目传情";旦角表演粗中有细,有"手置胸前,脚行蹀步"的定规和"旦举手到乳""做旦使目箭"等戏谚。步法有碎步、移步、急步、磨步、摇步等,并有"一句曲一种科步"之说,还保留了"三步进,三步退""踏四门"等古老表演形式。②竹马灯和竹马戏在清初随着闽南人迁台而移植台湾。《台湾历史札记》载:"顺治十八年,何斌业令人将港路密探,于元夕大张花灯、烟火、竹马阵、采声歌妓,穷极奇巧,诸王与苗长卜夜夜欢歌。"台湾吴腾达先生所撰《布马阵》说:"布马之起源甚早,但原先并非叫布马,而是与布马形态类似的竹马戏。……另据布

① 李联明主编:《中国民族民间舞蹈集成·福建卷》,中国ISBN中心1996年版,第488~496页。

② 《中国戏曲剧种大辞典》,上海辞书出版社1995年版,第708页。

马阵师傅的说法,布马阵于清代传到台湾,布马阵所使用的马,最初也是用竹子做成骨干,周围糊上纸而成,所以布马阵原称为纸马阵。由于纸制品很容易破损,到十几年前才改良为布制,骨架并由竹改为藤,以便于操作。"①台湾的布马舞蹈,即编马架时,在上头黏贴布而成布马,表演时演员套进马架中,马头在前,臀部及马尾在后,如骑马状,可灵活移动身子。台湾的布马阵吸收了闽南竹马灯和竹马戏的表演特点,根据台湾各地迎神赛会等娱乐的需要,经过不断改造加工,成为人们喜闻乐见、具有阵头特点的舞蹈。

关于布马阵的来源,在台湾有多种说法,最有代表性的有五种:

第一种说法讲,有一位书生十载寒窗苦读,却屡试不第,郁郁而终,人们为了纪念他,在迎神赛会时装扮成他的样子,戴上状元帽,骑竹马,最终演变为竹马阵头。

第二种说法讲,宋朝有一位粗人,因救驾有功而受皇帝封官,因他不识字,皇帝只好改赐他钱财和侍从,让他荣耀返乡,乡人看他威风十足,群起仿效,因无马匹,姑且用人工制的竹马替代。

第三种说法讲,清朝某忠臣被奸佞小人陷害而被满门抄斩,唯其儿子亡命在外。一次皇帝微服出京游玩被刺,恰好被忠臣儿子所救,皇帝封其荣衔,并赐白马使其衣锦还乡。可是他长期在山林野泽中生活,不会骑马,以致一路上险象环生,其行进的过程敷演出了布马阵的故事。

第四种说法讲,一读书人高中新科状元后,欢欢喜喜上山迎娶新娘,由于马童不熟悉陡峭山路,走得极为艰辛,爬坡时不断地跌倒下滑,好不容易才到目的地。

第五种说法讲,宜兰县有位善于体察民情的县太爷,常化装骑马下乡巡视,但乡间道路行走不易,一路上发生许多惊险有趣的事:先是马失前蹄地翻落泥沼中,马童好不容易才把县太爷从泥沼中拉起,又掉入陷阱中,接着又跑马、过桥等,一波刚平,一波又起,妙趣横生。

这五种传说中,除第一种外,其余四种都是布马(骑者)和马伕(马童)两人之间的对手戏演出。骑者通常身穿大红色官袍,头戴大红色官帽,布马为头尾两段,中间用个架子套在骑者肩膀上,马的头和尾分别在骑者前、后,马儿登场时在骑者的鞭策下,或奔驰,或跳跃,或发脾气赖着不动,或撒野乱闯乱动,或上下坡一进三退,或掉进泥沼挣扎不出,通过骑者的驾驭,将"布马"表现得栩栩如生。马伕实为布马阵中的灵魂人物,他往往在"布马"前举着小凉伞开路,

---

① 吴腾达:《台湾民间杂技》,汉光文化事业股份有限公司1998年版,第53~54页。

领着"布马"东闯西冲,跳跃翻滚,"布马"一有状况,他立即来搭救。两人通过夸张而又技巧性极高的舞姿,如拉马、勒马、踩七星步、三进三退、蹲跪步、翻滚等高难度的肢体动作,将布马出巡演绎得精彩纷呈,扣人心弦。以"困塘"为例,"既无舞台布景衬托,又没有对白或旁白说明,空无一物的地板上,两位表演者,完全以象征的手法表演,让观众体会出马儿落入池塘的狼狈相,以及挣扎的情况,马童拉着缰绳,但见马儿和状元就快从泥沼里拉拔起来,不料太重了又落了下去,一拉一松好多次,才连人带马救上岸来,这段表演,事实上马儿身上并没有缰绳,马童也是以空手拉着、松着,眼见马儿头一抬又栽了,如果没有'两步策也'这种象征的手法演来一定要教观众看得一头雾水,而观众如果不知道这是'困塘'的情节,也会看得像丈二金刚摸不着脑袋瓜子一样看不懂"①。

布马阵在台湾不同地域因不同的来源传说,也就往往有与之相对应的表演形式,主要如:与第一种传说相对应的"状元游街",表演状元衣锦还乡的得意神态;与第五种传说相对应的"疯老爹""傻太爷出巡",表演县官出巡的种种滑稽动作;与第三、四种传说相对应的"困塘""五方",分别表演马跌入池塘、马陷入泥沼后,撑伞者和马伕奋力救马上来的情形。此外,表演布马阵的目的不同,其表演形式也不同,如"拜马""三仙门""参神""四门"主要用于拜庙,舞步走的是"之"字形,表演动作大同小异。再如"八卦""七星"等为民俗祭煞仪式,如今已不多见。有的布马阵是作为民间艺阵的一种表演形式,成员有多有少,有四五人的小阵,有八九人的中阵,有一二十人的大阵,除了骑者和马伕是主角外,还增加了一些配角,如侍从、挑夫等。有时骑者与马伕的这两个角色因动作激烈,中间需要有人接替,所以在阵外还备有接替队员。

布马阵在台湾较为流行,各地的艺阵不尽相同,各有自己的绝活,如彰化县田尾乡海丰崙的"宏海布马阵",为典型的小型艺阵,除了骑者和马伕,还配有锣鼓手、唢呐手,其特点是在舞蹈时加入一些特技表演,除一般常见的翻滚倒立外,还能离地在半空中翻筋斗,可称一绝。再如客家庄的"公馆布马阵",表演者一般不少于 12 人,除骑者和马伕外,还有捧着官印的跟班,外加挑夫、船艄公、老婆子及一群侍从,每个角色都各显神通地进行表演,有时也穿插各种小戏,场面热闹非凡。有的布马阵吸收了各种艺术成分,在原有的基础上有所创新,最有代表性的如"林荣春布马阵",其创办者林荣春 1928 年出生于台

---

① 陈正之:《乐韵泥香——台湾的传统艺阵》,台湾省政府新闻处 1997 年版,第75 页。

湾宜兰,因在布马阵表演艺术领域中不断做出创新和突破,曾于1992年获台湾"教育部"颁发的"民族艺术薪传奖"。林荣春将歌仔戏的表演艺术和彩船阵头的表演内容引进布马戏的表演中,拥有武术根底的林荣春,为布马阵创造了请马、三进三退、爬山、落岭、落马陷、马过桥、落马翻沙等许多激烈动作,极大丰富了布马阵的表演内涵。林荣春最有代表性的节目为"状元游街",演出者包括状元、马童,及锣、鼓、钞等后场乐师,并拥有船、撑渡、老婆等彩船阵人物,而老婆虽然被赋予状元夫人称号,却居于为热闹噱头而存在的陪衬地位。有时林荣春还会请来唱歌仔调的艺人沿街演唱《陈三五娘》等有故事情节的歌仔调,当丰富的唱念配合诙谐的舞蹈,加上时而翻滚时而跳跃的激烈动作,的确构成一幅精彩绝伦、热闹非凡的画面。[①] 有观众对这个画面做过生动的描绘:"除了状元、马童之外,还有壳仔弦、大广弦、月琴、鼓、锣及钞等六人乐队,更具特色的是还有唱歌仔调的歌手及丑角婆婆。这一大票人演来可真不同凡响,状元骑着马儿奔跑,马童居然不专心牵马,与丑婆婆眉来眼去,一搭一唱,好不亲热。在急骤如雨的锣鼓声中,飞跃的马儿突然跌倒,连带状元郎也在地上翻滚,这下子马童可急得团团转,尽管他手忙脚乱,状元和座骑却像个扶不起的阿斗,四脚朝天站不起来。丑婆婆也帮不上忙,只是和着乐声扭扭摆摆。观众可急了,不过,放心吧,这是他们的戏剧片段,叫做'落马翻沙',是用诙谐逗趣的动作来博得观众一笑。经过一番挣扎,马儿终于又活跃如初,好啊！好啊！果然换来了掌声如雷。"[②]

（五）传入后衍化出新套路新角色的舞蹈

从福建传到台湾的舞蹈,经过漫长的岁月,有的在台湾又衍化出新的套路,增加了新角色。有代表性的如台湾神将阵的代表"八家将",其舞蹈动作即出自福州宗教性阵头"八家将"。关于台湾八家将的起源,台湾有多种说法,受到研究者一致肯定的说法是:一百四五十年前,清军驻台南士兵流行一种传染病,军师祭拜福州人奉祀的神明五灵公以求保佑,后来传染病果然消失了,有些士兵还在梦中看见了五灵公的部将亲自喂病人汤药。清军为了报答神明保佑之恩,特差到福州去迎请五灵公的金身,在白龙庵供奉。白龙庵在彰化市,其附近是福州工匠密集群居的地方。漳州、泉州迁台人士为祭祀方便,就从白龙庵将五灵公分灵到西来庵供奉。台南发生"西来庵抗日事件"后,日本人封

---

① 《兰阳民族艺术薪传录》,宜兰县立文化中心1994年版,第42～43页。

② 陈正之:《乐韵泥香——台湾的传统艺阵》,台湾省政府新闻处1997年版,第76～77页。

锁了西来庵,并且不许信众祭祀五灵公,信众就偷偷把五灵公请出,为瞒日本人耳目,改称其为"五福大帝"。

五灵公的传说:相传明朝初年,有五位书生赴福州应试,同宿客店中,因意气相投而结为兄弟,按年龄依序为:张伯元、钟仕秀、刘元达、史文业、赵光明。五月初二午夜,五位书生梦中受福德正神告知:"五月五日子时,城内将由五口大井引发瘟疫。"五位书生每人各择一井,各自题诗留名后,投井而亡。居民发现浮尸后,不敢饮用井水,由此避过瘟疫之灾。后居民得知真情,便建五灵公祠纪念这五位书生。八家将阵头即为祭祀五灵公的队伍。闽台两地八家将阵头关系密切,从参加迎神绕境的队伍的阵头名称中,也可看出台湾阵头与福州五福大帝的关系,如1997年参加东港迎王平安祭典的阵头有:共意堂福州白龙庵五福大帝驾前什家将、共心堂福州白龙庵五福大帝驾前什家将、保安堂福州白龙庵五福大帝驾前什家将等。"什家将"只是一种泛称,而其参与表演的成员或4人、或6人、或8人、或10人以上,因常见的是8人,故通常称"八家将"。福州的五灵公迎神队伍中参与舞蹈表演的有时为10人:前头两个头班手持戒板,在前面开道;后面两个枷将军,分别手持鱼枷、手锁,旨在捉拿妖邪;接着是春季将和秋季将,分别手持葫芦、水桶,旨在收毒灭火;再后是夏季将和冬季将,分别手持火盆、蛇,旨在对犯人火烙放毒而歼之;最后是七爷和八爷,分别手持火签、方牌,旨在抓捕疫鬼。队伍游行到重要地点时,在队头一人指挥下,8人集体做舞蹈动作,有回身、对视、穿梭、换位等。[①] 台湾五灵公迎神队伍中参与舞蹈表演的有时为13人:走在最前头的什役,专门负责挑八家将使用的各种刑具或法器,从18样到36样不等,他还通常通过刑具、法器的声响来指挥全队舞蹈;随后是文武双差神,因专接主神命令,并率领甘、柳、谢、范四大将军,故亦称为"二爷令",文将陈将军手持令牌,武将刘将军手持令旗;随后是四大将军,甘将军和柳将军皆手持戒棍,捉神谢必安(也称七爷)手持鱼枷,拿神范无救(也称八爷)手持方牌,四大将军皆为八家将擒捕疫鬼、缉拿妖魔的主力;再随后是四大帝君,也称四季大神,春神何将军手提用以泼醒犯人的水桶,夏神张将军手捧用以烙烧犯人的火盆,秋神徐将军手握用以敲打犯人的金光锤,冬神曹将军手抓用以吓拷犯人的毒蛇;最后是文武双判官,文判官右手握毛笔左手执通缉簿,用以记录口供,武判官两手分执双锏,用以威慑收押罪犯。八家将的表演复杂多变,先由什役行"三进三退",接着双双配对,即文武

---

① 叶翔:《源于福州的台湾民间阵头》,《榕台关系初探》,海潮摄影艺术出版社2003年版,第298~300页。

二差、甘柳二爷、谢范二爷、春夏二神、秋冬二神、文武二判,相向轮番进行"双打""四打""齐打"等表演。文武二差、春夏二神、秋冬二神走八字步,甘柳二爷打花草拳,谢爷打白鹤拳,范爷打猴拳,四个爷亦行八字步。表演遭受攻击的情节时就改为七星步,阵势一如北斗七星的排列,分有攻有守的攻击七星步和皆为守势的拜庙七星步两种,每一步法都有咒语,如:"白气混沌催我形""禹步相催合登明""天回地转步七星""蹑罡履斗齐九灵""亚指伏妖众邪惊""家灾消灭我长我""得长生我得长生"。如受到包围时,又换成踏四门或八卦阵。踏四门的表演者为甘、柳、谢、范四爷,有方形阵法、菱形阵法和中字阵法。八卦阵是四爷加上四季神表演围捕缉拿,此时文武二差和文武二判则退至阵后"监视",伺机押回。在表演中,八家将表演者依锣鼓声配合头部的晃动、移转,或跳或跃、或立或跪,前后穿梭、左右攒动,自然、巧妙、富有节奏感地表演出夸张、奇特的神秘之舞。其舞步神秘,不易捉摸,"对打"亦变化无常,整个过程极富动感,特别是它的舞蹈没有绝对的格式或定制,自然流露出一种充满乡土气息的自由、活泼和可爱的趣味,使一般观众也能够感受到它的韵律与节奏之美。[①]

　　将闽台两地的八家将进行对比,可发现台湾的八家将舞蹈除了要比福州的复杂外,还衍化出许多新的角色,如队伍前肩挑刑具的什役,其刑具也较为复杂,最多的可分为 13 类 36 种,第一类"记",包括用以记录、画押的毛笔,也包括用以记录、盖手脚印的墨砚;第二类"锁",包括对轻罪犯锁手的手铐,对重罪犯锁脚的脚镣,对轻罪犯锁颈的鱼枷,对重罪犯锁颈的虎枷;第三类"捆",包括捆绑轻罪犯的绳索,捆绑重罪犯的铁链;第四类"关",包括押禁轻罪犯的立笼,押禁重罪犯的坐笼;第五类"打",包括打身体的藤条、皮鞭,打屁股的戒板、戒棍,打脸的皮鞋背,捶打男犯的角棍、钉棍;第六类"敲",包括敲击罪犯的铁锤;第七类"夹",包括夹手指头的拶指,夹脚指头的挟脚;第八类"扎",包括刺手的手钉,刺脚的脚钉,坐刑的钉椅,困刑的钉床;第九类"卷",包括对付轻罪女犯的棕须卷,对付重罪女犯的竹扫卷;第十类"钻",对付重罪男犯的钻子;第十一类"烧",包括用来烧烙的铁铲、铁条、炮烙;第十二类"印",包括盖印眼睛的盖目印,盖印头额的盖头印;第十三类"割",包括锉刀、斧铖、铁砧、斩马刀等。此外,台湾八家将还衍化出新的套路角色,如乩童的表演是福州八家将所不曾有的,碰到隆重的场面,乩童也常进行操剑、舞刀、挥刺球、穿铜针的表演,以血见神,表示辟邪、虔敬之意。表演者在表示接受神的旨意时,脱去外衣,着

---

① 黄文博:《台湾信仰传奇》,台原出版社 1995 年版,第 239 页。

八卦红围兜或打赤膊,鼻闻净炉香气,手接兵刃利器,或额头或背部,或正砍或正劈,直至鲜血淋漓。有时表演钢针穿金口,或扎背"功夫",即所谓揹三锋、揹五锋,一如乩童。[①]

四、与福建对应的台湾舞种

(一)闽台基本相同的舞种

从福建传到台湾的舞蹈,经过台湾特定环境的长期发展,虽然目前已形成自己的风格,但仍可看出与福建舞蹈有着千丝万缕的关系。凡是台湾的著名舞蹈大都可在福建找到基本相同的舞种。

如台湾的跳加官舞蹈,为文戏的戏曲舞蹈,演跳加官的演员一开始时要面朝里,稍立正后,再面向观众,并戴假面具舞之,不可照镜说话,手持奏板,以七字步或醉步为主跳之,最后收起奏板,改持加官条。这与长期流行在福建漳州等地的跳加官相似。漳州旧俗在正戏演出前,要先加演一个"跳加官"的舞蹈节目,演员戴着笑脸面具,身穿红袍,双手执笏,在锣鼓声中舞蹈出场,向观众频频点头、鞠躬作揖后,取出加官条,以取悦观众。

再如台湾的舞狮也源自大陆,主要有北狮、南狮两类,南狮包括高狮、低狮、开口狮、闭口狮、宋江狮等多种,显然与流行于闽南、福州的舞狮有一定渊源,但也有一些变化,正如有研究者指出:"闽狮与汉狮(客狮)流传在台湾有些变化,一般都将这两种狮阵混合在一起。"[②]客狮相传是宋代末期中原人民为躲避战乱逃至闽南后发展出来的一种舞狮,用三七鼓乐章,保留了中原古调风格,狮子舞动时神态非常儒雅。

(二)由福建传入台湾后又传回福建的舞种

有一些舞蹈在早期雏形时就由福建传入台湾,在台湾得以发展成熟,形成一种舞种后,又传回福建,在福建又得到进一步完善和丰富。如台湾"跳鼓"早期显然为福建移民带入台湾,后又由台湾传回福建。现流传于南安县诗山镇凤坡村的"凤坡跳鼓",就是由台湾传回的。200多年前,凤坡村有一人前往台湾谋生,在台湾学得"跳鼓",返家后适逢家乡在进行谒祖活动,他即将所学"跳鼓"传于乡人,后每逢迎神赛会,凤坡村就必有"跳鼓"表演。初演时,是以"公婆婆"为内容的两人表演形式,故至今"公婆婆"还是凤坡一带称"跳鼓"的代名词。据《台南县志》载,"跳鼓"是"两人一对手,一人抱大鼓,凉伞打回旋,大鼓

---

① 黄文博:《台湾信仰传奇》,台原出版社1995年版,第240～241页。
② 陈正之:《乐韵泥香——台湾的传统艺阵》,台湾省政府新闻处1997年版,第23页。

双面打,边打边舞,并由打鼓手四人围住大鼓,边打边舞之,其状天真浪漫,爽然欲醉。"动作以踏跳、蹦踢为主,主要动作有"魁星踢斗""仙童照面""绞脚跳""琉璃吊拍""后按鼓""轮鼓"等。音乐以打击乐为主,节奏快慢多取决于鼓手的表演。配曲套用《公婆拖》《十二步相送》《灯红歌》等民间小调。主要道具堂鼓直径约 40 厘米,行进间由两人抬,其余舞者分执鼓槌、拍、小叫、小锣等打击乐器。据老艺人梁锡林介绍,这一舞蹈形式相传起于春秋时期,200 多年前,表演者借鉴戏曲形式,增加了生、旦、彩旦、丑等角色,又采用当地流行的民间小调《长工歌》《公婆拖》《十八相送》等伴奏和演唱。延至今日,已与由台湾传回时有了更大变化。现今表演者多为 7 人,其中男 4 人:鼓手 1 人、舞吊拍者 1 人和抬鼓轿者 2 人,女 3 人,分别舞匡锣、小锣和小叫。游舞时,一般是舞吊拍与舞匡锣的并排列前;舞小锣和小叫的居中;断后的,是两个抬鼓轿手,一前一后,用双手抬着生活用的竹摇篮,四周围饰色绸,串着两根竹竿轿杠,摇篮中放置着一个大鼓的彩轿,称"鼓轿",而鼓手双手各握一鼓槌,位于大鼓之后两轿杠中间。舞者按"跳鼓敲"的节奏表演,敲击者手握乐器,观者人数多时,便停下表演。[①] 已远比刚从台湾传回时丰富多彩。

最具影响的,是流传在泉州城内及其附近的"跳鼓舞",表现的内容是梁山泊好汉化装劫法场救卢俊义的故事,角色有鲁智深、顾大嫂、阮小二、孙二娘、时迁、燕青等六人。表演以对斗、对舞为主。主要动作有"七步翻转""泼脚慢步""磨脚移步""魁星踢斗""铁拐灵额""洞宾背剑"等。主要道具扁鼓,直径约 30 厘米。

第三节　闽台戏曲源流

一、日据时期福建戏班对台湾戏曲的影响

(一)福建大量戏班赴台

日据时期(主要指中前期,下同),大量的福建戏班渡海来到台湾。这些具有鲜明特点的高水平的戏班,以持续的演出时间、强大的演出阵容、丰富的演出剧目、新颖的舞台美术、精湛的表演艺术、积极的传带精神,对台湾戏曲产生了深远的影响。

1.福建高水平戏班大多到过台湾

---

① 李联明主编:《中国民族民间舞蹈集成·福建卷》,中国 ISBN 中心 1996 年版,第265 页。

　　当时在福建稍有名气的戏班,大都被邀请赴台演出。有代表性的如:福州三庆班、福州祥升班、福州乐琼天班、福州大吉升班、福州新福连班、泉州金成发、新梨金合班、泉州傀儡班、福建凤凰社、福州旧赛乐、福州新赛乐、泉州玉堂春班、福州三赛乐、福州上天仙班、福州新国风、厦门天仙戏园、泉州掌中班等。其中有的戏班不只赴台一次,如祥升班就曾于 1906 年 11 月至 1907 年 4 月、1910 年 2 月至 5 月两次赴台,三庆班也曾于 1906 年 8 月至 11 月、1911 年至 1912 年两次赴台,新赛乐亦曾于 1924 年 1 月至 7 月、1929 年 1 月至 2 月两次赴台。

　　许多剧团不只一次被邀赴台,其受欢迎程度可见一斑。当时许多报刊发表了称赞福州戏班的文章,有的还将其与其他戏班比较,指出福州戏班的优胜之处,如《台南新报》1923 年 2 月 15 日第 5 版《闽潮戏来》称:"明十六日,为旧元旦,市内戏园各有剧演,闽人洋服商陈利口、郑三妹、林家松诸人,招一闽剧,曰'旧赛乐',将开幕于南座。是班为新派,唱曲说白,盖系闽剧,服装布景,件件出色。向在台北开演时,大得绅商喝采,颇博身价。潮剧曰'源正兴',开幕在大舞台。此班乃旧派,前月曾来一次,服装打扮,在在乡气,且无背景,观者冷淡。唯所说口白,俱用潮语,台南妇女,多能了解耳。夫当今之世,文明之世也,欧亚剧部,概以布景为工。其闽剧有而潮剧无,欲与并驾齐驱,则潮剧定知其落后矣,可拭目俟之。"

　　2.演出时间长、演出场地多

　　当时赴台的福建戏班,演出时间在 3～6 个月的约有 1/3,7 个月到一年的约有 1/3,一年以上的约有 1/3,如福州旧赛乐曾于 1927 年 1 月到 1928 年 4 月赴台演出,长达一年又三个月;福州新国风曾于 1936 年 1 月到 1937 年 5 月赴台演出,长达一年又四个月。

　　演出场地多也是其特点。福建戏班演出的场地之多,可谓"台湾走透透"。以福州新福连(升)班为例,演出地点有台南南座、台南座、台南大舞台、安平海头角王爷宫、凤山座、嘉义市场后戏园、淡水戏馆等地;以福州大吉升班为例,演出地点有台南南座、台南座、嘉义、朴仔脚、斗六、台北淡水戏馆等地;以福州旧赛乐为例,演出地点有台北新舞台、台南南座、南台大舞台、嘉义南座、基隆福得戏园、斗六等地;以福州新赛乐为例,演出地点有台北新舞台、台南大舞台、嘉义南座、基隆新馆等地。

　　3.演员阵容强大

　　赴台戏班中的演员,动辄七八十人,有的百余人,如旧赛乐于 1936 年 1 月 22 日在台南大舞台参加演出者就达 130 余名。赴台演员中不乏名角,多备受台湾观众的赞捧。以新福连(升)班为例:仅男角就有 70 余名,有代表性的如:武大花林尾叶,武二花陈依细,老生李月春,武老生张彬彬、曹义廷,武生王祥官,武三花卓圭子等。其女伶如:月里红、夜明珠、花旦粉桃花、老生金兰春、金兰英、草上飞、三花赛上飞、草上霜、大花玉麒麟、花旦白牡丹、武生筱月蕉、老生小玉奎、小生筱桂红、金玉莲等。这些女演员在台湾颇受欢迎,报刊曾多加评论,如《台湾日日新报》1910 年 11 月 21 日第 3 版《剧界琐谈》称:"金兰春女老生,唱曲小调多带闽音。然就其外貌而观,色是动人。吴大舍颇赏识云。"《台湾日日新报》1911 年 10 月 16 日第 3 版《新到名角》称:"金兰春及粉桃花色艺双佳,为最好脚色,能演《聊斋》之出,以博观者之赞赏。去十日演《画皮》一出,观者满园。一等席不敷所用,竟有甘立而观者数十人,其得利可坐而待也。但因诸股东积有数万张入场券,每开演时,园前持券争卖者数十人。一等五十钱,折买半价,只有二十五钱,以故观者日益增多。"再如福州大吉升班,有代表性的演员如:老生梁振奎、老生林康康、花旦玉兰花、老生李长奎、二花陈兴喜、二花陈依细、大花黄海伏、大花小长胜、三花赵利猴、三花王洪全、女老生小玉奎、武生郁连生、三花徐春甫、小生郑长寿、小生李仁仁、老生白伯贵、青衣李铁铁、武生江全顺、武生陈生玉、花旦金牡丹、女花旦白牡丹、女老生筱玉奎等。

这些演员的精彩演出,常常引起轰动,许多观众慕名而来,如《台湾日日新报》1910 年 2 月 13 日第 5 版《菊部阳秋》称:"淡水戏园大昨夜有梁振奎演唱《六郎会审》一出,此角色本福州祥升班著名老生,人闻其登台也,来观者顿为之多。然其做工作实有出人头地,不流平凡,足惹人喝采。"《台湾日日新报》1910 年 5 月 31 日第 5 版《菊部阳秋》称:"该班之最出色行当者为老生李长奎。如去廿九夜,演《水淹七军》,李扮关夫子,其形神逼真。又李声音□喨,其所唱之曲,颇应弦合拍。闻李向为大花,近乃转为老生者,故所唱之曲,有时混有大花调在。"

4.剧种、剧目及新戏多

日据时期福建戏班赴台演出的剧种主要有徽戏、福州戏、七子戏、儒林戏、掌中戏及傀儡戏等。

剧目较多,如泉州七子班 1919 年 3 月 21 日在淡水馆新舞台演出的剧目,日间为《同房登科》《武松杀嫂》,夜间由金成发、新梨金合演《荔镜传》,由陈三送三哥嫂起至捧水盆止,第二天接演下本。泉州傀儡班 1920 年 5 月 22 日在台北新舞台演出的剧目,日间为《过五关斩六将》《古城会》,夜间为《李世民回阳》《刘全进瓜果》《郡主观打秋千》《刘全夫妻团圆》等。福州旧赛乐班 1923 年

1月21日在台湾新舞台演出的剧目,日间为《收关胜》《何秀文》,夜间为《长板坡》《杨乃武》等。泉郡锦上花1923年11月6日在艋舺戏园演出的剧目,夜间为《玉杯记》(上本)、《八妻楼》(上本)。福州新国风班1936年旧历元旦在台北市大稻埕台湾第一剧场演出的剧目,初日日间为《黄天口口下沟》《天下财主》,夜间为《大闹嘉兴》《夜灶君报》《活捉樊赛娇》,次日日间为《三摘何元庆》《七条全带》,夜间为《火烧博梁坡》《雷公报》等。福州旧赛乐班1936年农历元旦在台南大舞台连演四日,竟没有一个剧目重复,堪称奇观。其演出的剧目,农历元旦日间为《八百八年》《一枝桃》《节妇再醮》,夜间为《广太□》《尧天舜日》;初二日间为《落马湖》《潇湘夜雨》,夜间为《大闹嘉兴府》《施公案》(一本);初三日间为《辰州会》《三搜幻化庵》,夜间为《三本铁公鸡》《嫁妻养母》;初四日间为《白水滩》《节义传接双冠诰》,夜间为《莲花湖》《包公判双钉》等。福建戏班还演出了连台本戏,如福州新赛乐班演出的三本《铁公鸡》、六本《狸猫换太子》,福州三庆班演出的七本《乾隆君下江南》,福州三赛乐班演出的二本《王昭君和番》等。

除了传统的节目外,福建戏班还上演了大量的新戏,有时事戏,如福州旧赛乐班、福州新赛乐班演出的《枪毙阎瑞生》,取材于1920年上海小花园妓女王莲英被洋行职员阎瑞生害死一案;有清案戏,如福州祥升班、福州大吉升班演出的《杀子报》,取材于清同治、道光年间四大奇案之一,福州旧赛乐班演出的《杨乃武》,亦取材于清同治、道光年间四大奇案之一,福州旧赛乐班演出的《沈锦棠》,取材于清末朱娥姐谋毒亲夫案;有清代人物戏,如福州各戏班演出的《甘国宝》,取材于福建古田将领甘国宝任台湾总兵、福建水师提督、广东提督、福建陆路提督时所发生的事情;有清代故事戏,如福州祥升班演出的《大战南京雨花台》,取材于清代曾国藩攻克南京的故事。

5.布景机关和服装道具独特新颖

福建戏班之所以能吸引观众,与其布景机关独特和服装道具新颖有一定关系。往往福建戏班还未到,邀请方就对布景机关、服装道具做了介绍,以作为吸引观众的卖点。如《台湾日日新报》1923年12月16日第6版《福州班将来台》称:"台北郑三妹氏等所组织之德和公司,此回派员到福州,招致闽中有名之新赛乐。闻将于本月十五六日来台,豫定于来春一月一日,即可在台北新舞台开演。闻该班此回服装全新,其布景又复巧妙,亭台、楼阁而外,有灯景、火景、水景,皆仿佛如真。又有福州人所惯技之弄龙打狮等,为他戏至今未曾演云。"《台湾日日新报》1927年7月1日第4版《三赛乐昨日抵台》称:"闽班三赛乐,昨日抵台,定二日起永乐乐座开演,已准备就绪,闻其布景服色,全部装新。"《台湾日日新报》1936 年 1 月 24 日称:"今回聘请驰名闽班新国风来台开演,一行数十名,昨已抵台……服装全部新鲜,幕景机关甚多。"《台南新报》1923 年 2 月 4 日第 5 版称:"台南市锦町赛美楼主萧宗琳等,组织福州赛乐班来台开演,该班所演出目,争新斗巧,酷肖其神,衣服鲜新者番由北下南,以为娱乐机关,而振兴市况。……想到时观剧者,不乏其人也。"《台南新报》1924 年 3 月 16 日第 5 版《闽班开幕》称:闽班新赛乐"布景及活动机关新奇巧妙"。《台南新报》1924 年 6 月 8 日第 9 版《菊部阳秋》称:日前在台北新舞台开演之闽班新赛乐,"不特机关布景称为独创,即服色出目,亦大可观,当时深博好评,故日夜均得好评。此番卷土重来,依然在新舞台开演,有戏癖者又得消夏之好去处矣"。《台南新报》1927 年 1 月 4 日第 4 版《台北新年剧界》称:"新舞台演福州班之旧赛乐,布景新奇,入场亦众。"《台南新报》1927 年 1 月 21 日第 6 版《闽班好况》称:"顷假台北新舞台开演之闽班旧赛乐,以善于布影,及各艺员之劝勉,故博观客好评。如日前所演之《幻花庵》及《清慈岩》数出,俱用活动机关,不□水景火景,殆若逼真。"《台湾日日新报》1927 年 4 月 9 日第 4 版《闽班开幕》称旧赛乐:"该班布景,久有定评,此次重来,倍加整顿。"由以上记载可知,布景机关独特、服装道具新颖是福建各戏班的特点,也是其吸引观众的主要因素之一。

6.演员各有所长

有的戏班无论武演还是文唱,都颇受欢迎。《台湾日日新报》1909 年 1 月 26 日第 5 版《台南剧界》称:福州大吉升"所演武戏,诸打手作踏肩之法,愈接愈高,极其敏捷。老生梁振奎高唱入云,大得通场喝采。其余诸角,俱有可观。是日春光明媚,风日晴和,座为之满。"戏班往往投观众所好,《台湾日日新报》1909 年 1 月 30 日第 6 版称:大吉升班"自开演以来,武戏多于文戏,其为台人不知文戏,故演武出,以投其所好欤。抑股东欲观武出,以致文出少演欤。"有的戏班长于文戏,有的戏班长于武戏,如《台湾日日新报》1906 年 12 月 13 日《戏言(三)前后两班比较》对福州三庆班、祥升班的演出进行对比:"前后两班不甚轩轾者也。有为调停之说者曰:文戏则祥升较胜,武戏则三庆较胜,此特其优劣也。"

福建戏班的精彩表演,倾倒了台湾观众,除了已有名气的老演员外,初出茅庐的小演员也颇受观众喜爱。《台湾日日新报》1907 年 3 月 10 日第 5 版《出界新奇》称:福州乐琼天班"已于灯节前开演,全班年龄虽属幼稚,而技艺却甚灵巧,台下观者莫不拍手喝采"。福建戏班演时,往往盛况空前,受到台湾观众的热捧。《台湾日日新报》1909 年 4 月 2 日第 4 版《戏园盛况》称福州大吉升班演出时:"戏园经常充满,夜间充满后,往而复返者,络绎不绝,其盛况殊出人意计外云。"《台湾日日新报》1929 年 1 月 8 日第 4 版《闽班新赛乐在新舞台演唱》称:"此次招聘闽班新赛乐,自去五日起,在台北新舞台开幕,预定扮演三周间。该班服饰鲜丽,唱工做工,俱极佳良。"

7.担任台湾戏班教席

福建戏班许多著名演员受聘担任台湾戏班教席,为台湾培养了大批的戏剧人材。如台湾第一个本土京班台南小罗天童伶京班在成立伊始,就聘请了闽班名角为教席,《台湾日日新报》1912 年 2 月 7 日第 5 版《童伶演习》称:自福州三庆班等来台南市演出后,大大推动了台湾戏剧界创立京班的热情,"因鸠集股资万金,每股百圆,名为合昌公司,募集本地小童,自八九岁起至十五六岁止,计有四十余名。聘闽班名角华嫩妹及陈淡淡为之教席,开馆于柱仔街元莱市埔。自客岁七月间教演,经今已阅八月,该童伶熟悉者已有数十出。现每日中午在该馆演习,至午后四时止,和以锣鼓管弦,往观者如堵。其中大花小雷音,步骤观目唱念,俱不减一声雷。而花日小莺莺,亦不逊白菊花"。

有的台湾学戏者请福建戏班名角教剧目,《台湾日日新报》1909 年 6 月 22 日第 4 版《演子弟戏》称:"此次因大吉升班来南开演,而市内学北管者,遂亦技痒。现雇一名角,日夜教以步骤,其剧目《打金枝》《卜天台》《金水桥》《戏凤》等出。俟至烂熟,将在清水寺街扮演。"台湾在聘请福建戏班名角任教席时,属意会讲闽南方言者,以便沟通,《台湾日日新报》1910 年 4 月 13 日第 4 版《聘教正音》称:"市内某实业家,将募集一童子班,特聘上升班文武生郑长寿为教席。郑福州人,常在厦门扮演,能操漳泉语,与本地通。其脚色拟定三十名。"

有的福建戏班名角在戏班返回福建后,还留在台湾担任戏剧指导。据徐亚湘《日治时期中国戏班在台湾》记载:一平,福州人,曾于台湾本土京班杨梅广东宜人园担任戏剧指导;三官先,福州人,曾于台湾本土京班杨梅广东宜人园担任戏剧指导;陈庆琳,福州人,曾于台湾的基隆德胜社担任戏剧指导;德福,福州人,曾于台湾的杨梅广东宜人园、基隆德社担任戏剧指导。[①]

(二)福建戏班对台湾戏班的影响

从以上陈述可知,日据时期的福建戏曲以其独特的魅力,受到台湾观众的欢迎,并对台湾戏曲产生了多方面的影响。这些影响,具体可从以下几个方面来考察。

---

① 徐亚湘:《日治时期中国戏班在台湾》,南天书局有限公司 2000 年版,第 206 页。

1.高水平的戏班演出有利于台湾戏班的观摩和借鉴

福建戏班一些长演不衰的程式化动作、整套的身段表演、借砌末中套数来形象表现角色及排场、龙套等,对台湾大戏的形成提供了珍贵的参照。

第一,各戏班之间的激烈竞争,使各戏班的演出水平不断提高。如1907年6月,福州三庆班、乐琼天班和潮州老福顺班来台南演出,彼此之间展开激烈竞争,观众对三个戏班的优劣进行比较,评戏热情高涨,如认为论鬓生三庆班胜于福顺班,论小生福顺班胜于三庆班,而净角旦角,则并驾齐驱。再如1910年5月,观众将先后在淡水戏馆大观茶楼演出过的上海戏班和福州戏班进行比较,从服装、角色等方面进行评论,多有精辟见解,可看出观众鉴赏水平也水涨船高。有时则是台湾邀请方有意让福建戏班与其他省市戏班对垒,以决优劣。如1928年1月,新舞台让福州三赛乐与沪班对垒,以决定取舍。

第二,戏班的演出使观者如临其境。如1908年7月,三庆班、祥升班在台湾演出的情节迂徐曲折,深深打动了观众,使观众为之吸引,为之倾倒,随剧情忽惊、忽怒、忽快、忽悲者,不乏其人。

第三,戏班的演出得到观众和戏曲界的欢迎和认可。福建戏班演出时,往往是座无虚席。如《台湾日日新报》1923年2月21日第6版《闽戏来演》称:"闽省旧赛乐班于去十六日,已来假市内南座开演矣。当未开幕时,而座位已满。"有人如实记下当时观剧的情形,如《台南新报》1924年2月14日第5版《春日观剧记》载:"时闻闽班新赛乐,假大舞台开演,男女齐向,络绎不绝,俱欣然有喜色。现行数步,忽闻金鼓喧天,人声鼎沸,而□园已在目前矣。余与友人兴高采烈,购买入场券,就席觅坐,特等席充满□女而无立锥之地。场中设备,表而堂皇。"再如1924年2月25日《台南新报》第5版《观剧感想》载:"特聘新赛乐闽班来台,较前来之旧赛乐、长春班颇为特色。假大舞台,演忠孝节之妙出,喜怒哀乐之真肖。服装之新鲜姑勿论之,而布景之佳,宛然是真,不逊欧剧。且开演以来剧目日新,每日夜观客座满。至如古历元旦之日,游春之客争先恐后络绎而来,人山人海,位置无从安顿。"

第四,宣传戏班的广告道出了福建戏班的特色。从这些广告词上,今天依然可以看出当年福建戏班的魅力。如《台南新报》1923年2月20日第5版为旧赛乐所做的广告是这样写的:"启者,今般南座开演旧赛乐。该班在垣驰名,各埠绅商女媛观者,无不赞美。其各艺员登台演唱,神情意美,喜怒哀乐,犹似真情。今有协和公司不惜重资,特聘闽班旧赛乐在台南南座开演。据绅商所评,实有登天之妙,新鲜衣服、苏绣雅观、古装时装、真刀真枪,无所不备,每台布景,实出天然,山林野景、竹篱茅舍、溪河瀑布、楼阁亭台、广厦寒居、汽车电车、真火真水、腾云驾雾、活动机关,此种之剧,盖世维新。"必须看到,当时台湾要想在福建聘戏班也不容易,如1909年4月,台湾有戏癖者集资,至对岸漳州聘十一子班,因此戏班演员多为小童,其父母不放心他们远行,即如数退还定金以却聘。

2.不断增加演出时间和演出场地

演出时间长久、演出场地广泛,使闽戏在台湾得以普及。因受到广泛欢迎,福建戏班常常打破原定计划,不断增加演出时间和演出场地。有时在台湾各地剧场演出的只有闽班,如《台湾日日新报》1921年6月9日《剧场冷落》称:"所点缀城台各剧场者只有闽班,如三赛乐、新赛乐、旧赛乐、善传奇及群芳女班而已。近日旧赛乐、三赛乐、善传奇各班多赴乡演唱。"由此可见,福建戏班的演出场地已开始向乡间延伸,其传播面之广,可见一斑。福建戏班常常以其艺人精湛的演技征服观众,被要求延期是经常的事。如《台南新报》1924年7月6日第9版《闽班好评》称:"闽班新赛乐来台北假新舞台开演,多博好评,故受赠予绣旗绣匾者甚多。本拟近日归闽,然因有志者挽留,特再开演十天云。"有时演出公司规定的时间已到,但戏迷却再行邀请。如《台湾日日新报》1909年5月18日第4版《梨园开演》称:"大吉升班前次在南座开演,因瞙期已满,转赴嘉义开演一个月间,演毕仍回台南市。一二有戏癖者,再行募集二千圆,向他瞙演。定来十八日,仍在南座开台。至于园内设备,比前次较为周至,内中客席而外,附设股东席、记者席、妇人席、并等席,皆甚宽广云。"有时虽是旧地重演,仍大受欢迎。如《台湾新新日报》1909年5月28日第4版《戏园盛况》称:"大吉升班重来开演,局外人多料其必败。讵料园内坐客,日夜依然充满。"福建戏班演出之频繁、演出面之广泛,使福建戏班的演出特点广为人知,便于台湾戏班学习和借鉴。

3.演员的精湛演技有助于提升台湾戏班的演出水平

当时台湾所邀请的福建戏班的演员,大多为一时之选。以福州大吉升班老生梁振奎为例,其1910年2月在淡水戏园演《捉放曹》时声情并茂,被称为"自能由熟生巧无复凿枘",在台湾引起轰动,大获观众喝彩;在演《杀子报》时率演纳云和尚,能花样翻新,曲曲传情,深受观众喜爱;在演《三雄决义》时,每当梁振奎出现,观众就觉得特别有味,其原因,正如当时戏评家所言:"全在神气,嬉笑怒骂,皆成文章。"

特别是福建戏班中一些优秀的演员,运用语言、动作和夸张、变形等手段,创造出鲜明的角色形象,他们在技、艺、形、神、动、静、虚、实方面的独特创造,直接启发了台湾戏班的演员,为提升他们的演技提供了示范。

4.繁多的剧目丰富了台湾戏班的演出内容

福建戏班上演的剧目对台湾戏班产生了多方面的影响,如《台湾日日新报》1927年5月18日第4版《戏评》所言:"现时在永乐座扮演之改良戏,其戏出有采自官音者,有采自福州平讲戏者。情节离奇,兴会淋漓,有关世道人心不少,其说白纯用台湾语,男女老幼,听之易晓,无怪市人趋之如鹜。惟美中不足,若能改音调为官音,乐器亦如官音所用者,则无披靡之嫌。正正堂堂,可驾正音而上矣,其获利岂可量哉。"当时能否演出新剧,也成为是否卖座的一个关键,福建戏班在这方面做出了积极的努力,如《台湾日日新报》1927年4月9日第4版《闽班开幕》称:闽班旧赛乐"此次重来,倍加整顿,且编新剧甚多,远非他班所能望其项背。将来卖座之力,必定倍胜于昔云"。

有时福建戏班演出的新剧太多,以致有些剧目要经台湾当局事先审核,如《台湾南报》1927年1月7日第6版《闽班开演状况》称:"闽班旧赛乐,自一月一日起,在台北新舞台开演,以有新奇布景及警世剧目,故博一般观客之赞赏。惟所演剧目,当局命其须将说明,先行提出禀准。因需翻译,故其剧目,不能于数日前决定云。"许多观众是冲着福建戏班的新节目去的,如1927年1月,福州旧赛乐班在台北新舞台开演,除了演出《幻花庵》《清慈岩》等外,还上演了新戏《陈靖姑》,吸引了众多的观众。

丰富的剧目使台湾戏班上戏时有很大的选择余地,台湾戏班对这些剧目或仿效,或移植,正如徐亚湘在《日治时期中国戏班在台湾》中所言:"使得许多本是京剧或福州戏的传统剧目,逐渐为歌仔戏及采茶戏所吸收,扩大了自身的剧目内容,尤其是新编的连台本戏、时事剧及宫闱戏、武打戏的部分,连台本戏《狸猫换太子》、时事剧如《杀子报》(即《通州奇案》)等,皆成为本地剧种的常演剧目了。另外,为了适应更复杂的故事内容和人物形象,势必对原有的戏曲角色体制提出新的要求,就是必须有一些更为完整的行当来概括新的人物类型,所以歌仔戏及采茶戏在过渡到大戏的过程中,角色分工及其功能也因剧目的移植而开始发生变化。"[①]

5.别具一格的舞台美术为台湾戏班大量借用

台湾有关报刊注意预先报道福建戏班在舞台美术方面的优势,以吸引观众,似已成惯例,如《台湾新新日报》1923年1月16日第6版《福州班不日至》称福州旧赛乐班:"又布景全新,真山真水,亭台楼阁,田舍村落,花木鸟兽,机

---

① 徐亚湘:《日治时期中国戏班在台湾》,南天书局有限公司2003年版,第226~227页。

关活动,各种焰火灯彩,无不巧妙云。"

福建戏班的舞台美术是当时所有戏班中最为出色的,很多戏班来不及培养自己的美工人才,就直接从福建戏班中聘。如1924年2月,永乐座京班园主从福建聘三位美工人材,为戏班的机关布景连夜绘画。1924年10月,台湾演出公司前往福建请优秀美工,新加几种极有特色的机关布景,有新发明的水景……九音连弹等。1925年4月,上海复和京班台北永乐座开演时,特聘福建美工人员新制巧妙机关,有炮炸忠臣阁、大火忽变作骤雨等。1927年1月,台湾组织的一个新公司,专门请一个福建美工乘船来台画布景。1927年2月,在大稻埕永乐座演出的乾坤大京班,上演《三搜卧龙岗》,特聘福建美工画草亭、茅舍、雪景等机关布景,以至山水、树木、鸟兽等景色极佳,大受观众欢迎。1925年5月,台北市永乐町乾元药行陈茂通氏包演永乐座京班,特请福州美工制造活动机关布景,形象逼真,使入场者为之一振。

福州戏班所使用的舞台美术,如活动机关及电光技术普遍为台湾戏班所吸收、运用,正如徐亚湘在《日治时期中国戏班在台湾》中所言:"至于台湾戏班开始使用布景机关乃是直接受到本世纪二十年代来台的福州戏班及上海京班的影响,尤其是当作场景背景的平面彩绘布景(软景)及单片纸质景片(硬景)的布景运用。当时的台湾戏班对其写实的画法、透视技法的使用所造成场景的拟真及活动效果,莫不感到新奇而争先仿效,以致诸如歌仔戏、采茶戏、白字戏等每个内台戏班大都有金銮殿、公堂、神庙、监狱、茅舍、厅堂、花园、野外等画幕布景及山石、石桥、城楼等硬片布景,分别根据剧情场景的需要而组合,此影响延续至战后台湾内台戏舞台美术的发展。"[1]

6.担任教席的福建演员为台湾培养了大批青年演员

一是由福建戏班在台湾招收次要演员进行培训。如1910年,福州祥生班曾在台湾本地招收稻江艺妓充任附属演员,由祥生班老生李长奎等名角任教席,每天前往教之。二是台湾戏班聘请福建戏班名师教演名剧。如1920年2月,台南金宝兴班特聘泉州南音名角,教授七子名剧。三是福州戏班名师应邀在台湾设帐授徒。如1927年2月,嘉义戏曲爱好者特聘泉州南管乐师,设帐于开漳圣王庙内,长期教授曲艺。四是台湾富商为台湾戏曲团体聘请福建名师。如1922年,台湾富商为台湾新竹十欢音乐团礼聘福建名师徐品增,于北门捷安药栈,每晚8点到9点,教授笙簧、品笛、狼帐鼓、木鱼、文板、大锣等各种乐器。五是福建戏班一些名角滞留台湾后为台湾戏班延揽为教席。福建各

---

[1]　徐亚湘:《日治时期中国戏班在台湾》,南天书局有限公司2003年版,第230页。

戏曲在长期实践中形成了自己的创作体系,担任教席的福建演员不仅教授"唱做念打"四种表演功夫和"手眼身法步"五种技术方法等戏曲演员的基本功,还根据自己的舞台经验,传授角色行当人物形象塑造上的体会,进一步提高了台湾演员的艺术表现力。

日据中前期,台湾有关报刊不断发出严禁上演产生于台湾本土的歌仔戏、采茶戏的呼声,社会上持续对歌仔戏和采茶戏提出改良的要求,福建戏班在此时持久且大规模地赴台演出,为转型期的歌仔戏和采茶戏在各方面提供了难能可贵的借鉴,不仅在表演方面,而且在剧目、舞台美术等方面也起了丰富和提升的作用。歌仔戏和采茶戏不失时机地、潜移默化地吸收福建戏班的特点和长处,从而慢慢过渡到大戏。①

二、福建戏曲对台湾戏曲的影响

台湾戏曲可分为大戏、小戏、偶戏三种。因台湾早期移民多来自福建,他们带来了家乡的戏曲,因此,这三种戏曲都与福建有着密切的关系。

(一)福建戏曲与台湾大戏

所谓"大戏",是指剧中有各种角色,演员可扮演各种人物,情节复杂曲折,综合了音乐舞蹈等多种艺术,有着优秀的文学剧本,有较高的艺术层次的戏剧。大戏有歌仔戏、采茶戏、梨园戏、高甲戏、乱弹戏、四平戏、粤剧、闽剧、越剧、评剧、陕剧、滇剧、豫剧、江淮剧、湘剧、川剧、晋剧、昆剧、京剧等19种,其中最主要的一般称为歌仔戏、南管戏、北管戏,它们都与福建有着极深的渊源关系。

1.歌仔戏

歌仔戏是台湾的代表剧种,在台湾影响最为深广。它发祥于台湾宜兰县,源自闽南的锦歌和车鼓戏,经过台湾艺人不断加工提高,终于成为完整的大戏,后又由台湾传入闽南,再经过闽南艺人的加工,成为福建五大剧种之一的芗剧。歌仔戏的形成、发展与传播,见证了闽台戏曲之间密切的渊源关系。

歌仔戏的形成与漳州的锦歌有着极为密切的关系。歌仔戏的发源地是宜兰,但却可推溯到漳州的锦歌。锦歌早期在台湾被称为"歌仔",之所以后来被称为"锦歌",有两种说法,一是认为九龙江流经龙海石码地域的这一段被称为"锦江",而石码地域盛行"歌仔",所以当地人便称其为"锦歌";一是认为"歌仔"由乡村走进城市,演唱地点由非固定场所变成"会堂式"演唱,演唱由带有

---

① 何绵山:《试论日本侵略台湾时期福建戏曲对台湾戏曲的影响》,《中华戏曲》总第37集。

乞讨性质转为职业说唱,又受到城市南音的影响,综合了南词、南曲、车鼓、竹马、采茶等民间艺术,音乐曲调、说唱曲目与表演形式较诸以往更为庞杂,故用"什锦歌"来代称"歌仔",而"什锦歌"省称为"锦歌"。① 一般认为后一种说法更具科学性。锦歌唱念兼备,以唱为主。一般为一两人演唱,唱者自兼拍板,伴奏乐器有琵琶、洞箫、二弦、三弦等。音乐大体可分为四类:(1)"杂念子""杂嘴子"。这是在民间歌谣基础上发展成的吟诵性唱腔,唱词字数不拘,句式自由,接近口语,通俗易懂。(2)《四空仔》《五空仔》。这是两种抒情性的曲调,前者变化多样,可以表达各种感情;后者优美抒情,一般用于一曲的开头,也可单独使用。(3)花调、杂歌。系从其他曲艺、戏曲中移植过来的民间小调。(4)器乐曲。是从其他曲种、剧种吸收来的器乐曲牌,按其演唱风格可分为亭字派、堂字派和盲人说唱三大流派。亭字派艺人主要活动于城市,受南曲影响较深,讲究咬字、归音韵味、风格优雅细致。堂字派艺人多活动于乡镇,唱腔朴实粗犷,尤其擅长"杂念子"。盲人说唱者的足迹遍及各地城乡,唱腔朴实动听。②300多年前,闽南民歌小调"锦歌"随着漳州移民传入台湾,成为当地一种说唱表演,在节日或婚丧喜庆时演唱。在锦歌传入台湾的过程中,出现了闽南语歌仔册,其内容或为民间长篇故事,或为叙事性民歌、小调、杂歌等。"闽南语歌仔册作为读本可以看或读,作为唱本可以唱而听。"③闽南语歌仔册在台湾的大量传播,使唱歌仔的风气在台湾长盛不衰,为歌仔戏的普及奠定了基础。此外,台湾早期歌仔戏剧目大多根据锦歌曲目改编,常演的剧目有《陈三五娘》《山伯英台》《孟姜女》《郑元和》《杂货记》《李三娘》《吕蒙正》《秦雪梅》《双珠凤》等10多个。

歌仔戏的形成还与闽南的车鼓戏有着极为密切的关系。车鼓戏产生于闽南,随着闽南移民迁台而传入台湾。对于车鼓戏,谢家群在《福建南部的民间小戏》中有详细的记载:车鼓戏最先是由一种为迎神而扮演的"社火"在闽南地方很盛行,后来因为路上看热闹的人太多,扮演的人行走不便,就想起把他们安排在牛车上,同时又在车上四边结以花草和各种彩饰,配以锣鼓乐队,让演员在车上演唱民间小调,也做些简单的动作,这就是"车鼓阵"的最初形式。盛行后的"车鼓阵"受到观众的热烈欢迎,逐渐发展为以演唱民间传说和故事内

① 杨馥菱:《台闽歌仔戏之比较研究》,学海出版社2001年版,第20页。
② 缪天瑞、吉联抗、郭乃安主编:《中国音乐词典》,人民音乐出版社1985年版,第139页。
③ 汪毅夫:《闽台缘与闽南风》,福建教育出版社2006年版,第215页。

容为主的小戏……但是演员的台步受到牛车上四边栏杆的限制,只好以小步的进退来适应需要,而通过面部表情、眼神、两臂和双手的动作来加以发挥。这就形成了"车鼓弄"的主要特征:眼神灵活、动作轻快、上身扭动、下身进退。后来人们又把"车鼓弄"从牛车上解放下来,让它下地演出,这就成为"落地索"形式的"车鼓戏"了。① 在长期的演出过程中,台湾艺人吸收了闽南车鼓戏的阵头形式,在阵头行列以调弄舞蹈身段配合演唱,称为"歌仔阵"。当阵头停下来时,用竹竿围成场子,就地演出,称为"落地扫"(落地索)。台湾歌仔戏研究者曾永义认为:"由谢氏对福建'车鼓戏'的描述,其'车鼓阵'的表演方式和内容,与宜兰的'歌仔阵'岂不如出一辙? 又其所谓'落地索'车鼓戏,岂不也与宜兰的'老歌仔戏'模样相同? 而车鼓阵的音乐就是'锦歌',锦歌与宜兰'歌仔'又其实同根并源,如此说,台湾的歌仔戏简直就是来自闽南的'车鼓戏'了。"② 对于台湾早期的车鼓戏的演出情形,当时的诗歌中有所记载,如陈逸《艋舺竹枝词》第三首记:"谁家闺秀坠金钗,艺阁妖娇履塞街。车鼓逢逢南复北,通宵难博几场谐。"诗后自注:"艺阁,赛会时以妓扮故事人物于座,抬以游行。车鼓,俗称花鼓,亦称撑渡,因其表演为滑稽小歌剧,全博人一笑。"③刘其灼《元宵竹枝词》第三首记:"鳌山艺阁簇青云,车鼓喧阗十里闻。东去西来如水涌,尽多冠盖庇钗裙。"④杨馥菱对车鼓戏做了进一步描绘:"车鼓戏丑角的扮相以滑稽逗趣为原则,头戴斗笠式帽或呢帽,身穿黑色大绉汉衣裤,鼻插两络须,嘴上挂着黑色的八字髯,嘴角点痣,手执'敲仔'当作敲击乐器使用;旦角的扮相则以妖媚为原则,以绸巾的中央捏成一朵绸花放在头上,其余由两边垂下,额上围以珠花或以绸巾插珠花为饰,身穿花红杂色衫裤,腰系绸巾,左手拿手帕,右手拿折扇。其演出程序为'踏大小门'、'踏四门'、'绕四门'、'绕圆圈'、'引旦出场'、'表演曲子'、'踏七星'。演出方式为丑、旦且歌且舞,相互对答,丑与旦的动作皆相当简单,多用'对插'、'双入水'、'双出水'的旋转动作来表现,而且两人的动作通常是方向相反,丑往前进旦则向后退,一前一后互相搭配,整

① 曾永义:《歌仔戏源自车鼓戏》,王秋桂主编:《表演、艺术与工艺》,稻乡出版社1996年版,第35～36页。
② 曾永义:《歌仔戏源自车鼓戏》,王秋桂主编:《表演、艺术与工艺》,稻乡出版社1996年版,第36页。
③ 陈香编著:《台湾竹枝词选集》,台湾商务印书馆股份有限公司1983年版,第168页。
④ 陈香编著:《台湾竹枝词选集》,台湾商务印书馆股份有限公司1983年版,第258页。

个演出形态仍属于'踏谣'的表演阶段。"①由以上描绘可得知:1.车鼓戏从车鼓阵胎化而来,因此表演时带有车鼓阵的痕迹,这也使早期的歌仔戏具有一定的草根性,如演出衣饰、行头不很齐全,除了旦角要装扮外,其余角色可就地取材,着随身衣裤即可登场,最大的特色是人手一把扇子。2.车鼓戏的音乐"锦歌"直接影响了歌仔戏的音乐,不少锦歌的曲牌也是歌仔戏的曲牌,如锦歌的《五空仔》《四空仔》《杂碎仔》即歌仔戏的《大调倍士仔》《七字仔》《杂念仔》等。3.车鼓戏中有丑、旦角,并有一些简单的逗笑情节,使歌仔戏在身段动作和表演形式上进行了大量的移植和借鉴,并从单纯的坐唱发展为迎神行列中的沿街表演。

在歌仔戏从小戏发展为大戏的过程中,福建戏班赴台演出起到了举足轻重的作用。民国初年,"歌仔阵"由平地登上舞台,从当时流行的乱弹、四平、南管、高甲戏中吸取营养,遂成为大戏。歌仔戏向赴台的京戏、福州戏戏班学习多种舞台艺术,日趋成熟。日据中前期,福建许多高水平戏班来到台湾,在表演艺术、演出剧目、舞台美术等方面对台湾歌仔戏产生了极大影响。(笔者在《试论日据时期福建戏曲对台湾戏曲的影响》《试论福建戏班对台湾戏曲的影响》等文中已有专门阐述,此不赘述。)吕上诉在《台湾歌仔戏史》中称:"民国十二年前后,外省来台公演的剧团有福州班旧赛乐和京班新赛乐、三赛乐等,他们都有平面画的软布景,《三国志》及连台戏的《陈靖姑》《狸猫换太子》《济公传》等剧。歌仔戏班于是就学习他们增设布景,每个剧团大约有同一类型如金銮殿、公堂、监狱、厅堂、茅舍,已有数十个了。剧本也从短篇改为连续篇如《孟丽君》《八美图》《九美夺夫》《慈云走国》《五子哭墓》,剧本大约四至五天才能演毕。"②杨馥菱则进一步指出:"京班与福州班所带给歌仔戏的影响远不止上述,歌仔戏班直接吸收这些留台班底的演员,请他们指导武戏,从而使歌仔戏开始有了武戏的剧目。"③日据中前期,福建戏班之所以对台湾歌仔戏产生极大影响,与这一时期台湾戏曲界上出现的两个特点有关:一是歌仔戏班社如雨后春笋,遍及台湾全岛;二是民众中的"卫道士"大肆讨伐歌仔戏,强烈要求禁演。1916 年,台北淡水戏院改建为新舞台,并出现了卖门票进行营业性演出的歌仔戏团。1921 年后,歌仔戏演出已遍及台湾全岛,歌仔戏班社大量出现,

---

① 陈香编著:《台湾竹枝词选集》,台湾商务印书馆股份有限公司 1983 年版,第 33～34 页。

② 杨馥菱:《台闽歌仔戏之比较研究》,学海出版社 2001 年版,第 60 页。

③ 杨馥菱:《台闽歌仔戏之比较研究》,学海出版社 2001 年版,第 60 页。

有代表性的如北投的清乐社、新村的如意班、新竹的共乐社、香山的小锦云班等。一些演出其他剧种的班社,也都纷纷改演歌仔戏,之后成立的班社如:台北的大戏园,大桥头的复兴社,斑甲的龙凤社,高雄的宝银社,台南的丹凤社,扑子的登兴社,嘉义的宝银社,苗栗的极乐社,宜兰的清和社、宜春社、霓生社等。与此同时,社会上持续出现对歌仔戏的讨伐之声,以《台湾日日新报》为例:1925 年 12 月 3 日第 4 版《无腔笛》称:"近来吾台戏剧界如歌仔戏、采茶等,伤风败俗最多,而白话戏其他次之。该戏一演,则下流社会之男女无一不趋之如鹜。若纵其入戏台演唱,则社会之颓败立至矣。为其地方监督者,最宜严为注意也。"1926 年 7 月 7 日第 4 版《淫戏须禁》称:"丰原座迎来所演之本岛剧不是歌仔戏,便是采茶班。此种淫戏,到处排斥声浪日高。当局若不早讲禁止之策,将来贻害地方风纪非浅鲜也。"1926 年 12 月 1 日第 4 版《禁歌戏开演》称:"剧有种种,其最碍社会风俗者即歌仔戏是也。近来世风日下,禁演中之歌仔戏,小改服装,颜曰改良戏,已公然上台开演,而无取缔者多。如罗东街数月前,于有乐座戏园开演此戏,致村中男女青年日夜被迷于戏园中者不少。幸当局细查之,诚有碍风纪。自去二十六日招园主到警察课,命令中止,此后不许开演云。"1926 年 12 月 20 日第 4 版《台南歌仔戏何多》称:"歌仔曲元系乡村牲童猪奴所唱,今竟编之为戏,流行都市。唱念系淫词邪曲,易坏人心术,无知妇女趋之若鹜,弊害传播全岛,而台南尤盛。现市内橼仔林街组织一团,砖仔埕街组织一团,大铳街组织一团,闻尚有计设中者,有心世道者,何不速出严禁止乎。"1927 年 1 月 26 日第 4 版《潮州班开演》称:"斗六元来多有歌仔戏,相传谓之淫戏,中流皆□其为伤风败俗。"1928 年 5 月 3 日第 4 版《禁演歌仔戏有一利一害》称:"现时全岛剧界,颇流行歌仔戏,一部分人趋之如鹜。有心世道者,以为有害风俗,宜行禁绝。而据司警之人言,禁演固易,然将以何者代之,使彼等有可娱乐。日间劳役,夜间休养精神,是绝对有必要。歌仔戏剧本,因世论哗然,经严重检阅,其不纯者悉排之。但其调淫靡,不堪听耳,当筹所改良之。现时社会风潮,渐变险恶,思想界甚浑沌,有各种之讲演,彼等既无可乐,必竞趋于彼,而中恶宣传之毒,其祸必更有甚者焉。故歌仔戏之禁演,一利亦有一害,宜深加筹度也云。"1934 年 8 月 30 日第 8 版《郑声曲盘》称:"台湾歌仔调,在现社会,每被讥为郑声,盖涉于邪淫也。然妇女辈,每乐听之,是以趋时者,遂制成曲盘射利。南投本为清静之乡,纵有歌仔调之音头流入,亦鲜有野鄙者。不道近日中,在郡役所前,每于夜中或清晨,露出极猥亵卑鄙之声,盖歌仔调音头中之极不可堪者。顾此地非咖啡馆,何来有此。细聆之似出于南投信用组合之中。组合与图书馆、邮便局为邻,每□入馆者渐减。意者当暑休之际,学生归乡者多,何以好阅图书作消遣之学生,亦不入馆,查之始知为此郑声所扰而裹足。有谓最可恶者,莫如日前邮便局长丧式之日,官民会葬者,充满一庭,俱现悲哀之色,彼则肆无忌惮,高奏该淫乱之乐,真不近人情也。"再以《台南新报》为例,其1925年9月22日第5版《万殊一本》称:"采茶歌仔戏,美其名曰白字戏改良班,实则以秽言语编为歌仔,伤风败俗,莫此为甚。望各戏园勿演此如何。"1927年1月5日第6版《淫戏宜禁》称:"清水街,元旦之日,有一班歌仔戏假紫云岩开幕。观其演唱丑态百出,地方之淫风陋俗,必从此而生。极宜禁之。"1927年2月19日第6版《惹动社会昨夜市中排场演唱》称:"歌剧之伤风败俗,固尽人皆知矣。盖其音调衰飒,口白卑鄙,为最下流戏剧。而演唱者,又变本加厉,唯恐不如是,不足以吸收人气,竟不知数典忘祖,而致有伤风败教世俗也。若台下观之者,独博目前一时之快,又不自知此剧之淫词鄙调,足能令人迷惑也。有识之士,每叹郑风之乱,而鸣于有司者遍地而起,以故目下在大舞台开演中之丹桂社班已有相谋具呈叹愿书,几惹社会问题嗣闻因得当事者之辩解,云其曲本修正,脚色约束并求各方面谅解,许姑延残喘。固亦为整班者资本,及脚色糊口计,不得不尔讵意。昨宵又闻于市中永乐町派出所附近,更排场演唱歌剧。查之上台脚色,俱是高砂町子弟班。夫彼为营业关头所使然……此风真不可长,不知有官守有言责者为何如。"从以上报刊记载,可得知:(1)歌仔戏在当时被认为是淫戏,伤风败俗,被要求禁演。(2)民众在劳役之后,需要娱乐,如歌仔戏被禁,民众无处娱乐,必生事端,故当时认为禁演歌仔戏有一利一害。(3)歌仔戏已进入戏园演出,对青年,尤其是妇女影响极大。(4)出现了许多本地的子弟戏班。这一时期出现众多的歌仔戏班和对歌仔戏讨伐之声不绝于耳这两特点,不仅为歌仔戏从赴台的福建戏班中汲取养料提供了最佳的机遇,也是歌仔戏不得不向赴台的福建戏班学习的原因。因为,第一,戏班众多必然要竞争,这就促使各戏班争先恐后地向赴台的福建戏班学习;第二,各戏班迫于民众的讨伐,尽可能在传统方面做一些接纳和汲取;第三,由于要禁歌仔戏,又要解决民众的娱乐,因此大量聘请福建戏班及其他大陆戏班来演出,这就为歌仔戏班学习福建戏班提供了便利的条件。一时间,台湾歌仔戏班都以学习福建戏班或大陆其他戏班为号召,极力标榜其所演之戏皆来自于福建戏班或大陆其他戏班,竞相示意自己戏班得到福建戏班或大陆其他戏班的真传,如新舞社歌剧团的戏单下方两行广告词写着:"上海福州老练排戏先生,布景画师,电器应用,机关设计技师一行数十名,共同苦心研究工作三个多月,至今完成,由今夜能得公开。"新舞社歌剧团是当时长驻台北新舞台演出的首届一指的歌仔戏剧团,连这种有名气的剧团都要竭力标榜福建戏班对其的影响,其他剧团就更可想而知了。1929年2月,歌仔戏发源地宜兰成立了台湾第一个公立歌仔戏剧团——兰阳歌剧团,为歌仔戏的推广与薪传做出了贡献。

歌仔戏在日据时期以不同形式传播到闽南,促成了漳州芗剧的形成,并在闽南汲取各种养料后再传回台湾,成就了一段闽台戏曲交融的佳话。如1918年,厦门出现演唱歌仔阵的歌仔馆——仁义社,台北人王银河曾参加其活动,最后下海成为歌仔戏班——双珠戏班的大广弦手。1920年,台湾演员在厦门洪本部陈圣王宫前演出歌仔戏。1925年,歌仔戏班在厦门出现,并出现一批业余性质的歌仔馆,台湾旅厦同乡会在局口街组织了和平社,后有开乐社、宜乐社、福义社、亦乐轩等约40余处。1926年,台湾歌仔戏班玉兰社在厦门新世界剧场演出达四个月之久,盛况空前。[①] 1928年3月,台湾歌仔戏班三乐轩到同安县白礁武王庙进香,归途在厦门水仙宫妈祖庙前演出三天,反响热烈。由于语言相同,戏中曲白全都能听得懂,许多观众都学会了那著名的"七字仔",不论老少都会哼"清早起来啊……天光时"。此后,每年3月,台湾有些歌仔戏班到闽南来进香,途经厦门时都要进行短期演出。台湾金声社、丹凤社、牡丹社、凤凰班、梅兰社、同意社等10多个职业班社,陆续到厦门思明戏院进行长期演出。台湾旅厦歌仔戏艺人还组成霓生班,到漳州、龙溪、海澄、同安等地演出。几年里,台湾歌仔戏的影响遍及芗江两岸,在芗江两岸扎下了根,成为芗江流域(特别是漳州)人民自己的戏曲,因此从1941年起又被称为芗剧。随着歌仔戏在芗江流域的大受欢迎,各地的子弟戏班纷纷聘请歌仔戏艺人教戏,如庄益三到同安潘涂社教《孟姜女》、戴龙发到海澄教《乌盆记》等。许多内地县份也开始流行歌仔戏,长泰、华安、漳平、南靖、平和、漳浦、龙溪等地普遍开设歌仔馆,总数达240多个。较有成就的艺人,相传有"许茂小生""白礁花旦""崎巷老丑""石美须门"等。在歌仔戏的冲击下,一些其他剧种的本地戏班,如新合春、连珠班、金瑞春、新玉顺、正桂春等,也先后改演歌仔戏。[②]

1937年抗日战争爆发,海峡两岸处于隔绝状态,歌仔戏在两岸同时被禁演。

1945年至1949年,闽台两地戏曲交流恢复正常。福建戏班对台湾歌仔戏影响最大的,是1948年底从厦门渡海赴台的南靖县都马抗建剧团,次年由于两岸隔绝而从此留在台湾。都马班对台湾歌仔戏的贡献主要有三个方面:

---

① 陈耕、曾学文、颜梓和:《歌仔戏史》,光明日报出版社1997年版,第100页。

② 《中国戏曲剧种大辞典》,上海辞书出版社1995年版,第1644页。

第一,拓展了歌仔戏唱腔曲调的空间。都马班演唱的杂碎调和其他改良调是台湾观众从未听过的,但他们对这些优美动听的曲调却有似曾相识的感觉,因而这些曲调纷纷受到其他戏班的学习模仿,并被称为"都马调"或其他以"都马"为名的新曲调,如"都马哭""都马蝶仔"等,为台湾歌仔戏界普遍使用。"都马调"以长短句式的唱词结构,增加了歌仔戏长篇演唱的耐力,现今其在歌仔戏中运用的频率,直逼"七字调"而来。"都马调"融合了"锦歌杂念仔"和"台湾杂念仔"的优点,跳脱七字联句的规范,和"七字调"形成互补,以致与台湾歌仔戏的"七字调"并驾齐驱,成为台湾歌仔戏的主要唱腔之一,二者成为歌仔戏不可或缺的两个主要曲调,陪着歌仔戏走上第二次高峰。如果以京剧的西皮、二黄为比喻,歌仔戏的西皮就是"七字调",二黄就是"都马调",各有运用上的巧妙。[①] 台湾歌仔戏界对此有一比:"七字调"是吃饭,"都马调"是配汤。第二,丰富了歌仔戏的化妆和行头。都马班的化妆、行头原本学习越剧的古装行制,赴台后为各歌仔戏班大量模仿,于是歌仔戏也有所谓的"都马头""都马靴""都马裙"等装扮。第三,拍摄了第一部歌仔戏电影。1954 年,都马班开拍《六才子西厢记》,虽然由于种种原因未获完全成功,但为第二年台北拱乐社成功运用 35 毫米的胶带拍摄第二部歌仔戏电影《薛平贵与王宝钏》提供了经验,促进了歌仔戏的普及。[②]

1993 年 7 月至 1995 年 12 月,台湾曾永义等人对 166 种歌仔戏的剧本进行了整理,演出或唱片的整理记录采用汉字书写闽南语音的形式,并出版了《歌仔戏剧本整理成果报告书》。

2.南管戏

南管戏是台湾的主要大戏之一,与闽南关系极为密切。曾永义、游宗蓉认为:"台湾的南管是由福建泉州传入的,而'七子班'、'高甲戏'和'白字戏'因为主要都用南管音乐伴奏,所以常混称为'南管戏'。其实凡是用当地方言演出的戏曲都可称为'白字戏',梨园戏的'下南'在泉州用泉州方言'下南腔'演出,因此在当地就叫作'白字戏',传入台湾后也沿用了这个名称。至于台湾的'七子班',在泉州就是'梨园戏'的'小梨园'。由此可知,台湾所谓南管戏,除了高

① 廖琼枝:《歌仔戏的历史与示范》,《台湾史迹研习会讲义汇编》,台北市文献委员会 2001 年版,第 455~461 页。

② 陈松民:《南靖县都马抗建剧团在歌仔戏(芗剧)史上的特殊贡献》,《艺术论丛》1996 年总第 15 期。

甲戏外都是梨园戏。"①辛晚教认为:"泉州南管戏原包括梨园戏、高甲戏、木偶戏、竹马戏。台湾称南管主要指梨园戏及高甲戏两种。台湾早期布袋戏也唱南管,后改唱北管曲,奏北管曲牌,已不复有南管布袋戏。"②林尚义认为:台湾南管戏之由来与梨园戏有关,南管戏"指早期由大陆传到台湾属于闽南语系的戏剧,与北管是相对应的名词。包括有'七子戏'、'高甲戏'、'白字戏'三种"③。

七子班以全班不出七个人得名,所演剧目,大多为元明旧有传奇,如《琵琶记》《杀狗记》等,被称为江湖十八本,其唱法声腔与昆曲相接近,不过行腔吐字更为柔曼。七子班没落后,原来的戏剧变成了清唱,即日后的南管戏。"台湾的'七子戏'源自福建泉州的'小梨园'(童伶)和'大梨园'(成人),一般狭义的'南管戏'即指'七子戏'。'梨园戏'为闽南语戏中最古老的剧种,约于康熙三十六年以前传入台湾。"④

梨园戏流行于泉州、晋江一带及同属闽南方言区的漳州、厦门,在清康熙年间即已在台湾流行,唱腔、曲词、说白主要都是用泉州方言,伴唱以泉州管弦音乐为主,悠雅缠绵。台湾梨园戏从剧目、唱曲曲目、"科"、乐器等方面全面移植传承了泉州梨园戏的内容和精华,以剧目为例,台湾1963年梨园戏培训班传承的剧目有《陈三五娘》《朱弁》《吕蒙正》《董永》《韩国华》《郭华》《李三娘》《高文举》《葛熙亮》《苏东坡游赤壁》《昭君和番》《雪梅教子》《陈姑操琴》《招商店》十四大戏及《士久弄》《番婆弄》两小出。20世纪90年代中期,由台湾"文化建设委员会"主办,制定了由四个艺术团体或单位承办的梨园戏传承计划,其初期选定的传承剧目分别如:台中县清水镇清雅乐府(七子班),排演《郭华买胭脂》中的"买胭脂""约会""入山门""月英梦""审郭华""审月英"等出;彰化县立文化中心,排演《陈三五娘》中的"磨镜""扫厝""捧盆水"等出;台北市汉唐乐府梨园舞坊,排演《山伯英台》中的"士久弄"、《高文举》中的"玉真行"、《吕蒙正》中的"入窑""过桥"、《董永》中的"摘花"等出;江子翠南管乐府,排演《山伯英台》中的"士久弄"、《陈三五娘》中的"睇燈""留伞""赏花""绣孤鸾"等出。其

---

①　曾永义、游宗蓉:《台湾的大戏》,林明德主编:《台湾民俗技艺之美》,台湾省政府文化处1998年版,第114～115页。

②　辛晚教:《南管戏》,汉光文化事业股份有限公司1988年版,第10页。

③　林尚义:《剧场表演空间的架构——以台湾乡镇地区为探讨对象》,财团法人成长文教基金会2000年版,第2～12页。

④　林尚义:《剧场表演空间的架构——以台湾乡镇地区为探讨对象》,财团法人成长文教基金会2000年版,第2～12页。

中前两个单位由本地艺师吴素霞传授,后两个单位主要聘请闽南艺人传授。传承的唱曲曲目,由闽南艺人传授的江子翠南管乐府演唱的如:《陈三五娘》中"留伞"的曲目《佳人就》(倍士)、《年久月深》(倍士)、《三哥回心》(倍士)、《阿娘反覆》(中潮)、《三哥暂宽》(中潮);《祝英台》中"士久弄"的曲目《你听喳》(锦板、五空管)。传承的"科"(肢体动作程式),在原有基础上又有所发展。如梨园戏有十八基本科步,通称为十八科母,其中包括属日常生活类的科母7种,属表现内心喜、怒、哀、乐类的科母5种,属上下场及台位调度行动类的科母6种,此外,梨园戏各行当另有各行当应用的科步,如有丑角科步,小旦三落科、骑马科、扇科等。台湾梨园戏艺人吴素霞女士在原有的基础上推陈出新,编创了三十八式的科步,如(1)行步式,(2)提手式,(3)左右转身式,(4)压心式,(5)分手式,(6)举指式,(7)偏触式,(8)路触式、左右捺式,(9)毒雀(触)、悄促式,(10)拱手式,(11)手心式,(12)举手式,(13)出入门,(14)捲触,(15)搥胸、擗踊式,(16)摘花式、屈雀(触),(17)双飘手式,(18)拭泪式,(19)搭手掷,(20)催马式,(21)七步颠,(22)双对指式,(23)遛神醒,(24)掛手式,(25)相公磨,(26)过场式,(27)板行,(28)垫步行,(29)睸眺式,(30)微笑,(31)过眉式,(32)下手摆(拜)、手袖拜式,(33)七步行,(34)截手式,(35)牛车水、牵手三闪,(36)独摇手、碎步,(37)飞凤,(38)屈指算。[①]

高甲戏流行于泉州、晋江、南安、厦门等闽南方言区,它孕育于明末清初,早期被称为"宋江戏"。高甲戏曲调以南管为主,文戏身段受梨园戏影响,武戏从宋江戏发展而来。高甲戏何时传入台湾已难考察,一般认为已有200多年的历史,在日据时代已流行于台湾。高甲戏最初传入的是台湾南部,再由中部扩至北部,因为宾白歌词易懂,故广受民众欢迎。从高甲戏的名角都出自彰化伸港来考量,高甲戏的传入或与伸港有关。伸港是早期泉州移民的聚居地,他们平时休闲娱乐以唱戏赏戏为主,高甲戏曾盛极一时,高甲戏的女老师黄味曾带着女儿落脚伸港的泉州厝教学。伸港历来戏班不断,清朝中叶有"彩华珠""三宝珠",日据时期有"锦乐园",光复后有"锦丽珠""新丽园"。当时唱而不演的班子叫"某某珠",粉墨登场唱作俱有的班子称为"某某园"。[②] 光复后,全台湾还有数团全职团和子弟班。出身于彰化伸港的台湾高甲戏名角周水松曾任生新乐高甲戏班的班主,他生于1936年6月,在接受采访时自言"我才是高甲

① 辛晚教:《南管戏》,汉光文化事业股份有限公司1988年版,第56~70页。
② 莫光华:《台湾各类型地方戏曲》,南天书局有限公司1999年版,第65页。

戏的台湾人创始者"①,他的一生或许见证了高甲戏后期在台湾的发展:周水松9岁开始涉足高甲戏,至14岁一直留在业余班,16岁时到基隆新锦珠,其1952年改称台中新锦珠,后又分化出彰化胜锦珠和鹿港新丽园。到1957年,台湾所有地方戏都走向衰微,这三个高甲戏班全军覆没。1957年,周水松到台北与寺庙主持人沟通,筹资重组高甲戏班,重金聘请昔日新锦珠名旦吴灿珠复出。一年后,吴灿珠另组新团新灿珠。周水松又聘王秀凤出山担任苦旦,一年半之后,王秀凤自立门户另组锦玉芳歌剧团。周水松又聘请张月英担纲,两年半之后,张月英便自己创建了新金英歌舞团。至此,高甲戏班已有四团,周水松功不可没。1987年,周水松自己成立新丽园,后改为生新乐,训练演员,招收学生72人。他长期在伸港福安宫于每周一、三、五传授高甲戏,学生以社会人士为多。值得注意的是,周水松为了更好地传承高甲戏,先后10余次到泉州探源,最早一次在1968年,是暗中偷渡,他在泉州的师叔叫溪叔,1998年还健在,当时已高龄98岁。② 周水松在泉州收集了许多高甲戏的原始资料,他将自己的毕生精力献给了台湾高甲戏,曾获台湾"民族艺术薪传奖"。台湾高甲戏在剧目、唱曲、曲调、曲牌等方面传承自泉州高甲戏,以剧目为例,台湾高甲戏较常演的剧目有《火烧百花台》《陈杏元和番》《王昭君》《灵前会母》《剪罗衣》《一门三孝》《三娇美人图》《高文举》《斩经堂》《庄子戏妻》《四幅锦裙》《秦世美》等。以曲调为例,台湾高甲戏移植自泉州高甲戏,但在唱曲曲调方面和泉州高甲戏不完全相同,在传承过程中多少有些增损和变动,如:(1)直接采用南管曲簿正曲,或略作改编,南管正曲包括散曲、指套曲,填词唱曲。(2)采用闽南高甲戏曲调编唱。(3)将闽南高甲戏传唱曲调加以修订。(4)台湾高甲戏艺人因需要创编曲调。(5)应用其他剧种曲调,如北管戏的仙人出场梆子腔调等。③

1988年,台湾艺术学院传统艺术研究中心推动、制定了"南管戏曲演出计划",旨在探讨如何既让传统民间戏曲与现代剧场达到融合状态,又不减损其艺术性。除了全面发掘优秀南管戏艺人,"更尝试结合资深乐师、艺人、学员、现代剧场工作者以及学者专家的力量,一方面将整个研习、排练、实验及彩排

---

① 莫光华:《台湾各类型地方戏曲》,南天书局有限公司1999年版,第66页。

② 莫光华:《台湾各类型地方戏曲》,南天书局有限公司1999年版,第67页。

③ 莫光华:《台湾各类型地方戏曲》,南天书局有限公司1999年版,第90页。

的过程做成记录,一方面也试着替现代社会的南管戏曲找寻新的出路。"①同时聘请了资深南管艺师李祥石担任戏剧指导,著名南管艺人吴素霞担任声腔、身段指导,并于同年 10 月在"国家"剧院三楼的实验场演出《陈三五娘》中的"赏灯"与"留伞"两出名戏。

3.北管戏

北管戏是相对南管戏而言的,因用北管音乐而得名。北管戏在台湾早期农业社会中流传广泛,深受观众喜爱。北管所涵盖和指称的范围非常宽广,目前一般较被接受的说法是,早期从福建及广东等地传入台湾的非闽客系统音乐声腔及戏曲,都被归入北管的范围,有别于"闽南土腔"的南管和客家戏曲。北管戏传入台湾的时间,有不同说法,如果根据现存最老的北管子弟团——彰化"梨春园"的匾额所示,可认定最迟在清嘉庆十六年(1811),北管就已流行于台湾。所以一般认为,至少在清乾隆、嘉庆年间,北管已随同移民渡海来台,传入了台湾社会。②

北管戏在台湾又叫"乱弹戏"和"外江戏",而"外江戏"是沿袭闽西汉剧而来的。闽西汉剧流行于闽西的龙岩、三明和闽南的漳州等地的部分县市,其主要声腔属弹腔南北路(二黄、西皮),故称"乱弹",在龙岩的万安等偏僻山村,却称其为"小腔戏"。又因此声腔来自外省,而闽西一带称外省为外江,故亦称其为"外江戏"。闽西汉剧与广东汉剧同出一源(广东汉剧也被称为外江戏),其来源有四说,一说来自徽班,一说源于湖北汉剧,一说其班底为西秦戏,一说脱胎于湖南祁剧,尚无定论,据对福建的调查,倾向于"祁剧说";据对广东的调查,倾向于"徽班说"。1924 年,闽西汉剧艺人张全镇、张巧兰等,曾随荣天彩班到台湾演出《昭君出塞》《贵妃醉酒》等戏,蔡迈三、林南辉、郭联寿等也曾到台湾演出。③

北管戏如何由福建传入台湾亦有多种说法,一是认为从福建西部流入台湾,一是认为随着闽南人多批移居台湾而流入台湾;一是认为从漳州流入台湾。从北管戏留存于漳州人社区看,北管戏在台湾的流传肯定与漳州有关。有一种说法是南管戏用泉腔演唱,泉州人和漳州人不和,泉州人社区不容漳州

---

① 郑宜:《南管戏曲演出计划》,王秋桂主编:《表演、艺术与工艺》,稻乡出版社 1996年版,第 15 页。

② 苏玲瑶编撰:《声震竹堑城——新竹市北管子弟团振乐轩专辑》,竹堑文化丛书出版社 1998 年版,第 3 页。

③ 《中国戏曲剧种大辞典》,上海辞书出版社 1995 年版,第 694 页。

人染指,故漳州人转而习北管戏。如果从北管戏音乐庞杂、有"福路"与"西皮"两大系统、其崇奉的戏神又不一样("福路"信奉西秦王爷,"西皮"信奉田都元帅)、又有多种名称(除了以上所称的"乱弹""外江""福路""西皮"外,尚有"子弟戏""四平""正音""扮仙"等称呼)等方面考量,北管戏传入台湾不可能是直线式,应该是不同时间、不同地点、不同人群、不同原因、不同渠道,且经历了一个漫长而又复杂的过程,如有学者认为北管戏曲"与南管的戏曲是同根并源"的[1],且与南管戏同时传入台湾;也有学者认为:"台湾'外江戏'可以说是皮黄戏进京后的早期京剧,它的来源可能为广东汉剧,经福建南部传入台湾。外江戏在福佬话有外地来的戏的意思,所以它传入台湾的时间应该在西皮与福禄(路)之后。"[2]还有学者认为:"此戏据载,是由福建之漳州石码地方传入台湾,俗称竹马戏也叫子弟戏。"[3]这些不同的看法各有其依据和道理,也从不同侧面说明了北管戏传入台湾的过程复杂多样。

北管戏从福建传入台湾后,在漫长的岁月中,虽然在受到各种因素的影响下,形成了自己的特色,成为已具台湾生态的一种独特戏曲,但仍可清楚看到福建对其的影响。以音乐唱腔为例,从北管戏西皮中的三眼板、一眼板、散板,福禄中的三眼板、一眼板、散板等唱腔中,可明显感觉到闽西汉剧西皮中的慢板、快三眼、散板,二黄中的慢板、快三眼、散板的脉络;从北管戏的扮仙戏的唱腔中,亦可感受到已融入闽西汉声腔的昆腔。以演出剧目为例,北管戏中的福路戏常演出的剧目有《黑五门》《探五阳》《王英下山》《紫台山》《药茶记》《斩经堂》《闹西河》等,西皮戏常演出的剧目有《黄鹤楼》《晋阳宫》《芦花河》《天水关》《空城计》等,大多来源于《隋唐演义》《三国演义》《水浒传》《七侠五义》等英雄侠义小说及历史故事,与闽西汉剧以秦、汉、三国故事为题材的 109 个剧目,以隋、唐、五代故事为题材的 96 个剧目,以宋、元故事为题材的 105 个剧目,以明、清故事为题材的 52 个剧目,都有一定关联。以所崇奉的戏神为例,北管戏的西皮信奉田都元帅,福建大多数戏班也信奉田都元帅。据传田都元帅原名雷海青,南安罗东十七都坑口乡人,被唐玄宗召为乐工,安史之乱时因以琵琶击打安禄山被杀,尸骨被同乡辗转运回南安原籍埋葬,唐肃宗时被追封为田都元帅。民间传说雷海青常显圣于福建云端中,"雷"字被云遮住,所以又被称为"田公"。以演戏习俗为例,北管戏在演正戏前,一般都要先演开场戏,为希望

---

① 陈正之:《乐韵泥香》,台湾省政府新闻处 1995 年版,第 108 页。

② 许常惠:《台湾音乐史初稿》,全音乐谱出版社 1996 年版,第 183 页。

③ 莫光华:《台湾各类型地方戏曲》,南天书局有限公司 1999 年版,第 32 页。

得到老天赐福、神仙保佑,开场戏皆为扮仙戏,如《天官赐福》《长春》《卸甲》《三仙会》《醉仙》《封相》等,旨在酬敬神衹,具有仪式性功能,其内容程序几乎固定不变,主题一般与神仙祝贺、封官晋禄、家庭团圆等吉祥喜庆之事相关,戏剧性较弱。福建各地戏班在演正戏前先演开场戏的习俗很普遍,旨在趋吉避凶,但形式不一,内容各异,有的已成固定不变的仪式,如莆仙戏称其"踏棚",芗剧称其"洗台",闽西汉剧称其"出煞"。以戏班竞争为例,北管戏曾长期存在轩馆之间的较劲,各戏班之间拼馆的情况十分火爆,台湾俗语"输人毋输阵,输阵歹看面"就是这种情形的真实写照。如新竹市北管戏各子弟戏班常互相比较技艺的高低、服饰的考究、阵容的排场、道具的精致、观众的数量和会演戏出目的多寡等,因拼台而发生争执,甚至打架械斗的事也时有发生。再如台湾东北部的宜兰、基隆地区,曾出现以轩、社为团名的西皮派与以社为团名的福路派相互拼台的情况,为压倒对方,西皮派甚至不惜把原应在农历六月十一日举行的田都元帅圣诞庆典,改在农历八月二十三日举行,为的是要比对方庆典时的排场更大、更盛,所以不在福路派的庆典之前举行。这种拼台现象在台湾北管戏中较为普遍,有时不仅戏班成员,甚至一般民众也卷入其中,演变发展为互相攻讦、仇恨、嘲弄直至拼斗,即台湾历史上有名的"北管械斗"。福建各戏班之间的竞争很激烈,为了生存,两方互不相让,有时竞争近似于残酷,被称为"斗戏"。其具体斗法有多种,以演出内容为例,一开始要对所演内容保密,在化妆时不许对方偷窥,因为一旦被对方探得内容,有可能被"截戏",即如探得一方演关公戏,另一方则演关公败死的剧目《走麦城》,使前者的戏没法演;如果一方演明朝的戏,另一方就演崇祯皇帝吊死煤山的戏,使前者不能"翻山"去演明朝以前的戏,否则观众就喝倒彩,该戏班就算输了。[1] 以语言变迁为例,北管戏的唱词和宾白,多用带有闽南腔的湖广话,人称"官话"。而丑角因逗笑而使用闽南方言,经过几十年的漫浸,除了唱词吟诗仍用"官话",其他大都使用闽南方言了。总之,随着福建人不断移居台湾,福建对台湾北管戏的影响可谓无处不在,无处不有。

北管戏在台湾早期农业社会中曾纵横一时,鼎盛时期除了职业戏班外,以轩、园、社、堂、阁、斋命名的北管戏子弟团多达上千个,几乎每个城镇、村落都有一个以上的北管戏子弟组织,当时民间有"食肉食三层(五花肉),看戏看乱弹"之说。北管戏在台湾戏曲史上占有重要地位,它不仅影响、丰富了其他剧种(如布袋戏、歌仔戏等),甚至影响了道教科仪的形式。北管戏基本保留了

---

① 林国平主编:《福建民俗志》,方志出版社1997年版,第136页。

清初戏曲的原始形态,其活动与地方庙宇、村镇聚落关系密切,是研究中国近代戏曲衍变的鲜活素材和台湾社会演变的重要资料。随着时代的变迁,台湾目前专演北管戏的职业戏班仅剩台中市的"新美园"和宜兰县的"汉阳"剧团,但子弟团(业余)仍程度不同地存在着。为继承、宣传北管戏,1975年台湾文化大学戏剧系国剧组学生加入台北灵安社,和子弟们一起学习北管,一起演戏,并多次在台湾各地庙会中做野台式巡回演出,一时有"博士硕士皆子弟"之说。

4.四平戏

四平戏在福建被称为平戏、素平戏、庶民戏、赐民戏,传到台湾后,又被称为四棚、肆评、四蓬、四评。"四平戏从江西进入福建,除了在闽东的屏南与闽北政和落地生根外,还有一支则从赣东南经闽西而落户于平和,并广泛流传于漳浦、诏安、云霄、南靖等地。"[①]清乾隆十三年漳浦人蔡奭在《官音汇解释义》上卷"戏耍音乐"条中载:"做正音,唱官腔;做白字,唱泉腔;做大班,唱昆腔;做九角,唱四平;做潮调,唱潮腔。"由此可得知四平戏于清乾隆以前已在闽南流行。清末民初闽南四平戏非常兴盛,当时漳属七县,都有四平戏专业班社,较著名的如:漳州、石码的万盛、玉凤、凤仪、永春四个班,平和的永丰、彩霞、金麟凤三个班,云霄的顺太平、宝华、万利三个班,南靖的荣华班,诏安的三胜班,东山的御乐居、御乐轩、庆乐、全发四个班。"清初,四平戏曾由漳州流入台湾。"[②](一说四平戏由广东传入,这或与当时传入龙岩地区的四平戏班艺人都是广东饶平人有关。)

四平戏在台湾最早的表演形式是只用锣鼓、唢呐等吹打乐器,不用弦乐器。当时台南人黄茂生的《迎神竹枝词》云:"神舆绕境闹纷纷,锣鼓咚咚彻夜喧。第一恼人清梦处,大吹大擂四平昆。"可见四平戏在当时的台湾与阵头、绕境有关,发展到后来,四平戏演出的方式仍较紧凑与热闹,以武戏为主,表演时做工多,唱腔少。改良后加入了弦乐器,在客家地区颇受欢迎。其最大特色是剧本可以临时自编,内容通俗。剧目有《白蛇传》《薛仁贵征东》《报冤》《夺女》等。[③]20世纪20年代,台湾歌仔戏流行一种叫"半暝(夜)反"的演出形式,即上半夜演四平戏,下半夜演歌仔戏,因为当时四平戏被认为是正统的,歌仔戏被认为是淫荡的,故先演四平戏以遮人耳目,由此可见当时四平戏在台湾的影

①　陈雷、刘湘如、林瑞武:《福建地方戏曲》,福建人民出版社1997年版,第55页。
②　《中国戏曲剧种大辞典》,上海辞书出版社1995年版,第716页。
③　莫光华:《台湾各类型地方戏曲》,南天书局有限公司1999年版,第71页。

响之大。

20 世纪 50 年代至 60 年代,四平戏在台湾仍流行一时,至 60 年代后逐渐式微,其原因有多种,如在闽南人社区受到歌仔戏冲击,在客家人社区受到客家戏冲击,也有专家认为其衰落的原因是:"它的音乐与道士做功德的音乐类似,受到大众的排斥,故每逢办喜庆场合,皆不愿意聘演四评戏。"[①]20 世纪 80 年代,台湾四平戏的职业剧团仅剩宜兰县的宜兰英歌剧团,后因团主吴贵英过世,剧团终告解散,四平戏也宣告消失。

5.福州戏

福州戏也称"闽剧",是以福州方言演唱的戏曲,由儒林戏、江湖戏、平讲戏以及唠唠戏融合而成。福州戏的剧团常到台湾演出,20 世纪初,福州戏的"如意女子戏班"曾到台湾演出三个月,该班号"白菜妹"的武生《三盗九龙杯》时,在三桌一椅重叠之上,翻个跟斗下来,不但两腿坐成了"一"字,而且声音极小。[②] 1922 年福州戏班旧赛乐到台演出,此后陆续有福州戏班如新赛乐、新国风、三赛乐、上天仙等先后赴台湾,演出于基隆、高雄、台北、台中、彰化、嘉义、新竹、斗南、台南等地,演出剧目有《岳飞出世》《庵前认母》《何文秀》《甘国宝》《四杰村》《收关胜》《孟姜女》《万花莲船》等。当时在台湾看过福州戏的观众,皆赞非其他地方戏能望其项背。如武生赵长顺连打 49 个"蓬叉莲"后犹有余勇;筱明珠(武生)、筱明芳(旦)师兄弟演《杨信卖膏药》,其中一段:杨信病倒在床上,柳桂英亲自喂汤药时,两人面朝台下四目交视,一趴一坐,两人相距尺余,水自柳嘴若断若续注入杨口的做工表情,实非一朝一夕之功,及至杨信病愈后的卖膏药一折,筱明芳脚踩在 28 只(一边叠 14 只)茶壶上仍然能表演功夫,至今依然脍炙人口。[③] 福州戏班华丽奇巧的机关布景、连台本戏的演出方式令观众耳目一新,对台湾戏曲产生了多方面影响。

1945 年台湾光复后,新国风剧团率先赴台演出,10 个月后才返回福州。当时有福州的闽剧三山剧团在台湾台北、基隆一带公演,至 50 年代消失,服装、道具寄存于福州同乡会。团主为马翔麟,演员有陈桂轩(青衣苦旦)、庄仁官(小生)、薛依银(三花)、胡国春(小生)、徐木水(小生)、郑平超(花旦)、罗质权(武旦)。所演剧目有《梁天来》《少林寺》《李旦出世》《包公案》《梁红玉》《岳

---

① 莫光华:《台湾各类型地方戏曲》,南天书局有限公司 1999 年版,第 71 页。

② 莫光华:《台湾各类型地方戏曲》,南天书局有限公司 1999 年版,第 153 页。

③ 莫光华:《台湾各类型地方戏曲》,南天书局有限公司 1999 年版,第 154 页。

飞传》《忠臣血》《三国志》等。①

6.平剧

平剧也称京剧,最早起源于徽戏。早在清嘉庆、道光之前,由安庆来的徽班大吉升已在福州演出剧目了,一直到20世纪20年代还在福州,其受欢迎程度可见一斑。由于徽班唱白均用土官话,福建观众听不甚懂,故称之为"啰啰"。二三十年代后,京剧在福建广为流传,闽北的建瓯、建阳,闽西的永安、沙县,闽南的漳州、厦门都有专业剧团在演出,其中仅闽南地区就有联凤、联华、天仙、沪声、沪联、天声等许多班团。在福州、泉州、厦门、漳州还有不少业余组织,如国乐研究社、通俗教育社京剧部、落海工会京剧部以及艺友票房、恰恰票房、励群票房等票友组织,也经常演出各种剧目。② 随着福建人不断移居台湾,平剧也被带到台湾。1915至1916年间,平剧开始在台湾生根,有人开始组织营业性京班。《台南日报》记者陈渭川与王岳、王水合股组织"小罗天童伶京班",在市内各庙神诞佛会及民间喜庆堂会时演出。台南乱弹戏班金宝兴亦改组为京班,聘福州郁连陞班花旦陈得禄及坤青衫筱桂云为师。陈得禄生得妖艳动人,姿容身段胜过坤旦,在台南表演时,曾令不少妇女为之倾倒,后嗜毒流落为金宝兴京班导演,台湾光复前后,客死台湾。③ 1947年,在台湾省政府登记的有陈剑秋的福州市公余平剧社,陈剑秋亦为当时台湾著名平剧艺人;1948年,在台湾省政府登记的有陈剑秋的复旦平剧团。1947年,"有戴绮霞、言少朋在台北新民戏院与美都戏院及韦玉麟之福州公余平剧研究社在台湾戏院,陈剑秋之公余平剧研究社在新民戏院,及有其他名票在世界戏院分别演出,于是平剧在台北方面渐盛"④。

(二)福建戏曲与台湾小戏

1.采茶戏

台湾有代表性的小戏也都与福建关系密切。如采茶戏是流行于台湾客家地区的小戏,它以男女的情歌对唱为主,一对男女演员分饰小丑、泼妇,随机应变,大都是打诨插科的男女私情戏,以幽默答语取悦观众。如观众当场投赠手

---

① 莫光华:《台湾各类型地方戏曲》,南天书局有限公司1999年版,第155页。

② 陈雷、刘湘如、林瑞武:《福建地方戏曲》,福建人民出版社1997年版,第89页。

③ 福建省档案馆、厦门市档案馆编:《闽台关系档案资料》,鹭江出版社1992年版,第719页。

④ 福建省档案馆、厦门市档案馆编:《闽台关系档案资料》,鹭江出版社1992年版,第731页。

帕等捧场,演员必须立即酬以有关手帕的歌词。演出时即性味很重,也被称为
"相褒戏"。也有的采茶戏以一小丑、二小旦的对唱表演为主,被称为"三脚采
茶戏"。"三脚采茶戏"与福建"三角戏"关系密切,而"三角戏"是由"生、旦、丑"
三个角色组成的民间小戏,它于清中叶从江西传入闽北,江西采茶戏的前身就
叫"三角戏"。

　　采茶戏用客家山歌小调和客家话演出,随着客家人迁台而传入台湾。采
茶戏在清中叶从江西传入福建,在福建宁化、清流、建宁、明溪、长汀、连城等县
流传。传入台湾后,经过台湾艺人努力,在服饰、脚色、身段等方面更加复杂精
细。在流传过程中,因受歌仔戏的影响,出现了"采茶歌仔戏",即除了音乐唱
腔仍以原来的山歌小调民谣为主、口白也说客家话外,其他方面开始模仿歌仔
戏,如服装、乐器、化妆和表演形式、剧目剧情,表演者以女性居多,逐渐向歌仔
戏靠拢,故后来也有人称其为大戏。

　　2.车鼓戏

　　车鼓戏是台湾乡镇迎神赛会时常见的小戏,演员以小丑和小旦为主,有时
另加副旦,因角色造型无严格限制,表演自由,舞蹈成分大,有时也被列入舞蹈
范畴。车鼓戏由闽南传入台湾,吴腾达认为:"车鼓系北方的秧歌流传至闽南,
结合当地的音乐和表演形式,衍变成的歌舞小戏,车鼓戏音乐主要是闽南的民
歌小调,如'桃花过渡''五更鼓''牵红姨'等,剧目或取材于民谣,或取材于故
事,内容或描写男女私情,或规过劝善。"[1]黄玲玉认为:"车鼓源于宋元时期黄
河流域一带的秧歌,后流传至福建,与当地南管系统音乐及民歌相结合,演变
成歌舞小戏后,至少约于二百五十年前传入台湾,而二百三十年前已在台北大
为盛行。"[2]

　　车鼓戏与车鼓阵不同,车鼓戏是以车鼓的身段动作、音乐唱腔加说白,在
固定场合演出故事,演出剧目如《桃花搭渡》《牛犁歌》《看灯十五》等,多少都有
些情节,不论演员的对话、对唱,还是肢体动作都是随着剧情发展的;车鼓阵则
是以车鼓的身段动作、音乐、唱腔在行进当中边走边唱的阵头游艺,在行进中
表演,依其不同内容有"牛犁阵""七响阵""竹马阵""挽茶车鼓阵"等。[3] 车鼓

---

　　① 吴腾达:《杂技与小戏》,曾永义等:《乡土的民族艺术》,"行政院文化建设委员会"
1998年版,第98页。

　　② 黄玲玉:《车鼓戏的民俗与艺术》,王秋桂主编:《表演、艺术与工艺》,稻乡出版社
1996年版,第31页。

　　③ 施德玉:《台湾台南"车鼓"概说》,《福建艺术》2006年第4期。

戏演出的音乐可分为声乐曲(南管系统及民歌系统音乐,包括闽南民歌与客家民歌)及器乐曲,所使用的乐器以南管系统的最为普遍,由此也可看出闽南音乐的影响。车鼓戏在庙前演出时,有"踏大小门""踏四门"等基本程序,表示对神明与观众先行"行礼致意"之意,所用音乐为"四门谱""啰嗹谱"等。丑角在踏完四门后便接引旦角出场,通常表演《共君走到》《拜谢神明》等曲,以示对神明的尊敬与谢意,然后再表演其他以娱乐为主的曲子,最后以《团圆》曲收场。①

（三）福建戏曲与台湾偶戏

台湾的偶戏,也称偶人戏,是由艺人操弄的各种类型的傀儡式影偶戏。偶戏包括傀儡戏、皮影戏与布袋戏。

1.傀儡戏

傀儡戏随着闽南移民迁台而到台湾,道光十五年(1835)有台湾傀儡戏演出的记录。福建傀儡戏有闽西与闽南两种。闽西傀儡戏音乐是汉调与高腔,闽南傀儡戏音乐接近南管。福建傀儡戏与台湾傀儡戏关系密切。林明德对此有过论述:"傀儡到了台湾,散布南北二地。南部以台南、高雄为中心,主要是在台南市、台南县的仁德、关庙、麻豆、永康与高雄县的路竹、湖内、茄定、阿莲等乡镇,大概属于泉州傀儡系统,以潮调或白字戏音乐伴奏,戏偶较小,操纵线粗,可作滚翻动作;北部以兰阳平原为重心,就乐器、唱腔、仪式等表演体系而言,可能是闽西式漳州傀儡的戏统,以北管音乐伴奏,戏偶较大,操纵线细,动作细致。"

台湾南部的傀儡较小,大约为2尺高,基本操纵线有14条,偶头较圆朴,有一定的脸谱。目前较常演出的剧团为茄定"新锦福",阿莲"锦飞凰"、路竹"万福兴"、湖内"添福"和"围仔内大戏馆"等。台湾北部的傀儡较大,约二三尺高,基本操纵线有11条,偶头较长、平,脸谱多无一定。目前主要演出地在宜兰,剧团为福龙轩、新福轩、协福轩。台湾傀儡戏剧团有的不同程度与福建有过交往,如福龙轩创立者许元水曾到福建永定县学艺。

2.皮影戏

台湾的皮影戏,又被称为"皮猴戏",因为皮影偶制作精致且活动自如,跳动活泼。皮影戏传入台湾有三种说法,前两种与福建有关:第一种说法是,太平天国时由广东潮汕一带传入福建诏安、漳浦等地,然后再传入台湾;第二种

① 黄玲玉:《车鼓戏的民俗与艺术》,王秋桂主编:《表演、艺术与工艺》,稻乡出版社1996年版,第32页。

说法是由闽南的许陀、马达、黄索三人传入台湾。台南市普济殿的《重兴碑记》表明,台湾在嘉庆二十四年(1819)之前已有皮影戏。但目前皮影戏在台湾的演出,已有些粗糙,但仍可在皮影偶的造型、图案及动作上看出当年兴盛的辉煌历史。

3.布袋戏

台湾布袋戏,也称"掌中戏",顾名思义,即掌上搬演之戏。台湾布袋戏由泉州传入。泉州是布袋戏发源地,1873 年,曾有掌艺高手童全从泉州到台湾演出,所以唱的是南管戏曲;而后又有潮州籍艺人赴台,才出现唱潮州调的布袋戏,但同样属南管。布袋戏传入台湾后,经过台湾艺人的创造,特别是经当代黄海岱、李天禄、许王、钟任壁、茆明福、黄顺仁等醉心于布袋戏的著名艺师的努力,已闻名遐迩,成为广大台湾人民喜爱的艺术。

后　记

　　台湾在很长的历史时期中一直是福建的一部分,台湾的居民绝大部分是来自福建的移民和他们的后代。因此,闽台经济之间、闽台文化之间,有着天然的、极为密切的关系。为了阐述闽台经济的互补互利、闽台文化的交流融合,福建广播电视大学闽台文化研究所于2000年组织相关人员编写了本科通用教材《闽台经济与文化》,受到学习者的欢迎和教学评估专家的好评,该课程曾先后被评为中央电大精品课程、福建省精品课程。此书虽然于2011年进行过修订,但在使用中,不断发现尚有诸多需要进一步提升的空间。一直负责此课程的王芳老师在近期赴台湾考察交流中,又征求了台湾相关专家、同行的意见,遂决定根据"源流、交融、互动"这一主线,再次重新修订。

　　此次修订工作,仍由闽台文化研究所负责。研究所副所长王芳主持修订工作,研究所研究人员刘伟宏负责具体事务。我们要感谢闽台文化研究所所长马成斌的大力支持。教务处处长李正光教授、文经学院副院长黄庆安教授不仅亲自参加了修订,还提出了许多重要的建设性意见,并给予具体指导。我们要感谢厦门大学出版社多年来的全力支持,感谢本书责任编辑牛跃天先生长期的鼓励和严格把关。我们要感谢台湾有关方面的大力支持(恕不一一列举),感谢省内外有关专家的关心和指导。

　　本书撰稿人为:第一章、第二章,何绵山;第三章第一节,李桓促;第三章第二节、第三节,王芳;第三章第四节,黄庆安;第三章第五节,刘伟宏;第三章第六节,雷心恬;第四章,刘海波;第五章第一节,王芳;第五章第二节,刘伟宏;第五章第三节,黄庆安;第五章第四节,黄庆安、吴全金;第五章第五节,王正环;第六章、第七章、第八章,何绵山;第九章第一节,李正光;第九章第二节、第三节,何绵山;第十章、第十一章,何绵山。

何绵山
2019年7月